Breu · Haupt · Müller-Michaelis · Rechter

KAUFMÄNNISCHES BASISWISSEN
Für Einsteiger und Selbstständige

Haftung

Alle Angaben in diesem Buch wurden sorgfältig zusammengestellt und überprüft. Die Einschätzung rechtlicher Situationen und die daraus zu ziehenden Schlussfolgerungen sind aber immer von der genauen Lage und Kenntnis des Einzelfalls abhängig. Verlag, Herausgeber und Autor können deshalb keine Haftung übernehmen für Vermögensschäden oder rechtliche Nachteile.

Konzeption und Realisation: Livingston Media, Hamburg

© 2001 Cormoran Verlag, München
in der Econ Ullstein List GmbH & Co.KG, München
© 1998 Südwest Verlag, München
Aktualisierte Ausgabe

Alle Rechte vorbehalten. Nachdruck – auch auszugsweise –
nur mit Genehmigung des Verlags.

© Alle Grafiken und Tabellen by Livingston Media, Hamburg

© Diagramme S. 91, 92, 93 Design – Studio Fleischer, München

Redaktion: Christoph Neuschäffer
Projektleitung: Antje Eszerski, Christiane Reinelt
Redaktionsleitung: Dr. Reinhard Pietsch
Umschlag: Hempel/Langkau, München
DTP-Produktion: Fotosatz Völkl, Puchheim; ConceptSatz, München
Herstellung: Manfred Metzger (Leitung), Annette Aatz

Printed in Italy

Gedruckt auf chlor- und säurearmem Papier

ISBN 3-517-09145-6

Inhalt

Vorwort – Statt trockener Theorie: Fachwissen für die Praxis	6

Kapitel 1
Unternehmer, Freiberufler, Kaufmann und wie Sie es werden — 8

⚡ **Blitztest**	8
Die Ausbildung – so werden Sie Kaufmann	10
Das Basiswissen für jeden Kaufmann	12
Neues Kaufmanns- und Firmenrecht	14
⚡ Blitzübersicht: Alte und neue Rechtslage	16
Der Kaufmann im beruflichen Alltag	17

Kapitel 2
Das Unternehmen und seine Rechtsform — 18

⚡ **Blitztest**	18
Wie ein Unternehmen entsteht: Die Gewerbeanmeldung	20
Beteiligungen und Betriebsübernahmen	21
📖 Checkliste: Beteiligungen und Übernahmen	27
Die Wahl der Rechtsform – nicht nur am Anfang wichtig	30
Das Einzelunternehmen	31
Steuerlicher Überblick für das Einzelunternehmen	34
⚡ Blitzübersicht: Vor- und Nachteile des Einzelunternehmens	37
Die Gesellschaft bürgerlichen Rechts (GbR)	38
⚡ Blitzübersicht: Vor- und Nachteile der GbR	40
Die Partnerschafts-Gesellschaft	41
⚡ Blitzübersicht: Vor- und Nachteile der Partnerschafts-Gesellschaft	42
Die offene Handelsgesellschaft (oHG)	44
⚡ Blitzübersicht: Vor- und Nachteile der oHG	45
Die Kommanditgesellschaft (KG)	45
⚡ Blitzübersicht: Vor- und Nachteile der KG	47
Die stille Gesellschaft	47
⚡ Blitzübersicht: Vor- und Nachteile der stillen Gesellschaft	48
Die wichtigsten Rechtsformen von Kapitalgesellschaften und ihre Merkmale	49
Die Gesellschaft mit beschränkter Haftung (GmbH)	50
⚡ Blitzübersicht: Vor- und Nachteile der GmbH	52
⚡ Blitzübersicht: Vor- und Nachteile der GmbH & Co. KG	55
Die Aktiengesellschaft (AG)	56
⚡ Blitzübersicht: Vor- und Nachteile der AG	57
Sonderform: Die Doppelgesellschaft	58
⚡ Blitzübersicht: Vor- und Nachteile der Doppelgesellschaft	59

Kapitel 3
Das Unternehmen – Geschäftszweck und Organisation — 60

⚡ **Blitztest**	60
Was über den Erfolg entscheidet	62

Chancen erkennen: Wo sich Nischen für Selbstständige auftun	64
Franchise-Systeme: Der leichte Weg zur Selbstständigkeit	72
Franchise-Verträge richtig gestalten	76
📖 Die Checkliste für Franchise-Prcjekte	77
Das Produkt – welche Problemlösungen biete ich an?	80
Checkliste zum Produkt	81
📖 Checkliste: Analyse einer Produktidee	82
📖 Checkliste: Analyse Ihres Produktes	82
Der richtige Standort für ein Unternehmen	83
Checklisten zum Standortvergleich	85
📖 Checkliste: Muster für Standortvergleiche	85
📖 Checkliste: Auswahlkriterien und deren Gewichtung	86
📖 Checkliste: So finden Sie den besten Standort	87
Aufbau und Struktur eines Unternehmens	88
Die Organisation	89
Das Problem der Koordination und der Hierarchie	94

Kapitel 4
Der Absatz – Marktchancen und Vermarktung — 96

⚡ Blitztest	96
Die Marktchancen ermitteln	98
📖 Checkliste: Analyse des Marktes	99
Wie Sie die Marktforschung sinnvoll einsetzen	101
⚡ Blitzübersicht: Die Methoden der Marktforschung	103
Umsatzhöhe und Gewinnaussichten planen	104
📖 Checkliste: Umsatzanalyse	104
Der branchenübliche Verdienst	109
Das Verhältnis von Umsatz und Gewinn	114
Werbung – so erreichen Sie Ihre Zielgruppe	116
⚡ Blitzübersicht: Vertriebswege und Werbung	118
📖 Checkliste: Wie sieht Ihre Zielgruppe aus?	119
Werbeziele und Werbeträger im Vergleich	120
📖 Checkliste: Werbungskosten	123
Gesetzliche Regeln für die Werbung	124
Öffentlichkeitsarbeit – Ihr Umgang mit Medien und Kunden	128

Kapitel 5
Finanzierung von Investitionen — 132

⚡ Blitztest	132
Der Finanzplan – so finanzieren Sie richtig	134
📖 Checkliste: So viel Geld brauchen Sie für den Unternehmensaufbau	136
Hilfen für Unternehmensgründer	139
Die Kreditfinanzierung des Unternehmens	142
Leasing – Alternative zum Kauf?	147
Finanzierungsmöglichkeiten im Vergleich	151
⚡ Blitzübersicht: Finanzierung	151
Die Unternehmensbewertung	152

Kapitel 6
Rechnungswesen – Bücher, Kosten und Bilanzen — 156

⚡ Blitztest	156
Buchhaltung und Bilanzierung	158
Kostenrechnung – aufschlussreich für jeden Unternehmer	162

Jahresabschluss: Bilanzierung und Gewinnermittlung	167
⚡ Blitzübersicht: Der Bilanzaufbau gemäß HGB	170
⚡ Blitzübersicht: Die Aufstellungsfristen für Bilanzen	173
Jahresabschluss: Einnahmen-Überschuss-Rechnung	178
⚡ Blitzübersicht: Die Einnahmen-Überschuss-Rechnung	181

Kapitel 7
Unternehmenssteuern und wie man sie gering hält — 184

⚡ Blitztest	184
Vom Umgang mit Steuerunterlagen	186
Die Umsatzsteuer	193
Die Gewerbesteuer	202
Die Lohnsteuer	205
Die Einkommensteuer	207
Die Körperschaftsteuer	213
Höhere Erträge durch Steuervermeidung	214
Das Abc der Betriebsausgaben	218
Hohe Einkommensteuer-Vorauszahlungen: Das können Sie tun	231

Kapitel 8
Personal – von der Stellenplanung bis zur Mitarbeiterführung — 236

⚡ Blitztest	236
Die Ermittlung des Personalbedarfs	238
Die Kalkulation der Personalkosten	244
Die Personalauswahl	248
Personalführung – die Motivation zählt	249

Kapitel 9
Juristische Grundlagen für Unternehmer — 252

⚡ Blitztest	252
Was Sie bei allen Geschäften berücksichtigen müssen	254
Die Grundsätze des Zivilrechts	257
Vertragsrecht – was Sie beim Abschluss von Verträgen beachten müssen	265
Sittenwidrige Verträge und Gesetzesbruch	277
Die allgemeinen Geschäftsbedingungen	281
Dauer und Gültigkeit von Verträgen	285
Das Wirtschaftsstrafgesetz und das Verwaltungsverfahren	290
Die Finanzgerichtsbarkeit	296

Kapitel 10
Arbeitsrecht – der Unternehmer als Arbeitgeber — 298

⚡ Blitztest	298
Die Rolle des Arbeitgebers	300
Die Gestaltung von Arbeitsverträgen	303
Tarifverträge und Betriebsvereinbarungen	313
Urlaub- und Freizeitregelungen	319
Arbeitszeugnisse richtig lesen	321
Kündigungen und Kündigungsschutz	323
Abmahnungen	327
Ausnahmen vom Kündigungsschutz	328
Kündigungsfälle vor Gericht	332
Muster für einen Standard-Arbeitsvertrag	337
Die Arbeitsräume	340

Kaufleute verstehen: Die wichtigsten Fachbegriffe — 348

Register — 371

Vorwort
Statt trockener Theorie: Fachwissen für die Praxis

Um sich als gewerbetreibender Kaufmann oder Freiberufler selbstständig zu machen, sind keine Prüfungen und oft nur wenige behördliche Genehmigungen erforderlich. In vielen Fällen sind es gerade Seiteneinsteiger oder Selfmade-Unternehmer, die ihre Betriebe innerhalb kurzer Zeit in die Erfolgszone führen. Denn wer im Alltag unternehmerisches Gespür und kaufmännisches Geschick beweist und eine marktgerechte Idee konsequent verwirklicht, verfügt allemal über die besseren Erfolgsvoraussetzungen als der reine Theoretiker.

Dennoch geht es nicht ganz ohne Kenntnisse in den verschiedenen Bereichen unternehmerischen Handelns, um den Anforderungen des Marktes gerecht zu werden. Sei es, dass Sie Kenntnisse über die Auswirkungen der jeweiligen Unternehmensrechtsformen oder das Steuerrecht brauchen, damit von Ihrem hart erarbeiteten Geld auch wirklich etwas für Sie bleibt. Sei es, dass Sie auch über die Vermarktung von Produkten, die Kostenrechnung und die Finanzierung Ihres Unternehmens Bescheid wissen müssen, um nicht vorzeitig trotz einer guten Idee Schiffbruch zu erleiden oder in Bedrängnis zu geraten.

Know-how, das lässt sich nicht allein über das »Learning by Doing« erwerben. Manche Dinge muss man von Anfang an wissen, auch wenn man glaubt, darauf verzichten zu können. Oft machen sie sich erst dann als fehlend bemerkbar, wenn es bereits zu spät ist. In diesem Buch haben wir uns bemüht, die wichtigsten Bereiche des praktischen Unternehmerwissens für Selbstständige und angestellte Kaufleute so darzustellen, dass die häufigsten Fragestellungen und Problemfälle des Alltags geklärt werden und daraus Handlungsmöglichkeiten abzuleiten sind – entweder, um bei kleineren Fragen den Fachberater zu ersetzen oder um sich bei größeren Problemen auf das Gespräch mit ihm vorzubereiten.

Konzipiert haben wir dieses Buch aber auch unter dem Gesichtspunkt, dass der Leser weite Bereiche des Kaufmannswissens nachschlagen kann, die sich oft nur indirekt aus dem täglichen Berufsalltag ergeben, früher oder später aber wichtig werden können. Unser Bemühen war es, das Buch nicht als trockene Wissenswüste für Theoretiker anzulegen. Wenn dies gelungen ist, dürfen wir Ihnen nicht nur viel Erfolg bei allen Geschäften wünschen, sondern auch noch ein bisschen Spass und Unterhaltung mit diesem Werk.

Die Autoren

Je kleiner das Unternehmen, desto mehr Aufgaben laufen über ein und denselben Schreibtisch, die in großen Unternehmen auf viele Direktions- oder Stabsabteilungen und Fachreferate verteilt sind. Deshalb ist für Existenzgründer ein gewisses Basiswissen in allen Belangen des Kaufmannsberufes unabdingbar.

Hinweise zu den Blitztests am Anfang eines Kapitels

Da jeder Leser ein individuelles Vorwissen zu kaufmännischen und rechtlichen Details mitbringt, haben wir jedem Kapitel einen kleinen Test mit jeweils zehn Fragen vorangestellt. Sollten Sie den Test fehlerfrei lösen, dann können Sie das Kapitel zunächst einmal überspringen. Bleiben noch Fragen offen, dann finden Sie die Antworten in dem betreffenden Kapitel.
Bei manchen Fragen sind Mehrfachnennungen möglich, einige Fragen sind offen gehalten, dann müssen Sie jeweils die Ihrer Meinung nach richtigen Stichworte notieren. Die Lösung der Blitztests finden Sie jeweils am Ende der zehn Fragen.

Um einzuschätzen, welche Abschnitte am ehesten geeignet sind, Wissenslücken zu schließen, haben wir allen Kapiteln einen spielerischen Test vorangestellt, mit dem der Wissensstand vorab gecheckt werden kann.

Verwendete Abkürzungen

In diesem Buch werden Abkürzungen verwendet, die Ihnen im Unternehmeralltag öfter begegnen. Sie sind zwar im Text an der jeweiligen Stelle genannt, trotzdem möchten wir Ihnen schon vorab einen kurzen Überblick geben:

AfA	Absetzung für Abnutzung	**FM**	Finanzministerium (z. T. nur eines Bundeslandes)
AG	Aktiengesellschaft		
AGB	Allgemeine Geschäftsbedingungen	**GbR**	Gesellschaft bürgerlichen Rechts
agB	außergewöhnliche Belastungen	**GewSt**	Gewerbesteuer
		GewStG	Gewerbesteuergesetz
AO	Abgabenordnung	**GmbH**	Gesellschaft mit beschränkter Haftung
BFH	Bundesfinanzhof		
BFHE	Sammlung Bundesfinanzhofentscheidungen	**HGB**	Handelsgesetzbuch
		InsO	Insolvenzordnung
BGB	Bürgerliches Gesetzbuch	**KG**	Kommanditgesellschaft
BMF	Bundesministerium für Finanzen	**KO**	Konkursordnung
		KSt	Körperschaftsteuer
BStBl	Bundessteuerblatt	**KStG**	Körperschaftsteuergesetz
DStR	Fachzeitschrift Deutsches Steuerrecht		
		LStR	Lohnsteuerrichtlinien
EFG	Entscheidungen der Finanzgerichte	**OFD**	Oberfinanzdirektion
		oHG	offene Handelsgesellschaft
EheG	Ehegesetz		
ESt	Einkommensteuer	**R**	Richtlinienabschnitt der Einkommensteuerrichtlinien
EStDV	Einkommensteuer-Durchführungsverordnung		
		USt	Umsatzsteuer
EStG	Einkommensteuergesetz	**UStG**	Umsatzsteuergesetz
EStR	Einkommensteuerrichtlinien	**VerbrKrG**	Verbraucherkreditgesetz
EZB	Europäische Zentralbank		
FG	Finanzgericht	**WK**	Werbungskosten

Kapitel 1

Unternehmer, Freiberufler, Kaufmann und wie Sie es werden

Bevor Sie sich im folgenden Kapitel über den Kaufmannsberuf informieren, prüfen Sie Ihr Wissen über die juristische und praktische Einordnung des Berufsbildes. Was wissen Sie bereits über Ausbildungs- und Weiterbildungsmöglichkeiten und über das neue Kaufmanns- und Firmenrecht?

⚡ Blitztest
Was wissen Sie schon – wie groß ist Ihr Info-Bedarf?

→ siehe Seite 10

1. Wie kann der Kaufmannsberuf erlernt werden?
   a) Ich besuche eine Kaufmannsschule.
   b) Ich mache eine Lehre.
   c) Ich mache ein Praktikum.

→ siehe Seiten 12/13

2. Welche Fortbildungsmöglichkeiten gibt es unter anderem für den ausgebildeten Kaufmann?
   a) Ich lerne ein Thema (z. B. Buchhaltung) besonders intensiv und werde Fachkaufmann.
   b) Ich besuche mehrere Aufbaupraktika und mache so meinen Fachwirt.
   c) Ich besuche eine Fachschule und werde staatlich geprüfter Betriebswirt.

→ siehe Seite 13

3. Wie viel Jahre Berufspraxis benötigt man, bevor mit der Weiterbildung begonnen werden kann?
   a) Mindestens ein Jahr.
   b) Mindestens zwei Jahre.
   c) Mindestens drei Jahre.

→ siehe Seite 14

4. In welchem Gesetzbuch finde ich die juristische Auslegung des Begriffs »Kaufmann« aus Sicht des Gesetzgebers?
   a) Im Handelsgesetzbuch (HGB).
   b) Im Bürgerlichen Gesetzbuch (BGB).
   c) Im Strafgesetzbuch (StGB).

5. Welcher Kaufmann unterliegt dem HGB? → siehe Seite 14

a) Der Kaufmann, der ein Handelsgewerbe betreibt.
b) Kleingewerbetreibende.
c) Der Kaufmann, der ein Dienstleistungsunternehmen führt.

6. Was ist ein Handelsregister? → siehe Seite 14

a) Ein Verzeichnis aller existierenden Firmen.
b) Ein vertrauliches Verzeichnis, in dem die rechtlichen Verhältnisse der Handelsgewerbe aufgezeichnet sind.
c) Ein öffentliches Verzeichnis, in dem die rechtlichen Verhältnisse der Handelsgewerbe aufgezeichnet sind.

7. Durch welches Gesetz wurde das HGB zum 1. Juli 1998 geändert? → siehe Seite 14

a) Das Handelsrechtsreformgesetz.
b) Die EU-Verordnung zur Vereinheitlichung des Handelsrechts.
c) Das Gesetz zur Umsetzung der EU-Richtlinie zur Harmonisierung des europäischen Handelsrechts.

8. Was zeichnet den selbstständigen Eigentümer aus? → siehe Seite 17

a) Er ist sowohl Kapitalgeber als auch Geschäftsführer.
b) Er gibt nur das Kapital, andere führen das Geschäft.
c) Er kann nur eine Personengesellschaft gründen.

9. Was gehört zum kaufmännischen Basiswissen? → siehe Seite 12

a) Waren- und Materialwirtschaft.
b) Rechnungswesen.
c) Wartung der Produktionsanlagen.

10. Was unterscheidet den kaufmännischen vom gewerblichen Arbeitnehmer? → siehe Seite 17

a) Der Arbeitgeber muss ein Kaufmann sein.
b) Der kaufmännische Arbeitnehmer verdient generell mehr Geld.
c) Die Tätigkeit des kaufmännischen Arbeitnehmers ist weder mechanisch noch gewerblich.

Lösung des Tests:

1. b	**3.** c	**5.** a, c	**7.** a	**9.** a, b
2. a, c	**4.** a	**6.** c	**8.** a	**10.** a, c

Die Ausbildung – so werden Sie Kaufmann

Der Kaufmann steckt in vielen Berufen. Doch nicht jeder, der sich Kaufmann nennt, übt diesen Beruf auch tatsächlich aus. Juristische Klarheit schafft das Handelsgesetzbuch (HGB), dazu kommen wir weiter unten. Zunächst geht es um die solide Ausbildung im kaufmännischen Beruf, der in vielen verschiedenen Branchen zu finden ist: in Banken und Büros, in der Datenverarbeitung, im Einzel-, Groß- und Außenhandel, in der Industrie, im Reiseverkehr, bei der Schifffahrt, in Speditionen, Verlagen, Versicherungen und in der Werbung. Wer einen Kaufmannsberuf anstrebt, macht eine kaufmännische Ausbildung in einer dieser Branchen. Einen anderen möglichen Weg bietet ein Studium der Betriebswirtschaftslehre (BWL) an der Universität, hier fehlt dann jedoch meist die wichtige praktische Erfahrung.

Das Ausbildungsprofil

Die folgenden Tätigkeitsbeschreibungen geben einen Einblick in die kaufmännische Lehre. Dies kann aufgrund der Vielfalt dieses Berufes jedoch nur anhand einiger Beispiele geschehen. Dabei werden die wichtigsten Merkmale des jeweiligen Berufszweiges aufgezeigt. Die Berufsbezeichnungen entsprechen der aktuellen Sprachregelung. Die Ausbildungsdauer beträgt in der Regel drei Jahre, es sind aber bei entsprechenden Vorkenntnissen eventuelle Verkürzungen möglich.

Der Bankkaufmann

Bankkaufleute bedienen und beraten ihre Kunden in den Bereichen Kreditgeschäfte, Baufinanzierungen, Auslandsgeschäfte, Geld- und Kapitalanlagen und Zahlungsverkehr. Für ihre Kunden legen sie Geld an, verkaufen Kredite und handeln mit Wertpapieren. Sie besorgen Devisen für Urlaubs- und Geschäftsreisen, helfen bei der Abwicklung von Im- und Exportgeschäften. Der Umgang mit moderner Datenverarbeitung ist Voraussetzung in diesem Beruf.

Der Industriekaufmann

Industriekaufleute verhandeln mit Kunden, Banken, Werbefachleuten, Vertretern, Behörden oder Groß- und Einzelhändlern. Denn Industriegüter müssen nicht nur hergestellt, sondern auch verkauft werden. Dazu gehören Werbung und die Sicherung des Absatzmarktes. Zur Produktion benötigt die Industrie Produktionsmittel, die eingekauft, geordnet und verwaltet werden müssen. Zu den Aufgaben des Industriekaufmanns zählen Planen und Steuern der Fertigung, Umsetzen der Kundenaufträge, Kostenrechnung, Kalkulation, Finanzbuchhaltung, Rechnungs- und Mahnwesen, Vertrieb und Versand und Betriebsabrechnung.

Der einfachste Weg, Kaufmann zu werden, ist die normalerweise drei Jahre dauernde Lehre in einem kaufmännischen Beruf. Sie besteht aus dem Besuch der Berufsschule und dem Erwerb praktischer Kenntnisse in einem Ausbildungsbetrieb.

Der Reiseverkehrskaufmann

Reiseverkehrskaufleute sind bei Reiseveranstaltern, in Reisebüros, Kurverwaltungen, Fremdenverkehrsämtern und bei Verkehrsvereinen tätig. Bei Reiseveranstaltern organisieren sie Pauschalreisen in Zusammenarbeit mit Eisenbahnen, Luftverkehrsgesellschaften, Omnibusunternehmen und Schifffahrtsgesellschaften. So müssen beispielsweise Sonderzüge, Flugzeuge oder Schiffe gechartert werden, Hotelleistungen, Ferienhäuser und -wohnungen eingekauft werden, Rundreisen und Ausflüge zusammengestellt werden. Kundige Beratung wird beim Verkauf von Reisen vorausgesetzt, Fachkenntnisse über Reiseländer und -möglichkeiten sind unabdingbar. Der Umgang mit Kursbüchern und Flugplänen ist Alltagsarbeit, die Kenntnis der aktuellen Zoll-, Devisen- und Grenzbestimmungen ist Voraussetzung. Unbedingt erforderlich in diesem Beruf sind Fremdsprachenkenntnisse, die Bedienung von EDV-Geräten und Freude im Umgang mit Reisenden.

Der Verlagskaufmann

Verlagskaufleute erledigen alle Arbeiten, die bei der Organisation, der Herstellung, dem Verkauf und dem Vertrieb von Zeitungen, Zeitschriften, Büchern und anderen Verlagserzeugnissen anfallen. So beraten Verlagskaufleute Kunden im Anzeigengeschäft und schließen Anzeigenverträge ab. Für Druckereien müssen Anzeigenvorlagen vorbereitet werden. Auch die Organisation der Abonnentenwerbung und die Sicherstellung eines reibungslosen Vertriebes gehören zu ihren Aufgaben. In Buchverlagen sind Herstellung, Vertrieb und Werbung die wichtigsten Einsatzbereiche der Verlagskaufleute. Sie beschäftigen sich mit den Nutzungsrechten aus Verlags- und Lizenzverträgen, arbeiten im Rechnungswesen oder wirken bei der Programmplanung der Lektorate mit.

Obwohl die kaufmännische Ausbildung auf Schulabgänger mit mittlerer Reife zugeschnitten ist, sammeln inzwischen auch viele Abiturienten erst mal praktische Erfahrungen in einer Lehre, bevor sie ein BWL-Studium angehen.

Werbekaufmann

Werbekaufleute sorgen dafür, dass Waren oder Dienstleistungen in der Öffentlichkeit bekannt werden. In Unternehmen der Werbewirtschaft, in Werbeagenturen oder Werbegesellschaften und in Werbeabteilungen von Betrieben oder Verlagen übernehmen Werbekaufleute die kaufmännisch-betriebswirtschaftlichen Aufgaben. Sie entwerfen Budgetplanungen, erstellen und kontrollieren monatliche Abrechnungen und überprüfen den Zahlungsverkehr mit Kunden und Lieferanten. Außerdem wählen sie im Team mit Werbefachleuten wie Grafikern, Textern oder Werbepsychologen die geeigneten Werbemittel und -träger, mit denen die jeweiligen Zielgruppen erreicht werden sollen. Das können Plakate, Anzeigen oder Spots in Rundfunk, Fernsehen oder Kino sein. Die erarbeiteten Werbestrategien werden dann in entsprechende Werbekampagnen umgesetzt und anschließend auf ihren Erfolg kontrolliert.

Das Basiswissen für jeden Kaufmann

Es gibt zwar verschiedene Berufe, in denen Kaufleute ausgebildet werden, dennoch benötigen alle die gleichen grundlegenden Kenntnisse, die in jeder Branche, ob in Industrie, Handel oder Dienstleistung, gebraucht werden.

Jeder, der den kaufmännischen Beruf ausübt, benötigt kaufmännisches Grundwissen. Das ist die Basis, unabhängig davon, ob er in eine Bank, in die Industrie oder in die Werbung geht. Fort- und Weiterbildungsmöglichkeiten lassen sich dann auf diesem Fundament aufbauen. Wir haben die wichtigsten Punkte des Basiswissens zusammengefasst – diese werden mit unterschiedlichen Schwerpunkten in den jeweiligen Ausbildungen gelehrt:

1. Waren- und Materialwirtschaft
2. Beschaffung und Lagerhaltung
3. Produktion und Fertigung
4. Absatz
5. Rechnungswesen
6. Personalwesen
7. Organisation und Verwaltung
8. Finanzierung und Zahlungsverkehr

Fort- und Weiterbildung

Fort- und Weiterbildung ist wie Schwimmen gegen den Fluss: Wer aufhört, der treibt zurück. Deshalb sollte man regelmäßig private, betriebliche und staatlich geförderte Bildungsmöglichkeiten nutzen.

In der Praxis zeigt sich: Wissen ist Geld. Außerdem sprechen alle Erfahrungen dafür, dass die Berufsausbildung allein und auf Dauer nicht ausreicht, um finanziell aufzusteigen. Also muss von Zeit zu Zeit eine Weiterbildung her. Doch welche Formen der Weiterbildung gibt es?

Grundsätzlich wird zwischen privater, betrieblicher und staatlich geförderter Weiterbildung unterschieden:

▶ **Private Weiterbildung** ist sozusagen Ihr persönliches Vergnügen und muss von Ihnen bezahlt werden, was nicht heißt, dass sie überflüssig oder minderwertig ist. Allgemein bildende, sprachliche und künstlerische Kurse gehören dazu. Der Unterricht findet unabhängig von Arbeitsplatz und Arbeitszeit und nur in Ihrer Freizeit statt. Ein Beispiel dafür sind die Angebote der Volkshochschulen.

▶ **Betriebliche Weiterbildung** wird vom Unternehmen für seine Arbeitnehmer finanziert, um konkurrenzfähig zu bleiben. Sie liegt vorrangig im Interesse des Betriebes.

▶ **Staatlich geförderte Weiterbildung** passt die Kenntnisse von Arbeitnehmern dem neuesten Entwicklungsstand an, um ihre Chancen auf dem Arbeitsmarkt zu verbessern. Der Staat unterstützt diese Form der Weiterbildung vielfach immer noch finanziell. Ziel ist es, die Arbeitslosigkeit zu verringern, vor allem durch Fortbildung und Umschulung.

Welche Weiterbildungsmöglichkeiten gibt es speziell für den Kaufmann, der eine Lehre abgeschlossen hat? Das folgende Schaubild zeigt die verschiedenen Möglichkeiten und die jeweiligen Voraussetzungen.

Fort- und Weiterbildung

Die Weiterbildungsmöglichkeiten für den ausgebildeten Kaufmann (ohne Abitur)

Kaufmännische Lehre (anerkannter beruflicher Abschluss)

- Mindestens 3 Jahre Berufspraxis
- 2 bis 3 Jahre Berufspraxis
- 1 Jahr Fachoberschule (Abschluss Fachhochschulreife)

Nach dem Abschluss der Lehre und einigen Jahren Berufserfahrung stehen dem Kaufmann mehrere Wege zur Fort- und Weiterbildung offen.

- Vollzeit-, Teilzeit- oder Fernunterricht von unterschiedlicher Dauer (ab 400 Stunden), bis ca. 2 Jahre
- 4 Semester Fachschule (Vollzeit) oder entsprechend längere Teilzeitschule beziehungsweise Fernunterricht
- 6 bis 8 Semester Studium an der Fachhochschule (Wirtschaft)

Fachkaufmann z. B. Bilanzbuchhalter, Personalfachkaufmann

Fachwirt z. B. für Industrie, Handel, Bank, Versicherung, Verkehr

Staatlich geprüfter Betriebswirt

Diplom-Betriebswirt (FH)

Neues Kaufmanns- und Firmenrecht

Der Gesetzgeber hat zum 1. Juli 1998 wesentliche Teile des Handelsgesetzbuches (HGB) neu gefasst. Die neuen Regelungen entsprechen den gewandelten Verhältnissen des modernen Wirtschaftslebens und fügen sich besser in das europäische Handelsrecht ein.

Bis zum 30. Juni 1998 galt das seit 1898 in wesentlichen Zügen unveränderte Handelsgesetzbuch mit seinen diversen Einteilungen des Kaufmannberufs in Voll- und Minderkaufleute sowie branchenabhängig in Muss-, Soll-, Kann- und Formkaufleute. Für diese Einteilungen galten unterschiedliche Bestimmungen bezüglich der Eintragung in das Handelsregister, das öffentliche Verzeichnis, in dem die rechtlichen Verhältnisse der Handelsgewerbe eingetragen sind. Das führte dazu, dass bei entsprechendem Geschäftsumfang ein Musskaufmann (Handelsgewerbe) sich in das Handelsregister eintragen musste und dem HGB unterlag, während ein Sollkaufmann (Dienstleistungen) – selbst bei einem entsprechend großen Geschäftsbetrieb – nur dann dem HGB unterlag, wenn er sich freiwillig in das Handelsregister eintrug.

Das durch das Handelsrechtsreformgesetz vereinfachte Recht fasst seit dem 1. Juli 1998 den alten Muss- und den alten Sollkaufmann zusammen. Damit gelten künftig für alle Gewerbetreibenden – unabhängig von ihrer Branchenzugehörigkeit – die gleichen Bestimmungen. Kaufmann ist jetzt jeder Gewerbetreibende, es sei denn, das Unternehmen erfordert nach Art und Umfang keinen in kaufmännischer Weise eingerichteten Geschäftsbetrieb (§ 1 HGB n. F.).

Kaufmann auf Wunsch

Den so genannten Minderkaufmann gibt es im neuen Recht nicht mehr. Die Unternehmen, die nach Art oder Umfang keinen Geschäftsbetrieb erfordern (Kleingewerbetreibende), unterliegen ausschließlich dem Bürgerlichen Gesetzbuch. Obwohl sie ein Gewerbe ausüben, gelten sie vor dem Gesetz als Nichtkaufleute.

Falls sie jedoch die Kaufmannseigenschaft für sich in Anspruch nehmen wollen, können sie sich durch den freiwilligen Eintrag in das Handelsregister dafür qualifizieren. Dies gilt sowohl für den kleingewerbetreibenden Einzelunternehmer als auch für eine Gesellschaft bürgerlichen Rechts, die sich allerdings dem Statut einer offenen Handelsgesellschaft oder einer Kommanditgesellschaft unterstellen muss.

Die Eintragung in das Handelsregister ist in allen Fällen deklaratorisch. Das heißt, dass das HGB für das Unternehmen bereits ab dem Zeitpunkt gilt, in dem es die entsprechenden Größenverhältnisse erreicht.

> **Achtung:** Für denjenigen, der von dieser Wahlmöglichkeit keinen Gebrauch macht, besteht dennoch ab dem Zeitpunkt, in dem sein Gewerbe den Umfang erreicht, der einen kaufmännischen Gewerbebetrieb erforderlich macht, die Verpflichtung, sich in das Handelsregister einzutragen. Falls es zu einemn Rechtsstreit kommt, bei dem es von Bedeutung ist, ob der Kleingewerbetreibende Kaufmann im Sinn des HGB ist oder nicht, so trägt er selbst die Beweislast.

Die Bedeutung der Firma im Rechtsverkehr

Die Firma, im juristischen Sinn der Name des Kaufmanns, unter dem er seine Geschäfte betreibt und seine Unterschrift abgibt, ist von erheblicher Bedeutung für die Unternehmen. Die Firma dient unter anderem der Trennung der kaufmännischen von der privaten Sphäre. Mit ihr verbinden sich wichtige Rechtsfolgen, wie beispielsweise die unverzügliche Rügepflicht oder das kaufmännische Zurückbehaltungsrecht. Als Aushängeschild des Unternehmens stellt sie aber auch einen finanziell messbaren Wert dar, der bei einer Unternehmensübernahme als Goodwill angerechnet wird. Die Firma kann nur zusammen mit dem Unternehmen verkauft, vererbt und verpachtet werden.

> **Achtung:** Die Unterscheidung von Kaufleuten und Kleingewerbetreibenden ist aufgrund des notwendigen Rechtsformzusatzes weniger schwierig. Das Recht, traditionelle Geschäftsnamen zu führen, bleibt bestehen. Dies betrifft vor allem Hotels, Gaststätten, Apotheken und Kinos. Bezeichnungen wie »Alte Post«, »Rosenapotheke« oder »Museums Lichtspiele« sind weiterhin erlaubt.
>
> Während die Firma vor allen Dingen der Individualisierung des Kaufmannes dient, bezweckt die Marke, Waren oder Dienstleistungen mehrerer Konkurrenten voneinander zu unterscheiden. Die Marke – beispielsweise »BMW«, »Microsoft« oder »Iglo« – wird in der Regel durch Eintragung des Zeichens beim Deutschen Patentamt in München erworben. Sie kennzeichnet Produkte oder Leistungen, die einem bestimmten Hersteller zugeordnet werden. Trotz dieser Unterscheidung werden Marke und Firmenname in Zukunft häufiger als bisher zusammenfallen, da das neue Firmenrecht auch Fantasienamen zulässt, sofern der erforderliche Rechtsformzusatz angehängt wird.

Die Firmenführungsberechtigung knüpft nach dem neuen Recht entweder an das Vorliegen des kaufmännischen Geschäftsbetriebes oder im Falle der Eintragung auf eigenen Wunsch des Kleingewerbetreibenden an die Eintragung in das Handelsregister.

Firmierungsgrundsätze

Im Gegensatz zum alten Recht, das je nach Rechtsform des Unternehmens verschiedene Firmenbildungsvorschriften kannte, sieht das neue Recht eine einheitliche Regelung zur Firmenbildung vor. Für Altfirmen sind Übergangsvorschriften bis in das Jahr 2003 gültig. Generell muss eine Firma folgende Grundsätze berücksichtigen:

- ▶ **Firmenwahrheit:** Für irreführende Firmenbestandteile darf die Eintragung in das Handelsregister abgelehnt werden.
- ▶ **Firmenausschließlichkeit:** So wie eine Privatperson nur einen Namen hat, so darf ein Unternehmen nur eine Firma führen.
- ▶ **Firmenunterscheidbarkeit:** Im Gegensatz zu Privatpersonen dürfen zwei Firmen innerhalb eines gemeinsamen Gebietes nicht den gleichen Namen führen, um einer Verwechselbarkeit entgegenzuwirken.

Der zwingend vorgeschriebene Rechtsformzusatz verdeutlicht bei jeder Personen-, Sach- und Fantasiefirma die Rechtsform. Ein Blick auf den Briefkopf genügt, um über Gesellschafts- und Haftungsverhältnisse im Bilde zu sein.

⚡ Blitzübersicht: Das neue Kaufmanns- und Firmenrecht

Bisherige Rechtslage	Neuregelung seit Juni 1998
Einzelunternehmen	
Nur zulässig als Personenfirma: personenstandsrechtlicher Familienname mit mindestens einem ausgeschriebenen Vornamen.	Personen-, Sach-, Fantasiefirma bzw. Mischfirmen sind zulässig. **Notwendiger Rechtsformzusatz:** eingetragener Kaufmann, eingetragene Kauffrau oder e. K., e. Kfm., e. Kfr.
Offene Handelsgesellschaft	
Gem. § 19 HGB a. F.: Name wenigstens einer der Gesellschafter mit einem das Vorhandensein einer Gesellschaft andeutenden Zusatz oder die Namen aller Gesellschafter müssen in der Firma enthalten sein. Beispiel: Müller Schulze & Co.	Gem. § 18 HGB n. F.: Personen-, Sach-, Fantasiefirma bzw. Mischformen sind möglich. **Notwendiger Rechtsformzusatz:** offene Handelsgesellschaft oder oHG.
Kommanditgesellschaft	
Firmenbildung mit dem Namen wenigstens eines der persönlich haftenden Gesellschafter mit einem das Vorhandensein einer Gesellschaft andeutenden Zusatz. Kommanditistennamen sind ausgeschlossen. Mögliche Firmierungen daher: Müller & Co., Gebr. Müller.	Gem. § 18 HGB n. F.: Personen-, Sach-, Fantasiefirma bzw. Mischformen sind möglich. **Notwendiger Rechtsformzusatz:** Kommanditgesellschaft oder die Abkürzung KG.
Gesellschaft mit beschränkter Haftung	
Nach § 4 GmbH-Gesetz a. F. waren zulässig: Namens-, Sach- und gemischte Firma. Bei der Bildung einer Personenfirma musste der Name eines Gesellschafters in der Firmierung erscheinen. Bei der Sachfirma musste der Name vom Gegenstand des Unternehmens entlehnt sein.	Gem. § 18 HGB n. F.: Namens-, Personen-, Sach- und Fantasiefirma bzw. Mischformen sind möglich. **Notwendiger Gesellschaftszusatz** (vgl. § 4 GmbHG n. F.): Gesellschaft mit beschränkter Haftung oder allgemein verständliche Abkürzung GmbH.
Aktiengesellschaft	
Die Firma der Aktiengesellschaft soll als Sachfirma gebildet werden. Notwendige Rechtsformangabe Aktiengesellschaft (ausgeschrieben nach dem Gesetzeswortlaut).	§ 18 Abs. 1 HGB n. F. i. V. m. § 4 Aktiengesetz n. F.: Namens-, Sach-, Fantasiefirma bzw. Mischformen zulässig. **Notwendige Rechtsformangabe:** Aktiengesellschaft oder allgemein verständliche Abkürzungen wie AG.
Partnerschaftsgesellschaft	
Der Name der Partnerschaft muss den Namen mindestens eines Partners, den Zusatz »und Partner« oder »Partnerschaft« sowie die Berufsbezeichnungen aller in der Partnerschaft vertretenen Berufe enthalten. Die Rechtsformangabe »und Partner« oder »Partnerschaft« ist zwingend.	Die Partnerschaft bleibt auf die Namensfirma beschränk. Die Beifügung des Vornamens ist nicht erforderlich. Die Namen anderer Personen als der Partner dürfen ausdrücklich nicht in den Namen der Partnerschaft aufgenommen werden. Notwendige Rechtsformangabe: »und Partner« oder »Partnerschaft«.

Der Kaufmann im beruflichen Alltag

Im Sinne des Handelsgesetzbuches ist nur derjenige Kaufmann, der selbstständig ein Handelsgewerbe betreibt, worunter alle vollkaufmännisch geführten Geschäftsbetriebe und alle eingetragenen Kleingewerbe fallen. Im allgemeinen Sprachgebrauch ist dagegen jeder ein Kaufmann, der kaufmännisch tätig ist. Doch in der Praxis bestehen teilweise große Unterschiede, der Kaufmann kann als kaufmännischer Angestellter arbeiten, geschäftsführend oder auch selbstständig tätig sein.

Der kaufmännische Angestellte
Der kaufmännische Angestellte ist in einem Handelsgewerbe als Arbeitnehmer angestellt. Für ihn gelten die Vorschriften ab § 59 im HGB über Handlungsgehilfen. Er unterscheidet sich dadurch von einem gewerblichen Arbeitnehmer. Der Arbeitgeber muss Kaufmann sein. Der kaufmännische Angestellte leistet kaufmännische Dienste, die gewisse kaufmännische Kenntnisse und Erfahrungen voraussetzen. Die Tätigkeit ist weder mechanisch noch gewerblich.

Der geschäftsführende Manager
Der Manager oder Geschäftsführer steht an der Spitze eines Unternehmens. Der Vorstand repräsentiert das Unternehmen. Der Geschäftsführer ist weder Angestellter im eben beschriebenen Sinne, noch ist er Eigentümer des Betriebes. Er zeichnet verantwortlich, leitet das Unternehmen, ist der gesetzliche Vertreter und fungiert daher als Arbeitgeber, nicht als Arbeitnehmer. So vertritt der Geschäftsführer oder Manager die Interessen des Unternehmens gegenüber der Arbeitnehmerschaft. Den Unterschied zwischen einem angestellten und einem geschäftsführenden Kaufmann verdeutlicht auch die unterschiedliche Rechtsstellung: Kommt es zum Streit und Prozess zwischen dem Geschäftsführer und dem Unternehmen, ist das Landgericht, Kammer für Handelssachen, zuständig. Für den Arbeitnehmer ist hingegen das Arbeitsgericht die richtige Instanz.

Der selbstständige Eigentümer
Der selbstständige Kaufmann unterscheidet sich von dem beauftragten Unternehmer (Geschäftsführer, Manager) dadurch, dass er neben der Leitung des Betriebs auch noch im Besitz des Firmenkapitals ist. Der Eigentümer trägt also das gesamte Risiko. Dabei ist der selbstständige Kaufmann immer eine natürliche Person, es steht ein Mensch dahinter. Ein Unternehmer kann eine natürliche, aber auch eine juristische Person sein, beispielsweise eine Gesellschaft mit beschränkter Haftung (GmbH) oder eine Aktiengesellschaft (AG). Die Art der Rechtsform ist entscheidend für die Haftung im Falle einer Insolvenz und die damit verbundenen persönlichen Risiken.

Neben der juristischen Unterscheidung zwischen den Kaufleuten kann man natürlich auch Unterschiede im beruflichen Alltag von Kaufleuten feststellen. So ist der Mann am Bankschalter ebenso Kaufmann wie der Selfmade-Unternehmer vom Format eines Bill Gates.

Kapitel 2
Das Unternehmen und seine Rechtsform

Prüfen Sie mit diesem kleinen Test, wie viel Wissen schon vorhanden ist, und ob die Lektüre dieses Kapitels für Sie besonders vorrangig ist. In den folgenden zehn Testfragen stecken wesentliche Informationen des anschließenden Kapitels. Beantworten Sie alle Fragen fehlerfrei, dann können Sie das folgende Kapitel zunächst einmal überfliegen. Bleiben Fragen offen, dann finden Sie die Lösungen in den einzelnen Abschnitten dieses Kapitels. Die Auflösung der Fragen finden Sie am Testende.

⚡ Blitztest
Was wissen Sie schon – wie groß ist Ihr Info-Bedarf?

→ siehe Seite 20

1. Welche Unternehmen müssen keine Gewerbeanmeldung vornehmen?
a) Kaufleute.
b) Freiberufler.
c) Zahnärzte.

→ siehe Seiten 20/21

2. Was passiert nach der Gewerbeanmeldung?
a) Das Finanzamt erteilt eine Steuernummer.
b) Sie bekommen Besuch vom Betriebsprüfer.
c) Die Industrie- und Handelskammer will Geld.

→ siehe Seiten 34 ff.

3. Welche Steuern zahlt ein Personenunternehmen beziehungsweise Einzelunternehmer?
a) Körperschaftsteuer.
b) Umsatzsteuer.
c) Einkommensteuer.

→ siehe Seiten 34 ff.

4. Welche Steuern zahlt eine Kapitalgesellschaft?
a) Körperschaftsteuer.
b) Gewerbesteuer.
c) Einkommensteuer.

5. Welche Rechte hat der typische stille Gesellschafter?
a) Geschäftsführung.
b) Verzinsung seiner Kapitalanlage.
c) Beteiligung an den stillen Reserven.

→ siehe Seiten 22 und 32

6. Welche Rechte hat der atypische stille Gesellschafter?
a) Kapitalverzinsung.
b) Gewinn- und Verlustbeteiligung.
c) Beteiligung an den stillen Reserven.

→ siehe Seiten 22 und 32

7. Welche Vorteile hat eine Kapitalgesellschaft gegenüber einer Personengesellschaft?
a) Die Haftung ist auf die Kapitaleinlage begrenzt, das Privatvermögen wird nicht belangt.
b) Dank größerer Steuerfreibeträge werden Kapitalgesellschaften weniger belastet.
c) Die Gründungskosten sind aufgrund »weicherer« Vorschriften geringer.

→ siehe Seite 49

8. Welche Berufe können eine Partnerschaftsgesellschaft gründen?
a) Vollkaufleute.
b) Freiberufler.
c) Hebammen.

→ siehe Seite 41

9. Wie viele Mindestgründer benötigt die AG?
a) 2.
b) 5.
c) 25.

→ siehe Seite 57

10. Welche Bedeutung hat eine Doppelgesellschaft (Betriebsaufspaltung)?
a) Steuerminimierung.
b) Verschiebung der Gewinne und Verluste.
c) Stundung der Körperschaftsteuer durch das Finanzamt.

→ siehe Seiten 58/59

Lösung des Tests:

1. b, c	**3.** b, c	**5.** b	**7.** a	**9.** b
2. a, c	**4.** a, b	**6.** b, c	**8.** b, c	**10.** a, b

Wie ein Unternehmen entsteht: Die Gewerbeanmeldung

Normalerweise darf man in Deutschland als Geschäft alles betreiben was man kann. Aber damit ist schon wieder eine Einschränkung verbunden: Man muss nämlich sein Können im Einzelfall auch nachweisen, etwa dass man Handwerksmeister ist, als Abbruchunternehmer mit Sprengstoff umzugehen weiß, sich als Gastwirt mit den Steuer- und Hygienevorschriften auskennt, als Wohnungs- oder Finanzmakler eine saubere Weste hat. Bevor man jedoch das Chefgefühl auskosten kann, hat der Gesetzgeber noch einen Behördengang vorgesehen.

Am Anfang einer Unternehmensgründung steht die Gewerbeanmeldung. Je nachdem, welches Gewerbe Sie anmelden wollen, ist der Weg dorthin mit Zeugnissen und Nachweisen gepflastert.

Die Gewerbeanmeldung
In jedem Fall müssen Sie für alle selbstständigen Geschäfte eine Gewerbeerlaubnis beantragen. Die gibt es vom zuständigen Wirtschafts- und Ordnungsamt Ihres Wohnortes. Mitnehmen müssen Sie in jedem Fall:
▶ Personalausweis oder Reisepass sowie
▶ vorhandene Nachweise oder Genehmigungen (Meisterbrief, Handwerkskarte, Konzession, Taxischein, Nachweis über Gaststättenschulung usw.).

Werden in Ihrem Fall spezielle weitere Unterlagen benötigt (für Maklertätigkeit etwa ein Führungszeugnis), wird man Sie darauf hinweisen.

Ausnahmen für Freiberufler
Eine ganze Reihe von Selbstständigen benötigt für ihre Tätigkeit keine Gewerbeanmeldung, weil die Selbstständigkeit bei ihnen als »freiberufliche Tätigkeit« gilt. Das ist so bei allen niedergelassenen Ärzten, Anwälten, Architekten, Bildberichterstattern, Buchprüfern, Diplompsychologen, Dolmetschern, Fahrlehrern, Handels-Chemikern, Hebammen, Heilpraktikern, Ingenieuren (beratenden oder planenden, nicht produzierenden oder ein Handwerk ausübenden), Journalisten, Krankengymnasten, Künstlern (Maler, Schauspieler, Musiker, Komponisten usw.), Lotsen, Masseuren, Sachverständigen (hauptberuflich), Steuerberatern, Steuerbevollmächtigten, Unternehmensberatern, Wirtschaftsprüfern und Zahnärzten, wobei diese Aufzählung nicht vollständig sein kann. All diese Berufsgruppen genießen gegenüber anderen einen großen Vorteil: Sie sind von der Gewerbesteuer befreit. Und sie müssen ihre Tätigkeit eben nicht als Gewerbe anmelden – wenn Sie es als natürliche Person betreiben wollen.

Die so genannten freien Berufe »befreien« den, der sie ausübt, von der Gewerbeanmeldung und folglich auch von der Zahlung der Gewerbesteuer.

Was nach der Gewerbeanmeldung auf Sie zukommt
Ist das Gewerbe erst mal registriert, gibt es kein Entrinnen mehr aus der Behördenmühle. Denn jetzt heißt es, zahlreiche Formulare und Fragebögen auszufüllen und schon einmal sein Geld bereitzuhalten. Außerdem

Das Gewerbe anmelden

werden sich, vom Gewerbeamt informiert, relativ schnell folgende Stellen bei dem Unternehmer melden, wobei der erste Brief fast immer vom Finanzamt kommt:

- **Steuernummer:** Das Finanzamt erteilt eine Steuernummer für Umsatz- und Einkommensteuer und schickt einen Fragebogen.
- **Beiträge:** Die Berufsgenossenschaft (Pflichtversicherung) will Beiträge einschätzen und schickt einen Fragebogen.
- **Betriebsnummer:** Das Arbeitsamt erteilt dem neuen Arbeitgeber eine Betriebsnummer und schickt gleich mehrere Fragebögen.
- **Beiträge:** Die Industrie- und Handelskammer (je nach Wirtschaftszweig) will Beiträge und schickt einen Fragebogen.
- **Die Handwerkskammer** (nur bei Handwerksbetrieben) will Beiträge und schickt einen Fragebogen.
- **Das Handelsregister-Gericht** meldet sich eventuell wegen einer erforderlichen Eintragung und schickt einen Fragebogen.
- **Das Amt für Arbeitsschutz** (oder eine anders benannte, aber mit den gleichen Aufgaben betraute Behörde) meldet sich eventuell (abhängig vom Gewerbe und davon, ob Mitarbeiter beschäftigt werden) und schickt zur Abwechslung mal einen Fragebogen.
- **Nur von der Krankenkasse** muss selbst ein Fragebogen angefordert werden, denn die Mitarbeiter müssen entweder bei der AOK oder einer anderen Kasse angemeldet und versichert werden.

Das klingt nach viel Arbeit, aber man braucht keine Angst zu haben, dass man eine der genannten Adressen und den jeweiligen Fragebogen vergessen könnte – die genannten Stellen lassen nicht locker, melden sich automatisch und immer wieder.

Nach der Gewerbeanmeldung heißt es schon wieder Formulare ausfüllen. Meist melden sich zahlreiche Behörden und Institutionen, denen Sie beitragspflichtig sind oder die als Interessenvertreter an bestimmten Informationen interessiert sind.

> **Achtung:** Das Finanzamt meldet sich auch deshalb zuerst bei Ihnen, weil dort bei jeder Firmengründung die Kasse klingelt: Ab sofort greift man Ihnen nämlich richtig in die Tasche, mit ein paar neuen Steuern, mit denen der Nichtunternehmer nie oder selten zu tun hat: Dazu gehören Körperschaft-, Lohn-, Gewerbe- und Umsatzsteuer.
> Hierzu mehr im Kapitel 7 über die Besteuerung von Unternehmen und den Umgang mit Finanzämtern (siehe Seite 184).

Beteiligungen und Betriebsübernahmen

Wer den sanften Einstieg ins Unternehmerdasein einem »Alleinkampf« vorzieht, kann versuchen, sich an einem bestehenden Betrieb zu beteiligen oder ihn ganz zu erwerben. Vorteil: Der Vorgänger beziehungsweise Partner hat schon bewiesen, dass die unternehmerischen Ziele realisierbar sind. Dies aber sollte vor einer Beteiligung beziehungsweise einem Erwerb anhand der vorgelegten Bilanzen eingehend geprüft werden. Dabei ist es ratsam, einen bilanzerfahrenen Steuerberater oder Wirtschaftsprüfer einzuschalten. Denn alle Zahlen der Bilanz sind nur so ehrlich wie derjenige, der sie aufgestellt hat. Und nicht immer zeigen die vorgelegten Zahlen, was man wirklich sehen möchte.

Selbst wenn der Vorgänger oder Partner das Unternehmen erfolgreich geführt hat, ist dies natürlich keine Garantie für die Zukunft, sondern nur ein zunächst weiches Polster. Steigen Sie als Mitunternehmer ein, sind Ihre unternehmerischen Fähigkeiten ebenso gefragt. Stellen Sie nur Kapital zur Verfügung (stiller Gesellschafter), sind Sie am unternehmerischen Risiko nicht beteiligt und können alles mehr oder weniger aus der Ferne betrachten. Scheuen Sie die Übernahme des unternehmerischen Risikos, ist die stille Teilhaberschaft für Sie das Richtige.

Die stille Teilhaberschaft

Die Beteiligung an einem Unternehmen ist eine ideale Möglichkeit für jene, die über genügend Kapital verfügen, aber keine eigene Geschäftsidee haben, die sie umsetzen könnten.

Sie wird hier nur der Vollständigkeit halber erwähnt, da sie mit einer Unternehmensgründung im engeren Sinn nichts zu tun hat. Hier handelt es sich vielmehr nur um eine Geldanlage in einem Unternehmen. Der Teilhaber bekommt für seine Einlage keine Mitspracherechte bezüglich der Firmenpolitik oder Geschäfte, er tritt nach außen gar nicht in Erscheinung und muss auch nicht in der Firma mitarbeiten.

Als Lohn für seine Geldeinlage bekommt er entweder eine fest vereinbarte Verzinsung für sein eingebrachtes Kapital geboten. Die wird, weil er ein größeres Risiko als bei garantierten Zinsen von der Bank eingeht, höher ausfallen als für andere Geldanlagen. Es kann aber auch eine prozentuale Beteiligung am Gewinn des Unternehmens vereinbart werden. Entsprechende Verträge sollten von Anwälten und/oder Steuerberatern gestaltet werden.

> **Achtung:** Bei ungeschickt oder fehlerhaft formulierten Verträgen droht die Gefahr, dass der stille Teilhaber entgegen seiner Absicht zum Mitinhaber, also BGB-Gesellschafter wird. Die Folge wäre, dass er plötzlich, zum Beispiel für Steuerschulden oder andere Verbindlichkeiten, in die Haftung genommen werden könnte. Sichern Sie sich also gegen solche Eventualitäten entsprechend ab.

Die atypische stille Teilhaberschaft

Hier beginnt die eben noch als reine Geldanlage beschriebene stille Teilhaberschaft nun doch schon zu einem etwas aktiveren Abenteuer zu werden. Denn hinter dem Zusatz »atypisch« kann sich vieles verbergen – zum Beispiel, dass als Gegenleistung für die Geldeinlage Mitspracherechte eingeräumt werden oder eine Mitarbeit erwartet wird.

Der Teilhaber wird dadurch aber steuerlich und rechtlich noch nicht zum Mitinhaber – die atypische stille Beteiligung kann deshalb auch als Möglichkeit gewählt werden, die Haftung des Teilhaber-Partners zu begrenzen, ohne an der bestehenden Rechtsform des Unternehmens etwas zu verändern.

Die Form der Beteiligung richtet sich primär danach, ob Sie nur Ihr Geld zur Verfügung stellen oder ob Sie selbst in die unternehmerischer Entscheidungen eingreifen wollen.

> **Achtung:** Auch nach außen kann der atypische stille Teilhaber die Firma vertreten. Er muss aber mit entsprechenden Vollmachten ausgestattet sein, zum Beispiel durch Prokura. Ansonsten drohen dieselben Vertragsfehler wie bei der stillen Teilhaberschaft.

Die Teilhaberschaft

Meist ist dies eine Vorbereitungsstufe zur Übernahme eines bereits bestehenden Betriebes – wenn alles richtig läuft. Dann könnte sich nämlich der Weg wie folgt darstellen:

- Der Teilhaber bringt Kapital in die Firma ein.
- Er wird dadurch zum gleichberechtigten Partner, entweder durch vertragliche Absicherung oder durch Änderung der Rechtsform, zum Beispiel von Einzelfirma in oHG oder GbR.
- Entsprechend der vertraglichen Regelung scheidet der Firmengründer nach einer vorher bestimmten Zeit oder zu den vorher vereinbarten Bedingungen aus, oder beide arbeiten künftig gemeinsam.

Dabei sind aber unfeine Tricks nicht immer ganz ausgeschlossen – wenn nämlich zunächst mit einer Teilhaberschaft gelockt wird, die Voraussetzungen dafür aber gar nicht geschaffen werden.
Typisch für diese Trickserei ist, dass eine Teilhaberschaft ohne Geldeinlage angeboten wird – ein ziemlich unglaubwürdiges Angebot, weil dann quasi ein Teil des Unternehmens als Geschenk versprochen würde. Bei solchen Angeboten sollte der Fairness halber für die Zeit der »Noch-nicht-Teilhaberschaft« ein völlig normales Gehalt gezahlt (und verlangt) werden. Die in Aussicht gestellte »Teilhaberschaft« verpflichtet den anderen nämlich meistens zu nichts – deshalb sollten ihm gegenüber auch keine Vorleistungen in Form von Gehaltsverzicht erbracht werden.

Bei einer Teilhaberschaft sollten Sie von Anfang an konkrete Vereinbarungen treffen, sonst kann es später unter Umständen zu Streit kommen.

> **Achtung:** Lassen Sie sich nie mit der späteren Aufnahme als Teilhaber locken. Eine gewisse Beobachtungszeit von einem halben Jahr mag für beide Seiten gut sein – aber dann müssen die entsprechenden Vereinbarungen festgeklopft werden. Sonst besteht die Gefahr, dass mit der Hinhaltetaktik »Teilhaberschaft« nur Ihre Arbeitskraft und Ihr Engagement ausgebeutet werden sollen. Sichern Sie sich durch verbindliche schriftliche Vereinbarungen vorher ab.

Die Teilhaberschaft bei einer Neugründung

Hier gelten zwar die bei allen Neugründungen zu berücksichtigenden Punkte. Aber die Frage, ob man mit einem Partner gemeinsam das Unternehmen aufbaut, sollte nicht ausgespart werden. Es gibt gute Gründe, die dafür sprechen:

- **Lastenverteilung:** In einer Gründungsphase ist es gut, wenn Verantwortung und Lasten von mehreren Beteiligten getragen werden.
- **Sicherheit:** Der Ausfall eines Einzelkämpfers durch Unfall oder Krankheit kann in der Startphase das vorzeitige Aus bedeuten.
- **Zusammenarbeit:** Beide Partner können sich mit ihren Fähigkeiten ergänzen und sich gegenseitig vertreten.
- **Erleichterung:** Das von einer Einzelperson oft kaum aufzubringende Kapital kann leichter beschafft werden.

Welche Rechtsformen sich für die Teilhaberschaft auch bei Neugründung anbieten, erfahren Sie im Einzelnen bei der Erläuterung der verschiedenen Rechtsformen.

Natürlich ist es hervorragend, wenn man mit einem Freund ein Unternehmen gründet und aufbaut. Die große Gefahr besteht jedoch darin, dass im Fall einer Pleite nicht nur das Unternehmen, sondern auch die Freundschaft dahin ist.

> **Achtung:** Voraussetzung dafür, dass eine Partnerschaft funktioniert, ist in den seltensten Fällen eine schon lange bestehende Freundschaft. Wichtig ist in erster Linie, dass beide geschäftlich die gleichen Ansichten vertreten, gemeinsame unternehmerische Ziele haben und sich als Unternehmer ergänzen. Im Idealfall ergänzen sich ein guter Organisator und ein kreativer Kopf. Sie mögen über diesen Tipp lächeln – aber schon viele Freunde, die zu Partnern wurden, haben das Sprichwort bestätigt gefunden, dass die Freundschaft beim Geld aufhört.

Die Geschäftsübernahme

Es gibt viele Gründe, warum auch für gut eingeführte und glänzend laufende Geschäfte Nachfolger gesucht werden. Das können familiäre, Alters- oder Gesundheitsprobleme sein. Es wäre auch möglich, dass der Vorgänger genug Geld verdient oder keine Lust mehr hat. Aber oft wird deshalb ein Nachfolger für das Geschäft gesucht, weil es nicht mehr gut läuft. Und dann macht es für den Altunternehmer Sinn, sich gegen eine einmalige Zahlung rechtzeitig davon zu trennen – ehe er das Geschäft aufgrund laufender Verluste schließen muss.

> **Achtung:** Gut laufende Geschäfte werden meistens verpachtet oder gegen langfristige laufende Zahlungen übergeben. Alles andere käme einer Verschenkung gleich. Wenn sich der bisherige Eigentümer aber gegen eine Einmalzahlung möglichst schnell wegen »mangelnder Lust« zurückziehen will, sollte das stutzig machen.

Diese Regel sollten Sie auch im Hinterkopf behalten, wenn sich das Unternehmen und die Bücher nach genauem Studium als sauber erweisen. Versetzen Sie sich einfach in die Rolle des anderen, und fragen Sie sich, was ihn wirklich zu seinem Entschluss gebracht haben könnte. Niemand verschenkt freiwillig etwas, schon gar nicht die Aussicht auf langfristige regelmäßige Zahlungen aus einem gut laufenden Unternehmen …

Bevor Sie sich für eine Beteiligung entscheiden
Der Kapitalist alter Schule, der sich selbst als ehrbarer Kaufmann verstand und dies durch Fairness bei den Geschäften und soziales Engagement zum Ausdruck brachte, ist leider am Aussterben. Also sollten Sie zur eigenen Sicherheit immer von den schlechtesten Voraussetzungen ausgehen.
Halten Sie sich bei der Betrachtung eines Unternehmens, an dem Sie sich beteiligen oder das Sie übernehmen wollen, nicht mit der Prüfung jener Fakten oder Unterlagen auf, die die Angaben des Eigentümers belegen können oder sollen. Suchen Sie stattdessen eher nach Beweisen für das genaue Gegenteil. Bilanzen und Steuererklärungen lassen sich manipulieren – das Gespür nicht.

Bevor Sie ein Geschäft übernehmen, sollten Sie sich ausreichend darüber informieren, wie die tatsächliche Geschäftslage und die Zukunftsaussichten sind. Daraus ergibt sich manchmal die eigentliche Motivation des Verkäufers, die Sie vorsichtig machen sollte.

Die Ermittlung des Unternehmenswertes
Allein wird es Ihnen aber meist nicht gelingen, ein Unternehmen durchzuchecken. Dies ist zunächst mal Sache eines Steuerberaters, Unternehmensberaters oder Wirtschaftsprüfers. Denn schon die Einschätzung eines Unternehmenswertes ist von vielen Faktoren abhängig und nach unterschiedlichen Gesichtspunkten möglich:
▶ **Der Ertragswert:** Vom derzeitigen Stand aus wird der Gewinn für die kommenden fünf Jahre eingeschätzt. Diese Bewertung macht Sinn, wenn Sie den Betrieb ohne große Änderungen wie bisher weiterführen wollen.
▶ **Der Substanzwert:** Dabei wird nur der Wert aller zu erwerbenden Gegenstände (abzüglich noch offener Verbindlichkeiten) ermittelt. Diese Bewertung macht Sinn, wenn Sie grundlegende Änderungen gegenüber der bisherigen Betriebsführung vornehmen wollen.
▶ **Der reale Unternehmenswert:** Dabei werden Substanzwert und Ertragswert addiert und dann durch zwei geteilt – eine Mischform, die eine möglichst realistische Bewertung von Sachvermögen und Ertragskraft ermöglichen soll.

Die Ermittlung des Unternehmenswertes ist eine gute Methode, um festzustellen, ob der gewünschte Kaufpreis realistisch ist. Dafür benötigen Sie jedoch den Rat eines Fachmanns.

Informationen zu Beteiligungen und Übernahmen
Für viele Branchen gibt es auch aktuelle Durchschnittswerte, zu denen Betriebe gehandelt werden. Oft wird dabei einfach von einem mehrfachen Jahresumsatz ausgegangen, zum Beispiel dem zweieinhalb bis fünffachen. Hintergrund ist folgende Überlegung: Bestimmte Umsätze sind nur

zu schaffen, wenn das Unternehmen entsprechend etabliert und ausgestattet ist. Außerdem steht der Umsatz immer in direktem Zusammenhang mit dem Reingewinn.

> **Achtung:** Bei den jeweils zuständigen Industrie- und Handelskammern beziehungsweise bei den entsprechenden Handwerkskammern werden Sie nicht nur in Fragen der Übernahme und Beteiligung an Unternehmen beraten, sondern Sie bekommen auch Sachverständige genannt und die Adressen von Teilhaber- oder Übernahmebörsen, über die sich Kontakte zu potenziellen Anbietern herstellen lassen.

Anhaltspunkte über das Unternehmen sammeln

Auch wenn fachlich versierte Berater mit der Beurteilung der wirtschaftlichen Lage eines Unternehmens beauftragt werden, kommen Sie selbst nicht völlig um eigene Recherchen herum. Dabei sind vor allem die folgenden Punkte wichtig:
▶ Verschaffen Sie sich einen Überblick über den Kundenkreis.
▶ Informieren Sie sich über die Konkurrenten.
▶ Beurteilen Sie selbst die Mitarbeiter.
▶ Verschaffen Sie sich einen Überblick über die privaten Lebensverhältnisse des bisherigen Eigentümers.

Betrachten Sie dies nicht als Aufforderung zum privaten großen Lauschangriff oder zur Schnüffelei, sondern als Aufforderung, sich über den wirklichen Verbleib Ihrer möglicherweise gar nicht so geringen Einlage ernsthafte Gedanken zu machen.

Die eigene Marktanalyse und die realistische Bewertung von Chancen und Risiken bleiben trotz der Beratung durch Sachverständige bei einer Unternehmensbeteiligung oder -übernahme unerlässlich.

Ohne Vertrag läuft gar nichts

Es hat schon Fälle gegeben, in denen ein potenzieller Teilhaber dem bisherigen Geschäftsinhaber Geld für seine Teilhaberschaft herausgerückt hat – und plötzlich war dieser spurlos verschwunden und das Unternehmen zugesperrt. Schon deshalb sei an dieser Stelle noch mal ausdrücklich darauf hingewiesen: Nur ein Vertrag, aufgestellt von versierten Beratern für den jeweiligen Einzelfall, kann so wichtige und Existenz entscheidende Fragen lückenlos klären wie:
▶ die Haftung des Übernehmers oder Teilhabers für Fehler und Zusagen aus der Vergangenheit,
▶ den Eintritt in bestehende Verträge mit Dritten oder
▶ die Übernahme von Firmierungen.

Bevor es jedoch so weit ist und Sie ernsthaft eine Beteiligung oder Übernahme in Erwägung ziehen, gibt Ihnen die längere Checkliste auf den nächsten Seiten einen Überblick darüber, was es alles zu bedenken gibt, bevor man sich zu Vertragsverhandlungen trifft.

📖 Checkliste: Beteiligungen und Übernahmen

Fragestellung	Antwort	
Wenn Sie nicht mit einem sicheren »Ja« antworten können, dann kreuzen Sie bitte »nein« an.	ja ☐	nein ☐
Hier geht es zunächst mal nur um Sie:		
Kennen Sie sich in dieser Branche aus?	☐	☐
Haben Sie hier Berufserfahrungen gesammelt?	☐	☐
Haben Sie erfahrene, Ihnen schon länger vertraute Berater, die sich in dieser Branche auskennen?	☐	☐
Hat Sie diese Branche schon vorher interessiert, oder liegt das nur an der sich jetzt bietenden Möglichkeit?	☐	☐
Interessiert Sie die Aufgabe wirklich – oder wollen Sie die günstige Gelegenheit beim Schopf packen?	☐	☐
Hier geht es um Ihren Partner oder den bisherigen Unternehmer:		
Würden Sie ihm einen Gebrauchtwagen abkaufen?	☐	☐
Würden Sie ihm in einer Gaststätte, weil Sie auf die Toilette müssen, Ihre Geldbörse anvertrauen?	☐	☐
Kennen Sie seinen Lebensstil?	☐	☐
Hat er Ihnen Einblicke in seine privaten Verhältnisse ermöglicht, ohne dass Sie darauf drängen mussten?	☐	☐
Passen sein Auftreten und sein Lebensstil zu dem, was er Ihnen über Erfolge und Gewinne erzählt?	☐	☐
Würden Sie mit ihm eine Bergtour machen, bei der er für Ihre Sicherung verantwortlich ist?	☐	☐
Sagt Ihnen sein Auftreten gegenüber Mitarbeitern/Untergebenen uneingeschränkt zu?	☐	☐
Hat er Ihnen Auskünfte über die Erbregelungen im Falle seines Todes gegeben?	☐	☐
Freut er sich über jeden Besuch von Ihnen – auch ohne Anmeldung – im Betrieb?	☐	☐
Hat er Sie ermuntert, so oft wie möglich vorbeizuschauen, mit Kunden und Mitarbeitern zu sprechen?	☐	☐
Beantwortet er alle Ihre Fragen schlüssig, haben Sie das Gefühl, dass er es gern tut?	☐	☐
Sind Ihnen die Gründe für eine Beteiligung/Übergabe schlüssig erklärt worden?	☐	☐
Genießt er bei denen, mit denen Sie über ihn sprechen, allgemein einen guten Ruf?	☐	☐

Wenn Sie mit dem Gedanken spielen, in ein fremdes Unternehmen einzusteigen, dann sollten Sie sowohl Ihre eigene Erfahrung auf diesem Gebiet als auch die Vertrauenswürdigkeit Ihres zukünftigen Partners oder des bisherigen Unternehmers kritisch unter die Lupe nehmen.

Die Marktstellung eines Unternehmens, sein Standort und seine Finanzlage sind entscheidende Kriterien bei der Beantwortung der Frage, ob eine Beteiligung oder Übernahme sinnvoll und Gewinn versprechend ist.

Fragestellung	Antwort	
	ja	nein
Hier geht es ganz allgemein um den Betrieb:		
Ist Ihnen der gute Ruf des Betriebes bekannt?	☐	☐
Besteht der Betrieb schon länger als fünf Jahre, und liegt er seitdem in den gleichen Händen?	☐	☐
Ist die Entwicklung des Unternehmens in dieser Zeit für Sie nachvollziehbar erfolgt?	☐	☐
Ist das Unternehmen unter der angegebenen Firma im Handelsregister eingetragen?	☐	☐
Stimmen alle Angaben im Handelsregister mit den Ihnen erteilten Auskünften überein?	☐	☐
Gibt es Faktoren, die eine Vorausschau auf die Entwicklung in der Zukunft möglich machen?	☐	☐
Sagt Ihnen die Mitarbeiterstruktur zu, können Sie also auf sofortige Änderungen verzichten?	☐	☐
Ist die technische Ausstattung des Betriebes so, dass auf sofortige Änderungen verzichtet werden kann?	☐	☐
Haben Sie (z. B. über Ihre Bank) eine Wirtschaftsauskunft über den Betrieb einholen lassen?	☐	☐
Sind gesetzliche Vorschriften für die Übernahme zu beachten und/oder auch zu erfüllen?	☐	☐
Hier geht es um den Standort des Betriebes:		
Kennen Sie die Bauplanung für die Umgebung?	☐	☐
Ist der Standort danach langfristig gesichert, auch was Verkehrsführungen angeht?	☐	☐
Ist eine eventuelle Erweiterung grundsätzlich möglich (vor allem bei vorhandenen Kapazitätsengpässen)?	☐	☐
Sind bisherige Rahmenbedingungen (Mieträume, Mietpreise) langfristig sicher oder gewährleistet?	☐	☐
Befinden sich Räumlichkeiten in einem mittelfristig guten bis ausreichenden Zustand?	☐	☐
Sind alle Umweltschutzauflagen erfüllt und zu erwartende neue ebenfalls zu erfüllen?	☐	☐
Ist sichergestellt, dass der Betrieb in der jetzigen Form genehmigt, bau- und gewerberechtlich angenommen ist?	☐	☐
Ist sichergestellt, dass es keine Umwelt-Altlasten gibt, die auf das Unternehmen zurückzuführen sind?	☐	☐
Hier geht es um die Finanzen des Betriebes:		
Gibt es einen Überblick über die letzten fünf Jahre?	☐	☐
Sind Gesamtumsatz, Umsatz einzelner Waren/Leistungen, Gewinn bekannt?	☐	☐
Wurden Ihnen Unterlagen freiwillig ausgehändigt und zur Prüfung durch Dritte bereitwillig überlassen?	☐	☐

Fragestellung	Antwort	
	ja	nein
Hat ein Sachverständiger Abschlüsse/Bilanzen zur Ermittlung des Unternehmenswertes geprüft?	☐	☐
Stimmte diese Prüfung mit den Vorstellungen des bisherigen Besitzers in etwa überein?	☐	☐
Ist bei Pacht oder Miete sichergestellt, dass Sie mehr Gewinn erzielen als der andere?	☐	☐
Sind steuerliche Alternativen zu Kauf oder Miete (Leibrente) mit Experten durchgerechnet worden?	☐	☐
Sind Eigentumsvorbehalte oder Sicherungsübereignungen wegen Firmenkrediten geklärt worden?	☐	☐
Sind eventuelle Gläubiger mit der Übernahme durch Sie einverstanden?	☐	☐
Kennen Sie die Gläubiger, und können Sie damit leben, in deren Schuld zu stehen?	☐	☐
Ist sichergestellt, dass Sie nicht noch offene Steuerschulden der Vergangenheit tragen müssen?	☐	☐
Ist sichergestellt, dass es keine ihnen unbekannten Zusagen des Betriebes (Renten) für die Zukunft gibt?	☐	☐
Hier geht es um die Kunden:		
Sind Ihnen die Kunden überhaupt bekannt?	☐	☐
Konnten Sie allein mit den Kunden über ihr bisheriges Verhältnis zum Betrieb sprechen?	☐	☐
Beruht das Kundenverhältnis auf Unternehmensleistungen (oder nur auf persönlichen Kontakten)?	☐	☐
Kennen Sie die Wünsche der Kunden und deren eventuelle Kritik an bisherigen Zuständen?	☐	☐
Hier geht es um die Konkurrenz:		
Kennen Sie die Konkurrenzsituation am Markt?	☐	☐
Kennen Sie Leistungen und Preise der direkten Konkurrenten?	☐	☐
Ist sichergestellt, dass sich nicht die Konkurrenzsituation plötzlich völlig verändern kann?	☐	☐

Die Zufriedenheit der bisherigen Kunden und die Möglichkeit, den Kundenstamm in Zukunft auszubauen, machen Ihnen das Fundament, auf dem das Unternehmen ruht, sowie das Wachstumspotenzial für die Zukunft deutlich.

Achten Sie vor der Unternehmensübernahme oder -beteiligung auch auf die Entwicklung der Konkurrenz. Sie könnte ein Motiv für einen Ihnen voreilig erscheinenden Unternehmensverkauf sein.

Bewertung der Ergebnisse aus der Checkliste
Jedes »Nein« macht Sie auf Punkte aufmerksam, die noch zu prüfen sind. Zu viele »Neins« zeigen Ihnen, dass Sie bisher schlecht informiert wurden – warum wohl? Gibt es auf Seiten Ihres künftigen Partners oder des bisherigen Eigentümers Umstände, die er Ihnen verschweigen möchte? Versuchen Sie noch einmal ganz gezielt, die offenen Punkte, also alle mit »Nein« beantworteten Fragen, abzuklären. Gelingt es nicht, besteht Gefahr für Ihr finanzielles Engagement, und Sie sollten sich ernsthaft fragen, ob Sie nicht lieber die Hände davon lassen und sich ein paar Aktien kaufen!

Die Wahl der Rechtsform – nicht nur am Anfang wichtig

Die Gründung einer Personengesellschaft ist in den meisten Fällen eine sehr einfache Angelegenheit.

Wenn Sie morgens in den Spiegel schauen, sehen Sie eine natürliche Person. Und wenn Sie Hugo Müller heißen, nach dem Blick in den Spiegel ein Gewerbe anmelden wollen, dann werden sie als natürliche Person zum Beispiel zur Firma »Hugo Müller, Raumausstattung, e. K.«. Rechtlich gesehen bedeutet dies, dass Hugo Müller:

▶ alle unternehmerischen Entscheidungen allein trifft,
▶ für alle Geschäfte, die er abschließt, selbst haftet und
▶ mit seinem vollen Privatvermögen haftet.

Juristen würden in diesem Fall sagen: »Die natürliche Person Hugo Müller ist als Einzelfirma eingetragen.« Das ist beispielsweise für Existenzgründungen der normale Weg – aber es ist nur einer von mehreren. Denn die Firma kann statt der natürlichen auch eine juristische Person sein, etwa eine Gesellschaft mit beschränkter Haftung (GmbH) oder eine Aktiengesellschaft (AG). Im Gegensatz zur natürlichen Person wird die juristische durch Eintragung ins Handelsregister geschaffen, was aber manchmal auch neun Monate dauern kann.

> **Eine Firma ist kein Betrieb – aber ein Unternehmen hat eine Firma**
> Der Begriff »Firma« ist nicht als anderes Wort für »Betrieb«, »Geschäft« oder »Unternehmen« zu verstehen, sondern Firma meint den Namen, die korrekte Bezeichnung eines Unternehmens: »Bücherschreiber GmbH«, »Leseratten KG«, »Buchhandlung Rita Meier AG« oder »Altpapierentsorgung Kraus & Kopf oHG«. Aus der Firma ist zu erkennen, um welche Rechtsform es sich handelt – und wie es folglich um die Haftung des Unternehmens bestellt ist.

Welche Unternehmensformen es gibt

Für Kapitalgesellschaften sieht das Handelsgesetzbuch einige Auflagen vor, die vor allem dem Schutz von Geldgebern und Kunden dienen.

Für welche Rechtsform Sie sich entscheiden, ist nicht nur bei der Unternehmensgründung relevant, sondern muss laufend neu überdacht werden. Dies insbesondere dann, wenn sich wesentliche wirtschaftliche, persönliche, rechtliche Faktoren ändern oder steuerlich günstigere Gestaltungen in Betracht gezogen werden müssen. Oft wird das bestehende Unternehmen durch weitere Filialen (gegründete oder erworbene) erweitert, was dann eine Änderung der Rechtsform erfordert oder zumindest sinnvoll macht.

Hugo Müller könnte beispielsweise nicht nur Einzelunternehmer werden, sondern sich mit Helmut Meier zu einem Personenunternehmen zusammenschließen. Er könnte aber auch allein oder mit anderen eine Kapitalgesellschaft gründen.

> **Welche Kriterien bei der Wahl der Rechtsform wichtig sind**
> Die Wahl der Rechtsform ist neben vielen anderen Entscheidungskriterien abhängig von der Branche und den individuellen Zielen des Betriebsinhabers beziehungsweise der Gesellschafter. Vor Gründung eines Unternehmens müssen unbedingt folgende Kriterien diskutiert und entschieden werden:
> ▶ Gründungskosten,
> ▶ juristische Voraussetzungen,
> ▶ Haftung und Haftungsbeschränkungsmöglichkeiten,
> ▶ Leitungsbefugnisse, Geschäftsführung, Prokura, Mitbestimmungsrechte von eventuell vorhandenen stillen oder atypischen stillen Gesellschaftern,
> ▶ Vergütungsformen, Gewinn- beziehungsweise Verlustbeteiligung, Möglichkeit zu laufenden Entnahmen,
> ▶ finanzielle Voraussetzungen, Mindestkapital,
> ▶ Finanzierungsmöglichkeiten, Fremdkapital beziehungsweise stille Gesellschaftsbeteiligte,
> ▶ Änderung von Beteiligungsverhältnissen, Ein- und Austritt von Gesellschaftern,
> ▶ steuerliche Vorschriften, steuerliche Gestaltungsmöglichkeiten, Kosten der laufenden steuerlichen Betreuung sowie Buchhaltungserstellung,
> ▶ Offenlegung des Jahresabschlusses.

Steuerliche Gesichtspunkte sollten auf keinen Fall das einzige Kriterium sein, das Sie bei der Wahl der Rechtsform berücksichtigen.

Hat man sich für eine Rechtsform entschieden, so ist man als Unternehmer nicht ewig daran gebunden. Vielmehr kann man sein Unternehmen jederzeit umwandeln oder an ein neu gegründetes Unternehmen veräußern, was steuerlich oft vorteilhaft ist. Auch bei geplanter Umwandlung beziehungsweise Einbringung der Firma in ein anderes Unternehmen ist vorher unbedingt eine ausführliche Betrachtung hinsichtlich der steuerlichen Auswirkungen erforderlich.

Der gute Rat eines Steuerberaters oder Wirtschaftsprüfers ist zwar meistens teuer – Fehler bei der Wahl der Rechtsform kosten jedoch weitaus mehr! Deshalb sollten Sie sich nicht scheuen, Rat von unabhängiger Seite anzufordern. Die Wahl der richtigen Rechtsform für Ihr Unternehmen ist die erste und wichtigste Investition.

Auch wenn Sie zu einem späteren Zeitpunkt die Rechtsform Ihres Unternehmens ändern können, so sollten Sie den Zeitaufwand und die Kosten im Hinterkopf haben, die solch eine Entscheidung mit sich bringt.

Das Einzelunternehmen

Das eben schon kurz in seinen wichtigsten Punkten beschriebene Unternehmen entsteht automatisch durch Eintragung des Gewerbes beziehungsweise durch Beginn der Selbstständigkeit bei den freien Berufen.

> **Achtung:** Für Existenzgründer ist das Einzelunternehmen vor allem deshalb interessant, weil es die billigste und einfachste Form ist, ein Unternehmen aufzubauen. Sobald das Unternehmen erfolgreich ist und sich mehr Kapital anhäuft, ist jedoch eine Änderung der Rechtsform aus steuerlichen Gründen zu erwägen. Außerdem kann man die Haftung mit dem Privatkapital umgehen, indem man sich beispielsweise mit einer ausreichend großen Deckungssumme versichert.

Das Einzelunternehmen ist die ideale Rechtsform für Existenzgründer, die am Anfang ohne allzu großen Kapitalbedarf auskommen.

Funktionieren kann das aber nur, wenn lediglich eine einzige Person der Inhaber und Unternehmer ist, ein stiller Gesellschafter als Kapitalgeber ist jedoch möglich. Der Einzelunternehmer hat alle Entscheidungsbefugnisse, kann jedoch geschäftliche Vollmachten (General- oder Einzelvollmachten) erteilen, die so weit gehen, dass er durch einen anderen voll vertreten werden kann. Hiervon wird jedoch die volle Haftung des Einzelunternehmers nicht berührt.

Die Aufnahme von stillen Gesellschaftern

Zur Kapitaleindeckung kann der Betriebsinhaber einen oder mehrere stille Gesellschafter aufnehmen, um eine Abhängigkeit von seiner Bank und die Ausreizung des Kreditspielraumes zu vermeiden. Dabei kann zwischen typischen und atypischen stillen Gesellschaftern unterschieden werden:

Die Aufnahme typischer stiller Gesellschafter erlaubt dem Einzelunternehmer eine Aufstockung des Eigenkapitals, ohne dass er deshalb eine Einmischung in Unternehmensentscheidungen seitens des Kapitalgebers hinnehmen muss.

- ▶ **Der typische stille Gesellschafter** leiht dem Einzelunternehmer Kapital, das er verzinst bekommt (und bei Einkünften aus Kapitalvermögen versteuern muss). Er hat keinerlei Entscheidungsbefugnisse beziehungsweise Mitspracherechte und ist weder am Gewinn noch am Verlust der Firma beteiligt.
- ▶ **Der atypische stille Gesellschafter** hingegen ist am Unternehmensergebnis und an den stillen Reserven beteiligt und bezieht als Mitunternehmer Einkünfte. Mitspracherechte sind eigentlich ausgeschlossen, jedoch vertraglich frei vereinbar.

Das Einzelunternehmen ist daran zu erkennen, dass es immer den Rechtsformzusatz in der Firma führen muss. Ein Einzelunternehmen kann deshalb nicht »Bücherladen Leseratte« heißen – ohne Zusatz der Bezeichnung »eingetragener Kaufmann« oder »eingetragene Kauffrau« oder der entsprechenden Abkürzung.

> **Achtung:** Im Gegensatz zur alten Fassung des HGB ist seit dem 1. Juli 1998 nicht mehr nur die Personenfirma zulässig, sondern es sind auch Sach- und Fantasiefirmen oder Mischformen aus der Personenfirma möglich. Durch den notwendigen Rechtsformzusatz bleibt die Firma transparent.

Die Sache mit dem Handelsregister

Ein Einzelunternehmen muss normalerweise nicht ins Handelsregister eingetragen werden. Dazu sind Sie erst ab einer bestimmten Größe verpflichtet. Als »Kleingewerbetreibender« können Sie sich jedoch freiwillig eintragen lassen.

Der Einzelunternehmer haftet für alle Verbindlichkeiten und unternehmerischen Fehler mit seinem gesamten betrieblichen und privaten Vermögen. Wichtig: Das Vermögen des Ehegatten gehört nicht dazu. Wenn Sie also genügend Vertrauen in Ihre Partnerin oder Ihren Partner haben, dann können Sie Ihr Geld entsprechend übertragen, so dass Ihnen beiden im Konkursfall das private Vermögen bleibt.

Der Einzelunternehmer muss sich nur dann in das Einzelregister eintragen lassen, wenn er die dafür vorgesehenen Kriterien des HGB erfüllt.

Haftungsrisiken berücksichtigen

Nachteilig ist das Einzelunternehmen für Berufe mit großen Haftungsrisiken, beispielsweise im Bauhaupt- oder im Baunebengewerbe. Die Risiken lassen sich jedoch oft durch ausreichende Berufshaftpflichtversicherungen minimieren. Bei einer juristischen Person wie einer GmbH ist dagegen die Haftung zwar auf das Stammkapital begrenzt, dafür gibt es andere Nachteile, wie etwa die hohen Gründungskosten, die geringe Kreditwürdigkeit und den Mindestkapitalnachweis.

Der Einzelunternehmer ist aufgrund der unterschiedlichen Rechtsstellung nicht zu verwechseln mit dem Einmanngesellschafter, dem eine Kapitalgesellschaft alleine gehört. Der Unternehmer einer Personengesellschaft bezieht (im Gegensatz zum alleinigen Gesellschafter einer GmbH) kein Unternehmergehalt. Er kann jederzeit Privatentnahmen tätigen, sofern es die Liquidität des Unternehmens hergibt.

Hier lauern die größten Fallen, denn für viele Unternehmer (insbesondere Berufsanfänger) sind Bruttoeinnahmen (Umsatz) gleichbedeutend mit dem Gewinn. Es müssen aber von den Bruttoeinnahmen ausreichende Rücklagen gebildet werden für Betriebsausgaben, Steuerzahlungen (betriebliche und private) und künftige Investitionen. In den Gründungsjahren (meistens fünf Jahre) erwirtschaftet der Einzelunternehmer oft keinen Gewinn, von dem er schöpfen könnte. Deshalb geht es in dieser Zeit »ans Eingemachte«, sofern entsprechende Rücklagen vorhanden sind, oder man greift auf das Vermögen der reichen Erbtante zurück. Diese Erfahrungswerte berücksichtigen sogar die Finanzämter.

Unternehmensgründer müssen aufpassen, dass sie nicht zu viel von der Unternehmenssubstanz für private Aufwendungen abzweigen. Vor allem am Anfang sind die Ausgaben meist höher als die Einnahmen, so dass kein Spielraum für Privatentnahmen bleibt.

Keine Kapitalvorschriften

Bei der Einzelunternehmung gibt es keine Mindestkapitalvorschriften. Das im Betrieb vorhandene Kapital kann der Betriebsinhaber jederzeit verbrauchen, auch für private Zwecke, da er auch mit dem gesamten Privatvermögen haftet. Soll das Betriebskapital hingegen erweitert werden, gibt es folgende Alternativen:

Die Kreditwürdigkeit eines Einzelunternehmers hängt von den betrieblichen und privaten Finanzverhältnissen ab, da er sowohl mit dem Firmenkapital als auch mit seinem Privatvermögen haftet.

- Nichtentnahme von Gewinnen,
- Fremdkapitalaufnahme durch Darlehensaufnahme bei der Bank, durch private Darlehensaufnahme bei der Ehefrau, Kindern oder Nichtangehörigen oder die Aufnahme eines typischen oder atypischen stillen Gesellschafters,
- Sondereinlagen des Gesellschafters.

Die Fremdkapitalbeschaffung bei der Bank ist für einen Einzelunternehmer unproblematisch, wenn er kreditwürdig ist. Dies hängt nicht nur von den Unternehmensergebnissen der letzten Jahre ab, sondern aufgrund der Vollhaftung auch von der Gesamtbonität, bei der das Privatvermögen inbegriffen ist. Wenn ein betriebliches Darlehen durch eine Grundschuld auf eine private Immobilie abgesichert werden kann, wird die Bank ein Darlehen fast schon aufdrängen.

Steuerlicher Überblick für das Einzelunternehmen

Die Steuerbelastung sollte kein alleiniges Kriterium für die Wahl einer Rechtsform sein. Die unterschiedlichen Steuerarten und Steuerbelastungen natürlicher und juristischer Personen werden gesondert in Kapitel 7 (siehe Seite 184) beschrieben. Dennoch sei schon an dieser Stelle erwähnt, was alles auf Sie zukommt.

Die Einkommensteuer

Da der Einzelunternehmer »nur« eine natürliche Person ist, zahlt er Einkommen- statt Körperschaftsteuer.

Der Einzelunternehmer muss für jedes Wirtschaftsjahr einen Jahresabschluss erstellen. Das Einzelunternehmen ist im Gegensatz zur Kapitalgesellschaft kein selbstständiges Steuersubjekt. Der Betriebsinhaber versteuert den Gewinn in seiner privaten Einkommensteuererklärung, ein Verlust wird mit anderen positiven Einkünften verrechnet oder in andere Kalenderjahre zurück- beziehungsweise vorgetragen.

> **Achtung:** Einkommensteuerzahlungen sind private Ausgaben, im Gegensatz zu Mehrwert- oder Gewerbesteuerzahlungen handelt es sich also nicht um Betriebsausgaben. Allerdings ist die gezahlte Kirchensteuer als Sonderausgabe bei der Einkommensteuer abzugsfähig.

Der Betriebsinhaber einer Personengesellschaft kann sich kein eigenes Gehalt auszahlen, wie es bei einer Kapitalgesellschaft der Fall ist. Er kann nur Geld in Form von Privatentnahmen aus der Firma ziehen, die den Gewinn aber nicht beeinflussen. Eine Kapitalgesellschaft hingegen wird als selbstständiges Steuersubjekt behandelt und zahlt eine zusätzliche Steuer (Körperschaftsteuer), die nur das Ergebnis der Gesellschaft berücksichtigt und die Privatsphäre der Gesellschafter nicht berührt.

Die Umsatzsteuer

Auf alle Nettoleistungen, die der Unternehmer seinen Kunden in Rechnung stellt, werden sieben beziehungsweise 16 Prozent Umsatzsteuer erhoben. Diese Umsatzsteuer muss er an das Finanzamt weiterleiten, entweder monatlich, vierteljährlich oder nur jährlich. Alle Umsatzsteuerbeträge, die der Unternehmer selbst an Lieferanten oder Dienstleister bezahlt, sind für ihn Vorsteuerbeträge, die seine Umsatzsteuerschuld mindern. Die Vorsteuern sind bei der Gewinnermittlung abzugsfähige Betriebsausgaben. Wenn die vom Unternehmer gezahlten Vorsteuern die Umsatzsteuerschuld übersteigen, entsteht ein Vorsteuerguthaben, das vom Finanzamt erstattet wird. Dies kann beispielsweise in umsatzschwachen Monaten eintreten, wenn die betrieblich bedingten Ausgaben höher sind als die Betriebseinnahmen.

Wichtig: Ein Kleinunternehmer kann auf die Umsatzsteueroptierung verzichten, vorausgesetzt, der Gesamtumsatz im letzten Kalenderjahr war nicht höher als 32.500 DM und wird im laufenden Kalenderjahr voraussichtlich 100.000 DM nicht übersteigen. Dann muss der Unternehmer seinen Kunden keine Umsatzsteuer berechnen, kann aber auch aus den erhaltenen Rechnungen keine Vorsteuer abziehen. Bevor für die Besteuerung als Kleinunternehmer entschieden wird, sollte deshalb geprüft werden, ob höhere Investitionen anstehen oder hohe Wareneingangsrechnungen zu erwarten sind, bei denen Vorsteuererstattung beziehungsweise Verrechnung beansprucht werden kann. Lag der Umsatz im Vorjahr über 32.500 DM und liegt er im laufenden Jahr unter 32.500 DM, muss Mehrwertsteuer erhoben und entrichtet werden.

> **Achtung:** Wurde in einer Ausgangsrechnung Umsatzsteuer ausgewiesen, muss diese an das Finanzamt abgeführt werden. Dies gilt auch dann, wenn der Betrieb als Kleinunternehmen eigentlich von der Abgabepflicht befreit ist und die Umsatzsteuer nur versehentlich ausgewiesen wurde.

Die Optierung für die Umsatzsteuer macht für Selbstständige und Kaufleute vor allem dann Sinn, wenn entweder eine Vorsteuerpauschale angesetzt werden kann oder hohe Investitionen getätigt werden. Dann erhöht sich quasi der Ertrag, weil ein Teil vom Durchlaufposten Umsatzsteuer im Unternehmen verbleibt.

Die Gewerbesteuer

Von vielen Betrieben kassiert die Stadt oder die Gemeinde eine eigene, zusätzliche Steuer. Werden Einkünfte aus einem Gewerbebetrieb erzielt, wird der Gewinn (Gewerbeertrag) praktisch zweimal besteuert, mit Gewerbesteuer und Einkommensteuer. Personengesellschaften und natürliche Personen dürfen von dem Gewerbeertrag (geregelt in § 11 Abs. 1 Satz 3 GewStG) einen Freibetrag von jährlich 48.000 DM abziehen, für den noch verbleibenden Rest wird ein Steuermessbetrag ermittelt (nach prozentual gestaffelten Steuermesszahlen). Dieser Steuermessbetrag wird mit dem jeweiligen Hebesatz der Gemeinde multipliziert. Die Hebesätze

Die Höhe der Gewerbesteuer richtet sich nach dem so genannten Hebesatz, den jede Stadt und Gemeinde nach eigenem Ermessen festsetzen kann. Das kann für Sie bei der Standortwahl durchaus ein Entscheidungskriterium sein.

der Großstädte sind weitaus höher als die der Kleinstädte. Deshalb verlegen Großbetriebe gern Ihren Betriebssitz in Randgebiete, sofern sie mit der jeweiligen Gemeinde keine Einigung über Gewerbesteuererleichterungen erzielen können.

Juristische Personen können den Freibetrag von 48.000 DM nicht geltend machen. Für die Gewerbesteuer ist die Personengesellschaft Steuerschuldner. Da der oder die Einzelunternehmer jedoch uneingeschränkt haften, sind diese die eigentlichen Schuldner, gegebenenfalls haften sie sogar mit ihrem Privatvermögen.

> **Achtung:** Gewerbesteuerzahlungen sind Betriebsausgaben, bilanzierende Unternehmer dürfen Gewerbesteuerrückstellungen bilden (bei Einnahmen-Überschuss-Rechnung nach § 4 Abs. 3 EStG entfällt dies). Nicht gewerbesteuerpflichtig sind die freien Berufe (geregelt in § 18 EStG, also Ärzte, Rechtsanwälte, Notare, Journalisten, Heilpraktiker etc.). Hier bleibt folglich mehr vom Gewinn übrig.

Die Lohnsteuer

Für Unternehmensgründer wird die Lohnsteuer erst dann relevant, wenn Mitarbeiter beschäftigt werden sollen.

Für den Einzelunternehmer fällt Lohnsteuer nur an, wenn es beschäftigte Arbeitnehmer gibt. Für diese muss er die Lohnsteuer an das Finanzamt (monatlich, vierteljährlich oder jährlich) abführen. Zusätzlich werden eventuell Sozialversicherungsbeiträge zur Kranken- und Pflegeversicherung, zur Arbeitslosenversicherung sowie zur Rentenversicherung an die jeweiligen Versicherungsträger fällig. Für pauschal beschäftigte oder kurzfristig beschäftigte Arbeitnehmer wird pauschale Lohnsteuer fällig, hier entfällt eine Sozialversicherungspflicht.

Für den eigenen Unternehmerlohn wird keine Lohnsteuer fällig, da der Einzelunternehmer beziehungsweise eine Personengesellschaft sich selbst nicht als Angestellter beschäftigen kann. Firma und Betriebsinhaber sind hier keine unterschiedlichen wirtschaftlichen Subjekte und unterliegen folglich auch keiner getrennten steuerrechtlichen Behandlung nach Körperschaft- und Einkommensteuer.

Unternehmervergütung stellt bei Personengesellschaften eine Privatentnahme beziehungsweise Vorabvergütung dar, die sich nicht als Betriebsausgabe Gewinn mindernd auswirkt, sondern die der Unternehmer in seiner Einkommensteuererklärung versteuert.

Eine Kapitalgesellschaft (juristische Person) dagegen ist eine eigenständige Rechtspersönlichkeit und kann den Gesellschaftern für ihre Tätigkeiten Vergütungen zahlen, für die Lohnsteuer und gegebenenfalls Sozialversicherungsbeiträge abgeführt werden müssen. Die Gesellschafter können somit Angestellte der Firma sein, die Lohnsteuer wird nicht von ihnen, sondern von der Kapitalgesellschaft abgeführt. Diese Vergütungen können vom Unternehmen als Betriebsausgabe Gewinn und Steuer senkend angesetzt werden, da sie in den Einkommensteuererklärungen der Gesellschafter versteuert werden.

⚡ Blitzübersicht: Vor- und Nachteile des Einzelunternehmens	
Gründung ...	schnell, einfach und preiswert
... ist empfehlenswert, wenn	keine Haftungsrisiken bestehen, keine Partner oder Gesellschafter aufgenommen werden sollen, hohe Startkosten vermieden werden sollen, der »Kuchen« nicht geteilt werden soll
... ist nicht empfehlenswert, wenn	unkalkulierbare Haftungsrisiken bestehen (z. B. Baugewerbe), die Aufnahme weiterer Partner oder Gesellschafter geplant ist
juristische Voraussetzungen	Firma muss einen ausgeschriebenen Vornamen und den Nachnamen enthalten
finanzielle Voraussetzungen	niedrige Gründungskosten, kein Mindestkapital, volle Haftung mit dem gesamten Vermögen (betrieblich und privat), einfache Kreditaufnahme (Existenzgründungsprogramme)
besondere Vorteile	schnelle und preiswerte Gründung, kaum juristische Vorschriften, kein Mindestkapital
besondere Nachteile	volle Haftung mit dem Privat- und dem Betriebsvermögen
Tücken, die man bedenken muss	nicht nur die Firma kann im Streit- oder Schadensfall vor Gericht verklagt werden, sondern auch der Inhaber der Firma als Privatperson kann herangezogen werden
steuerliche Konsequenzen	weniger Steuerformalismus und Steuererklärungen als bei juristischen Personen, es reicht die Erstellung einer Bilanz mit Gewinn-und-Verlust-Rechnung beziehungsweise einer Einnahmen-Überschuss-Rechnung mit Umsatz-, Gewerbesteuer- und Einkommensteuererklärung

Der größte Vorteil des Einzelunternehmens liegt in den geringen Gründungsvoraussetzungen, der größte Nachteil in der vollen Haftung mit Betriebs- und Privatvermögen.

Die Gesellschaft bürgerlichen Rechts (GbR)

Bei einer Gesellschaft bürgerlichen Rechts handelt es sich um den Zusammenschluss von natürlichen Personen, die gemeinsam Geschäfte machen wollen. Es gibt kaum Unterschiede zum Einzelunternehmen, denn auch für die GbR gilt:
- keine Pflicht zur Handelsregistereintragung,
- keine Haftungsbeschränkung der teilnehmenden Partner (volle Privathaftung),
- keine Formalitäten bei der Gründung (nur Gewerbeanmeldung),
- kein vorgeschriebenes Mindestkapital,

und wie beim Teilhaber des Einzelunternehmens können alle Vereinbarungen frei zwischen den Partnern getroffen werden.

Ein Einzelunternehmer kann einen stillen Gesellschafter aufnehmen und bleibt dennoch Einzelunternehmer. Bei der Gesellschaft bürgerlichen Rechts gründen mehrere Gesellschafter ein Unternehmen und sind gleichberechtigte Unternehmer, für die im Wesentlichen die Bestimmungen wie für Einzelunternehmer gelten.

Kapitalkonten für die Gesellschafter

Die Gesellschafter einer GbR haften wie der Einzelunternehmer mit ihrem gesamten Vermögen. Das Gesellschaftsvermögen gehört den Gesellschaftern anteilsmäßig, wobei die Anteile jederzeit unproblematisch verändert werden können. Für die interne Abrechnung der Gesellschafter werden für jeden Kapitalkonten geführt, die alle finanziellen Transaktionen auf Gesellschafterebene festhalten. Hier wird beispielsweise transparent, was ein Gesellschafter der Gesellschaft noch schuldet beziehungsweise wie viel Entnahmen er getätigt hat. Auch eine Änderung der Beteiligungsverhältnisse oder das Ein- und Ausscheiden von Gesellschaftern berührt die Kapitalkonten, da es sich um Einzahlungen von oder Auszahlungen an einen Gesellschafter handelt.

Die GbR eignet sich für den Zusammenschluss von kleinen Gewerbebetrieben, Freiberuflern oder Beteiligten einer Erbengemeinschaft. Jeder Gesellschafter hat Leitungsbefugnis, für jedes Geschäft ist die Zustimmung aller Gesellschafter notwendig. Es können jedoch einer oder mehrere Gesellschafter zum Geschäftsführer bestellt werden, die im Außenverhältnis die anderen Gesellschafter vertreten (nicht jedoch die Gesellschaft, wie das etwa bei der Kapitalgesellschaft möglich ist).

> **Fazit:** Die Gesellschaft bürgerlichen Rechts ist unter anderem für Existenzgründer und Kleingewerbetreibende interessant, wenn zwei oder mehrere Gesellschafter gemeinsame Sache machen wollen.

Der Jahresabschluss für die GbR

Das Jahresergebnis der GbR wird durch den Jahresabschluss ermittelt. Für die aktive Mitarbeit einzelner Gesellschafter wird ein Unternehmerlohn vereinbart, der den aufzuteilenden Gewinn zunächst kürzt. Dann werden die Kapitaleinlagen der Gesellschafter entsprechend den vertraglichen Vereinbarungen verzinst. Der dann noch verbleibende Betrag wird nach Miteigentumsanteilen auf die Gesellschafter verteilt. Der Gewinnanteil eines Gesellschafters wird seinem Kapitalkonto gutgeschrieben, Verlustanteile und Entnahmen werden hiervon abgezogen. Schließt das Wirtschaftsjahr mit einem Verlust ab, wird ebenso verfahren. Werden keine Gesellschaftervergütungen gezahlt, wird das Jahresergebnis direkt prozentual auf die Gesellschafter verteilt.

Steuerliche Besonderheiten der GbR
Das Jahresergebnis der Gesellschaft wird durch den Jahresabschluss (Bilanz mit Gewinn-und-Verlust-Rechnung oder Einnahmen-Überschuss-Rechnung) ermittelt. Zusätzlich wird eine so genannte Gewinnfeststellungserklärung erstellt, die für jeden Gesellschafter das steuerliche Ergebnis festhält, das er für seine Einkommensteuererklärung braucht.

Die Verteilung des Gewinns einer Gesellschaft bürgerlichen Rechts kann individuell vertraglich vereinbart werden. Für die aktive Mitarbeit wird vorab ein Unternehmerlohn gezahlt, der entstandene Gewinn wird meist gemäß den geleisteten Kapitaleinlagen aufgeteilt.

> **Das steuerliche Ergebnis setzt sich zusammen aus:**
>
> Anteilen an den Einkünften (positiv oder negativ)
>
> **zuzüglich**
> + Sonderbetriebseinnahmen,
> + Sondervergütungen für Tätigkeiten,
> + Zinsen für Kapitalanteile oder Darlehen,
> + Vergütungen für die Überlassung einzelner Wirtschaftsgüter
>
> **abzüglich**
> − Sonderbetriebsausgaben beziehungsweise
> − Sonderwerbungskosten,
> die dem Gesellschafter persönlich für die Gesellschaft entstanden sind.

Die Vergütungen an die Personengesellschafter werden zwar vorab von dem zu verteilenden »Kuchen« abgezogen, stellen jedoch keine Betriebsausgaben dar, mindern also nicht das steuerliche Ergebnis. Sie werden steuerrechtlich wie die Privatentnahmen eines Einzelunternehmers behandelt. Der Gewinn- oder Verlustanteil des Gesellschafters wird in seiner privaten Einkommensteuererklärung berücksichtigt.
Ein Verlust kann mit anderen Einkunftsarten verrechnet werden. Ist dies mangels anderer positiver Einkünfte (oder der Einkünfte des Ehegatten) nicht möglich, werden die Verluste zunächst bis zu zwei Jahren zurück- und dann vorgetragen, bis sie verbraucht sind. Die anderen Steuerarten entsprechen der des Einzelunternehmens.

Kapitel 2: Das Unternehmen und seine Rechtsform

Die Gesellschaft bürgerlichen Rechts ist eine ideale Rechtsform, wenn zum Beispiel ein größeres Projekt unter einem eigenen juristischen Dach abgewickelt werden soll.

Die Vorteile der GbR sind der geringe Gründungsaufwand und die Kreditwürdigkeit aufgrund der Haftung mit dem Privatvermögen.

⚡ Blitzübersicht: Vor- und Nachteile der GbR

Gründung …	schnell, einfach und preiswert
… ist empfehlenswert, wenn	keine Haftungsrisiken drohen, weitere Gesellschafter aufgenommen werden sollen, die Beteiligungsverhältnisse geändert werden sollen, die GbR nur für Gelegenheitsprojekte gebildet wird (Gelegenheitsgesellschaft, z. B. für die Durchführung einzelner Bauprojekte), für Grundstücksverwaltungen, Interessengemeinschaften, wenn Minderkaufleute oder Angehörige freier Berufe sich zusammenschließen, hohe Gründungskosten vermieden werden sollen
… ist nicht empfehlenswert, wenn	Haftungsrisiken drohen, die Haftung mit dem Privatvermögen zu riskant ist
juristische Voraussetzungen	formloser Gesellschaftsvertrag (auch mündlich möglich), keine Eintragung ins Handelsregister
finanzielle Voraussetzungen	niedrige Gründungskosten, kein Mindestkapital, volle Haftung aller Gesellschafter mit dem gesamten Vermögen (betrieblich und privat), einfache Kreditaufnahme (Existenzgründungsprogramme)
besondere Vorteile	preiswerte Gründung, schnelle Kreditaufnahme
besondere Nachteile	wenig Formalismus, es können jederzeit problemlos Gesellschafter eintreten oder ausscheiden oder Beteiligungsverhältnisse (ohne Notarkosten) verändert werden
Tücken, die man bedenken muss	volle Haftung mit Betriebs- und Privatvermögen aller Gesellschafter; die GbR kann eine reine Innengesellschaft sein, bei der nur ein Gesellschafter nach außen auftritt (Außengesellschafter), für dessen Gläubiger die Innengesellschafter nicht haften müssen
steuerliche Konsequenzen	mehr Steuerformulare als beim Einzelunternehmen; zusätzlich: Feststellungserklärung mit weiteren Anlagen sowie Jahresabschluss

Die Partnerschafts-Gesellschaft

Seit Juli 1994 gibt es durch das »Gesetz zur Schaffung von Partnerschafts-Gesellschaften« speziell für Freiberufler die Möglichkeit, Gesellschaften ähnlich der Gesellschaft bürgerlichen Rechts zu gründen, dabei aber eine Haftungsbegrenzung – beispielsweise bis zur Höhe einer bestehenden Berufs- oder Vermögensschaden-Haftpflichtversicherung – vorzunehmen. Geschieht das nicht, haften die Partner wie bei der GbR mit dem vollen Privatvermögen – oder es kann durch vorformulierte Geschäftsbedingungen die Haftung auf denjenigen begrenzt werden, der innerhalb der Partnerschaft die fehlerhafte Leistung erbracht hat. Damit lassen sich die Haftungsrisiken wirkungsvoll begrenzen, ohne dass auf eine aufwendigere und kompliziertere Rechtsform zurückgegriffen werden muss.

Nach außen kann die Partnerschaft als juristische Person unter eigenem Namen Rechte erwerben und Verbindlichkeiten eingehen, jeder Partner kann die Partnerschaft nach außen vertreten. Ausnahmen müssen eingetragen sein.

Wie die Gesellschaft entsteht

Eine Partnerschafts-Gesellschaft wird durch schriftlichen Vertrag und Eintragung ins Partnerschaftsregister (Amtsgericht) gegründet. Für die schriftliche Registeranmeldung müssen die Unterschriften der Partner notariell beglaubigt werden. Der Partnerschaftsvertrag kann frei formuliert werden, muss jedoch mindestens die folgenden drei inhaltlichen Angaben enthalten:
▶ Name und Sitz der Partnerschafts-Gesellschaft,
▶ Vornamen, Nachnamen, Wohnort aller Partner sowie den in der Partnerschafts-Gesellschaft ausgeübten Beruf,
▶ Gegenstand der Partnerschaft.

Weiter sollte der Vertrag Regelungen beinhalten zu Geschäftsführung, Gewinn- und Verlustverteilung, Vertretung, Haftung, Aufnahme weiterer Partner, Abfindungszahlungen an ausscheidende Partner, Ruhestandsbezügen und Ähnlichem mehr.

Die Firmierung der Partner

In der Firma der Partnerschaft muss mindestens ein Nachname eines Partners genannt werden, es muss der Begriff »Partnerschaft« verwendet werden, und es müssen die in der Partnerschaft vertretenen Berufe genannt werden – irreführende Zusätze sind verboten. Erlaubt sind solche Partnerschaften auch zwischen Freiberuflern aus völlig unterschiedlichen Bereichen: Ein Lotse und eine Hebamme können zum Beispiel die »Partnerschaft Seelotsen-Hebammen-Dienst für Hochsee-Entbindungen, Frieda Kurz und Hans Klein« als Firma eintragen lassen.

Die Partnerschaftsgesellschaft ist vor allem für Freiberufler interessant, die sich zu einer Bürogemeinschaft zusammenschließen wollen. Die Gründung sowie die Aufnahme beziehungsweise das Ausscheiden von Gesellschaftern ist ohne großen juristischen Aufwand möglich.

> Im Gegensatz zum Einzelunternehmen kann die Partnerschaftsgesellschaft keine stillen Gesellschafter aufnehmen.

Die Partner der Partnerschafts-Gesellschaft müssen aktiv tätig sein, die rein kapitalmäßige Beteiligung ist gesetzlich ausgeschlossen. Für eine Beschlussfassung ist Einstimmigkeit der Partner erforderlich. Die Partnerschafts-Gesellschaft wird durch jeden Partner vertreten in allen gerichtlichen und außergerichtlichen Geschäftsbereichen. Es können jedoch durch eine entsprechende Vereinbarung auch einzelne Partner von der Vertretung ausgeschlossen werden.

Steuerliche Besonderheiten der Partnerschafts-Gesellschaft

Es gelten im Wesentlichen die steuerlichen Vorschriften wie bei den anderen Formen von Personengesellschaften. Bezüglich der Einkommensteuer wird die Partnerschafts-Gesellschaft selbst nicht steuerpflichtig, die den jeweiligen Partnern zuzuordnenden Einkünfte werden in deren Einkommensteuererklärungen versteuert. Eventuelle Verluste werden ebenfalls in der privaten Einkommensphäre der Partner berücksichtigt und mit anderen positiven Einkünften verrechnet.

> Partnerschaftsgesellschafter müssen den Umsatz und die Betriebsausgaben aufteilen und in ihrer jeweiligen Einkommensteuererklärung angeben.

Bezüglich des Jahresabschlusses besteht ein Wahlrecht zwischen einer Bilanz mit Gewinn-und-Verlust-Rechnung oder der Einnahmen-Überschuss-Rechnung (geregelt in § 4 Abs. 3 EStG). Letztere Gewinnermittlungsart ist die einfache Gegenüberstellung der Einnahmen und Ausgaben eines Wirtschaftsjahres nach dem Zufluss- beziehungsweise Abflussprinzip. Hier gelten keine strengen Aufzeichnungspflichten. Da die Partnerschafts-Gesellschaft nur aus Freiberuflern besteht, entfällt eine Buchführungs- und Bilanzierungspflicht.

Die Gewerbesteuer entfällt für die aus Freiberuflern bestehende Partnerschafts-Gesellschaft, die Vorschriften zur Abführung von Umsatz- und Lohnsteuer entsprechen denen von Einzelunternehmen (siehe bei »Steuerlicher Überblick für das Einzelunternehmen«, Seite 34).

⚡ Blitzübersicht: Vor- und Nachteile der Partnerschafts-Gesellschaft

Gründung …	Abschluss eines schriftlichen Partnerschaftsvertrages und Eintragung ins Partnerschaftsregister
… ist empfehlenswert, wenn	mehrere Freiberufler unterschiedlicher Berufe zusammenarbeiten (Rechtsanwälte, Steuerberater, Notare), die in anderen Städten oder Ländern ihren Firmensitz haben
… ist nicht empfehlenswert, wenn	die Privathaftung der Partner ausgeschlossen werden soll

juristische Voraussetzungen	nur möglich für Angehörige der freien Berufe lt. § 18 EStG, schriftlicher Partnerschaftsvertrag mit Mindestinhalt, Partner können nur natürliche Personen sein
finanzielle Voraussetzungen	keine, kein Mindestkapital, volle Haftung der Partner auch mit dem Privatvermögen
besondere Vorteile	Zusammenarbeit auf internationaler Ebene unter Freiberuflern, somit auch internationale Klientel
besondere Nachteile	uneingeschränkte Haftung der Partner; die vertragliche Haftung aus Schäden wegen fehlerhafter Berufsausübung kann auf den Partner beschränkt werden, der die jeweilige Tätigkeit ausübt; Beteiligung an der Partnerschaft kann nur weitervererbt werden, wenn der Erbe selbst als Freiberufler Partner wird
Tücken, die man bedenken muss	es greift die Abfärbetheorie, wenn ein Partner neben seiner freiberuflichen Tätigkeit gewerblich tätig wird (Treuhandschaften bei Steuerberatern, Rechtsanwälten), dann werden die gesamten Erträge der Partnerschafts-Gesellschaft gewerbesteuerpflichtig. In diesen Fällen soll der Partner die gewerblichen Tätigkeiten auf eigene Rechnung durchführen. Auch die Aufnahme nicht freiberuflich tätiger Personen in die Partnerschafts-Gesellschaft führt zur Qualifizierung als Gewerbebetrieb
steuerliche Konsequenzen	wie bei Personengesellschaften, die Einkünfte werden von den jeweiligen Partnern versteuert (Einkommensteuer); Sondervergütungen für besondere Tätigkeiten oder Kapital- beziehungsweise Darlehensverzinsung sind Einkünfte aus selbstständiger Tätigkeit (geregelt in § 18 EStG). Keine Gewerbesteuerpflicht der Gesellschaft, da Zusammenschluss von Freiberuflern; Wahl zwischen Bilanz und Einnahmen-Überschuss-Rechnung; Sonderbetriebsvermögen möglich

Bei der Partnerschaftsgesellschaft muss besonders darauf geachtet werden, dass nur Freiberufler Gesellschafter sein dürfen, sonst werden alle Einkünfte gewerbesteuerpflichtig. Dies gilt auch dann, wenn einer der Freiberufler nebenbei noch einer gewerblichen Tätigkeit nachgeht.

Die offene Handelsgesellschaft (oHG)

Die offene Handelsgesellschaft ist eine Rechtsform, die für den Zusammenschluss von Vollkaufleuten relevant ist. Aufgrund der Haftung mit dem Betriebs- und dem Privatvermögen ist die oHG besonders kreditwürdig.

Die offene Handelsgesellschaft ist eine Personengesellschaft, deren rechtlicher Rahmen im Handelsgesetzbuch niedergelegt ist. Sie besteht aus mindestens zwei gleichberechtigten Gesellschaftern, von denen jeder Einzelvertretungsbefugnis besitzt.

Es handelt sich um eine Rechtsform, die für Partnerschaften unter Kaufleuten gedacht ist. Zu beachten ist jedoch:

- Es handelt sich um eine juristische Person (Eintrag ins Handelsregister ohne Mindestkapitalnachweis).
- Die Haftung ist unbegrenzt, unmittelbar und solidarisch (Betriebsvermögen und Privatvermögen beider Gesellschafter).
- Kleingewerbetreibende können diese nur für Kaufleute bestimmte Rechtsform nicht wählen.

Die oHG muss lediglich den entsprechenden Rechtsformzusatz enthalten. Bisherige Namen wie beispielsweise »Fritz Meyer & Co.« sind nicht mehr zulässig. Die Gewinn- beziehungsweise Verlustverteilung erfolgt nach den vertraglichen Regelungen. Fehlen diese, erhält zunächst jeder Gesellschafter seine Kapitaleinlage mit vier Prozent verzinst, der Restgewinn wird nach Kopfzahl der Gesellschafter verteilt.

> **Beurteilung:** Die Rechtsform der offenen Handelsgesellschaft kann interessant sein, wenn die Eigenschaft des Kaufmanns von allen sich daran beteiligenden Gesellschaftern erfüllt ist. Wegen der unbegrenzten Haftung aus mindestens zwei Privat- und dem Betriebsvermögen genießt diese Gesellschaftsform hohes Ansehen bei Lieferanten und Kreditinstituten. Das erleichtert die Überbrückung eventuell auftretender kurzfristiger Liquiditätsprobleme mittels Lieferanten- oder anderer Kredite.

Steuerliche Vorschriften für die oHG

Offene Handelsgesellschaften unterliegen der vollen Bilanzierungspflicht gemäß HGB. Diesen Aufwand sollte man bedenken, bevor man sich für diese Rechtsform entscheidet.

Unter steuerlichen Aspekten ist die offene Handelsgesellschaft nicht die beste Lösung, denn für die oHG besteht im Gegensatz zu den bisher besprochenen Formen der Personengesellschaften volle Buchführungs- und Bilanzierungspflicht. Die Erstellung der einfachen Einnahmen-Überschuss-Rechnung ist nicht ausreichend.

Die Einkommensteuer wird nur für die Gesellschafter fällig, nicht jedoch für die oHG. Diese unterliegt wie das Einzelunternehmen der von Städten und Gemeinden erhobenen Gewerbesteuer (siehe Seite 35). Umsatz- und Lohnsteuer müssen ebenfalls an das Finanzamt abgeführt werden, letztere natürlich nur, sofern in der offenen Handelsgesellschaft tatsächlich Mitarbeiter beschäftigt werden.

⚡ Blitzübersicht: Vor- und Nachteile der oHG	
Gründung …	mindestens zwei Gesellschafter, Eintragung ins Handelsregister
… ist empfehlenswert, wenn	zwei Kaufleute ihren Geschäftszweck auf den Betrieb eines Handelsgewerbes richten
… ist nicht empfehlenswert, wenn	die unbeschränkte Haftung (auch mit dem Privatvermögen) eines Gesellschafters problematisch sein könnte
juristische Voraussetzungen	Gesellschaftsvertrag und Eintrag ins Handelsregister mit Rechtsformzusatz
finanzielle Voraussetzungen	kein Mindestkapital erforderlich
besondere Vorteile	Vertragsfreiheit unter den Gesellschaftern
besondere Nachteile	volle Haftung der Gesellschafter: unmittelbar, unbeschränkt und solidarisch, ein Gesellschafter haftet automatisch für den anderen Gesellschafter mit
Tücken, die man bedenken muss	Schadenersatzpflicht bei Verstoß gegen das Wettbewerbsverbot (geregelt in §§ 112, 113 HGB). Ein Gesellschafter darf ohne Einwilligung der anderen Gesellschafter nicht bei einer anderen, gleichartigen Handelsgesellschaft persönlich haftender Gesellschafter sein
steuerliche Konsequenzen	wie bei der GbR, jedoch Buchführungs- und Bilanzierungspflicht

Die Gründungsvorschriften für eine oHG sind unkompliziert, zu bedenken gilt es vor einer Gründung vor allem die umfangreiche Haftung.

Die Kommanditgesellschaft (KG)

Die Kommanditgesellschaft ist eine juristische Person, die ebenfalls im Handelsregister eingetragen wird. Sie besteht immer aus einem Komplementär (der mit vollem Privatvermögen haftet) und einem oder mehreren Kommanditisten, die nur bis zur Höhe ihrer Einlage haften. Auf diese Weise kann leichter Kapital beschafft werden, wenn man zum Beispiel Geldgeber zu Kommanditisten macht. Ansonsten gibt es nur einen Chef, den Komplementär:

Die Besonderheit der Kommanditgesellschaft ist die eingeschränkte Haftung des oder der Kommanditisten.

- Er trägt die volle Haftung (mit Privatvermögen), führt die Geschäfte und vertritt die Firma nach außen allein,
- er muss sich normalerweise nicht in die Geschäfte hineinreden lassen.

Solange nicht die volle Einlage geleistet wurde, haften jedoch beide – Komplementär und Kommanditist – für die noch fehlende Einlage mit ihrem gesamten Vermögen. Der Firmenname ist seit dem 1. Juli 1998 frei wählbar, muss aber den Rechtsformzusatz »KG« enthalten. »Müller & Co.« als Firmierung ist also nicht mehr zulässig.

Die Geschäftsführung der KG

Rechte beziehungsweise Pflichten bei der Geschäftsführung einer KG sind im Handelsgesetzbuch sehr genau festgelegt: Der Geschäftsführer der Kommanditgesellschaft kann der Komplementär (nicht ein Kommanditist) sein, andere vertragliche Regelungen sind jedoch möglich. Der Kommanditist hat generell wenig Rechte: § 164 HGB schließt sogar aus, dass der Kommanditist einer Entscheidung des Komplementärs widersprechen kann. Er hat jedoch das Recht zur Einsichtnahme in die Bücher und Bilanzen und kann hiervon Abschriften fordern.

Die KG kann nur von einem Komplementär vertreten werden, § 170 HGB schließt eine Vertretungsbefugnis des Kommanditisten aus. Die Vertretung des Komplementärs bezieht sich hier auf die Gesellschaft selbst und nicht – wie bei der GbR – auf die Gesellschafter. Es kann deshalb nicht vertraglich vereinbart werden, dass ein Kommanditist vertretungsbefugt ist.

Im Gegensatz zu anderen Rechtsformen, die einen größeren vertraglichen Freiraum zur Regelung der Geschäftsführung haben, sind Führung und Vertretung der Kommanditgesellschaft durch das HGB eindeutig geregelt.

Die Gewinnverteilung bei der KG

Der zu verteilende Gewinn wird zunächst um die Vorabentgelte des geschäftsführenden Komplementärs gekürzt. Die Kapitaleinlagen werden nach § 168 HGB mit mindestens vier Prozent verzinst, sofern nicht andere vertragliche Regelungen bestehen. Der verbleibende Gewinn wird im Verhältnis der Kapitalbeteiligung aufgeteilt, Verluste werden anteilig vom Kapitalkonto abgezogen. Gewinne dürfen an die Kommanditisten nur ausgezahlt werden, wenn die Einlagen voll eingezahlt wurden. Wird die Einlage durch Verluste gekürzt, muss ein Ausgleich in den folgenden Gewinnjahren erfolgen. Wenn der Verlustanteil des Kommanditisten den Kapitalanteil übersteigt, entsteht ein negatives Kapitalkonto, wenn er weiter an Verlusten beteiligt wird. Dieser Verlust darf nach § 15 a EStG nicht mit anderen positiven Einkünften verrechnet werden, mindert jedoch die Gewinne, die dem Kommanditisten in späteren Jahren zuzurechnen sind.

Steuerliche Besonderheiten der KG

Einkommensteuer wird fällig wie bei der Gesellschaft bürgerlichen Rechts (siehe Seite 38), jedoch ist gemäß § 15 a EStG der Verlustausgleich bei beschränkter Haftung zu berücksichtigen: Dies betrifft den Nichtausgleich des negativen Kapitalkontos mit anderen Einkunftsarten, da ja nur ein buchhalterischer, aber kein tatsächlicher Verlust entsteht. Die übrigen Steuerarten entsprechen den von Einzelunternehmen (siehe Seite 34).

⚡ Blitzübersicht: Vor- und Nachteile der KG

Gründung ...	Eintragung ins Handelsregister
... ist empfehlenswert, wenn	ein Grundhandelsgewerbe betrieben wird und der Geschäftsumfang einen kaufmännisch eingerichteten Geschäftsbetrieb erfordert
... ist nicht empfehlenswert, wenn	Risiken gleich verteilt werden sollen
juristische Voraussetzungen	mindestens ein Komplementär und ein Kommanditist
finanzielle Voraussetzungen	kein Mindestkapital, Kapitalerweiterung durch Aufnahme weiterer Kommanditisten
besondere Vorteile	Haftungsbeschränkung der Kommanditisten auf die Kapitaleinlage
besondere Nachteile	Kommanditisten haben keinerlei Entscheidungsbefugnis oder Vetorechte gegen Entscheidungen des Komplementärs
Tücken, mit denen keiner rechnet	keine Auffälligkeiten
steuerliche Konsequenzen	wie bei GbR, jedoch § 15 a EStG: keine Verrechnung des negativen Kapitalkontos mit anderen positiven Einkünften

Die Kommanditgesellschaft kann durch die Aufnahme weiterer Kommanditisten leicht an Eigenkapital herankommen. Die unternehmerische Vorrangstellung des Komplementärs bleibt dabei unverändert.

Die stille Gesellschaft

Die stille Gesellschaft ist selbst kein Handelsgewerbe. Inhaber und Geschäftsführer ist der Einzelunternehmer, die Personen- oder Kapitalgesellschaft. Die Aufnahme eines stillen Gesellschafters erfolgt zur Erhöhung des Unternehmerkapitals. Der stille Gesellschafter ist selbst nicht aktiv tätig, er leistet die vertraglich festgelegte Einlage und erhält diese bei Beendigung des Gesellschaftsverhältnisses zurück.
Im Außenverhältnis ist die stille Gesellschaft als solche nicht erkennbar, und im Konkursfall kann der stille Gesellschafter seine Einlage einfordern.

Die stille Gesellschaft taucht im Gegensatz zu den anderen Rechtsformen nicht notwendigerweise im Firmennamen auf.

Die Aufnahme eines stillen Gesellschafters ist eine gute Möglichkeit der Eigenkapitalbeschaffung. Für den stillen Gesellschafter liegt die Kapitalverzinsung aufgrund des höheren Risikos meist über dem Zinssatz von Banken. Einziger Haken: Geht das Unternehmen in Konkurs, ist meist auch die Einlage weg.

Gewinnverteilung und steuerliche Situation

Der typische stille Gesellschafter erhält nur eine Kapitalverzinsung und bezieht sie als Einkünfte aus Kapitalvermögen. An Gewinn und Verlust ist er ebenso wenig beteiligt wie an den stillen Rücklagen. Gibt der Gesellschafter nur ein gewinnbeteiligtes Darlehen (partiarisches Darlehen), hat er kein Recht zur Einsichtnahme in die Bücher. Der atypische stille Gesellschafter wird Mitunternehmer, ist an Gewinn und Verlust, stillen Rücklagen und dem Firmenwert beteiligt. Er bezieht Einkünfte aus Gewerbebetrieb beziehungsweise selbstständiger Tätigkeit.

⚡ Blitzübersicht: Vor- und Nachteile der stillen Gesellschaft	
Gründung ...	einfach und schnell durch Vertrag mit stillem Gesellschafter, kein Mindestkapital
... ist empfehlenswert, wenn	Eigenkapitalbasis erhöht werden soll, ohne den Finanzierungsspielraum bei der Bank anzutasten
... ist nicht empfehlenswert, wenn	der stille Gesellschafter Unternehmerrechte haben will
juristische Voraussetzungen	wie Einzelgesellschaft
finanzielle Voraussetzungen	kein Mindestkapital, nur Vertrag mit stillem Gesellschafter
besondere Vorteile	Erhöhung des Betriebskapitals ohne Beeinträchtigung des Dispositionsrahmens der Kreditinstitute, keine Mitspracherechte des typischen stillen Gesellschafters
besondere Nachteile	volle Haftung bleibt bei der Personengesellschaft beziehungsweise dem Einzelunternehmer
Tücken, mit denen keiner rechnet	stiller Teilhaber kann im Konkursfall seine Einlage verlieren
steuerliche Konsequenzen	wie bei der Personengesellschaft, typischer stiller Gesellschafter erzielt Einkünfte aus Kapitalvermögen (nach § 20 EStG), atypischer stiller Gesellschafter erzielt Einkünfte aus Gewerbebetrieb (§ 15 EStG) oder selbstständiger Tätigkeit (§ 18 EStG)

Die wichtigsten Rechtsformen von Kapitalgesellschaften und ihre Merkmale

Die Kapitalgesellschaft unterscheidet sich im Wesentlichen von der Personengesellschaft dadurch, dass sie als juristische Person eine eigene Rechtspersönlichkeit besitzt, der die Gesellschafter wiederum als eigene fremde Rechtspersonen gegenüberstehen. Daher ist die Gründung einer Gesellschaft mit beschränkter Haftung oder einer Aktiengesellschaft an stärkere Auflagen gebunden als die mit relativ wenig Aufwand einzurichtenden Personengesellschaften. Weitere Unterschiede sind:

- **Die Gesellschafter haften nicht mit dem Privatvermögen,** sondern die Haftung der Gesellschaft ist beschränkt auf das Stammkapital.
- **Der Tod eines Gesellschafters führt nicht zur Auflösung** der Gesellschaft, da der Betrieb als eigene Rechtspersönlichkeit weiterbestehen kann. In der Praxis führen oft so genannte Erbengemeinschaften das Unternehmen nach dem Tod eines Gesellschaftsgründers weiter, um von den Gewinnen des Unternehmens anhaltend zu profitieren.
- **Die Führung des Betriebes obliegt dem Geschäftsführer,** der kapitalmäßig nicht beteiligt sein muss und von den Gesellschaftern ernannt und entlassen werden kann.
- **Eine juristische Person hat keine Handlungsfähigkeit,** diese muss von natürlichen Personen ausgeübt werden.
- **Der Geschäftsführer haftet nicht mit seinem Privatvermögen,** außer bei fahrlässiger Pflichtverletzung. Genaueres kann in den entsprechenden Verträgen zwischen Gesellschaftern und Geschäftsführern vereinbart werden.
- **Die Kapitalgesellschaften** sind aufgrund ihrer eigenständigen Rechtspersönlichkeit auch eigene Steuersubjekte. Gewinne versteuert die Gesellschaft selbst, nicht die Gesellschafter.
- **Die Geschäftsführer erhalten ein Gehalt,** das sich auch nach der Höhe des Gewinnes richten kann. Die Gehälter sind Betriebsausgaben, müssen aber in der Einkommensteuer der Geschäftsführer versteuert werden.
- **Körperschaftsteuer:** Die entsprechende Steuer für die Gewinne von Kapitalgesellschaften nennt sich Körperschaftsteuer. Das Gehalt und/oder die Gewinnausschüttungen an die Gesellschafter unterliegen natürlich noch der Einkommensteuer.
- **Es gibt ein Mindestgründungskapital,** das je nach der gewählten Rechtsform unterschiedlich hoch ist.
- **Die Gesellschafter** können keine Privatentnahmen aus der Gesellschaft tätigen, da Firma und Gesellschafter zwei Rechtspersönlichkeiten sind.
- **Die Gesellschafter erhalten** entweder ein Gehalt von der Kapitalgesellschaft und/oder sind an Gewinnausschüttungen entsprechend ihrer Einlage oder vertraglichen Vereinbarungen beteiligt.

> Kapitalgesellschaften sind als »juristische Personen« im Gegensatz zu Personengesellschaften eigene Rechtssubjekte. Das drückt sich unter anderem darin aus, dass es für sie eine eigene Steuer gibt, die Körperschaftsteuer.

Die Gesellschaft mit beschränkter Haftung (GmbH)

Die Gesellschaft mit beschränkter Haftung galt lange als die Unternehmensform schlechthin. Die Beschränkung der Haftung auf das Betriebsvermögen verschlechtert die Kreditwürdigkeit, so dass unter Umständen eine Bürgschaft abgeschlossen werden muss, die die Haftungsbeschränkung quasi aufhebt.

Fälschlich wird die GmbH oft als ideale Form angesehen, um kein Risiko einzugehen und Gewinne zu kaschieren – aber das alles gehört längst der Vergangenheit an. Denn steuerlich ist die GmbH nur noch interessant, wenn beispielsweise die Altersversorgung vor Ermittlung des Gewinns herausgezogen werden soll – ansonsten sind steuerliche Vorteile kaum noch generell zu erzielen. Zudem gilt es zu berücksichtigen, dass eine GmbH nicht billig ist. Man muss Bilanzen aufstellen und Körperschaftsteuer bezahlen. Faustregel: Auch eine überhaupt keinen Umsatz erzielende GmbH kostet pro Jahr etwa 4.000 bis 6.000 DM.

Mit der Haftungsbeschränkung ist es auch nicht so weit her. Sicher, die GmbH haftet zwar nur in Höhe der Kapitaleinlagen und der Betriebswerte, mindestens mit 50.000 DM, aber das weiß auch der dümmste Vermieter oder Bankdirektor. Folge: Niemand wird mit einer GmbH umfangreiche Geschäfte abschließen, Waren liefern oder ihr hohe Kredite geben, ohne zusätzliche Sicherheiten zu verlangen. Es muss jemand die Verträge »querzeichnen« – also für die Verbindlichkeiten der beschränkt haftenden Gesellschaft mit dem Privatvermögen einstehen. Dann aber macht die ganze Haftungsbegrenzung keinen Sinn mehr. Zumal im Hinblick auf die weiteren GmbH-Merkmale:

- ▶ Sie besteht aus einem oder mehreren Gesellschaftern.
- ▶ Einer oder mehrere Gesellschafter können als Geschäftsführer bestellt werden.
- ▶ Der Geschäftsführer kann aber auch ein Angestellter, also kein Beteiligter sein.
- ▶ Gründung und Betriebsführung erfordern erheblichen Aufwand (im Vergleich zu der oHG oder dem Einzelunternehmen).
- ▶ Auf den Gesellschafterversammlungen werden Beschlüsse gefaßt.
- ▶ Ab 500 Arbeitnehmern ist ein Aufsichtsrat vorgeschrieben.

> **Beurteilung:** Für Existenzgründer bietet die GmbH kaum Vorteile, weil sie aufwändig und teuer ist. Die Haftungsbegrenzung klingt zwar interessant, ist aber wertlos, weil man sowieso keine hohen Kredite bekommt. Wem es nur auf die Haftungsbegrenzung ankommt, der sollte lieber eine entsprechende Betriebshaftpflicht- oder Vermögensschadenversicherung abschließen.

Geschäftsführung und Gesellschafterversammlung

Die GmbH wird von einem oder mehreren Geschäftsführern geführt, die nicht an der Gesellschaft beteiligt sein müssen. Bei der Einmann-Gesellschaft gehören alle GmbH-Anteile einer natürlichen Person, die jedoch einen anderen als Geschäftsführer bestellen kann, der kapitalmäßig nicht beteiligt ist, sondern nur Angestellter der Gesellschaft. Bei einer kleineren GmbH sind Gesellschafter und Geschäftsführer meist dieselbe Person, da ein fremder Geschäftsführer zusätzliche Kosten verursachen würde, die nicht tragbar wären.

Auf der Gesellschafterversammlung werden die Feststellung des Jahresabschlusses, die Verwendung des Gewinnes, die Bestellung, Abberufung und Entlastung der Geschäftsführer sowie die Prüfung der Geschäftsführer beschlossen und schriftlich protokolliert. Dies ist auch erforderlich, wenn sich der Geschäftsführer als einziger Gesellschafter mit sich selbst versammelt.

> Im Gegensatz zu den Personengesellschaften ist es bei größeren Kapitalgesellschaften meist so, dass die Geschäfte an eine Person übertragen werden, die nicht mit Kapital an der Gesellschaft beteiligt ist.

Gewinnverteilung

Die Gewinnverteilung erfolgt im Verhältnis der Kapitalanteile, wobei nicht jedes Jahr eine Gewinnausschüttung vorgenommen werden muss, der Jahresüberschuss kann auch in der Firma verbleiben (Gewinnthesaurierung). Das kostet die Gesellschaft jedoch mehr Steuern als die Gewinnausschüttung.

Der beziehungsweise die Geschäftsführer und tätige Gesellschafter erhalten von der GmbH ein Gehalt. Darüber hinaus dürfen sie jedoch nicht in die Firmenkasse greifen, denn Privatentnahmen sind nicht möglich, weil Unternehmen und Gesellschafter getrennte Rechtssubjekte sind. Je nach Gesellschafterbeschluss erfolgt zusätzlich eine Gewinnausschüttung.

Steuerliche Besonderheiten der GmbH

Grundsätzlich unterliegen Kapitalgesellschaften weitaus strengeren steuerlichen Vorschriften als eine Personengesellschaft. Die GmbH ist wie alle Kapitalgesellschaften ein eigenes Steuersubjekt. Daher fällt auch eine zusätzliche Steuer an, die Körperschaftsteuer. Bemessungsgrundlage hierfür ist der Jahresüberschuss. Verluste können mit Ertragsjahren verrechnet werden.

Die Gehälter der tätigen Gesellschafter und Geschäftsführer sind bei der Kapitalgesellschaft steuerlich abzugsfähige Betriebsausgaben, die in der privaten Einkommensteuererklärung der Empfänger versteuert werden. Diese Doppelbesteuerung entfällt bei Personengesellschaften, hier werden die Gewinne nur einmal besteuert.

> Da Kapitalgesellschaften viel öfter mit fremden Geldgebern zu tun haben als Personengesellschaften, gelten für sie auch wesentlich strengere Vorschriften.

Jahresabschluss und Wirtschaftsprüfung

Ausgezahlte Gewinnausschüttungen (Dividenden) sind bei den Empfängern Einkünfte aus Kapitalvermögen. Kapitalertragsteuer und Körperschaftsteuer, die von der ausschüttenden Gesellschaft einbehalten werden, mindern zwar die Ausschüttungen, können jedoch mit der Einkommensteuer verrechnet beziehungsweise ganz erstattet werden.

Vor allem im steuerlichen Bereich müssen Kapitalgesellschaften wesentlich höhere Auflagen erfüllen als Personengesellschaften. Je größer die Kapitalgesellschaft, desto mehr Pflichten bezüglich der Bilanzveröffentlichung und Wirtschaftsprüfung kommen hinzu.

Der steuerpflichtige Gewinn wird bei Kapitalgesellschaften anders ermittelt als bei Personengesellschaften.
Der Jahresabschluss einer GmbH besteht aus:
▶ Bilanz,
▶ Gewinn-und-Verlust-Rechnung,
▶ erläuterndem Anhang und
▶ Lagebericht (nur bei mittelgroßen und großen Kapitalgesellschaften erforderlich).

Eine kleine GmbH muss ihren Jahresabschluss bis spätestens 30. Juni des Folgejahres erstellt haben, für eine mittelgroße und eine große GmbH ist diese Frist auf den 31. März des Folgejahres verkürzt.
Kleine Kapitalgesellschaften müssen im Gegensatz zu mittelgroßen und großen Kapitalgesellschaften ihren Jahresabschluss nicht von einem Abschlussprüfer (Wirtschaftsprüfer) kontrollieren lassen. Große Kapitalgesellschaften sind publizitätspflichtig, müssen ihren Jahresabschluss mit Lagebericht im Handelsregister und im Bundesanzeiger veröffentlichen.
Kleine und mittelgroße Kapitalgesellschaften reichen lediglich einen Jahresabschluss zum Handelsregister ein.

⚡ Blitzübersicht: Vor- und Nachteile der GmbH	*1 Person ausreichend*
Gründung ...	relativ aufwendig und vergleichsweise teuer
... ist empfehlenswert, wenn	die Haftung auf das Stammkapital begrenzt werden soll
... ist nicht empfehlenswert, wenn	keine beruflichen Haftungsrisiken bestehen oder alle Risiken durch Berufshaftpflichtversicherungen ausgeschlossen werden können
juristische Voraussetzungen	notarieller Vertrag, Eintragung ins Handelsregister, Bestellung der Geschäftsführung
finanzielle Voraussetzungen	Mindestgründungskapital 50.000 DM, davon mindestens die Hälfte bei Gründung einzahlbar
besondere Vorteile	Vergütungen an den Geschäftsführer sind als Betriebsausgabe absetzbar; Haftungsbeschränkung auf die Stammkapitalanteile der Gesellschafter; die Bildung von Gewinn mindernden Pensionsrückstellungen für Gesellschafter-Geschäftsführer ist möglich

besondere Nachteile	aufwendige und kostspielige Gründung, Publizitätspflichten, Prüfung durch Wirtschaftsprüfer (teuer), Doppelbesteuerung (Körperschaftsteuer bei der GmbH und Einkommensteuer beziehungsweise Kapitalertragsteuer bei den Gesellschaftern); Verluste der Gesellschaft wirken sich nicht beim Einkommen der Gesellschafter aus, da die Verluste nicht mit anderen Einkunftsarten verrechnet werden können; kein Freibetrag bei der Gewerbesteuer
Tücken, mit denen keiner rechnet	bei Kreditaufnahme muss der Geschäftsführer zur Absicherung oft eine persönliche Bürgschaft abgeben, Geschäftsführung haftet mit dem Privatvermögen für grobe Pflichtverletzungen
steuerliche Konsequenzen	eigenes Steuersubjekt, Körperschaftsteuer (für Erträge), Gewerbesteuer, Umsatzsteuer, umfangreicher Jahresabschluss, siehe auch besondere Nachteile

Gerade für Existenzgründer eignet sich die GmbH nicht, da sie meist eine zu teure Rechtsform darstellt und die Haftungsbeschränkungen billiger über eine entsprechende Versicherung erreicht werden können.

Die GmbH & Co. KG und die AG & Co. KG

Diese Rechtsform wird meistens aus steuerlichen Gründen gewählt. Es handelt sich hier um eine Personengesellschaft, bei der die Kapitalgesellschaft als Komplementär fungiert, deren Gesellschafter alle oder zum Teil zugleich Kommanditisten der Personengesellschaft sind.

Bei der GmbH & Co. KG sind jedoch meistens alle Gesellschafter der GmbH zugleich Kommanditisten der KG. Da es sich in jedem Falle um zwei Firmen handelt, sind zwei Gesellschaftsverträge abzuschließen. Vorteil dieser Mischform: Die Haftung des Komplementärs ist auf das Stammkapital der GmbH (mindestens 50.000 DM) beschränkt, die Haftung der Kommanditisten auf ihre Einlage. Es ist deshalb auch leicht ersichtlich, warum diese Gesellschaftsform einen schlechteren Ruf als andere Rechtsformen genießt: Ein ehrbarer Kaufmann fürchtet keine unbeschränkte Haftung, sondern macht nur saubere Geschäfte, bei denen der Haftungsfall nicht eintritt, oder er ist entsprechend dagegen versichert.

Steuerliche Besonderheiten der GmbH & Co. KG

Jede der beiden Gesellschaften ist für sich ein eigenes Steuergebilde. Die GmbH ist mit ihren Erträgen körperschaftsteuerpflichtig. Die tätigen Gesellschafter und Geschäftsführer der GmbH beziehen ein Gehalt, die

Kommanditisten erzielen Einkünfte aus Gewerbebetrieb, die in ihrer privaten Einkommensteuererklärung versteuert werden. Der größte Steuervorteil dieser Gesellschaftsform liegt darin, dass nur die GmbH körperschaftsteuerpflichtig ist, die KG jedoch als Personengesellschaft besteuert wird. Erzielt die GmbH keine Gewinne, wird sie auch nicht körperschaftsteuerpflichtig. Aber Vorsicht: Wenn der GmbH-Geschäftsführer zugleich Kommanditist ist, kann die GmbH das Geschäftsführergehalt nicht als Betriebsausgabe abziehen.

Sonderbetriebsvermögen

Die Kommanditisten können der Gesellschaft bestimmte Wirtschaftsgüter ihres Privatvermögens zur Nutzung überlassen, beispielsweise Kraftfahrzeuge oder häusliche Arbeitszimmer. Dieses so genannte Sonderbetriebsvermögen wird automatisch notwendiges Betriebsvermögen. Wird die Gesellschaft veräußert oder liquidiert, wird die Veräußerung oder Entnahme dieses Sonderbetriebsvermögens steuerpflichtig.

Kommanditgesellschaften, bei denen der Komplementär eine GmbH oder AG ist, genießen bei Banken und Kunden geringeres Vertrauen, da die Umgehung der unbeschränkten Haftung ein Warnsignal ist.

> **GmbH oder GmbH & Co. KG?**
>
> Handelt es sich um ein ertragsstarkes Unternehmen, kann die Rechtsform der GmbH günstiger sein, wenn die Körperschaftsteuersätze unter den persönlichen Einkommensteuersätzen liegen (Besteuerung der Kommanditisten). Eine weitere Alternative ist es, der GmbH größere Gewinne zuzuschieben, die nicht ausgeschüttet werden.
> Die GmbH & Co. KG ist für kleine oder mittlere Betriebe steuerlich interessant. Die Gewinne der KG werden in den persönlichen Einkommensteuererklärungen der Kommanditisten versteuert. Ist der Grenzsteuersatz niedriger als der Körperschaftsteuersatz einer GmbH, sollte die Mischform gewählt werden. Dazu müssen die Gewinne allerdings der KG zugeordnet werden.

Die GmbH & Still

Im Prinzip gelten dieselben Grundregeln wie bei der stillen Gesellschaft (siehe Seite 47), das heißt, dass zum Zweck der Kapitalgewinnung einfach ein Kapitalgeber zum Mitgesellschafter gemacht wird. Hier aber wird die Trägerschaft nicht vom Einzelunternehmer gebildet, sondern von der GmbH als juristischer Person (siehe vorangehenden Abschnitt). Auch hier liegt der Grund für die Aufnahme eines stillen Gesellschafters in der unproblematischen Eigenkapitalbeschaffung, ohne dass der (typische) stille Gesellschafter Mitspracherechte erwirbt. Bei der Aufnahme eines atypischen stillen Gesellschafters liegt der Unterschied zur Aufnahme eines normalen Gesellschafters darin, dass Ersterer nur mit seiner Einlage haftet, die er aber im Konkursfall verlieren kann.

⚡ Blitzübersicht: Vor- und Nachteile der GmbH & Co. KG

Gründung …	zwei Gesellschaftsverträge, Gründung wie GmbH und KG (siehe dort)
… ist empfehlenswert, wenn	es um ein kleineres oder mittleres Unternehmen geht, persönliche und unbeschränkte Haftung ausgeschlossen werden soll
… ist nicht empfehlenswert, wenn	es um ein ertragsstarkes Unternehmen geht, hohe Gründungskosten der GmbH vermieden werden sollen, Wert auf seriöse Rechtsform gelegt wird beziehungsweise wenn die GmbH & Co. KG nur vermögensverwaltend tätig sein wird
juristische Voraussetzungen	entsprechen denen der GmbH (siehe Seite 52) beziehungsweise KG (siehe Seite 47)
finanzielle Voraussetzungen	Mindeststammkapital der GmbH
besondere Vorteile	starke Haftungsbeschränkung, steuerliche Vorteile
besondere Nachteile	erschwerte Kreditaufnahme bei Banken wegen Haftungsbeschränkung beziehungsweise der oft als »windig« empfundenen Gesellschaftsform, Kreditaufnahme meist nur nach entsprechenden Sicherheitsleistungen (z. B. Bürgschaften mit Privatvermögen) möglich
Tücken, mit denen keiner rechnet	soll die Firma nur Vermögen verwalten, droht auch dann eine Löschung im Handelsregister, wenn die Firma schon eingetragen war – die GmbH & Co. KG muss kaufmännisch aktiv sein
steuerliche Konsequenzen	große Steuervorteile, da nur die GmbH als Komplementär körperschaftsteuerpflichtig ist, die KG wird wie eine Personengesellschaft besteuert (Einkommensteuer für die Kommanditisten), Höhe der Vorteile abhängig von den jeweiligen Steuersätzen

Die Steuervorteile der GmbH & Co. KG entstehen durch die Tatsache, dass es sich genau genommen um zwei Gesellschaften handelt, von denen aber nur eine körperschaftsteuerpflichtig ist. Folglich wird man die Gewinne auf die KG verlagern.

Die Aktiengesellschaft (AG)

Aktiengesellschaften sind für große und kapitalintensive Unternehmen deshalb eine so interessante Rechtsform, weil durch die Ausgabe von weiteren Aktien relativ mühelos neues Eigenkapital gebildet werden kann.

Eine Aktiengesellschaft ist eine Kapitalgesellschaft, deren Anteile an der Börse gehandelt werden. Es kann sich um eine Namens-, Sach- oder Phantasiefirma handeln, die immer den Zusatz »AG« tragen muss. Es können sich beliebig viele Aktionäre beteiligen. Somit ist die AG die beliebteste Rechtsform für Großunternehmen mit sehr hohem Kapitalbedarf. Im Prinzip kann jedes Unternehmen die Börsenzulassung beantragen, wobei unterschiedliche Anforderungen zu erfüllen sind. Dabei gelten die strengsten für den amtlichen Handel, die niedrigsten für den Freiverkehr. Das Mindestgründungkapital der AG beträgt 100.000 DM. Die Zahl der Gesellschafter ist unbegrenzt, das Aktienkapital ist unkündbar.

Im Gegensatz zu Personengesellschaften und der GmbH erfolgt bei der AG eine Trennung zwischen wirtschaftlichen Eigentümern (Aktionären) und der Geschäftsleitung (Vorstand). Die Haftung der Aktionäre ist auf den Aktienbetrag begrenzt. Die Vorschriften der AG richten sich nach dem Aktiengesetz.

Die Organe der Aktiengesellschaft

Eines der Wesensmerkmale von Aktiengesellschaften ist die Kontrolle des Vorstandes durch den Aufsichtsrat sowie die Kontrolle des Aufsichtsrates durch die Hauptversammlung der Aktionäre.

Im deutschen Aktiengesetz ist auch festgelegt, dass eine Aktiengesellschaft folgende drei Organe unabdingbar haben muss:
▶ Vorstand,
▶ Aufsichtsrat und
▶ Hauptversammlung.

Der Vorstand trifft eigenverantwortlich alle geschäftlichen Entscheidungen. Ausnahmen betreffen größere Investitionen, bei denen der Aufsichtsrat zustimmen muss. Der Vorstand wird vom Aufsichtsrat für fünf Jahre bestellt, eine Verlängerung ist möglich. Umgekehrt kann der Vorstand aus wichtigem Grund jederzeit abberufen werden.

Der Aufsichtsrat kontrolliert die Geschäftsführung. Er besteht aus mindestens drei, jedoch höchstens 21 Mitgliedern. Der Vorstand muss den Aufsichtsrat alle drei Monate über die wirtschaftliche Lage der AG informieren. Beide Organe, Vorstand und Aufsichtsrat, müssen einmal im Jahr der Hauptversammlung der Aktionäre Rechenschaft ablegen und werden von ihr entlastet. Die Hauptversammlung ist darüber hinaus das Beschlussorgan für folgende Entscheidungen:
▶ Verwendung des Bilanzgewinnes,
▶ Satzungsänderungen,
▶ Auflösung der Gesellschaft u. Ä. m.

Beschließt die Hauptversammlung eine Gewinnausschüttung, erhalten die Aktionäre Dividenden, die sie (nach § 20 EStG) in der Einkommensteuererklärung versteuern müssen, sofern die Freibeträge für Kapitalvermögen überschritten werden.

Einfache Kapitalbeschaffung

⚡ Blitzübersicht: Vor- und Nachteile der AG	
Gründung ...	mindestens fünf Gründer
... ist empfehlenswert, wenn	ein Unternehmen mit großem Kapitalbedarf gegründet wird
... ist nicht empfehlenswert, wenn	nur ein kleines oder mittleres Unternehmen entstehen soll
juristische Voraussetzungen	Schaffung einer juristischen Person als Sachfirma mit dem Zusatz »AG«
finanzielle Voraussetzungen	Mindestnennkapital 100.000 DM
besondere Vorteile	einfache Kapitalbeschaffung, auch durch Herausgabe junger Aktien, größere Unabhängigkeit von Kreditinstituten
besondere Nachteile	aufwendig, teuer wegen der vielen Organe; Aktionär hat zwar Stimmrechte, kann aber selbst keine unternehmerischen Entscheidungen treffen
Tücken, mit denen keiner rechnet	es erfolgt nicht jedes Jahr eine Dividendenauszahlung an die Aktionäre
steuerliche Konsequenzen	wie andere Kapitalgesellschaften, immer Publizitätszwang (Bundesanzeiger)

Die Aktiengesellschaft als Rechtsform ist für kleinere und mittlere Unternehmen nicht empfehlenswert, da ihre Einrichtung mit zwei Organen (Vorstand und Aufsichtsrat) aufwändig und teuer ist.

Die KG auf Aktien (KGaA)

Die Kommanditgesellschaft auf Aktien ist eine Kombination aus der vorne erläuterten Aktiengesellschaft und einer Kommanditgesellschaft (siehe Seite 45) und gehört zu den Kapitalgesellschaften. Wenigstens ein Gesellschafter haftet als Komplementär mit seinem gesamten Kapital- und Privatvermögen, während die Kommanditisten nur in Höhe ihrer Kapitalanteile (Aktien) haften.

Für die Gründung einer KGaA gelten die juristischen Voraussetzungen der Aktiengesellschaft; so ist unter anderem ein Mindestnominalkapital von 100.000 DM erforderlich. Dieses Mindestkapital kann jederzeit durch die Erhöhung der Einlagen der persönlich haftenden Gesellschafter oder durch die Emission neuer Aktien erhöht werden. Auch die Fremdkapitalbeschaffung durch die Aufnahme lang- und mittelfristiger Kredite ist relativ einfach aufgrund der umfangreichen Haftung des oder der persönlich haftenden Gesellschafter.

Die Kommanditgesellschaft auf Aktien ist aus rechtlicher Sicht der Aktiengesellschaft wesensverwandter als der Kommanditgesellschaft.

Die KGaA hat die gleichen Organe wie die Aktiengesellschaft (Vorstand, Aufsichtsrat und Hauptversammlung), der sie ähnlicher ist als der Kommanditgesellschaft. In der Hauptversammlung haben der oder die Komplementäre nur ein Stimmrecht für ihre Aktien, das sie in den Fällen, bei denen es um die Kontrolle ihrer Geschäftsführung (etwa der Wahl des Aufsichtsrats und der Abschlussprüfer) geht, nicht ausüben dürfen. Zusätzlich gibt es einen Beirat der Kommanditaktionäre.

Individuelle Gewinnverteilung
Die Geschäftsführung liegt bei dem beziehungsweise den persönlich haftenden Gesellschaftern (Komplementäre), die den im Handelsgesetzbuch verankerten, strengen Vorschriften einer KG unterliegen. Die Gewinnverteilung erfolgt nach der jeweiligen Satzung; in der Regel erhält der Komplementär zunächst vier Prozent, dann werden an die Aktionäre ebenfalls vier Prozent ausgeschüttet. Der eventuell verbleibende Restgewinn wird entsprechend der Kapitalbeteiligung verteilt.

Sonderform: Die Doppelgesellschaft

Doppelgesellschaften sind Betriebe, die ihre wirtschaftlichen Ziele durch die Gründung zweier rechtlich selbstständiger Unternehmen realisieren, eines Besitzunternehmens und eines Betriebsunternehmens. Meistens sind die Gesellschafter an beiden Firmen beteiligt, um von den Erträgen beider Unternehmen zu profitieren. Wenn eine bestehende Firma in zwei selbstständige Unternehmen aufgeteilt wird, erfolgt eine so genannte Betriebsaufspaltung.
Ziel der Betriebsaufspaltung ist eine Reduzierung der gesamten steuerlichen Belastung. Eine Firma wird üblicherweise als Personengesellschaft, die andere als Kapitalgesellschaft geführt, um die Vorteile von beiden Gesellschaftsformen optimal nutzen zu können.

Doppelgesellschaften verbinden meist die Vorteile einer Personengesellschaft mit denen einer Kapitalgesellschaft und werden vor allem unter steuerlichen Gesichtspunkten gegründet.

Besitzpersonen- und Betriebskapitalgesellschaft
Die Kapitalgesellschaft führt den Betrieb und pachtet von der Besitzpersonengesellschaft sämtliches Anlagevermögen. Die Personengesellschaft, die eigentlich geschäftlich nicht aktiv wird, überträgt das Umlaufvermögen (Vorräte, Warenbestand, Forderungen, Kasse, Bank) auf die Betriebskapitalgesellschaft.
Die Betriebsaufspaltung wird immer aus steuerlichen Gründen durchgeführt. Gewinne, Verluste, Vermögen und Gewerbekapital können auf beide Gesellschaften verteilt werden, wodurch sich insgesamt eine geringere Steuerbelastung ergibt als bei nur einer Rechtsform des Betriebes. Vor jeder Betriebsaufspaltung sollte aber der Rat eines erfahrenen Steuerberaters eingeholt werden.

⚡ Blitzübersicht: Vor- und Nachteile der Doppelgesellschaft	
Gründung …	eine Personengesellschaft nach Wahl, eine Kapitalgesellschaft nach Wahl, die Gesellschafter sind in beiden Gesellschaften dieselben natürlichen Personen
… ist empfehlenswert, wenn	hohes Anlagevermögen besteht, hohe Erträge erwirtschaftet werden und somit Steuern erheblich reduziert werden können
… ist nicht empfehlenswert, wenn	es sich um einen Kleinbetrieb mit geringem Anlagevermögen und nicht so hohen Erträgen handelt. Dann sind die Gründung und Führung beider Firmen zu aufwendig
juristische Voraussetzungen	siehe Gründung, Kapitalgesellschaft mit notariellem Vertrag, Eintrag im Handelsregister
finanzielle Voraussetzungen	jeweils vorgeschriebenes Mindestgründungskapital der Kapitalgesellschaft
besondere Vorteile	Gewinne und Verluste können verlagert werden, erhebliche Reduzierung der Gesamtsteuerbelastung; gesamtes Risiko wird auf Kapitalgesellschaft verlagert, die nur beschränkt haftet
besondere Nachteile	die Besitzpersonengesellschaft wird gewerbesteuerpflichtig, obwohl sie nur Vermögen verwaltet (Pachteinnahmen aus Immobilien)
Tücken, mit denen keiner rechnet	Vorsicht vor der verdeckten Gewinnausschüttung, wenn die Pachtzinsen für die gemieteten Immobilien zu hoch sind, denn die Gesellschafter sind in beiden Firmen identisch
steuerliche Konsequenzen	Vorteile aus der Kombination Kapitalgesellschaft und Personengesellschaft. Gewinn der Betriebskapitalgesellschaft kann durch hohe Pachtzinsen und Geschäftsführergehälter ganz niedrig gehalten werden; Möglichkeiten der Verschiebung von Gewinnen, Verlusten und Vermögen

Die Doppelgesellschaft empfiehlt sich besonders für sehr kapitalintensive Betriebe mit hoher Ertragskraft, da sie die steuerlichen Vorteile besonders gut ausschöpfen können.

Kapitel 3
Das Unternehmen – Geschäftszweck und Organisation

In diesem Kapitel geht es darum, welche Produkte und Dienstleistungen Sie anbieten und wie Sie Ihr Unternehmen organisieren sollten. Bei Fragen, bei denen keine Antworten vorgegeben sind, notieren Sie bitte die drei wichtigsten Stichworte, die Ihnen einfallen. Die Auflösung finden Sie am Ende des Tests.

⚡ Blitztest
Was wissen Sie schon – wie groß ist Ihr Info-Bedarf?

→ siehe Seite 64

1. Nennen Sie drei Branchen, die auch in Zukunft erfolgreich sein werden.

    • _____   • _____   • _____

→ siehe Seite 64

2. Nennen Sie drei Branchen, in denen in Zukunft eher Arbeitsplätze abgebaut werden.

    • _____   • _____   • _____

→ siehe Seite 63

3. Was versteht man unter dem Begriff »Outsourcing«?
    a) Die Finanzierung eines Unternehmens mit Fremdkapital.
    b) Die Verlagerung von Unternehmensaufgaben zu Fremdfirmen.
    c) Die Entfernung eines Produktes vom Markt.

→ siehe Seite 72

4. Was ist ein Franchise-System?
    a) Die Übernahme einer Geschäftsidee als Unternehmer.
    b) Die Übernahme einer Geschäftsidee als Angestellter.
    a) Das Vertriebssystem durch Lizenzvergabe.

→ siehe Seite 83

5. Welche drei Kriterien sind am ehesten zu bedenken, wenn Sie als Produzent einer Ware einen geeigneten Standort suchen?

    • _____   • _____   • _____

6. Welche drei Kriterien sind am ehesten zu bedenken, wenn Sie als Einzelhändler einen geeigneten Standort suchen?

• _____ • _____ • _____

→ siehe Seite 83

7. Welche drei Kriterien sind am ehesten zu bedenken, wenn Sie als Anbieter einer Dienstleistung einen geeigneten Standort suchen?

• _____ • _____ • _____

→ siehe Seite 83

8. Was versteht man unter einer »Stelle«?

a) Eine Stelle ist ein Arbeitsplatz, der den spezifischen Kenntnissen eines Mitarbeiters angepasst wird.
b) Eine Stelle ist ein Aufgabenkomplex, der auf verschiedene Mitarbeiter verteilt wird.
c) Eine Stelle ist ein abgegrenzter Aufgabenkomplex, der einer Person übertragen wird.

→ siehe Seite 89

9. Was ist ein »Unternehmensorganigramm«?

a) Die Darstellung der durch Stellen und Abteilungen gebildeten hierarchischen Struktur eines Unternehmens.
b) Die Darstellung der verschiedenen Verfahrensabläufe vom Einkauf über die Produktion bis zum Verkauf einer Ware.

→ siehe Seite 90

10. Welche Organisationsstruktur ist für ein Unternehmen mit einer vielfältigen Produktpalette am sinnvollsten?

a) Funktionalorganisation.
b) Spartenorganisation.
c) Regionalorganisation.

→ siehe Seite 92

Lösung des Tests:

1. Kommunikation, Software, Werbung und Medien, Finanz- und Versicherungsdienstleistungen
2. Bau, Handel, Automobilbau, Landwirtschaft, öffentlicher Dienst
3. b
4. a, c
5. Verkehrsanbindung, Mitarbeiterpotenzial, Produktionskosten
6. Kundenfrequenz, Mietkosten, Verkehrsanbindung
7. Kundennähe, Marktvolumen vor Ort, Mitarbeiterpotenzial
8. c   9. a   10. b

Was über den Erfolg entscheidet

Der Weg zwischen Unternehmenserfolg und Zusammenbruch ist oft eine Gratwanderung. Die schnelle und flexible Reaktion auf Marktveränderungen ist ein Baustein auf dem Weg zum Erfolg.

Erfolgsgeschichten von Unternehmern, die vor einiger Zeit den Sprung in die Selbstständigkeit gewagt haben und heute mit ihren Erfolgen glänzen können, kennen wir alle. Auf der anderen Seite stehen jedoch zahlreiche Firmenpleiten, die in den vergangenen Jahren stark zugenommen haben. So hat sich die Zahl der Insolvenzen von 1992 bis 1997 mehr als verdoppelt und damit einen neuen Pleitenhöchststand erreicht. Nach Angaben des Statistischen Bundesamts wurden im Jahr 1997 33.410 Insolvenzen gezählt, 6,2 Prozent mehr als im Vorjahr. Die Zahl der Firmenpleiten legte um 7,7 Prozent auf 27.485 zu. Bevor man also als Unternehmensgründer zur Tat schreitet, sollten möglichst alle Konsequenzen durchdacht werden.

Marktnähe – das Geheimnis des Unternehmererfolges

Der Traum vom schnellen Geld ist häufig schon ausgeträumt, bevor das erste Geschäftsjahr vorbei ist. Denn eine Marktnische, die sich gestern aufgetan hat und heute glänzende Geschäfte verspricht, kann sich bereits morgen durch strukturelle Änderungen völlig verschließen. Der Markt wird im Zug der Globalisierung zwar immer größer, doch aufgrund der stark wachsenden Konkurrenz auch immer enger. Bevor Sie sich also entschließen, als Anbieter einer selbst hergestellten Ware oder Dienstleistung beziehungsweise als Groß- oder Einzelhändler in das Marktgeschehen einzugreifen, sollten Sie sich über das betreffende Produkt, die richtige Standortwahl und die entsprechende Unternehmensorganisation bewusst sein. Über Marktchancen und Vermarktungsmöglichkeiten Ihres Produktes erfahren Sie in Kapitel 4 Näheres (siehe Seite 96).

Oft verpufft eine gute Geschäftsidee schon innerhalb von ein bis zwei Jahren. Sei es, weil ein größeres Unternehmen Ihnen Konkurrenz macht, sei es, weil der Markt zu rasch gesättigt ist und kein Potenzial mehr vorhanden ist.

> **Dem Unternehmer stellen sich vor allem folgende Fragen:**
> ▶ Welches Produkt stelle ich her, welche Dienstleistung biete ich an, oder was möchte ich wem verkaufen?
> ▶ Wie sieht der Markt für dieses Produkt heute und in den nächsten Jahren aus?
> ▶ Wie finde ich für mein Unternehmen den geeigneten Standort?
> ▶ Wie organisiere ich mein Unternehmen, um das Produkt optimal anbieten zu können?

Die Antworten zu diesen Fragen, die wichtigsten Informationen und Details geben wir Ihnen in diesem Kapitel. Doch jeder Unternehmer muss selbst eine Einschätzung vornehmen, ob seine mögliche Geschäftsidee langfristig zukunftsträchtig ist, nur vorübergehend Erfolg verspricht oder keine Chancen hat.

Anpassung an Marktveränderungen

Für den Unternehmer stellt sich das gleiche Problem wie für jeden Berufstätigen: Er muss sich den ständig wechselnden Erfordernissen des Marktes anpassen. Und er muss eventuell auch bereit sein, mit einer anderen Sache noch einmal völlig neu zu beginnen. Für alle Entscheidungen, die wir heute treffen, ist es deshalb vor allem wichtig zu wissen, wie sich unsere Gesellschaft und der Arbeitsmarkt in zehn oder noch mehr Jahren darstellen.

- Wie verändert sich die Bevölkerungsstruktur?
- Wie verändern sich die Einkommen?
- Wie verändern sich die Lebenshaltungskosten?
- Wie verändern sich Lebensbedingungen allgemein?
- Wie verändert sich das Konsumverhalten?

Das sind nur einige Fragen, die man als Arbeitnehmer eher auf sich zukommen lassen kann – aber als Unternehmer unbedingt in seine Überlegungen einbeziehen muss.

Wie sieht der Arbeits- und Gesellschaftsmarkt von morgen aus?

Zum Arbeitsmarkt und zur Beschäftigung in der Bundesrepublik liefert etwa die Prognos AG in Basel mit ihren Studien realistisch erscheinende Vorausschauen, die bis weit über das Jahr 2000 hinausreichen. Kernaussagen dieser Studien sind:

- In der Produktion werden weiterhin massenhaft Arbeitsplätze verloren gehen und abgebaut, zum Teil auch durch Verlagerungen ins Ausland.
- Die Bedeutung des Dienstleistungssektors als wichtigster Arbeitgeber in der Bundesrepublik nimmt dagegen weiter ständig zu. Im Jahre 2010 werden in diesem Bereich etwa 64 Prozent aller deutschen Arbeitsplätze vorhanden sein.

Auch zahlreiche andere Studien zeigen, wie sich der längst begonnene Strukturwandel in Deutschland bis zum Jahr 2010 auswirken wird: Nach der industriellen Revolution, die vor über 200 Jahren den primären Sektor (Land- und Forstwirtschaft) langsam durch den sekundären Sektor (Produktion) ablöste, ist jetzt eine weitere Revolution im Gang, bei der dieser Sektor seit etwa zwei Jahrzehnten durch den tertiären Sektor (Dienstleistungen) ersetzt wird.

Dabei wird eine Entwicklung sehr deutlich: Großunternehmen verlagern zunehmend Aufgaben nach außen (Outsourcing) und lassen bestimmte Arbeiten nicht mehr durch eigene Angestellte ausführen. Diese Entscheidung hängt natürlich vom jeweiligen Kostenvergleich ab. Großunternehmen konzentrieren sich auf ihr Kerngeschäft und lassen die Aufgaben, die Fremdunternehmen günstiger bewältigen können, von diesen ausführen. Dadurch ergibt sich für andere (kleinere) Unternehmer eine Chance: Immer mehr Teilaufträge werden abgegeben.

Um langfristig mit einem Unternehmen Erfolg zu haben, muss man zumindest Anhaltspunkte darüber haben, ob sich an der grundlegenden Bedürfnislage (zukünftige Nachfrage) etwas ändern wird. Dies könnte beispielsweise durch technische Neuerungen eintreten, die ein bisheriges Produkt überflüssig machen.

Chancen erkennen: Wo sich Nischen für Selbstständige auftun

Kleinere Unternehmen können im Windschatten von Großbetrieben gedeihen, wenn sie bestimmte Produkte oder Dienstleistungen effizienter erstellen können als das große Unternehmen selbst.

Welche Chancen sich durch die Veränderungen für neue Unternehmen ergeben, lassen die Prognosen für eine Vielzahl von Branchen deutlich erkennen. Dabei verrät der Blick in die Zukunft einen wichtigen Trend: Die Produktion ist nicht mehr das beste Geschäft auf der Rangliste des Erfolgs, sondern das Entwickeln und Organisieren, das Informieren und Beraten.

Für die kleineren und mittleren Unternehmen bedeutet dies: Wer ein Problem schneller lösen kann, als dies von einem Großunternehmen zu bewerkstelligen ist, oder wer eine Aufgabe kostengünstiger und mit der gleichen oder höheren Qualität erledigen kann, wie dies eine größere Firma zu leisten vermag, hat bereits die Lücke für eine erfolgreiche Geschäftstätigkeit gefunden.

Welche Branchen haben Zukunft? (Die Entwicklung verschiedener Branchen bis ins Jahr 2010)	
▲ Gewinner	▼ Verlierer
Beratungs- und Planungsunternehmen	Bau
Datenbankanbieter	Bergbau
Finanz-, Versicherungsdienstleistungen	Handel
Freizeit, Gesundheit, Kultur, Bildung	Handwerk
Hotel- und Gaststättengewerbe	Land- und Forstwirtschaft
Kommunikationsunternehmen	Öffentlicher Dienst
Softwarehäuser	Verkehr
Werbeagenturen	Weite Teile der sonstigen Industrie

Schon heute gibt es klare Prognosen darüber, welche Branchen in Zukunft eher Stellen abbauen werden und welche Branchen zukunftsträchtig sind.

Neben der allgemeinen Gewinner-und-Verlierer-Prognose der Branchen ist es außerdem von Vorteil, die einzelnen Branchen etwas näher unter die Lupe zu nehmen. Wir nennen Ihnen die Vorschriften und Voraussetzungen für eine Unternehmenstätigkeit in den folgenden Branchen:
- ▶ Datenverarbeitung
- ▶ Allgemeine Dienstleistungen
- ▶ Finanz- und Versicherungswesen
- ▶ Gaststätten- und Hotelgewerbe
- ▶ Handel
- ▶ Handwerk
- ▶ Nachrichtentechnik
- ▶ Verkehrswesen
- ▶ Warenproduktion
- ▶ Werbung und Medien

Datenverarbeitung

Die Chancen, sich auch mit sehr geringem Eigenkapital in diesem Bereich zu etablieren, sind sehr gut, hängen aber stark von den persönlichen Möglichkeiten und Fähigkeiten ab. Dabei ist der Bereich Kundenberatung am empfehlenswertesten.

Gute Chancen hat derjenige, der den Anwendern sagen kann, welche Geräte mit welcher Ausstattung für sie am sinnvollsten sind, oder der in der Lage ist, Standardprogramme auf die jeweiligen Bedürfnisse eines Einzelunternehmens hin umzuwandeln und bei Störfällen »erste Hilfe« bis hin zur Rettung verschwundener Daten zu leisten. So gibt es hervorragende Möglichkeiten im Service-, Anwendungs- und Beratungsbereich, etwa bei:
- EDV-Betriebsberatung,
- Programmanpassung und -entwicklung,
- laufender Anwendungsberatung und Schulung,
- Installation und technischem Service.

Schlecht sind dagegen die Aussichten im Handelsbereich, also beim Verkauf von Hard- und Software. Als Einzelhändler haben Sie kaum eine Chance gegen die Marktmacht großer Anbieter, die über Sonderkonditionen der Hersteller jeden Kleinanbieter vom Markt fegen können.

Im Bereich der Datenverarbeitung liegen die Chancen für Neueinsteiger eher in der Beratung im Hard- und Software-Bereich als im Verkauf. Dort hat man gegen Großanbieter kaum noch eine Chance.

> **Vorschriften und Voraussetzungen:** Im reinen Dienstleistungsbereich (Anwendungsberatung und Schulung) sind keine besonderen Vorschriften zu beachten oder Voraussetzungen zu erfüllen.
> Etwas anders stellt sich die Situation dar, wenn technischer Service bis hin zur Installation von Hardware-Komponenten angeboten werden soll. Da hier natürlich Sicherheitsvorkehrungen den Endverbraucher vor technischen Schadensfällen schützen sollen, sind bestimmte Ausbildungsnachweise und Genehmigungen erforderlich.

Allgemeine Dienstleistungen

Die Dienstleistungsbranche ist nach wie vor im Aufwind, und gerade in Deutschland besteht ein enormer (Nachhol-)Bedarf. Zahlreiche Kundenumfragen fördern immer wieder das gleiche Ergebnis zu Tage: Der Service lässt in vielen Geschäften und auch bei vielen Dienstleistern stark zu wünschen übrig. Lange Wartezeiten, schlechte Beratung und fehlende oder langsame Betreuung des Endverbrauchers führen oft zur Abwanderung der Kundschaft zur Konkurrenz, sofern diese es besser macht. Deutsche Bahn und Deutsche Telekom sind nur die Spitze des Eisberges der »Service-Wüste« Deutschland. Hier bieten sich zahlreiche Möglichkeiten auch für Existenzgründer. Dabei ist es oft nur eine Frage der eigenen Idee, den passenden Dienstleistungsbedarf zu entdecken und die Lücke zu schließen.

Bei den allgemeinen Dienstleistungen ist der eigenen Kreativität und Umsetzung in Bezug auf den angebotenen Service kaum eine Grenze gesetzt. Aber nicht jede Lücke im Markt bietet auch ein entsprechendes Potenzial, mit dem sich Umsatz und Gewinn erzielen lassen.

Bei der Suche nach dem geeigneten Dienstleistungsangebot sollten Sie sich aber nicht allein auf das Merkmal »Das gibt es noch nicht« beschränken. Diese Feststellung macht die Idee noch nicht geschäftsfähig, denn auch Autos mit fünf Rädern gibt es nicht, weil sich vier als völlig ausreichend erwiesen haben. Sehr gut sind die Aussichten beispielsweise in folgenden Bereichen:

- Pflege und Betreuung von Kindern, Senioren und Kranken,
- Handling-Service für Großunternehmen (z. B. Versand),
- Unternehmensberatung in Personal- und Rationalisierungsfragen,
- Bürodienstleistungen,
- Sicherheits- und Wachdienste,
- Umweltschutz, Entsorgung.

> **Vorschriften und Voraussetzungen:** Für die meisten Dienstleistungen ist keine besondere Erlaubnis erforderlich, jedoch muss die Eröffnung des Unternehmens dem örtlichen Gewerbe- beziehungsweise Wirtschafts- und Ordnungsamt angezeigt werden. Abhängig von der jeweiligen Tätigkeit gibt es aber auch Voraussetzungen, die Sie erfüllen müssen. Etwa die Beschäftigung von examinierten Pflegekräften in der Krankenbetreuung oder ein polizeiliches Führungszeugnis bei der Organisation und Durchführung von Sicherheitsdiensten.
>
> Der Erfolg in Dienstleistungsbranchen hängt allerdings wesentlich von der eigenen Erfahrung und Ausbildung ab. Das Scheitern von Existenzgründern auch in zukunftsträchtigen Branchen ist oft nur auf das Fehlen dieser Voraussetzungen und mangelnde Marktkenntnisse zurückzuführen. Nur weil der Markt wächst, gedeiht nicht der Betrieb!

Finanz- und Versicherungswesen

Der Trend von Großbanken zum Personalabbau gibt fachkundigen Beratern im Bereich des Finanz- und Versicherungswesens die Möglichkeit für individuelle Beratung und maßgeschneiderte Lösungen.

Der Trend in vielen Großbanken geht deutlich zur mitarbeiterlosen Zweigstelle. Der beständige Personalabbau vor allem in den Geschäftsstellen der Geldinstitute führt dazu, dass sich der Kunde selbst am Geldautomaten oder am Kontoauszugsdrucker bedient. Ergebnis: Eine Vielzahl von Beratungsleistungen wird ambulant (ohne Schalterservice) erbracht. Je mehr sich dieser Trend fortsetzt, desto interessanter wird diese Branche für:

- Versicherungsmakler,
- Anlageberater,
- Finanzierungsberater (z. B. Baufinanzierungen).

Allerdings sind hier nur wirklich selbstständige und unabhängig von Einzelunternehmen (Banken, Versicherungen) auszuübende Tätigkeiten zu empfehlen, bei denen nicht die Provisionsschinderei im Auftrag eines Vertragsunternehmens im Vordergrund steht, sondern der Kunde branchenübergreifend bedient und beraten werden kann.

Warnung: Unbedingt abzuraten ist von jeder selbstständigen Tätigkeit im Rahmen eines Strukturvertriebs. Erfahrungsgemäß sind die Umsätze im ersten Jahr der meist freiberuflich beginnenden Tätigkeit vielversprechend. Aber dies ist keine Basis für eine Selbstständigkeit, denn meist brechen die Erträge weg, sobald der eigene Freundes-, Verwandten- und Kollegenkreis abgegrast ist. Und nicht nur das: Weil die Verträge meistens schlecht sind, ist man hinterher nicht nur den Job, sondern meist auch die Freunde los.

Vorschriften und Voraussetzungen: Wollen Sie im Finanz- und Versicherungswesen als Makler gewerbsmäßig die Vermittlung von
▶ Immobilien,
▶ Darlehen,
▶ Kapital- und Vermögensanlagen
betreiben, so ist diese Tätigkeit genehmigungspflichtig. Bedingung für die Erteilung der Genehmigung ist die persönliche und wirtschaftliche Zuverlässigkeit. Bei Finanzgeschäften müssen außerdem Sicherheiten nachgewiesen werden, die den Auftraggeber vor Vermögensverlust schützen sollen. Und für diese Gewerbe gelten bestimmte Buchführungspflichten. Die Bücher müssen einmal jährlich durch anerkannte Prüfer kontrolliert und deren Berichte der Aufsichtsbehörde zur Verfügung gestellt werden, sonst verfällt die Gewerbegenehmigung.

Glaubwürdigkeit und persönliche Integrität sind das wichtigste Kapital im Finanz- und Versicherungsdienstleistungsbereich. Deshalb sind für manche Tätigkeiten Genehmigungen erforderlich, die schwarze Schafe von der Branche fern halten sollen.

Gaststätten- und Hotelgewerbe

Wer seinen Umsatz aus den Ausgaben seiner Gäste für die Freizeitgestaltung ziehen will, der hat durchweg gute Chancen, einen erfolgreichen Start in die Selbstständigkeit hinzulegen. Wer dagegen auf Geschäftskunden setzen will, begibt sich in eine unkalkulierbare Konjunkturabhängigkeit, wobei auch eine anziehende Konjunktur bisher nie die Umsätze der Vergangenheit wieder erreichbar machte. So klagen Hotels, die auf geschäftliche Übernachtungen angewiesen sind, und die auf das besonders feine Geschäftsessen ausgerichteten Gaststätten zeitweise (konjunkturabhängig) über ernste Schwierigkeiten. Chancen bieten sich daher mehr in folgenden Bereichen:
▶ Erlebnisgastronomie,
▶ Trendgastronomie,
▶ Konzeptgastronomie,
▶ Fastfood-Betriebe,
▶ Wochenend- oder Ferienhotels mit Programmangebot,
▶ Beherbergungsbetriebe mit gutem Preis-Leistungs-Verhältnis in der mittleren Kategorie.

Trotz des geringen Wirtschaftswachstums und der Massenarbeitslosigkeit bleibt die Reiselust der Deutschen ungebrochen. Wer interessante Angebote vor der eigenen Haustür machen kann, der hat auch in Zukunft gute Chancen.

Gaststätten und Hotels unterliegen meist strengen Auflagen im Hygienebereich. Kenntnisse in diesem Bereich vermitteln die Handelskammern.

> **Vorschriften und Voraussetzungen:** Alle Gaststätten sind genau wie Hotels erlaubnispflichtig. Für die Erteilung dieser Genehmigung muss die persönliche Zuverlässigkeit (Führungszeugnis) nachgewiesen und die Teilnahme an einem Kurs über die Hygienevorschriften belegt werden. Solche Kurse werden regelmäßig von den Handelskammern durchgeführt. Außerdem muss eine Genehmigung vorliegen für die Betriebsräume, die den Anforderungen des Gaststättengesetzes, den Hygienevorschriften und den Feuerschutzbestimmungen entsprechen müssen. Auch vor der Übernahme von Gaststätten sollte übrigens sorgfältig geprüft werden, ob diese Genehmigungen tatsächlich vorliegen. Falls nicht, ist der Laden sehr bald dicht.
> Darüber hinaus sind körperlicher Einsatz (Einkauf, Kisten schleppen, stundenlanges Stehen etc.) und persönliche Anwesenheit (nirgendwo werden Chefs von ihren Mitarbeitern so häufig betrogen wie in diesem Bereich) unabdingbare Voraussetzungen, die auf Dauer ganz schön an Kräften und Nerven zehren. Das sollte man vorher bedenken.

Handel

Der allgemeine Trend im Handel ist negativ, künftige Entwicklungen sind fast nicht zu kalkulieren. Vor allem durch die Konzentration im Handel und den Einstieg von Filialunternehmen in Bereiche des klassischen Einzelhandels sind die Aussichten eher düster, selbst steigende Umsätze können die Schrumpfung der Nettoerlöse kaum auffangen.

Die Konkurrenz im Einzelhandel ist extrem, und seit Jahren nimmt die Konzentration zu. Nischen ergeben sich fast nur noch für besonders beratungsintensive Produkte, die in den Einzelhandelsketten meist nicht in das Sortiment passen.

Der Handel ist zwar immer für Überraschungen gut, doch handelt es sich dabei eigentlich nur um Nischengeschäfte in der ansonsten starren Handelsbranche. So gibt es Bereiche, die konjunktur- und trendunabhängig gegen den allgemeinen Konsumtrend blühen. Manchmal sogar zur Überraschung des Instituts für Handelsforschung in Köln. Das sind:

▶ Fahrradhandel,
▶ Luxusgüter und -bedarf (Schmuck, Accessoires, Kleidung),
▶ Sport- und Freizeitbedarf allgemein.

Bei einer pauschalen Bewertung jedoch muss von Unternehmensgründungen in klassischen Handelsbereichen eher abgeraten werden, da hier die Konkurrenz einfach zu groß ist und man als Einsteiger in der Regel der geballten Marktmacht eines großen Konkurrenten chancenlos ausgeliefert ist. Ausnahmen finden sich zum Teil im Franchise-Bereich oder dort, wo die Handelsware besonders beratungsbedürftig ist oder mit entsprechenden Dienstleistungen gekoppelt werden kann, wie dies beispielsweise bei Computern und Software (siehe Datenverarbeitung) der Fall ist. In diesen Fällen stellt das Handelsgeschäft quasi nur noch das Nebengeschäft dar, und die Dienstleistung bildet das Kerngeschäft. Diese Verknüpfung ist für kleinere Händler oft die Basis für das geschäftliche Überleben.

Vorschriften und Voraussetzungen: Hier gibt es seit mehreren Jahren keine Beschränkungen mehr. Ausnahmen, für die eine besondere Erlaubnis erforderlich ist, sind lediglich der Handel mit Milch und Milchprodukten, der Handel mit Hackfleisch, mit ärztlichen Hilfsmitteln, mit Giften und Waffen. Bei frei verkäuflichen Arzneimitteln außerhalb von Apotheken ist zwar keine Erlaubnis erforderlich, jedoch muss die entsprechende Sachkunde nachgewiesen werden.

Vom Reisegewerbe als Sonderform des Handels spricht man, wenn das Geschäft keine feste Betriebsstätte hat, also wenn an mobilen Verkaufsständen auf der Straße oder an der Haustür Waren angeboten werden. In diesen Fällen ist eine Reisegewerbeerlaubnis erforderlich. Voraussetzung dafür ist die persönliche Zuverlässigkeit des Gewerbetreibenden (polizeiliches Führungszeugnis). Allerdings braucht man nicht in jedem Fall für einen Verkaufsstand eine Reisegewerbekarte; Ausnahmen gelten für Wochenmärkte, Messen und Ausstellungen.

Für das Reisegewerbe ist im Gegensatz zum normalen Einzelhandelsgeschäft ein polizeiliches Führungszeugnis vonnöten, um betrügerische Geschäfte zu vermeiden oder besser verfolgen zu können.

Handwerk

Handwerk hat goldenen Boden – leider gilt diese Weisheit aus »Hans im Glück« heute nur noch mit Einschränkungen. Ein solide geführter Handwerksbetrieb mit bis zu acht Mitarbeitern bietet auch heute noch eine sichere Existenzgrundlage. Die Einkommenserwartungen dürfen jedoch nicht zu hoch geschraubt werden. Und weil der Unternehmer ständig selbst eingreifen muss, liegt dessen Stundenlohn oft nur unwesentlich über, oft sogar unter dem vergleichbaren Einkommen von Berufskollegen in der Industrie.

Bedingt durch hohe Personal- und Sachgemeinkosten liegen die Reinerlöse oft nur im Bereich von fünf Prozent des Umsatzes. Und das absolute Ergebnis lässt sich durch das Einfahren weiterer Aufträge und damit steigender Umsätze kaum verbessern. Wird mehr gearbeitet, steigern sich automatisch auch die Gemeinkosten, manchmal sogar überproportional, so dass der Reinerlös sinkt. Zudem boomt das private Do-it-yourself-Gewerbe, und auch Baumärkte haben entsprechend Hochkonjunktur. Angesichts der hohen Kosten greifen viele lieber selbst zum Pinsel oder zum Hammer, bevor sie sich einen Handwerker ins Haus holen. Und als Meister heute noch einen fähigen Gesellen zu finden wird auch immer schwieriger. Denn viele verdienen ihr Geld lieber schwarz.

Ein weiteres Problem ist die große Konjunkturabhängigkeit vieler Handwerksbetriebe. Boomt das Baugewerbe, so gibt es auch zahlreiche Aufträge für Tischler, Maurer und Installateure. Herrscht jedoch Flaute auf dem Baumarkt, so macht sich das drastisch bei der Auftragslage und Auslastung bemerkbar. Und nicht alle haben den langen Atem, um bis zum nächsten Aufschwung durchzuhalten.

Auch wenn die Geschäftsaussichten für das Handwerk im Allgemeinen gut sind, dürfen große Gewinne nicht erwartet werden.

Für welche handwerklichen Tätigkeiten der Meisterbrief erforderlich ist, regelt die Handwerksordnung.

> **Vorschriften und Voraussetzungen:** Wer einem Handwerk nachgehen will, muss die Meisterprüfung abgelegt haben. Dies wird vom Gesetz zur Ordnung des Handwerks geregelt, das kaum Ausnahmen zulässt. Es gibt aber die Möglichkeit, ein handwerksähnliches Gewerbe zu betreiben – ohne dass man die Meisterprüfung bestanden hat. Wann dies erlaubt ist, regeln §§ 18 ff. und die Anlage B zum Gesetz zur Ordnung des Handwerks. So darf zum Beispiel eine Flickschneiderei ohne Meistertitel geführt werden, aber keine Maßschneiderei. Auch für Verkauf und Montage industriell gefertigter Bauelemente ist kein Meisterbrief erforderlich – wenn nicht einzelne Tätigkeiten im Rahmen des Unternehmenszwecks ausgesprochen handwerklich geprägt sind. Eine Abgrenzung ist hier äußerst schwierig und fast nur im Einzelfall möglich. Wenn Sie den Einstieg in ein handwerksähnliches Gewerbe planen und über keinen Meisterbrief verfügen, dann ist die Handwerkskammer für Sie der geeignete Ansprechpartner zur Klärung von Zweifelsfällen. Sonst können Sie auch eine Gesellschaft mit einem Handwerksmeister gründen, um die Auflagen zu erfüllen.

Nachrichtentechnik

Der Wandel zur Kommunikationsgesellschaft hat gerade erst begonnen, immer neue Techniken der privaten und geschäftlichen Nachrichtenübermittlung werden unser Leben verändern.

- ▶ Handel mit Nachrichtentechnik,
- ▶ Service für Nachrichtentechnik,
- ▶ Dienstleistungen für Netzbetreiber

Für die Nachrichten- und Kommunikationstechnik gilt das Gleiche wie für die allgemeinen Dienstleistungen: Beratungsdienste haben bessere Erfolgsaussichten als die Anbieter von Geräten.

sind Bereiche, die in jedem Fall Zukunft haben dürften. Wobei sich Service und Handel auf Geschäfte mit privaten und geschäftlichen Nutzern gleichermaßen richten. Die Dienstleistungen sind vor allem als Subunternehmen für Netzbetreiber zu erbringen, etwa im Entstörungs- oder Sprechstellenbau für die Telekom oder die jetzt neu in den Markt drängenden privaten Netzbetreiber. Denn die wollen sich angesichts hoher Investitionen für den Netzaufbau nicht auch noch ständige Kapazitäten im Servicebereich als Kostenfaktor sofort fest aufbürden. Vor allem im weiterhin stark expandierenden Mobilfunkmarkt ergeben sich Chancen.

> **Vorschriften und Voraussetzungen:** Chancen hat in diesem Bereich nur, wer über eine entsprechende fachliche Eignung und Ausbildung verfügt. Unsinnig ist es, als einzelner Subunternehmer für Dienstleistungsfirmen zu beginnen, die selbst ihre Aufträge von den Netzbetreibern erhalten. Zum Teil sind hier auch die Vorschriften für den Handwerksbereich zu beachten.

Verkehrswesen

Obwohl die Branchenaussichten insgesamt nicht schlecht sind, bieten sich für Neugründungen kaum vernünftige Möglichkeiten, denn die Transportleistung selbst wird künftig – auch durch starke innereuropäische Konkurrenz – immer weiter sinkende Nettoumsatzrenditen abwerfen. Außerdem sind die Einstiegskosten nicht unerheblich. Selbst wenn man seinen Fuhrpark least, müssen erst einmal genügend Umsätze erzielt werden, um auch die Leasingraten abzudecken. Für vorhandene Unternehmen mit festem und über Service gehaltenem Kundenstamm jedoch bieten sich Optimierungsmöglichkeiten durch Outsourcing an kleine Subunternehmer an. Neue Geschäftsfelder kommen im Bereich der Lagerung oder Konfektionierung für mittlere und Großunternehmen hinzu.

Outsourcing ist die einzige aussichtsreiche Quelle für Neueinsteiger im Verkehrswesen. Unternehmen, die ihren Fuhrpark zugunsten einer externen Lösung abgeben, haben jedoch eine große Auswahl unter den Transportanbietern.

> **Vorschriften und Voraussetzungen:** Im Verkehrsgewerbe ist der Weg mit Vorschriften gepflastert. So ist es nach dem Personenbeförderungsgesetz grundsätzlich genehmigungspflichtig, wenn mit Kraftfahrzeugen gewerbsmäßig und gegen Entgelt Personen transportiert werden sollen. Voraussetzung für die Erteilung der Genehmigung ist, dass die Sicherheit und die Leistungsfähigkeit des Betriebes gewährleistet sein müssen, der Antragsteller muss persönlich zuverlässig sein (polizeiliches Führungszeugnis) und seine fachliche Eignung nachweisen (Taxiprüfung). Erlaubnis- und genehmigungspflichtig ist auch der Gütertransport im Güternah-, Fern- und Umzugsverkehr mit Fahrzeugen von mehr als 3,5 Tonnen Nutzlast.

Warenproduktion

Für neue Unternehmen bieten sich nur im Bereich der Kleinproduktion (individuell, niedrige Stückzahlen, gehobener Standard) Chancen. Entscheidend ist dabei immer, dass die Produktion – wie in den folgenden Bereichen – auch ohne große Investitionen gestartet werden kann. Dann bieten sich gute Möglichkeiten mit Nischenprodukten, die für Großfabrikationen uninteressant sind. Zum Beispiel:
▶ Kunstgegenstände und Design,
▶ Lebensmittelspezialitäten,
▶ Einrichtungen beziehungsweise Möbel,
▶ Spezialtechnik in Kleinserien (z. B. Behindertenhilfen),
▶ innovative Technik im Umwelt- oder Automatisierungsbereich.
Der Aufbau neuer großer Produktionsstätten lohnt sich innerhalb Deutschlands nur für Produkte, bei denen der Anteil der Lohnkosten an den Herstellungskosten des Produkts deutlich unter fünf Prozent liegt. Gegen Großserien- und Billigprodukte auch aus dem Ausland kann ein Einzelunternehmer heute kaum noch neu antreten.

Im Bereich der Warenproduktion haben Existenzgründer vor allem abseits der Massenfertigung eine Chance. Für gutes Design oder exklusive Delikatessen finden sich genügend Käufer im hochpreisigen Sortimentsbereich.

Umweltschutzauflagen und Sicherheitsvorkehrungen sind die wesentlichen Beschränkungen, die ein Warenproduzent einhalten muss.

> **Vorschriften und Voraussetzungen:** Bei der Warenproduktion werden Unternehmer kaum durch Verbote eingeschränkt. Erst dann, wenn für die Herstellung der Ware bestimmte technische Einrichtungen und Verfahren erforderlich sind, zum Beispiel Dampfkessel, elektrische Anlagen in explosionsgefährdeten Räumen, Anlagen für brennbare Flüssigkeiten und Ähnliches mehr, werden besondere Genehmigungen erforderlich. Das gilt auch, wenn durch den Betrieb Auswirkungen auf die Umwelt möglich sind; dann ist eine besondere Genehmigung nach dem Bundes-Immissionsschutzgesetz nötig.

Werbung und Medien

Trotz der Verschiebungen von gedruckten zu elektronischen Medien ist das Werbevolumen insgesamt weiter gestiegen – wenngleich konjunkturelle Entwicklungen immer wieder für Überraschungen sorgen, Werbeetats schlagartig zusammenschmelzen oder explodieren. Neue Agenturen und Anbieter entstehen meistens durch Zellteilung, wenn bisherige Etat- oder Art-Direktoren in die Selbstständigkeit springen und dabei dann gleich noch den einen oder anderen Kunden ihres ehemaligen Chefs mitziehen. Hier droht die größte Gefahr für bestehende Unternehmen.

Deutlich ist bei sinkenden Erträgen pro Einzelprojekt im Medienbereich, dass zunehmend Grundaufgaben der Agenturen, Verlage oder Redaktionen nach außen verlagert werden. Außerdem blühen Telefon- und Event-Marketing auf, also die Kundenberatung und der Verkauf am Telefon (Call Center) beziehungsweise die Produkt- oder Imagewerbung mit spektakulären Veranstaltungen (Events).

Der Boom der elektronischen Medien und ein unaufhörlich steigendes Werbevolumen bieten gute Möglichkeiten für Neueinsteiger. Besonders profitieren kann man auch vom Outsourcing bestimmter Aufgaben von Agenturen auf Subunternehmer.

> **Vorschriften und Voraussetzungen:** Für den Gesamtbereich Werbung und Medien gibt es nur wenige, meist wettbewerbsrechtliche Vorschriften. In einigen Teilen des Kreativbereichs gibt es noch nicht einmal staatlich anerkannte Berufsausbildungen.

Franchise-Systeme: Der leichte Weg zur Selbstständigkeit

Wer die feste Absicht hat, sich selbstständig zu machen, sich auch schon auf eine Branche festgelegt hat, aber noch über kein eigenes schlüssiges Konzept verfügt, der kann mit vergleichsweise geringem Risiko den Sprung in die Selbstständigkeit wagen: Er greift einfach auf ein bereits vorhandenes zurück und profitiert von den Erfahrungen und dem Know-how einer vielfach erprobten Geschäftsidee.

Geschäfte, bei denen genau genommen die Ideen anderer für den eigenen Erfolg übernommen werden, bezeichnet man als »Franchising«. Dies ist ein Trend, der in den letzten Jahren enormen Auftrieb erfahren hat.

Vielfältiges Angebot an erfolgreichen Geschäftsideen

Franchise-Systeme werden nahezu für alle Wirtschaftszweige angeboten: im Dienstleistungs- und Handelsbereich ebenso wie für Hotels und Gaststättenbetriebe. Dabei ist für Außenstehende oft gar nicht erkennbar, dass es sich bei dem jeweiligen Unternehmen nicht um eine Konzernfiliale handelt, sondern um ein vom Inhaber vor Ort selbstständig geführtes Unternehmen. Grund dafür ist, dass alle Betriebe eines Franchise-Systems nach außen in der gleichen Weise auftreten, einheitliche Werbung betreiben und oft auch eine gleiche Preisgestaltung haben. So erfolgreich allerdings viele Franchise-Systeme und mit ihnen auch die Franchise-Nehmer sind, so groß sind aber auch die Tücken bei manchen Angeboten.

McDonald's mit seinem vielfältigen Fastfood-Angebot ist wohl das bekannteste und erfolgreichste Unternehmen, das über ein Franchise-System seinen Vertrieb abwickelt.

> **Achtung:** Allein der Rückgriff auf eine bereits erprobte Geschäftsidee und die Anwendung erfolgreicher Unternehmensstrategien sind noch keine Garantie dafür, dass es letztlich in der eigenen Kasse klingelt!

Betreuung durch den Franchise-Geber

Der Erfolg eines Franchise-Nehmers hängt sehr stark von der Betreuung durch den Franchise-Geber ab. Wenn nämlich ein Franchise-Geber seine Lizenzen in beliebiger Zahl verkauft und zum Beispiel nicht auf einen Gebietsschutz achtet, machen sich seine Lizenznehmer am Ende selbst Konkurrenz, so dass für sie der geschäftliche Erfolg ausbleibt.

Auch kommt es unseriösen Franchise-Gebern mehr darauf an, vermeintlich gute und schlüssige Geschäftskonzepte möglichst schnell an den Mann oder die Frau zu bringen, ohne aber auf den langfristigen Erfolg der jeweiligen Geschäftsidee zu setzen und zu vertrauen. Dies zeigt sich dann in erster Linie daran, dass die laufende Betreuung des Franchise-Nehmers durch die Franchise-Zentrale kaum erfolgt. Dabei ist gerade eine gute und ständige Betreuung des Existenzgründers durch seinen Franchise-Geber von besonderer Wichtigkeit. So können zum Beispiel durch regelmäßige Betriebsvergleiche und Auswertungen der Erfahrungen aller Betriebe eines Franchise-Gebers wesentliche Rückschlüsse für die eigene Geschäftsgestaltung und das eigene unternehmerische Handeln gezogen werden. Nach Unterlagen des Deutschen Franchise-Verbandes lassen etwa drei Viertel aller Franchise-Zentralen ihren Lizenz-Nehmern regelmäßig einen solchen Betriebsvergleich zukommen. Die folgende Aufstellung zeigt Ihnen eine Auswahl an bekannten und erfolgreichen Franchise-Systemen.

Franchise-Nehmer sparen sich das Risiko, das mit einer völlig neuen Geschäftsidee einhergeht, dafür müssen sie dauerhaft einen Teil ihres Geschäftserfolges an den Franchise-Geber abtreten.

Große Franchise-Systeme – Auswahl von Unternehmen im Deutschen Franchise-Verband e. V.	
▶ Firma, Franchise-Geber	▶ Branche
Porst	Foto, Film, Video
Eismann	Tiefkühlkost-Lieferdienst
Foto-Quelle	Foto, Film, Video
Schülerhilfe	Bildung
Quick-Schuh	Schuheinzelhandel
Musikschule Fröhlich	Bildung
McDonald's	Schnellrestaurant
First	Reisebüro
Studienkreis	Bildung
Obi	Baumarkt
Sunpoint	Bräunungsstudio
Clean Park	Autoreinigung
Portas	Möbel-/Türrenovierung
Getifix	Bausanierung, -service
Ayk Beauty Sun	Bräunungsstudio
GaSiTec	Haustechnik, Gasinstallation
TUI	Reisebüro
Goodyear	Autoreifen, Kfz-Zubehör
Aufina	Haus-/Wohnungsmakler
Ihr Platz	Drogeriemarkt

Franchise-Systeme gibt es in vielen Branchen. Neben dem absoluten Geschäftserfolg lässt sich anhand von Betriebsvergleichen durch den Franchise-Geber auch ein relativer Geschäftserfolg ermitteln.

Auch beim Franchise gibt es schwarze Schafe
Gerade weil einige Franchise-Systeme durch hervorragende Erfolgsbilanzen glänzen können, hat dieses Prinzip auch eine ganze Reihe von schwarzen Schafen und unseriösen Anbietern in den Markt gelockt. Außerdem ist nicht alles Franchise, was sich so nennt. Tankstellen zum Beispiel, bei denen von der Mineralölgesellschaft das Unternehmen an einen Pächter vergeben wird, sind nicht als Franchise-Betriebe im eigentlichen Sinne zu verstehen. Hier handelt es sich eher um Verkaufsagenturen, bei denen der Pächter weitestgehend den Preis- und Abnahmediktaten des Verpächters unterworfen ist.
Zwar sind die meisten Pächter rechtlich selbstständige Unternehmer, ihr Entscheidungsfreiraum ist aber sehr stark durch die Geschäftspolitik der Ölkonzerne eingeschränkt. So stark, dass sich daraus zum Teil bereits ein Scheinarbeitsverhältnis ableiten ließe – der Pächter also arbeitsrechtlich gesehen als abhängig Beschäftigter einzustufen wäre.

Hohe Investitionen – aber gute Geschäfte

Die Seriosität eines Franchise-Gebers vorher abzuklären ist schon deshalb wichtig, weil auch die Franchise-Nehmer mit zum Teil beträchtlichem Kapitaleinsatz starten müssen. So hat zum Beispiel das Institut für Mittelstandsforschung in Bonn im Rahmen eines Forschungsprogramms die Situation der Franchise-Nehmer in der Bundesrepublik untersucht. Dabei zeigte sich, dass jeder dritte Existenzgründer für die Realisierung seines Franchise-Betriebes mehr als 200.000 DM investieren musste, in über der Hälfte aller Fälle (55 Prozent) waren es immerhin noch über 100.000 DM. Die dafür erhaltenen Gegenleistungen wurden jedoch von den Franchise-Nehmern in jedem zweiten Fall als nicht ausreichend bezeichnet. Insgesamt aber waren die Zukunftsaussichten aller Franchise-Nehmer durchweg positiv. So verzeichneten über 90 Prozent aller Unternehmen ab dem Start eine stetig steigende Erfolgsbilanz, nur in sieben Prozent aller Fälle nahmen die Geschäfte einen negativen Verlauf. Wohl auch deshalb würden sich fast 90 Prozent aller Franchise-Nehmer noch einmal für den Weg in die Selbstständigkeit über ein Franchise-System entscheiden.

Wer als Existenzgründer über genügend Kapital, aber keine eigene Geschäftsidee verfügt, der ist mit einem Franchise-System meist gut bedient. Alles, was man sich aussuchen muss, ist die Branche und der Franchise-Geber.

Das Franchise-Prinzip und seine Vorteile

Im Vordergrund steht vor allem die in der Praxis erfolgreich erprobte Geschäftsidee des Franchise-Gebers. Der Franchise-Nehmer profitiert von dieser Idee und von den Erfahrungen, die mit der Vermarktung und Umsetzung dieser Idee bisher gesammelt wurden. Im Klartext:
- Der Franchise-Geber hat eine Marktlücke entdeckt,
- er hat eine Idee entwickelt, diese Lücke zu schließen,
- er hat Wege erprobt, auf Waren oder Dienstleistungen werblich hinzuweisen und so für genügend Kundennachfrage zu sorgen,
- er sorgt für die fachliche Anleitung der Franchise-Nehmer und ihrer Mitarbeiter und
- er kümmert sich um ein einheitliches Auftreten aller Franchise-Nehmerbetriebe in der Öffentlichkeit.

Alle Betriebe profitieren von der abgestimmten Werbung, und alle Betriebe profitieren ebenso davon, dass durch das gemeinsame Auftreten vieler selbstständiger Franchise-Nehmer-Betriebe der Eindruck einer starken Marktposition und eines leistungsfähigen größeren Unternehmens entsteht.
Information für Interessenten, etwa über die derzeit am Markt befindlichen Franchise-Konzepte, erhalten Sie bei: Deutscher Franchise-Verband e. V., Paul-Heyse-Str. 33–35, 80336 München.

Neben der erfolgreichen Idee profitieren die Franchise-Nehmer meist auch von gemeinsamen Werbemaßnahmen und einem unternehmerischen Erfahrungsschatz.

Jeder Franchise-Nehmer ist sein eigener Herr

Besonderes Kennzeichen eines Franchise-Vertrages ist, dass der Franchise-Nehmer in jedem Fall in eigenem Namen, auf eigene Rechnung und als selbstständiger Unternehmer tätig wird. Das hat aber auch einen Nachteil, dessen man sich bewusst sein muss: Wer mit seinem Geschäft Schiffbruch erleidet, kann Hilfe oder Unterstützung des Franchise-Gebers nicht automatisch erwarten. Allerdings wird ihm bei der Aufgabe seines Unternehmens oft durch die Suche nach einem Übernehmer geholfen, um Verluste entsprechend gering zu halten.

Franchise in der Praxis: Foto-Porst

Wie das Zusammenspiel zwischen Franchise-Geber und Franchise-Nehmer funktioniert, lässt sich am Beispiel der Firma Porst, dem größten Lizenzgeber für Franchise-Betriebe in Deutschland, zeigen. Zunächst werden die Franchise-Bewerber dort nach zwei Kriterien ausgesucht: Sie sollen unternehmerisches Geschick beweisen und müssen zeigen, dass sie kaufmännisch zu denken in der Lage sind. Bevorzugt werden von der Firma Porst deshalb Kandidaten, die in ihrem Berufsleben bereits in der zweiten Führungsreihe Verantwortung getragen haben, zum Beispiel als stellvertretende Filialleiter oder stellvertretende Geschäftsführer in anderen Unternehmen ähnlicher Art. Wobei dem Unternehmen die Verantwortungserfahrung wichtiger ist als eine ausgeprägte Branchenkenntnis. Die Kandidaten werden dann acht bis zwölf Wochen lang geschult. Dazu gehört eine zweiwöchige Fachausbildung in dem für dieses Unternehmen wichtigen Fotobereich, daran schließt sich ein Verkaufsseminar und eine besondere Schulung für die Eröffnung des eigenen Franchise-Betriebes an. Oft schon während dieser Ausbildungszeit des Franchise-Nehmers wird von der Zentrale das vorher ausgesuchte Geschäft eingerichtet und mit Waren praktisch eröffnungsfertig ausgestattet.

Bei Porst liegt die durchschnittliche Investitionsgröße für einen Franchise-Nehmer nach Angaben des Unternehmens zwischen 250.000 und 350.000 DM. Das nötige Startkapital kann zum Teil über den Franchise-Geber besorgt werden.

Franchise-Verträge richtig gestalten

Die vertragliche Bindung zwischen Franchise-Geber und Existenzgründer erfolgt durch einen Franchise-Vertrag. Und hier liegt eine besondere Tücke dieses Systems: Der Franchise-Vertrag gehört nämlich zu den Vereinbarungen, für die es in der Bundesrepublik keine gesetzlichen Vorschriften gibt. Dies liegt – ähnlich wie beim Leasing – daran, dass vor rund 100 Jahren, als das Bürgerliche Gesetzbuch geschrieben wurde, die Franchise-Idee überhaupt noch nicht geboren war.

Der Franchise-Vertrag ist deshalb eine Mischform aus verschiedenen anderen Verträgen, in die Rechtsbereiche wie Miete, Pacht und/oder Kauf einfließen. Ein solcher Vertrag sollte niemals ohne ausführliche Beratung durch einen auf diesem Gebiet versierten Rechtsanwalt und zugleich

---

Auch wenn der gemeinsame Marktauftritt das Gegenteil vermuten lässt, so ist doch jeder Besitzer eines Wienerwald- oder McDonald's-Restaurants ein selbstständiger Unternehmer, der das Geschäftsrisiko selbst trägt.

Bevor Sie sich für einen bestimmten Franchise-Geber entscheiden, sollten Sie sich vorab umfangreich über dessen Betreuungsleistungen informieren. Eine gute Idee macht noch kein erfolgreiches Franchise-System aus.

📖 Die Checkliste für Franchise-Projekte

Wenn Fragen nicht uneingeschränkt mit »Ja« zu beantworten sind, bitte »Nein« vermerken. Für spätere Klärung der verneinten Fragen eventuell Stichwort dazu notieren.

Frage	Antwort Ja/Nein	Notizen (bei »Nein«)
Besteht die Firma des Franchise-Gebers schon über einen längeren Zeitraum?	☐ / ☐	
Gibt es Nachweise über eine größere Zahl erfolgreicher Franchise-Nehmer?	☐ / ☐	
Hatten Sie Gelegenheit, mit einigen dieser Franchise-Nehmer zu sprechen?	☐ / ☐	
Ist sichergestellt, dass die besuchten Betriebe keine Testprojekte sind?	☐ / ☐	
Bietet das Franchise-System deutliche Wettbewerbsvorteile?	☐ / ☐	
Weist der Franchise-Geber eingetragene Waren-/Markenzeichen nach?	☐ / ☐	
Wurden Vorteile des Systems gegenüber Konkurrenzangeboten bewiesen?	☐ / ☐	
Handelt es sich um eine einmalige Geschäftsidee, die konkurrenzlos ist?	☐ / ☐	
Besteht nach dem Angebot an Ihrem Standort tatsächlich rege Nachfrage?	☐ / ☐	
Ist Konkurrenzschutz unter Franchise-Nehmern zugesagt (Gebietsschutz)?	☐ / ☐	
Wurden Ihnen Daten über die Branche, den Markt zur Verfügung gestellt?	☐ / ☐	
Sind Leistungen des Franchise-Gebers klar umrissen, vertraglich fixiert?	☐ / ☐	
Sind die Kosten (einmalig, laufend) dafür klar umrissen, aufgeschlüsselt?	☐ / ☐	
Gibt es klare Anleitungen und Hinweise zur erfolgreichen Geschäftsführung?	☐ / ☐	
Werden bei aktuellen Betriebsführungsproblemen Beratungen gewährt?	☐ / ☐	
Werden Schulungen, Seminare für Sie und eventuell Ihre Mitarbeiter angeboten?	☐ / ☐	
Liegt Ihnen das Franchise-Angebot ohne Zeit-/Entscheidungsdruck vor?	☐ / ☐	
Ist der Franchise-Geber Mitglied im Deutschen Franchise-Verband e.V.?	☐ / ☐	
Ist das Franchise-System zur Förderung mit öffentlichen Mitteln anerkannt?	☐ / ☐	
Hat Sie der Franchise-Geber über Finanzierungsmöglichkeiten beraten?	☐ / ☐	
Gibt es Möglichkeiten zum Austausch mit anderen Franchise-Nehmern?	☐ / ☐	
Werden regelmäßig Betriebsdatenvergleiche zur Verfügung gestellt?	☐ / ☐	

Je mehr Fragen zum Franchise-Projekt im Vorfeld geklärt werden, desto wahrscheinlicher ist hinterher der geschäftliche Erfolg. Die Checkliste ist auch sehr nützlich, wenn es gilt, zwei Konkurrenzangebote miteinander zu vergleichen.

einen erfahrenen Steuerberater unterschrieben werden. Auf gar keinen Fall sollten vor der Unterschrift des Vertrages irgendwelche Zahlungen an den Franchise-Geber geleistet werden.

> **Achtung:** Wenn ein Franchise-Geber von Ihnen vor Abschluss des Vertrages bereits Zahlungen verlangt – Vorsicht! Hier könnte es sich um eine Falle handeln, denn solche Zahlungen vor Vertragsabschluss sind bei Franchise-Systemen völlig unüblich.

Testauswertung: Was Ihnen jetzt klar wird

Jedes »Nein« zeigt Ihnen, dass das Konzept, das Sie als Franchise-Nehmer nutzen wollen, nicht richtig durchdacht ist oder zumindest seine Tücken hat. Vielleicht lässt sich das eine oder andere aber noch in den Vertrag aufnehmen, beispielsweise die Schulung von Mitarbeitern oder die finanzielle Beratung.

Vor allem die finanziellen Regelungen sollten klar durchschaubar sein. Schließlich wollen Sie viel Geld investieren, und da sollte man sicher sein, dass nicht nach Vertragsabschluss ungeahnte Kosten auf einen zukommen, nur weil man den Vertrag nicht wasserdicht abgeschlossen hat. Eine erfolgreiche Idee ist es wert, durch Ihre Investition noch erfolgreicher zu werden, ein mangelhaftes Konzept braucht keine Nachahmer.

Je häufiger Sie bei unserer Checkliste mit »Ja« antworten konnten, desto mehr spricht für das angebotene Franchise-Konzept und die Informations- und Vorbereitungspolitik des Franchise-Gebers. Trotzdem sollten Sie den Vertragsabschluss immer durch einen in diesem Bereich versierten Anwalt prüfen lassen oder einen kompetenten Berater in Sachen Franchise an Ihrer Seite haben.

> Die Beantwortung der Fragen aus der Checkliste gibt Ihnen auch Aufschluss darüber, ob der Vertrag vollständig ist oder ob eventuell an einigen Stellen noch nachgebessert werden muss. Vertragslücken können sich im Streitfall vor Gericht zu Ihren Ungunsten auswirken.

Welche Gebühren im Franchise-Vertrag stehen

In dem Vertrag werden auch die Gebühren für die Übernahme der Franchise-Idee genau geregelt. Dazu gehört eine einmalige Eintritts- oder Grundgebühr, durch die dann:
- Standortberatung,
- Einrichtungsplanung,
- Rentabilitätsberechnungen,
- Grundschulung und
- Eröffnungswerbung

abgedeckt sind. Hinzu kommen meist laufende Gebühren für:
- Marketingmaßnahmen (Werbung, Verkaufsförderung usw.),
- betriebswirtschaftliche Dienste der Systemzentrale.

Die Werbemaßnahmen werden meist unter Mitwirkung der Franchise-Partner festgelegt. Manche Franchise-Systeme sehen allerdings auch gar

> In der Regel fallen bei einem Franchise-Vertrag eine einmalige Grundgebühr für Geschäftsidee, Beratung und Einführung sowie laufende Gebühren für Marketingmaßnahmen und Betreuungsleistungen an.

keine Franchise-Gebühren vor. In diesen Fällen sind dann fast immer die Leistungen des Franchise-Gebers über den höheren Bezugspreis der vertraglich abzunehmenden Waren abgedeckt. Im Klartext: Bei den gebührenfreien Franchise-Systemen ist man fest an einen Hauptlieferanten gebunden, was unter Umständen teurer sein kann als ein umsatzorientierter Prozentsatz, der abzuführen ist.

Welche Leistungen im Franchise-Vertrag vereinbart werden
Genau aufgeschlüsselt werden im Vertrag auch die Leistungen des Franchise-Gebers, dazu gehören normalerweise:
- **Nutzungsrechte** an einem oder mehreren gewerblichen Schutzrechten, das sind Patente, Gebrauchsmuster, Markenzeichen, Dienstleistungsmarken oder Wort- und Bildzeichen. Dabei sollte man sich vor pauschalen Zusagen, wie zum Beispiel der Zurverfügungstellung von Know-how, nicht beeindrucken lassen. Letztlich handelt es sich dabei nämlich um keinen genau umschriebenen Leistungsbereich.
- **Hinweise auf eine bestimmte Preisgestaltung.** Hierzu muss man jedoch wissen, dass Preisbindungen in der Mehrzahl aller Fälle gar nicht zulässig sind. Meist wird dies aber dadurch umgangen, dass in der betrieblichen Praxis Kalkulationshilfen durch den Franchise-Geber zur Verfügung gestellt werden, die von einer einheitlichen Preisgestaltung ausgehen und deshalb eine indirekte Preisbindung beinhalten. Wer allerdings feststellt, dass er mit der vom Franchise-Geber vorgegebenen Preisgestaltung nicht den erhofften unternehmerischen Erfolg erzielt, sollte sich auch durch entsprechende Preisvorgaben nicht irritieren lassen. Er hat als selbstständiger Unternehmer in jedem Fall die Möglichkeit, seine eigene Preisgestaltung durchzusetzen.
- **Bezugsbindungen und Abnahmeverpflichtungen** werden vom Bundeskartellamt zwar als weitestgehend unbillig eingestuft, weil sie lediglich den Franchise-Geber bevorzugen und für eine garantierte Handelsspanne sorgen. Hierbei sind allerdings Ausnahmen zu berücksichtigen. Das gilt insbesondere dann, wenn die Waren ausdrücklich für den Vertrieb über das Franchise-System entwickelt und hergestellt werden oder keine Franchise-Gebühren zu zahlen sind und dafür die Abnahmeverpflichtung eingegangen wurde.
- **Gebietsschutz.** Dadurch soll vermieden werden, dass ein weiterer Lizenznehmer mit dem gleichen Franchise-Konzept in unmittelbare Konkurrenz tritt. Problematisch können Gebietsschutzklauseln aber auch werden, wenn sie den Franchise-Nehmer in seiner weiteren Expansion einschränken. Es sollte deshalb sichergestellt werden, dass die Eröffnung weiterer ähnlicher Geschäfte nicht durch den Franchise-Vertrag verboten wird. Denkbar wäre eine Vertragsklausel, die dem Franchise-Nehmer ein Vorkaufsrecht an Filialen in seiner Umgebung einräumt.

Achten Sie beim Vertragsabschluss darauf, dass die Leistungen des Franchise-Gebers klar umrissen sind und regelmäßig erbracht werden müssen. Wenn Sie erst mal im Geschäft sind und dann keine Unterstützung seitens des Franchise-Gebers erhalten, kann das teuer werden.

> **Achtung:** Der Franchise-Nehmer sollte sich vertraglich zusichern lassen, dass in unmittelbarer Nähe seines eigenen Standortes keine weiteren Lizenzen für das von ihm betriebene System vergeben werden. Doch auch bei einer weitreichenden Gebietsschutzzusage des Lizenzgebers sollte man sich nicht zu der irrigen Annahme verleiten lassen, dass damit eine bequeme Umsatzgarantie verbunden wäre.

Der Ausstieg aus Franchise-Verträgen

Franchise-Verträge werden meist über längere Zeiträume abgeschlossen; fünf bis zehn Jahre gelten als durchaus üblich. Völlig unüblich ist es jedoch, Verträge auf unbegrenzte Zeit abzuschließen. Dies hätte aber auf die Kündigungsmöglichkeit in besonderen Fällen keinen Einfluss, weil eine Kündigung aus wichtigem Anlaß auch durch vertragliche Vereinbarungen niemals ausgeschlossen werden kann. Bevor ein Franchise-Nehmer den Vertrag kündigt, sollte er allerdings zur Vermeidung von Schadenersatzforderungen den Lizenzgeber immer abmahnen.

Das Produkt – welche Problemlösungen biete ich an?

Als Produkt bezeichnet man immer das Erzeugnis oder Ergebnis der Produktion beziehungsweise das Sachziel einer Unternehmung. Folglich kann es sich auch um ein immaterielles Produkt handeln, also um eine Dienstleistung. Die wichtigste Frage, die mit einem Produkt oder einer Dienstleistung in Verbindung gebracht wird, lautet: Ist das Produkt absatztauglich? Eine Entscheidung hinsichtlich der Aufnahme, der Änderung oder des Verbleibs eines Produkts im Absatzprogramm sollte jedes Unternehmen mit Hilfe einer Produktbewertung treffen. Dabei werden vor allem folgende Kriterien zugrunde gelegt:

▶ Besteht ein Markt für das Produkt?
▶ Wie hoch ist die Nachfrage nach dem Produkt (Marktanteil)?
▶ Wie viel Umsatz kann mit dem Produkt erzielt werden?
▶ Wie viel Gewinn (Deckungsbeitrag) verspricht das Produkt?
▶ Welche Imagewirkung zieht das Produkt für das Unternehmen mit sich?

Bevor Sie ein Unternehmen gründen, sollten Sie sich im Klaren sein, worin das Kerngeschäft besteht. Die übrigen Aktivitäten sollten Sie im Zweifelsfall delegieren.

Ware, Verkauf oder Service

Ist die Nachfrage nach einem Produkt groß, können Umsatz und Gewinn des verantwortlichen Unternehmens gesteigert werden. Ebenso schlägt aber auch das Produkt, das keiner will, zu Buche – allerdings negativ. Denn nur bei guten Absatzchancen können Gewinne erzielt werden. Bevor wir uns in Kapitel 4 der Beurteilung des Marktes und der Vermarktung zuwenden, befassen wir uns mit dem Produkt selbst.

Hier steht der Unternehmer vor einer grundsätzlichen Frage, nämlich der, welcher Natur sein »Produkt« ist. Man kann dazu drei verschiedene Kategorien bilden. Entscheiden Sie selbst, wo Ihr Schwerpunkt liegt.
▶ Ihr Produkt ist eine Ware, folglich sind Sie Produzent.
▶ Ihr Produkt ist der Verkauf, folglich sind Sie Anbieter.
▶ Ihr Produkt ist ein Service, folglich sind Sie Dienstleister.

> **Konzentration auf den Unternehmenszweck:** Eine der drei genannten Produktarten spielt stets die »Hauptrolle«, während die anderen eine »Nebenrolle« einnehmen. Dies ist für Sie wichtig, damit Sie sich nicht auf dem Markt verzetteln und sich gegenüber Ihren Kunden und Konkurrenten klar profilieren können.

»Klotzen, nicht kleckern«, diese Devise gilt auch für Unternehmer. Anstatt sich zu verzetteln, sollte immer der Kern der Produktidee im Mittelpunkt stehen, also entweder die Ware an sich, die Dienstleistung oder der Verkauf.

Fallbeispiel: Ihr Produkt ist die Ware Schokolade
Produzieren Sie Schokolade, so heißt Ihr Produkt Ware. In diesem Fall ist es für Sie als Hersteller primär wichtig, die Schokolade qualitativ einwandfrei und kostengünstig zu produzieren. Danach muss die Schokolade den Weg zum Endverbraucher finden. Ist die Schokolade »lecker« und zudem noch preiswert, so dürfte der Verkauf nicht schwer fallen. Damit spielt die Produktart »Verkauf« eine Nebenrolle, ihre Hauptproduktart »Ware« trägt den Absatz quasi mit.
Gelingt die Herstellung der Schokolade jedoch nicht, ist sie qualitativ minderwertig und außerdem noch teuer, so liegt der Fall ganz anders. Für den Verkauf über den Handel muss mehr Aufwand betrieben werden, und der Produzent hat quasi zwei Produkte: Sie heißen Ware und Verkauf. Auf längere Sicht funktioniert diese Situation allerdings nicht, denn es darf stets nur ein Hauptprodukt geben. Im Fall der »schlechten Schokolade« muss das Produkt Ware verändert oder schlimmstenfalls die Produktion eingestellt werden.

Checkliste zum Produkt

Unabhängig davon, ob ein Produkt Ware, Verkauf oder Service heißt, muss sich der Unternehmer zur Produktgüte viele Gedanken machen. Schnell werden wichtige Aspekte vergessen, die jedoch auf dem Weg zum Erfolg das wichtige Zünglein an der Waage gespielt hätten. Wir haben für Sie eine Checkliste entworfen, in der auf alle notwendigen und beachtenswerten Punkte in Form von Fragen hingewiesen wird. Denn je mehr Sachverhalte und Ungereimtheiten Sie im Vorfeld der »Produktion« klären können, desto geschützter sind Sie vor Fehleinschätzungen und finanziellen Rückschlägen. Beantworten Sie jede Frage, hinter jedem »Nein« notieren Sie bitte ein Stichwort als Begründung.

Je besser Sie Ihr Produkt auf die Markteinführung vorbereiten, desto wahrscheinlicher ist der unternehmerische Erfolg.

In den seltensten Fällen wird es Ihnen gelingen, ein völlig neues und grundlegend unverwechselbares Produkt als Erster auf den Markt zu bringen. Treten Sie also in einen bestehenden Markt ein, dann müssen Sie sich der Konkurrenz stellen und den Nachfragern Gründe dafür liefern, Sie den anderen zu bevorzugen.

📖 Checkliste: Analyse einer Produktidee – Teil A

Diese Fragen sind zu klären	Antwort ja/nein	Stichworte Notizen
Haben Sie sich ein völlig neues Produkt, Konzept ausgedacht? (Wenn ja, bitte weiter mit der folgenden Frage; wenn nein: bitte weiter mit Teil B)	☐ / ☐	_____
Gibt es etwas, was Ihr Konzept völlig unverwechselbar, einmalig macht?	☐ / ☐	_____
Bietet es gegenüber anderen Angeboten einen Nutzen, der leicht erkennbar ist?	☐ / ☐	_____
Stimmt für den Kunden das Verhältnis von Kosten und Nutzen?	☐ / ☐	_____
Ist dieser Vorteil/Nutzen für den Kunden ohne große Mühe erkennbar?	☐ / ☐	_____
Können Sie völlig ausschließen, dass Ihr Angebot ein Flop wird?	☐ / ☐	_____
Kennen Sie Gründe, warum bisher noch niemand die Idee gehabt hat?	☐ / ☐	_____
Haben Sie schon »Experten« gefragt und positive Einschätzungen gehört?	☐ / ☐	_____

📖 Checkliste: Analyse Ihres Produkts – Teil B

Ist Ihr Produkt eindeutig preiswerter als andere, bereits bekannte Angebote?	☐ / ☐	_____
Wird sich Ihr Produkt sofort von allein bekannt machen, für Aufsehen sorgen?	☐ / ☐	_____
Besteht nach Ihrem Produkt eine einschätzbare Nachfrage?	☐ / ☐	_____
Kennen Sie genau die Zielgruppe für das von Ihnen angebotene Produkt?	☐ / ☐	_____
Sind Sie sicher, dass der Bedarf nach Ihrem Produkt dauerhaft anhält?	☐ / ☐	_____
Haben Sie Kundenwünsche an ein solches Produkt genau analysiert?	☐ / ☐	_____
Erfüllt Ihr Produkt diese Kundenwünsche wirklich?	☐ / ☐	_____

Testauswertung: Was Sie jetzt erkennen können
Alle Fragen, die Sie mit einem »Nein« beantwortet haben, zeigen Ihnen Mängel am Unternehmenskonzept und der Produktidee. An diesen Punkten muss unbedingt noch gearbeitet werden, denn an der Besonderheit des Produkts darf es keinen Zweifel geben. Je häufiger Sie ein »Nein« geschrieben haben, desto mehr stehen Sie vermutlich noch am Anfang Ihrer Überlegungen zum Produkt, haben noch keinen ganz konkreten Plan gefasst.
Alle Fragen, die Sie mit einem »Ja« beantwortet haben, bestätigen eine klare und stabile Produktidee. Die ist jedoch nur der erste Schritt, was folgt, ist die richtige Standortwahl und Unternehmensorganisation. In Kapitel 4 finden Sie Checklisten zur Ermittlung der Marktchancen sowie der Umsatz- beziehungsweise Gewinnerwartung.

Der richtige Standort für ein Unternehmen

Bei jedem Unternehmen spielt auch die Wahl des richtigen Standorts eine wichtige Rolle – und zwar unabhängig davon, welches Geschäft oder Unternehmen betrieben werden soll. Selbst dann, wenn überhaupt kein Kundenverkehr erwartet wird, weil ausschließlich Dienstleistungen angeboten werden oder für Wiederverkäufer produziert werden soll, spielt die Frage nach dem Standort eine große Rolle. Vor allem Existenzgründer haben in diesem Punkt oft falsche Vorstellungen, schwere Planungsfehler sind die Folge. Typischer Fall: Was durch die Anmietung günstiger Gewerberäume mit der linken Hand gespart wird, muss oft mit der rechten Hand für anderweitige Mehrkosten wieder ausgegeben werden. Denn folgende Umstände sind zu berücksichtigen:

▶ **Passantenfrequenz:** Bei Unternehmen, die auf Laufkundschaft und Zufallskunden angewiesen sind, steht und fällt der Erfolg mit der Passantenfrequenz. Niemand käme auf die Idee, eine Großtankstelle an einen Feldweg zu setzen. Andererseits werden Sie am objektiv günstigsten Standort für Ihr Geschäft auch die größte Konkurrenz haben – denn die wird eine Standortwahl unter ähnlichen Gesichtspunkten wie Sie treffen und sich entsprechend entscheiden.

▶ **Standortkonkurrenz:** Wegen der großen Konkurrenz ist nicht auszuschließen, dass trotz bester Lage nicht der erwartete Umsatz zu erzielen ist. Dennoch müssen Sie höchste Mieten zahlen. Möglicherweise geht die Gesamtrechnung viel eher auf, wenn Sie eine 1b-Lage akzeptieren, dafür deutlich geringere Mietkosten zu tragen haben, wegen einer geringeren Konkurrenz und ansprechender Werbung aber kaum weniger Umsatz erzielen als in der 1a-Lage.

▶ **Zielgruppengerechte Lage:** Bei Geschäften, die lediglich eine Stammkundschaft oder einen ausgewählten Kundenkreis (wegen spezieller Warenangebote) ansprechen wollen, ist die Lage ebenfalls wichtig.

> Die Standortwahl gehört zu den grundlegenden betrieblichen Entscheidungen mit meist langfristiger Bindung an einen einmal gewählten Standort. Ist dieser schlecht gewählt, kann selbst ein ansonsten gutes Konzept zu Fall gebracht werden.

Unternehmen treten nicht nur um Marktanteile untereinander in Konkurrenz, sondern auch bei den optimalen Standorten. Denn für die Standortwahl gilt für alle Unternehmen gleichermaßen, dass mit der richtigen Wahl meist schon die halbe Miete gewonnen ist.

Wenn Ihr Geschäft nicht zu finden ist und niemand es durch zufälliges Vorbeikommen entdeckt, müssen Sie diesen Standortnachteil durch einen hohen Werbeaufwand ausgleichen und verstärkt für Ihre Bekanntheit sorgen.

▶ **Anfahrtszeiten und Transportkosten:** Wenn Sie als Dienstleister Ihren Standort am Stadtrand wählen, sparen Sie zwar Miete, müssen aber wegen der Entfernung zu Ihren Kunden Arbeitszeit- und damit auch Umsatzverluste durch lange Anfahrten einkalkulieren. Eventuell muss nur deshalb (je nach angestrebtem Unternehmenszweck) sogar ein eigener Fahrer oder Fuhrpark eingerichtet werden, oder Sie haben hohe Kosten für Botenfahrten zu tragen.

▶ **Qualifizierte Mitarbeiter und Verkehrsanbindung:** Als Produzent können Sie zwar eventuell von niedrigen Kosten für Grundstücke oder Mieten abseits der Ballungsräume profitieren, aber es kann problematisch werden, dort entsprechend qualifizierte Mitarbeiter in ausreichender Zahl zu finden, beziehungsweise werden sich – je nach Verkehrsanbindung – Kostenvorteile der Produktion in Kostennachteile durch teurere Transporte verwandeln.

Jeder Standort hat also Vor- und Nachteile, die teuren Ladengeschäfte in guter Lauflage ebenso wie die preiswerten Flächen auf dem flachen Land. Und fast immer wird es so sein, dass sich zu jedem Argument für einen Standort auch ein Gegenargument finden lässt.

> **Achtung:** Ohne genaue Markt- und Konsumkenntnisse sowie eine detaillierte Kostenrechnung kann die Standortfrage nicht entschieden werden. Sehen Sie auch Kapitel 4 und 6 (siehe Seite 96 bzw. 156).

Die Standortfrage betrifft jedes Unternehmen

Auf keinen Fall darf im Rahmen der Standortfrage für den Einzelhandel nur der Faktor Mietkosten berücksichtigt werden. Für manches Einzelhandelsgeschäft kann es sogar sehr sinnvoll sein, die höchste Miete zu bezahlen, zum Beispiel für einen Shop in einem Kaufhaus, Verbrauchermarkt oder Einkaufszentrum, wenn dadurch eine garantierte Kundenfrequenz vor der Ladentür eine Verdoppelung des Umsatzes bringt.

Die Frage nach der Kundenfrequenz bedeutet auf der anderen Seite aber nicht, dass die Standortfrage bei Handwerksbetrieben gar keine Rolle spielt. Denn wenn sich der Handwerker mit Betrieb außerhalb des Ballungszentrums eine Stunde lang über verstopfte Straßen in der morgendlichen Rushhour zum Kunden in die Innenstadt kämpfen muss, kostet das seine Zeit und damit einen gewissen Anteil der pro Tag zu schaffenden Aufträge und des Umsatzes. Oder er muss seinem Kunden die Anfahrtszeiten berechnen – was ihn gegenüber der Konkurrenz benachteiligt.

Andere Kunden wiederum legen keinen Wert auf schnelle Bedienung, sie wollen beim Einkauf auch etwas erleben. Viele Menschen verbinden eine seltene oder auch höherwertige Anschaffung mit einem Konsumerlebnis. Es geht nicht nur um die Bedarfsdeckung, man möchte einen Bummel durch die Stadt machen und das mit einer Pause im Café oder einem Restaurantbesuch verbinden.

> **Achtung:** Anhand von Umsatzstatistiken pro Quadratmeter Ladenfläche lässt sich beispielsweise für den Einzelhandel gut feststellen, wo der Kunde seinen Bedarf vorwiegend deckt. Dies muss bei unternehmerischen Planungen berücksichtigt werden.

Checklisten zum Standortvergleich

Während sich im Einzelhandel anhand von Erfahrungswerten und Kennziffern Entscheidungen leicht treffen lassen, müssen bei Betrieben ohne Kundenverkehr die finanziellen Auswirkungen der Standortfrage bis ins letzte Detail individuell geklärt werden. Das kann anhand einer auf die jeweilige Situation abgestellten Übersicht erfolgen, die sich beliebig erweitern lässt:

Innenstadtlage oder grüne Wiese am Stadtrand? Nur selten lässt sich die Frage so einfach beantworten wie für ein Luxusschmuckgeschäft oder einen Baumarkt.

📖 Checkliste: Muster für Standortvergleiche

Dieses Muster kann nur Beispielcharakter haben, es muss auf die individuellen Verhältnisse abgestimmt werden, wobei dann jeder Vorteil gegen die Nachteile abgewogen und kalkuliert werden muss.

Standort 1: Stadtrand mit niedriger Miete:

Vorteil		Nachteil	
geringe Kosten	☐	schlechte Lage	☐
keine Konkurrenz	☐	hoher Werbeaufwand	☐
großzügige Verkaufsräume	☐	geringe Kundenfrequenz	☐
gute Autobahnanbindung	☐	evtl. lange Wege zum Kunden	☐
keine Lärmschutzmaßnahmen	☐	evtl. geringere Auftragsdichte	☐
…	☐	…	☐
…	☐	…	☐

Standort 2: Innenstadt mit hoher Miete:

Vorteil		Nachteil	
gute Laufgegend	☐	hohe Kosten	☐
geringer Werbeaufwand	☐	große Konkurrenz	☐
hohe Kundenfrequenz	☐	kleine Verkaufsräume	☐
keine langen Wege zum Kunden	☐	keine Parkplätze	☐
evtl. höhere Auftragsdichte	☐	hohe Umweltschutzauflagen	☐
…	☐	…	☐
…	☐	…	☐

Die persönliche Standortsuche

Wenn Sie noch professioneller vorgehen wollen, können Sie anhand der eben zusammengestellten Faktoren, die für die Standortwahl in Ihrem Fall wichtig sind, auch eine Rangfolge aufstellen, indem Sie die einzelnen Faktoren unterschiedlich gewichten. Das könnte etwa so aussehen:

Das Standortbewertungsverfahren mit gewichteten Kriterien führt zu genaueren Resultaten und eventuell zu einer anderen Standortwahl. Die Gewichtung der Faktoren variiert zwischen den verschiedenen Branchen teilweise erheblich.

📖 Checkliste: Auswahlkriterien und deren Gewichtung

Stellen Sie fest, wie wichtig bestimmte Faktoren für Ihren Unternehmenserfolg sind, und vergeben Sie Punkte: 5 für sehr wichtig, 0 für unwichtig. Einige zu bewertende Faktoren haben wir beispielhaft als Anregung vorgegeben und ebenso beispielhaft bewertet, es können weitere hinzukommen oder einige der genannten wegfallen.

Kriterium: Was ist für Ihr Unternehmen wichtig?	Bewertungsbeispiele Handel	Bewertungsbeispiele Handwerk	individuelle Bewertung
geringe Kosten	●●●●●	●●●●●	
repräsentative Räume	●●●●		
gute Adresse	●●●		
Konkurrenzsituation	●●●●	●●●	
Bedarf am Standort	●●●●●	●●●●●	
große Verkaufsräume	●●●●		
Raumreserven	●●●●	●●	
große Schaufenster	●●●●●		
Ausstellungsraum		●●●	
Erweiterungsmöglichkeit	●●●	●●●	
Lagerräume ausreichend	●●●●●	●●	
Einbauten vorhanden	●●●●●	●●●	
kein Umbau erforderlich	●●●●●	●●●●●	
Sozialräume vorhanden	●●●●●	●●●	
Wasch-, Duschräume	●●	●●●	
getrennte WCs	●●●●	●	
Teeküche	●●●●●	●●	
Netzwerkverkabelung	●	●●	
komplette Beleuchtung	●●●●	●●●●	
Drehstrom/Starkstrom	●	●●●●●	
ISDN-Anschluss (Telefon)	●●	●●	
verkehrsgünstige Lage	●●	●●●●●	
gute Autobahnanbindung		●●	
Parkplätze vorhanden	●●●●●	●●	
gute Lauflage	●●●●●		
leichte Lkw-Anfahrt	●	●●●●	
Laderampe	●	●●●●●	
Umweltschutzauflagen	●	●●●●●	
tragfähiger Betonboden		●●●●●	
…			
…			

Checkliste: So finden Sie den besten Standort

Tragen Sie zusätzlich zu den vorgegebenen Auswahlkriterien die für Sie außerdem wichtigen ein, und vergeben Sie für die verschiedenen Standorte Punkte. Dabei hilft die zuvor gewählte Bewertung der einzelnen Standortfaktoren (siehe S. 85)

Auswahlkriterien für Ihr Unternehmen (Beispiele)	max. Punktzahl	Punkte Standort 1	Punkte Standort 2	Punkte Standort 3
geringe Kosten				
repräsentative Räume				
gute Adresse				
Konkurrenzsituation				
Bedarf am Standort				
große Verkaufsräume				
Raumreserven				
große Schaufenster				
Ausstellungsraum				
Erweiterung möglich				
Lagerräume				
Einbauten vorhanden				
kein Umbau erforderlich				
Sozialräume vorhanden				
Wasch-, Duschräume				
getrennte WCs				
Teeküche				
Netzwerkverkabelung				
komplette Beleuchtung				
Drehstrom/Starkstrom				
ISDN-Anschluss / …				
verkehrsgünstige Lage				
Autobahnanbindung				
Parkplätze vorhanden				
gute Lauflage				
leichte Lkw-Anfahrt				
Laderampe				
Umweltschutzauflagen				
tragfähiger Betonboden				
…				
Bewertung: (Gesamtpunktzahl addiert)	(max.)	(1. Standort)	(2. Standort)	(3. Standort)

Unsere Checklisten erheben angesichts der zahlreichen möglichen Standortfaktoren keinen Anspruch auf Vollständigkeit. Fügen Sie also Ihnen wichtig erscheinende Faktoren einfach der Liste an, und geben Sie ihnen die Ihrer Meinung nach richtige Gewichtung.

Aufbau und Struktur eines Unternehmens

> Je größer das Unternehmen, desto mehr Möglichkeiten zu Arbeitsteilung und entsprechender Spezialisierung bieten sich an. Die Kehrseite der Medaille liegt in dem steigenden Bedarf an Koordination der verschiedenen Teilaufgaben, um die gesamte Leistung zu erbringen.

Im alltäglichen Leben zeigt sich ständig, dass gemeinsame Ziele besser erreicht werden, wenn sich die Menschen große Aufgaben untereinander aufteilen und sich auf Teilaufgaben spezialisieren. Man spricht dann von Arbeitsteilung und Spezialisierung. Sind die Aufgaben verteilt, löst jeder seine Teilaufgabe, und am Schluss werden die Ergebnisse zusammengetragen. Diese müssen allerdings:

- sachlich,
- zeitlich und
- örtlich

so koordiniert werden, dass das Ergebnis der Gesamtaufgabe zufriedenstellend ist.

Beispiel: Die Gesamtaufgabe besteht darin, ein Viergängemenü zu kochen. Diese Aufgabe teilen sich vier Menschen, die Teilaufgaben bestehen jeweils in der Zubereitung von Vorspeise 1, Vorspeise 2, Hauptgang und Dessert. Damit ist der erste Schritt der Organisation getan, sie wurde durch die Aufgabenverteilung (Spezialisierung) aufgebaut und strukturiert.

Im zweiten Schritt geht es um die sachliche, zeitliche und örtliche Koordination. Auf unser Beispiel bezogen heißt das: Sachlich müssen die einzelnen Gerichte zusammenpassen und die Weine zum jeweiligen Gang passen. Zeitlich müssen die Menügänge aufeinander abgestimmt werden, die Gesamtaufgabe wäre nicht erfüllt, wenn die Vorspeise erst nach dem Hauptgang serviert werden könnte. Und zu guter Letzt muss auch die örtliche Übereinstimmung koordiniert sein, da es keinen Sinn macht, wenn das Dessert an einem anderen Ort als der Rest des Menüs aufgetischt würde.

Arbeitsteilung, Spezialisierung und Koordination

Auch im Unternehmenssektor werden die Maßnahmen Arbeitsteilung, Spezialisierung und Koordination zur Produktivitätssteigerung eingesetzt. Die Gesamtaufgabe eines Unternehmens besteht beispielsweise in der Vermarktung von Spielwaren. Wesentliche Teilaufgaben sind unter anderem die Beschaffung von Betriebsmitteln und Werkstoffen, die Finanzierung, die Herstellung der Spielwaren und deren Vertrieb. Aber auch die Lagerhaltung, Personalaufgaben und die Buchhaltung sind wichtige Teilbereiche der Unternehmung.

Die Struktur eines Unternehmens gliedert sich daher in zwei Bereiche: Zum einen in die Zerlegung der Hauptaufgabe durch Arbeitsteilung und Spezialisierung, zum anderen in die Zusammenführung der Lösungen der Teilaufgaben durch Koordination. Dabei ist die Koordination der Teilaufgaben in einer Unternehmung schwieriger zu organisieren als die Zerlegung der Hauptaufgabe in Teilaufgaben.

Das Produkt und die Unternehmensorganisation

Grundsätzlich ist jedes Unternehmen eine Organisation, die Organisationsstruktur ist aber nicht in jedem Betrieb gleich. Sie ist abhängig von der jeweiligen Situation und den Zielsetzungen des Unternehmens. Außerdem verändert sich die Organisation auch mit der Größe des Unternehmens, denn je mehr Menschen beschäftigt sind, desto mehr Beziehungen gibt es, desto komplexer ist die Organisation.

Grundsätzlich gilt: Die Organisationsstruktur ist eine langfristige Angelegenheit, denn schließlich beschreibt sie den Aufbau und die Struktur des Unternehmens. Das unterscheidet die Organisation von Projektteams, die nur für eine bestimmte Zeit eingerichtet werden.

Die Organisation

Mit einer Organisation wird eine Gruppe von Menschen bezeichnet, die die gleichen Ziele verfolgen. Der innere Aufbau und die Struktur einer Organisation sind durch die Verteilung von Arbeit, Zuständigkeit und Verantwortung im Betrieb geregelt. In der betriebswirtschaftlichen Organisationslehre hat sich die Unterscheidung zwischen:
▶ Aufbauorganisation und
▶ Ablauforganisation

durchgesetzt. In der Aufbauorganisation geht es um die Bildung von Stellen und die Gestaltung der Beziehungen zwischen den Stellen. Im Vordergrund stehen hier die Schaffung der verschiedenen Aufgabenkomplexe und deren Koordination. Bei der Ablauforganisation hingegen wird betrachtet, inwieweit die Aufgaben unter zeitlichen und räumlichen Aspekten erfüllt werden. Im Rahmen der Frage nach dem Aufbau und der Struktur des Unternehmens beschäftigen wir uns ausschließlich mit der Aufbauorganisation.

Organisationen sind lebendige Gebilde, ihre Struktur wächst mit der Zeit und den dazukommenden Aufgaben. Um Wildwuchs und die Doppelerfüllung von Aufgaben zu vermeiden, muss die richtige Form der Unternehmenskommunikation gefunden werden.

Arbeitsteilung und die Bildung von Stellen und Abteilungen

Die Hauptaufgabe eines Unternehmens kann nach verschiedenen Kriterien zerlegt und analysiert werden:
▶ nach Funktionen/Tätigkeiten (z. B. montieren, verpacken, Rechnungen schreiben),
▶ nach Produkten (z. B. Einzelteile, Baugruppen, Endprodukte).

Ist die Gesamtunternehmensaufgabe in Teilaufgaben zerlegt, besteht der nächste Schritt darin, die Teilaufgaben Personen zuzuordnen, die sie durchführen sollen. Das heißt, für die jeweiligen Aufgaben werden Stellen geschaffen und Abteilungen gebildet.

Eine Stelle ist ein abgegrenzter Aufgabenkomplex, der einer Person zusammen mit den zur Ausführung benötigten technischen Hilfsmitteln übertragen wird. Eine Stelle wird grundsätzlich nach sachlichen Gesichtspunkten,

Stellen werden gebildet, um eine bestimmte Funktion zu erfüllen. Die Mitarbeiterauswahl richtet sich daher primär nach den Kenntnissen und Fähigkeiten, deren es zum Ausfüllen der Stelle bedarf.

also »personenunabhängig« gebildet. Mit einer Stelle sind immer die entsprechenden Leistungserwartungen des Unternehmens verknüpft, die sich über die Stelle an das jeweilige Organisationsmitglied richten.
Unterschieden wird zwischen

- Ausführungsstellen (Stellen mit operativen Tätigkeiten ohne Leitungskompetenzen),
- Instanzen (Stellen mit überwiegenden Leitungskompetenzen),
- Stabsstellen (Stellen mit Kommunikationsaufgaben ohne Kompetenzen).

Mit einer Stellenbeschreibung wird der Aufgabenkomplex, den der Mitarbeiter zu erledigen hat, genau festgelegt. Sie enthält Ziele, Aufgaben und Befugnisse des Stelleninhabers sowie seinen Dienstrang. Mit der Stellenbeschreibung wird die Position des Mitarbeiters innerhalb der Organisationsstruktur (Hierarchie) fixiert.

Das Unternehmensorganigramm

Der Aufbau eines Unternehmens lässt sich in Form eines so genannten Organigrammes darstellen. Dieses verändert sich natürlich und spiegelt damit die Entwicklung des Unternehmens wider.

Die Aufbauorganisation wird wesentlich von der Abteilungsbildung geprägt. Eine Abteilung wird gebildet, indem man mehrere Stellen zusammenfasst und einer Instanz unterstellt. Dieses Prinzip der »Hierarchisierung« kann weiter verfolgt werden, indem Abteilungen zu Hauptabteilungen, diese zu Fachbereichen und weiter zu Geschäftsbereichen zusammengefasst werden. Die Bildung von Abteilungen führt somit zur Gliederung der Gesamtorganisation in Teilsysteme (Abteilungen, Hauptabteilungen, Unternehmensbereiche).

Die durch die Bildung von Stellen und Abteilungen entstehende hierarchische Struktur wird Organisationsplan oder Organigramm genannt. Ein Organigramm erleichtert den Überblick über die hierarchischen Beziehungen innerhalb eines Unternehmens, ist aber nur ein Ausschnitt der Organisation und kennzeichnet lediglich die Regeln der Abteilungsbildung. Dabei lassen sich ein- und mehrdimensionale Strukturen unterscheiden. Werden die Aufgaben nach einem Kriterium aufgeteilt, liegt eine eindimensionale Struktur vor; werden zwei oder mehr Kriterien gleichrangig herangezogen, entsteht eine mehrdimensionale Struktur.

Die Unternehmensstruktur

Folgende bedeutsame Konzepte eindimensionaler Strukturen lassen sich unterscheiden:

- die Funktionalorganisation,
- die Spartenorganisation und
- die Regionalorganisation.

Dabei gilt die Funktionalorganisation als klassische Organisationsform, sie ist in der Praxis am weitesten verbreitet. Mehrdimensionale Strukturen werden in diesem Zusammenhang nicht näher betrachtet.

Die Funktionalorganisation

Im Unterschied zu einer produktorientierten oder einer prozessorientierten Organisation erfolgt bei der funktionalen Organisation die Aufgabenverteilung nach dem Verrichtungsprinzip, es wird also nach den Fertigkeiten gegliedert. Dabei ist die zweite Hierarchieebene nach Verrichtungen aufgeteilt, da die hier getroffenen Entscheidungen die folgenden Ebenen erheblich beeinflussen. Beispiel: Die Aufgaben des Gesamtunternehmens werden in Produktion, Vertrieb (Absatz), Beschaffung (Einkauf), Forschung/Entwicklung und Verwaltung gegliedert.

Bei der Funktionalorganisation werden verschiedene Ressorts gebildet, die vom Einkauf bis zum Vertrieb dem Produktionsablauf angepasst sind. Die Unternehmensleitung selbst wird ebenfalls nach dem Ressortprinzip gegliedert, das heißt, ein Vorstandsmitglied ist für Produktion, ein weiteres für den Absatz, ein drittes für die Verwaltung und so weiter zuständig. Diese Form der Organisation bietet sich für größere Unternehmen mit einer überschaubaren Produktpalette an.

Anwendungsbeispiel: BMW

Das Industrieunternehmen BMW, das sich auf die Produktion von Kraftfahrzeugen und Motorrädern beschränkt, hat zum Beispiel eine funktionale Organisationsstruktur (1994):

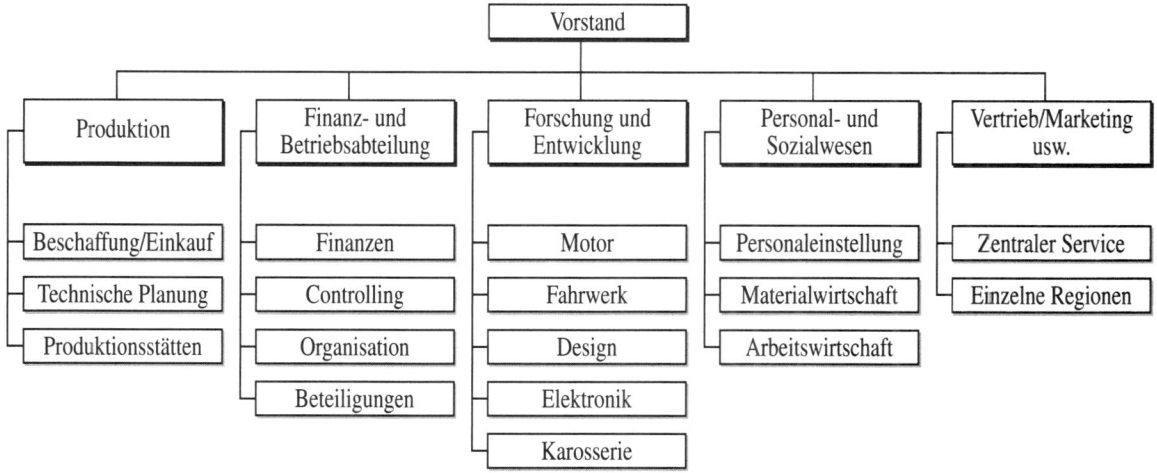

Die Spartenorganisation

Bei dieser Organisationsstruktur werden alle Kompetenzen, die für die Realisierung des Erfolges eines Produktes oder einer Produktgruppe erforderlich sind, einem Bereich, einer Sparte zugewiesen. Die Untergliederung erfolgt nach den Absatzprodukten. Die Spartenorganisation ist für Unternehmen ideal, die eine stark diversifizierte Produktpalette anbieten und bei denen nur ein Teil der Aufgaben für alle Produkte gleichermaßen anfällt. Fast alle deutschen Großunternehmen mit diversifizierter Produktstruktur sind nach dem Spartenkonzept organisiert.

Profit Center

Wenn bei einer Spartenorganisation den verschiedenen Sparten Ergebnisverantwortung übertragen wird und sie weitgehende Autonomie besitzen, so werden die Sparten auch als Geschäftsbereiche oder strategische Geschäftseinheiten bezeichnet. Diese Geschäftsbereiche werden praktisch wie ein eigenes Unternehmen innerhalb des Unternehmens geführt. Der englische Ausdruck hierfür, der sich auch bei uns inzwischen eingebürgert hat, heißt Profit Center. Spartenorganisation und Profit Center sind auch in Unternehmen denkbar, die homogene Produkte anbieten. Die Unternehmen wollen durch diese Organisation einen sehr genauen Überblick darüber gewinnen, welche ihrer Geschäftsbereiche besonders erfolgreich sind.

Anwendungsbeispiel: Bayer AG

Das Chemieunternehmen Bayer AG ist zum Beispiel nach dem Spartenkonzept organisiert (1994). Die Geschäftsbereiche dominieren die Organisationsstruktur und sind auch auf den unteren Ebenen produktgruppenorientiert gegliedert.

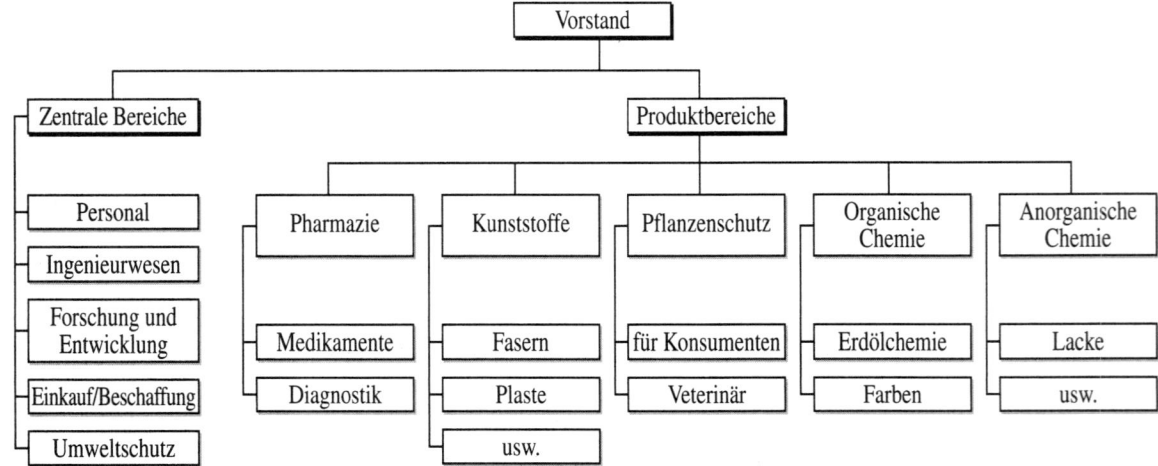

Die Regionalorganisation

Die Regionalorganisation wird für Unternehmen in der Regel erst dann interessant, wenn sie international tätig werden und die verschiedenen nationalen Märkte stark voneinander differieren. Unterhalb der regionalen Organisation bleibt die alte Unternehmensstruktur meist erhalten. Bei der regionalen Organisation werden alle Kompetenzen für einen regionalen Teilmarkt in einem Unternehmensbereich vereint. Die Entscheidungen, die alle Produkte und Leistungen innerhalb einer bestimmten Region betreffen, werden für sämtliche Funktionen in einem organisatorischen Bereich zusammengefasst. Das Regionalprinzip ist in der Praxis für den nationalen Markt (z. B. Dresdner Bank AG) und noch häufiger für die organisatorische Zuordnung internationaler Aktivitäten von Bedeutung.

Ein besonderes Problem für international operierende Unternehmen kann auftreten, wenn Manager aus dem Mutterland in Unternehmensbereiche im Ausland entsendet werden. Dort kann es aufgrund unterschiedlicher kultureller Werte und Arbeitsmethoden zu Spannungen in der Zusammenarbeit kommen, die der Arbeitseffizienz und dem Ansehen des Unternehmens schaden.

Anwendungsbeispiel: Wella AG

Bei dem international ausgerichteten Unternehmen Wella AG ist aufgrund der starken Globalisierung die Bedeutung der regionalen Märkte so groß geworden, dass die Organisationsstruktur vorrangig danach ausgerichtet wird. Unterhalb der Regionalgliederung sieht man eine Mischung aus Sparten- und Verrichtungsgliederung.

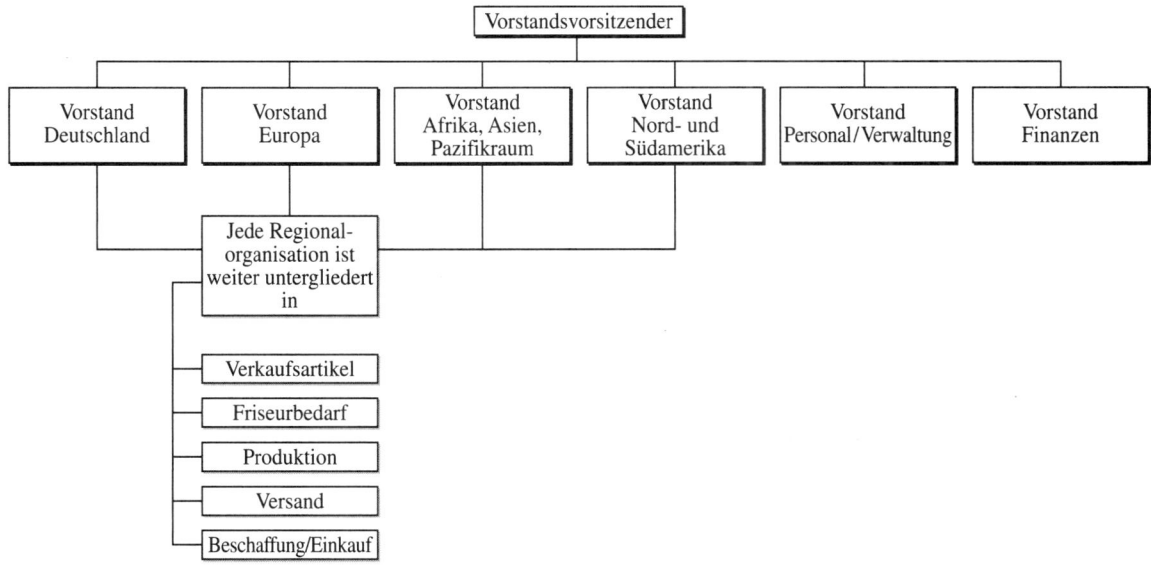

Das Problem der Koordination und der Hierarchie

Im ersten Schritt hat das Unternehmen seine hauptsächliche Zielaufgabe in Teilaufgaben zerlegt und dafür gesorgt, dass diese arbeitsteilig bearbeitet werden. Im zweiten Schritt müssen nun die Ergebnisse der Arbeitsteilung miteinander koordiniert werden, so dass die Teillösungen richtig zusammengesetzt sind und das Unternehmensziel erfüllt ist.

> **Achtung:** Bei der Koordination der Arbeitsergebnisse kommt es besonders auf die Abstimmung zwischen den einzelnen Stellen beziehungsweise Abteilungen an. Das heißt, die Koordination an den so genannten Schnittstellen ist wichtig, damit die Arbeit in der richtigen Reihenfolge und am richtigen Ort erbracht wird.

Je stärker die Arbeitsteilung und Spezialisierung eines Unternehmens, desto stärker muss darauf geachtet werden, dass die linke Hand weiß, was die rechte macht und umgekehrt. Ansonsten kann der Auftritt gegenüber dem Kunden als geschlossenes Unternehmen Schaden nehmen.

Fallbeispiel zur Koordination von Aufgaben
Wird ein Kundenauftrag in die elementaren Tätigkeiten zerlegt, die von den einzelnen Stellen oder Abteilungen durchgeführt werden müssen, können bei dem Übergang von einer Tätigkeit (Stelle) zur anderen Abstimmungsprobleme auftreten, was verhindert werden sollte.

Beispiel: *Der Kunde X bestellt bei der Firma Y eine neue EDV-Anlage, Hard- und Software müssen überholt werden. In der Firma Y werden mit diesem Auftrag viele Abteilungen angesprochen. Zunächst wird die Bestellung in der Auftragsannahme analysiert, anschließend die Arbeit auf die Abteilungen Einkauf, Finanzen, Personal, Vertrieb und Service verteilt. Damit ist der erste Schritt getan, doch wenn im zweiten Schritt die Koordination zwischen den Abteilungen nicht funktioniert, kann das böse Folgen haben: Der Tag der Installation ist da, doch der Kunde erhält nur die Computer ohne Software, Software ohne Hardware oder womöglich die falschen Programme. Das Ergebnis: Der Auftrag wird nicht vollständig ausgeführt und der Kunde verprellt.*

> **Mangelnde Abstimmung bei der Koordination der Teilaufgaben** hat negative Auswirkungen auf die bestellte Ware. Für den Kunden bedeutet das schlimmstenfalls:
> ▶ fehlerhafte Lieferungen,
> ▶ lange Wartezeiten,
> ▶ schlechte Qualität,
> ▶ zusätzliche Kosten durch Arbeitsausfall,
> ▶ Verlust von Auftraggebern und Kunden,
> wodurch die Kundenzufriedenheit stark beeinträchtigt werden kann und künftige Aufträge ausbleiben.

Die vertikale Koordination von Aufgaben

Die Koordination von Tätigkeiten der Stellen kann vertikal geregelt werden, indem höhere Instanzen persönliche Weisungen erteilen, die die Koordination an einer Schnittstelle betreffen. Diese Befehlswege von oben nach unten können durch Pläne ergänzt werden. Das ist beispielsweise dann der Fall, wenn die verschiedenen Arbeitsgänge in einer Arbeitsfolge festgelegt sind in Form von Produktionsplanungs- und -steuerungssystemen. Bei der vertikalen Hierarchie wird jedes Abstimmungsproblem zwischen Stellen oder Abteilungen von einem zuständigen Vorgesetzten durch persönliche Weisung gelöst. Dazu bedarf es einer genauen Struktur von Vorgesetzten- und-Untergebenen-Beziehungen, die beim Vorstand beginnt und bis zur untersten Stelle reicht, so genannte Hierarchielinien.

Die traditionelle Linienhierarchie ist das so genannte Ein-Linien-System. Hier hat jeder Stelleninhaber genau einen Vorgesetzten, der ihm persönlich Weisungen erteilen kann. Die Koordination kann dadurch allerdings sehr langwierig werden. Dies versucht das Mehr-Linien-System zu vermeiden, hier hat ein Mitarbeiter mehr als einen Vorgesetzten. Damit werden jedoch auch die persönlichen Weisungen mehrdeutig. Das kann zu Konflikten zwischen den Vorgesetzten und zu Irritationen der Untergebenen führen, Kompetenzgerangel ist die Folge. Das Mehr-Linien-System hat sich daher praktisch nicht durchgesetzt.

> Der vertikale Unternehmensaufbau mit einer deutlichen Hierarchie ist in deutschen Unternehmen immer noch vorherrschend. Das führt zwar zu einer klaren Kompetenzregelung, aber nicht immer zum besten Leistungsergebnis.

Die horizontale Koordination von Aufgaben

Neben der vertikalen Koordination gibt es auch die horizontale Abstimmung, die auch Selbstabstimmung genannt wird. Hier werden die Schnittstellen dadurch koordiniert, dass man versucht, auf gleicher Ebene Ausschüsse zu bilden oder direkte Gespräche zu führen. Selbstabstimmung bedeutet, dass die Koordination von Stellen oder Abteilungen auf gleicher Hierarchieebene durch direkte Kommunikation erfolgt, ohne Einwirkung höherer Instanzen. Man spricht auch vom »kleinen Dienstweg«.

Ein Führungsstil kann also entweder autoritärer Natur sein oder kooperativ erfolgen. Ist die Organisationsstruktur jedoch dezentralisiert und wird die Selbstabstimmung bevorzugt, passt dazu eher ein kooperativer Führungsstil zwischen den Hierarchieebenen.

> Flachere Hierarchiemodelle wurden vor allem in den USA entwickelt, da sie sich als motivationsfördernder erwiesen haben. Zur Übertragung von mehr Aufgaben und den dazugehörigen Kompetenzen kann sich aber nicht jeder deutsche Unternehmer durchringen.

Achtung: Mit zunehmender Zahl der Hierarchieebenen wächst die Zahl der Leitungsstellen (Instanzen) überproportional. Es entsteht der berühmte »Wasserkopf«. In Theorie und Praxis ist dagegen erkannt worden, dass sich starke Hierarchien nachteilig auf die Motivation der Mitarbeiter auswirken. Flache Hierarchien sind motivationsfördernder, weil der einzelne Mitarbeiter durch den Abbau von Hierarchieebenen ein größeres Aufgabenfeld erhält (Job Enrichment).

Kapitel 4
Der Absatz – Marktchancen und Vermarktung

In diesem Kapitel erfahren Sie alles Wissenswerte rund um die Marktchancen und die Vermarktung von Produkten und Dienstleistungen. Die Auflösung finden Sie am Ende des Tests.

⚡ Blitztest
Was wissen Sie schon – wie groß ist Ihr Info-Bedarf?

→ siehe Seite 98

1. Was ist die wichtigste Aussage, die mit einem Produkt in Verbindung gebracht wird?
 a) Das Produkt ist besonders wertvoll.
 b) Das Produkt kann sehr billig produziert werden.
 c) Das Produkt ist absatztauglich.

→ siehe Seite 98

2. Was versteht man unter dem Begriff »Markt«?
 a) Die Aktiva-Konstante des Bruttoinlandsproduktes.
 b) Eine feste Institution, die Börse oder den Marktplatz.
 c) Das allgemeine Zusammentreffen von Angebot und Nachfrage.

→ siehe Seite 98

3. Der Markt lässt sich nach verschiedenen Segmenten definieren. In welche drei Bereiche wird die Nachfrage eingeteilt?
 a) Zielgruppen, Städte und ländliche Gebiete.
 b) Personengruppen, Regionen und Bedarfsbereiche.
 c) Großkunden, private Nutzer, Kleinkunden.

→ siehe Seite 114

4. Umsatz und Gewinn stehen in einem besonderen Verhältnis. Wie steigt der Gewinn, wenn Sie den Umsatz verdoppeln?
 a) Er steigt unterproportional zum Umsatz.
 b) Er steigt proportional zum Umsatz.
 c) Er steigt überproportional zum Umsatz.

→ siehe Seite 102

5. Welche drei großen Gebiete werden durch die Marktforschung untersucht?
 a) Kundenwünsche, Vertriebswege und Zukunftstrends.
 b) Angebot, Nachfrage und Absatzwege.
 c) Hersteller, Vertriebswege und Marktveränderungen.

6. Welche drei Methoden der Primärforschung kennt die Marktforschung? → siehe Seite 103

a) Interview, Fragebogen und Laufweg-Analyse.
b) Fragebogen, Statistik und Beobachtung.
c) Befragung, Beobachtung und Experiment.

7. Welche drei Faktoren benötigen Sie, um den Monatsumsatz einschätzen zu können? → siehe Seite 104

a) Kundenzahl pro Tag, Umsatz pro Kunde, Geschäftstage pro Monat.
b) Kundenzahl pro Tag, Preis je Produkt, Geschäftstage pro Monat.
c) Kundenzahl pro Monat, Preis je Produkt, Mietkosten pro Monat.

8. Jede Werbung basiert auf der so genannten Corporate Identity des Unternehmens. Was ist damit gemeint? → siehe Seite 117

a) Das Erscheinungsbild des Unternehmens.
b) Die Liquidität des Unternehmens.
c) Der Kundenstamm des Unternehmens.

9. Welche Vorteile für Ihr Unternehmen kann die Einschaltung einer Werbeagentur bringen? → siehe Seite 121

a) Man erfährt frühzeitig, welche anderen Firmen gleichzeitig mit einem Konkurrenzprodukt auf den Markt kommen.
b) Anhand von Untersuchungen über Konsumentengewohnheiten kann die Zielgruppe analysiert und gezielt beworben werden.
c) Keine, im Gegenteil, es entstehen nur unnötige Kosten durch zusätzliche Provisionen.

10. Worauf muss bei einem erfolgreichen Werbekonzept geachtet werden? → siehe Seite 122

a) Streuverluste sollten durch Werbung in zielgruppengerechten Medien minimiert werden.
b) Alle Kunden müssen mit niedrigen Preisen gelockt werden.
c) Konkurrenzprodukte werden durch vergleichende Werbung mit dem eigenen Produkt schlecht gemacht.

Lösung des Tests:

1. c	3. b	5. b	7. a	9. b
2. c	4. a	6. c	8. a	10. a

Die Marktchancen ermitteln

Mit dem Begriff »Markt« wird nicht eine Institution wie etwa die Börse oder ein räumlich bestimmter Platz wie der Münchner Viktualienmarkt bezeichnet, sondern allgemein das Zusammentreffen von Angebot und Nachfrage. Das am Markt orientiert arbeitende Unternehmen steht dabei selten allein der Nachfrage gegenüber, sondern tritt in Konkurrenz zu vielen anderen Unternehmen. Jedes von ihnen will einen möglichst großen Teil der Nachfrage durch seine Produkte befriedigen.

Bevor Sie sich als Unternehmer jedoch eine Strategie überlegen, mit welchen Methoden – etwa durch niedrige Preise, hohe Produktqualität, massive Werbung – Sie viele Kunden und Käufer gewinnen können, müssen Sie unbedingt »Ihren« Markt definieren.

Wem will ich was verkaufen?

Diese Frage ist deshalb wichtig, weil auf dem großen allgemeinen Markt alles Mögliche angeboten und nachgefragt wird, mit dem einzelnen Produkt jedoch nur eine bestimmte Zielgruppe erreicht werden soll. So lässt sich der Markt einteilen in beispielsweise:

▶ **bestimmte Personengruppen**, die sich nach Alter, Hobby, Beruf usw. von anderen unterscheiden,
▶ **bestimmte Regionen**, wie Großstädte, ländliche Gebiete, Länder, Kontinente usw. und
▶ **bestimmte Bedarfsbereiche**, die nicht nur eine, sondern mehrere Kundengruppen ansprechen.

Die Zielgruppenbestimmung

Bevor Sie sich also auf das Produkt oder die Dienstleistung festlegen, welches die Grundlage der unternehmerischen Aktivitäten darstellt, müssen Sie ebenso den dazugehörigen Markt definieren. Denn ein Produkt lässt sich nicht verkaufen, wenn es dafür keinen Markt gibt, auf dem für dieses Produkt Nachfrage besteht. Versuchen Sie den Markt zu definieren, indem Sie diese Fragen beantworten:

▶ **Welche Kundengruppen** will ich mit meinem Produkt oder Unternehmen ansprechen?
▶ **Welche Kundenbedürfnisse** will ich mit meinem Produkt oder Unternehmen erfüllen?
▶ **Konkurrenz:** Wer versucht außer mir noch diese Kundengruppen oder Kundenbedürfnisse anzusprechen?
▶ **Produkt:** Welche Eigenschaften hat mein Produkt oder meine Leistung, die sich von der Konkurrenz abheben?
▶ **Kundenpräferenz:** Wie kann ich für eine Kundenpräferenz sorgen, so dass die Kunden mein und nicht ein Konkurrenzprodukt kaufen?

Bevor Sie einfach drauflosproduzieren, sollten Sie sich gut überlegen, für wen das Produkt oder die Dienstleistung, die Sie anbieten, eigentlich bestimmt ist. Danach richtet sich nicht nur die Beschaffenheit des Angebots, sondern auch die Art und Weise, wie das Produkt angeboten wird und wo es erhältlich ist.

Checkliste zur Markt- und Konkurrenzanalyse

Sie müssen »Ihren« Markt kennen, unabhängig davon, ob Ihr Produkt Ware, Verkauf oder Service heißt. Damit Sie keinen wichtigen Aspekt vergessen und die Übersicht bewahren, haben wir für Sie auch hier eine Checkliste entworfen, in der auf alle notwendigen und beachtenswerten Punkte in Form von Fragen hingewiesen wird.

Jede Frage, die sich nicht mit einem ganz klaren »Ja« beantworten lässt und zu der Ihnen noch viel mehr als nur »Ja« einfällt, sollten Sie mit »Nein« kennzeichnen. Hinter jedem »Nein« notieren Sie bitte ein Stichwort als Begründung. Dies ermöglicht es Ihnen, zu einem späteren Zeitpunkt noch einmal gezielt nachzuhaken und Probleme oder Unklarheiten zu der betreffenden Frage aus dem Weg zu räumen. Am Schluss verrät Ihnen unsere Auswertung, ob Sie sich bereits genügend Gedanken über den Markt gemacht haben, auf dem Sie als Anbieter auftreten wollen.

Auf dem Markt, dem Treffpunkt von Angebot und Nachfrage, werden Sie selten das Glück haben, der einzige Anbieter einer Ware oder Dienstleistung zu sein. Daher sollten Sie über die Aktivitäten der leidigen Konkurrenz möglichst umfassend informiert sein.

📖 Checkliste: Analyse des Marktes

Diese Fragen sind zu klären	Antwort: ja	nein	Stichworte/Notizen
Kennen Sie die Verbrauchs-/Bedarfsgewohnheiten Ihrer Kundschaft?	☐	☐	_____
Kennen Sie die durchschnittlichen Ausgaben einer Familie (pro Monat/Jahr) für ein Produkt wie das Ihre?	☐	☐	_____
Wissen Sie, wie viel jeder Kunde pro Geschäftsbesuch dafür ausgibt?	☐	☐	_____
Sind diese Zahlen durch Untersuchungen, Statistiken oder anderes belegt?	☐	☐	_____
Wissen Sie, mit welcher Kundenfrequenz (Tag/Monat) zu rechnen ist?	☐	☐	_____
Gibt es eindeutige Hinweise auf gute Zukunftsaussichten für Ihr Produkt?	☐	☐	_____
Ist dieser allgemeine künftige Bedarf auch an Ihrem Standort vorhanden?	☐	☐	_____
Ist auszuschließen, dass Großkunden oder Hauptlieferanten Sie unter Druck setzen können (z. B. durch Preisdiktat)?	☐	☐	_____
Haben Sie einen Produktvorsprung, den andere schnell einholen können?	☐	☐	_____
Gibt es die Möglichkeit, Ihr Produkt auf Dauer nachahmungsfrei anzubieten?	☐	☐	_____
Gibt es eindeutige Anzeichen für eine größere Zufriedenheit Ihrer Kunden?	☐	☐	_____

Wenn Sie auf einem hart umkämpften Markt einsteigen wollen, dann sollte Ihr Produkt möglichst einen Verkaufsvorteil gegenüber der Konkurrenz aufweisen, sei es, dass Sie es günstiger anbieten können oder dass Sie eine bessere Qualität zum gleichen Preis offerieren.

📖 Checkliste: Analyse des Marktes

Diese Fragen sind zu klären	Antwort: ja	nein	Stichworte/Notizen
Kennen Sie Ihre wichtigsten Konkurrenten am Markt, in der Umgebung?	☐	☐	_____
Können Sie Ihre Umsatzerwartungen durch Beobachtungen dort bestätigen?	☐	☐	_____
Kennen Sie genau die Preise und Qualitäten der Konkurrenten?	☐	☐	_____
Gibt es mehrere Gebiete, auf denen Sie die Konkurrenz überbieten?	☐	☐	_____
Sind diese Stärken auch für Ihre Kunden leicht erkennbar?	☐	☐	_____
Sind Sie auf Reaktionen der Konkurrenz (Preis-, Werbekrieg) vorbereitet?	☐	☐	_____
Können Sie solche Abwehrmaßnahmen finanziell, nervlich durchstehen?	☐	☐	_____
Gibt es für diesen Fall konkrete Abwehrstrategien von Ihrer Seite?	☐	☐	_____

Testauswertung: Was Sie jetzt erkennen können

Alle Fragen, die Sie mit »Nein« beantwortet haben, zeigen Ihnen, dass Sie noch nicht vollständig in der Lage sind, den Markt und die Konkurrenzsituation richtig einzuschätzen. Vielleicht haben Sie sich schon den einen oder anderen Gedanken gemacht, doch nachgefragt und recherchiert haben Sie noch zu wenig. Unterschätzen Sie bitte nicht die Wichtigkeit dieser Vorarbeiten. Denn als Unternehmen können Sie nur Erfolg haben, wenn Sie genau wissen, was Sie verkaufen wollen, und vor allem, wer es kaufen möchte. An diesen Punkten müssen Sie unbedingt noch arbeiten, denn die Markt- und die Konkurrenzanalyse bilden neben dem Produkt und dem Unternehmenskonzept die Grundlage des Erfolgs.

Alle Fragen, die Sie mit einem »Ja« beantwortet haben, sind ein Pluspunkt für Sie und Ihr Produkt. Sie sind dabei oder sogar schon damit fertig, den Markt und die Konkurrenz zu durchleuchten. So viel gründliche Vorarbeit wird meistens schnell mit Erfolg belohnt, denn die Stolpersteine wurden ausgeschaltet. Je mehr Fragen Sie mit »Ja« beantworten konnten, desto klarer und fundierter ist Ihre Einschätzung von dem entsprechenden Markt und desto besser können Sie die Konkurrenz beurteilen. Wenn Sie alle Fragen ehrlich mit »Ja« beantworten können, haben Sie das notwendige Fundament für den Sprung in die Selbstständigkeit gelegt. Da können wir Ihnen nur noch viel Erfolg wünschen.

Wie Sie die Marktforschung sinnvoll einsetzen

Betrachten Sie Ihre Aufgabe als Unternehmer immer als Erfüllung der Kundenwünsche. Doch wie viel und was angeboten und wie viel und was nachgefragt wird, ist von vielen verschiedenen Faktoren abhängig. Und diese sind keine starre Größen, sondern ständigen Veränderungen unterworfen. Woher soll man also die Bedürfnisse des Kunden, die aktuelle Nachfragesituation auf dem Markt kennen? Hier hilft Ihnen die Marktforschung weiter. Die Marktforschung vermindert Unsicherheiten in der Planungsphase. Darüber hinaus dient die Marktforschung aber auch dazu, den Ablauf eines bestehenden Unternehmens zu überwachen. Hier geht es vor allem darum, den Aktionsplan eines Unternehmens einzuhalten und die langfristige strategische Planung im Auge zu behalten und zu gewährleisten. In diesem Fall werden die Nachfrager nach ihrer Meinung über die vom Betrieb angebotenen Güter und Leistungen befragt. Ferner interessieren die Motive des Kunden, die ihn zum Kauf oder zur Ablehnung der Produkte beziehungsweise zum Kauf der Konkurrenzprodukte veranlassen.

Hilfe bei unternehmerischen Entscheidungen

Ein Existenzgründer interessiert sich für die Marktforschung meist allein aus Gründen der Unsicherheit in der Planungsphase. Er will die Struktur des Marktes zu einem bestimmten Zeitpunkt erkunden, den effektiven und potenziellen Bedarf feststellen und die Entwicklung und Veränderung des Marktes beobachten. Ein bereits aktiv am Marktgeschehen teilnehmender Unternehmer dagegen wird die Marktforschung in erster Linie zur Produktoptimierung oder auch zur Zukunftssicherung einsetzen. Das geht dann bereits in den Bereich der Trendforschung, einen relativ neuen, in den letzten Jahren viel beachteten Zweig der Marktforschung.

Je besser Sie darüber informiert sind, wie die Konkurrenzsituation auf dem Markt ist, umso erfolgreicher sind die Entscheidungen, die Sie bereits vor dem Markteintritt treffen.

Vorsicht vor Fehlinterpretationen

Das Geschäft mit der zukunftsorientierten Marktforschung hat leider einen Haken: Fehlinterpretationen sind hier besonders leicht möglich. Denn Prognosen arten manchmal in bloße Kaffeesatzleserei aus. Eine kleine Entschuldigung für seriöse Trendforscher mag dabei sein, dass sich eine Entwicklung, die »trendy« ist, in der Anfangs- oder Prognosephase nur schwer vom echten und tragfähigen Trend unterscheiden lässt. Und auch ein sich klar abzeichnender Trend kann jederzeit knicken oder in seiner Entwicklung zumindest stark gedämpft werden – man denke nur an die zunächst völlig falsch eingeschätzte Entwicklung bei der Nachfrage nach Pay-TV.
Kurzum: Die Ergebnisse der Trendforschung müssen mit Vorsicht genossen werden und sollten nicht für bare Münze genommen werden. Chancen und Risiken sind ein generelles Problem der Marktforschung und bilden letztlich einen Teufelskreis:

Die Marktforschung bietet Ihnen zahlreiche Informationen über das Nachfrageverhalten der Kunden, über die Konkurrenzsituation auf dem Markt und über die Verteilungswege der Waren.

- **Eine Frage** wird anders verstanden, als sie gemeint war,
- **die Antwort** trifft nicht genau, was gesagt werden sollte, und
- **die Interpretation** der Antwort liegt noch mal neben der Ideallinie –
- **Ergebnis:** Das alles bringt dann solche Ergebnisse, wie wir sie vom Kinderspiel »Stille Post« kennen.

Viel entscheidender als die Methodik der jeweiligen Marktforschung ist deshalb die richtige Interpretation.

Was die Marktforschung untersucht

Dabei kann die Marktforschung entweder für den einzelnen Betrieb oder für einen ganzen Wirtschaftszweig durchgeführt werden. Dazu werden oft Marktforschungsinstitute eingesetzt, die ihre Ergebnisse teilweise mit mathematisch-statistischen Methoden gewinnen. Die Marktforschung kann in drei große Gebiete eingeteilt werden. Sie untersucht

- **den Bedarf**, also die Nachfrage,
- **die Konkurrenz**, also das Angebot, und
- **die Absatzwege**, also den Verteilungsapparat.

Bedarfs- und Konkurrenzanalyse

Bei der Untersuchung des Bedarfs werden Käufergewohnheiten ermittelt. Hier spielen die Einkommenshöhe der Verbraucher, die Bevölkerungsdichte, die Bevölkerungsstruktur (Stadt- oder Landbevölkerung) und die Verkehrsverhältnisse eine wichtige Rolle.

Neben der Betrachtung der Bedarfsseite hat der Betrieb ein großes Interesse daran zu wissen, welche Konkurrenzbetriebe am Markt das betreffende Produkt bereits anbieten. In diesem Bereich werden die Qualität und die Aufmachung der Konkurrenzprodukte, die Preispolitik, die Vertriebsmethoden, die Werbemaßnahmen, der Kundendienst und die Zahlungs- und Kreditbedingungen der Konkurrenten untersucht. Die Beobachtung der Konkurrenztätigkeit darf sich aber nicht nur auf das Verhalten der Anbieter des gleichen Produkts beschränken, sondern muss auch auf die ähnlichen Produkte (Substitutionsprodukte) ausgedehnt werden. Denn ein Produkt, das durch ein qualitativ vergleichbares, aber preislich günstigeres Produkt ersetzt werden kann, läuft Gefahr, ein Ladenhüter zu werden.

Das Wissen über das Kaufverhalten Ihrer Kunden gibt Ihnen die Möglichkeit, entsprechende Kaufanreize zu bieten und den richtigen Vertriebsweg zu wählen.

Die Absatzwege – wo treffen Angebot und Nachfrage aufeinander?

Bei der Untersuchung der optimalen Absatzwege werden die Vor- und Nachteile der zur Wahl stehenden Vertriebsformen ermittelt. Hier stellen sich die Fragen, ob direkter oder indirekter Absatz, werksgebundene oder werksungebundene Vertriebssysteme, betriebszugehörige oder betriebsfremde Vertriebsorgane bevorzugt werden sollen.

⚡ Blitzübersicht: Die Methoden der Marktforschung

Die Marktforschung erhebt Datenmaterial entweder selbst (Primärforschung) oder wertet bereits vorhandene Daten aus (Sekundärforschung). Durch die zunehmende Vernetzung werden immer mehr Quellen auch online sofort verfügbar, so dass die teuren Primärforschungsmethoden nur noch für besondere Fragestellungen eingesetzt werden müssen.

1. Die Befragung

Bei dieser Methode kommt entweder ein **Fragebogen** oder ein **Interviewer** zum Einsatz. Wichtig ist hierbei die sorgfältige und eindeutige Fragestellung, da sonst die Antworten verfälscht oder wenig aussagekräftig sind und die Ergebnisse der Auswertung keine Erkenntnis über den Markt bringen. Der Einsatz von Fragebögen ist zwar billiger, dafür muss der Rücklauf (in der Regel etwa fünf Prozent) durch eine Verlosung oder einen anderen Anreiz stimuliert werden. Wird auf Repräsentativität Wert gelegt, so ist das teurere Interview von Vorteil. Dabei kann es jedoch durch den ungewollten Einfluss des Interviewers zu verfälschten Antworten kommen.

2. Die Beobachtung

Diese Methode ist vor allem durch die so genannten **Kundenlaufstudien** bekannt geworden, bei denen der Weg des Käufers durch das Geschäft beobachtet wird. Durch die Beobachtung kann zwar das tatsächliche Verhalten ungestört registriert werden, dafür bleiben die bewussten und unbewussten Entscheidungsprozesse des Kunden verborgen, die über den Kauf oder Nichtkauf von Waren und Dienstleistungen entscheiden. Außerdem wird die Beobachtung selten repräsentativ sein.

3. Das Experiment

Beim Experiment handelt es sich ebenfalls um eine **Befragung** oder **Beobachtung**; das Besondere dieser Methode ist aber die **kontrollierte Versuchsanordnung** innerhalb eines bestimmten Rahmens. Sind die Rahmenbedingungen künstlich hergestellt, spricht man von **Laborexperimenten**, die vor allem bei der Produkt- und Werbeforschung verwendet werden. Handelt es sich um natürliche Rahmenbedingungen, spricht man von **Feldexperimenten**. Diese finden bei so genannten Markttests, bei denen ein auf dem Markt einzuführendes Produkt in einem kleinen Testgebiet vorab verkauft und beworben wird, statt und lassen Rückschlüsse auf den gesamten Absatzmarkt zu. Dadurch kann man im negativen Fall teure Flops vermeiden oder Nachbesserungen am Produkt vorab realisieren.

Die Marktforschung liefert Ihnen ein breites Spektrum an Möglichkeiten, das Käuferverhalten herauszufinden. Während eine Befragung des potenziellen Kunden vor allem Aufschluss über die bewussten Entscheidungsprozesse des Käufers ermöglicht, bietet die Beobachtung die größte Genauigkeit bei der Ermittlung der tatsächlichen Einkäufe.

Umsatzhöhe und Gewinnaussichten planen

Die Höhe Ihres Umsatzes ist von verschiedenen Faktoren abhängig, die Sie prognostizieren können. Je zentraler Sie beispielsweise Ihr Geschäft ansiedeln, desto zahlreicher ist die Laufkundschaft. Andererseits wird der Umsatz pro Kunde geringer sein als bei einer Randlage, wo Ihr Geschäft gezielter von den Kunden angesteuert wird.

Wer seine Planungen auf eine vernünftige Basis stellen möchte, kommt um einige detaillierte Rechnungen in der Vorbereitungsphase kaum herum. Dabei ist die reine Umsatzeinschätzung sehr einfach, wenn Sie nur von halbwegs gesicherten Erkenntnissen ausgehen. Sie müssen nur ein bisschen multiplizieren:

Rechenbeispiel: Vom Einzelkunden zum Monatsumsatz			
durchschn. Kundenzahl (pro Tag):	durchschn. Umsatz (pro Kunde):	Geschäftstage (pro Monat):	durchschn. Umsatz (pro Monat):
	x	x	=

An dieser Stelle geben wir Ihnen noch eine Checkliste vor. Sie hilft, die wichtigsten Fragen zur Umsatzanalyse zu überprüfen. Einige Fragen kennen Sie bereits aus der Checkliste zur Marktanalyse. Denn der Umsatz hat natürlich viel mit der Marktsituation zu tun.

📖 Checkliste: Umsatzanalyse			
Die hier gestellten Fragen sind am ehesten für den Einzelhandel anwendbar, lassen sich aber leicht auf andere Branchen übertragen			
Diese Fragen sind zu klären	**Antwort: ja**	**nein**	**Stichworte/Notizen**
Kennen Sie die durchschnittlichen Ausgaben einer Familie (pro Monat/Jahr) für ein Produkt wie das Ihre?	☐	☐	_____
Wissen Sie, wie viel jeder Kunde pro Geschäftsbesuch dafür ausgibt?	☐	☐	_____
Sind diese Zahlen durch Untersuchungen, Statistiken oder anderes belegt?	☐	☐	_____
Wissen Sie, mit welcher Kundenfrequenz (Tag/Monat) zu rechnen ist?	☐	☐	_____
Lassen sich aus der Kundenzahl und deren Ausgaben Umsatzwerte ableiten?	☐	☐	_____
Sind rasche Umsatz tötende Trend-/Modeänderungen ausgeschlossen?	☐	☐	_____
Gibt es eindeutige Hinweise auf gute Zukunftsaussichten für Ihr Produkt?	☐	☐	_____
Ist dieser allgemeine künftige Bedarf auch an Ihrem Standort vorhanden?	☐	☐	_____

Testauswertung: Was Sie jetzt erkennen können
Alle Fragen, die Sie mit einem »Nein« beantwortet haben, zeigen Ihnen, dass Sie eine richtige Umsatzeinschätzung noch nicht vornehmen können. Arbeiten Sie daran, denn wer sich bei den erwarteten Umsatzzahlen massiv verkalkuliert, wird sein Unternehmen nicht lange führen. Prüfen Sie unbedingt jeden Punkt, den Sie mit »Nein« beantwortet haben, denn Sie erhalten dadurch deutliche Hinweise auf Schwachpunkte und Lücken in Ihren bisherigen Überlegungen.
Alle Fragen, die Sie mit einem »Ja« beantwortet haben, sind ein Pluspunkt für Sie und Ihr Unternehmen. Die Umsatzerwartungen haben Sie gründlich durchdacht und geprüft.

Die Gewinnplanung
Der Gewinnplan ist eine Art Rentabilitäts- oder Ertragsvorschau. Diese folgt immer einem recht einfachen Muster und ähnelt dem Schema einer Einnahmen-Überschuss-Rechnung, wie sie von Kleinbetrieben und Freiberuflern fürs Finanzamt aufgestellt werden muss (siehe hierzu Seite 178). Die einzelnen Positionen werden von uns im folgenden Beispiel detailliert erläutert. Aber eine Besonderheit muss, weil sie für die Richtigkeit der Ergebnisse von enormer Wichtigkeit ist, extra herausgestellt werden:

> **Achtung:** In der betriebswirtschaftlichen Rechnung werden die Umsätze oder Erlöse oder Einnahmen grundsätzlich ohne Mehrwertsteuer berücksichtigt, ebenso werden die Kosten für den Waren- oder Materialeinsatz ohne Mehrwertsteuer aufgenommen. Dies hat vor allem den Grund, die Zahlen auf der Einnahmen- und der Ausgabenseite zu entzerren, denn die Mehrwertsteuer stellt für Sie ja nur einen Durchlaufposten dar, der aber nicht für alle Ausgaben anfällt, wenn Sie beispielsweise an Personalkosten denken.

Bei cer Gewinnplanung wird der voraussichtliche Umsatz den vermuteten Kosten des Unternehmens gegenübergestellt. Je genauer also Ihr Zahlenmaterial ist, desto eher werden Sie in der Lage sein, vorherzusehen, ob Sie Gewinne einfahren werden oder nicht.

Aber es gibt noch weitere Dinge bei der akkuraten Gewinnberechnung zu berücksichtigen:
▶ **Je nachdem, wer Sie berät** und wer mit Ihnen oder für Sie solche Berechnungen anstellt oder durchgeht, werden Ihnen immer verschiedene Begriffe für die gleiche Sache begegnen. Wir haben uns bemüht, alle üblichen Bezeichnungen aus der Betriebswirtschaft zu verwenden.
▶ **Für jede Ausgabenposition** sollte ebenso wie für den Jahresüberschuss ausgerechnet werden, wie viel Prozent der jeweilige Betrag bezogen auf den Umsatz, den Erlös oder die Einnahme ausmacht, die als erster Rechenwert oben in das Schema eingetragen wird. Anhand der Prozentzahlen können beispielsweise Unternehmensberater (und Finanzämter) Parallelen zu vergleichbaren Unternehmen ziehen und damit die Wirtschaftlichkeit oder Glaubwürdigkeit Ihrer Zahlen bestimmen.

Kapitel 4: Der Absatz – Marktchancen und Vermarktung

Die Personalkosten setzen sich nicht nur aus den gezahlten Löhnen und Gehältern zusammen, sondern beinhalten auch die diversen Versicherungsanteile, die der Arbeitgeber für seine Mitarbeiter abführen muss.

Rechenmuster für die Gewinn- oder Ertragsvorschau				
Position, übliche Bezeichnung, Hinweise	Beispiel		Zahlen für Ihr Unternehmen	
	Betrag/DM	%	Betrag/DM	%
Umsatz ohne Mehrwertsteuer	475.000	100		
Wareneinsatz, Materialeinsatz ohne Mehrwertsteuer	250.000	53		
Rohgewinn, Rohergebnis Umsatz abzgl. Wareneinsatz	225.000	47		
Personalkosten				
Löhne/Gehälter				
Weihnachtsgeld/Jahresleistung				
Urlaubsgeld				
Vermögenswirksame Leistungen				
Sonstiges (z. B. Arbeitgeberbeiträge zu Sozialversicherungen)				
Summe Personalkosten	90.000	19		
Rohgewinn 2, Rohergebnis 2 Umsatz abzgl. Wareneinsatz und Personalkosten	135.000	28		
Sachgemeinkosten				
Miete oder Pacht				
Heizung				
Raumreinigung				
Energiekosten (Gas, Strom)				
Wassergeld, Abwassergebühr				
Reparaturkosten, Instandhaltung von Geräten und Maschinen				
Versicherungen				
Gewerbesteuer				
Vorsteuer (USt-Einnahmen abzüglich USt-Ausgaben)				
Sonstige Steuern (bei GmbH z. B. Körperschaftsteuer)				

Gewinne kalkulieren

Position, übliche Bezeichnung, Hinweise	Beispiel Betrag/DM	%	Zahlen für Ihr Unternehmen Betrag/DM	%
Beiträge (z. B. für Kammern, Berufsorganisationen)				
Fahrzeugkosten (Kraftstoff, Versicherungen, Reparaturen)				
Reisekosten (Hotel, Flugtickets, Bahnkarten)				
Leasingkosten (z. B. für Möbel, Geräte, Maschinen)				
Porto				
Telefon				
Verpackungsmaterial				
Bürobedarf (Schreibgeräte, Papier, Druckerfarbe usw.)				
Repräsentationskosten (Bewirtungen)				
Werbung (Geschenke, Anzeigen, Prospekte)				
Buchführungskosten				
Beratungskosten (Steuer-, Unternehmensberater, Anwalt)				
Sonstige Kosten				
Summe Sachgemeinkosten	45.000	9		
Sonstige Aufwendungen				
Zinsen (z. B. für Gründungsdarlehen, andere Kredite)	7.000	2		
Abschreibung (Wertminderung der Investitionen)	15.000	3		
Summe der sonstigen Aufwendungen	22.000	5		
Gewinn vor Steuern				
Rohgewinn 2, Rohertrag 2	135.000	28		
abzgl. Sachgemeinkosten	–45.000	9		
abzgl. sonstige Aufwendungen	–22.000	5		
Überschuss	68.000	14		

Auch kleinere Rechnungsposten, die man leicht unter den Tisch kehren würde, summieren sich schnell zu größeren Summen auf, die erst einmal erwirtschaftet sein wollen. Daher gilt es auch dort, möglichst sparsam mit Ressourcen umzugehen.

Wenn Sie am Beginn einer Unternehmensgründung stehen, dann müssen Sie die meisten Posten der Checkliste schätzen. Nach ein paar Jahren der Unternehmensexistenz können Sie die Zahlen anhand zurückliegender Aufstellungen und Bilanzen ermitteln.

Übrigens: Auch ein erfolgreicher Unternehmer wird beim Ausfüllen feststellen, dass er nicht alle Anhaltswerte für die eine oder andere Position im Kopf hat. Das ist nicht weiter schlimm, denn die lassen sich aus zurückliegenden

▶ betriebswirtschaftlichen Auswertungen (BWA),
▶ Bilanzen oder zum Teil auch aus einer
▶ Einnahmen-Überschuss-Rechnung

herausziehen. Wirklich schlimm aber wäre es, ohne Berücksichtigung aller Kostenfaktoren zu kalkulieren. Denn Produktpreis oder Stundensätze, die den Kunden berechnet werden, würden zwangsläufig falsch.

Der Lohnkostenfaktor

Vor allem bei den Lohnkosten, die zu berechnen und (in Produktionsbetrieben) in die Stückkosten einzukalkulieren sind, werden oft grobe Kalkulationsfehler begangen. In der Praxis aber müsste jeder Unternehmer auf Anhieb sagen können, welche Stundenkosten pro Mitarbeiter er einem Kunden berechnen müsste, um vor Steuern einen Gewinn aus dessen Arbeitseinsatz zu erzielen. Der erfolgreiche, da korrekt die Kosten kalkulierende Unternehmer hat hierfür meistens einen Faktor parat, der selten unter drei, häufig zwischen drei und vier liegt.

Im Klartext: Jeder Mitarbeiter muss pro Arbeitsstunde, die dem Kunden berechnet wird, das Drei- bis Vierfache seines eigenen Bruttolohnes pro Stunde an Umsatz erwirtschaften, damit für den Arbeitgeber die Rechnung am Ende aufgeht und ein Gewinn erwirtschaftet wird. Bei der Beschäftigung von Mitarbeitern ist deshalb nichts wichtiger, als möglichst schnell einen sicheren, zugleich aber auch konkurrenzfähig kalkulierten Faktor als Richtgröße zu haben. Wobei der sich nicht unbedingt auf die Stunde, sondern auch auf die Lohnkosten pro Stück (in der Produktion) beziehen kann. Wie man dies beispielsweise für den Gesellen eines Handwerksbetriebes ermittelt, zeigt die folgende Übersicht.

Die Höhe des Lohnkostenfaktors variiert je nach Art der Tätigkeit des Mitarbeiters und der Kapitalintensität der Ausstattung des Arbeitsplatzes. So wird er bei einer Reinigungskraft eher beim Anderthalbfachen des Bruttolohnes liegen und bei einem CAD-Arbeitsplatz beim Dreieinhalbfachen.

Rechenmuster: Stundenlohn-Kalkulation im Handwerksbetrieb (Beispielrechnung mit gerundeten Beträgen)	
Bruttolohn pro Stunde für den Gesellen oder Facharbeiter	25,00 DM
Lohnzusatzkosten (Arbeitgeberanteil zur Sozialversicherung, Lohnfortzahlung usw.)	26,00 DM
Unternehmens-Gemeinkosten (Verwaltung, Maschinen, Fahrzeuge usw.)	19,00 DM
Gewinn vor Steuern pro »verkaufte« Arbeitsstunde	4,00 DM
Umsatzsteuer (gerundet aus Rückrechnung)	11,00 DM
Kundenpreis für eine Arbeitsstunde, z. B. für einen Maurer	85,00 DM

Im dargestellten Beispiel beträgt der Faktor für die Kalkulation 3,4. Sobald der jeweilige Mitarbeiter das 3,4-Fache seines eigenes Bruttolohnes als Stundenumsatz bringt, geht die Rechnung des Unternehmers mit garantiertem Gewinn auf. Und ebenso lässt sich für alle Unternehmen in allen Branchen rechnen.

Leider bestehen aber oft völlig falsche Vorstellungen bezüglich der Zusammenhänge zwischen Umsatz und Bruttogewinn vor Steuern. Denn schließlich muss der Unternehmer (ob natürliche oder juristische Person) sein Einkommen auch noch versteuern, nachdem erst mal alle Betriebsausgaben und reinen Unternehmenssteuern abgezogen wurden.

> **Achtung:** Vorsicht bei Gewinnschätzungen, die ausgehend vom Umsatz angestellt werden. Aufgrund viel zu optimistischer Kostenvoranschläge und der Unterschätzung der tatsächlichen Steuerbelastung fallen sie meist viel zu hoch aus.

Der branchenübliche Verdienst

An dieser Stelle möchten wir Ihnen anhand einiger Beispiele aufzeigen, wie es um den Verdienst in verschiedenen Branchen überhaupt bestellt ist. Hierbei handelt es sich natürlich nur um Richtwerte (von Kammern, Oberfinanzdirektionen und Handelsforschungsinstituten), die als überregionale Durchschnittsgrößen herangezogen werden können. Im Einzelfall können besondere Umstände zu ganz anderen Ergebnissen führen, etwa bei besonders niedrigen oder hohen Ladenmieten.

Während die Handelsspanne in den verschiedenen Bereichen des Einzelhandels sehr unterschiedlich sein kann, liegt der Reingewinn pro 100 DM Umsatz bei vielen Geschäften bei etwa 14 DM.

Die Situation im Einzelhandel

Der Handel gehört zu den Bereichen, in denen wegen der übergroßen Marktbedeutung von Ketten und deren Einkaufsmacht für den Kleinunternehmer die Luft sehr schnell sehr dünn werden kann. Der kleine Kolonialwarenhändler mit dem gemischten Sortiment wird zwar garantiert zu anderen Ergebnissen kommen als der Delikatesswarenladen in einer Gegend mit hoher Kaufkraft und in einer guten Lauflage. Aber auch dann, wenn die Beträge im einen oder anderen Fall nach oben oder unten abweichen, haben die Richtwerte doch eine große Aussagekraft.

Eine Schätzung der Einzelhandelsverbände geht davon aus, dass innerhalb der nächsten sieben bis zehn Jahre jedes dritte Unternehmen aufgeben muss oder wird – gemeint sind vor allem die Kleinunternehmen. Beleg dafür sind zum Beispiel die Zahlen für den Lebensmittelhandel, in dem die Konzentration besonders groß ist. Wer da nicht über die Umsatzgröße den geringen Gewinn ausgleichen kann, kommt mit dem Unternehmerlohn kaum auf das Existenzminimum.

Die hier genannten Durchschnittswerte schwanken innerhalb der angegebenen Spanne. Im Einzelfall können Fehlkalkulationen über das Wohl und Wehe eines Geschäftes oder Unternehmens entscheiden.

Kalkulation im Einzelhandel – Handelsspanne und Gewinn

Die Handelsspanne nennt die durchschnittliche Differenz zwischen regulärem Einkaufs- und Verkaufspreis. **Beispiel:** *Bei Blumen im Wert von 100 DM (–53 %) beträgt der Einkaufspreis 47 DM. Bei einem Umsatz von 100 DM bleiben dem Händler als Reingewinn vor Einkommensteuern durchschnittlich 14 DM.*

Schwerpunkt des Sortiments	Handelsspanne Verkaufspreis abzgl. Wareneinsatz	Reingewinn Spanne je 100 DM Umsatz, **Durchschnitt**
Backwaren, Konditoreiwaren (Umsatz bis 500.000 DM)	36 %	8–33 % **19 %**
Blumen, Pflanzen	53 %	7–22 % **14 %**
Buchhandel (Sortiment)	37 %	2–13 % **7 %**
Büroartikel, Schreibwaren	43 %	5–18 % **11 %**
Drogeriewaren	44 %	5–18 % **11 %**
Elektrogeräte (Haus, Küche, Umsatz bis 500.000 DM	46 %	7–31 % **16 %**
Fahrräder, Mopeds, Ersatzteile, (einschl. Reparaturen)	41 %	4–18 % **11 %**
Farben, Tapeten (über 200.000 DM Umsatz)	42 %	6–18 % **12 %**
Fische, Fischerzeugnisse (Umsatz bis 300.000 DM)	59 %	5–23 % **13 %**
Fleisch- und Wurstwaren (Umsatz bis 600.000 DM)	52 %	6–22 % **13 %**
Gardinen (über 300.000 DM Umsatz)	45 %	10–22 % **16 %**
Geschenkartikel, Kunstgewerbe (Umsatz bis 400.000 DM)	54 %	7–24 % **15 %**
Getränke, Spirituosen	25 %	3–15 % **9 %**
Handarbeiten, Handarbeitsbedarf	57 %	4–19 % **11 %**
Haushaltswaren, Glas, Porzellan, Keramik	60 %	3–21 % **11 %**
Kinder-, Babyausstattung	44 %	6–15 % **10 %**
Kleidung (Damen)	49 %	3–20 % **10 %**
Kleidung (Herren)	53 %	9–21 % **15 %**

Umsatz- und Gewinnvergleich im Handel

Schwerpunkt des Sortiments	**Handelsspanne** Verkaufspreis abzgl. Wareneinsatz	**Reingewinn** Spanne je 100 DM Umsatz, **Durchschnitt**
Kleidung (Wäsche, Mieder)	53 %	10–21 % 16 %
Kraftfahrzeugzubehör	40 %	5–14 % 9 %
Lebensmittel (normal)	28 %	2–12 % 6 %
Lebensmittel (Reformhaus)	40 %	3–14 % 8 %
Lederwaren (Umsatz 150.000 bis 400.000 DM)	54 %	18–46 % 28 %
Milch, Eier	35 %	5–16 % 10 %
Möbel (Umsatz bis 1,2 Millionen DM	45 %	3–21 % 11 %
Obst, Gemüse, Südfrüchte	52 %	4–19 % 11 %
Parfümeriewaren (Umsatz bis 400.000 DM)	50 %	6–23 % 14 %
Schuhe (Verkauf mit Reparaturbetrieb)	50 %	3–22 % 11 %
Spielwaren	44 %	3–17 % 9 %
Sportartikel, Freizeitartikel, Campingbedarf (Umsatz bis 300.000 DM)	46 %	4–22 % 12 %
Tabakwaren	22 %	3–11 % 6 %
Uhren, Schmuck	55 %	5–27 % 15 %
Unterhaltungselektronik, Rundfunkgeräte, Schallplatten	44 %	6–19 % 12 %
Weine	30 %	3–13 % 8 %
Wolle, Strickwaren	57 %	4–19 % 11 %
Zeitschriften	18 %	3–9 % 6 %
Zoobedarf, Kleintiere	57 %	3–20 % 11 %

Quelle: Branchenkennzahlen, Richtsatzsammlungen West der Oberfinanzdirektionen, Institut für Handelsforschung, keine Berücksichtigung von Unternehmerlohn und Eigenkapitalverzinsung

Die Konzentration im Einzelhandel nimmt nach wie vor zu. Wenn Sie dennoch im Einzelhandel einsteigen wollen, brauchen Sie entweder ein besonderes Sortiment oder eine gute Einzellage, in der Sie neben Kaufhausketten und Supermärkten bestehen können.

In den verschiedenen Wirtschaftszweigen ergeben sich teilweise große Unterschiede bei der Rentabilität. Das liegt vor allem an der unterschiedlichen Personal- und Kapitalintensität, die für die Erzielung des Umsatzes erforderlich ist.

Kalkulation für Dienstleister und ausgewählte Handwerkszweige

Im Gegensatz zum Einzelhandel werden hier nicht in jedem Fall Waren eingekauft, eine Handelsspanne ist deshalb nicht angegeben. Reingewinn meint den Rohgewinn abzüglich Betriebsausgaben für Personal, Miete und andere Posten, jedoch ohne generellen Abzug der Unternehmenssteuern, wobei diese je nach Gesellschaftsform zum Teil in den Betriebsausgaben enthalten sein können.
Beispiel: *Von 100 DM Umsatz bleiben dem Autovermieter etwa 22 DM als Reingewinn.*

Wirtschaftszweig	Reingewinn Spanne je 100 DM Umsatz, **Durchschnitt**
Anzeigen-, Werbevermittlung	50–65 % **59 %**
Autovermietung (stark abhängig von der Zahl der Fahrzeuge, Mitarbeiter, Filialen)	20–33 % **22 %**
Backwaren, Konditoreiwaren (Umsatz bis 500.000 DM)	8–33 % **19 %**
Bausparkassenvertretung	50–70 % **60 %**
Bautischlerei, Zimmerei (bis 400.000 DM Umsatz)	9–37 % **23 %**
Bauunternehmen (Umsatz 400.000 bis eine Million DM)	6–24 % **15 %**
Bestattungsunternehmen (Umsatz über 250.000 DM)	16–38 % **27 %**
Chemische Reinigungen (ohne Annahmefilialen, bis 250.000 DM Umsatz)	11–36 % **23 %**
Dachdeckereien (Umsatz bis 500.000 DM)	5–32 % **17 %**
Druckereien (Umsatz 250.000 bis 500.000 DM)	6–30 % **18 %**
Eisdielen	9–34 % **20 %**
Elektroinstallation (Umsatz 300.000 bis 500.000 DM)	8–30 % **17 %**
Fahrschulen (Umsatz unter 300.000 DM)	22–54 % **38 %**
Fliesenlegerei (Umsatz 400.000 bis eine Million DM)	8–28 % **18 %**
Fotografen (ohne Verkauf von Handelswaren)	13–46 % **29 %**
Friedhofsgärtnereien	10–38 % **21 %**
Friseure (Umsatz 100.000 bis 200.000 DM)	16–50 % **33 %**
Gastwirtschaften (Umsatz über 400.000 DM)	6–23 % **13 %**

Wirtschaftszweig	Reingewinn Spanne je 100 DM Umsatz, **Durchschnitt**
Grafik-Design, Gestaltung	50–65 % **59 %**
Haus- und Wohnungsmakler	45–70 % **54 %**
Hotels (mit Halb- oder Vollpension, Umsatz bis 700.000 DM)	4–27 % **14 %**
Imbissbetriebe	9–33 % **20 %**
Installationsbetriebe (Heizung, Gas, Wasser, Umsatz bis 300.000 DM)	17–39 % **28 %**
Kfz-Lackierung (bis 300.000 DM Umsatz)	12–45 % **26 %**
Kfz-Reparatur (bis 200.000 DM Umsatz)	12–37 % **24 %**
Konditorei-Cafés (Umsatz über 500.000 DM)	4–19 % **10 %**
Kurierdienste (Umsatz bis 200.000 DM)	25–58 % **43 %**
Landschaftsgestaltung (bis 400.000 DM Umsatz)	16–36 % **25 %**
Maler- und Tapezierbetriebe (Umsatz zwischen 150.000 und 400.000 DM)	18–46 % **28 %**
Pizzerien (Umsatz bis 400.000 DM)	10–32 % **20 %**
Raumausstatter, Dekorateure (bis 300.000 DM Umsatz)	14–41 % **27 %**
Restaurants (Umsatz bis 400.000 DM)	9–33 % **20 %**
Schaufenstergestaltung, Verkaufsdekoration (ohne Mitarbeiter)	55–70 % **61 %**
Schlossereien (Umsatz 300.000 bis 600.000 DM)	12–30 % **20 %**
Speditionen (Umsatz über 200.000 DM)	13–45 % **25 %**
Tanzschulen	26–40 % **35 %**
Taxiunternehmen (bis 100.000 DM Umsatz)	33–61 % **46 %**
Videotheken	22–33 % **26 %**
Wäscherei, Reinigung (bis 300.000 DM Umsatz)	8–42 % **24 %**
Werbeagenturen (Full Service)	7–12 % **9 %**

Quelle: Branchenumfragen, Richtsatzsammlungen und Betriebsprüfungskarteien der Oberfinanzdirektionen West. Kein Vorwegabzug von Lohn für Unternehmer, Angehörige, keine Berücksichtigung der Eigenkapitalverzinsung

Eine Umsatzsteigerung zieht meist nicht sofort die gewünschte Gewinnsteigerung nach sich, da zunächst einmal in den Ausbau des Geschäftes investiert werden muss. Erst wenn sich die Investitionen amortisiert haben, kann ein höherer Gewinn erzielt werden.

Das Verhältnis von Umsatz und Gewinn

Auch wenn mit steigenden Umsätzen höhere Kosten verbunden sind und der Prozentsatz des erzielten Reingewinns sinkt, steigt der absolute Gewinn dennoch ganz erheblich an.

Wer sich nun die Reingewinnangaben für den Handel oder für Dienstleistungs- und Handwerksbetriebe anschaut, könnte schnell auf eine einfache Idee kommen: Man muss halt nur den Umsatz entsprechend steigern, um mehr Gewinn zu erzielen. Doch das ist falsch. Denn jede Umsatzsteigerung treibt zunächst einmal die Kosten hoch! Das kann sich jeder am leichtesten am Beispiel eines Ein-Mann-Betriebes vorstellen:

Wer als Einzelunternehmer ohne Mitarbeiter 150.000 DM Umsatz erwirtschaftet hat, dabei einen Reingewinn von 75.000 DM verbucht, dann seinen Umsatz steigern will und deshalb einen Mitarbeiter einstellt, muss zunächst mal dessen Lohn von seinem eigenen Reingewinn abziehen.

Anders dargestellt: Wer beispielsweise vorher 100 DM Umsatz machen musste, um 50 DM Reingewinn zu erhalten, muss künftig etwa 150 DM Umsatz machen, um dieselben 50 DM als Reingewinn zu erhalten. Weil er aber darauf spekulieren darf, dass er seinen Umsatz mit dem Mitarbeiter sogar auf 200.000 DM oder 250.000 DM steigern kann, geht die Rechnung später doch auf, und er steigert trotz sinkenden prozentualen Gewinnanteils am Umsatz die absolute Summe des Gewinns.

> **Achtung:** Betriebswirtschaftlich lassen sich die Zusammenhänge leicht fassen. Die Umsatzrendite (in Prozent) sinkt, aber ab einer gewissen Steigerung des Umsatzes (absolut in DM) verkehrt sich der Negativeffekt ins Gegenteil: 50 Prozent von 150.000 DM Umsatz sind nämlich 75.000 DM Gewinn, 40 Prozent von 200.000 DM Umsatz sind aber bereits 80.000 DM.

Die folgende Übersicht zeigt für völlig unterschiedliche Branchen aus Dienstleistung und Handwerk, wie sich der Reingewinn abhängig von der Höhe des Gesamtumsatzes verändert.

Reingewinnentwicklung in Abhängigkeit von Umsatzgrößen
Übersicht zeigt Werte für ausgewählte Branchen

Wirtschaftszweig Umsatzvolumen pro Jahr	Reingewinn (in % des Umsatzes)	Durchschnitt
▶ **Bauunternehmen** bis 350.000 DM	17–72 %	32 %
350.000 bis 700.000 DM	10–27 %	18 %
über 700.000 DM	6–20 %	12 %
▶ **Elektroinstallation** bis 250.000 DM	17–38 %	28 %

Umsatzhöhe und Gewinnvergleich

Wirtschaftszweig Umsatzvolumen pro Jahr	Reingewinn (in % des Umsatzes)	Durchschnitt
250.000 bis 500.000 DM	13–27 %	20 %
über 500.000 DM	8–23 %	15 %
▶ Fahrschulen bis 150.000 DM	22–56 %	42 %
über 150.000 DM	19–43 %	31 %
▶ Friseure bis 100.000 DM	22–53 %	37 %
100.000 bis 200.000 DM	17–37 %	27 %
über 200.000 DM	11–32 %	21 %
▶ Gebäudereinigung bis 150.000 DM	33–63 %	45 %
150.000 bis 300.000 DM	22–41 %	31 %
über 300.000 DM	7–24 %	15 %
▶ Kfz-Reparatur bis 200.000 DM	13–38 %	25 %
über 200.000 DM	6–18 %	12 %
▶ Maler- und Tapezierbetriebe bis 100.000 DM	40–62 %	50 %
100.000 bis 200.000 DM	24–53 %	39 %
200.000 bis 400.000 DM	17–36 %	25 %
über 400.000 DM	11–27 %	18 %
▶ Raumausstatter, Dekorateure bis 300.000 DM	17–31 %	25 %
über 300.000 DM	10–22 %	16 %
▶ Schlossereien bis 200.000 DM	17–45 %	32 %
200.000 bis 500.000 DM	13–36 %	22 %
über 500.000 DM	8–28 %	17 %
▶ Taxiunternehmen bis 100.000 DM	33–61 %	46 %
über 150.000 DM	12–37 %	26 %
▶ Wäscherei, Reinigung bis 300.000 DM	19–40 %	27 %
über 300.000 DM	9–22 %	14 %

Quelle: Branchenumfragen, Richtsatzsammlungen und Betriebsprüfungskarteien der Oberfinanzdirektionen West. Kein Vorwegabzug von Lohn für Unternehmer, Angehörige, keine Berücksichtigung der Eigenkapitalverzinsung

Die Reingewinnentwicklung ist von verschiedenen Faktoren abhängig, nicht zuletzt von der Höhe der Investitionen, die getätigt werden müssen, um den Ausbau des Unternehmens zu ermöglichen.

Die in den Tabellen auf den vorangegangenen Seiten angegebenen Zahlen sind nur ungefähre Richt- und Erfahrungswerte. Wenn Sie unternehmerisches Gespür haben und eine Idee zum richtigen Zeitpunkt auf dem Markt umsetzen, dann steht einer glänzenden Erfolgsstory nichts im Weg.

Vergleichszahlen erzählen oft nur die halbe Wahrheit
In vielen Fällen könnten die vorstehenden Tabellen erheblich von Werten im Einzelfall abweichen. Dafür gibt es vor allem einen Grund: Alle Durchschnittswerte und alle offiziellen Statistiken zeigen natürlich nur das Bild, das sie zeigen sollen.

- **Die Unternehmen:** Sie sind natürlich bemüht, ihre Gewinnsituation so ungünstig wie möglich zu schildern. Denn schließlich muss jede Gewinnmark versteuert werden – folglich versucht man mit allen legalen Tricks, den Gewinn klein zu rechnen. Zu den illegalen, aber gängigen Mitteln der »Gewinnreduzierung« gehören das Führen nicht registrierter Bargeldkassen und die Vermischung von privaten und betrieblichen Ausgaben.
- **Die Wirtschaftsverbände:** Auch bei ihnen gehört Klagen zum Geschäft, denn als Interessenvertretung der Unternehmer müssen die Forderungen nach niedrigeren Steuern und Lohnkosten gegenüber Staat und Gewerkschaften glaubhaft vermittelt werden, und da stören zu hohe ausgewiesene Gewinne.
- **Die Finanzämter:** Angesichts chronischer Haushaltsdefizite ist es nur verständlich, dass die Betriebsprüfer mit Argusaugen darauf achten, dass ihnen keine Steuergelder durch illegale Tricks entgehen.

Es ist deshalb zwar nicht verkehrt, eigene Ergebnisse hinsichtlich der Gewinnerwartung durch einen Blick auf offizielle Statistiken ins Verhältnis zu setzen. Aber bei unternehmerischen Planungen sollte man sich durch schlechte Kennziffern nicht zu früh entmutigen lassen. Zumal es sehr gute Möglichkeiten gibt, der Wahrheit anhand der eigenen Pläne und Vorhaben doch ein gutes Stück näher zu kommen. Je präziser die mit Hilfe dieses Kapitels erstellte Gewinnplanung ist, desto leichter wird es für Sie.

Werbung – so erreichen Sie Ihre Zielgruppe

Neben der Festlegung und Aufmachung Ihres Produktes beziehungsweise Sortimentes, der Preisgestaltung und der Wahl der Absatzwege haben Sie als Unternehmer vor allem die Werbung als Instrument zur Verfügung, um die Menschen zum Kauf Ihres Produktes zu animieren.

Die Werbetrommel zu rühren macht nur dann Sinn und bringt Ihnen neue Kunden in Ihr Geschäft, wenn Sie sich vorher entsprechend vorbereitet haben und wissen, auf welchem Weg Sie Ihre potenzielle Kundschaft erreichen.

Die Medienwerbung ist heute allgegenwärtig, sei es in Form von Anzeigen in Zeitungen und Zeitschriften, Fernseh- und Radiospots oder Plakaten an Bushaltestellen und Häuserfassaden. Von zunehmender Bedeutung ist aufgrund der größeren Zielgruppengenauigkeit und den geringeren Kosten die Direktwerbung. Dazu gehören die so genannten Mailings, das Telefon-Marketing oder der Einsatz von Außendienstmitarbeitern. Verkaufsfördernde Maßnahmen wie der Auftritt auf Messen, die Verteilung von Proben, Prospekten oder Handzetteln fallen ebenso auf wie eine ansprechende Schaufenstergestaltung und können die Werbung ebenso unterstützen wie eine gute Öffentlichkeitsarbeit. Letztere hat neben dem möglichst einheitlichen und positiven Erscheinungsbild des Unternehmens (Corporate Identity und Corporate Design) auch die gezielte sachliche Information der Öffentlichkeit über das Unternehmen und dessen Produkte als Aufgabe.

Der gezielte Einsatz von Werbung

Bevor Sie sich für eine Werbekampagne entscheiden, ist es wichtig, die Werbung auf Ihren Vertriebsweg und Ihre Zielgruppe abzustimmen. Denn der Einzelhändler greift beispielsweise zu anderen Werbemaßnahmen als der Großhändler, da sein Kundenkreis ein völlig anderer ist.

Das Produkt des Einzelhändlers kann sowohl Herstellung, Verkauf wie auch Dienstleistung heißen. Doch unabhängig davon, ob Sie Möbel tischlern oder Kaffee und Kuchen verkaufen – zunächst ist die Größe des Geschäfts entscheidend. Beispiel: Sie eröffnen eine Bäckerei und wollen damit den Endverbraucher direkt bedienen. Dann sind für Sie die Kunden im unmittelbaren Umfeld interessant, denn niemand fährt eine halbe Stunde durch die Stadt, um Brötchen oder Kuchen zu kaufen. Eröffnen Sie hingegen ein riesiges Möbellager, das in der Stadt einmalig ist, fahren die Kunden dafür längere Strecken, und Ihr Einzugsgebiet vergrößert sich entsprechend. Nachdem Sie das festgestellt haben, können Sie sich über die geeigneten Werbemittel Gedanken machen.

Die Werbung des Einzelhändlers

Für den Einzelhandel gilt grundsätzlich: Im günstigsten Fall profitieren Sie von der Sogwirkung in der Nachbarschaft und deren Mund-zu-Mund-Propaganda. Wenn Sie von jedem Kunden erfahren könnten, wie er ausgerechnet auf Ihr Geschäft gekommen ist, hätten Sie ein besonders gutes Werbekapital. Denn Sie wüssten dann, auf welche Kriterien Ihre Kunden Wert legen, und könnten diese weiter verstärken.

Wenn Sie Ihren Verkauf durch Werbung unterstützen wollen, dann müssen Sie Ihr Einzugsgebiet im Auge behalten. Der kleinere Einzelhandel sollte sich dabei lokal beschränken. Eine Anzeige in der überregionalen Tageszeitung oder ein Rundfunkspot hilft der Bäckerei an der Ecke nicht, da die Streuverluste viel zu hoch wären, das heißt, die Werbung würde nicht dort ankommen, wo es beabsichtigt ist. Die Kosten würden ebenfalls jeglichen Rahmen sprengen. Als Werbeträger empfehlen sich hier zum Beispiel die örtliche Tageszeitung oder der Stadtteilanzeiger.

Bei einem großen Fachhandel (wie dem oben genannten Möbellager) verhält sich die Lage anders. Statt der lokalen Begrenzung gilt es, möglichst viele Kontakte herzustellen. Dafür muss eine Werbemaßnahme getroffen werden, die dieses Ziel erreicht. Hier wären also der Radiospot in einem Regionalsender oder eine regionale Tageszeitung durchaus geeignet.

> Neben den verschiedenen Werbeträgern müssen Sie sich natürlich auch eine ansprechende Werbebotschaft überlegen oder eine Werbeagentur einschalten, die für Sie diese Aufgaben übernimmt.

Die Werbung des Großhändlers

Das Großhandelsunternehmen wendet sich an Wiederverkäufer, es kann sich zum Beispiel um Lebensmittel-, Elektrogeräte- oder Möbelgroßhändler handeln, die ihre Ware an Einzelhandelsgeschäfte liefern, in denen sie dann weiterverkauft werden. Hier muss sich der Großhändler fragen, wie er seine Abnehmer erreicht, also die so genannten Zwischenhändler, die in seinem Fall die Zielgruppe darstellen.

Mit einer Anzeige in einer Zeitung oder einem Fernsehspot ist dem Großhändler nicht gedient, denn die Streuverluste wären zu hoch. Denn er will ja gerade nicht den Endverbraucher ansprechen, sondern den Einzelhändler. Mit den Mitteln der Direktwerbung, also Händlermessen, Mailings und Außendienstmitarbeiterbesuchen, ließe sich die gewünschte Zielgruppe effektiv erreichen und ansprechen.

Die Werbung des Direktvertreibers

Der Direktvertrieb ist nur für Produkte einsetzbar, die ohne großen Erklärungsbedarf verkauft werden können und die eine bestimmte Preisschwelle nicht übersteigen.

Der Direktvertreiber kann sowohl Großhändler als auch Hersteller sein. Die Besonderheit des Direktvertriebs liegt in der unmittelbaren Berührung von Hersteller und Endverbraucher unter Umgehung des Groß- und Einzelhandels. Dadurch ergibt sich für ihn möglicherweise ein zusätzlicher Verdienst durch Wegfall der nachfolgenden Handelsspannen. Auf der anderen Seite hat der Direktvertreiber jedoch auch einen höheren Werbeaufwand zu leisten, da er den Endverbraucher ja direkt ansprechen will und sich dafür etwas einfallen lassen muss. Und zudem kann er nicht von der spontan im Geschäft getroffenen Kaufentscheidung des Kunden profitieren, weil er nicht im Handel präsent ist.

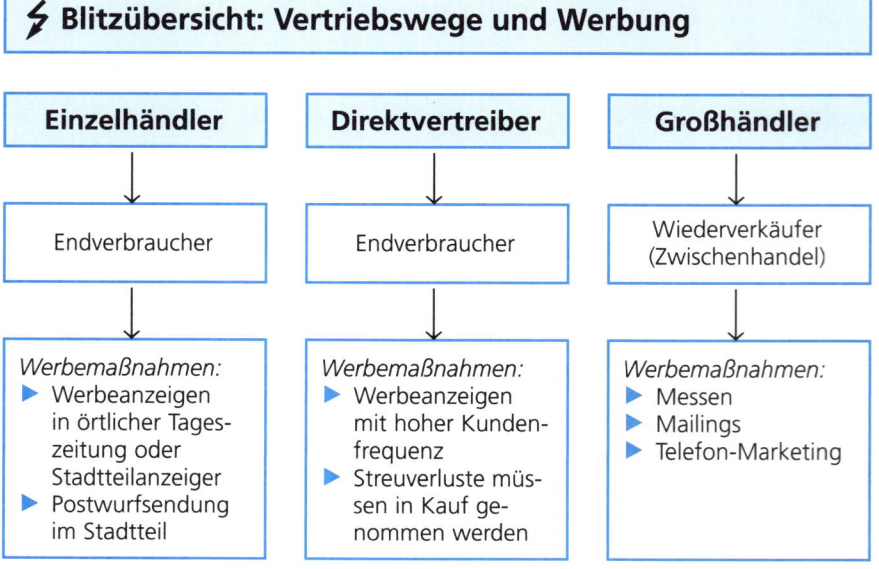

Folglich darf das Produkt nicht kompliziert und besonders erklärungsbedürftig sein. Außerdem zeigt die Erfahrung, dass ein Produkt, das im Direktvertrieb abgesetzt werden soll, keinen dreistelligen Betrag kosten sollte. Dies ist bei Kaufentscheidungen eine psychologische Hemmschwelle, die für die meisten Produkte nur nach vorhergehender Beratung im Geschäft vor Ort überwunden wird. Eine gute Chance hat der Direktvertreiber immer dann, wenn er etwas anbieten kann, was besser als die herkömmlichen Produkte oder sensationell neu, dabei aber leicht erklärbar ist. Der Direktvertreiber wirbt also für sein Produkt beispielsweise in Publikumszeitschriften, organisiert Postwurfsendungen und schaltet Fernsehspots. Seine Werbemaßnahmen sind nicht spezifiziert, Streuverluste müssen dabei bis zu einem gewissen Grad in Kauf genommen werden.

Je besser Sie darüber informiert sind, wer Ihre Produkte oder Dienstleistungen in Anspruch nimmt, desto genauer können Sie diesen Personenkreis ansprechen: Suchen Sie sich die Medien aus, die von dieser Zielgruppe beachtet werden.

Keine wirksame Werbung ohne Zielgruppe
Welche Zielgruppe wollen Sie ansprechen? Das sollten Sie sich anhand des Vertriebsweges überlegen, denn je genauer der Kundenkreis definiert ist, desto exakter kann die Ansprache formuliert werden. Und entsprechend erfolgreich ist dann die Wirkung. Also, welches Produkt wollen Sie an welchen Kunden bringen? Überlegen Sie sich das Kaufmotiv, und sprechen Sie Ihre Zielgruppe dann mit den passenden Argumenten an. Wer kauft Ihr Produkt und warum?

Die wichtigsten Kriterien zur Bestimmung der Zielgruppe entnehmen Sie folgender Checkliste. Kreuzen Sie jeweils die Merkmale an, die auf Ihr Produkt und den Kunden zutreffen, den Sie ansprechen wollen.

📖 Checkliste: Wie sieht Ihre Zielgruppe aus?

Nach diesem Schema ermitteln Sie Ihre Zielgruppe und können darauf Ihre Werbung aufbauen

▶ Kundentyp	▶ Warum kauft er dieses Produkt?	▶ Wo kauft er dieses Produkt?	▶ Wo erreiche ich den Kunden?	▶ Wie erreiche ich den Kunden?
Endverbraucher allgemein	das Produkt ist innovativ	im Einzelhandel	zu Hause, am Arbeitsplatz, in Verkehrsmitteln	gezielte Ansprache kaum möglich
Einzelhändler	das Produkt verspricht hohe Umsätze	im Großhandel	an seinem Arbeitsplatz	Messen, Fachzeitschriften, Direktwerbung
Endverbraucher unterer Einkommensbereich	das Produkt ist preiswerter als andere	im Einzelhandel	zu Hause	Tageszeitung, Werbung in TV und Hörfunk

Die Ermittlung der Zielgruppe

Diese Übersicht ist natürlich nur sehr allgemein. Für eine gezielte Ansprache müssen weitere Faktoren berücksichtigt werden. Das sind vor allem die Konsumgewohnheiten der Kunden. Stellen Sie also zunächst fest, welche Ausgaben in welcher Endverbrauchergruppe für ein Produkt wie das Ihre getätigt werden. Gute Werbeberater und -agenturen können hierzu wichtige Hinweise geben, denn die Konsumgewohnheiten der Verbraucher werden regelmäßig von verschiedenen Instituten erforscht. So erfahren Sie, ob Sie alle Haushalte oder speziell Arbeiter, Angestellte, Selbstständige, Beamte, Hausfrauen, Studenten, Kinder/Jugendliche, Singles oder Senioren ansprechen sollten.

Mit Hilfe der so genannten Media-Analyse kann man feststellen, über welche Werbeträger sich die jeweilige Zielgruppe am besten erreichen lässt. Dabei werden die Lese-, Hör- und Sehgewohnheiten der jeweiligen Gruppe ausgewertet. Vorbereitungen dieser Art verhindern, dass Sie wirkungslose Werbung betreiben, weil Sie nur Menschen ansprechen, die Ihr Produkt mangels Bedarf nicht kaufen.

Erst mit einem präzisen Kundenprofil sind Sie in der Lage, erfolgreich Werbung zu betreiben. Je nach Ausgang dieser Analyse kann es dann auch sinnvoll sein, statt breit gestreuter Medienwerbung Adressen zu kaufen, um gezielt Mailings zu versenden.

Werbeziele und Werbeträger im Vergleich

Weit verbreitete Werbeträger sind Anzeigen in Zeitungen und Zeitschriften, Plakate an öffentlichen Plätzen und Spots in Fernsehen und Radio. Welcher Träger Sie sich bedienen, hängt neben der Zielgruppe natürlich auch von Ihrem Werbebudget ab.

Eine andere Art der Entscheidung betrifft die Art der Ansprache, mit der Sie auf mögliche Kunden zugehen. Entweder werben Sie direkt für ein Produkt, oder Sie pflegen das Image und den Namen Ihres Hauses, was letzten Endes natürlich auch dem Verkauf zugute kommt.

Produkt- oder Imagewerbung?

Die Produktwerbung erfolgt meist durch Anzeigenschaltungen und dient vor allem dazu, der Zielgruppe ein spezielles Produkt vorzustellen, das besser oder preiswerter ist als vergleichbare Erzeugnisse. Ebenso kann es sich um ein Produkt handeln, welches es in dieser Art bisher noch nicht gab. Der Kunde soll durch die Produktwerbung direkt zum Kauf des jeweiligen Produktes angeregt werden.

Die Imagewerbung soll den Namen des Herstellers oder einer seiner Produktgruppen in den Vordergrund rücken und den Kunden so eher indirekt dazu verleiten, bei der Auswahl unter vergleichbaren Waren zu Pro-

---

Die Produktwerbung zielt direkt auf den Käufer und animiert ihn zum sofortigen Kauf. Die Imagewerbung dagegen zeichnet zuerst ein positives Bild vom Unternehmen und dessen Produkten und trägt langfristig zu einer Umsatzsteigerung bei.

dukten dieses Herstellers zu greifen. Imagekampagnen sind teuer, da sich das gewünschte Bild, das sich der Kunde vom Unternehmen und seinen Produkten machen soll, nur langsam etabliert. Außerdem muss das Image durch entsprechende Verkaufsräume, ein passendes Corporate Design und ein angemessenes Preis-Leistungs-Verhältnis unterstützt werden.

Was Sie bei der Anzeigenschaltung berücksichtigen müssen

Mit einer Anzeige erreichen Sie alle Leser des jeweiligen Mediums, eine spezielle Ansprache ist hier unmöglich. Deshalb muss das Medium zielgruppengerecht ausgewählt werden und die Werbeinformation entsprechend aufbereitet sein. Welche Zeitung oder Zeitschrift von welchem Kundentyp bevorzugt gelesen wird, erfahren Sie in den Anzeigenabteilungen der jeweiligen Printmedien. Diese Mediadaten informieren Sie auch darüber, wie hoch die Auflage des Blattes ist. Eine genaue Trefferquote wird man Ihnen jedoch nicht nennen können, denn Anzeigen haben eine langfristige Wirkung und sind daher schlecht kontrollierbar. Wichtig ist immer die Frage, welche Botschaft Sie mit der Anzeige aussenden wollen. Sie sollte:
▶ unmissverständlich,
▶ sofort zu erkennen, also
▶ kurz und prägnant sein,
damit die Informationen beim Leser hängen bleiben. Denn Anzeigen werden nicht gezielt gelesen, der Leserblick schweift nur darüber. Ihre Anzeige muss also in der Konkurrenz zu anderen Anzeigen und zum redaktionellen Inhalt der Zeitschrift auffallen.

Gerade wenn Sie eine längere und gezielte Werbekampagne starten wollen, empfiehlt sich die Einschaltung einer Werbeagentur. Die Erfahrung von Werbefachleuten ist für Sie allein schon wegen der geringeren Streuverluste interessant.

Erfahrung von Agenturen nutzen

Wenn Sie eine Anzeige schalten wollen, beauftragen Sie am besten eine Agentur. Deren Hilfe erhalten Sie als Auftraggeber überwiegend kostenlos, denn die Agenturen kassieren ihre Prämien normalerweise von den jeweiligen Verlagen, die den Agenturen für ihre Tätigkeiten einen Rabatt (meist 15 Prozent) auf den Anzeigenpreis gewähren.
Achten Sie bei der Aufmachung der Anzeige vor allem darauf, dass die Anzeige in etwa mit dem Erscheinungsbild Ihrer Firma übereinstimmt. Nehmen Sie sich selbst zum Maßstab.
▶ Bei welchen Anzeigen verweilen Sie, lesen sie genauer durch?
▶ Wie sind diese Anzeigen aufgemacht?
▶ In welchem Printmedium stehen sie und wo?
Eine Anzeige zwischen vielen anderen fällt natürlich weniger ins Gewicht als eine Anzeige allein auf einer Textseite. Für gute Platzierungen werden allerdings Preiszuschläge berechnet. Diese Investition lohnt sich jedoch, denn dafür steht Ihre Anzeige auf einer Seite, die von der potenziellen Zielgruppe sehr wahrscheinlich gelesen wird.

Lassen Sie sich bei der Anzeigengestaltung zumindest am Anfang fachmännisch beraten. Die Tricks und Tipps, die Sie auf diesem Weg lernen, können Sie später selbst anwenden. Das betrifft beispielsweise die Gestaltung von Blickfängen, die die Aufmerksamkeit auf die Anzeige lenken, und die Nutzung des normalen Sehverhaltens für die richtige Platzierung der wichtigsten Inhalte, die Sie mit einer Anzeige rüberbringen wollen.

Radio- und Fernsehwerbung

Radio- und Fernsehwerbung ist teuer und bleibt wegen der laufend steigenden Werbebudgets in zunehmendem Maße als Werbemittel unbeachtet. Dennoch ist sie für mittlere und größere Unternehmen unverzichtbar, um ein größeres Publikum zu erreichen.

Fernseh- und Radiospots sind einerseits die Höhepunkte einer Werbekampagne, andererseits scheiden sie – mit Ausnahme von lokalen Stationen und Sendern – für fast alle Mittelständler aufgrund der hohen Kosten aus.

Beide Werbeträger sind für eine sehr gezielte Kundenansprache nicht geeignet, weil – wie bei allen Massenmedien – der Streuverlust sehr groß ist. Denn zum einen sind die Spots nur kurz, es können also keine umfangreichen oder schwer erklärbaren Informationen vermittelt werden. Zum anderen werden die Spots eher nebenbei wahrgenommen, weil sich kaum jemand vor das Radio oder den Fernseher mit der festen Absicht setzt, sich die Werbung präsentieren zu lassen.

Deshalb ist Werbung in den elektronischen Medien entweder nur als Imagewerbung oder als Ergänzung im Rahmen einer klassischen Kampagne in den Printmedien zu sehen. Eine Ausnahme macht allenfalls die Produktwerbung für solche Waren, die sofort im Rahmen des Direktvertriebs bestellt werden können. Dazu gehören beispielsweise Tonträger, Bücher und Videofilme. Dabei unterliegen die Produktgruppen engen Beschränkungen, denn es kann sich nur um Waren handeln,

▶ die nicht erklärungsbedürftig sind,
▶ bei denen sich emotional (durch Bilder, Musik) ein sofortiger Kaufanreiz auslösen lässt,
▶ deren Endverbraucherpreis unterhalb der dreistelligen Preishemmschwelle für Sofortbestellungen liegt.

Die Kosten der Werbung

Mit einer gezielten Werbekampagne lässt sich auch der Werbepreis kalkulieren. Wer seinen Kundenkreis jedoch nicht kennt und keine Vorstellungen darüber hat, für wen sein Produkt interessant ist, der kann seine Werbeprospekte (und sein Geld) gleich aus dem Fenster werfen.

Wer aber seine Zielgruppe kennt und sich über den Vertriebsweg und die geeignete Werbeform Gedanken gemacht hat, der kann Streuverluste so gering wie möglich halten und sein Werbebudget optimal einsetzen. Ihm helfen feste Kalkulationsgrößen, die den Werbeagenturen für alle Werbeformen vorliegen, etwa für Anzeigen in Zeitungen, Zeitschriften (auch Fach-, Kunden- und Jugendmagazinen), Lesezirkeln, Radio und Fernsehen, beim Direkt- oder Telefon-Marketing, auf Verkehrsmitteln (Bus, Bahn, Taxi) und Plakaten oder auf Messen.

Die beste Vergleichsgröße dabei ist stets der so genannte Tausender-Kontaktpreis. Das heißt, der Auftraggeber weiß immer genau, was ihn 1.000 Werbekontakte kosten. Beispiel: Der Porzellanhändler will mit einer Prospektmappe (vierfarbig bedruckt, mit zwei Einklapptaschen) in der Nachbarschaft auf sein neues Geschäft aufmerksam machen. Er möchte 10.000 Stück in seinem Stadtteil verteilen. Dabei kommen folgende Mindestkosten auf ihn zu:

Der so genannte Tausender-Kontaktpreis macht die Kosten für die verschiedenen Werbeträger anschaulich und vergleichbar: Er drückt aus, wie viel Geld man jeweils einsetzen muss, um 1.000 Personen mit der Werbung anzusprechen.

📖 Checkliste: Werbungskosten

Entwurf und Layout	1.600 DM
Texte	400 DM
Reinzeichnung, Montage, DTP-Realisation	500 DM
Computersatz	300 DM
Scans, Belichtung, Proof	350 DM
Druckkosten für 10.000 Stück	5.900 DM
Gesamtkosten:	**9.050 DM**

Der Stückpreis beträgt 91 Pfennig, für 910 DM kann der Porzellanhändler also 1.000 Prospektmappen herstellen lassen. Dies ist sein Tausenderpreis, hinzu kommen Porto- oder Verteilungskosten, damit seine Mappe in den Hausbriefkästen landet.

Im Vergleich zum Beispiel zu Zeitungen und Zeitschriften ist dieser Tausenderpreis sehr hoch, aber der Porzellanhändler hat sehr gezielt Kunden im Stadtteil angesprochen, gezielter und ausführlicher, als dies vermutlich mit einer im Verhältnis zum Tausenderpreis günstigeren Anzeige in der örtlichen oder sogar regionalen Tageszeitung möglich gewesen wäre.

Achtung: Bei der Auswahl von Printmedien (für Anzeigenwerbung) ist nicht die Auflage entscheidend, sondern die Zahl der Leser pro Exemplar! Sie drückt sich im Tausender-Kontaktpreis aus. Bei Tageszeitungen beispielsweise ist die Zahl der Leser deutlich geringer als bei TV-Programmzeitschriften, weil diese über einen längeren Zeitraum (Mittelwert: zwei Wochen) im Haushalt liegen und von mehreren Personen genutzt werden. Damit erhöht sich die Zahl der Leser und der Kontakte pro Leser. Noch bessere Werte erzielen jene Zeitschriften, die im Lesezirkel kursieren. Vor allem in Arztpraxen und in Friseurgeschäften liegen zahlreiche Zeitschriften aus, die die Wartezeit verkürzen helfen und Ihnen zusätzliche Werbekontakte bescheren.

Gesetzliche Regeln für die Werbung

Ein Gesetz sollte jeder Werbung treibende Kaufmann unbedingt kennen: das UWG (Gesetz gegen den unlauteren Wettbewerb). Denn schnell hat man Anzeigen oder Werbespots geschaltet, die man besser nicht in Auftrag gegeben hätte. Ein falsches Wort oder eine ungünstige Formulierung im Werbespruch können böse Folgen haben. Empfindliche Geldbußen oder unter Umständen sogar Freiheitsentzug drohen.

Die folgenden Passagen dieses Gesetzes sollten Sie unbedingt kennen und beachten, um Unannehmlichkeiten aus dem Weg zu gehen. Anhand der Beispiele werden sie leicht verständlich, so dass Sie sofort wissen, was in der Werbung erlaubt und was verboten ist.

Die Generalklausel des UWG

Das Gesetz gegen den unlauteren Wettbewerb (UWG) steckt den rechtlichen Rahmen ab, in dem Sie auf sich und Ihre Produkte aufmerksam machen dürfen. Andererseits werden Sie dadurch auch vor Übergriffen der Konkurrenz geschützt.

Die Generalklausel besagt, dass jeder Kaufmann oder Freiberufler, der im Wirtschaftsleben und in Konkurrenz zu anderen Unternehmen steht, mit seinen Handlungen nicht gegen die guten Sitten verstoßen darf. Unter guten Sitten versteht man die Anschauungen verständiger und redlicher Durchschnittsgewerbetreibender. Hält sich der Unternehmer nicht an einen redlichen und fairen Wettbewerb, so kann auf Unterlassung und Schadenersatz gegen ihn geklagt werden.

Irreführende Angaben unterlassen

Jedes Werbekonzept dreht sich um die angebotene Ware oder Dienstleistung. Ziel ist es natürlich immer, das Produkt besonders hervorragend zu präsentieren. Dabei gerät so mancher Unternehmer in die Versuchung, den Verbraucher zu täuschen. Doch das bleibt nicht ohne Konsequenzen. In folgenden Fällen kann der verantwortliche Unternehmer zur Unterlassung der Angaben verpflichtet werden:

- **Qualitätsmängel:** Er wirbt mit qualitativen Eigenschaften der Ware, die sie in Wahrheit nicht aufweist. Bei »Markenqualität« muss es sich beispielsweise wirklich um Markenware handeln, und »umweltfreundlich« wird ein Produkt nicht bloß damit, dass dies auf dem Etikett steht, sondern das Produkt darf die Umwelt nicht belasten, darf nur natürliche Stoffe enthalten und muss biologisch abbaubar sein.
- **Falsche Testergebnisse:** Er wirbt mit Testergebnissen, die veraltet sind, da mittlerweile neue Testergebnisse vorliegen. Wird etwa das Produkt mit der Note »gut« beworben, müssen die Noten der anderen Mitbewerber ebenfalls genannt werden.
- **Übliche Leistungen:** Er wirbt mit Leistungen, die ohnehin gesetzlich vorgeschrieben sind. Das Anpreisen einer Garantie von sechs Monaten ist daher unzulässig, da sie durch gesetzliche Bestimmungen vorgeschrieben ist und folglich keinen Verkaufsvorteil darstellt.

▶ **Falsche Herkunftsangabe:** Er wirbt mit Herkunftsangaben, die nicht stimmen. Steht »Made in Germany« auf der Packung, so muss das Produkt in Deutschland hergestellt worden sein; »französischer Landwein« darf nur aus Frankreich kommen. Ausnahmen betreffen bestimmte Produkte, die im Laufe der Zeit sozusagen »entlokalisiert« wurden. So müssen beispielsweise Wiener Würstchen nicht in Wien, Dresdner Stollen nicht in Dresden hergestellt werden. Die Art der Herstellung und die Zutaten der Produkte müssen jedoch stimmen.
▶ **Irreführende Mengen:** Er verspricht eine Vorratsmenge, die nur vorgetäuscht ist. Die sprichwörtliche Mogelpackung liegt beispielsweise dann vor, wenn die Größe der Verpackung eine wesentlich größere Warenmenge vortäuscht, als sich in Wirklichkeit darin befindet. Eine »Riesenauswahl« oder »Restposten« sind für den Verbraucher dann irreführend, wenn im ersten Fall nur eine Durchschnittsauswahl besteht, im zweiten Fall eine doch ausreichende Menge vorhanden ist, so dass der Kunde sich umsonst beeilt hat.
▶ **Irreführendes Angebot:** Er wirbt mit einem so genannten Lockvogel, das heißt, er lockt den Kunden mit günstigen Preisen für bestimmte Waren in sein Geschäft. Dabei stellt sich dann heraus, dass die Lockvogelware nicht oder nur in nicht ausreichender Menge vorhanden ist und die übrigen Waren überteuert angeboten werden. Der Unternehmer ist also nur daran interessiert, den Kunden zu fangen, ohne sein Angebot ernsthaft erfüllen zu können.
▶ **Falsche Angaben:** Er wirbt für sein Produkt mit Aussagen, die nicht stimmen. »Das meistgekaufte Handy« muss beispielsweise tatsächlich ein Verkaufsschlager sein oder »Die Zeitschrift mit der höchsten Auflage« auch tatsächlich diese Behauptung erfüllen. Der Verbraucher wird irregeführt, wenn die Werbeaussage einer Überprüfung nicht standhält. Vor allem mit dem Preis können viele irreführende Werbeaussagen gemacht werden. Beispiele: Discountpreise, die keine sind, oder der Ladenpreis ist höher, als in der Werbung angegeben wurde. Oder das Unternehmen betreibt Preisschaukelei, das heißt, die Preise sind für kurze Zeit höher, dann wieder sehr niedrig. Grundsätzlich dürfen die Preise nicht für Werbezwecke manipuliert werden.
▶ **Falsche Geschäftsangaben:** Der Verbraucher wird über geschäftliche Verhältnisse getäuscht. So wird häufig versucht, die Kaufentscheidung des Kunden dadurch zu beeinflussen, dass das Unternehmen älter und damit seriöser, größer und bedeutender gemacht wird.

Strafbare Werbung

Wer die gerade beschriebenen Werbeaussagen wissentlich unwahr macht und damit den Verbraucher irreführt, wird mit Freiheitsstrafe bis zu zwei Jahren oder mit Geldstrafe bestraft. Werden die unrichtigen Angaben in

Falschaussagen und Übertreibungen jedweder Art sollten in Ihrer Werbung tabu sein. Sie hetzen Ihnen nicht nur die Konkurrenz auf den Hals, sondern Sie landen auch bei den Kunden nur einmal. Spätestens dann, wenn Sie Ihre Versprechen nicht halten, sind Sie Ihre mühsam geworbenen Kunden wieder los.

einem Betrieb von einem Angestellten oder Beauftragten gemacht, so ist der Inhaber oder Leiter des Betriebes neben dem Angestellten oder Beauftragten strafbar, wenn die Handlung mit seinem Wissen geschah. Die gleichen Bestimmungen gelten auch bei bildlichen Darstellungen und sonstigen Veranstaltungen.

Konkurswarenverkauf und Verkauf an Endverbraucher

Werbung mit Ware aus einer Konkursmasse darf nur der Konkursverwalter oder dessen Kommissionär in Auftrag geben. Damit soll vermieden werden, dass der Unternehmer mit »Ware aus Konkursbeständen« oder mit »Konkursverkauf« wirbt, die Ware selbst aber nicht (mehr) zur Konkursmasse gehört. Ein Verstoß dagegen kann als Ordnungswidrigkeit mit einer Geldbuße bis zu 10.000 DM geahndet werden.

Werbung mit Aussagen wie beispielsweise »ab Fabrik« oder »eigene Herstellung« darf nur geschaltet werden, wenn:

▶ ausschließlich an den Endverbraucher verkauft wird,
▶ an den Endverbraucher und an Wiederverkäufer verkauft wird, wenn diese den gleichen Preis zahlen müssen wie der Endverbraucher,
▶ in der Werbung unmissverständlich darauf hingewiesen wird, dass die Preise für Endverbraucher höher sind als für Wiederverkäufer.

Berechtigungsscheine, Kaufausweise oder sonstige Bescheinigungen zum Bezug von Waren dürfen an den Endverbraucher nicht ausgegeben werden. Ausnahme: Die Bescheinigungen berechtigen nur zu einem einmaligen Einkauf und werden für jeden Einkauf einzeln ausgegeben.

Die Ankündigung besonderer Schnäppchen wegen eines Konkurswarenverkaufs oder Räumungsverkaufs unterliegt strengen gesetzlichen Vorschriften. Deren Nichtbeachtung wird empfindlich bestraft.

Progressive Kundenwerbung: das »Schneeballsystem«

Kundenwerbung nach dem Schneeballsystem ist weithin bekannt. Das Prinzip: Mit der Abnahme der Ware werden dem Kunden besondere Vorteile versprochen, wenn er es schafft, weitere Abnehmer zum Abschluss gleichartiger Geschäfte zu gewinnen. Diese werden ebenfalls damit gelockt, dass sie Vorteile in Aussicht gestellt bekommen, falls auch sie wieder mehrere Abnehmer finden. Beispiel: Ein Gewürzhändler verspricht seinen Kunden, die Verkaufspreise um zehn Prozent zu senken, wenn sie neue Abnehmer werben. Und auch die neuen Kunden bekämen den günstigeren Kaufpreis und deren geworbene Kunden ebenfalls. Dieser Vorgang könnte theoretisch um die ganze Welt weitergehen. Der Unternehmer selbst hat dabei seinen ganzen Vertrieb und Verkauf mit Laien vollzogen. Und das ist per Gesetz nicht zulässig und wird mit Freiheitsstrafe bis zu zwei Jahren oder mit Geldstrafe geahndet. Nicht strafbar ist der Aufbau eines so genannten Kettenbriefs, denn der strafbare Tatbestand setzt ein Handeln im geschäftlichen Verkehr voraus. Auch die Werbung für Buchklubs, Zeitschriftenabonnements, Bausparkassen oder Versicherungen ist zulässig, weil sie keine Kettenreaktion beinhaltet.

Sonderveranstaltungen und Sonderangebote

Sonderverkäufe fördern im Einzelhandel den Absatz. Doch erlaubt sind sie grundsätzlich nicht, es sei denn, es handelt sich um den Sommer- beziehungsweise Winterschlussverkauf oder einen Jubiläumsverkauf. Die Schlussverkäufe beginnen jeweils am letzten Montag im Juli beziehungsweise Januar und dauern jedes Mal zwölf Werktage. Einen Jubiläumsverkauf kann das Unternehmen ebenfalls an zwölf Werktagen machen, wenn es sein 25-jähriges Bestehen (und danach alle 25 Jahre) im selben Geschäftszweig feiert. Im Gegensatz zu den Sonderveranstaltungen sind Sonderangebote, die im normalen Geschäftsbetrieb stattfinden, erlaubt.

Räumungsverkauf

Räumungsverkäufe müssen eine kaufmännisch gebotene Reaktion auf gegebene betriebliche Umstände sein. Liegt zum Beispiel eine Räumungszwangslage vor (Schaden aufgrund von Feuer, Wasser, Sturm oder Umbauvorhaben), so dass der vorhandene Warenvorrat geräumt werden muss, so ist das per Gesetz gestattet. Allerdings darf der Räumungsverkauf nicht länger als zwölf Werktage dauern, und der Grund für den Räumungsverkauf muss bei der Ankündigung genannt sein.

Auch bei der Aufgabe eines Geschäftsbetriebes ist ein Räumungsverkauf gestattet. Folgende Bedingungen müssen jedoch erfüllt sein: Das gesamte Unternehmen muss aufgegeben werden, ein Inhaberwechsel reicht nicht. Der Veranstalter darf mindestens drei Jahre vorher keinen Räumungsverkauf wegen Aufgabe eines Geschäftsbetriebes gleicher Art durchgeführt haben. Der Räumungsverkauf darf maximal 24 Werktage dauern. Der Veranstalter unterliegt einer Sperrfrist von zwei Jahren. In dieser Zeit darf er weder das geräumte Geschäft wieder aufnehmen noch am selben Ort oder in den Nachbargemeinden eine Neueröffnung betreiben. Auch durch eine geänderte Rechtsform, vorher beispielsweise eine GmbH, jetzt eine Einzelfirma, lässt sich das Verbot nicht umgehen.

Anschwärzung und geschäftliche Verleumdung

Das Geschäft eines anderen darf nicht angeschwärzt werden. Das heißt, über die Person des Inhabers oder den Leiter des Geschäfts, über die Waren oder gewerblichen Leistungen dürfen nicht Tatsachen behauptet oder verbreitet werden, die:
- ▶ nachweislich nicht wahr sind,
- ▶ den Geschäftsbetrieb und/oder Kredit des Inhabers schädigen.

Wer wider besseres Wissen über das Geschäft eines anderen, über die Person des Inhabers oder Leiters des Geschäfts, über die Waren oder gewerblichen Leistungen Tatsachen behauptet oder verbreitet, die nicht der Wahrheit entsprechen und den Geschäftsbetrieb schädigen können, wird mit Freiheitsstrafe bis zu einem Jahr oder mit Geldstrafe bestraft.

Sommer- und Winterschlussverkauf sind ebenfalls gesetzlich geregelte Sonderveranstaltungen, die nur innerhalb der vorgegebenen Zeiten durchgeführt werden dürfen. Einzelne Waren dürfen Sie hingegen das ganze Jahr als Sonderangebote verkaufen.

Vergleichende Werbung, wie Sie in vielen tollen Werbespots aus den Vereinigten Staaten bekannt ist, war bislang nach deutschem Werberecht nicht statthaft. Das europäische Werberecht hat dieses Verbot jetzt durchbrochen, noch fehlt aber eine entsprechende Rechtsprechung, die festlegt, was erlaubt ist und was nicht.

Neuerungen durch europäisches Werberecht
Eine wesentliche Änderung im Wettbewerbsrecht hat der Bundesgerichtshof im Frühjahr 1998 im Hinblick auf die Werberichtlinie des Europäischen Parlaments entschieden. Sie besagt, dass vergleichende Werbung nicht mehr gegen § 1 UWG verstößt, soweit sie den Anforderungen der Richtlinie entspricht. Nach dieser Richtlinie ist vergleichende Werbung grundsätzlich zulässig, wenn bestimmte Voraussetzungen erfüllt sind. Dazu zählt zum Beispiel:
- dass der Vergleich nicht irreführend sein darf,
- dass die Eigenschaften, die miteinander verglichen werden, nachprüfbar und typisch sind,
- dass der Mitbewerber nicht herabgesetzt oder verunglimpft wird.

Weil praktische Erfahrungen in der Rechtsprechung dazu fehlen, wo die Grenzen dieser Regeln verlaufen und wann ein Verstoß dagegen vorliegt, ist allerdings Vorsicht angebracht. Ein ohne fachliche Beratung werbender Unternehmer sollte daher zur Vermeidung von Wettbewerbsrechtsverstößen auf vergleichende Werbung eher verzichten.

Öffentlichkeitsarbeit – Ihr Umgang mit Medien und Kunden

Die beste Werbung ist vergebens, wenn Ihr Unternehmen in der Öffentlichkeit nicht richtig auftritt. Das Erscheinungsbild ist die Basis für jegliche Art von Werbemaßnahmen. Überlegen Sie sich einmal, an welchen Stellen Ihres Unternehmens Sie mit der Außenwelt Kontakt haben. Hier muss Ihre Firma positiv auffallen.

Die Bedeutung von Firmenfahrzeugen
Das Erscheinungsbild Ihrer Firma wird bereits von den Fahrzeugen geprägt, mit denen Sie bei Ihren Kunden vorfahren oder auf den Straßen unterwegs sind. Achten Sie darauf, dass die Autos nicht verschmutzt oder verbeult und verschrammt sind, denn mit den firmeneigenen Fahrzeugen wird das Image Ihres Unternehmens auf der Straße präsentiert. Das gilt auch für das Fahrverhalten Ihrer Fahrer, die als Verkehrsrowdys den Ruf Ihrer Firma schädigen können.
Bedenken Sie bei der Auswahl der Fahrzeuge, welchen Eindruck sie auf den Kunden machen. Gerade im autobegeisterten Deutschland überträgt sich das Image des Firmenwagens leicht auf das Unternehmen selbst. Ein Mercedes hat nun einmal eine andere Wirkung als ein VW Golf. Sollten Sie also mit Ihren Produkten auf der Billiganbieterschiene fahren, so verbietet sich ein Fuhrpark der Luxusklasse. Bedienen Sie eher das hochpreisige Segment, so könnte Ihr Image durch Billigkarosserien lädiert werden.

Die Signalwirkung des Firmenzeichens

Wählen Sie ein einprägsames und positiv auffallendes Firmenzeichen. Bedenken Sie, dass Ihr Firmenzeichen auf dem Gebäude, auf den Fahrzeugen, auf Geschäftspapieren, in Anzeigen, Prospekten und allen anderen von Ihnen herausgegebenen Publikationen abgebildet sein sollte und dass der Kunde Ihr Unternehmen anhand dessen überall möglichst schnell wieder erkennen sollte. Beauftragen Sie einen Fachmann mit der Gestaltung des Firmenzeichens, wählen Sie eine Farbe, die Sie auch in Zukunft immer gern sehen möchten und die positive Assoziationen hervorruft. Achten Sie darauf, dass das Firmenzeichen in großer Schrift ebenso gut wirkt wie in kleiner Schrift.

Die bekanntesten Firmenlogos zeichnen sich durch ihre Schlichtheit und hohe Wiedererkennbarkeit aus. Der ideelle Wert des Mercedessterns oder des Häkchens eines amerikanischen Sportartikelherstellers lässt sich nicht genau in Mark und Pfennig ausdrücken, dürfte aber beträchtlich sein.

Die Wirkung von Messeauftritten

Ein Messestand ist immer die Visitenkarte Ihres Unternehmens. Alle Messebesucher beurteilen Sie anhand der Größe und der Aufmachung Ihres Standes, der natürlich in einer angemessenen Relation zu Ihrem Unternehmen stehen sollte. An der Ausstattung sollten Sie nicht zu viel sparen, denn wegen der zahlreichen (und hoffentlich positiven) Kundenkontakte nehmen Sie schließlich an der Messe teil. Der gesamte Messeauftritt sollte darauf abzielen, ein positives Bild beim Besucher zu hinterlassen.

Ihre Mitarbeiter, die auf dem Messestand arbeiten, sollten motiviert und gut gelaunt zur Messe fahren und das positive Erscheinungsbild unterstützen. Finden die Messen an Wochenenden statt, dann sollten Sie für einen entsprechenden Ausgleich sorgen, so dass der Messeauftritt nicht als zusätzliche Belastung empfunden wird. Messestände sollten immer möglichst offen wirken, Tresen oder Absperrungen hin zu den Laufwegen der Messebesucher schotten Ihren Stand ab und bilden eine psychologische Barriere, die potenzielle Interessenten eher abschreckt.

Signalwirkungen Ihres Schriftverkehrs

Flapsige Texte oder unkorrekte Briefköpfe werfen ein schlechtes Licht auf Ihren Betrieb. Achten Sie also auf eine saubere und richtige Form der Korrespondenz. Ihre Briefe sollten niemals ausschweifend, sondern immer in einem kurzen und knappen Stil gehalten sein. Verzichten Sie auf altmodische Bezeichnungen und Abkürzungen wie Firma/Fa. oder Betrifft/Betreff. Schreiben Sie in der Betreffzeile kurz und prägnant, worum es geht. (Beispiele: »Ihr Brief vom …« oder »Eine Reklamation, die leider notwendig ist«.)

Eine persönliche Anrede ist immer vorteilhafter als ein förmliches »Sehr geehrte Damen und Herren«. Nichts hört oder liest der Mensch so gerne wie seinen eigenen Namen, daher vermeiden Sie unbedingt jede fehlerhafte Schreibweise des Namens, das führt nur zu überflüssigen Ärgernissen beim Empfänger. Im Zweifelsfall hilft eine telefonische Nachfrage. Je nach

> Wann immer Sie mit der Außenwelt in Kontakt treten – ein gepflegtes Erscheinungsbild und ein freundlicher Umgangston sind der Grundstock zum Erfolg!

Anlass Ihres Schreibens sollten Sie auch die Anrede und den Abschluss des Briefes variieren. Statt der üblichen Standardformulierungen wie »Sehr geehrte Damen und Herren« oder »Mit freundlichen Grüßen« können Sie ein lockereres »Guten Tag, Herr ...« oder »Guten Morgen, Frau ...« vorwegschicken oder das Schreiben mit »Wir wünschen einen schönen Tag« oder »Ich wünsche Ihnen eine erfolgreiche Woche« beenden.

Vermeiden Sie Sätze am Ende des Briefes wie »... und würden uns freuen, demnächst von Ihnen zu hören«. Damit übernehmen Sie die passive Rolle, schließlich haben Sie geschrieben, dass Sie darauf warten, bis der andere sich meldet. Die Möglichkeit zum Nachfassen wird damit unnötig erschwert. Um Rückfragen oder einfach die Kontaktaufnahme zu erleichtern, sollten Sie unter Ihre vielleicht nicht leicht lesbare Unterschrift immer noch einmal den Namen in gedruckter Form setzen.

Die Bedeutung von Telefonkontakten

Je freundlicher und zuvorkommender die Stimme am anderen Ende der Leitung ist, desto besser fühlt der Kunde sich bei Ihnen betreut. Darüber hinaus ist es für das Firmenimage sehr wichtig, dass ein Anruf sofort entgegengenommen wird und der Kunde es nicht erst fünfmal klingeln lassen muss. Ist der gewünschte Gesprächspartner gerade nicht am Platz, notieren Sie die Rufnummer des Kunden, und veranlassen Sie den schnellstmöglichen Rückruf. Den Kunden noch einmal anrufen zu lassen, wäre nicht nur unhöflich, sondern unter Umständen auch geschäftsschädigend, da dieser sich sonst woanders umsieht.

Pressearbeit

> Selbst kleinere Unternehmen sollten die Pressearbeit nicht vernachlässigen. Schließlich spricht man nicht umsonst davon, dass jemand »eine gute Presse hat« oder eben nicht.

Pressearbeit hat nichts mit Werbemaßnahmen im engeren Sinn zu tun und kann langfristig für jedes Unternehmen, unabhängig von seiner Größe, wichtig werden. Durch eine entsprechende Pressearbeit kann das Unternehmen an die Öffentlichkeit treten, es kann durch Veröffentlichungen in Zeitungen und/oder Zeitschriften seinen Bekanntheitsgrad steigern, über die Geschäfte informieren und eventuell zusätzliche Nachfrage schaffen.

Viele große Firmen haben ihre eigene Presseabteilung, hier werden Stellungnahmen und Konzepte erarbeitet, die an die Presse weitergegeben werden. Darüber hinaus gibt es aber auch die Möglichkeit, eine Public-Relations-Agentur zu beauftragen. In dem Fall übernimmt diese Agentur die Öffentlichkeitsarbeit für das entsprechende Unternehmen. Der Erfolg von Pressearbeit stellt sich allerdings nur langfristig ein, und das Ergebnis kann nicht unmittelbar am Umsatz abgelesen werden.

Wenn Sie die Pressearbeit für Ihren Betrieb selbst übernehmen wollen oder einen Mitarbeiter damit beauftragen, dann beachten Sie folgende Empfehlungen:

- **Wecken Sie mit Ihrer Pressemitteilung Interesse.** Der jeweils zuständige Redakteur liest Ihre Geschichte, Daten und Fakten zuerst und beurteilt, ob sie veröffentlicht werden oder im Papierkorb landen. Versuchen Sie, einen persönlichen Kontakt zu dem Redakteur herzustellen. Betrachten Sie das Ganze als eine Art Verkaufsgespräch, stellen Sie Ihr Unternehmen und Ihre Tätigkeiten so attraktiv dar, dass man darüber berichten sollte. Erzählen Sie jedoch keine Lügengeschichten, auch Übertreibungen sind tabu. Bleiben Sie bei der Wahrheit, gestalten Sie diese aber möglichst interessant.
- **Übernehmen Sie die Redakteursarbeit.** Abgesehen von öffentlichkeitswirksamen Inszenierungen vor Ort können Sie natürlich auch ein Manuskript in der jeweiligen Redaktion des von Ihnen ausgesuchten Mediums einreichen. Die Form des Manuskripts sollte einheitlich sein. Der Redakteur sollte allein anhand der Aufmachung Ihr Unternehmen wiedererkennen. Schreiben Sie oben auf die erste Seite stets das Wort »Presseinformation«. Bedrucken Sie immer nur die Vorderseite, und adressieren Sie die Presseinformation an eine vorher recherchierte Kontaktperson. Datieren Sie das Schreiben, und verweisen Sie auf einen Sperrvermerk, wenn diese Information erst an einem bestimmten Tag an die Öffentlichkeit geraten soll. Die äußere Form des Manuskripts sollte so gestaltet sein, dass die Seiten gut lesbar (einfache Schrift) und übersichtlich sind. Auf einer Seite sollten nicht mehr als 30 Zeilen stehen. Schreiben Sie am Schluss der Pressemitteilung, aus wie viel Zeilen und Anschlägen sie besteht, und schließen Sie mit dem Satz: »Abdruck honorarfrei – Belegexemplar erbeten«.
- **Der Text Ihrer Pressemitteilung sollte vollständig sein.** Geben Sie Antwort auf die so genannten W-Fragen: wer, was, wann, wo und warum. Nennen Sie Daten und Fakten, vertreten Sie nicht Ihre Meinung, und kennzeichnen Sie die Zitate von dritten Personen. Schreiben Sie kurze Sätze, und verzichten Sie auf Modewörter, Fremdwörter und Abkürzungen. Wenn Sie Informationen aus Literatur oder von Gesprächspartnern erhalten haben, geben Sie die jeweiligen Quellen an.
- **Fassen Sie sich kurz.** Dann haben Sie eine größere Abdruckchance, als wenn Sie einen langen Text (über zwei Seiten) verfassen. Die wichtigsten Informationen und Aussagen stehen am Anfang und in der Mitte des Textes; schreiben Sie so, dass der Redakteur gegebenenfalls die letzten Absätze kürzen oder weglassen könnte, ohne dass wichtige Inhalte fehlen. Denn damit müssen Sie sich abfinden: Sie bieten Ihre Presseinformation an, der Redakteur kann das Manuskript kürzen oder umschreiben und es unter seinem Namen veröffentlichen. Er kann es kommentieren oder kritisieren. Auch der Zeitpunkt sowie die Form der Veröffentlichung werden von der entsprechenden Redaktion festgelegt, ein Anspruch auf Veröffentlichung besteht grundsätzlich nicht.

> Die von Ihnen herausgegebenen Presseinformationen sollten möglichst einfach verwertbar sein. Das erhöht die Wahrscheinlichkeit des Abdrucks und beugt Missverständnissen und den damit verbundenen Unannehmlichkeiten vor.

Kapitel 5
Finanzierung von Investitionen

Dieses Kapitel macht Sie mit wichtigen Informationen rund um die Unternehmensfinanzierung vertraut. Sie können Ihr Wissen vorab mit unserem Test überprüfen.
Bei der Beantwortung der Fragen sind Mehrfachnennungen möglich, die Lösung finden Sie am Ende des Tests.

⚡ Blitztest
Was wissen Sie schon – wie groß ist Ihr Info-Bedarf?

→ siehe Seite 143

1. Was darf nicht mit einem Kontokorrentkredit finanziert werden?
- a) Kurzfristige »Löcher« in der Kasse.
- b) Hohe Materialrechnungen.
- c) Geringe Gewerbesteuernachzahlungen.

→ siehe Seite 147

2. Was bedeutet Leasing?
- a) Anmietung eines Wirtschaftsgutes für eine bestimmte Laufzeit.
- b) Abzahlung eines Wirtschaftsgutes in monatlichen Raten.
- c) Nutzung eines Wirtschaftsgutes für eine bestimmte Zeit gegen monatliches Entgelt.

→ siehe Seite 145

3. Wer legt die Höhe des Diskont- und Lombardsatzes fest?
- a) Die Bundesregierung.
- b) Die Zentralbank.
- c) Der Europäische Rat der Finanzminister.

→ siehe Seite 145

4. Was bedeutet Factoring?
- a) Finanzierungsform durch Verkauf von Inlandsforderungen.
- b) Finanzierungsform durch Verkauf von Auslandsforderungen.
- c) Zusammenlegung zweier Produktionsstätten.

→ siehe Seite 146

5. Was bedeutet Forfaitierung?
- a) Zusammenschluss zweier Unternehmen.
- b) Finanzierungsform durch Verkauf von Auslandsforderungen.
- c) Finanzierungsform durch Verkauf von Inlandsforderungen.

Finanzierungsmöglichkeiten ausschöpfen

6. Welche Finanzierungsmöglichkeiten hat eine GmbH im Innenverhältnis? → siehe Seite 146

a) Erhöhung des Grundkapitals.
b) Erhöhung des Stammkapitals.
c) Aufnahme neuer Gesellschafter.

7. Welche Finanzierungsmöglichkeiten hat eine Aktiengesellschaft? → siehe Seite 147

a) Ausgabe junger Aktien.
b) Privatdarlehen von Verwandten.
c) Erhöhung des Stammkapitals.

8. Wann ist Leasing eine ungünstige Finanzierungsform? → siehe Seite 151

a) Wenn teures Anlagevermögen über einen längeren Zeitraum benötigt wird.
b) Wenn Anlagevermögen bis 3.000 DM über einen längeren Zeitraum benötigt wird.
c) Wenn das Anlagevermögen nach kurzer Zeit weiterveräußert werden soll.

9. Was ist ein Lombardkredit? → siehe Seite 144

a) Kreditaufnahme bei der Bank durch Beleihung von Wertpapieren.
b) Finanzierungsform, die nur für juristische Personen (GmbH, AG) zugelassen ist.
c) Finanzierungsform mit Zinssatz, der etwas über dem Diskontsatz liegt.

10. Was ist ein Wechselkredit? → siehe Seite 143

a) Kurzfristiger Bankkredit (bis drei Monate) zur Finanzierung von Warengeschäften.
b) Langfristiges Darlehen (Schuldverschreibung) von ausländischen Banken.
c) Kredit gegen Wertpapier mit Versprechen der Zahlung zu einem bestimmten Termin.

Lösung des Tests:

1. b	**3.** b	**5.** b	**7.** a, c	**9.** a, c
2. c	**4.** a	**6.** b, c	**8.** b, c	**10.** a, c

Der Finanzplan – so finanzieren Sie richtig

Eines der wichtigsten Instrumente der Unternehmensplanung ist die Finanzplanung. Hierfür wird ein Finanzierungsplan erstellt. Dies geschieht:

> ▶ vor der Gründung eines Unternehmens,
> ▶ vor dem Erwerb eines bestehenden Unternehmens,
> ▶ vor der Beteiligung an einem Unternehmen,
> ▶ vor der Aufnahme von Gesellschaftern,
> ▶ regelmäßig während der Geschäftstätigkeit des Unternehmens zur Liquiditätsprüfung.

Welche Bedeutung hat ein Finanzierungsplan?
Er dient dem Unternehmer unter anderem zur:
▶ Feststellung der Eigenkapitalbasis,
▶ Feststellung der Fremdfinanzierungshöhe,
▶ Entscheidung über die Beschaffung kurzfristigen oder langfristigen Fremdkapitals,
▶ Entscheidung über Kauf oder Miete/Leasing von Anlagevermögen,
▶ Feststellung der kurzfristigen und langfristigen Liquidität,
▶ Optimierung des gesamten Kapitalbereiches zur Vermeidung von Über- und Unterliquidität,
▶ Optimierung des Zahlungsbereiches,
▶ Optimierung des Investitionsbereiches (wann wird in welcher Höhe investiert?),
▶ Feststellung der günstigsten Finanzierungsquelle.

Alle wichtigen Entscheidungen eines Unternehmens schließen finanzielle Überlegungen mit ein. Daher ist vor jeder Entscheidung genau zu prüfen, wie sich diese Entscheidung auf die finanzielle Position des Unternehmens auswirkt.

> **Achtung:** Es gibt langfristige, mittelfristige und kurzfristige Finanzpläne. Je kürzer der Planungszeitraum ist, mit desto größerer Genauigkeit können die Berechnungen erstellt werden. Die Aufstellung des Finanzplans kann zunächst nur eine vorläufige Kalkulation sein. Normalerweise sind, wenn es keine Erfahrungswerte gibt, aber erst im Zuge der präzisen Unternehmensplanung die Größenordnungen vieler benötigter Summen genau einzuschätzen. Versuchen Sie, die Planung gleich über einen Zeitraum von fünf Jahren aufzustellen.

Die meisten Unternehmer starten mit langfristigen Krediten und sind für hohe Investitionen auf Fremdfinanzierungsmittel angewiesen. Wenn Sie Geld geliehen haben möchten, will der Geldgeber aus Sicherheitsgründen natürlich wissen, was Sie damit vorhaben. Aber vor allem müssen Sie wissen, wie viel Geld Sie benötigen. Sie kommen deshalb nicht darum herum, den Taschenrechner herauszuholen.

Die Ermittlung des Kapitalbedarfs

Um die benötigten Mittel, beispielsweise für den Aufbau eines neuen Unternehmens, einschätzen zu können, müssen Sie zunächst drei verschiedene Posten ermitteln, dabei bleiben die erwarteten Einnahmen zunächst einmal unberücksichtigt:

- **Langfristiger Kapitalbedarf,** das heißt das Geld, das Sie für den Kauf von Einrichtungen, Maschinen oder Fahrzeugen benötigen.
- **Kurzfristiger Kapitalbedarf,** das heißt die Mittel, die praktisch den Grundstock für Ihre Tätigkeit legen, etwa die ersten Waren- oder Materialeinkäufe.
- **Laufender Kapitalbedarf,** das heißt die Gelder, die sie für Mieten und andere ständige Belastungen wie Versicherungsbeiträge oder Löhne benötigen. Man spricht in diesem Zusammenhang auch von den Betriebsmitteln, zu denen auch die Eigenentnahmen, also das Geld zum täglichen Leben, gehören.

> **Achtung:** Oft wird versäumt, die Betriebsmittel ausreichend hoch zu kalkulieren. Vor allem Existenzgründer dürfen aber nicht davon ausgehen, dass sie die laufenden Kosten des Unternehmens sofort aus den laufenden Einnahmen begleichen können. In den ersten sechs bis zwölf Monaten nach der Unternehmensgründung werden normalerweise Ausgaben und Eigenentnahmen nicht durch Einnahmen gedeckt – es sind also Zuschüsse erforderlich.

Die Übersicht auf der nächsten Seite hilft Ihnen, die Größenordnungen der benötigten Mittel einzuschätzen. Erst dann, wenn Sie diese Aufstellung und eine Umsatzanalyse (siehe dazu in Kapitel 4 auf Seite 104) in der Hand haben, lassen sich die finanziellen Seiten einer Unternehmensgründung einigermaßen überblicken.

Ein Wort noch vorweg: Wenn Sie während der Berechnung feststellen, dass alle überschlägigen Rechnungen übertroffen werden und Sie irgendwo Abstriche machen müssen, dazu gleich noch ein paar Hinweise. Vermeiden Sie eine überproportionale Kapitalbindung und die voreilige Überdehnung Ihres Kreditrahmens bei Banken!

Machen Sie sich frei von dem Gedanken, alle betrieblich genutzten Gegenstände (Anlagevermögen) wie etwa Maschinen, Kopierer, EDV-Ausstattung, Kraftfahrzeug, betriebliche Räume selbst zu besitzen. Schließlich wollen Sie dieses Anlagevermögen nur nutzen, dafür müssen Sie jedoch nicht der Eigentümer sein. Wenn Sie Anlagevermögen leasen oder mieten, binden Sie kein Eigenkapital und gefährden auch nicht ihren Dispositionsrahmen bei der Bank. Halten Sie Ausschau nach Fördermitteln für Existenzgründer, diese erleichtern den Start erheblich.

Bei der Gründung eines Unternehmens muss nicht nur der lang-, mittel- und kurzfristige Kapitalbedarf ermittelt werden, sondern man muss auch eine großzügig kalkulierte Reserve für die laufenden Kosten einplanen, um anfängliche Schwierigkeiten zu überstehen.

Je länger die bei der Unternehmensgründung angeschafften Güter im Betrieb verbleiben, desto längerfristig sollte das dafür aufgenommene Kapital im Unternehmen verbleiben können. Die Anschaffung von Anlagegütern mit kurzfristigen Krediten verbietet sich also von selbst.

📖 Checkliste: So viel Geld brauchen Sie für den Aufbau eines neuen Unternehmens

Typische Positionen haben wir vorgegeben, weitere, die sich im Einzelfall ergeben, sollten Sie selbst in die Liste aufnehmen

1. Langfristiger Kapitalbedarf	
Grundstückskauf (inkl. Nebenkosten, z. B. Notar, Grunderwerbsteuer, Vermessungskosten)	
Gebäudekauf (inkl. Nebenkosten, z. B. Makler, Notar, Grunderwerbsteuer)	
Umbaukosten (auch für Miträume, z. B. Trennwände, Teppiche, sanitäre Einrichtungen)	
Maschinenkauf und Anschaffung von Geräten (von Anrufbeantworter bis Zange)	
Fahrzeuganschaffung (evtl. inkl. erforderlicher Umrüstungen oder Einbauten, je nach Gewerbe)	
Einrichtungen (bewegliche Teile, z. B. vom Schreibtisch bis zum Aktenregal und zur Lampe)	
Reserve (weil bestimmt etwas vergessen wurde – kalkulieren Sie 10 Prozent der vorherigen Kosten ein)	
Kapitalbedarf 1 (Zwischensumme inkl. Reserve)	
2. Kurzfristiger Kapitalbedarf	
Installationskosten (für Aufbau von Maschinen, Einrichtung, EDV-Anpassung)	
Ware und Material (für die Erstausstattung des Lagers und für den Produktionsstart)	
Hilfs- und Betriebsstoffe (vom Gleitöl für die Drehbank bis zu Kleinteilen für Installationen)	
Beschaffungskosten für Einkäufe (evtl. Reisekosten, weil Sie erst mal zu Lieferanten müssen)	
Mietvorauszahlung (außerdem Maklerkosten, wenn nicht schon bei Grundstück/Gebäude erfasst)	
Eröffnungskosten (z. B. für Werbung, Kataloge, Prospekte, Geschäftspapier, Leuchtreklame)	
Beratungskosten (Vertragsentwürfe z. B. vom Rechtsanwalt, Gründungsberatung)	
Anmeldungskosten (Genehmigungen, Handelsregistereintrag, notarielle Beurkundungen)	
Reserve (weil bestimmt etwas vergessen wurde – kalkulieren Sie 10 Prozent der vorherigen Kosten ein)	
Kapitalbedarf 2 (Zwischensumme inkl. Reserve)	

3. Laufender Kapitalbedarf (alle Kosten für ein Jahr)	
Miete, Pacht	
Mietnebenkosten (z. B. Heizung, Wasser, Energie)	
Personalkosten (aber nicht Ihr eigenes Gehalt)	
Büro-, Verwaltungskosten (von Porto, Telefon bis zu Heftklammern, Briefumschlägen)	
Zinsen, Tilgungen (für alle Finanzierungen)	
Serviceverträge (z. B. für die Wartung von Maschinen)	
Versicherungen (z. B. Betriebshaftpflicht, Produktionsausfall, Vermögensschaden, Feuer usw.)	
Leasingkosten (siehe folgenden Abschnitt)	
Franchise-Gebühren (siehe dazu Kapitel 2)	
Privatentnahmen (siehe dazu Hinweise in Kapitel 3)	
Reserve (kalkulieren Sie wieder 10 Prozent der vorherigen Kosten ein, auch wegen Außenständen)	
Kapitalbedarf 3 (Zwischensumme inkl. Reserve)	
Gesamtkapitalbedarf (Summe aus Feldern 1–3 inkl. Reserve)	

Der laufende Kapitalbedarf, mit dem Sie das Geschäft aufrecht erhalten, ist vor allem in der Gründungsphase unverhältnismäßig hoch, da es einige Zeit dauert, bis die ersten Einnahmen für eine Entlastung der finanziellen Situation sorgen.

Günstige Anschaffungsmöglichkeiten nutzen
Sollte Ihnen angesichts Ihres Kapitalbedarfs schwindelig geworden sein, dann haben wir hier noch ein paar Beispiele, wie Sie Ihre Anschaffungskosten drücken können:
- **Umschauen:** Statt neue Maschinen oder Einrichtungen anzuschaffen, können Sie sich beispielsweise aus Konkursmassen bedienen oder gebrauchte Sachen übernehmen – Sie sparen 70 bis 80 Prozent.
- **Leasing:** Statt Geld für den Kauf von Anlagevermögen auszugeben, eventuell über Leasingmöglichkeiten (folgender Abschnitt) nachdenken. Dann bleibt Kapital für andere Dinge frei.
- **Subunternehmer:** Statt sofort die laufenden Kosten für Personal hochzutreiben, sollten Sie sich Kapazitäten nur bei Bedarf zulegen – beschäftigen Sie Subunternehmer und freie Mitarbeiter. Arbeiten diese auch noch zu Hause, können Sie Raumkosten und Büroausstattung einsparen.

Fragen an jeden Unternehmensgründer
Bei Neugründungen von Unternehmen sollten vor allem die folgenden Fragen berücksichtigt werden, auf die Sie an den entsprechenden Stellen dieses Buches ausführliche Antworten erhalten:
- **Besitze ich ausreichende kaufmännische Grundkenntnisse,** um ein Unternehmen im Vorwege kalkulieren und anschließend erfolgreich aufbauen zu können? Wenn nicht, kalkulieren Sie Ausgaben für Finanzierungs-, Marketing- und Steuerberater ein.
- **Habe ich tatsächlich eine Unternehmensidee,** die auf Dauer gesehen eine tragfähige Existenz verspricht und bei der es sich nicht nur um das Aufsatteln auf einen kurz- bis mittelfristigen Trend oder eine Modewelle handelt? Nur eine anhaltende und ausreichende Nachfrage kann das Unternehmen florieren lassen.
- **Habe ich durchkalkuliert,** ob sich der Einsatz an Geld und Zeit überhaupt lohnt, und ist die Kapitaldecke ausreichend, um notwendige Investitionen finanzieren und eventuelle Anlaufschwierigkeiten überbrücken zu können?
- **Sind genügend Reserven vorhanden,** um eventuell auch eine Anlaufzeit von zwei Jahren überstehen zu können, in der die Gewinne des Unternehmens für den bisher benötigten Lebensunterhalt der Familie nicht ausreichen?
- **Sind auch für die Zeit genügend Reserven vorhanden,** bis ein ausreichender Kundenstamm und eine ausreichende Bekanntheit aufgebaut und eventuelle Fehler aus der Anfangszeit korrigiert worden sind?
- **Haben sich die eigenen Erwartungen bestätigt,** durch ausführliche Beratungen über Umsatz- und Gewinnperspektiven, zum Beispiel durch die Experten der Handwerks- oder Industrie- und Handelskammern?
- **Ist die private Situation stabil,** so dass die in einer Gründungsphase zwangsläufig auftretenden Belastungen mühelos weggesteckt werden können? Oder ist zu befürchten, dass neben der Belastung durch die Existenzgründung auch noch private Schwierigkeiten parallel zu bewältigen sind?

Die hier angesprochenen Punkte orientieren sich an den Problemen, wegen denen nach verschiedenen Untersuchungen die meisten Unternehmensgründer aufgeben.

> Das Wichtigste, was Unternehmensgründer benötigen, sind genügend hohe Reserven, um eventuelle Anlaufschwierigkeiten zu meistern. Nichts ist ärgerlicher, als mit einer guten Idee zu scheitern, weil einem vorzeitig das Geld ausgegangen ist, während ein kapitalkräftigerer Konkurrent später mit dieser Idee das große Geschäft macht.

> **Achtung:** Grundsätzlich sollte jeder negative Punkt bei der Unternehmensplanung doppelt so schwer gewichtet werden wie ein positiver! Denn der positive Punkt zeigt zwar eine Chance – aber die ist nicht garantiert. Und vor allem ist nicht garantiert, dass die Chance, wenn sie denn eintritt, das mit Sicherheit größere Risiko des negativen Punktes voll ausgleicht. Vorsicht ist eine wichtige kaufmännische Tugend!

Hilfen für Unternehmensgründer

Vor allem Unternehmensgründern sollen diverse Förderprogramme von Bund, Ländern und der Europäischen Union dabei helfen, zinsgünstige Kredite zu bekommen, die aus öffentlichen Mitteln gespeist werden und erheblich preiswerter sind als alle Darlehen, die man von seiner Bank oder Sparkasse zur Verfügung gestellt bekommen kann. Dabei stehen vor allem die folgenden Mittel zur Verfügung:

▶ **DtA-Darlehen:** Bis zu zwei Millionen DM pro Unternehmen gibt es als Kredit von der Deutschen Ausgleichsbank innerhalb eines Zeitraumes von bis zu acht Jahren nach der Firmengründung. In den ersten beiden Jahren sind diese Darlehen tilgungsfrei, die Gesamtlaufzeit kann bis zu zehn Jahre betragen. Einen guten Überblick über das vielfältige Unternehmensberatungs- und Finanzierungshilfeangebot der DtA sowie zahlreiche nützliche Adressen und Veranstaltungshinweise erhält man im virtuellen Gründungszentrum, das man über http:/www.dta.de erreicht.

▶ **ERP-Darlehen:** Bis zu 20 Jahre lang können über die eigene Hausbank diese Mittel beantragt werden, für die in den ersten drei bis fünf Jahren nicht einmal Tilgung geleistet werden muss. Die Höhe dieser Darlehen kann bis zu zwei Millionen DM betragen, allerdings müssen bankübliche Sicherheiten gestellt werden.

▶ **Eigenkapitalhilfe:** Das Eigenkapitalhilfeprogramm soll durch die Zurverfügungstellung von haftendem Kapital als Darlehen vor allem solchen Existenzgründern helfen, die nicht in der Lage sind, über ausreichendes Eigenkapital bei gleichzeitig Erfolg versprechendem Unternehmenskonzept zu verfügen. Diese Hilfe wird über einen Zeitraum von bis zu 20 Jahren gewährt, die Höchstsumme beträgt 700.000 DM.

In den ersten zehn Jahren ist die Eigenkapitalhilfe tilgungsfrei, bis zu drei Jahre lang müssen außerdem keine Zinsen gezahlt werden. Danach steigt der Zins innerhalb von vier Jahren stufenweise von zunächst zwei Prozent auf das durchschnittliche Kapitalmarktniveau an. Sicherheiten für diese Eigenkapitalhilfe sind nicht erforderlich – aber es werden kaufmännische Grundkenntnisse verlangt. Informationen über das Programm sind im Rahmen der Existenzgründungsberatung zu bekommen, außerdem über Ihre eigene Bank oder Sparkasse.

▶ **Fördermittel der Länder:** In allen Bundesländern gibt es spezielle Förderprogramme für Existenzgründer. Dazu gehören vor allem Kredite zwischen 50.000 und 1,5 Millionen DM, die zu Zinssätzen vergeben werden, die erheblich unter dem allgemeinen Marktniveau liegen. Die meisten dieser Sonderkredite sind für die ersten Jahre zins- beziehungsweise tilgungsfrei. Eine Reihe von Ländern gewährt Beteiligungen, zum Teil werden allerdings auch nur weitere Zinszuschüsse zu den ohnehin schon verbilligten Krediten auf bundesweiter Basis gewährt.

Unternehmensgründer sind willkommene Menschen bei Städten und Gemeinden, weil sie Arbeitsplätze und Steuereinnahmen in Aussicht stellen. Dafür sind die Länder, der Bund und auch die Europäische Union bereit, anfänglich Fördermittel zur Verfügung zu stellen, die den Einstieg erleichtern.

> Die Fördermittel aus den verschiedenen Töpfen stellen für den Unternehmensgründer die günstigste Alternative zur Fremdkapitalbeschaffung dar. Deshalb sollte man alle Möglichkeiten ausschöpfen.

Fördermittel bringen Geld aus vielen Töpfen
Steht fest, welche Finanzmittel erforderlich und wie hoch die eigenen Mittel sind, dann wird es mit einem Gründungsberater nicht mehr schwer fallen, die jeweils verfügbaren Töpfe mit den Finanzhilfen für Unternehmensgründungen anzuzapfen.
Es gibt dafür, wie bereits erklärt, eine Fülle von verschiedenen Mitteln, wobei neben den generellen Hilfen des Bundes (auch aus EU-Mitteln) und der Länder oft auch Sonderförderungen speziell:
▶ für bestimmte Regionen,
▶ für bestimmte Branchen,
▶ für festgelegte Zeiträume
zur Verfügung gestellt werden. Die individuelle Förderung hängt dann von weiteren Faktoren ab, wie etwa:
▶ dem Füllstand des jeweiligen Fördertopfes,
▶ der Höhe des Eigenkapitals,
▶ den Gesamtkosten der Gründung,
▶ dem geplanten Standort,
▶ dem jetzigen Wohnort des Unternehmers,
▶ dessen persönlichen sowie fachlichen Voraussetzungen.
Die Menge der Faktoren, die da hineinspielen, macht es schon deutlich: Es gibt so viele Kombinationsmöglichkeiten, so dass es nicht möglich ist, hier detailliert darauf einzugehen. Aber um ganz grob darzustellen, wie eine Finanzierung aussehen kann, haben wir zwei denkbare Kombinationen zusammengestellt:

Beispiel 1 für Finanzierungskombination mit Bank-/Sparkassenkredit	
Eigenkapital	20 %
Eigenkapitalhilfe	20 %
ERP-Darlehen	40 %
DtA-Darlehen	10 %
Hausbankkredit	10 %

Beispiel 2 für Finanzierungskombination ohne Bank-/Sparkassenkredit	
Eigenkapital	15 %
Eigenkapitalhilfe	25 %
ERP-Darlehen	20 %
Landesdarlehen	25 %
Länderbeteiligung	15 %

Noch einmal der Hinweis: Die Zusammenstellungen der verschiedenen Mittel können so oder ganz anders gewählt werden. Für die richtige Kombination werden Sie einige Beratungsgespräche führen müssen. Grundsatz ist dabei immer, dass Fördermittel erheblich billiger sind als normale Fremdfinanzierungen. Wo Sie die entsprechenden Fördermittel bekommen, erfahren Sie bei der zuständigen Industrie- und Handelskammer oder bei Ihrer Bank. Bei Letzterer müssen Sie konsequent darauf bestehen, entsprechend informiert zu werden.

Zinskonditionen für öffentliche Fördermittel	
Die Angaben beziehen sich auf einen durchschnittlichen Marktzins von 8 % (nominal)	
Bezeichnung der Mittel/ Förderprogramme	**Zinssatz** (nominal)
Eigenkapitalhilfe (zinslos in den ersten 3 Jahren, im 4. Jahr 2 %, im 5. Jahr 3 %, im 6. Jahr 5 %, vom 7. bis zum 10. Jahr Marktzinsen	0–8 %
ERP-Existenzgründungsprogramm	7 %
ERP-Aufbauprogramm	7 %
DtA-Existenzgründungsprogramm	7,4 %
KfW-Mittelstandsprogramm	7,4 %
ERP-Umweltprogramme (Abfall-, Luftreinhaltungs-, Abwasser-, Energiesparprogramm)	7 %
DtA-Umweltprogramm	7,4 %
KfW-Innovationsprogramm	5,5 %
Berufsförderungsdarlehen	unter 8 %

Da die Fördermittel begehrt sind und langfristig im Voraus vergeben werden, sollte man sich als angehender Unternehmensgründer rechtzeitig informieren und die entsprechenden Anträge stellen.

Auch bei verändertem Marktzins bleibt die Größenordnung des Zinsunterschieds zu den verbilligten Darlehen weitestgehend erhalten. Der Abstand wird jedoch erfahrungsgemäß bei sinkendem Marktzins etwas geringer, bei steigendem Marktzins etwas größer. In Hochzinsphasen können deshalb die zinsgünstigen Kredite durchaus zwei bis drei Prozentpunkte unter dem allgemeinen Marktzins liegen.

Öffentliche Mittel frühzeitig beantragen

Bei fast allen öffentlichen Fördermitteln ist es unbedingt erforderlich, erst die Mittel zu beantragen und danach mit der eigentlichen Gründung des Unternehmens zu beginnen. In vielen Fällen können eine verfrühte Unternehmensgründung, Gewerbeanmeldung oder unterschriebene Kauf- oder Leasingverträge dazu führen, dass Sie den Anspruch auf öffentliche Fördermittel und zinsverbilligte Darlehen verlieren.

Leider spielen auch die Banken eine nicht immer rühmliche Rolle. Denn ihnen kommt es vielfach darauf an, Darlehen selbst an Unternehmensgründer zu verkaufen.

Hausbanken nicht blind vertrauen

Die Finanzierungsberatung Ihrer Hausbank sollten Sie wegen Interessenkonflikten zwischen Kundenloyalität und Geschäftssinn lediglich als Ergänzung zu den Gründungsberatungen ansehen. Auf keinen Fall sollten Sie blind darauf vertrauen, dass die Ihnen von Ihrer Hausbank vorgeschlagenen Finanzierungsmodelle und Angebote den für Sie günstigsten und vorteilhaftesten Weg darstellen. Jedes Geldinstitut hat ein natürliches Interesse daran, selbst die Finanzierungsgeschäfte zu übernehmen. Zinsbillige öffentliche Fördermittel sind deshalb für manche Geldinstitute ein rotes Tuch – von manchen Bankern werden sie sogar als unerwünschte Konkurrenz betrachtet.

Wer es geschickt anstellt, kann bis zu 85 Prozent seiner gesamten Investitionen über zinsbillige Darlehen aus öffentlichen Mitteln zur Verfügung gestellt bekommen. Darlehen von Banken oder Sparkassen wären dann praktisch kaum noch erforderlich. Jedenfalls wären sie nicht erforderlich für die eigentlichen Gründungsinvestitionen.

Vergleichsangebote lohnen sich

Für den laufenden Geschäftsbetrieb jedoch werden Sie auf Mittel von Geldinstituten nicht verzichten können. Dabei müssen die Angebote der eigenen Hausbank nicht notwendigerweise immer die besten sein. Sie sollten sich in jedem Fall immer die Vergleichsangebote von anderen Banken und Sparkassen besorgen, um einen Überblick zu bekommen und eine bessere Verhandlungsposition gegenüber Ihrer Bank zu haben.

Die Mehrkosten für Kredite und Gebühren sind Geld, welches Sie zunächst einmal verdienen müssen. Wenn Sie es auch bisher nicht als sinnvoll erachtet haben, wegen ein paar Mark gesparter Kontogebühren oder dem woanders um vielleicht 100 DM billigeren Ratenkredit die Bankverbindung zu wechseln, so sollten Sie dies in geschäftlichen Belangen ab sofort ernsthaft in Erwägung ziehen.

> **Achtung:** Bei der Größenordnung der benötigten Finanzierungsmittel können schon minimale Zinsabweichungen von nur einem Prozent jährliche Mehr- oder Minderkosten in fünfstelliger Höhe ausmachen.

Die Kreditfinanzierung des Unternehmens

Auch ein florierendes Unternehmen sollte immer verfügbare Geldquellen haben, damit die laufende Liquidität des Betriebes jederzeit gesichert ist. Das bedeutet vor allem, dass das Ausbleiben von Zahlungen, mit denen eigentlich sicher gerechnet wurde, nicht zu finanziellen Schwierigkeiten führen darf. Die Zahlungsmoral im Wirtschaftsleben hat sich in den letzten Jahren dramatisch verschlechtert.

Normalerweise vergehen im Wirtschaftsleben zwischen dem Schreiben einer Rechnung und dem Eingang des Geldes auf Ihrem Konto zwei bis vier Monate. Und nicht immer ist es damit getan, dem säumigen Zahler eine Mahnung oder einen bösen Brief zu schreiben. Denn:

Die Zinskonditionen bei Fördermitteln liegen in Hochzinsphasen teilweise beträchtlich unter den Angeboten der Geschäftsbanken. Deshalb sollte man den Beratern der Banken mit Vorsicht begegnen, da diese natürlich daran interessiert sind, die eigenen Angebote an den Mann zu bringen.

▶ Sie wollen mit dem Kunden sicher weiterhin Geschäfte machen,
▶ kaum einer wird Ihre Drohung ernst nehmen, weil schließlich alle mit derselben Einstellung zur Zahlungsmoral arbeiten.

Achtung: Häufiger als durch falsche Planung oder unternehmerische Fehler hinsichtlich des eigentlichen Betriebes oder Geschäftszwecks kommen Unternehmen durch ausbleibende Zahlungen und daraus folgende Liquiditätsengpässe in Schwierigkeiten.

Folglich müssen Sie sich bei finanziellen Engpässen Gedanken darüber machen, wie Sie schnell und bequem an Geld kommen. Interessant sind für Sie im Folgenden deshalb vor allem die Möglichkeiten, sich finanziellen Spielraum zu verschaffen.

Kontokorrentkredit

Der Kontokorrentkredit ist ein Überziehungskredit, den die Bank im Rahmen der Führung eines Girokontos gewährt. Diesen Dispositionsspielraum sollten Sie allerdings vorher (möglichst mit einem gut gefüllten Konto) aushandeln, um ihn im Fall des Falles ausschöpfen zu können. Wenn Sie allerdings Ihr Konto dauerhaft im negativen Bereich führen, sollten Sie auf eine andere Kreditart umschulden, da Kontokorrentkredite die teuerste Spielart der Kreditfinanzierung darstellen. Außerdem sollten Sie bei der Inanspruchnahme folgende Punkte strikt beachten:

▶ **Kurzfristig:** Auf keinen Fall dürfen aus einer Kontoüberziehung Investitionen finanziert werden.
▶ **Vorübergehend:** Dieses Darlehen sollte wirklich nur zum kurzfristigen Stopfen von Lücken verwendet werden.
▶ **Teuer:** Der Zinssatz ist fast doppelt so hoch wie für langfristige Finanzierungsmittel, die man deshalb für Investitionen einsetzen sollte.

Als Unternehmer müssen Sie mit dem Geldinstitut vereinbaren, dass Ihnen ein dem Umsatz entsprechender Kontokorrentkredit eingeräumt wird. Hierfür gilt im Normalfall ein Monatsumsatz als ausreichende Größenordnung. Weil auch dies aber ein Volumen von fünfstelligen Beträgen umfassen kann, sollten Sie auch hier auf Konditionenvergleiche nicht verzichten.

Wechselkredit

Ein Wechsel ist ein Wertpapier, das ein Zahlungsversprechen des Ausstellers an den Inhaber des Wechsels zu einem bestimmten Termin enthält. Wenn sich der Aussteller dazu verpflichtet, die Summe selbst zu zahlen, spricht man von einem »eigenen« Wechsel (Solawechsel). Enthält der Wechsel seitens des Ausstellers jedoch die Anweisung an den Wechselschuldner (den Bezogenen), die Wechselsumme an einen Dritten (den Remittenten) zu

Jede Finanzplanung sollte immer vom schlimmsten Fall ausgehen, um für alle Eventualitäten gewappnet zu sein. Forderungen können ausfallen und Zahlungen erst mit monatelanger Verzögerung eintreffen, Rechnungen müssen laufend beglichen werden, und das meist innerhalb kurzer Zeit.

> Wechselkredite haben für den Wechselaussteller den Vorteil, dass dem Kunden einerseits ein Zahlungsziel gewährt werden kann, andererseits das Geld unter Abzug des Diskonts sofort zur Verfügung steht.

zahlen, so bezeichnet man dies als einen »gezogenen« Wechsel (Tratte). Folglich zahlt der Aussteller beim Solawechsel selbst, bei der Tratte fungiert er nur als Rückgriffsschuldner, wenn der Bezogene nicht zahlt. Der große Vorteil des Wechsels ist es, dass er am Tag der Fälligkeit eingezogen und im Falle der Nichtzahlung sofort und ohne großen Aufwand vor Gericht geltend gemacht werden kann. Wer einen Wechsel vor Gericht nicht einlöst, kann im Prinzip seinen Laden dichtmachen. Damit ein Wechsel wirksam wird, muss er folgende Angaben enthalten:

- **Das Wort »Wechsel«** muss in der Urkunde erwähnt sein.
- **Die unbedingte Anweisung,** dass eine bestimmte Geldsumme zu zahlen ist, muss gegeben werden.
- **Der Name der Person beziehungsweise Firma,** die zahlen soll (Bezogener), muss genannt werden.
- **Der Tag der Fälligkeit des Wechsels** muss bestimmt werden.
- **Der Zahlungsort** muss bestimmt werden.
- **Die Person oder Firma,** an die der Wechsel ausgezahlt werden soll (Remittent), muss genannt sein.
- **Ausstellungstag und -ort** müssen angegeben werden.
- **Die Unterschrift des Ausstellers** muss sich auf der Urkunde befinden.

Zum kurzfristigen Kredit wird der Wechsel für Sie als Unternehmer dann, wenn Sie anstatt des Verkaufs von Waren auf Ziel einen Wechsel ausstellen, bei dem der Käufer der Bezogene ist. Dann haben Sie nämlich sofort die Möglichkeit, den Wechsel entweder direkt als Zahlungsmittel gegenüber Lieferanten zu verwenden oder ihn bei der Bank einzulösen. Die Banken gewähren Wechselkredite (auch Diskontkredite genannt) durch Einlösen von Handels- beziehungsweise Warenwechseln in der Regel dafür, dass damit ein entsprechender Warenumschlag finanziert wird. Sie haben wiederum gegenüber der Deutschen Bundesbank (beziehungsweise bald der Europäischen Zentralbank) die Möglichkeit, Handelswechsel bis zu einer bestimmten Grenze (Rediskontkontingent) selbst einzulösen (zu rediskontieren). Von der Wechselsumme wird aber noch der so genannte Diskontsatz, der von der Zentralbank festgelegt wird, für die verbleibende Laufzeit des Wechsels abgezogen.

Selbst wenn Sie Ihrerseits gegenüber Ihrem Lieferanten Bezogener eines Wechsels werden, der beispielsweise in drei Monaten fällig wird, fahren Sie immer noch günstiger als bei einem Kontokorrentkredit oder Lieferantenkredit. Das liegt an der großen Sicherheit, die Wechsel als Zahlungsmittel bieten.

Lombardkredit
Diese Finanzierungsform kommt im Warenhandel häufig vor, in dem Waren, Wechsel oder Wertpapiere verpfändet werden. Der so genannte Lombardsatz liegt aufgrund des höheren Risikos in der Regel ein Prozent

höher als der Diskontsatz, also immer noch erheblich unter den allgemeinen Kreditkonditionen, und wird ebenfalls von der Zentralbank festgelegt. Die Beleihungsgrenze liegt für Waren bei etwa 50 Prozent und für Wertpapiere bei rund 80 Prozent. Die Bank gewährt nur Lombardkredite für schnell verwertbare Waren oder Wertpapiere. Der große Nachteil des Lombardkredites für den Unternehmer liegt darin, dass er über die verpfändeten Waren und Wertpapiere nicht mehr verfügen kann. Wird allerdings Anlagevermögen beliehen, behält der Unternehmer das Nutzungsrecht, um geschäftsfähig zu bleiben.

Die Kreditkonditionen und Zinssätze der Geschäftsbanken werden maßgeblich durch die geldpolitischen Vorgaben der Europäischen Zentralbank bestimmt. Sie legt sowohl den Diskont- und Lombardsatz (1. und 2. Leitzins) als auch den Zinssatz für langfristige Wertpapiere (3. Leitzins) fest.

Lieferantenkredit
Der Lieferantenkredit ist kein Kredit im strengen Sinne, sondern kommt zwischen den verschiedenen Handelsstufen durch die Gewährung von Zahlungszielen zustande. Dabei verhält es sich nicht anders, als wenn Sie bei Ihrem Lebensmittelhändler oder in der Kneipe »anschreiben« lassen und zu einem späteren Zeitpunkt bezahlen.

Sie vereinbaren also mit Ihrem Lieferanten, dass die Ihnen gelieferten Waren oder die für Ihr Unternehmen erbrachten Dienstleistungen nicht sofort bezahlt werden müssen. Stattdessen vereinbaren Sie ein so genanntes Zahlungsziel, an dem die Zahlung erfolgt. Dieses kann normalerweise frei ausgehandelt werden und beschränkt sich meist auf einen Zeitraum von 30 Tagen. Es ist aber auch möglich, andere Zeiträume zu vereinbaren, beispielsweise bis zu 90 Tagen. Allerdings werden dafür dann meist geringe Preisaufschläge verlangt, die als eine Art Zins für die längere Wartezeit auf das Geld zu verstehen sind.

Factoring
Das Factoring ist ein Finanzierungsgeschäft, bei dem ein Finanzierungsinstitut (Factor) die Forderungen eines Unternehmens, die diesem aus dem Verkauf von Waren oder Dienstleistungen entstehen, ankauft und diese für das Unternehmen einzieht. Dadurch entsteht für das Unternehmen insoweit ein Kredit, als dass der Factor den Lieferantenkredit für das Unternehmen übernimmt. Wenn Sie sich also für die Zusammenarbeit mit einem Factor entscheiden, entstehen für Sie folgende Vor- und Nachteile:

▶ **Sie haben kein Ausfallrisiko** für Ihre Forderungen, dieses Risiko geht auf den Factor über.
▶ **Sie erhalten Ihr Geld sofort,** müssen aber eine Vergütung an den Factor zahlen.
▶ **Dienstleistungen:** Das Finanzierungsinstitut übernimmt für Sie noch weitere Dienstleistungen, beispielsweise Debitorenbuchhaltung, Rechnungsausstellung, Mahnwesen und allgemeine Unternehmensberatung.

In der Praxis unterscheidet man zwischen dem häufiger vorkommenden offenen Factoring und dem stillen Factoring. Beim offenen Factoring ent-

Factoring bietet ähnliche Vorteile wie der Wechselkredit: Sie erhalten Ihre Forderungen abzüglich der Factoring-Kosten sofort und bleiben damit zahlungsfähig, ohne das Geld sofort beim Kunden eintreiben zu müssen.

hält jede Rechnung den Hinweis, dass die Forderung an den Factor übertragen wurde und daher direkt an ihn zu zahlen ist. Daher ist der Factor auch berechtigt, bei Zahlungsverzug selbst die entsprechenden Schritte einzuleiten, das heißt Mahnungen zu schreiben oder das Gericht einzuschalten. Damit gehen Sie als Unternehmer das Risiko ein, eventuell wertvolle Kunden zu verprellen, denen Sie im Zweifelsfall Zahlungsaufschub gewährt hätten. Diese Möglichkeit bleibt Ihnen erhalten, wenn Sie sich für das stille Factoring entscheiden, bei dem Sie weiterhin der Rechnungssteller bleiben, die eingehenden Zahlungen aber an den Factor weiterleiten, der Sie ja schon im Voraus bezahlt hat. Der Nachteil beim stillen Factoring ist aber darin zu sehen, dass Sie weiterhin den Verwaltungsaufwand bei der Rechnungslegung bestreiten müssen.

Forfaitierung
Die Forfaitierung ist eine Finanzierungsform, die vor allem bei Auslandsgeschäften Verwendung findet, aber auch bei der Veräußerung von Wechselforderungen eine Rolle spielt.
Forfaitierung unterscheidet sich vom Factoring dadurch, dass auch nur einzelne Forderungen verkauft werden können und sonstige Serviceleistungen ausgeschlossen sind. Diese Finanzierungsform ist teuer und findet nur dann Anwendung, wenn andere Kreditaufnahmen, beispielsweise bei einer Ausfuhrkreditanstalt, ausgeschlossen sind.

Die Finanzierung von Kapitalgesellschaften
Kapitalgesellschaften haben neben den schon beschriebenen Möglichkeiten der Fremdfinanzierung bei Banken noch andere Wege, Kapital zu beschaffen; vor allem kommt die Aufnahme von weiteren Gesellschaftern beziehungsweise Aktionären in Frage. Je nach Gesellschaftsform sind Unterscheidungen zu treffen.

Ein Verwandtendarlehen stellt für beide Seiten eine günstige Möglichkeit der Kapitalbeschaffung beziehungsweise Kapitalanlage dar.

Verwandtendarlehen

Eine weitere Möglichkeit, Betriebs- beziehungsweise Gründungskapital aufzustocken, ist die private Kreditaufnahme. Wenn der private Kreditgeber Vertrauen in die Unternehmensfähigkeit hat oder Sicherheiten geboten werden können, profitieren beide Seiten von dem Geschäft. Der Kreditnehmer kann leichter und zeitsparender und ohne viel Formalismus den Kredit aufnehmen und zahlt deutlich günstigere Zinsen als auf dem freien Kapitalmarkt. Damit die Kreditzinsen steuerlich als Betriebsausgabe absetzbar sind, muss aber ein Kreditvertrag wie unter fremden Dritten abgeschlossen werden. Folgende Mindestinhalte sollte der Vertrag aufweisen:

> ▶ Kredithöhe,
> ▶ Zinssatz (angemessen, mindestens fünf Prozent),
> ▶ Zahlungsmodalitäten (laufende Zinszahlungen, monatlich oder vierteljährlich),
> ▶ Rückzahlung des Darlehens muss gesichert sein,
> ▶ Kündigungsmöglichkeiten müssen angesprochen werden,
> ▶ Darlehensnehmer muss Sicherheiten stellen.
>
> Der Gläubiger profitiert wiederum von der höheren Verzinsung gegenüber herkömmlichen Anlagen. Die Guthabenzinsen dürfen in der Einkommensteuererklärung jedoch nicht unberücksichtigt bleiben. Bei einer eventuellen Betriebsprüfung des Kreditnehmers ergeht nämlich eine Kontrollmitteilung an das Finanzamt des Gläubigers. Hat dieser die Zinsen nicht versteuert, droht eine Anzeige wegen Steuerhinterziehung. Eine Steuerpflicht entsteht nur, wenn die Kapitaleinkünfte die jeweiligen Freibeträge übersteigen.

Da die GmbH nur mit ihrem Stammkapital haftet, ist die Kreditwürdigkeit arg begrenzt. Wenn die Gesellschafter keine Sicherheiten aus dem Privatvermögen anbieten können, bleibt häufig nur die Aufnahme weiterer Gesellschafter oder stiller Teilhaber zur Kapitalbeschaffung. Die Gesellschafter beteiligen sich nicht nur am Stammkapital, sondern sie können zusätzlich Gesellschafterdarlehen geben, für die sie persönlich haften.

Die Aktiengesellschaft und die Kommanditgesellschaft auf Aktien haben mit der Emission von Aktien hingegen hervorragende Möglichkeiten der Kapitalbeschaffung. Zum einen ist die Kreditwürdigkeit gegenüber Banken größer als bei der GmbH, da das Grundkapital (mindestens 100.000 DM) nicht gekündigt werden kann und die Existenz der Gesellschaft nicht von den Aktionären abhängig ist. Größere Unternehmen mit steigendem Kapitalbedarf können daher eine AG gründen und somit ihre Aktien an der Börse handeln. Die AG stärkt ihre Eigenkapitalbasis durch Emission junger Aktien, worauf die Inhaber alter Aktien Bezugsrechte haben.

Kapitalgesellschaften verfügen über besonders gute Möglichkeiten, an Geld zu kommen, ohne auf Kredite angewiesen zu sein.

Leasing – Alternative zum Kauf?

Als Privatleute kennen die meisten von uns Leasing fast nur im Zusammenhang mit Autos – da wird es oft als Alternative zum Kauf oder zur Kreditfinanzierung angeboten. Und da verbirgt sich hinter dem Leasing meist eine Verbraucherfalle, weil:

▶ **Teuer:** Die Gesamtkosten fallen höher aus als bei Barkauf oder Bankfinanzierung,
▶ **Pflichten:** Der Leasingnehmer hat Pflichten wie ein Eigentümer, aber genießt zugleich nicht einmal die sonst üblichen Rechte eines Mieters,

> Leasing ist für Unternehmensgründer, die mit ihrer Geschäftsidee große Profite erwarten dürfen, eine hervorragende Alternative zum Kauf: Der Finanzierungsspielraum wird offen gehalten und große Kapitalsummen aus eigenen und fremden Quellen müssen nicht verwendet werden.

- **Risiken:** Viele Manipulationsmöglichkeiten (etwa hinsichtlich der Restwertbeurteilung und der Schlusszahlung) bergen unvorhersehbare Risiken für den Kunden.

Für den Unternehmer sieht die Sache hingegen anders aus, da winken beim Leasing eine Reihe von Vorteilen:

- **Günstig:** Die Anschaffung teurer Maschinen mit Eigen- oder Fremdkapital kann vermieden werden.
- **Freie Finanzmittel:** Die Finanzierungsmittel bleiben für kleinere Investitionen und laufende Ausgaben frei.
- **Kredite:** Bei Unternehmensgründungen benötigte Fremdmittel (Kredite) können im Rahmen gehalten werden.
- **Er kann mehr Geld einsetzen,** um Produkte zu entwickeln oder den Umsatz anzukurbeln (mehr Ladenfläche, mehr Ware im Angebot).

Der Geschäftszweck ist beispielsweise im Einzelhandel nicht der Besitz von teuren Ladeneinrichtungen, sondern der Handel mit einem möglichst großen Warensortiment. Daher sollte die verfügbare Finanzkraft für den Ausbau des Warensortiments und den schnelleren Warenumschlag, aber nicht für den Erwerb von Einrichtungen genutzt werden.

> **Achtung:** Leasing lohnt sich immer dann, wenn alles verfügbare Geld in Geschäfte gesteckt wird, die so rentabel sind, dass die Mehrkosten für das Leasing gegenüber einem Kauf mit Eigenkapital oder einer Kreditfinanzierung getragen werden können.

Im geschäftlichen Bereich hat Leasing gegenüber dem Privatbereich außerdem steuerliche Vorteile. Denn Leasingraten und Sonderzahlungen sind als Geschäftskosten wie eine Miete sofort voll absetzbar, das bringt auch Vorteile bei der Gewerbesteuer. Wer hingegen Betriebseinrichtungen mit einem Wert von mehr als 800 DM kauft, kann jährlich nur einen Teil der Anschaffungskosten absetzen. Außerdem gehören die Leasingfahrzeuge wirtschaftlich nicht dem Leasingkunden, so dass sie nicht in das Anlagevermögen der Bilanz fallen.

Worauf Sie bei Leasingverträgen achten müssen

> Der Abschluss von Leasingverträgen sollte immer unter Hinzuziehung eines Rechtsbeistands erfolgen, da es sehr auf die Details ankommt.

Während die Gesetze fast alles geregelt haben, was für Verbraucher oder Unternehmer wichtig ist (Kauf, Miete, Pacht, Kredit), gilt für das Leasing die gleiche Problematik wie beim Franchising. Leasing ist eine Mischform aus mehreren Vertragstypen, die sich nicht direkt aus dem Gesetz ableiten lässt. Als die großen Gesetzeswerke (BGB, HGB, StGB) um die Jahrhundertwende eingeführt wurden, gab es Leasing als Idee und Geschäftsform noch nicht. Daher stehen selbst erfahrene Juristen manchmal ratlos vor der Materie, denn Leasingverträge werden je nach Ausgestaltung der Konditionen als normale Mietverträge, als verdeckte Teilzahlungsverträge, als Geschäftsbesorgungsverhältnisse, als Treuhandverhältnisse oder als Verträge eigener Art angesehen.

Besonders wichtig ist die Wahl der richtigen Leasingform. So hat beispielsweise das Finanzierungsleasing die größten praktischen Auswirkungen. Da gibt es nämlich die Voll- und die Teilamortisation. Der Bundesfinanzminister hat 1971 diese Kategorien geschaffen, um das Leasinggut steuerlich dem Leasingnehmer oder dem Leasinggeber zuzuordnen. Sprechen Sie darüber vor Vertragsabschluss mit Ihrem Steuerberater.

Die Voll- und Teilamortisation

Bei der Vollamortisation wird der Leasingvertrag für eine festgeschriebene Zeit abgeschlossen. In dieser so genannten Grundmietzeit kann der Vertrag bei beiderseitiger Erfüllung der Vertragspflichten nicht gekündigt werden. Die Summe der Raten und einer etwaigen Sonderzahlung deckt mindestens die Anschaffungs-, Herstellungs- und Finanzierungskosten des Leasinggebers einschließlich des Gewinnes. Die Grundmietzeit beläuft sich auf etwa 40 bis 90 Prozent der gewöhnlichen Nutzungsdauer (bei Autos sind das rund zehn Jahre, bei Computern fünf Jahre).

Bei der Teilamortisation tilgt der Leasingnehmer mit den Leasingraten und einer vereinbarten Sonderzahlung nur einen geschätzten Wertverlust sowie die Finanzierungskosten und den Gewinn des Leasinggebers während der Vertragsdauer. Weil nur ein Teil der Finanzierungskosten abgestottert wird, sind die monatlichen Raten klein, und der Vertrag ist scheinbar günstig. Wenn der Vertrag ausgelaufen ist, muss der Leasingnehmer jedoch noch einmal bezahlen, denn auch bei diesem Vertrag trägt der Verbraucher das volle wirtschaftliche Risiko.

Andienungsrecht und Mehrerlösregelung

Der Leasinggeber kann am Vertragsende bestimmen, ob der Leasingnehmer den geleasten Gegenstand kaufen muss oder nicht. Der Kaufpreis wird bei Vertragsbeginn festgelegt. Wenn der Marktpreis niedriger ist als der kalkulierte Kaufpreis, wird der Leasingnehmer gezwungen, den Gegenstand zu kaufen. Wenn der Marktpreis höher ist als der kalkulierte Kaufpreis, wird der Leasinggeber den Gegenstand natürlich zurücknehmen. Als Leasingnehmer muss man deshalb darauf achten, nicht nur an den negativen Seiten des Geschäfts beteiligt zu werden.

Nach der Grundmietzeit verwertet und bewertet der Leasinggeber den Gegenstand. Wenn der Erlös den bei Vertragsbeginn kalkulierten Restwert nicht erreicht, muss der Leasingnehmer die Differenz auffüllen, also nachzahlen. Übersteigt der Veräußerungserlös den kalkulierten Restwert nebst den Kosten für den Verkauf des Gegenstands, stehen dem Leasingnehmer vom Gewinn 75 Prozent zu.

Da Leasing unter Umständen auch steuerliche Vorteile gegenüber dem Kauf von Anlagen bietet, muss auf die Ausgestaltung der Details bei Leasingverträgen große Sorgfalt gelegt werden.

Vertragsklauseln, die beim Leasing wichtig sind

Gelegentlich kommt es vor, dass nicht die Leasingfirma, sondern Sie den Kaufvertrag unterschreiben. Danach wendet sich der Händler an die Leasinggesellschaft zur Übernahme der Finanzierung. Damit dabei nicht etwas von den erhaltenen Zusagen oder den Wünschen und Vorstellungen des Unternehmers verloren geht, muss man sich schützen. Bei der Unterschrift sollte man einen Zusatz vereinbaren, der die Gültigkeit des Kaufvertrages von der Bedingung abhängig macht, dass eine Leasinggesellschaft die Finanzierung übernimmt. Sie sollten außerdem darauf bestehen, dass Sie im Namen der Leasingfirma Reparatur- und Serviceaufträge erteilen dürfen. Dies sollte im Vertrag festgehalten werden.

Die Kündigung von Leasingverträgen

Die Auflösung von Leasingverträgen liegt eigentlich nicht in der Natur der Sache, da man den Kauf einer großen Anlage ebenfalls nicht einfach wieder rückgängig machen kann.

Die meisten Leasingverträge sehen eine ordentliche Kündigung nicht vor. Denn das Leasing wurde ja als Finanzierungsmodell auf die volle Anzahl der Raten kalkuliert. Es gilt der Grundsatz der Unkündbarkeit. Gleichwohl ist eine einverständliche Aufhebung des Vertrages möglich. Die Leasinggesellschaft stellt Ihnen dann den entgangenen Gewinn und sämtliche Finanzierungskosten in Rechnung – aber über den Betrag kann man verhandeln.

Bei Verlust, Untergang und größeren Beschädigungen des Leasinggegenstandes ist oft ein Kündigungsrecht für beide Seiten vorgesehen. Reparaturkosten von etwa zwei Dritteln des Zeitwertes sind in vielen Fällen vertraglich als außerordentlicher Kündigungsgrund vereinbart. Außerhalb der vertraglichen Ordnung liegende Kündigungsrechte sind in allen Vertragsarten und auch beim Leasing gegeben. Es müssen dabei aber schwere Verstöße gegen vertragliche Pflichten vorliegen. Berechtigt zur fristlosen Kündigung wäre das Leasingunternehmen beispielsweise bei:

▶ fehlenden Versicherungsnachweisen,
▶ rechtlicher Unerreichbarkeit des Leasingkunden,
▶ vertragswidrigem Gebrauch (z. B. Weitergabe an andere),
▶ Vermögensverschlechterung des Leasingkunden,
▶ Zahlungsverzug.

Mit der Vermögensverschlechterung sind gravierende Veränderungen gemeint. Wenn jemand einen Scheck platzen lässt, reicht das nicht aus. Es muss nachweislich eine Gefährdung der Ansprüche vorliegen, die die Leasinggesellschaft an den Kunden hat. Das wird zum Beispiel immer bei beantragten Konkurs- oder Vergleichsverfahren der Fall sein.

> **Achtung:** Der Begriff »Verschlechterung« ist wörtlich zu nehmen! Wenn der Leasinggesellschaft die katastrophale Vermögenssituation schon bei Vertragsabschluss bekannt war und sich dieser Zustand nicht verändert hat, kann nicht gekündigt werden.

Mit Zahlungsverzug ist gemeint, dass der Leasingkunde seine Leasingraten nicht mehr oder nicht pünktlich überweist. Die Leasinggesellschaften vereinbaren dann oft ein Recht auf fristlose Kündigung im klein Gedruckten. Ob ein solches Kündigungsrecht wirksam ist, wenn hier ganz kurze Verzugszeiten angenommen werden, ist immer eine Frage des Einzelfalles. Die Chancen der Leasinggesellschaft, damit durchzukommen, sind aber nicht aussichtslos.

Finanzierungsmöglichkeiten im Vergleich

Wenn Sie größere Investitionen tätigen wollen, dann sollten Sie sich zuerst einmal überlegen, ob es kostengünstigere Alternativen zum Kauf gibt. Leasen oder Mieten sind zwei solche Möglichkeiten, mit denen man teure Anschaffungen ohne großen Kapitalbedarf finanzieren kann. Außerdem binden Sie dadurch nicht wertvolles Eigenkapital, und die monatlichen, steuerlich sofort abzugsfähigen Betriebsausgaben sind klar kalkulierbar, der Mietvertrag ist zeitlich begrenzt.

Der Unterschied bei der Miete gegenüber dem Leasing besteht darin, dass Sie mehr Rechte und weniger Pflichten haben, denn der Vermieter muss beispielsweise Maschinen selbst instand halten. Als Leasingnehmer hingegen sind Sie für die Instandhaltung verantwortlich, haben weniger Rechte, jedoch mehr Pflichten. Inwieweit sich das finanziell auswirkt, ist im jeweiligen Einzelfall zu prüfen.

Kauf, Miete und Leasing sind die drei Alternativen, wenn es um die Anschaffung größerer Anlagen und Einrichtungsgegenstände geht. Welche davon die günstigste Finanzierungsform darstellt, muss im Einzelfall geprüft werden.

⚡ Blitzübersicht: Finanzierung

Form des Erwerbs	Vorteile	Nachteile	Steuerliche Konsequenzen	Empfehlenswert für
Kauf	freie Verfügbarkeit für den Eigentümer, Anschaffung ist jederzeit veräußerbar	lange Kapitalbindung, langfristige Kreditbindung, Instandhaltungspflicht, schnelle Veralterung und damit schlechtere Veräußerbarkeit, oft hohe Wertverluste	Anschaffungs- bzw. Herstellungskosten können nur über die AfA abgeschrieben werden, Zinsen für Kredite dagegen sind sofort abzugsfähig, Vorsteuer aus Anschaffungskosten ist sofort abzugsfähig	Kleinunternehmer, denen auch gebrauchtes Anlagevermögen ausreicht

Neben dem finanziellen Aspekt spielt natürlich auch die unterschiedliche Rechtsstellung zwischen den Vertragsparteien eine wichtige Rolle. Sie sollte vor der endgültigen Entscheidung in die Überlegungen einfließen.

Form des Erwerbs	Vorteile	Nachteile	Steuerliche Konsequenzen	Empfehlenswert für
Leasing	keine Kapitalbindung, Dispositionsrahmen bei der Bank wird nicht beansprucht, überschaubare Laufzeit, nach Ablauf können brandneue Gegenstände genutzt werden, evtl. günstiges Andienungsrecht nach Vertragsende, gute Kalkulierbarkeit, da feststehende Raten	Anlagevermögen kann nicht veräußert werden, Laufzeiten müssen eingehalten werden, Leasingrate ist oft teurer als Kredit (Angebote prüfen!), Instandhaltungspflicht wie beim Eigentum	monatliche Leasingrate und darauf berechnete Umsatzsteuer sind sofort als Betriebsausgabe abzugsfähig, die Vorsteuer ebenfalls, die Vorsteuer mindert die Umsatzsteuerschuld	Unternehmer, die hohes Anlagevermögen mit hohem technischem Standard benötigen, mehr für Mittel- und Großbetriebe
Miete	keine Kapitalbindung, kein »Betteln« bei Banken, überschaubare Laufzeit, gute Kalkulierbarkeit, keine Instandhaltungspflicht für Mieter	keine Veräußerbarkeit, Miete ist manchmal teurer als Anschaffungskredit (Angebote prüfen!)	monatliche Mietzahlungen inkl. Umsatzsteuer sind sofort abzugsfähige Betriebsausgaben, die Vorsteuer mindert die Umsatzsteuerschuld	Unternehmer, die hohes Anlagevermögen mit hohem technischem Standard nutzen und Instandhaltungsaufwand auf Vermieter abwälzen möchten

Die Unternehmensbewertung

Wenn eine Unternehmensbewertung unter dem Aspekt der Unternehmensfortführung vorgenommen wird und nicht unter dem Aspekt der Veräußerung einzelner Vermögensteile, erfolgt sie immer als Gesamtbewertung. Dabei ist zu berücksichtigen, dass ein Unternehmen aus verschiedenen Vermögensteilen besteht, die den Substanzwert wiedergeben. Die Einkommensquellen beziehungsweise die voraussichtlich zu erwartenden Erträge dokumentieren den Ertragswert. Beide Werte bilden zusammen den Unternehmenswert. Bei der Einzelbewertung des Unternehmens werden dagegen nur einzelne Vermögensteile bewertet, wenn diese beispielsweise veräußert werden sollen. Wann erfolgt eine Unternehmensbewertung?

Die Unternehmensbewertung hat folgende Aufgaben:
- Beratungsfunktion,
- Grundlagenfunktion für verschiedene Steuerarten,
- Vermittlungsfunktion,
- Argumentationsfunktion.

Der häufigste Anlass einer Unternehmensbewertung ist sicherlich die Unternehmensveräußerung. Hierbei wird der aktuelle Marktwert unter Berücksichtigung der künftigen Ertragskraft ermittelt, damit ein realistischer Veräußerungspreis ermittelt werden kann. Die häufigsten Anlässe haben wir nachstehend zusammengefasst.

Anlässe für die Unternehmensbewertung ohne Eigentümerwechsel:
- steuerliche Bewertung (gemeiner Wert) für nicht an der Börse notierte Anteile an einer Kapitalgesellschaft,
- Prüfung der Kreditwürdigkeit,
- Sanierung,
- Zugewinnausgleich bei Ehegatten.

Anlässe für Unternehmensbewertung mit Eigentümerwechsel:
- Kauf/Verkauf,
- Eintritt oder Ausscheiden von Gesellschaftern,
- Umwandlung (von Personengesellschaft in Kapitalgesellschaft oder umgekehrt),
- Fusion,
- Erbauseinandersetzungen (Ermittlung des Abfindungspreises).

Nicht nur im Vorfeld einer Unternehmensübernahme ist eine Unternehmensbewertung sinnvoll. Sie empfiehlt sich auch dann, wenn das Unternehmen in finanzielle Schwierigkeiten geraten ist und der Kapitalbedarf für die Sanierung ermittelt werden soll.

Das Stuttgarter Verfahren der Unternehmensbewertung

Es gibt keinen Marktpreis für ein Unternehmen. Kapitalgesellschaften, die ihre Anteile nicht an der Börse handeln, zum Beispiel eine GmbH, ermitteln ihre Anteile meistens nach dem Stuttgarter Verfahren. Der errechnete gemeine Wert stellt den Anteilswert pro 100 DM Stammkapital dar, der etwa bei einem Gesellschafterwechsel gezahlt werden muss.

Beispiel: Der ermittelte Anteil pro 100 DM Stammkapital beträgt 250 DM. Der neue Gesellschafter des Unternehmens möchte sich zu 20 Prozent am Stammkapital von 50.000 DM beteiligen. Sein Kaufpreis ist somit nicht 10.000 DM, sondern 25.000 DM.

Die Unternehmensbewertung errechnet den aktuellen Marktpreis des Betriebes, unabhängig von der Rechtsform. Sie ist jedoch subjektiv geprägt von der Zielsetzung desjenigen, für den die Bewertung erfolgt.
- **Der Veräußerer** ist an einer möglichst hohen Unternehmensbewertung interessiert, um einen hohen Veräußerungspreis zu erzielen.
- **Der Käufer** wird versuchen, den Unternehmenswert durch Risikoabschläge gering zu halten, um das Unternehmen zu einem günstigen Preis erwerben zu können.

Methoden der Unternehmensbewertung

Ziel jeder Unternehmensbewertung ist eine möglichst genaue und objektive Gesamtbewertung, um allen Beteiligten gerecht zu werden. Bei einer Betriebsveräußerung gibt es einen Grenzpreis für den Anbieter und den Nachfrager, wobei der Kaufpreis meistens in der Mitte liegt. Eine Gesamtbewertung des Betriebes erfolgt immer nach der Ertragswertmethode unter Berücksichtigung des Substanzwertes als Hilfswert.

Bei der Ertragswertmethode richtet sich der Unternehmenswert nach den erzielbaren Gewinnen. Die durchschnittlichen Gewinne der letzten drei bis fünf Jahre bilden die Rechnungsgrundlage für die künftig zu erwartenden Gewinne, die mit einem kalkulatorischen Zinsfuß diskontiert werden. Der Nachteil dieser Methode liegt in der starken Vergangenheitsorientierung bei der Ermittlung künftig erzielbarer Gewinne.

Bei der Substanzwertmethode richtet sich der Unternehmenswert nach den vorhandenen Vermögenswerten des Betriebes, etwa Grundstücken, Gebäuden, Fuhrpark, Maschinen und sonstigem Anlagevermögen. Der Substanzwert wird auch Reproduktionswert genannt, der den Wert dokumentiert, mit dem ein Unternehmen »nachgebaut« werden kann.

Die wichtigste Grundlage für eine Unternehmensbewertung ist der Jahresabschluss des Unternehmens, wobei hier immer die letzten drei bis fünf Jahresabschlüsse und eine Zwischenbilanz zum aktuellen Datum herangezogen werden. Anhand der Bilanzwerte kann der Teilreproduktionswert ermittelt werden, der dem Tageswert des bilanzierten Vermögens entspricht. Der Teilreproduktionswert wird durch Aufdeckung der in den Bilanzwerten enthaltenen stillen Reserven ermittelt.

Der Substanzwert, der den Wert des Anlagevermögens eines Unternehmens wiedergibt, und der Ertragswert, der die Gewinnerzielungsaussichten darstellt, bilden die Grundlage für die Unternehmensbewertung.

Beispiel: *Eine Produktionsmaschine ist in der Bilanz mit einem Buchwert von 10.000 DM enthalten. Diese Maschine könnte zu einem aktuellen Preis von 18.000 DM veräußert werden. Die stillen Reserven betragen somit 8.000 DM, der Teilreproduktionswert liegt bei 18.000 DM.*

Imaginäre Wirtschaftsgüter und ihr Einfluss auf den Gesamtwert

Ein konkurrenzfähiges, solides Unternehmen kann man jedoch nicht nur aus der Nachbildung von Substanzwerten beurteilen. Daher ist der Substanzwert nur ein wichtiger Hilfswert für die Gesamtbewertung des Unternehmens. Weitere wichtige Faktoren, die den Gesamtwert des Betriebes beeinflussen, sind die imaginären Wirtschaftsgüter, deren Werte nur geschätzt werden können, da sie nicht bilanziert werden. Die Faktoren sind aber wichtig, weil beispielsweise eine Werbeagentur einen Großteil ihres Wertes einbüßt, wenn der bisher mittätige Inhaber ausscheidet, der ein persönliches Verhältnis zu seinen Kunden gepflegt hat und viele Aufträge vor allem durch persönliche Kontakte gewinnen konnte, da er eben über ein entsprechendes »Vertrauenskapital« verfügte.

Manche Unternehmen wären ohne die Berücksichtigung ihrer imaginären Wirtschaftsgüter nur die Hälfte wert. Vor allem den Kundenstamm und das kreative Potenzial eines Unternehmens gilt es zu erfassen.

Folgende Faktoren sind also besonders zu berücksichtigen:
- imaginärer Firmenwert (Goodwill beziehungsweise Kundenstamm),
- technisches Know-how,
- Personalstamm (gut geschultes Personal ohne zu viel Fluktuation)
- Image,
- reibungslose Organisation.

Schema für eine Gesamtunternehmensbewertung
Materielle Vermögensgegenstände zum Tageswert = Teilreproduktionswert ./. kalkulatorische Abschreibung = **Substanzwert** + **imaginärer Firmenwert** bzw. Summe der immateriellen Wirtschaftsgüter = **Ertragswert**

Am einfachsten ist die Anwendung des Mittelwertverfahrens. Der Mittelwert ist ein Durchschnittswert von Ertragswert und Substanzwert. Er wird ganz einfach ermittelt, indem man Ertragswert und Substanzwert addiert und durch zwei teilt. Das Ergebnis stellt den nach dieser Methode ermittelten Unternehmenswert dar.

Es gibt darüber hinaus noch weitere, verfeinerte Verfahren, die die Werte aus der Vergangenheit durch Zu- oder Abschläge bereinigen und künftige subjektive Erwartungen realistischer machen. Für eine objektive Wertermittlung wurden die Grundsätze ordnungsmäßiger Unternehmensbewertung geschaffen. Diese Bewertungsregeln erleichtern den Unternehmensgutachtern eine objektive, plausible Bewertung, deren Ergebnis auch von anderen nachprüfbar sein soll.

Bei Kauf und Verkauf: Beratung sichern

Theoretisch ist eine Unternehmensbewertung nach den genannten Grundsätzen zwar möglich – auch für den Unternehmer selbst. Aber zu berücksichtigen sind auch konjunkturelle und aktuelle Einflüsse. So können beispielsweise anstehende neue gesetzliche Vorschriften, die ein Unternehmen der jeweiligen Branche stark berühren, eine Erhöhung oder Senkung des Unternehmenswertes nach sich ziehen.

Für den direkt Betroffenen ist es außerdem kaum möglich, absolut objektiv an eine Bewertung heranzugehen. Empfehlenswert sind deshalb außenstehende Berater, die meist über Vergleichswerte aus der jeweiligen Branche verfügen. Als Vermittler zu den Beratern treten Steuerberater und Wirtschaftsprüfer auf, auch die Industrie- und Handelskammern können helfen. In jedem Fall aber sollte man sich vor der Beauftragung eines Beraters, der vor der Bewertung nicht selten einen Alleinauftrag für Kauf oder Verkauf erteilt haben möchte, Referenzen vorlegen lassen und diese in Gesprächen mit den angegebenen Referenzadressen überprüfen.

Wie in allen Fällen, in denen wirtschaftliche Handlungen juristische Folgen haben, ist auch bei Kauf und Verkauf von Unternehmen die rechtliche Beratung ein »Muss«.

Kapitel 6
Rechnungswesen – Bücher, Kosten und Bilanzen

Vielleicht verfügen Sie schon über ein umfangreiches Wissen zu den in diesem Kapitel behandelten Fragen? Dann können Sie folgendes Kapitel zunächst einmal überspringen und im Bedarfsfall noch einmal nachblättern. Ansonsten testen Sie Ihr Wissen. Beantworten Sie alle Fragen des Tests fehlerfrei, sind Ihnen die wesentlichen Informationen des folgenden Kapitels bereits geläufig. Bleiben Fragen offen, dann versuchen Sie die Lösung noch einmal nach der genauen Lektüre dieses Kapitels zu finden. Achtung: Bei der Beantwortung der Fragen sind auch Mehrfachnennungen möglich. Die Auflösung finden Sie am Ende des Tests.

⚡ Blitztest
Was wissen Sie schon – wie groß ist Ihr Info-Bedarf?

→ siehe Seite 159

1. Welche nachfolgenden Berufsgruppen sind nicht buchhaltungspflichtig?

a) Kleinunternehmer.
b) Ärzte.
c) Kapitalgesellschaften.

→ siehe Seite 162

2. Welche Aufgaben hat die Kostenrechnung?

a) Erleichterung für die Finanzbuchhaltung.
b) Erfassung, Zuordnung und Verteilung aller Kosten.
c) Grundlage für Kalkulation und Preispolitik.

→ siehe Seite 166

3. Was ist ein Break-even-Punkt?

a) Punkt, an dem die Verlustzone beginnt.
b) Punkt, an dem die Gewinnzone beginnt.
c) Kostendeckungspunkt.

→ siehe Seite 167

4. Was ist eine Bilanz?

a) Gegenüberstellung von Betriebsvermögen und Kapital.
b) Gegenüberstellung von Ertrag und Aufwand.
c) Gegenüberstellung von Umsatz und Kosten.

5. Was ist ein Inventar? → siehe Seite 171

a) Inneneinrichtung des Betriebs.
b) Preisverzeichnis.
c) Bestandsverzeichnis aller betrieblichen Vermögensgegenstände und Schulden.

6. Was bedeutet Cashflow? → siehe Seite 175

a) Kassenbestand eines Unternehmens.
b) Fähigkeit des Unternehmens, kurzfristige Verbindlichkeiten aus dem Umsatz zu bezahlen.
c) Innenfinanzierungskraft des Unternehmens.

7. Was ist eine Gewinn-und-Verlust-Rechnung? → siehe Seite 176

a) Gegenüberstellung von Erträgen und Aufwendungen.
b) Anderes Wort für Einnahmen-Überschuss-Rechnung.
c) Gegenüberstellung von Einnahmen und Ausgaben.

8. Welchen Vorteil hat die Einnahmen-Überschuss-Rechnung? → siehe Seite 178

a) Weniger Betriebsprüfungen.
b) Möglichkeit der Gewinnverlagerung.
c) Einfachere Gewinnermittlungsart.

9. Wie können Unternehmensgewinne verlagert werden? → siehe Seite 179

a) Betriebsausgaben werden vorgezogen.
b) Betriebseinnahmen werden ins Folgejahr verschoben.
c) Rechnungen werden nicht gebucht.

10. Welche Aufgaben hat der Anlagespiegel? → siehe Seite 177

a) Übersicht über Finanzanlagen einer Unternehmung.
b) Übersicht über Sachanlagen einer Unternehmung.
c) Übersicht über die Geschäftsentwicklung des Betriebs.

Lösung des Tests:

1. a, b	**3.** b, c	**5.** c	**7.** a	**9.** a, b
2. b, c	**4.** a	**6.** b, c	**8.** b, c	**10.** a, b

Buchhaltung und Bilanzierung

Die genaue und lückenlose Buchführung ist Grundlage für Bilanzierung und Gewinnermittlung eines Unternehmens. Sie gibt dem Unternehmer wichtiges Material für Entscheidungen und zeigt externen Geldgebern die Kreditwürdigkeit der Firma.

Auch wenn Sie diese langweiligen Angelegenheiten Ihrem Steuerberater oder Buchhalter überlassen – Grundkenntnisse im Rechnungswesen sind für jeden Kaufmann und Unternehmer unerläßlich.

Das betriebliche Rechnungswesen beinhaltet alle Verfahren zur Erfassung und Überwachung der betrieblichen Geld- und Leistungsströme, die durch die betrieblichen Umsätze hervorgerufen werden. Somit hat das Rechnungswesen betriebsintern eine Dokumentations- und Kontrollaufgabe aller Finanzströme. Außerdem hilft es bei der Überprüfung der Wirtschaftlichkeit und Rentabilität betrieblicher Handlungen und dient der wirtschaftlichen Disposition des Unternehmers für künftige Entscheidungen. Das abschließende Controlling sollte ein Unternehmer bis zu einer bestimmten Unternehmensgröße immer selbst durchführen, schließlich muss er wissen, wie es um seine Firma steht. Betriebsextern dient das Rechnungswesen der Rechenschaftslegung vor den Gesellschaftern oder Aktionären und den strengen Augen der Finanzämter.

> **Rechnungswesen – was gehört dazu?**
>
> ▶ **Buchhaltung und Bilanzierung** (Buchführung, Inventar, Jahresabschluss und Zwischenbilanzen)
> ▶ **Kostenrechnung** (kalkulatorische Buchführung, Kostenarten-, Kostenstellen- und Kostenträgerrechnung, kurzfristige Erfolgsrechnung und Selbstkostenrechnung)
> ▶ **Statistik und Vergleichsrechnung**
> ▶ **Planungsrechnung**

Buchhaltung – das müssen Sie beachten

Die Aufzeichnungen Ihrer Einnahmen und Ausgaben dürfen nicht wahllos erfolgen, sondern müssen in eine bestimmte vorgeschriebene Form gebracht werden. Die Buchführung hat neben der Dokumentations-, Kontroll- und Dispositionsaufgabe auch die Aufgabe der Ermittlung des wirtschaftlichen Erfolges eines Unternehmens. Sie ist außerdem Berechnungsgrundlage für alle steuerlichen Erhebungen. Hierbei handelt es sich um alle schriftlichen oder computerunterstützten regelmäßig festgehaltenen Geschäftsvorfälle, die eine Feststellung der Besteuerungsgrundlagen für die einzelnen Steuerarten ermöglichen. Die Feststellung dieser Daten erfolgt in Form der Buchführung, aus der der Jahresabschluss erstellt wird. Aus dem Jahresabschluss ergibt sich dann entweder ein Gewinn oder ein Verlust. Der Unternehmensgewinn oder -verlust wird nach den handelsrechtlichen Grundsätzen der Buchführung ermittelt.

Wer muss Bücher führen?

Es sind jedoch nicht alle Unternehmer zur Buchführung verpflichtet. Die meisten werden aber schon für die eigene Betriebsplanung freiwillig eine Buchhaltung erstellen. Außerdem dient sie als Beweismaterial für die tatsächlichen Besteuerungsgrundlagen.

Nach § 141 AO gilt eine Buchführungs- und Abschlusspflicht für:

- **Kaufleute** aufgrund § 140 AO (u. a. Versicherungsunternehmen, Banken, Genossenschaften, Kapitalgesellschaften, z. B. OHG, KG, GmbH) oder
- **gewerbliche Unternehmer,** die nicht Kaufleute sind, sowie Land- und Forstwirte, die folgende Kriterien erreichen oder überschreiten: Jahresumsatz einschließlich der steuerfreien Umsätze über 500.000 DM, selbst bewirtschaftete land- und forstwirtschaftliche Flächen mit einem Wirtschaftswert über 40.000 DM, ein Gewinn aus Gewerbebetrieb oder aus Land- und Forstwirtschaft über jährlich 48.000 DM.

> **Achtung:** Selbst wenn nur eines der vorgenannten Größenmerkmale erreicht wird, tritt für den Kaufmann die volle Buchführungs- und Abschlusspflicht gemäß den gesetzlichen Bestimmungen ein.

Wird keines der Größenmerkmale mehr erreicht, so endet die Buchführungs- und Abschlusspflicht mit Ablauf des Wirtschaftsjahres, das auf das Kalenderjahr folgt, in dem festgestellt wurde, dass die Buchführungsgrenzen nicht mehr überschritten werden.

Die Buchführungspflicht trifft nicht jeden Unternehmer. Bestimmte Rechtsformen und Betriebsgrößen bringen jedoch die Buchführungspflicht mit sich.

Wer muss keine Bücher führen?

Folgende Personen sind von der aufwendigen Buchführungs- und Abschlusspflicht befreit:

- **Kleingewerbetreibende,** sonstige Gewerbetreibende und Land- und Forstwirte unterhalb der Größenmerkmale des § 141 AO,
- **Freiberufler** nach § 18 EStG, die nicht gewerblich tätig sind, beispielsweise Ärzte, Rechtsanwälte, Steuerberater, Notare, Architekten, Heilpraktiker, Psychologen etc.

Diese Unternehmergruppen können jedoch wahlweise eine Buchhaltung führen. Sie haben bei dem Jahresabschluss die Wahl zwischen einer Bilanz oder einer Einnahmen-Überschuss-Rechnung nach § 4 Abs. 3 EStG.

Kleingewerbetreibende und Freiberufler sind generell von der Buchhaltungspflicht befreit, dürfen jedoch auf eigenen Wunsch Bücher führen.

Buchhaltung – So führen Sie Ihre Bücher richtig

Eine Buchhaltung erfolgt immer in Form der so genannten doppelten Buchführung. Das bedeutet, dass jeder Geschäftsvorfall zweimal erfasst wird. Diese Datenerfassung erfolgt heute fast ausschließlich per EDV.

Die Buchhaltung mit der so genannten doppelten Buchführung hat den Vorteil, dass jeder Geschäftsvorgang zweimal erfasst wird und hinterher leichter nachvollziehbar ist.

Hierfür gibt es zahlreiche mehr oder weniger komfortable Programme mit den entsprechenden Preisunterschieden. Um sachliche Fehler bei der Bewertung der Geschäftsvorfälle zu vermeiden, empfiehlt sich allerdings die Erstellung der Buchhaltung durch den Steuerberater, der Ihnen aus dem Buchhaltungswerk auch den Jahresabschluss liefert und sämtliche Haftungen übernimmt.

Falls Sie diese – für Unternehmer meist unbequeme – Tätigkeit jedoch selbst übernehmen möchten, behalten Sie natürlich einen genaueren Überblick über Ihr Unternehmen. Deshalb hier einige Grundzüge zum System der doppelten Buchführung:

- **Jeder Geschäftsvorfall** wird zeitlich und sachlich erfasst.
- **Die zeitliche Erfassung** bedeutet, dass alles zeitgerecht mit richtigem Datum gebucht wird. Die sachliche Erfassung bewertet die Geschäftsvorfälle.
- **Die Buchungen** werden in einem Buchungssatz festgehalten, der immer zwei Konten anspricht, da jeder Geschäftsvorgang eine Doppelwirkung entfaltet. Bei einem Konto wird der Vorgang auf der Sollseite verbucht, während auf einem anderen Konto die Habenseite betroffen ist. Jedes Konto hat sowohl eine Soll- als auch eine Habenseite (T-Konten-Modell).
- **Die Sollseite** bezeichnet bei einem Kostenkonto immer einen Zugang.
- **Die Habenseite** bezeichnet immer einen Abgang im Kostenkonto.

Mit Hilfe der T-Konten wird für jede Vorgangsart ein eigenes Konto erstellt und damit die Vielzahl der Buchungen überschaubarer.

Achtung: Wenn wir im Zusammenhang mit der Buchführung von Konten sprechen, dann hat das nichts mit Bank- oder Girokonten zu tun. Die buchhalterischen Konten müssen Sie sich wie verschiedene Fächer in Ihrer Firmenkasse vorstellen, aus denen immer nur Ausgaben ein und derselben Art bezahlt werden (Sollseite), direkt daneben gibt es immer ein weiteres Fach, in das immer nur Einnahmen ein und derselben Art gelegt werden (Habenseite).

Beispiel: Der Gastwirt Maier kauft für seine Gaststätte Bier für 1.500 DM und bezahlt die Ware per Banküberweisung. Der Buchungssatz hierfür lautet: Wareneingang (Geldverwendung) an Bank.

Auf einem Konto erfolgt eine Zubuchung, während auf dem anderen Konto der gleiche Betrag wieder abgeht. Per saldo müssen die Konten ausgeglichen sein, sonst ist die Buchhaltung lücken- oder fehlerhaft.

Für Gastwirt Maier zeigt der Buchungssatz, dass das Wareneingangskonto um 1.500 DM gestiegen ist, während sein Bankkonto um den gleichen Betrag schrumpfte. Der Geschäftsvorfall wird beim Wareneingangskonto als Zugang im Soll gebucht, während er sich beim Bankkonto im Haben niederschlägt.

Kontenarten

Zur Erfassung aller Geschäftsvorfälle gibt es folgende Kontenarten:
- **Bestandskonten:** Auf ihnen wird für jede Vermögens- und Kapitalart der Anfangsbestand gebucht, man erfasst Zugänge und Abgänge und ermittelt den Endbestand. Somit ist ein Vergleich der Bestände zu Beginn und am Ende der Buchungsperiode möglich.
- **Erfolgskonten:** Sie dienen zur Erfassung aller Erträge und Aufwendungen. Die Differenz aus Erträgen und Aufwendungen einer Buchungsperiode ist der Erfolg (oder Misserfolg) des Unternehmens. Ein Gewinn erhöht das Eigenkapital, ein Verlust reduziert es.
- **Gemischte Konten:** Diese sollten zugunsten einer aussagefähigen Buchführung in reine Bestands- und Erfolgskonten geteilt werden.

Jedes Konto lässt sich einer der zwei Kontenarten zuordnen: Entweder ist es ein Bestandskonto oder ein Ertragskonto.

Kontenklassen und Kontenplan

Alle Buchungssätze werden nach einem Kontenplan beziehungsweise Kontenrahmen als Ziffern erfasst. Bezogen auf unser Beispiel mit den Fächern in der Firmenkasse bedeutet das: Die Fächer werden mit Ziffernkombinationen bezeichnet, die üblicherweise vierstellig sind. Die erste Ziffer nennt die Kontenklasse, die weiteren Ziffern dienen zur Feinunterscheidung. Insgesamt ist der Kontenplan in zehn Kontenklassen eingeteilt:

Kontenklasse	Kontenart
0	Anlage- und Kapitalkonten
1	Finanz- und Privatkonten
2	Abgrenzungskonten
3	Wareneingangs- und Bestandskonten
4	Betriebliche Kosten
5	Sonstige betriebliche Aufwendungen
6	Sonstige betriebliche Aufwendungen
7	Bestände an Erzeugnissen
8	Erlöskonten
9	Vortragsstatistische Konten

Der Industrie- und der Handelskontenplan stellen zwei der gebräuchlichsten Kontenpläne dar. Sie vereinfachen die Buchführung und vor allem die Kontrolle der Bücher außerordentlich.

Keine Buchung ohne Beleg

Um die Buchhaltung auch für Außenstehende nachvollziehbar zu machen, gilt als wichtigster Buchhaltungsgrundsatz: Keine Buchung ohne Beleg. Als Beleg gelten Rechnungen, Verträge, Dokumente, Kontoauszüge und Geschäftsbriefe. Von jedem Beleg muss auf die Buchung verwiesen werden und umgekehrt. Dazu wird am besten der jeweilige Buchungssatz auf den Beleg geschrieben.

Kostenrechnung – aufschlussreich für jeden Unternehmer

Jeder Unternehmer muss wirtschaften können. Dies bedeutet zunächst, dass Umsätze erzielt werden müssen, die gesichert und gesteigert werden sollten. Von diesen Umsätzen müssen zunächst einmal alle laufenden Kosten getragen werden. Für künftige notwendige Investitionen sollten auch rechtzeitig Rücklagen gebildet werden oder die monatlichen Raten für Zinsen und Tilgung beziehungsweise Miete oder Leasingraten einkalkuliert werden.

Betriebszweck jedes Unternehmens ist die Gewinnerzielung, dies nicht nur aus Profitgier, sondern um Arbeitsplätze zu erhalten, investieren zu können und nicht zuletzt, weil das liebe Finanzamt dies fordert. Gewinn ist jedoch nur der Betrag, der alle Kosten übersteigt. Leider erliegen viele Kleinunternehmer und insbesondere Existenzgründer oft dem Irrtum, dass alle Kasseneinnahmen Reingewinn sind, also brutto gleich netto ist.

Aufgabe der Kostenrechnung

Damit der Unternehmer einen Überblick erhält, welcher Anteil seiner Umsätze für Kosten verwendet werden muss und wie viel er selbst unter dem Strich verdient, sollte er eine Kostenrechnung durchführen. In Großunternehmen übernimmt dies die Controlling-Abteilung; dies kann sich ein Klein- oder Mittelunternehmer kaum leisten, er muss selbst rechnen oder bekommt Unterstützung von einem guten Steuerberater.

Die Kostenrechnung ist die wichtigste Grundlage für die Preispolitik der Unternehmer. Dies insbesondere unter Berücksichtigung der Kalkulation der Angebotspreise und der Preisuntergrenzen. Fehlt hier die rechnerische Basis, weiß der Unternehmer nicht, bis zu welchem Verkaufspreis er Gewinn erzielt oder zumindest kostendeckend arbeitet und ab wann er sogar noch draufzahlt.

Betriebsbuchhaltung und Kalkulation

Die Kostenrechnung setzt sich zusammen aus der Betriebsbuchhaltung und der Kalkulation beziehungsweise Selbstkostenrechnung und hat die Aufgabe der Erfassung, Verteilung und Zuordnung der Kosten. Grundlage hierfür ist die Finanzbuchhaltung, die alle finanziellen Bewegungen erfasst und in Konten einteilt. Hierdurch kann der Unternehmer:

▶ die Wirtschaftlichkeit seiner unternehmerischen Handlungen prüfen,
▶ Grundlagen schaffen für weitere Dispositionen,
▶ einen Kosten- und Leistungsvergleich anstellen und
▶ die Selbstkosten- und Angebotspreise ermitteln.

Es werden nur die betriebsgewöhnlichen, jedoch keine außergewöhnlichen Kosten und Erträge erfasst, da diese das Kalkulationsbild verzerren würden.

Die Kostenrechnung liefert wertvolles Zahlenmaterial für den Unternehmer. Ohne einen Überblick über die Kosten wäre eine vernünftige Preiskalkulation mit Gewinnerwirtschaftung nicht möglich.

Betriebsabrechnung (kalkulatorische Buchführung)

Die Betriebsabrechnung erfolgt immer bezogen auf einen bestimmten Zeitraum (Periodenrechnung). Sie besteht aus Kostenartenrechnung, Kostenstellenrechnung und Kostenträgerrechnung.

Die in einem Monat angefallenen Kosten und Erlöse bezogen auf einen Kostenträger werden einander gegenübergestellt und in einer kurzfristigen Erfolgsrechnung zusammengefasst. Somit erhält der Unternehmer monatlich wichtige Auswertungsunterlagen, auf deren Basis er kurzfristig kalkulieren und entscheiden kann.

Was man unter Kostenartenrechnung versteht

Die Kostenartenrechnung erfasst branchentypisch alle Kosten nach ihrer Entstehungs- beziehungsweise Verbrauchsart. Die Gliederung erfolgt zunächst nach den wichtigsten betrieblichen Funktionen in:
- Beschaffungskosten,
- Lagerhaltungskosten,
- Fertigungskosten,
- Verwaltungskosten,
- Vertriebskosten.

Dann erfolgt je nach Betriebsart und -größe eine Feinuntergliederung in:
- Personalkosten,
- Sachkosten (Maschinen, Werkzeuge, Material, Betriebsstoffe, Abschreibungen etc.),
- Kapitalkosten (Zinsen),
- Dienstleistungskosten (Telefon, Versicherungen, Steuerberatungskosten, Strom, Gas, Wasser),
- Gebühren, Beiträge, Steuern,
- kalkulatorische Kosten.

Grundlage für die Kostenartenrechnung ist die Finanzbuchhaltung, die alle Kosten in Kontenklassen einteilt.

Mit der Kostenartenrechnung wird im Wesentlichen erfasst, welche Kosten in einem Unternehmen überhaupt entstanden sind. Die Zahlen für diese Rechnung liefert die Finanzbuchhaltung.

Kostenarten

Die betrieblichen Kosten unterscheiden sich nach ihrer Verrechnungsart in Einzelkosten und Gemeinkosten, damit der Unternehmer erfährt, bei welchen Produkten oder betrieblichen Leistungen welche Kosten anfallen. So können Erkenntnisse darüber gewonnen werden, ob Produktionskosten zu hoch oder manche Aufträge unrentabel sind, da sie zu hohe Kosten verursachen. Die Kostenartenrechnung liefert folglich auch Ergebnisse darüber, ob für einzelne Aufträge Preiserhöhungen nötig sind.

Die Einzelkosten können direkt den jeweiligen Kostenträgern oder Umsätzen zugeordnet werden, etwa die Vertriebskosten für ein bestimmtes Produkt. Sie zählen zu den variablen Kosten, da sie nur bei der tatsächlichen Leistungserbringung anfallen.

Die Kostenarten können zum einen danach erfasst werden, ob ihnen auch ein tatsächlicher Geldabfluss (Aufwand) gegenübersteht.

Die Gemeinkosten können nicht direkt einer bestimmten Leistung zugeordnet werden, da sie für mehrere Produkte anfallen, z. B. Miete, Strom, Personalkosten, Telefonkosten. Sie gehören zu den Fixkosten, da sie unabhängig von der Leistungsmenge des Betriebes anfallen.

Die Kostenarten gliedern sich nach ihrer Kostenerfassungsart in:

- **Aufwandsgleiche Kostenarten:** Diese Werte sind der Finanzbuchhaltung zu entnehmen. Es handelt sich um Kosten, denen ein konkreter Aufwand gegenübersteht oder die durch tatsächlichen Geldabfluss dokumentiert sind.
- **Kalkulatorische Kostenarten:** Diese Werte erscheinen oft nicht in der Finanzbuchhaltung, da es sich um kalkulatorische Werte handelt, beispielsweise kalkulatorischen Unternehmerlohn, kalkulatorische Wagnisse, kalkulatorische Abschreibungen. Diese kalkulatorischen Kosten erzeugen keinen Geldabfluss, da sie nicht durch tatsächlichen Aufwand entstanden sind.

Fixe und variable Kosten

Die Kostenarten unterteilen sich weiter in fixe und variable Kosten. Die fixen Kosten entstehen immer konstant, unabhängig von der Umsatzgröße, sie gehören zu den Gemeinkosten, da sie nicht einer bestimmten Leistung zugeordnet werden können. Beispiel: Miete, Versicherungen, Abschreibung für Anlagevermögen, Leasingraten, Fremdkapitalzinsen etc. Die fixen Kosten machen den größten Kostenanteil aus, daher muss jeder Unternehmer bestrebt sein, die fixen Kosten durch geeignete Sparmaßnahmen so gering wie möglich zu halten.

> **Wichtig:** Oft nimmt ein Unternehmer auch weniger lukrative Aufträge an, an denen er selbst nichts verdient, sondern die nur dazu beitragen, seine fixen Kosten zu decken.

Kostenstellen- und Kostenträgerrechnung

Die Kostenstellenrechnung ermittelt, wo die in der Kostenartenrechnung erfassten Kosten entstanden sind.

Die Kostenstellenrechnung baut auf die Kostenartenrechnung auf und zeigt auf, wo die jeweiligen Kosten entstanden sind. Die Kostenarten werden verschiedenen Kostenstellen zugeteilt. Hierdurch erfolgt eine bessere Kontrolle der Wirtschaftlichkeit in den jeweiligen Bereichen und eine genaue Zurechnung der Gemeinkosten auf die Kostenträger. Damit wird deutlich, in welchen Abteilungen wie viel Geld verbraucht wird.

Die Kostenträgerrechnung zeigt auf, wofür bestimmte Kosten entstanden sind. Hier werden die Herstellkosten oder Selbstkosten für die erstellten Leistungen ermittelt. So kann der Erfolg jeder einzelnen Leistung abgeleitet werden und eine genaue Preiskalkulation für die angebotenen Produkte oder die angebotenen Leistungen erfolgen.

Kurzfristige Erfolgsrechnung

Zu Planungszwecken benötigt der Unternehmer oft kurzfristige Berechnungen. Hierfür gibt es zwei Alternativen:

- **Das Gesamtkostenverfahren** stellt für eine bestimmte Abrechnungsperiode alle erstellten Leistungen den Gesamtkosten gegenüber. Bestandserhöhungen bei Halb- und Fertigerzeugnissen erhöhen die Leistungen, Bestandsminderungen werden von den Umsatzerlösen abgezogen. Diese werden zu den Selbstkosten berechnet.
- **Beim Umsatzkostenverfahren** werden die Umsätze einer Berechnungsperiode den Selbstkosten der erbrachten Leistungen gegenübergestellt. Bestandsveränderungen werden hier nicht berücksichtigt.

Die Ergebnisse sind bei beiden Verfahren gleich, das Umsatzkostenverfahren zeigt jedoch die Erfolgsbeiträge für jeden Kostenträger und ist somit genauer als das Gesamtkostenverfahren.

Kostenarten- und Kostenstellenrechnung sind Basis für die Selbstkostenrechnung. Für jede Leistung werden die Kosten zugeordnet und somit die Selbstkosten ermittelt. Die Selbstkostenrechnung kann als Vor- oder Nachkalkulation erfolgen, in jedem Fall ist sie ein wichtiges Instrument für die Preispolitik des Unternehmers.

> Die Kostenträgerrechnung zeigt dem Unternehmer, wofür Geld ausgegeben wurde. Damit erhellt sich auch, welche Produkte oder Dienstleistungen Gewinn erzielen und welche nicht.

Istkosten- und Normalkostenrechnung

Die Istkostenrechnung bezieht sich immer auf die in der Vergangenheit tatsächlich angefallenen Kosten und ist somit keine Grundlage für künftige Dispositionen. Dies insbesondere auch, da die tatsächlich angefallenen Kosten ohne Korrektur außerordentlicher Faktoren wie etwa Preisschwankungen, Produktionsverzögerungen oder erhöhtem Materialverbrauch auf die entsprechenden Kostenträger verteilt werden. Die Istkostenrechnung ist kein geeignetes Instrument der Wirtschaftlichkeitskontrolle, da ein Vergleich mit anderen Abrechnungsperioden nicht möglich ist.

Die Normalkostenrechnung ist auch eine vergangenheitsorientierte Analyse, da die Kosten nicht mit den tatsächlich angefallenen Preisen, sondern mit den Durchschnittspreisen angesetzt werden. Die Normalkosten werden aus den Istkosten der Vergangenheit errechnet und sind ein statistischer Mittelwert, mit dem der Unternehmer relativ realitätsnah kalkulieren kann. Werden die Mittelwerte laufend aktualisiert (Berücksichtigung eingetretener Schwankungen), dient die Normalkostenrechnung der Vorkalkulation und der Kostenkontrolle.

> Mit der kurzfristigen Erfolgsrechnung behält der Unternehmer den Überblick über seine Ertragslage. Würde er nur auf die Bilanz setzen, könnte er am Jahresende eine böse Überraschung erleben.

Plankostenrechnung

Die Plankostenrechnung ist im Gegensatz zur Istkosten- und Normalkostenrechnung eine in die Zukunft gerichtete Berechnung. Die Kosten für Kostenträger und Kostenstellen werden unter Berücksichtigung eventueller Produktionsstörungen exakt vorausgeplant.

> Die Plankostenrechnung ist zukunftsorientiert und wird am Ende des Planungszeitraums mit den tatsächlichen Zahlen verglichen.

Der Unternehmer wird natürlich bestrebt sein, dass die tatsächlichen Kosten noch unter den Plankosten liegen, sie sind die Vorgabekosten.
Die Plankostenrechnung ermöglicht dem Unternehmer eine ständige Kostenkontrolle und somit eine genaue Preispolitik. Sie analysiert durch die Gegenüberstellung von Ist-, Normal- und Plankosten die Abweichungen zwischen den tatsächlich angefallenen und den vorher geplanten Kosten. Die Plankostenrechnung ist eine wichtige Basis für künftige finanzielle Dispositionen des Unternehmers.

> **Achtung:** Werden alle drei Berechnungen durchgeführt, erfolgt eine optimale Kostenkontrolle und Preispolitik. Die tatsächlich angefallenen Kosten werden mit den vorausgeplanten Kosten verglichen und die Differenzen analysiert. Das erlaubt rechtzeitige Preisanpassungen, die sonst entstehenden Verlusten vorbeugt.

Die Deckungsbeitragsrechnung

Die Deckungsbeitragsrechnung beschäftigt sich mit der Frage, welchen Beitrag eine Unternehmensleistung zur Deckung der Fixkosten leistet und ab welchem Verkaufspreis die Gewinnzone eintritt. Hierzu wird eine Teilkostenrechnung durchgeführt, das heißt, es werden nur die variablen Kosten auf die Kostenträger verteilt, die Fixkosten werden bei dieser Rechnung nicht berücksichtigt.

> Die Deckungsbeitragsrechnung zeigt dem Unternehmer, ob ein Auftrag mehr als nur die variablen Kosten einbringt. Sobald dies der Fall ist, wird ein Teil der fixen Kosten gedeckt.

Der Unternehmer muss wissen, ob er auch für ihn zunächst unrentabel erscheinende Aufträge annehmen soll. Das sind beispielsweise Aufträge, bei denen er schon im Voraus weiß, dass er mit ihnen keinen Gewinn machen wird. Dennoch lohnt sich eine Auftragsannahme für den Fall, dass über die »Deckung« der variablen Kosten hinaus der Auftrag dazu beiträgt, einen Teil der Fixkosten zu tragen. Deshalb ist die Teilkostenberechnung unter Ausschluss der fixen Kosten sinnvoll, da nur so festgestellt werden kann, wie hoch die variablen Kosten sind und ob der Auftrag diese auch tatsächlich übersteigt. So hilft auch ein Auftrag, der keinen Gewinn einfährt, zumindest bei der Minimierung von Verlusten. Im Idealfall halten natürlich andere Aufträge dafür her, über die reine Kostendeckung hinaus Gewinne zu realisieren.

Break-even-point-Analyse

Für die Ermittlung des so genannten Break-even-point (Kostendeckungspunkt) wird der zu erzielende Gesamtumsatz errechnet, bei dem der Unternehmer eine Vollkostendeckung (fixe und variable Kosten) erreicht. Die Summe aller Deckungsbeiträge entspricht dem Fixkostenblock, jeder zusätzlich erzielte Deckungsbeitrag bedeutet für den Unternehmer die Erwirtschaftung von Gewinn.

Planungsrechnung – der Blick in die Zukunft

Ein vorausschauender Unternehmer darf sich nicht auf dem Status quo ausruhen, auch wenn alles prima läuft. Die Umsätze müssen stabilisiert oder gesteigert werden, ebenso die Gewinne. Eine Gewinnsteigerung ist oft nur durch Kosteneinsparungen oder auch hohe Investitionen möglich. Größere Unternehmen müssen aus steuerlichen Gründen (Gewerbesteuer) oft Standortverlegungen oder die Gründung von Zweigniederlassungen überdenken. Daher müssen künftige betriebliche Einnahmen und Ausgaben aus Dispositionsgründen möglichst genau prognostiziert werden.

Durch mathematische Planungsrechnungen sollen künftige wirtschaftliche Entwicklungen des Unternehmens geschätzt werden. In Großunternehmen erfolgen solche schwierigen Planungsrechnungen durch das Operation Research (Unternehmensforschung). Grundlage für künftige Unternehmensprognosen liefern die Finanzbuchhaltung, der Jahresabschluss, die Kostenrechnung und andere Statistiken.

Prognosen über die zukünftige Entwicklung sind immer mit einem Unsicherheitsfaktor versehen. Dennoch können zukunftsorientierte Planungsrechnungen Aufschluss darüber geben, ob sich etwa eine Investition lohnen wird oder nicht.

Jahresabschluss: Bilanzierung und Gewinnermittlung

Zum Ende eines jeden Wirtschaftsjahres muss Ihr Jahresabschluss für Ihr Unternehmen aufgestellt werden. Dieser wird auf der Grundlage der Buchhaltungsdaten erstellt und zeigt Ihnen Ihr Betriebsergebnis, den steuerlichen Gewinn oder Verlust.

Das Betriebsergebnis zeigt Ihnen nicht an, wie viel Sie eigentlich in dem betreffenden Jahr verdient haben. In dem Jahresabschluss sind nämlich auch Gewinn mindernde Positionen enthalten, für die Sie in der Form keine Auszahlungen getragen haben, etwa für Rückstellungen (bei Bilanzierung) oder Abschreibungen.

Ein Jahresabschluss besteht aus:
▶ Bilanz,
▶ Anlagespiegel,
▶ Gewinn-und-Verlust-Rechnung (Erfolgsrechnung),
▶ Anhang und Lagebericht (für juristische Personen, z. B. GmbH und AG).

Abgerechnet wird am Schluss, das gilt für jedes Unternehmen einmal im Jahr. Dann stellt sich spätestens heraus, ob das vergangene Jahr wirtschaftlich erfolgreich war oder nicht.

Die Bilanz mit Gewinn-und-Verlust-Rechnung

Die Bilanz ist Bestandteil des Jahresabschlusses und richtet sich nach den einschlägigen handels- und steuerrechtlichen Vorschriften (§ 242 Abs. 1 HGB, § 4 Abs. 1 und 2 EStG, § 5 Abs. 1 EStG). Die aus der Finanzbuchhaltung gewonnenen Bilanzdaten eröffnen dem Unternehmer wichtige Erkenntnisse über seine Firma und sind Grundlage für künftige unternehmerische Entscheidungen. Damit der Unternehmer nicht nur jährliche Unternehmensdaten erhält, werden neben laufenden Auswertungsunterlagen (betriebswirtschaftliche Auswertung, Summen- und

Saldenlisten) auch halbjährliche Zwischenbilanzen erstellt. Dies wird oft auch von den Firmengläubigern (Kreditinstitute) oder stillen Gesellschaftern zur Absicherung von Investitionen gefordert.

Aufgaben der Bilanz

Eine Bilanz ist die Gegenüberstellung von Betriebsvermögen und Kapital zu einem bestimmten Bilanzstichtag. So entsteht ein übersichtliches Bild über die Vermögens-, Finanz- und Ertragslage des Unternehmens. Ist das Wirtschaftsjahr gleich dem Kalenderjahr, so ist der Bilanzstichtag der 31. Dezember eines Jahres. Dieser jährliche Vermögensvergleich besteht aus einer linken Seite (Aktivseite) und einer rechten Seite (Passivseite), die wertmäßig immer übereinstimmen müssen.

> **Achtung:** Vielen Unternehmen reicht die Jahresbilanz als Dispositionsgrundlage nicht aus, daher müssen zusätzlich andere Auswertungsunterlagen, beispielsweise Zwischenbilanzen, hinzugezogen werden!

Die Jahresbilanz dient in erster Linie der Vermögens- und Erfolgsermittlung. Weitere Aufgaben sind:
▶ Informationslieferung für künftige Dispositionen,
▶ Gläubigerschutz,
▶ Gesellschafterschutz,
▶ Schutz potenzieller Anleger,
▶ Schutz der beteiligten Arbeitnehmer,
▶ Rechenschaftslegung für Anleger und Finanzverwaltung.

Die Aktivseite der Bilanz

Eine Bilanz muss unter Beachtung des Kontenplans hinreichend gegliedert sein. Hier gelten die Vorschriften des § 247 Abs. 1 HGB. Auf der Aktivseite (linke Seite) stehen alle Vermögenswerte des Unternehmens, die sich aus dem Anlage- und dem Umlaufvermögen zusammensetzen:
▶ materielles Anlagevermögen,
▶ immaterielles Anlagevermögen,
▶ Finanzanlagevermögen,
▶ Vorräte,
▶ Forderungen (soweit sie nicht zum Anlagevermögen gehören),
▶ Wertpapiere, die nur kurzfristig gehalten werden,
▶ kurzfristige Zahlungsmittel (Kassen- und Bankbestand),
▶ aktive Rechnungsabgrenzung, durch die der Erfolg eines Wirtschaftsjahres von dem des folgenden Wirtschaftsjahres übersichtlich abgegrenzt werden soll, damit der Gewinn periodengerecht zutreffend ausgewiesen wird.

Die Aktivseite der Bilanz zeigt die Mittelverwendung eines Unternehmens, die Passivseite die Mittelherkunft.

Die Aktivseite der Bilanz zeigt das Vermögen eines Unternehmens, angefangen bei Papier und Bleistift des Buchhalters bis zum Firmengrundstück und den Produktionsanlagen.

Auf der Aktivseite stehen weiter bestimmte Korrekturposten, die bestimmte Kapitalpositionen der Passivseite berichtigen. Das ist beispielsweise erforderlich, wenn das Nominalkapital noch nicht voll eingezahlt ist oder das Eigenkapital einer Kapitalgesellschaft bereits durch Verluste verbraucht ist.

Die Passivseite der Bilanz
Die Passivseite weist das Kapital der Firma aus, mit dem die Aktivposten finanziert wurden. Es setzt sich zusammen aus:
▶ Eigenkapital (Gesellschaftereinlagen),
▶ Fremdkapital (Darlehen),
▶ passiver Rechnungsabgrenzung, durch die der Erfolg der Firma periodengerecht zugeordnet werden soll. Hier erscheinen die Einnahmen, die vor dem Bilanzstichtag eingingen, die jedoch erst zu Erträgen nach dem Bilanzstichtag führen,
▶ Wertberichtigungen, mit denen Vermögenspositionen der Aktivseite korrigiert werden.

Der Eigenkapitalbetrag verändert sich nicht nur durch entstandene Gewinne und Verluste, sondern auch durch Privatentnahmen bei Personengesellschaften beziehungsweise durch das Einbringen neuer Einlagen durch den oder die Gesellschafter. Bei Kapitalgesellschaften nennt man die entsprechenden Vorgänge Kapitalherabsetzung und Kapitalerhöhung. Letzteres kann bei einer Aktiengesellschaft durch die Emission neuer Aktien herbeigeführt werden.

Das Fremdkapital wird nach verschiedenen Gesichtspunkten gegliedert und wie folgt in der Bilanz dargestellt:
▶ Gliederung nach Länge der Verfügbarkeit (lang-, mittel- und kurzfristig),
▶ Gliederung nach der Sicherheit des Bestehens (Verbindlichkeiten, Rückstellungen),
▶ Gliederung nach Art der Verbindlichkeit (Lieferantenschulden, Bankschulden, erhaltene Anzahlungen),
▶ Gliederung nach besonderer rechtlicher Sicherung (Pfand, Hypothek, Akzept).

Die Passivseite der Bilanz weist das Firmenkapital aus und macht sichtbar, aus welchen Finanzierungsquellen sich das Unternehmen speist.

Wichtig: Die Aktivseite zeigt die Geldverwendung des Unternehmens, das aus den auf der Passivseite aufgeführten Geldquellen finanziert wurde. Eine Bilanz ist immer ausgeglichen, das heißt, die Summe der Aktivseite entspricht der Summe der Passivseite. Wurde im laufenden Jahr ein nicht ausgeschütteter Gewinn erzielt, dann steigt das Eigenkapital gegenüber der Vorjahresbilanz. Ein entsprechender Verlust, der im laufenden Jahr entstand, senkt den Eigenkapitalbetrag gegenüber dem Vorjahr und verschlechtert die Kreditwürdigkeit.

> ⚡ **Blitzübersicht: Der Bilanzaufbau gemäß HGB**
>
> ### Aktivseite
>
> **A. Anlagevermögen**
> **I. Immaterielle Vermögensgegenstände**
>   1. Konzessionen, gewerbliche Schutzrechte, Lizenzen
>   2. Geschäfts- oder Firmenwert
>   3. geleistete Anzahlungen
> **II. Sachanlagen**
>   1. Grundstücke, grundstücksgleiche Rechte und Bauten einschließlich der Bauten auf fremden Grundstücken
>   2. technische Anlagen und Maschinen
>   3. andere Anlagen, Geschäfts- und Betriebsausstattung
>   4. geleistete Anzahlungen und Anlagen im Bau
> **III. Finanzanlagen**
>   1. Anteile an verbundenen Unternehmen
>   2. Ausleihungen an verbundene Unternehmen
>   3. Beteiligungen
>   4. Ausleihungen an Unternehmen, mit denen ein Beteiligungsverhältnis besteht
>   5. Wertpapiere des Anlagevermögens
>   6. sonstige Ausleihungen
>
> **B. Umlaufvermögen**
> **I. Vorräte**
>   1. Roh-, Hilfs- und Betriebsstoffe
>   2. unfertige Erzeugnisse, unfertige Leistungen
>   3. fertige Erzeugnisse und Waren
>   4. geleistete Anzahlungen
> **II. Forderungen und sonstige Vermögensgegenstände**
>   1. Forderungen aus Lieferungen und Leistungen
>   2. Forderungen an verbundene Unternehmen
>   3. Forderungen an ein Unternehmen, mit dem ein Beteiligungsverhältnis besteht
>   4. sonstige Vermögensgegenstände
> **III. Wertpapiere**
>   1. Anteile an verbundenen Unternehmen
>   2. eigene Anteile
>   3. sonstige Wertpapiere
> **IV. Schecks, Kassenbestand, Guthaben bei Kreditinstituten**
>
> **C. Rechnungsabgrenzungsposten**

Hinter dem Begriff »Finanzanlagen« verbirgt sich bei größeren Unternehmen manchmal ein verschachteltes Imperium an Beteiligungen und Tochterfirmen, die auf den ersten Blick nicht erkennbar sind.

Passivseite

A. Eigenkapital
I. Gezeichnetes Kapital
II. Kapitalrücklage
III. Gewinnrücklage
    1. gesetzliche Rücklage
    2. Rücklage für eigene Anteile
    3. satzungsmäßige Rücklagen
    4. andere Gewinnrücklagen
IV. Gewinnvortrag/Verlustvortrag
V. Jahresüberschuss/Jahresfehlbetrag

B. Rückstellungen
    1. Rückstellungen für Pensionen und ähnliche Verpflichtungen
    2. Steuerrückstellungen
    3. sonstige Rückstellungen

C. Verbindlichkeiten
    1. Anleihen, davon konvertibel
    2. Verbindlichkeiten gegenüber Kreditinstituten
    3. erhaltene Anzahlungen auf Bestellungen
    4. Verbindlichkeiten aus Lieferungen und Leistungen
    5. Verbindlichkeiten aus der Annahme gezogener Wechsel und der Ausstellung eigener Wechsel
    6. Verbindlichkeiten gegenüber verbundenen Unternehmen
    7. Verbindlichkeiten gegenüber Unternehmen, mit denen ein Beteiligungsverhältnis besteht
    8. sonstige Verbindlichkeiten,
       davon aus Steuern,
       davon im Rahmen der sozialen Sicherheit

D. Rechnungsabgrenzungsposten

Die goldene Bilanzregel besagt, dass zumindest das Anlagevermögen durch Eigenkapital und langfristiges Fremdkapital gedeckt sein soll.

Aufgaben des Inventars

Buchführungspflichtige Steuerpflichtige müssen ihre Finanzbuchhaltung und ihren Jahresabschluss durch ein Inventar ergänzen (§ 240, 241 Abs. 1 Satz 2 HGB). Ohne Inventar ist eine ordnungsgemäße Bilanzerstellung nicht möglich. Das Inventar wird durch die mengenmäßige und wertmäßige Bestandsaufnahme aller Vermögensgegenstände und Schulden (Inventur) zum Bilanzstichtag ermittelt.

Für ein Handelsgeschäft beinhaltet dies beispielsweise unter anderem die komplette Erfassung aller noch nicht verkauften Waren im Geschäft, für

Mit der Buchführungspflicht entsteht auch die Pflicht, einmal im Jahr mittels der Inventur alle Vermögensgegenstände und Schulden zu erfassen.

einen Hersteller unter anderem die Erfassung aller Rohstoffe und halbfertigen Waren sowie der noch nicht verkauften Endprodukte. Der Unterschied zwischen Bilanz und Inventar liegt darin, dass die Bilanz Kontoform hat (Aktiv- und Passivseite) und Vermögen und Schulden nur art- und wertmäßig, jedoch nicht mengenmäßig erfasst. Das Inventar führt jeden einzelnen Vermögensgegenstand auf, während die Bilanz gleichartige Wirtschaftsgüter zu Bilanzpositionen zusammenfasst.

Handelsbilanz und Steuerbilanz

Die nach den handelsrechtlichen Grundsätzen ordnungsgemäßer Buchführung (§ 243 Abs. 1 HGB) zu erstellende Bilanz heißt Handelsbilanz, die nach den steuerrechtlichen Vorschriften (§§ 5–7 Einkommensteuergesetz) zu erstellende Bilanz ist die Steuerbilanz. Beide Bilanzen sind Jahresbilanzen und haben verschiedene Adressaten:

> *Die Handels- und die Steuerbilanz unterliegen unterschiedlichen Kriterien, vor allem hinsichtlich der Bewertung von Anlage- und Betriebsvermögen.*

- **Die Handelsbilanz** wird für Gläubiger, Gesellschafter, Presse, Belegschaft und Anleger erstellt. Sie erlaubt aus Gläubigerschutzgründen keine Überbewertungen; Unterbewertungen sind hingegen erlaubt.
- **Die Steuerbilanz** muss nur für die Finanzverwaltung erstellt werden, sie liefert die wichtigsten Daten für die Steuerbemessungsgrundlagen. Das Steuergesetz untersagt willkürliche Unterbewertungen, die eine Verringerung der Steuerlast nach sich zögen.

Häufig wird aus Vereinfachungs- und Kostengründen (vor allem bei Einzelkaufleuten und Handelsgesellschaften) nur eine Steuerbilanz erstellt, die handelsrechtliche Gestaltungen im Sinne des Steuerrechts beachtet. Das betrifft vor allem die unterschiedlichen Bewertungskriterien für Gegenstände des Anlage- und Umlaufvermögens, für die das Niederstwertprinzip unterschiedlich streng ausgelegt wird und die daher in unterschiedlicher Höhe vom Anschaffungspreis anzusetzen sind.

Wer muss bilanzieren?

Vollkaufleute und Handelsgesellschaften sowie alle buchführungspflichtigen Steuerpflichtigen müssen bilanzieren, Minderkaufleute können bilanzieren, müssen aber nicht. Nach den steuerrechtlichen Vorschriften (§ 141 AO 1977) sind die Unternehmen buchführungs- beziehungsweise bilanzierungspflichtig, für die folgende Kriterien zutreffen:

- **Die Umsätze** einschließlich der steuerfreien Umsätze liegen jährlich über 500.000 DM.
- **Es gibt land- und forstwirtschaftliche Flächen** (selbst bewirtschaftet) mit einem Wirtschaftswert (§ 46 BewG) über 40.000 DM.
- **Der Gewinn aus Gewerbebetrieb oder Land- und Forstwirtschaft** liegt über 48.000 DM jährlich.

⚡ Blitzübersicht: Die Aufstellungsfristen für Bilanzen

Bilanzart	Frist	Grundlagen
Eröffnungs- oder Gründungsbilanz	nach Aufnahme des Gewerbes	§ 240 Abs. 1 HGB
Jahresbilanz	innerhalb eines Jahres nach Ablauf des Geschäftsjahres	§ 240 Abs. 2 Satz 3, § 243 Abs. 3 HGB
Jahresbilanz kleiner Kapitalgesellschaften	innerhalb sechs Monaten nach Ablauf des Geschäftsjahres	§ 264 Abs. 1 Satz 3 HGB
Jahresbilanz mittlerer und großer Kapitalgesellschaften	innerhalb drei Monaten nach Ablauf des Geschäftsjahres	§ 264 Abs. 1 Satz 2 HGB § 5 Abs. 1 Publizitätsgesetz
Schlussbilanz	innerhalb eines Jahres nach Beendigung des Gewerbes	
Veräußerungsbilanz	nach Veräußerung des Gewerbes	

Werden diese Grenzen unterschritten, besteht ein Wahlrecht zwischen Bilanzerstellung oder der Einnahmen-Überschuss-Rechnung nach § 4 Abs. 3 EStG. Hier werden nur die Betriebseinnahmen den Betriebsausgaben gegenübergestellt, Abschreibungen auf Anlagevermögen sind auch hier zulässig. Freiberufler nach § 18 EStG haben ebenfalls ein Wahlrecht zwischen beiden Gewinnermittlungsarten.

Die Bilanzarten
Folgende Bilanzarten können unterschieden werden:
▶ **Die Eröffnungsbilanz** (§ 242 Abs. 1 HGB) wird zu Beginn des Geschäftsbetriebes erstellt.
▶ **Die Anfangsbilanz** wird nach dem freiwilligen Übergang von der Einnahmen-Überschuss-Rechnung zur Bilanz erstellt.
▶ **Die Jahresbilanz** erfolgt zum Schluss eines jeden Wirtschaftsjahres zum Bilanzstichtag.
▶ **Zwischenbilanzen** werden freiwillig zu einem beliebigen Zeitpunkt erstellt, meistens jedoch in der Mitte zwischen zwei Bilanzstichtagen. Sie verschaffen einen zeitnahen Vermögens- und Kapitalüberblick.
▶ **Die Schlussbilanz** wird bei Aufgabe des Betriebes erstellt, **die Veräußerungsbilanz** bei Veräußerung des Betriebes. Ändert sich die Rechtsform des Betriebes, wird eine Umwandlungsbilanz erstellt.

Häufig werden Bilanzen auch für einmalige Zwecke aufgestellt, was immer mit hohen Kosten verbunden ist, die sich nach der Bilanzsumme, das heißt den Vermögenswerten richten.

Die Eröffnungs- und die Schlussbilanz sind nur einmal fällig, ansonsten können neben der obligatorischen Jahresbilanz beliebig viele Zwischenbilanzen erstellt werden.

Beispiele hierfür sind:
- **Kreditbilanzen** für die finanzierenden Banken und potenzielle Gesellschafter,
- **Liquiditätsbilanzen,** die vorhandene flüssige Mittel in bestimmten Zeiträumen zeigen,
- **Sanierungs-, Vergleichs- und Konkursbilanzen** bei bevorstehender Insolvenz der Gesellschaft.

Die Grundsätze der Bilanzierung

Im Handelsgesetzbuch ist klar geregelt, nach welchen Grundsätzen eine Handelsbilanz erstellt werden muss. Neben den formalen Kriterien gelten vor allem die Grundsätze der Bilanzklarheit, Bilanzwahrheit und Bilanzkontinuität.

Folgende Bilanzierungsgrundsätze gelten für alle Rechtsformen von Unternehmungen.

- **Formelle Grundsätze:** Der Jahresabschluss muss – rechtsformunabhängig – nach den Grundsätzen ordnungsgemäßer Buchführung (GoB) erstellt werden (§ 243 Abs. 1 HGB). Außerdem muss er nach § 243 Abs. 2 HGB klar und übersichtlich erstellt werden. Hierzu müssen die Gliederungsvorschriften des § 247 Abs. 1 HGB (beziehungsweise § 266 HGB bei Kapitalgesellschaften) beachtet werden. Anhang und Lagebericht mittlerer und großer Kapitalgesellschaften müssen klar und übersichtlich aufgebaut sein.
- **Materielle Grundsätze:** Die Bilanz muss nach § 246 Abs. 1 HGB alle Vermögensgegenstände und Schulden zum Bilanzstichtag vollständig erfassen, sofern nicht Bilanzierungswahlrechte das Weglassen einzelner Positionen gestatten.
- **Grundsätze für die Bilanzierung dem Grunde nach:** Nach § 246 Abs. 2 HGB dürfen weder Aktiv- mit Passivposten noch Aufwendungen mit Erträgen verrechnet werden, sondern müssen einzeln bewertet werden. Die Gliederung von Bilanz und Gewinn-und-Verlust-Rechnung ist beizubehalten (Bilanzkontinuität).
- **Grundsätze für die Bilanzierung der Höhe nach:** Bewertung und Abschreibung der Wirtschaftsgüter und Vermögensgegenstände müssen unter dem Gesichtspunkt erfolgen, dass das Unternehmen weiter besteht (Prinzip der Unternehmensfortführung). Jedes Wirtschaftsgut und jede Verbindlichkeit ist einzeln zu bewerten und zu bilanzieren (§ 252 Abs. 1 Nr. 3 HGB). Ausnahmen bilden Gruppenbewertungen, Festbewertungen, Sammelbewertungen, Vorratsbewertungen laut Inventar (Prinzip der Einzelbewertung). Nach § 252 Abs. 1 Nr. 4 HGB gilt das Realisationsprinzip, wonach Gewinne erst ausgewiesen werden dürfen, wenn sie am Abschlussstichtag bereits durch Umsatz realisiert wurden. Nach dem Imparitätsprinzip müssen andererseits vorhersehbare Risiken und Verluste auf jeden Fall ausgewiesen werden (Vorsichtsprinzip). Nach § 252 Abs. 1 Nr. 6 HGB müssen die Bewertungs- und Abschreibungsmethoden aus dem vorherigen Jahresabschluss beibehalten werden (Bewertungsstetigkeit).

Cashflow: Spielraum der Innenfinanzierung

Jeder Unternehmer muss wissen, wie es um seine Finanzkraft und Liquidität bestellt ist, um sicherzugehen, dass kurzfristige Verbindlichkeiten aus dem laufenden Umsatz bezahlt werden können. Hierzu liefert die Bilanz mit ihren genauen Zahlen wichtige Berechnungsgrundlagen.

Der Cashflow zeigt das Innenfinanzierungsvolumen beziehungsweise den Finanzmittelüberschuss einer Unternehmung. Er wird aus den Zahlen des Jahresabschlusses abgeleitet und dient auch zur Prognose der Ertragskraft des Unternehmens. Es gibt verschiedene Definitionen des Cashflow:

Die Cashflow-Analyse dient der Ermittlung der im Unternehmen schlummernden Finanzmittel. Dazu zählen alle Aufwendungen, denen keine unmittelbaren Auszahlungen gegenüberstehen.

Jahresüberschuss
+ alle nicht auszahlungswirksamen Aufwendungen
./. alle nicht einzahlungswirksamen Erträge
= **Cashflow**

Zu den nicht auszahlungswirksamen Aufwendungen gehören beispielsweise die Abschreibungen auf Sachvermögen und Pensionsrückstellungen. Nicht einzahlungswirksame Erträge stellen etwa Höherbewertungen von Wertpapieren des Anlagevermögens aufgrund anhaltender Kurssteigerung dar. Zu echten Erträgen würden sie erst durch Verkauf.

Bei der finanzwirtschaftlichen Cashflow-Analyse werden aus dem erwarteten Ertrag und dem erwarteten Aufwand künftige Ein- und Auszahlungen abgeleitet. Das Ergebnis ist der voraussichtliche Mittelrückfluss aus dem Umsatz, der nicht sofort zu Auszahlungen führt.

Die Cashflow-Ermittlung
Gewinn
+ Abschreibungen
+ Zuführung zu den langfristigen Rückstellungen
= **Brutto-Cashflow**
./. Gewinnsteuerzahlungen
./. Gewinnausschüttungen
= **Netto-Cashflow**

Die Rentabilitätsberechnungen

Die Zahlen der Bilanz sowie der Gewinn-und-Verlust-Rechnung liefern die Grundlagen für verschiedene Rentabilitätsberechnungen des Unternehmers als Antwort auf die Frage, ob und in welcher Höhe sich Kapitaleinsatz und Umsatz lohnen. Hierbei wird der Erfolg einer Wirtschaftsperiode ins Verhältnis zum eingesetzten Kapital gesetzt.

Rentabilitätsrechnungen sind vor allem dann notwendig, wenn man das Verhältnis von Mitteleinsatz und Ertrag feststellen will. Entsprechende Vergleichszahlen von branchengleichen Unternehmen gibt es bei den jeweiligen Industrie- und Handelskammern.

$$\text{Gesamtrentabilität} = \frac{\text{Gewinn (Jahresüberschuss)} + \text{Fremdkapitalzinsen}}{\text{Gesamtkapital (Eigen- und Fremdkapital)}} \times 100$$

$$\text{Eigenkapitalrentabilität} = \frac{\text{Gewinn}}{\text{Eigenkapital}} \times 100$$

$$\text{Umsatzrentabilität} = \frac{\text{Gewinn}}{\text{Umsatz}} \times 100$$

Das Verhältnis von Ertrag und Aufwand gibt Aufschluss über die Wirtschaftlichkeit des Unternehmens.

$$\text{Wirtschaftlichkeit} = \frac{\text{Ertrag}}{\text{Aufwand}} \times 100$$

Die Gewinn-und-Verlust-Rechnung
Die Gewinn-und-Verlust-Rechnung ist Bestandteil des Jahresabschlusses und ermittelt Höhe und Quellen des wirtschaftlichen Jahreserfolges eines Unternehmens. Hier werden alle Erträge und Aufwendungen saldiert, der Gewinn oder Verlust ist Berechnungsgrundlage für die Steuererhebungen. Im Gegensatz zur Bilanz, die eine Gegenüberstellung von Vermögens- und Kapitalpositionen an einem konkreten Stichtag darstellt, erfasst die Gewinn-und-Verlust-Rechnung sämtliche Erträge und Aufwendungen einer Abrechnungsperiode. Darüber hinaus ermittelt sie nicht nur den Saldo, sondern macht auch das Zustandekommen eines Gewinnes beziehungsweise Verlustes deutlich. Somit ist sie für den Unternehmer eine unverzichtbare Quelle, um Aufwendungen durch Sparmaßnahmen zu begegnen oder Umsätze zu fördern, wo sie nicht in entsprechender Höhe erzielt wurden.

Wichtig: Anders als bei der Einnahmen-Überschuss-Rechnung, in der alle Ein- und Auszahlungen sowie Abschreibungen saldiert werden, erfasst die Gewinn-und-Verlust-Rechnung alle Aufwendungen und Erträge, die nicht mit den Zahlungsvorgängen übereinstimmen müssen. Die entsprechenden Ein- und Auszahlungen können entweder in früheren oder späteren Rechnungsperioden erfolgt sein oder noch erfolgen. Wie in der Bilanz erfolgt die periodengerechte Zuordnung von Aufwänden und Erträgen durch aktive und passive Rechnungsabgrenzung.
Dabei ist besonders darauf zu achten, dass die Gewinn-und-Verlust-Rechnung ebenfalls nach den Grundsätzen ordnungsgemäßer Buchführung erstellt wird und klar und übersichtlich ist.

Der Anlagespiegel

Die Entwicklung einzelner Wirtschaftsgüter des Anlagevermögens wird im Anlagespiegel festgehalten. Nach § 268 Abs. 2 HGB muss der Anlagespiegel folgende Positionen einzeln und zum Schluss kumuliert aufführen:
- Anschaffungs- oder Herstellungskosten (mit Datum),
- Zugänge,
- Abgänge,
- Zuschreibungen,
- Abschreibungen (nicht zwingend im Anlagespiegel, jedoch in der Gewinn-und-Verlust-Rechnung),
- Endbestände.

Anhang und Lagebericht für Kapitalgesellschaften und Genossenschaften

Mittelgroße und große Kapitalgesellschaften müssen ihren Jahresabschluss nach §§ 264 Abs. 1, 336 HGB durch einen Anhang und einen Lagebericht ergänzen. Der Anhang dient dem Prinzip der Bilanzklarheit, in ihm werden die einzelnen Positionen der Bilanz und der Gewinn-und-Verlust-Rechnung erläutert. Das betrifft beispielsweise die Abschreibung von Anlagevermögen, für das die Restlaufzeiten oder eventuelle Änderungen der Abschreibungsarten aufgeführt werden. Ebenso können aus der Bilanz nicht ersichtliche Haftungsverhältnisse genauer erklärt werden.

Im Lagebericht wird zum einen der Geschäftsverlauf der vergangenen Bilanzperiode erörtert, zum anderen wird aber auch die voraussichtliche Geschäftsentwicklung des Unternehmens dargelegt. Die Geschäftsentwicklung kann durch absehbare Gesetzesänderungen, technische Neuerungen aus dem Bereich Forschung und Entwicklung und andere Vorgänge beeinflusst werden.

Der Anlagespiegel dient der Erfassung aller Wirtschaftsgüter, die nicht unter die Kategorie »geringwertig« fallen. Dazu zählen Grundstücke und Gebäude ebenso wie der Fuhrpark und teure Büroeinrichtungen.

Beispiel für den Aufbau eines Anlagespiegels

Anschaffungs- oder Herstellungskosten, Zugänge und Datum	Buchwert 1.1.1998	Abgänge	Umbuchungen oder Zuschreibungen	Abschreibungen im Geschäftsjahr	Restbuchwert 31.12. des Geschäftsjahres 2001	Restbuchwert Vorjahr
20.000 DM Pkw 1.1.2001	20.000 DM	0 DM	0 DM	3.334 DM 16,67 % linear	16.666 DM	0 DM
15.000 DM EDV-Anlage 7.7.2000	13.125 DM	0 DM	0 DM	3.750 DM 25 % linear	9.375 DM	13.125 DM
Summen	**33.125 DM**	**0 DM**	**0 DM**	**7.084 DM**	**26.041 DM**	**13.125 DM**

Jahresabschluss: Einnahmen-Überschuss-Rechnung

Sind Sie nicht buchhaltungspflichtig oder Freiberufler, so haben Sie das Recht, zwischen der Bilanz oder der Einnahmen-Überschuss-Rechnung zu wählen (geregelt in § 4 Abs. 3 EStG). Die wesentlichen Unterschiede liegen darin, dass:

- ▶ **die Einnahmen-Überschuss-Rechnung** eine wesentlich einfachere Gewinnermittlungsmethode darstellt und
- ▶ **bei der Überschussrechnung** der Gewinnrealisierungszeitpunkt beeinflusst werden kann; es können also Einnahmen und Ausgaben in das nächste Jahr verlagert werden, wenn dies steuerlich sinnvoll ist.

> **Achtung:** Wer nicht buchführungs- und abschlusspflichtig ist, kann die Gewinnermittlungsarten auch jährlich wechseln, wenn wirtschaftliche oder steuerliche Gründe dafür sprechen.

Die Einnahmen-Überschuss-Rechnung bietet Minderkaufleuten und Freiberuflern die Möglichkeit, den Gewinn in einem gewissen Umfang vor- oder zurückzuverlegen, was zu Steuereinsparungen führt.

Gewinnermittlung

Bei der Einnahmen-Überschuss-Rechnung wird der betriebliche Gewinn oder Verlust durch die Gegenüberstellung von Betriebseinnahmen und Betriebsausgaben des Wirtschaftsjahres ermittelt. Hier gilt das Zufluss-und-Abfluss-Prinzip, wobei die Einnahmen und Ausgaben in dem Jahr erfasst werden, in dem die Zahlungen fließen. Auch hier gelten allerdings die Abschreibungsregeln (§ 7 EStG), wonach Wirtschaftsgüter des Anlagevermögens mit einem Anschaffungswert von über netto 800 DM auf die Nutzungsdauer verteilt werden müssen. Sie dürfen den Kaufpreis für Ihr betrieblich genutztes Fahrzeug nicht sofort als Betriebsausgabe buchen, sondern müssen die Ausgaben entsprechend verteilen. Die Abschreibungsdauer für Fahrzeuge, Einrichtungsgegenstände, medizinische Geräte (Arztpraxisausstattung), Computer und ähnliche Anschaffungen erfahren Sie bei Ihrem Finanzamt. Wirtschaftsgüter zur Betriebserhaltung mit einem Anschaffungswert von unter netto 800 DM sind sofort absetzbar.

Steuern sparen durch Gewinnverlagerung

Größter Vorteil der Einnahmen-Überschuss-Rechnung ist, dass Gewinne (und somit Ihre Steuerbelastung) verlagert werden können.

Beispiel: *Architekt Schmitz (Freiberufler) ermittelt im November 2000 durch eine vorläufige Einnahmen-Überschuss-Rechnung einen Gewinn von 100.000 DM, den er nach der Grundtabelle versteuern müsste. Er hat noch Forderungen von 40.000 DM, die er jedoch noch nicht in Rechnung gestellt hat. Gleichzeitig liegen ihm Rechnungen von 10.000 DM vor, die erst im Januar fällig werden. Herr Schmitz möchte in 2001 hei-*

raten, was für ihn unter finanziellen Aspekten eine günstigere Steuerklasse bedeutet. Herr Schmitz geht folgendermaßen vor: Er schickt die Rechnungen über 40.000 DM erst Ende Dezember an seine Kunden. Die Zahlungen können dann frühestens ab Januar 2001 eingehen. Zugesandte Schecks legt er erst im Januar seiner Bank vor. Insofern können Betriebseinnahmen auf 2001 verlagert werden – das Jahr, in dem er den günstigeren Splittingtarif für Verheiratete erhält.

Nun bekommt der Fiskus weniger vom schwer verdienten Geld. Gleichzeitig wird Herr Schmitz möglichst viele Zahlungen, die bei ihm Gewinn mindernde Betriebsausgaben darstellen, noch in 2000 erledigen. Insofern kann er den steuerlichen Gewinn 2000 durch geschickte Verlagerung minimieren. Den durch dieses Jonglieren mit Einnahmen und Ausgaben auf 2001 verschobenen Gewinn muss er natürlich trotzdem voll versteuern. Aber dann unterliegt er bereits dem günstigeren Steuertarif für Verheiratete und spart somit bares Geld.

Verlagern und Vorziehen von Einnahmen und Ausgaben
Die Verlagerung von Betriebseinnahmen lohnt sich, wenn:
▶ im folgenden Jahr weniger verdient wird,
▶ im folgenden Jahr höhere Betriebsausgaben anfallen,
▶ im folgenden Jahr die Versteuerung nach einer günstigeren Steuerklasse erfolgt.

Das Vorziehen von Betriebseinnahmen lohnt sich, wenn:
▶ im laufenden Jahr weniger verdient wird,
▶ im laufenden Jahr höhere Betriebsausgaben anfallen,
▶ im laufenden Jahr die Versteuerung nach einer günstigeren Steuerklasse erfolgt.

Die Verlagerung von Betriebsausgaben ins Folgejahr lohnt sich, wenn:
▶ im folgenden Jahr eine Reduzierung der Betriebsausgaben gegenüber früheren Jahren erfolgt,
▶ im folgenden Jahr höhere Betriebseinnahmen erwartet werden.

Das Vorziehen von Betriebsausgaben lohnt sich, wenn:
▶ im laufenden Jahr der Gewinn reduziert werden muss,
▶ im folgenden Jahr voraussichtlich hohe Betriebsausgaben anfallen,
▶ im folgenden Jahr mit einem Einnahmerückgang gerechnet wird,
▶ im folgenden Jahr sonstige steuertarifliche Verbesserungen eintreten (andere Steuerklasse, weitere Freibeträge etc.).

Aus dieser Übersicht wird leicht deutlich, dass Sie sich schon einige Zeit vor Ende des laufenden Geschäftsjahres einen Überblick über Einnahmen und Ausgaben verschaffen sollten. Daneben sollten Sie auch schon einigermaßen wissen, ob das kommende Geschäftsjahr für Sie noch erfolgreicher wird oder nicht. Sonst könnte sich der erhoffte Steuerspareffekt leicht in das Gegenteil verkehren.

> Steuereinsparungen können durch Einnahmen- oder Ausgabenverlagerung vor allem dann realisiert werden, wenn die Einnahmen und Ausgaben pro Jahr stark schwanken oder wenn ein Wechsel in der Steuerklasse ansteht.

Die in einem Geschäftsjahr erzielten Umsätze stellen die Einnahmen dar. Von ihnen werden sämtliche betrieblich bedingten Ausgaben abgezogen. Der verbleibende Überschuss stellt das zu versteuernde Einkommen dar.

Die Ermittlung der Betriebseinnahmen

Zu den steuerpflichtigen Betriebseinnahmen zählen folgende Posten:
- erhaltene Anzahlungen,
- Einnahmen aus Dienstleistungen,
- Einnahmen aus Warenverkäufen,
- Provisionseinnahmen,
- Zinseinnahmen,
- Mehrwertsteuererstattungen,
- Gewerbesteuererstattungen,
- Versicherungsentschädigungen,
- Honorareinnahmen,
- erhaltene Mehrwertsteuer,
- Privatentnahmen (Entnahmen von Nutzungen des Betriebsvermögens, z. B. privater Telefonanteil, privater Kfz-Anteil).

Die Ermittlung der Betriebsausgaben

Betriebsausgaben sind (nach § 4 Abs. 4 EStG) Aufwendungen, die durch den Betrieb veranlasst sind. Sie sind bei der Einnahmen-Überschuss-Rechnung dann von den Betriebseinnahmen abzuziehen, wenn sie bezahlt wurden – nicht, wenn der Rechnungseingang erfolgte.

Bei Erstellung der Einnahmen-Überschuss-Rechnung sind die in einem Wirtschaftsjahr gezahlten Betriebsausgaben von den im gleichen Jahr erhaltenen Betriebseinnahmen abzuziehen. Es gibt sofort abzugsfähige Betriebsausgaben wie etwa Gehälter, Mieten und Wareneinkäufe.

Denen gegenüber stehen die nicht sofort abzugsfähigen Betriebsausgaben, die auf mehrere Jahre verteilt werden. Hier handelt es sich um Abschreibungen, wenn die Anschaffungskosten von Anlagevermögen auf mehrere Jahre verteilt werden müssen, weil es sich um Beträge von jeweils mehr als netto 800 DM gehandelt hat. Was bei den einzelnen Betriebsausgaben besonders zu beachten ist und wie sich durch geschickte Gestaltung Steuern vermeiden lassen, erfahren Sie am Schluss dieses Kapitels.

> **Wichtig:** In der Einnahmen-Überschuss-Rechnung erfolgt keine aktive und passive Rechnungsabgrenzung. Einnahmen und Erträge sowie Auszahlungen und Aufwand müssen nicht zugeordnet werden, sondern gehören immer zur gleichen Rechnungsperiode. Daher hat man auch den Spielraum für die Steuer sparende Möglichkeit des Verlagerns beziehungsweise Vorziehens von Einnahmen und Ausgaben.
> Die Erzielung von Steuervorteilen durch die Verlagerung von Einnahmen und Ausgaben in verschiedene Abrechnungsperioden hängt wesentlich davon ab, wie realistisch Sie den Ausgang des laufenden und des kommenden Geschäftsjahres beurteilen.

⚡ Blitzübersicht: Die Einnahmen-Überschuss-Rechnung

Betriebseinnahmen
Einnahmen netto (ohne MWSt., diese wird unten als Umsatzsteuer gesondert als Einnahme ausgewiesen)

Kfz-Nutzung (privater Anteil)	+	
Telefon (privater Anteil)	+	
Umsatzsteuer	+	
Zinseinnahmen (betriebliches Girokonto)	+	
Summe der Einnahmen	**=**	

Betriebsausgaben
(ohne MWSt., diese wird unten als bezahlte Vorsteuern gesondert als Ausgabe ausgewiesen)

Abschreibung auf Anlagegüter	+	
Betriebsanmeldung	+	
bezahlte Vorsteuern	+	
Büromaterial	+	
Fax	+	
geringwertige Wirtschaftsgüter	+	
Kfz-Kosten pauschal	+	
Kosten des Geldverkehrs	+	
Material	+	
Telefon	+	
Summe der Betriebsausgaben	**=**	

Summe der Einnahmen	−	Summe der Betriebsausgaben	=	Überschuss oder Verlust

Die Erstellung einer Einnahmen-Überschuss-Rechnung ist wesentlich unaufwändiger als die einer Bilanz. Statt zahlreicher T-Konten ist nur das Zusammenfassen gleicher Belege unter einem Ausgabenpunkt notwendig.

Inventur – wann wird die für Sie wichtig?

Sind Sie als Kaufmann selbstständig und haben Warenbestand (beispielsweise als Kioskbetreiber, Friseur, Lebensmittelhändler), so müssen Sie dieses Vorratsvermögen zum Abschlussstichtag eines Wirtschaftsjahres durch genaue Erfassung aller Gegenstände ermitteln und bewerten. Die Aufzählung und Bewertung des Warenbestandes als Vorgang heißt In-

Die jährliche Tortur der Inventur entfällt für alle, die nicht der Buchführungspflicht unterliegen.

ventur, das Verzeichnis selbst ist das Inventar. Dieses ergänzt Ihre Buchhaltung und den Jahresabschluss. Es werden alle Vermögensgegenstände und die Verbindlichkeiten mit Wertangaben festgehalten.

Die Inventur muss aber nicht zwingend zum Ende des Jahres erfolgen, sondern sie kann:

▶ **vorverlegt** werden auf einen Tag innerhalb der letzten drei Monate vor dem Bilanzstichtag oder
▶ **nachverlegt** werden auf einen Tag innerhalb der ersten zwei Monate nach Bilanzstichtag.

Bei der Inventur werden aber nicht nur die Warenbestände bewertet, sondern auch der Kassenbestand sowie das Anlagevermögen. Stellen Sie Abweichungen zwischen den Inventur- und den Buchwerten fest, so gelten die Inventurwerte als verbindlich.

> **Achtung:** Ermitteln Sie Ihren Gewinn nach der Einnahmen-Überschuss-Rechnung, so sind Sie nicht verpflichtet, ein Inventar zu erstellen. Ändern Sie später die Gewinnermittlungsart und erstellen eine Bilanz, so müssen Sie sowohl eine Kasse führen als auch die Mühe der Inventur auf sich nehmen. So will es das Handelsrecht.

Der Anlagespiegel – auch für Kleinunternehmer wichtig

Gerade zu Beginn Ihrer Geschäftstätigkeit fallen für den Aufbau Ihres Betriebes hohe Aufwendungen an, beispielsweise für die Anschaffung von Kraftfahrzeugen, Büroausstattungen, EDV-Anlagen, Einrichtungsgegenständen und Ähnlichem mehr. Für das Finanzamt handelt es sich dabei um abnutzbare, selbstständige Wirtschaftsgüter, die in einem gesonderten Anlageverzeichnis zum Jahresabschluss aufgeführt werden.

Die Zahl der Nutzungsjahre für die Abschreibung von Wirtschaftsgütern können Sie nicht willkürlich festlegen, vielmehr gibt es dafür detaillierte Tabellen, mit denen die Finanzämter arbeiten.

Liegen die Anschaffungs- oder Herstellungskosten über netto (ohne gesetzliche Mehrwertsteuer) 800 DM, so sind diese Kosten auf die voraussichtliche Nutzungsdauer zu verteilen. Dieser Vorgang heißt Abschreibung von Anlagevermögen oder Absetzung für Abnutzung (AfA). Die Abschreibung selbst stellt eine Gewinn mindernde Betriebsausgabe dar. Die voraussichtliche Nutzungsdauer können Sie speziellen AfA-Tabellen entnehmen, die Ihr Steuerberater im Schreibtisch liegen hat oder die in Fachbuchhandlungen erhältlich sind.

Geringwertige Wirtschaftsgüter

Liegen die Anschaffungskosten unter netto 800 DM, so handelt es sich um geringwertige Wirtschaftsgüter (GWG), die ebenfalls im Abschreibungsverzeichnis oder Anlagespiegel geführt werden. Wenn Sie als Kleinunternehmer nicht für die Mehrwertsteuer optieren, gilt der Bruttobetrag (einschließlich gesetzlicher Mehrwertsteuer). Diese Wirtschaftsgüter werden sofort in einem Jahr abgeschrieben. Es verbleibt lediglich ein Erinnerungswert von 1 DM, solange die betriebliche Nutzung besteht. Handelt es sich um Güter, die nur zusammen mit einem anderen betrieblichen Gegenstand nutzbar sind, so werden diese zusammen mit dem anderen Wirtschaftsgut abgeschrieben. Beispiel: Der automatische Einzug eines Kopierers kann zwar separat angeschafft werden, ist aber nur zusammen mit dem Gerät nutzbar. Gleiches gilt auch für einen Computerbildschirm, der ohne das Gerät keinen Sinn macht.

Achtung: Wurde das Wirtschaftsgut in der zweiten Jahreshälfte (nach dem 30. Juni eines Jahres) angeschafft, so halbiert sich der Abschreibungsbetrag für das laufende Jahr!

Neben den bereits beschriebenen Sachanlagen gehören noch folgende Positionen in den Anlagespiegel:
- **Unbewegliches Anlagevermögen,** das heißt Grundstücke. Diese werden nicht abgeschrieben, aber dennoch im Anlagespiegel geführt. Das Gebäude auf dem Grundstück selbst wird gesondert verzeichnet und abgeschrieben.
- **Immaterielle (nicht körperliche) Wirtschaftsgüter,** etwa ein Geschäfts- oder Firmenwert, der binnen 15 Jahren abgeschrieben wird.
- **Finanzanlagen,** wie beispielsweise auf Dauer angelegtes Wertpapiervermögen, Beteiligungen an Personen- oder Kapitalgesellschaften. Diese werden nicht abgeschrieben.

Im Normalfall wird der AfA-Prozentsatz ermittelt, indem man 100 durch die Jahre der voraussichtlichen Nutzungsdauer teilt. Beispiel für ein Kfz: 100 geteilt durch sechs Jahre Nutzungszeit ergibt einen Abschreibungssatz von 16,67 Prozent. Die voraussichtliche Nutzungsdauer wird dem AfA-Verzeichnis entnommen.

Achtung: Gebrauchte Gegenstände oder Wirtschaftsgüter, die erhöhtem Verschleiß unterliegen, haben eine geringere Nutzungsdauer als im AfA-Verzeichnis angegeben!

Wenn das laufende Geschäftsjahr besonders erfolgreich zu werden scheint, dann empfiehlt es sich, teure Anschaffungen tunlichst vor dem 30. Juni des Jahres zu tätigen, damit in dem Jahr der volle Abschreibungsbetrag genutzt werden kann.

Kapitel 7
Unternehmenssteuern und wie man sie gering hält

Niemand zahlt gern Steuern – und schon gar nicht zu viele. Deshalb beschäftigt sich dieses Kapitel mit allen Aspekten, die Sie zum Thema Unternehmenssteuern wissen sollten. Vorab können Sie den Test mit zehn Fragen dazu nutzen, Ihre Kenntnisse auf diesem Gebiet zu prüfen. Bleiben Fragen offen, dann versuchen Sie die Lösung des Tests noch einmal nach genauer Lektüre des Kapitels zu finden. Achtung: Bei einigen Fragen sind Mehrfachnennungen möglich! Die Lösungen finden sich am Testende.

⚡ Blitztest
Was wissen Sie schon – wie groß ist Ihr Info-Bedarf?

→ siehe Seite 207

1. Welche Unternehmen zahlen Einkommensteuer?
 a) Gesellschafter einer Personengesellschaft.
 b) Die »Ein-Mann-GmbH«.
 c) Freiberufler.

→ siehe Seite 187

2. Was ist die Bemessungsgrundlage für Einkommensteuer?
 a) Der Gewinn des Unternehmers.
 b) Das zu versteuernde Einkommen.
 c) Der Umsatz des Unternehmers.

→ siehe Seite 202

3. Wer kassiert die Gewerbesteuer der Unternehmen?
 a) Der Bund.
 b) Die Gemeinden.
 c) Die Europäische Union.

→ siehe Seite 194

4. Was ist für ein Unternehmen umsatzsteuerpflichtig?
 a) Warenlieferungen und Dienstleistungen.
 b) Privatentnahme von Betriebsvermögen.
 c) Alle gezahlten Arbeitslöhne.

5. Was ist Körperschaftsteuer? → siehe Seite 213

a) Einkommensteuer der Personengesellschaften.
b) Einkommensteuer der Kapitalgesellschaften.
c) Eine Steuer auf Dividenden.

6. Welcher Unternehmer erhält Dividenden? → siehe Seite 240

a) Gesellschafter einer GmbH.
b) Gesellschafter einer Personengesellschaft.
c) Aktionäre.

7. Für welche Unternehmer sind Privatentnahmen ausgeschlossen? → siehe Seite 240

a) Aktionäre.
b) Gesellschafter einer GmbH.
c) Inhaber einer OHG.

8. Welches Unternehmen darf an seine Inhaber Unternehmergehälter zahlen? → siehe Seite 240

a) Große Gesellschaften bürgerlichen Rechts.
b) Große offene Handelsgesellschaften.
c) Große GmbHs.

9. Wie können Unternehmergewinne reduziert werden? → siehe Seite 216

a) Veräußerung von Anlagevermögen.
b) Ansatz hoher Betriebsausgaben.
c) Erhöhung der Geschäftsführergehälter.

Lösung des Tests:

1. a, c   **3.** b   **5.** b, c   **7.** a, b   **9.** b, c
2. b   **4.** a, b **6.** a, c **8.** c

Vom Umgang mit Steuerunterlagen

Steuern sind nicht nur ein notwendiges Übel, Sie erhalten als Gegenleistung ein gesichertes rechtliches und wirtschaftliches Umfeld, in dem Sie mit Ihrem Unternehmen operieren können.

Das Wort »Steuern« löst bei den meisten Menschen Unwohlsein aus. Zum einen beschleicht einen das Gefühl, zu viel zahlen zu müssen oder tatsächlich zu zahlen (meist aus Unkenntnis einer verwirrenden und widersprüchlichen Gesetzgebung und Verwaltungspraxis). Zum anderen kennt jeder die haarsträubendsten Beispiele von Verschwendung von Steuergeldern. Ein Blick in den jährlich erscheinenden Bericht des unabhängigen Bundesrechnungshofes genügt, um einem das regelmäßige Steuerzahlen zu vergällen.

Die meisten Unternehmer – auch Existenzgründer – beauftragen einen Steuerberater oder Wirtschaftsprüfer mit ihren Buchhaltungs- und Steuerangelegenheiten, um Fehler zu vermeiden. Schließlich müssen Sie in Ihrem Beruf Ihre Stärken beweisen und Geld verdienen – keiner erwartet von Ihnen, dass Sie nebenbei noch eine Steuerberaterausbildung absolvieren. Ein grober Einstieg in die komplexe Steuerproblematik kann einem Unternehmer jedoch nicht erspart bleiben, weil:

- **Sie wissen müssen,** mit welchen Steuerarten das Finanzamt auf Sie zukommt,
- **Sie kalkulieren müssen,** in welcher Höhe ungefähr Steuerzahlungen anfallen,
- **Sie eine Besprechungsgrundlage** mit Ihrem Steuerberater brauchen,
- **Sie wissen müssen,** welche Unterlagen Ihr Steuerberater und das Finanzamt brauchen,
- **Sie Buchhaltung, Jahresabschluss und Steuererklärungen** ungefähr verstehen sollten,
- **Sie die Arbeiten kontrollieren können sollten,** da auch einem Steuerberater Fehler unterlaufen können.

Steuerliche Eigenverantwortung des Unternehmers

Bei Arbeitnehmern wird die monatliche Lohnsteuer direkt vom Arbeitgeber einbehalten und an das Finanzamt abgeführt, so dass dem Steuerpflichtigen die Arbeit abgenommen wird. Wenn noch andere Einkunftsarten vorliegen, muss trotzdem eine jährliche Einkommensteuererklärung abgegeben werden.

Der Umgang mit Steuergeldern ist teilweise so verschwenderisch, dass man unbedingt alle legalen Tricks zur Steuervermeidung ausnützen sollte.

Unternehmern wird die Last des Steuerabzuges zunächst nicht abgenommen. Sie müssen selbst dafür sorgen, dass für alle Steuerarten eine der Höhe nach richtige und pünktliche Steuerzahlung erfolgt. Selbst wenn Sie einen Steuerberater beauftragen, bleibt noch ein erheblicher Verwaltungsaufwand an Ihnen hängen, weil Sie alle Unterlagen sammeln, kopieren und aufbewahren müssen, rechtzeitig Überweisungen für die Finanzverwaltung ausstellen müssen und sich regelmäßig Zeit für Ihren Steuerberater nehmen sollten.

Umsatz und Gewinn – gut für Sie und das Finanzamt

Kein Unternehmer betreibt sein Unternehmen als Selbstzweck, jeder verfolgt das Ziel der möglichst hohen Umsatz- und Gewinnerzielung. Umsatz und Gewinn sind die Berechnungsgrundlagen für Umsatzsteuer, Einkommen- oder Körperschaftsteuer und Gewerbesteuer. Je höher Umsatz und Gewinn ausfallen, desto höher ist natürlich auch die Beteiligung des Finanzamtes.

Der in der Steuerbilanz ausgewiesene Unternehmensgewinn kann durch bestimmte steuerliche Vorschriften niedrig gehalten werden, damit der Unternehmer möglichst viel in der eigenen Tasche behält. Diese Steuerstrategien sollte selbstverständlich Ihr Steuerberater beherrschen, leider arbeiten viele jedoch nur als profiskalische Buchhalter, so dass es sinnvoll ist, dass der Unternehmer zumindest einige Strategien zur legalen Steuerreduzierung von sich aus ansprechen kann. Dazu im hinteren Teil des Kapitels mehr. Hierbei gelten die wichtigsten Grundsätze:
▶ Es ist legal, Steuern zu vermeiden.
▶ Es ist strafbar, Steuern zu verkürzen (zu hinterziehen).

Die Besteuerungsgrundlagen

Das Finanzamt hat durch die Gemeinde von Ihrer gewerblichen Tätigkeit erfahren. Jetzt werden Sie mit Fragebögen und Steuerformularen bedrängt, denn das Finanzamt möchte schwarz auf weiß sehen, wie viel Geld Sie mit Ihrer Selbstständigkeit verdienen. Je mehr, desto besser, denn der Steuersatz steigt progressiv mit jeder Gewinnmark an. Damit die Steuern berechnet werden können, müssen Sie dem Finanzamt für die verschiedenen Steuerarten Ihre jeweiligen Besteuerungsgrundlagen nennen.

Die Grenzen zwischen legaler Steuervermeidung und strafbarer Steuerhinterziehung sind manchmal fließend. Auch wenn Großunternehmer und Parteifunktionäre oft mit einem blauen Auge davonkommen, ist Steuerhinterziehung kein Kavaliersdelikt.

⚡ Blitzübersicht: Die Besteuerungsgrundlagen

Steuerart	Bemessungsgrundlage
Einkommensteuer	Gewinn = Betriebseinnahmen abzüglich Betriebsausgaben
Körperschaftsteuer bei juristischen Personen (GmbH, AG)	Bilanzgewinn + nicht abziehbare Aufwendungen abzüglich abziehbare Aufwendungen
Gewerbeertragsteuer	Gewinn (ab jährlich 48.000 DM) bei juristischen Personen entfällt der Freibetrag von 48.000 DM
Umsatzsteuer	Nettoumsätze
Lohnsteuer	Höhe des eigenen Gehaltes, bei GmbH z. B. Geschäftsführergehalt
Lohnsteuer auf Aushilfskräfte	Höhe der gezahlten Aushilfslöhne

Gewinne sind für Unternehmen einerseits ein Grund zur Freude, da die Kapitalvermehrung das Ziel jeder wirtschaftlichen Tätigkeit darstellt, andererseits verdient der Fiskus an jeder Gewinnmark kräftig mit.

Gewinne – steuerlich unerwünscht

Hohe Gewinne bedeuten immer hohe Steuern. Gewinn ist der Unterschied zwischen Betriebseinnahmen und Betriebsausgaben (bei der Einnahmen-Überschuss-Rechnung nach § 4 Abs. 3 EStG). Sie müssen daher nicht nur Unterlagen bezüglich Ihrer Einnahmen aufbewahren, sondern auch unbedingt Ihre Ausgabenbelege. Erst wenn Sie dem Finanzamt Ihre Betriebsausgaben nachweisen können, mindert sich auch die Bemessungsgrundlage für Ihre betrieblichen Steuern sowie Ihre persönliche Einkommen- oder Lohnsteuer.

> **Achtung:** Können Sie dem Finanzamt keine Unterlagen vorlegen, erfolgt eine Schätzung, die in den allermeisten Fällen zu niedrig und somit zu Ihrem Nachteil ausfällt.

Die Unterlagen zu Ihren Steuererklärungen sollten sachlich und chronologisch gesammelt werden. Die Aufbewahrung kann auch auf elektronischen Datenträgern erfolgen, ausgenommen die Jahresabschlüsse.

Welche Unterlagen müssen Sie aufbewahren?

Handelsrechtlich müssen nur Kaufleute ihre Unterlagen aufbewahren (§§ 257, 261 HGB), steuerrechtlich jedoch jeder Unternehmer (§ 147 AO), sofern er buchführungspflichtig ist oder bilanziert.
Bei den Aufbewahrungspflichten gibt es Unterschiede zwischen dem Handels- und dem Steuerrecht. Die Tabelle auf Seite 190/191 zeigt die Aufbewahrungspflichten nach dem Steuerrecht für die wichtigsten Unterlagen eines Unternehmers. Auf die handelsrechtlichen Aufbewahrungspflichten können Sie Ihren Steuerberater ansprechen, auf den Sie als Unternehmer sowieso nicht verzichten sollten. Zum einen versäumen Sie so keine Steuerfristen, die nur zu unnötigen Kosten in Form von Versäumniszuschlägen führen, zum anderen spart ein guter Steuerberater einiges an Geld, das Sie sonst erst erwirtschaften müssten.

> **Achtung:** Unternehmer müssen dem Finanzamt eigentlich keine Belege zu ihren Jahresabschlüssen und Steuererklärungen übersenden. Sie müssen jedoch trotzdem bei der Wahrheit bleiben. Erstens, weil eine vorsätzlich falsch abgegebene Steuererklärung den strafbaren Tatbestand der Steuerhinterziehung (geregelt in § 370 AO) darstellt. Zweitens kann das Finanzamt stichprobenhaft jederzeit bestimmte Unterlagen anfordern. Und zusätzlich können jederzeit Betriebsprüfungen angeordnet werden, wo Sie den Steuerprüfern des Finanzamtes Ihre Bücher und Unterlagen offen legen müssen.

Was passiert, wenn Unterlagen verloren gehen?

Haben Sie keine Unterlagen gesammelt und aufbewahrt, können Sie Ihrer steuerlichen Beweispflicht nicht nachkommen. Das Finanzamt wird dann Ihre Besteuerungsgrundlagen willkürlich schätzen. Es werden dann oft von den Finanzbeamten Unternehmensgewinne geschätzt, die völlig aus der Luft gegriffen sind. Besonders in der Aufbauphase eines Unternehmens sind anfängliche Verluste völlig normal. Diese Verluste führen dazu, dass Sie meistens nicht steuerpflichtig werden oder zumindest in eine niedrigere Progressionsstufe kommen. Deshalb gilt es gerade am Anfang, alle Unterlagen sorgfältig aufzubewahren, um gravierende wirtschaftliche Einbußen durch zu hohe Steuerzahlungen zu vermeiden.

> *Steuerunterlagen sind wichtige Dokumente, deren Verlust zu steuerlichen Nachteilen führen kann. Entweder werden Posten vom Finanzamt nur mit niedrigeren Schätzwerten berücksichtigt oder fallen ganz unter den Tisch.*

Achtung: Die Aufbewahrungsfrist für steuerrechtlich relevante Unterlagen beginnt mit dem Schluss des Kalenderjahres, in dem bei kontinuierlich geführten Aufzeichnungen der letzte Eintrag vorgenommen wurde.

Rechtsmittel gegen Schätzungsbescheide

Unterstellt das Finanzamt hohe Gewinne, müssen Sie Steuern zahlen. Sie können gegen die Schätzungsbescheide:

▶ **Einspruch einlegen** (Fristen nicht versäumen), damit die Bescheide nicht rechtskräftig werden, und zusätzlich
▶ **die Aussetzung der Vollziehung beantragen,** damit Sie die geforderte Summe nicht oder nicht in voller Höhe zahlen müssen.

Beide Rechtsmittel müssen jedoch durch die Einreichung der Steuererklärungen begründet werden. Können Sie keine oder nur unvollständige Unterlagen als Beweismittel vorlegen, bleibt es bei den Schätzungsbescheiden und den geforderten Nachzahlungen.

Achtung: Sollte die Schätzung dennoch zu Ihrem Vorteil ausfallen, freuen Sie sich nicht zu früh. Eine Schätzung der Besteuerungsgrundlagen entbindet Sie nicht von der Abgabe der Steuererklärungen. Diese müssen Sie trotzdem wahrheitsgemäß einreichen und dann auch die festgesetzten Steuern zahlen.

Höhere Gewalt – kein Grund zur Freude

Sind Ihre Unterlagen unverschuldet abhanden gekommen, so muss das Finanzamt Ihren Ausführungen glauben. In Fällen von höherer Gewalt (Naturkatastrophen, Überschwemmungen, Einbrüchen, Bränden) werden Sie so gestellt, als ob Ihre Unterlagen noch vollständig vorliegen würden.

> ⚡ **Blitzübersicht: Das Abc der Belege – und die Aufbewahrungspflicht nach dem Steuerrecht**
>
> | Stichwort | Frist |
> |---|---|
> | **A**brechnungsunterlagen | 6 Jahre |
> | Abtretungserklärungen | 6 Jahre |
> | Angebote | 6 Jahre |
> | Ausgangsrechnungen | 10 Jahre |
> | Außendienstabrechnungen | 6 Jahre |
> | Anlagevermögensbücher | 10 Jahre |
> | Aufzeichnungen | 10 Jahre |
> | Anhang zum Jahresabschluss | 10 Jahre |
> | **B**etriebsprüfungsberichte | 6 Jahre |
> | Bankbelege | 10 Jahre |
> | Bankbürgschaften | 6 Jahre |
> | Beiträge für Sozialversicherungen | 6 Jahre |
> | Betriebskostenabrechnung | 6 Jahre |
> | Bewirtungsbelege | 10 Jahre |
> | Bilanzen | 10 Jahre |
> | Bilanzunterlagen | 10 Jahre |
> | Buchungsbelege | 6 Jahre |
> | Buchungsbelege bei Aufzeichnungspflichtigen | 10 Jahre |
> | **D**arlehensunterlagen | 6 Jahre |
> | Dauerauftragsunterlagen | 6 Jahre |
> | **E**ingangsrechnungen, Einfuhrunterlagen | 10 Jahre |
> | Exportunterlagen | 6 Jahre |
> | **F**ahrtkostenerstattungsunterlagen | 6 Jahre |
> | Frachtbriefe | 6 Jahre |
> | Finanzierungsunterlagen | 6 Jahre |
> | **G**ewinn-und-Verlust-Rechnung | 10 Jahre |
> | Geschäftsberichte | 10 Jahre |
> | Gehaltslisten | 10 Jahre |
> | Geschäftsbriefe | 6 Jahre |
> | Geschenknachweise | 6 Jahre |
> | Grundbuchauszüge | 6 Jahre |
> | Gutschriften | 10 Jahre |
> | **H**andelsbriefe | 6 Jahre |
> | Handelsregisterauszüge | 6 Jahre |
> | **I**nventar | 10 Jahre |
> | Investitionszulagenunterlagen | 6 Jahre |
> | **J**ahresabschlüsse | 10 Jahre |
> | Journale | 10 Jahre |
> | Jahresabschlusserläuterungen | 10 Jahre |

Einige Steuerunterlagen müssen Sie bis zu zehn Jahren aufheben, die meisten können Sie allerdings nach sechs Jahren entsorgen. Der Grund: Steht eine Steuerprüfung ins Haus, gehen die Prüfer maximal fünf Jahre zurück.

Aufbewahrungsfristen

Stichwort	Frist
Kassenbücher	10 Jahre
Kontenpläne	10 Jahre
Kassenberichte	10 Jahre
Kalkulationsunterlagen	6 Jahre
Kreditunterlagen	6 Jahre
Kontoauszüge	10 Jahre
Lieferscheine	10 Jahre
Lohnunterlagen	6 Jahre
Mahnbescheide	6 Jahre
Mietverträge, Mietunterlagen	6 Jahre
Magnetbänder (Buchhaltungsdaten)	10 Jahre
Nachnahmebelege	6 Jahre
Organisationsbelege der EDV-Buchhaltung	10 Jahre
Pachtunterlagen	6 Jahre
Preislisten	6 Jahre
Protokolle	6 Jahre
Prozeßakten	6 Jahre
Quittungen	10 Jahre
Rechnungen	10 Jahre
Registrierkassenstreifen	6 Jahre
Reisekostenabrechnungen	10 Jahre
Repräsentationskostenbelege	6 Jahre
Schadensunterlagen	6 Jahre
Scheck- und Wechselunterlagen	6 Jahre
Spendenbescheinigungen	10 Jahre
Steuerbescheide	10 Jahre
Steuererklärungen	10 Jahre
Steuerunterlagen	10 Jahre
Telefonkostennachweise	6 Jahre
Überstundenlisten	6 Jahre
Verbindlichkeitenaufstellungen	10 Jahre
Verkaufsbücher	10 Jahre
Vermögensverzeichnis	10 Jahre
Vermögenswirksame Leistungen	6 Jahre
Versandunterlagen	6 Jahre
Versicherungspolicen	6 Jahre
Verträge	6 Jahre
Wareneingangs- und -ausgangsbücher	10 Jahre
Wechsel	10 Jahre
Zahlungsanweisungen	6 Jahre
Zwischenbilanzen	10 Jahre
Zollbelege	6 Jahre

Selbstverständlich müssen die Steuerunterlagen so aufbewahrt werden, dass Sie nach fünf Jahren noch lesbar sind. Falls Sie Ihre Unterlagen absichtlich vermodern lassen, zieht dies im Falle einer Betriebsprüfung Konsequenzen nach sich.

Der Steuerpflichtige ist angehalten, alles zu tun, damit die Finanzbeamten ein möglichst objektives Bild von der finanziellen Unternehmenssituation erhalten.

Die Mitwirkungspflicht des Steuerpflichtigen
Jeder Steuerpflichtige muss bei der Ermittlung der zutreffenden Besteuerungsgrundlagen mitwirken. Dies beschränkt sich zunächst auf die Offenlegung aller bedeutsamen Tatsachen und Unterlagen (Erklärungs- und Offenbarungspflichten). Weitere Mitwirkungspflichten sind:
- **Anzeigepflicht** nach §§ 137, 138 AO (Anzeigen der Aufnahme einer Unternehmertätigkeit),
- **Buchführungs- und Aufzeichnungspflichten** (geregelt in §§ 140–146 AO),
- **Aufbewahrungspflichten zur Beweissicherung** (§ 146 AO),
- **Pflicht zur Auskunftserteilung** nach bestem Wissen und Gewissen (§ 93 Abs. 1 AO),
- **Pflicht zur Vorlage von Urkunden,** sofern diese für die Besteuerung nötig sind (§ 97 AO),
- **Pflicht zur Duldung des Besuchs von Beamten** der Finanzverwaltung (§ 99 AO) nach vorheriger Ankündigung.

Viele Steuerzahler fürchten das Finanzamt und vermeiden von ihrer Seite jeden Kontakt. Dabei hat auch das Finanzamt eine Reihe von Pflichten gegenüber dem Steuerzahler, auf die Sie im Zweifelsfall pochen sollten.

Pflichten des Finanzamtes
Die meisten Steuerzahler kennen die Finanzverwaltung nur als unbequemen stillen Teilhaber Ihrer Einnahmen. Dem steht jedoch auch eine gewisse Fürsorgepflicht für den Steuerpflichtigen gegenüber, was viele aber nicht wissen, weil sie aus Prinzip lieber einen Bogen um das Finanzamt machen. Die Pflichten des Finanzamtes sind im Einzelnen:
- **Wahrung des Steuergeheimnisses:** Nach § 30 AO müssen Amtsträger der Finanzverwaltung das Steuergeheimnis wahren. Das bedeutet, dass sie die Verhältnisse des Steuerpflichtigen anderen gegenüber nicht unbefugt offenbaren dürfen.
- **Amtsermittlungspflicht:** Das Finanzamt muss auch ohne Antrag des Steuerpflichtigen tätig werden, wenn es von einem steuerlich relevanten Sachverhalt Kenntnis erlangt, sowohl im günstigen (uns sind keine Fälle aus der Praxis bekannt) als auch im ungünstigen Fall.
- **Fürsorgepflicht:** Nach § 89 AO muss das Finanzamt den Steuerpflichtigen über seine Rechte und Pflichten aufklären, es übernimmt somit gewisse Beratungspflichten. Wenn Sie versehentlich Angaben, Berichtigungen oder Anträge vergessen haben, muss Sie das Finanzamt hierüber aufklären und die Anträge anregen, dies jedoch nur, soweit sich dem Finanzbeamten bestimmte Hinweise dafür aufdrängen. Ansonsten ist der Steuerpflichtige selbst verpflichtet, sich über steuerliche Antragsmöglichkeiten zu informieren.
- **Rechtsfolgen bei Verstoß der Fürsorgepflicht:** Können Sie beweisen, dass das Finanzamt gegen seine Fürsorgepflicht i. S. § 89 AO verstoßen hat, können Sie die Wiedereinsetzung in den vorigen Stand oder die Änderung des Verwaltungsaktes beantragen.

▶ **Verpflichtung zur Auskunftserteilung:** Das Finanzamt muss Ihnen Auskünfte über Ihre Rechte im laufenden Verfahren geben, beispielsweise über Fristberechnungen oder die Aussetzung der Vollziehung.
▶ **Gewährung des rechtlichen Gehörs:** Nach § 91 AO muss das Finanzamt dem Steuerpflichtigen rechtliches Gehör verschaffen. Das bedeutet, dass Sie vor Erlass eines Verwaltungsaktes (z. B. Steuerbescheid) nochmals Gelegenheit erhalten, sich zu dem Sachverhalt zu äußern, bevor das Finanzamt zu Ihren Ungunsten (in Abweichung von den Angaben Ihrer Steuererklärung) entscheidet und einen anderen steuerlichen Sachverhalt annimmt. Von einer solchen Anhörung des Steuerpflichtigen darf nur abgesehen werden, wenn es sich um eine geringfügige Abweichung des Finanzamtes handelt oder Gefahr im Verzug ist.
▶ **Keine Verpflichtung zur Gewährung der Akteneinsicht:** Der Steuerpflichtige hat kein Recht zur Akteneinsichtnahme bei der Finanzverwaltung, diese darf jedoch die Akteneinsichtnahme zulassen, sofern sich daraus keine Informationen über dritte Personen ergeben.

Scheuen Sie sich bei Fragen zu Steuerthemen nicht vor dem Anruf bei Ihrem zuständigen Sachbearbeiter im Finanzamt. Er ist zur Beantwortung Ihrer Fragen verpflichtet.

Die Umsatzsteuer

Ein Unternehmer muss nach den Vorschriften des Umsatzsteuergesetzes alle Lieferungen und Leistungen, die er im Inland im Rahmen seines Unternehmens ausführt, der Umsatzsteuer unterwerfen. Dies gilt einheitlich für alle Rechtsformen. Somit verdient der Staat an jedem verkauften Produkt, jeder erstellten Dienstleistung, sofern sie nicht nach § 4 UStG zu den steuerfreien Umsätzen gehören.
Unternehmer im Sinne des Umsatzsteuergesetzes ist derjenige, der nachhaltig eine selbstständige oder gewerbliche Tätigkeit zur Erzielung von Einnahmen ausübt. Verkauft Herr Schmitz sein privates Fahrzeug, so geschieht dies nicht im Rahmen einer nachhaltigen gewerblichen Tätigkeit, sondern aus privaten Gründen. Dieser Vorgang ist nicht umsatzsteuerpflichtig. Wenn Herr Schmitz jedes Jahr mehrere Autos an- und verkaufen würde, läge eine nachhaltige gewerbliche und auf Einnahmeerzielung gerichtete Tätigkeit vor, die umsatzsteuerpflichtig wäre.

Die Umsatzsteuer ist für Unternehmer nur ein Durchlaufposten, der auf die Endverbraucher abgewälzt wird.

Achtung: Unternehmer im Sinne der Umsatzsteuerpflicht sind natürliche und juristische Personen, nicht jedoch die Gesellschafter oder Aktionäre eines Unternehmens.

Die Umsatzsteuer als Durchlaufposten
Die Umsatzsteuer ist eine allgemeine Verbrauchssteuer, die eigentlich nur den Privatkonsumenten trifft. Für den Unternehmer ist die Umsatzsteuer ein durchlaufender Posten, er führt die Umsatzsteuer ab, die er dem Kun-

den berechnet. Die in seinen Eingangsrechnungen enthaltene Umsatzsteuer (Vorsteuer) zieht er von seiner Umsatzsteuerschuld wieder ab oder beantragt die volle Erstattung. Insofern wird der Unternehmer durch die Umsatzsteuer nicht wirklich »belastet« (von dem Aufwand, den ihre Verwaltung verursacht, einmal abgesehen), während der Endverbraucher, der sie nicht auf eine Steuerschuld anrechnen kann, sie im vollen Umfang trägt. Somit erhält die Staatskasse die Umsatzsteuer ausschließlich von Privatverbrauchern.

> **Wichtig:** Die Umsatzsteuer stellt bei Unternehmen eine Betriebseinnahme dar, die nach Abzug der in bezahlten Rechnungen enthaltenen Vorsteuer an das Finanzamt abgeführt werden muss.

Welche Leistungen sind umsatzsteuerpflichtig?

Steuerpflichtige Umsätze sind nach § 1 UStG:
- **alle Lieferungen und Leistungen,** die ein Unternehmer im Inland gegen Entgelt im Rahmen seines Unternehmens ausführt,
- **Eigenverbrauch des Unternehmers im Inland.** Dies ist die Entnahme von Gegenständen und Leistungen aus dem Betrieb in die Privatsphäre (privater Telefonanteil, Entnahme von Vorräten),
- **Warenbezug von Unternehmern** aus anderen Mitgliedstaaten der Europäischen Union,
- **Einfuhr von Gegenständen** in das Inland (Einfuhrumsatzsteuer),
- **Sachzuwendungen und sonstige Leistungen** (z. B. Firmenwagennutzung) an die Arbeitnehmer.

Die Umsatzsteuer, die an das Finanzamt abzuführen ist, errechnet sich aus der erhaltenen Umsatzsteuer aus eingezogenen Forderungen abzüglich der gezahlten Vorsteuer aus beglichenen Verbindlichkeiten.

Steuersätze

Nach § 12 UStG beträgt die Umsatzsteuer für jeden steuerpflichtigen Umsatz 16 Prozent (Stand 1.1.2001) und ermäßigt sich in bestimmten Fällen bis auf sieben Prozent. Bemessungsgrundlage für die Umsatzsteuer ist der Nettoumsatz.

Mit sieben Prozent ermäßigt besteuert werden:
- Lieferung und Eigenverbrauch von Nahrungsmitteln, sofern sie nicht an Ort und Stelle verzehrt werden,
- Bücher, Zeitungen, Zeitschriften,
- öffentlicher Personennahverkehr,
- orthopädische Hilfsmittel, Krankenfahrstühle,
- Aufzucht und Halten von Vieh, Anzucht von Pflanzen, Förderung der Tierzucht,
- Leistungen und Eigenverbrauch von Zahntechnikern,
- Zirkusvorführungen, Theateraufführungen, Konzerte,
- Übertragung von Rechten aus dem Urheberrechtsgesetz.

Nicht buchführungs- und abschlusspflichtige Unternehmensgruppen und Land- und Forstwirte werden nach Durchschnittssätzen besteuert; dies gilt auch für die Ermittlung von deren Vorsteuer (§§ 23 und 24 UStG).

> **Achtung:** Verkauft ein Unternehmer Gegenstände seines Privatvermögens, muss er keine Umsatzsteuer ausweisen, da der Vorgang auch nicht umsatzsteuerpflichtig ist.

Rechnungsausstellung immer mit Umsatzsteuer

Nach § 14 UStG ist ein Unternehmen, das steuerpflichtige Lieferungen und Leistungen im Inland ausführt, zur Ausstellung von Rechnungen mit gesondertem Umsatzsteuerausweis verpflichtet. Folgende Angaben müssen enthalten sein:
- Name und Anschrift des leistenden Unternehmens,
- Name und Anschrift des Leistungsempfängers,
- Menge und handelsübliche Bezeichnung des Liefergegenstandes oder Art und Umfang der sonstigen Leistung,
- Zeitpunkt der Lieferung oder der sonstigen Leistung,
- das Entgelt für die Lieferung oder die sonstige Leistung,
- der auf das Entgelt entfallende Steuerbetrag.

Ist der Empfänger der Rechnung ein Unternehmer, kann er den in der Rechnung enthaltenen Umsatzsteuerbetrag nur als Vorsteuer abziehen, wenn alle Angaben vollständig sind.

Achten Sie bei Rechnungen, die Sie begleichen, immer darauf, dass alle Angaben vollständig sind, sonst kann es hinterher bei der Anerkennung der Rechnung als Steuerbeleg Probleme geben.

> **Wichtig:** Bei Rechnungsbeträgen über 200 DM (brutto) muss die Umsatzsteuer betragsmäßig ausgewiesen sein. Liegt der Rechnungsbetrag darunter, reicht die Prozentangabe des enthaltenen Umsatzsteuerbetrags. Wird die Umsatzsteuer versehentlich zu hoch ausgewiesen, schuldet der Rechnungsaussteller dem Finanzamt den unrichtigen, zu hohen Betrag, während der Rechnungsempfänger nur den der für die Leistung richtigen Vorsteuerbetrag von seiner Umsatzsteuerschuld oder als Betriebsausgabe absetzen darf.

Handelt es sich um Rechnungen im innergemeinschaftlichen Warenverkehr, müssen zusätzlich die Umsatzsteuer-Identifikationsnummern des Rechnungsausstellers und des Rechnungsempfängers ausgewiesen sein.

Was bedeutet »Vorsteuer«?

Ein Unternehmer muss auf alle Nettoleistungen die Umsatzsteuer berechnen, die an das Finanzamt abgeführt werden muss. Die in den Eingangsrechnungen für Wareneinkauf oder Anschaffung von Anlagevermögen enthaltene Umsatzsteuer heißt Vorsteuer, die der Unternehmer (nach § 15 UStG) von seiner Umsatzsteuerschuld wieder abziehen kann.

Voraussetzung für den Vorsteuerabzug eines Unternehmers ist aber, wie schon erwähnt, das Vorliegen einer ordnungsgemäßen Rechnung mit Umsatzsteuerausweis ab Rechnungsbruttobeträgen von 200 DM.

Nach § 15 Abs. 2 UStG ist die Steuer für Lieferungen, Einfuhr und innergemeinschaftlichen Erwerb von Gegenständen sowie für sonstige Leistungen, die der Unternehmer für folgende Umsätze verwendet, vom Vorsteuerabzug ausgeschlossen:

▶ Leistungen für unternehmensfremde Zwecke (private Rechnungen),
▶ steuerfreie Umsätze,
▶ Auslandsumsätze, die im Inland steuerfrei wären,
▶ unentgeltliche Lieferungen und Leistungen, die steuerfrei wären, wenn sie entgeltlich erfolgt wären.

Werden Rechnungen zwischen Unternehmern ausgestellt, so entsteht keine Umsatzsteuerbelastung. Denn was der Rechnungsaussteller berechnet, zieht der Rechnungsempfänger wieder ab. Der Fiskus verdient nur an der Umsatzsteuer, wenn ein nicht vorsteuerberechtigter Privatkonsument Waren oder Dienstleistungen erwirbt.

Die gezahlte Vorsteuer mindert nicht nur die abzuführende Umsatzsteuerschuld, sondern kann als Betriebsausgabe unter Umständen auch zu einer verminderten Körperschaft- oder Einkommensteuerschuld führen.

Die Vorsteuer der Unternehmen mindert nicht nur deren Umsatzsteuerschuld, sondern ist ertragsteuerlich auch eine abzugsfähige, Gewinn mindernde Betriebsausgabe.

Steuerbefreiungen

Nach § 4 UStG sind bestimmte Leistungen umsatzsteuerfrei, wobei das Gesetz zwischen echter und unechter Steuerbefreiung unterscheidet. Bei den echten Steuerbefreiungen bleibt dem Unternehmer der Vorsteuerabzug erhalten, obwohl er für seine Leistung keine Umsatzsteuer abführen muss, beispielsweise für:

▶ Ausfuhrlieferungen und Lohnveredelungen an Gegenständen der Ausfuhr,
▶ Lieferungen an steuerpflichtige Abnehmer anderer EG-Mitgliedstaaten (innergemeinschaftliche Lieferungen),
▶ Umsätze für Seeschifffahrt und Luftfahrt,
▶ Güterbeförderungen nach Drittstaaten,
▶ die Vermittlungsumsätze für die genannten Umsätze.

Bei den unechten steuerfreien Umsätzen darf der Unternehmer die Vorsteuerbeträge nicht bei der Umsatzsteuer abziehen, da er diese ja auch nicht entrichten muss. In diesen Fällen ist der Bruttorechnungsbetrag (inklusive Umsatzsteuer) jedoch weiterhin eine abzugsfähige Betriebsausgabe.

Unechte steuerfreie Umsätze sind die Umsätze von Ärzten, Heilpraktikern, sonstigen Heilberufen, Versicherungs- und Bausparkassenvertretern, Umsätze von Altenheimen und Krankenhäusern. Nach § 9 UStG besteht für folgende Umsätze ein Wahlrecht zwischen Steuerfreiheit und Umsatzsteuererhebung:

- **Vermietung und Verpachtung** von Grundstücken und ähnliche Grundstücksgeschäfte (§ 4 Nr. 12 UStG),
- **Umsätze, die unter das Grunderwerbsteuergesetz fallen** (§ 4 Nr. 9a UStG),
- **Umsätze aus Kreditvermittlung,** Wertpapiergeschäften, Geschäften mit Goldmünzen und Goldbarren (§ 4 Nr. 8 UStG).

Nach § 9 Abs. 2 UStG ist der Verzicht auf die Steuerbefreiung für die Umsätze aus den beiden ersten Punkten nur möglich, wenn der Leistungsempfänger das Grundstück nur für Umsätze zu verwenden beabsichtigt, die den Vorsteuerabzug nicht ausschließen (Vermietung an vorsteuerberechtigten Unternehmer).

Wie erhebt das Finanzamt die Umsatzsteuer?

Sobald der Unternehmer oder die Kapitalgesellschaft das Gewerbe angemeldet haben, erteilt das Finanzamt nach Beantwortung eines langen Fragebogens eine Umsatzsteuernummer. Nach § 18 UStG ist der Unternehmer zur Abgabe von Umsatzsteuer-Voranmeldungen verpflichtet, sofern er keine steuerfreien Umsätze nach § 4 UStG erzielt oder die Umsatzsteueroption nach § 9 UStG ausübt.

Es gibt monatliche und vierteljährliche Umsatzsteuer-Voranmeldungen (muss entsprechend auf dem Umsatzsteuer-Voranmeldeformular angekreuzt werden) und die Umsatzsteuer-Jahreserklärung, die alle umsatzsteuerpflichtigen Unternehmer abgeben müssen. In welchem Turnus Sie Umsatzsteuer-Voranmeldungen abgeben müssen, richtet sich nach der Umsatzsteuerschuld des Vorjahres. Natürlich ist es für Ihren kurzfristigen Finanzierungsspielraum von Vorteil, wenn Sie nur quartalsweise die Umsatzsteuer abführen müssen, da dies quasi einem Lieferantenkredit gleichkommt. Müssen Sie hingegen jeden Monat die Umsatzsteuer im Voraus bezahlen, fehlt Ihnen diese Möglichkeit. Deshalb lohnt es sich durchaus, sich beim Finanzamt für die günstigere Variante einzusetzen.

Bei kleineren Unternehmen und Selbstständigen reicht normalerweise die quartalsweise Abführung der Umsatzsteuer. Mittlere und größere Unternehmen müssen die Umsatzsteuer hingegen monatlich abführen. Beiden gemein ist die Pflicht zur Erstellung einer Jahresumsatzsteuererklärung.

Dauerfristverlängerung

Die Umsatzsteuer ist stets am 10. (Feiertage und Schonfristen beachten) nach Ablauf eines Monats oder Vierteljahres zu entrichten. Die Frist für die monatlichen Umsatzsteuer-Voranmeldungen verlängert sich nochmals um einen Monat, wenn zu Beginn des Kalenderjahres mit der ersten Umsatzsteuer-Voranmeldung eine $^1/_{11}$-Meldung abgegeben wurde. Hierbei wird die im vergangenen Kalenderjahr entrichtete Umsatzsteuer durch elf geteilt und als Sondervorauszahlung für die Dauerfristverlängerung von einem zusätzlichen Monat geleistet.

> **Tipp:** Die Umsatzsteuerzahlung für Juli wäre normalerweise am 10.8. fällig. Mit Dauerfristverlängerung wird sie erst zum 10.9. fällig.

Blitzübersicht: Wann ist die Umsatzsteuererklärung fällig?

voraussichtliche jährliche Steuerschuld bzw. Gesamtumsatz pro Jahr	monatlich	vierteljährlich	Jahressteuererklärung
über 12.000 DM Steuerschuld im Vorjahr	ja	nein	ja
bis 12.000 DM Steuerschuld im Vorjahr	nein	ja	ja
bis 1.000 DM Steuerschuld im Vorjahr	nein	nein	ja
bis 32.500 DM Umsatz zuzüglich darauf entfallende Steuer im Vorjahr und 100.000 DM im laufenden Jahr	nein, jedoch Wahlrecht	nein, jedoch Wahlrecht	nein, jedoch Wahlrecht

Das Ausfüllen des Umsatzsteuer-Voranmeldeformulars bereitet in der Regel keine Probleme, da es nur aus zwei Seiten besteht. Auf der Vorderseite tragen Sie die einbehaltene Umsatzsteuer ein, auf der Rückseite die gezahlte Vorsteuer und den sich daraus ergebenden Überschuss oder Verlust.

Beispiel: Sie verkaufen Waren für netto 20.000 DM zuzüglich 16 Prozent Umsatzsteuer. Gleichzeitig entnehmen Sie Gegenstände Ihres Anlagevermögens zum Teilwert in Ihr Privatvermögen, etwa einen gebrauchten Pkw für 3.000 DM. Im gleichen Zeitraum kaufen Sie für netto 31.250 DM Waren zuzüglich 5.000 DM Umsatzsteuer, die bei Ihnen abzugsfähige Vorsteuer ist. Zusätzlich haben Sie für den gleichen Zeitraum Umsatzsteuervorauszahlungen in Höhe von 2.000 DM geleistet, so dass insgesamt eine Erstattung von 3.320 DM verbleibt. Dies zeigt auch die folgende Tabelle.

Rechenmuster für die Umsatzsteuerermittlung (hier 16 Prozent)		
Einnahmen aus Lieferungen und Leistungen zu 16 Prozent	20.000 DM	3.200 DM
Entnahme von Gegenständen ins Privatvermögen 16 Prozent (unentgeltliche Wertabgaben)	3.000 DM	+ 480 DM
gezahlte Vorsteuern laut vereinnahmten Entgelten		– 5.000 DM
Umsatzsteuervorauszahlungen = Umsatzsteuererstattung		– 2.000 DM = 3.320 DM

Wer muss eine Umsatzsteuererklärung abgeben?

Zunächst einmal muss festgestellt werden, ob Sie Kleinunternehmer sind, da diese nach § 19 UStG ein Wahlrecht haben, ob Sie für die Umsatzsteuer optieren möchten oder nicht. Als Kleinunternehmer im Sinne des Umsatzsteuergesetzes gelten Unternehmen, deren Gesamtumsatz im vorangegangenen Kalenderjahr 32.500 DM nicht überstiegen hat und im laufenden Jahr voraussichtlich 100.000 DM nicht übersteigen wird. Liegen Sie unter diesen Grenzen, so müssen Sie nach § 19 Abs. 1 UStG keine Umsatzsteuer ausweisen und entrichten, sind jedoch auch nicht vorsteuerabzugsberechtigt.

Nach § 19 Abs. 2 UStG können Sie auf diese Umsatzsteuerbefreiung für Unternehmer verzichten. In diesem Fall sind Sie zum Ausweis und zur Entrichtung der Umsatzsteuer verpflichtet und somit auch vorsteuerabzugsberechtigt. Verzichtet der Unternehmer auf die Befreiung nach § 19 Abs. 1 UStG, ist er fünf Jahre an die Entrichtung der Umsatzsteuer gebunden, kann also nicht beliebig wechseln. Auf die Befreiung von der Umsatzsteuer kann bis zur Unanfechtbarkeit der Steuerfestsetzung verzichtet werden. Bestand das Unternehmen nicht das volle Kalenderjahr, so ist der tatsächliche erwirtschaftete Umsatz als Jahresumsatz anzusehen.

> **Wichtig:** Betrug Ihr Jahresumsatz im Vorjahr mehr als 32.500 DM und im laufenden Jahr weniger als 32.500 DM, sind Sie trotzdem umsatzsteuerpflichtig und haben kein Wahlrecht.

Die Umsatzsteueroption für Kleinunternehmer
Für Kleinunternehmer nach § 19 UStG lohnt sich der Ausweis der Umsatzsteuer, wenn hohe Betriebsausgaben anfallen, in denen Vorsteuer enthalten ist. Diese Vorsteuern mindern die Umsatzsteuerschuld oder führen im günstigsten Fall zu einer Vorsteuererstattung. Wenn Sie sich für die Versteuerung nach § 19 Abs.1 UStG entschieden haben, müssen Sie zwar keine Umsatzsteuer ausweisen und entrichten, können jedoch auch keine Vorsteuer abziehen. Für Kleinunternehmer lohnt sich der Verzicht auf die Umsatzsteuer dann, wenn nur wenig Betriebsausgaben anfallen, in denen Vorsteuer enthalten ist (z. B. Personalkosten, Raumkosten ohne Umsatzsteuer).

Denken Sie immer daran, dass die Umsatzsteuer für einen Unternehmer nur ein durchlaufender Posten ist. Existenzgründer, die noch nicht klar abschätzen können, ob und in welcher Höhe Betriebsausgaben mit Vorsteuern anfallen, sollten besser zunächst nicht auf die Umsatzsteueroption verzichten, damit ihnen der Vorsteuerabzug erhalten bleibt.

> **Wichtig:** Haben Sie sich für die Umsatzsteueroption entschieden, sind Sie hier zehn Jahre daran gebunden. Bitte achten Sie darauf, dass Sie nach den zehn Jahren nur auf die Umsatzsteuerentrichtung verzichten dürfen, wenn Sie die entsprechenden Verträge (z. B. Mietverträge) ändern, sonst sind Sie weiter daran gebunden.

Die Umsatzsteueroption haben meist nur Existenzgründer, da nur sie den Grenzwert von 32.500 DM unterschreiten. Bei größeren Anschaffungen in der Anfangszeit ist es aufgrund möglicher Steuererstattungen aber sinnvoll, sich für die Umsatzsteuer zu entscheiden.

Die Umsatzsteueroption für bestimmte Umsatzarten
Für bestimmte Umsätze gibt es ebenfalls ein Wahlrecht bei der Umsatzbesteuerung, dies jedoch unabhängig von der Höhe des Gesamtumsatzes. Es handelt sich hier um Vermietungsumsätze, Kreditgewährungen, Wertpapiergeschäfte etc. (§§ 4 Nr. 8, Nr. 9a, Nr. 12 UStG).
Auch hier lohnt sich die Ausübung der Umsatzsteueroption, wenn der Unternehmer mit hohen Betriebsausgaben oder Werbungskosten rechnet, in denen Vorsteuer enthalten ist, etwa hohe Instandhaltungskosten, Umbaukosten, Anschaffung von hohem Anlagevermögen, Pkw, EDV-Ausstattung. Auch hier wälzt der Unternehmer die Umsatzsteuer voll auf seinen Kunden oder Mieter ab. Bei Grundstücksgeschäften ist die Umsatzsteueroption allerdings nur noch möglich, wenn der Mieter selbst vorsteuerabzugsberechtigter Unternehmer ist. Vermieten Sie an einen Arzt oder Heilpraktiker, dürfen Sie keine Umsatzsteuer auf die Miete schlagen und auch keine Vorsteuer von Ihren Eingangsrechnungen abziehen!

Auf die Umsatzsteuer zu verzichten lohnt sich vor allem dann, wenn langfristig keine Anschaffungen ins Haus stehen. Dann ist die Umsatzsteuer wirklich nur ein Durchlaufposten, dessen Verwaltung man sich sparen kann.

Neuentscheidung nach zehn Jahren
Sie sollten sich nach zehn Jahren für die Befreiung von der Umsatzsteuer entscheiden, wenn Sie sicher sind, dass Ihnen kaum Betriebsausgaben oder Werbungskosten mit Vorsteuern entstehen. Eine eventuelle verbleibende Umsatzsteuernachzahlung können Sie als Betriebsausgabe abziehen, während eine Umsatzsteuererstattung durch das Finanzamt eine Betriebseinnahme darstellt. Eine Umsatzsteuererstattung entsteht, wenn:
- **die Vorsteuerbeträge** Ihrer Eingangsrechnungen höher sind als die vereinnahmte oder vereinbarte Umsatzsteuer.
- **Ihre Umsatzsteuervorauszahlungen** zuzüglich Vorsteuerbeträgen höher waren als die vereinnahmte oder vereinbarte Umsatzsteuer.

> **Wichtig:** Wenn Sie nur vierteljährliche Voranmeldungen oder eine Umsatzsteuer-Jahreserklärung abgeben, müssen Sie aufpassen, dass Sie die Umsatzsteuer nicht ausgeben. Sollten Sie mangels Liquidität nicht in der Lage sein, eine eventuelle Umsatzsteuernachzahlung zu entrichten, gewährt Ihnen das Finanzamt keine Stundung: Begründung: Sie haben das Geld von Ihrem Kunden ja schon erhalten!

Besteuerung nach vereinnahmten Entgelten
Nach § 16 Abs. 1 UStG sind die laut Rechnung vereinbarten Entgelte Bemessungsgrundlage für die Umsatzsteuerberechnung. Die vereinbarten Entgelte entsprechen jedoch selten den tatsächlich vereinnahmten Entgelten oder den Zahlungseingängen. Die Berechnung nach vereinbarten Entgelten ist somit meist ungünstiger, da schon Umsatzsteuer für noch nicht eingegangene Zahlungen abgeführt werden muss.

Nach § 20 UStG können folgende Unternehmer auf Antrag beim Finanzamt ihre Umsatzsteuer nach vereinnahmten und nicht nach vereinbarten Entgelten berechnen:
▶ **Unternehmer,** deren Gesamtumsatz (§ 19 Abs. 3 UStG) im vorangegangenen Kalenderjahr nicht mehr als 250.000 DM betragen hat.
▶ **Unternehmer,** die aus handelsrechtlichen Gründen von der Buchführungs- und Abschlusspflicht befreit sind,
▶ **Unternehmer,** die Angehörige der freien Berufe nach § 18 Abs. 1 Nr. 1 EStG sind.

Umsatzsteuer-Identifikationsnummer
Für den Austausch von Waren und Dienstleistungen zwischen Ländern der Europäischen Union ist seit dem 1. Januar 1993 die Einfuhrumsatzsteuer entfallen. In den EU-Mitgliedstaaten sind innergemeinschaftliche Lieferungen mit Vorsteuerabzug steuerfrei möglich. Statt der Einfuhrumsatzsteuer gibt es jetzt die Besteuerung des innergemeinschaftlichen Erwerbes im jeweiligen Bestimmungsland.

Der Unternehmer muss die innergemeinschaftliche Lieferung durch Belege nachweisen, der Abnehmer muss eine Umsatzsteuer-Identifikationsnummer haben. Diese Nummer muss neben der normalen Umsatzsteuernummer beantragt werden, wenn ein Unternehmer innergemeinschaftliche Warenlieferungen ausführt.

Neben den »normalen« Umsatzsteuer-Voranmeldungen muss der Unternehmer eine zusammenfassende, vierteljährliche Meldung auf einem amtlichen Formular (§ 18a Abs. 1 UStG) beim Bundesamt für Finanzen abgeben. In dieser Meldung müssen die Umsatzsteuer-Identifikationsnummer des Abnehmers (anderer Mitgliedstaat als Lieferant) und die Summe der an ihn ausgeführten Warenlieferungen aufgeführt sein. Anspruchsberechtigte für eine Umsatzsteuer-Identifikationsnummer sind:

▶ **vorsteuerberechtigte inländische Unternehmer,** die Lieferungen aus Mitgliedstaaten der EU beziehen oder Waren und Dienstleistungen dorthin ausführen,
▶ **Unternehmer aus anderen EU-Mitgliedstaaten,** die im Inland eine Zweigniederlassung haben und vom Inland aus innergemeinschaftliche Lieferungen ausführen oder aus dem übrigen Gemeinschaftsgebiet Erwerbe für ihr Unternehmen tätigen.

Wenn Unternehmer bei Firmengründung bereits Geschäfte innerhalb der Europäischen Union einplanen, sollte die Umsatzsteuer-Identifikationsnummer sofort mit der normalen Steuernummer beantragt werden. Eine spätere Beantragung kann einen Zeitverlust von bis zu vier Wochen bedeuten, in denen ohne die Umsatzsteuer-Identifikationsnummer keine innergemeinschaftlichen Geschäfte ausgeführt werden dürfen.

Mit der Einführung des Europäischen Binnenmarktes zum 1. Januar 1993 ergab sich auch die Möglichkeit, für innergemeinschaftliche Lieferungen statt Einfuhrumsatzsteuer zu erheben die Besteuerung im Bestimmungsland vorzunehmen. Damit verringert sich der Verwaltungsaufwand für Unternehmen.

Die Gewerbesteuer

Die Gewerbesteuer ist eine Gemeindesteuer, mit der Unternehmen (natürliche und juristische Personen) belastet werden, die Einkünfte aus Gewerbebetrieb im Sinne des § 15 EStG erzielen.

Unternehmer, die Einkünfte aus freiberuflicher Tätigkeit im Sinne des § 18 EStG erzielen, bleiben von dieser zusätzlichen Steuer verschont. Gewerbetreibenden bleibt somit weniger Gewinn übrig als Freiberuflern, die gezahlte Gewerbesteuer ist allerdings als Betriebsausgabe wieder abzugsfähig und führt zu einer geringeren Einkommen- beziehungsweise Körperschaftsteuerbelastung.

> **Achtung:** Der wichtigste Unterschied zwischen gewerblichen und freiberuflichen Einkünften liegt darin, dass es bei der selbstständigen Tätigkeit schwerpunktmäßig auf den persönlichen Einsatz des Unternehmers und nicht auf den Einsatz von Betriebskapital ankommt.

Die freiberufliche Tätigkeit

Folgende Voraussetzungen kennzeichnen einen freien, also gewerbesteuerfreien Beruf (§ 18 Abs.1 EStG):
- Die freiberufliche Tätigkeit wird selbstständig ausgeführt.
- Die Tätigkeit wird vom Unternehmer aufgrund der Fachausbildung leitend und eigenverantwortlich ausgeübt.
- Es handelt sich um eine selbstständig ausgeübte wissenschaftliche, künstlerische, schriftstellerische, unterrichtende oder erzieherische Tätigkeit.
- Es handelt sich um einen namentlich im Gesetz aufgeführten Beruf (beispielsweise Architekt, Arzt, Notar).

Freiberufler sind von der Gewerbesteuer befreit. Damit dieser Vorteil nicht missbraucht wird, gibt es eine klare gesetzliche Definition, welche Voraussetzungen erfüllt sein müssen, damit eine freiberufliche Tätigkeit vorliegt und wann Einkünfte als gewerblich angesehen werden.

Einige Berufsgruppen liegen im Grenzbereich zwischen gewerblicher und selbstständiger oder freiberuflicher Tätigkeit. Der Bundesfinanzhof hat beispielsweise folgende Berufsgruppen eindeutig als freie Berufe qualifiziert:
- Hebammen,
- Heilmasseure,
- Kfz-Sachverständige mit Ingenieursausbildung oder Gutachter mit mathematisch-technischen Kenntnissen.

Der Gewerbebetrieb

Folgende Voraussetzungen kennzeichnen einen Gewerbebetrieb (§ 15 Abs. 2 EStG):
- Die Tätigkeit wird selbstständig ausgeführt.
- Es handelt sich um eine nachhaltige Tätigkeit, das heißt, die Tätigkeit wird dauerhaft ausgeübt.

- Es besteht Gewinnerzielungsabsicht (kein Hobby, keine Liebhaberei).
- Beteiligung am allgemeinen wirtschaftlichen Verkehr.
- Es handelt sich nicht um einen freien Beruf.
- Es handelt sich nicht um einen Betrieb der Land- und Forstwirtschaft.
- Es handelt sich nicht um private Vermögensverwaltung (z. B. Hausverwaltung, im Gegensatz zum gewerblichen Grundstückshandel).

Für Einzelunternehmen sowie Personengesellschaften (oHG, KG) müssen für die Annahme der gewerblichen Tätigkeit alle Voraussetzungen erfüllt sein. Kapitalgesellschaften gelten immer als Gewerbebetrieb und können nach § 3 GewStG nur in Einzelfällen von der Gewerbesteuer befreit werden. Der Bundesfinanzhof hat folgende Berufsgruppen als gewerblich eingestuft:
- Anlageberater,
- Artisten,
- Bauleiter,
- Berufssportler,
- Bezirksschornsteinfegermeister,
- Detektive,
- Finanz- und Kreditberater,
- Hersteller von Software-Programmen,
- Makler,
- medizinische Fußpfleger.

Der Bundesfinanzhof hat in zahlreichen Einzelentscheidungen bestimmte Berufsgruppen als gewerblich eingestuft, die per Gerichtsentscheid die Gewerbesteuerbefreiung erkämpfen wollen.

Wichtig: Wird ein Freiberufler im Rahmen seines Unternehmens gewerblich tätig, so färbt diese (wenn auch geringfügige) gewerbliche Tätigkeit auf die gesamte Tätigkeit ab (Abfärbetheorie). Daraus folgt, dass die gesamten Gewinne gewerbesteuerpflichtig werden. Der Gefahr des »Abfärbens« können Sie durch Gründung einer juristischen Person (GmbH) für den Teil Ihrer gewerblichen Tätigkeit entgehen.

Beispiel: Ein freiberuflicher Wirtschaftsprüfer wird Treuhänder einer Bauherrengemeinschaft. Aufgrund der Ähnlichkeit beider Berufe färbt die gewerbliche Tätigkeit auf die freiberufliche ab, und es muss für alle Einkünfte Gewerbesteuer bezahlt werden. Betreibt der Wirtschaftsprüfer hingegen nebenbei einen Hotelbetrieb, werden seine freiberuflichen Einkünfte nicht gewerbesteuerpflichtig, da es sich um einander völlig artfremde Tätigkeiten handelt.
Haben Sie in mehreren Gemeinden Betriebsstätten, bekommt jede Gemeinde ihren Teil vom »Gewerbesteuerkuchen«. Allerdings erfolgt eine Zerlegung; jede Gemeinde bekommt nur den Teil der Besteuerungsgrundlage, der auf die einzelnen Betriebsstätten entfällt.

Achten Sie als Freiberufler strikt auf die Einhaltung der Kriterien, denen Sie Ihren Status verdanken. Manchmal kann es günstiger sein, auf gewerbliche Einkünfte zu verzichten, als für alle Einkünfte Gewerbesteuer zu zahlen.

Erhebung der Gewerbesteuer

Die Gewerbesteuer besteht seit 1998 nur noch als Gewerbeertragsteuer, das Gewerbekapital wird nicht mehr besteuert. Bemessungsgrundlage ist der Gewerbeertrag, der hauptsächlich aus dem Gewinn des Unternehmens resultiert. Gewinn senkende Steuerstrategien wirken sich somit doppelt aus, auf die Einkommen- oder Körperschaftsteuer und auf die Gewerbesteuer. Der Gewerbeertrag wird wie folgt ermittelt:

Gewinn des Gewerbebetriebes
+ Hinzurechnungen nach § 8 GewStG
./. Kürzungen nach § 9 GewStG
= Gewerbeertrag

Einzelunternehmer müssen im Gegensatz zu Kapitalgesellschaften Gewerbesteuer erst dann entrichten, wenn ihre Gewerbeerträge den Betrag von 48.000 DM übersteigen.

Hiervon dürfen Einzelunternehmen und Personengesellschaften einen Freibetrag von 48.000 DM abziehen. Fallen weniger als 48.000 DM Gewerbeerträge an, so bleiben diese gewerbesteuerfrei. Für alle Kapitalgesellschaften entfällt dieser Freibetrag. Der verbleibende Gewerbeertrag wird auf volle 100 DM nach unten abgerundet.

Ermittlung der Gewerbesteuermesszahl und des Gewerbesteuermessbetrages (§ 11 GewStG)

Die Tabelle zeigt für natürliche Personen und Personengesellschaften eine Staffelung für den 48.000 DM übersteigenden Gewerbeertrag:

So ermitteln Sie Ihren Gewerbesteuermessbetrag		
für die ersten 24.000 DM	1 % Steuermesszahl	= 240 DM Messbetrag
für die weiteren 24.000 DM	2 % Steuermesszahl	= 480 DM Messbetrag
für die weiteren 24.000 DM	3 % Steuermesszahl	= 720 DM Messbetrag
für die weiteren 24.000 DM	4 % Steuermesszahl	= 960 DM Messbetrag
für alle weiteren Beträge	5 % Steuermesszahl	individuell zu errechnen

Diese Staffelung entfällt für Kapitalgesellschaften. Die Summe des Steuermessbetrages wird mit dem jeweiligen Hebesatz der Gemeinde multipliziert, das Ergebnis wird durch 100 geteilt. Großstädte haben weitaus höhere Hebesätze als Kleinstädte, deshalb verlegen ertragsstarke Unternehmen oft ihren Geschäftssitz in Randgebiete.

Beispiel: Die Gewinn-und-Verlust-Rechnung der Firma Josef Abels oHG weist einen Gewinn von 60.000 DM aus. Es entsteht folgende Gewerbesteuerbelastung:

Beispiel für eine Gewerbesteuerermittlung	
Gewinn	60.000 DM
+ Hinzurechnungen § 8 GewStG (Zinsen für Dauerschulden)	5.000 DM
./. Kürzungen § 9 GewStG	0 DM
./. Freibetrag § 11 Abs. 1 GewStG	48.000 DM
= verbleibender Gewerbeertrag	17.000 DM
Steuermesszahl für die ersten 24.000 DM	1 %
Steuermessbetrag (17.000 DM × 1 %)	170 DM
Hebesatz der Gemeinde	460 %
Schlussrechnung: Steuermessbetrag (170 DM) × Hebesatz (460 %) geteilt durch 100	782 DM

Die Gewerbesteuer muss ähnlich wie die Einkommen- oder Umsatzsteuer ab einem bestimmten Betrag vierteljährlich im Voraus bezahlt werden.

Die Gewerbesteuer ist eine Jahressteuer. Die zuständige Gemeinde erhebt vierteljährliche Vorauszahlungen zum 15. Februar, 15. Mai, 15. August und 15. November des Jahres. Hierbei wird die Steuerfestsetzung des Vorjahres geviertelt. Zu viel gezahlte Beträge werden später bei der Jahressteuererklärung verrechnet.

Bilanzierende Unternehmer dürfen für die Gewerbesteuerabschlusszahlung eine Gewerbesteuerrückstellung bilden in Höhe von fünf Sechsteln des Betrages der Gewerbesteuer, der sich ohne Berücksichtigung der Gewerbesteuer als Betriebsausgabe ergeben würde.

Wichtig für Ihre Preiskalkulation: Bei einem Gewerbesteuerhebesatz von 300 Prozent beträgt Ihre Gewerbesteuerbelastung rund 15 Prozent, bei einem Hebesatz von 400 Prozent etwa 20 Prozent des kalkulierten Gewinnes.

Wichtig: Bei Einzelunternehmen (+Personengesellschaften) verringert sich die Einkommensteuer bei gewerblichen Unternehmen um das 1,8 fache des (anteiligen) Gewerbesteuer-Messbetrages.

Die Lohnsteuer

Inländische Arbeitgeber müssen für ihre Arbeitnehmer die Lohnsteuer (zuzüglich Solidaritätszuschlag) vom Bruttoarbeitslohn einbehalten und an das Finanzamt abführen. Ist der Arbeitnehmer Angehöriger einer Kirche, muss zusätzlich Kirchensteuer abgeführt werden. Steuerschuldner ist immer der Arbeitnehmer, der Arbeitgeber kann jedoch nach § 38 Abs. 2 EStG für die Lohnsteuerschuld in Haftung genommen werden.

Lohnsteuerpflichtig werden Sie als Einzelunternehmer natürlich erst dann, wenn Sie in Ihrem Unternehmen Mitarbeiter beschäftigen.

Lohnsteuerabzug

Die Höhe der vom Arbeitnehmer einzubehaltenden Lohnsteuer richtet sich nach der Steuerklasse des Arbeitnehmers und dessen Kinderzahl.

Die Lohnsteuer-Abgabetermine für Arbeitgeber		
Summe der Lohn-steuer des Vorjahres	**Lohnsteueranmel-dungszeitraum**	**Abgabetermin der Lohn-steueranmeldung**
über 6.000 DM	monatlich	10. Tag des Folgemonats
über 1.600 DM und bis 6.000 DM	vierteljährlich	10. Januar 10. April 10. Juli 10. Oktober
bis 1.600 DM	jährlich	10. Januar des Folgejahres

Einzelunternehmer tätigen Privatentnahmen, wenn sie in die Firmenkasse greifen. Gesellschafter und Geschäftsführer von Kapitalgesellschaften haben diese Möglichkeit aufgrund der unterschiedlichen Rechtsstellung nicht. Sie beziehen ein Gehalt, das natürlich der Lohnsteuerpflicht unterliegt.

Für Samstage, Sonntage und Feiertage gibt es entsprechende Schonfristen. Der Arbeitgeber muss für jeden Arbeitnehmer und für jedes Kalenderjahr ein Lohnkonto führen. Die Unterlagen dazu sind sechs Jahre lang aufzubewahren. Im Lohnkonto werden Art und Höhe der Bezüge, alle steuerfreien Bezüge sowie die einbehaltene Lohnsteuer aufgeführt.

Lohnsteuerpauschalierungen

In bestimmten Fällen kann der Arbeitgeber die Lohnsteuer pauschal erheben (§§ 40a, 40b EStG). Der Arbeitnehmer erhält eine Brutto = netto-Lohnauszahlung und ist nicht mehr Schuldner der Lohnsteuer. Der Arbeitnehmer muss diese Bezüge (z.B. pauschaler Aushilfslohn, Lohn für kurzfristige Beschäftigung, Aushilfsbeschäftigung in der Land- und Forstwirtschaft) nicht in seiner Einkommensteuererklärung versteuern, kann im Gegenzug auch nicht die Anrechnung der pauschalen Lohnsteuern beantragen, da er sie ja nicht entrichtet hat.

Geringfügige Beschäftigungsverhältnisse bleiben nur steuerfrei, wenn der Arbeitgeber pauschale Sozialversicherungsbeiträge bezahlt und der Arbeitnehmer eine Freistellungsbescheinigung vorlegt.

> **Wichtig:** Sind Sie Gesellschafter oder Gesellschafter-Geschäftsführer einer Kapitalgesellschaft, erhalten Sie Arbeitslohn für Ihre aktiven Tätigkeiten. Dies selbst dann, wenn Ihnen die Kapitalgesellschaft allein gehört. Die Gesellschaft muss dann die Lohnsteuerbeträge für Ihr Gehalt abführen. Ein Einzelunternehmer dagegen kann nicht Angestellter seiner eigenen Firma sein und von seiner Einzelfirma oder Personengesellschaft auch kein Gehalt beziehen. Er erhält entweder Vorabvergütungen oder tätigt Privatentnahmen, die zunächst nicht steuerpflichtig sind. Der im Jahresabschluss festgestellte Gewinn oder Gewinnanteil ist dann einkommensteuerpflichtig.

Die Einkommensteuer

Alle Einkünfte von natürlichen Personen und Gesellschaftern einer Personengesellschaft unterliegen der Einkommensteuer. Bei Kapitalgesellschaften heißt diese Abgabe Körperschaftsteuer.
Gesellschafter einer Personengesellschaft sind mit ihrem Gewinnanteil einkommensteuerpflichtig. In der privaten Einkommensteuererklärung werden alle Einkünfte der jeweiligen Einkunftsarten (§ 2 EStG) zusammengefasst. Verluste einer Einkunftsart können mit positiven Einkünften einer anderen Einkunftsart nach den Vorschriften der Mindestbesteuerung nur noch beschränkt verrechnet werden. Diese Verrechnung ist den Gesellschaftern einer Kapitalgesellschaft nicht möglich.

Gewinnermittlung

Der auf ein Kalenderjahr entfallende Gewinn oder Gewinnanteil einer natürlichen Person aus selbstständiger oder gewerblicher Tätigkeit unterliegt der Einkommensteuer. Für bilanzierende Unternehmer ist Gewinn der Unterschiedsbetrag zwischen dem Betriebsvermögen am Schluss des laufenden Wirtschaftsjahres und dem am Schluss des vorangegangenen Wirtschaftsjahres, vermindert um die Einlagen und erhöht um die Entnahmen. Entsteht ein Verlust, kann dieser bis zu einer bestimmten Höhe mit anderen Einkunftsarten des gleichen Jahres verrechnet werden oder zurück- und dann vorgetragen werden. Die Verluste wirken sich somit in der privaten Einkommensphäre des Steuerpflichtigen aus.
Steuerpflichtige, die ihren Gewinn nach der Einnahmen-Überschuss-Rechnung nach § 4 Abs. 3 EStG ermitteln, stellen nur die Betriebseinnahmen den Betriebsausgaben des Wirtschaftsjahres gegenüber. Bei Personengesellschaften gehören zum Gewinn auch die Tätigkeitsvergütungen der Gesellschaft für die Gesellschafter, die Überlassung von Wirtschaftsgütern und die Hingabe von Darlehen (§ 15 Abs.1 Nr. 2 EStG).

Die Einkommensteuer fällt nur für natürliche Personen an und wird am Jahresende in der Einkommensteuererklärung ermittelt. Dennoch setzt das Finanzamt aufgrund der Angaben aus den Vorjahren vierteljährliche Vorauszahlungsbeträge fest.

Steuerliche Verluste – nur fünf Jahre Schonzeit

Als Unternehmens- oder Existenzgründer müssen Sie zunächst nicht nur die Kosten für die Errichtung Ihrer Firma tragen, sondern auch für alle laufenden Betriebsausgaben sofort aufkommen. Da dies meistens nur auf dem Kreditwege möglich ist, erhöhen sich Ihre Ausgaben durch die monatlichen Kreditzinsen für Ihr betriebliches Darlehen. Im günstigsten Fall können Sie von Anfang an auch Betriebseinnahmen verzeichnen.
Diese übersteigen jedoch erfahrungsgemäß in der ersten Zeit nicht die Betriebsausgaben, sondern das Gegenteil tritt ein. Den Finanzbeamten sind diese Tatsachen bekannt. Daher werden Unternehmensverluste in den ersten fünf Jahren meistens problemlos anerkannt. Über diesen Zeitraum hinaus anfallende Verluste führen dazu, dass Sie auch künftig keine oder

> Wenn Sie einem freien Beruf nachgehen oder ein Einzelunternehmen führen, dann unterstellt Ihnen das Finanzamt eine Gewinnerzielungsabsicht. Bleiben Sie aber auch nach fünf Jahren in den roten Zahlen, dann wird das Finanzamt misstrauisch und will wissen, wann erste Steuerleistungen zu erwarten sind.

nur wenig Einkommensteuer zahlen, was den Finanzbehörden natürlich missfällt. Wenn Sie dann nicht Ihre Pläne erklären können, wie mit Ihrem Unternehmen in absehbarer Zeit Gewinne erzielt werden sollen, können Ihnen Ihre steuerlichen Verluste auch rückwirkend aberkannt werden. Alle durch die Verluste bereits erhaltenen steuerlichen Vergünstigungen müssten dann zurückgezahlt werden.

Achtung: Sie müssen dem Finanzamt spätestens nach fünf Jahren mit Verlusten Ihre Gewinnerzielungsabsicht darlegen, sonst wird Ihre Selbstständigkeit als »Liebhaberei« bewertet!

Die Ermittlung der Einkommensteuer

Bemessungsgrundlage für die Einkommensteuer sind nicht nur der Unternehmergewinn und die übrigen Einkunftsarten, sondern das zu versteuernde Einkommen. Von den Bruttoeinnahmen werden zunächst die Betriebsausgaben oder Werbungskosten in tatsächlicher oder pauschaler Höhe abgezogen. Zusätzlich dürfen Sonderausgaben, außergewöhnliche Belastungen und bestimmte Tariffreibeträge abgezogen werden.

Ermittlung des zu versteuernden Einkommens		
Bei Verlusten ersetzen Sie bitte das positive Vorzeichen durch ein negatives (–)	**Steuerpflichtiger**	**Ehegatte**
Einkünfte aus Land- und Forstwirtschaft	+	+
Einkünfte aus Gewerbebetrieb	+	+
Einkünfte aus selbstständiger Arbeit und aus Beteiligungen	+	+
Einkünfte aus Vermietung und Verpachtung	+	+

Ergebnisse 1	=	=

Einkünfte aus nichtselbstständiger Arbeit		
Versorgungsfreibetrag (40 % der Versorgungsbezüge, höchstens 6.000 DM pro Person)		
Werbungskosten (mindestens 2.000 DM pro Arbeitnehmer)	+	+

Ergebnisse 2	=	=

Einnahmen aus nichtselbstständiger Arbeit (Bruttoarbeitslohn laut Lohnsteuerkarte)		
Ergebnisse 2	–	–

Ergebnisse 3	=	=

Einkommensteuerpflichtig sind nicht nur die Einkünfte aus selbstständiger oder nichtselbstständiger Arbeit, sondern auch Einkünfte aus Kapitalvermögen und anderen Quellen.

Einkünfte aus Kapitalvermögen		
Werbungskosten (gegebenenfalls Pauschbetrag von 100 DM, bei Ehegatten 200 DM)		
Sparerfreibetrag (3.000 DM, bei Ehegatten 6.000 DM)	+	+

Ergebnisse 4	=	=

Einnahmen aus Kapitalvermögen (Einnahmen)		
Ergebnisse 4	–	–

Ergebnisse 5	=	=

Sonstige Einkünfte		
Einnahmen (bei Leibrenten nur Ertragsanteil)		
Werbungskosten (gegebenenfalls Pauschbetrag von 200 DM pro Person)	–	–

Ergebnisse 6	=	=

Summe der Einkünfte		
Ergebnisse 1		
Ergebnisse 3	+	+
Ergebnisse 5	+	+
Ergebnisse 6	+	+

Ergebnisse 7	=	=

Die Einkommensteuer ist nicht für alle Personen gleich hoch, vielmehr unterliegt das zu versteuernde Einkommen unterschiedlichen Freibeträgen, die unter anderem altersabhängig sind.

Ergebnis 7 (Steuerpflichtiger)		Ergebnis 7 (Ehegatte)		Summe der Einkünfte
↓	+	↓	=	↓

Altersentlastungsbetrag (bei Einkünften ab dem 64. Lebensjahr)

	Steuerpflichtiger	Ehegatte
Ergebnisse 7		
minus Ergebnisse 3	–	–
Ergebnisse 8	=	=

	Steuerpflichtiger	Ehegatte
Ergebnisse 8 (evtl. Leibrenten abziehen!)		
Bruttoarbeitslohn (ohne Versorgungsbezüge)	+	+
Ergebnisse 9	=	=

Ergebnis 9 (Steuerpflichtiger)				Entlastungsbetrag 1 (maximal 3.720 DM)
↓	×	0,4	=	↓

Ergebnis 9 (Ehegatte)				Entlastungsbetrag 2 (maximal 3.720 DM)
↓	×	0,4	=	↓

Entlastungsbetrag 1 (Ergebnis von oben)		Entlastungsbetrag 2 (Ergebnis von oben)		Entlastungsbetrag gesamt
↓	+	↓	=	↓

Sonderausgaben und Freibeträge

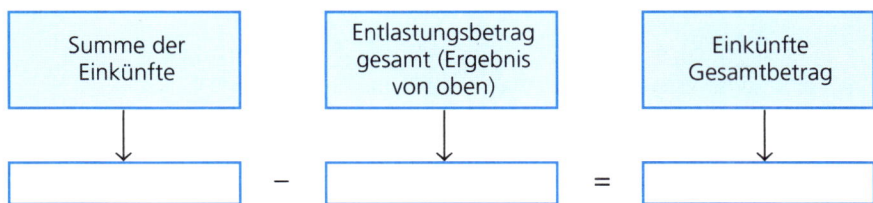

Sonderausgaben, Außergewöhnliche Belastungen und Wohneigentum	
Sonderausgaben: Vorsorgeausgaben (mindestens Vorsorgepauschale)	
Übrige Sonderausgaben (mindestens 108 DM für Ledige, 216 DM für Ehegatten)	+
Außergewöhnliche Belastungen	+
Steuerbegünstigung des Wohneigentums nach § 10 e EStG	+

Summe der Abzüge 1	=

Im Gegensatz zu anderen Steuerarten werden bei der Ermittlung der Einkommensteuerlast die Familienverhältnisse des Steuerpflichtigen berücksichtigt. Freibeträge für Kinder und die günstigere Splittingtabelle für Verheiratete machen dies deutlich.

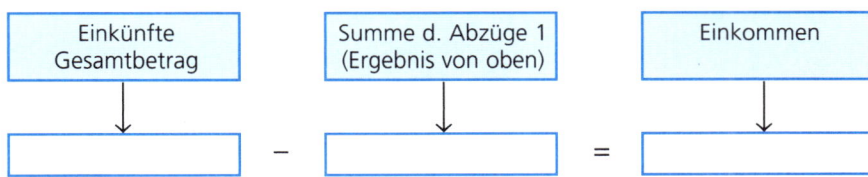

Freibeträge	
Kinderfreibetrag: (pro Kind und Elternteil monatlich 288 DM, bei zusammenlebenden und verheirateten Eltern monatlich 576 DM)	
Haushaltsfreibetrag: 5.616 DM (nur für Alleinstehende, die mindestens ein Kind haben)	+

Summe der Abzüge 2	=

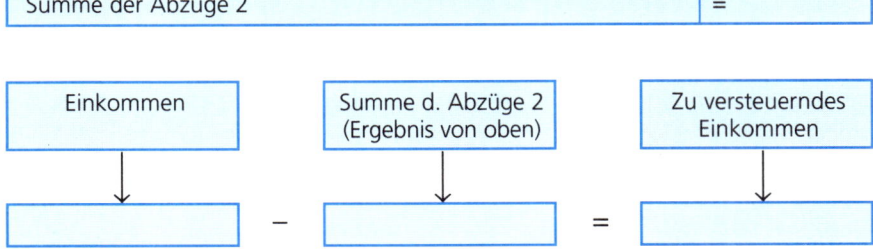

Steuerabzüge	
Steuerabzugsbetrag für Spenden an Parteien und unabhängige Wählervereinigungen	
Baukindergeld nach § 34f EStG	+
Schon entrichtete Steuern (Lohnsteuer, Körperschaft- und Kapitalertragsteuerguthaben, Zinsabschläge, evtl. geleistete Einkommensteuervorauszahlungen für das Veranlagungsjahr)	+
Summe der Steuerabzüge	=

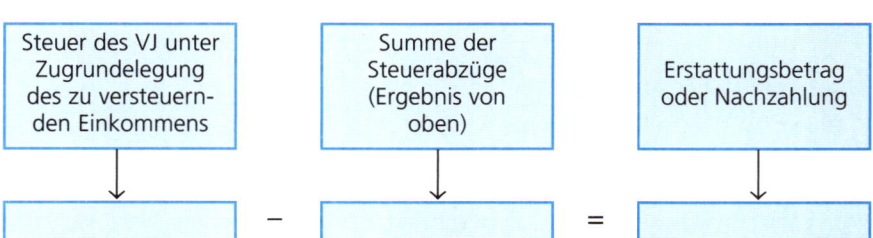

Die Frist zur Abgabe der Einkommensteuererklärung hängt unter anderem davon ab, ob Sie die Erklärung selbst ausfüllen oder sie von einem Steuerberater erstellen lassen.

Abgabefristen für Ihre Einkommensteuererklärung

Bei Pflichtveranlagungen will das Finanzamt die Steuererklärungen immer bis zum 31. Mai des folgenden Jahres haben. Beauftragt man einen Steuerberater mit der Erstellung der Steuererklärungen, so verlängert sich diese Frist automatisch bis zum 30. September des folgenden Jahres. Bei erstmaliger Inanspruchnahme eines Steuerberaters sollte man entweder die Steuererklärung auch bis zum 31. Mai des Folgejahres abgeben oder den Berater Fristverlängerung beantragen lassen, was bei entsprechendem schriftlichem Antrag und plausibler Begründung meist bis zum 31. März des übernächsten Jahres der Fall ist.

Steuertarife

Die Einkommensteuerveranlagung natürlicher Personen erfolgt nach zwei Tabellen:
▶ **Grundtabelle** für Nichtverheiratete oder
▶ **Splittingtabelle** für Verheiratete oder Verwitwete im Todesjahr des Ehegatten und im Folgejahr.

Grundsätzlich kann gesagt werden, dass die Versteuerung nach der Splittingtabelle günstiger ist, da hier die doppelten Freibeträge (Grundfreibeträge, Werbungskostenpauschbeträge) eingearbeitet sind. Dies insbesondere, wenn ein Ehegatte keine oder nur geringe Einkünfte hat.

Der Einkommensteuertarif verläuft progressiv, mit steigendem Einkommen erhöhen sich die Steuersätze. Die Einkommensteuerpflicht entsteht

Die Einkommensteuer verläuft nicht linear, sondern progressiv. Das heißt, dass jede zusätzliche Gewinnmark höher besteuert wird.

erst bei Überschreitung der Grundfreibeträge, die in der Splittingtabelle doppelt so hoch sind wie in der Grundtabelle. Die Höhe der festgesetzten Einkommensteuer ist Basis für den Solidaritätszuschlag und gegebenenfalls für die Kirchensteuer.

Steuerbescheide und Vorauszahlungen
Das Finanzamt erteilt aufgrund der Angaben in Ihrer Einkommensteuererklärung einen Einkommensteuerbescheid. Hieraus kann sich eine Nachzahlung oder Erstattung ergeben.
Aufgrund des Ergebnisses des Vorjahres kann das Finanzamt nach § 37 EStG vierteljährliche Einkommensteuer-Vorauszahlungen zum:
▶ 10. März,
▶ 10. Juni,
▶ 10. September,
▶ 10. Dezember

des Jahres festsetzen, sofern die Einkommensteuer nicht durch anrechenbare Lohnsteuern ausgeglichen wird. Vorauszahlungen sind jedoch nur festzusetzen, soweit sie jährlich mindestens 400 DM betragen (§ 37 Abs. 5 EStG).

Einspruch gegen Einkommensteuer-Vorauszahlungen
Entsprechen die Bemessungsgrundlagen laut Vorauszahlungsbescheid nicht mehr den tatsächlichen wirtschaftlichen Verhältnissen, kann ein Herabsetzungsantrag gestellt werden. Dieser kann unter Umständen auch dazu führen, dass keine Einkommensteuer-Vorauszahlungen zu leisten sind.
Vor allem bei stark schwankenden Einkommen kann es leicht zu Fehlurteilen seitens des Finanzamtes kommen, wenn nach einem ertragreichen Jahr entsprechend hohe Vorauszahlungen festgesetzt werden. Dagegen sollten Sie unbedingt Einspruch erheben, da ihre Vorauszahlungen wie ein zinsloser Kredit an den Staat wirken. Der Steuerpflichtige muss den Rückgang seiner Einkünfte jedoch nachweisen oder begründen, der eine Verringerung der Einkommensteuer-Vorauszahlungen rechtfertigt.

Die Körperschaftsteuer

Die Körperschaftsteuer ist die Steuer auf die Gewinne einer juristischen Person (GmbH, AG, KGaA, Genossenschaft). Sie entspricht der Einkommensteuer bei natürlichen Personen und Personengesellschaften.
Juristische Personen sind immer bilanzierungspflichtig, ihr Einkommen ergibt sich daher aus der Bilanz mit Gewinn-und-Verlust-Rechnung. Bemessungsgrundlage für die Höhe der Körperschaftsteuer ist zunächst der Bilanzgewinn beziehungsweise -verlust, daran werden folgende Hinzurechnungen und Abzüge vorgenommen:

Manche Einkünfte sind zwar nicht einkommensteuerpflichtig, unterliegen aber dem Progressionsvorbehalt. Das bedeutet, dass die steuerpflichtigen Einkünfte einem entsprechend höheren Steuersatz unterliegen.

Die Körperschaftsteuer ist die Einkommensteuer der Kapitalgesellschaften. Da diese immer bilanzierungspflichtig sind, ergibt sich die Höhe der Körperschaftsteuer aus der nebenstehenden Rechnung.

Rechenmuster für die Ermittlung der Körperschaftsteuer
Steuerbilanzgewinn/-verlust
+ verdeckte Gewinnausschüttung
+ nicht abziehbare Aufwendungen (Körperschaftsteuer, Kapitalertragsteuer, Solidaritätszuschlag, Vermögensteuer, Spenden, Säumniszuschläge, 50 Prozent der Aufsichtsratvergütungen)
./. verdeckte Einlagen
./. andere steuerfreie Erträge
= Gesamtbetrag der Einkünfte (Einkommen zur Ermittlung der abziehbaren Spenden)
./. abziehbare Spenden (§ 9 Nr. 3 KStG)
= Einkommen zur Ermittlung der Gewerbesteuer-Rückstellung
./. Gewerbesteuer-Rückstellung
./. Verlustabzug
= Einkommen der juristischen Person
./. Freibetrag von 7.500 DM, höchstens jedoch bis zur Höhe des Einkommens (entfällt für Vereine)
= zu versteuerndes körperschaftsteuerpflichtiges Einkommen

Dividendenauszahlungen
Die Körperschaftsteuer beträgt (Stand 2001) 25 Prozent des zu versteuernden Einkommens für einbehaltene und ausgeschüttete Gewinne.

Höhere Erträge durch Steuervermeidung

Alle Unternehmen sind unabhängig von ihrer Rechtsform an viele gesetzliche Vorschriften gebunden. Von wirklicher Unternehmerfreiheit kann deshalb in Deutschland keine Rede mehr sein.
Im Gegenteil: Viele Vorschriften, wie beispielsweise die starren Ladenschlusszeiten, umfangreichen Tarifvertragsbestimmungen, Genehmigungsverfahren oder baulichen Voraussetzungen, engen den Unternehmer stark ein, wirken sich oft sogar hinderlich und investitionsfeindlich aus.
Die schwierigsten, undurchsichtigsten und widersprüchlichsten Gesetze sind dabei die Steuergesetze. Hier blickt kaum ein Unternehmer mehr durch, selbst die eingeweihten Fachleute verzweifeln an manchen Vorschriften und deren Auslegung.
Jede bisher geplante Reform zur Vereinfachung des deutschen Steuersystems ist gescheitert. Und eigentlich ist es für einen Unternehmer unzumutbar, dass er sich in dem sogar für Experten rätselhaften Steuerdschungel auskennen soll, zumal für ihn weitaus mehr Steuerarten anfallen als für Arbeitnehmer.

Hohe Gewinne, noch höhere Steuern

Unternehmer ermitteln ihren Gewinn nach den Vorschriften des Einkommensteuergesetzes (EStG) oder, bei Kapitalgesellschaften, nach den Vorschriften des Körperschaftsteuergesetzes (KStG). Weiter gibt es noch die Durchführungsverordnungen, Richtlinien, Erlasse sowie Finanzgerichts- und Bundesfinanzhofurteile. Wollte der Unternehmer alle diese steuerrechtlichen Grundlagen im Kopf haben, bliebe keine Zeit mehr für seine eigentlichen Aufgaben: Einnahmen und Gewinne zu erzielen, zu sichern und zu steigern.

Umsatz und Gewinn sind die wichtigsten Bemessungsgrundlagen für die Steuerarten, mit denen der Unternehmer belastet wird. Je niedriger diese steuerlichen Bemessungsgrundlagen ausfallen, desto geringer ist auch die Steuerlast für den Unternehmer. So wünschenswert hohe Umsätze sind – der Gewinn darf aus steuerlichen Gründen nicht zu hoch sein.

Seit Jahren bleibt die geplante Steuerreform zwischen Bundestag und Bundesrat hängen. Dabei ist eine Steuervereinfachung dringend vonnöten, da sich selbst Experten nicht mehr im widersprüchlichen Steuerrecht zurechtfinden.

Betriebsausgaben – Schlüssel zur Gewinnreduzierung

Da der Unternehmergewinn nicht identisch ist mit dem steuerlichen Gewinn laut Jahresabschluss, ergeben sich überwiegend bei den Betriebsausgaben steuerliche Gestaltungsmöglichkeiten. Interessant sind hier die Gewinn mindernden kalkulatorischen Posten, für die kein Kapitalabfluss entsteht (zum Beispiel Ansparabschreibung, Sonderabschreibungen). Das läuft dann nicht auf eine strafbare Steuerverkürzung, sondern auf die legale Steuervermeidung hinaus. An den Einnahmen hingegen dürfen Sie nicht manipulieren – sie dürfen in Einzelfällen (bei Einnahmen-Überschuss-Rechnung) höchstens verschoben werden, aber nie »unter den Tisch fallen«.

Betriebsausgaben sind Aufwendungen (nach § 4 Abs. 4 EStG), die durch den Betrieb veranlasst sind und nur bei selbstständig oder gewerblich Tätigen entstehen können. Es handelt sich, wie bei den Werbungskosten für Arbeitnehmer, um Aufwendungen, die nur dazu dienen, die beruflichen oder selbstständigen Einkünfte zu erhalten und zu steigern. Die Kosten dürfen nicht privat mitveranlasst sein, da sie – abgesehen von Telefon- und Kfz-Kosten – nicht in einen privaten und einen beruflichen Teil aufgeschlüsselt werden dürfen. Die Betriebsausgaben werden von den Betriebseinnahmen abgezogen und mindern den steuerlichen Gewinn oder erhöhen den Verlust. Typische Betriebsausgaben sind Löhne, Gehälter, Mieten für berufliche Flächen und Wareneinkauf.

Abgrenzung von Unternehmertätigkeit und »Hobby«

Sie werden nicht automatisch Unternehmer, wenn Sie Gegenstände veräußern oder Dienstleistungen erbringen. Wenn Sie etwa ihr privates Fahrzeug veräußern oder Ihrem Schwager das Auto reparieren, erzielen Sie keine steuerpflichtigen Einnahmen.

Eine Steuerpflicht entsteht nur, wenn Sie mit Ihrer Tätigkeit auf Dauer Gewinne erzielen möchten. Fehlt diese nachhaltige Gewinnerzielungsabsicht, müssen die Gewinne nicht versteuert werden. Dann handelt es sich um so genannte Liebhaberei, die in den privaten Bereich fällt. Gewinne aus solchen Hobbys müssen nicht versteuert werden. Es dürfen aber auch nicht Betriebsausgaben abgezogen werden oder steuerliche Verluste entstehen. Das Finanzamt unterstellt wegen langjähriger Verluste oft Liebhaberei, beispielsweise bei:

- einer kurzen Lebensdauer des Betriebes,
- schriftstellerischen, künstlerischen Nebentätigkeiten, wenn die Existenz ansonsten gesichert ist,
- Boutiquen, die von Ehefrauen gut verdienender Ehemänner geführt werden,
- mangelndem Engagement des Firmeninhabers.

Auf die Gewinnerzielungsabsicht kommt es an

Oft sind die anfänglichen Verluste eines Unternehmers steuerlich von Vorteil, wenn sie mit anderen Einkünften verrechnet werden können. Das Finanzamt sieht das natürlich nicht gern und unterstellt Ihnen deswegen oft »Liebhaberei« statt ernsthaften Unternehmertums und streicht Ihnen Ihre Steuervorteile. Wie können Sie das Finanzamt von Ihren ernsthaften unternehmerischen Absichten überzeugen?

Maßgeblich für die Verneinung der steuerlichen Liebhaberei sind entweder die Gewinnerzielungsabsicht oder die Überschusserzielungsabsicht. Es muss insgesamt, von der Betriebsgründung bis Beendigung oder Veräußerung, ein Totalgewinn entstehen. Wenn das Finanzamt Zweifel anmeldet, müssen Sie entsprechend begründen:

- warum Einnahmen eventuell rückläufig sind und was Sie unternommen haben, um diese Einnahmen wieder zu steigern,
- wie stark Ihr berufliches Engagement ist,
- wann mit positiven Einnahmen zu rechnen ist.

Anfangsverluste sind ganz normal

Das Finanzamt akzeptiert bei Firmenneugründungen Anfangsverluste bis über einen Zeitraum von etwa fünf Jahren, bedingt durch hohe Investitionen in der Anfangsphase, die meistens auch mit Kreditmitteln finanziert wurden. Die Betriebseinnahmen übersteigen in der Gründungsphase selten die Betriebsausgaben, so dass Verluste in den ersten Jahren hingenommen werden müssen, was für den Unternehmer steuerliche Vorteile bringt.

Bleiben die Verluste jedoch bestehen und die Gewinnzone ist noch in weiter Ferne, unterstellt das Finanzamt, dass die Selbstständigkeit nur zu dem Zweck erfolgte, um hieraus steuerliche Vorteile zu erzielen (Gestaltungs-

---

Wenn Sie Ihren Gewinn und damit Ihre Steuerlast vermindern wollen, dann funktioniert das nur über die Betriebsausgaben. Ihre Einkünfte müssen Sie alle angeben, also bleiben nur möglichst viele Betriebsausgaben übrig, um Steuern zu sparen.

missbrauch nach § 42 AO). Kann der Steuerpflichtige keine vernünftigen Argumente dagegenhalten, werden künftige Verluste und rückwirkend (!) auch die Anfangsverluste aberkannt. Das ist meistens verbunden mit hohen Steuernachzahlungen, denn der Unternehmer muss dann die zu Unrecht erhaltenen Steuervorteile oder Erstattungen zurückzahlen.

> **Achtung:** Wenn nebenberuflich das Hobby zum Geschäft umfunktioniert werden soll, kann es besser sein, dies im Bereich der Liebhaberei zu belassen, wenn Ihnen kaum Betriebsausgaben entstehen. Die Einnahmen bleiben steuerfrei, ebenso eventuell entstehende Veräußerungsgewinne bestimmter Wirtschaftsgüter oder des »Liebhaberei-Betriebes« selbst.

Seien Sie auf der Hut vor »Liebhaberei«. Dahinter verbirgt sich nichts Anstößiges, sondern die Vermutung seitens des Finanzamtes, dass Sie überhaupt nicht die Absicht haben, mit Ihrem Unternehmen schwarze Zahlen zu schreiben.

Wie fällt eine selbstständige berufliche Nebentätigkeit auf?

Viele heutige Unternehmer haben zunächst mit einer selbstständigen oder gewerblichen Nebenbeschäftigung »als zweitem Standbein« begonnen. Diese steuerpflichtige Nebenbeschäftigung wird leider oft in der Einkommensteuererklärung »vergessen«, da viele dem Irrtum unterliegen, dass Selbstständige in den ersten fünf Jahren sowieso keine Steuern zahlen müssen. Dass dem nicht so ist, merken viele erst dann, wenn das Finanzamt über Dritte von den verschwiegenen Einnahmen erfahren hat und nun kräftig zur Kasse bittet.

So kann Ihre Nebenerwerbstätigkeit auffliegen

Sind Sie oder Ihr Ehegatte haupt- oder nebenberuflich selbstständig, zieht die Firma, für die Sie tätig sind, Ihre Rechnungen als Betriebsausgaben ab. Im Falle einer Betriebsprüfung beim Auftraggeber schickt der Betriebsprüfer Kontrollmitteilungen an Ihr Finanzamt zur Prüfung, ob Sie alles richtig versteuert haben. Wenn Sie selbst eine Betriebsprüfung erhalten, wird sowieso alles transparent. Stellen Sie sich also nicht selbst die Falle, in dem Sie Einkünfte verschweigen.

Der häufigste Umstand, durch den Nebeneinkünfte ans Tageslicht kommen, sind telefonische, meist anonyme Anzeigen durch neidische Nachbarn oder Kollegen, verprellte Liebhaber, rachsüchtige Ex-Lebenspartner und andere missgünstige Menschen. Diesen Anzeigen geht das Finanzamt auch nach, sofern nach Vorabschätzung der Sachlage mit einem steuerlichen Mehrergebnis zu rechnen ist und genügend Beweise vorhanden sind. Abgesehen von der strafrechtlichen Relevanz bringen Ihnen »vergessene« Einnahmen nur Ärger, schlaflose Nächte und erhebliche Mehrkosten durch Aufwendungen für Rechtsberatung und Strafzinsen, wenn tatsächlich Steuerhinterziehung vorliegt und es für eine Selbstanzeige zu spät war!

Das Verschweigen von Nebeneinkünften kann schnell auffliegen, wenn das Unternehmen, für das Sie nebenbei arbeiten, kontrolliert wird. Entweder arbeiten Sie also richtig schwarz oder Sie melden sich lieber gleich an.

Wie oft kommt der Betriebsprüfer?

Auch wenn Sie ein reines Gewissen haben: Eine Betriebsprüfung ist für Sie immer mit erheblichem Arbeits- und Kostenaufwand verbunden. Das Finanzamt teilt alle Unternehmen in drei Größenklassen, die in unterschiedlichen Zeiträumen mit Betriebsprüfungen rechnen müssen.

Betriebsgrößenklassen und Zeiträume für Prüfungen (gültig ab 1.1.2001)			
	Großbetrieb (DM)	**Mittelbetrieb (DM)**	**Kleinbetrieb (DM)**
Freie Berufe	**Gesamtumsatz** über 6,9 Mio. oder **Gewinn** über 900.000	**Gesamtumsatz** über 1,29 Mio. oder **Gewinn** über 206.000	**Gesamtumsatz** über 265.000 oder **Gewinn** über 50.000
Handel	**Gesamtumsatz** über 11,9 Mio. oder **Gewinn** über 465.000	**Gesamtumsatz** über 1,45 Mio. oder **Gewinn** über 91.000	**Gesamtumsatz** über 265.000 oder **Gewinn** über 50.000
Produktionsbetriebe	**Gesamtumsatz** über 6,8 Mio. oder **Gewinn** über 415.000	**Gesamtumsatz** über 835.000 oder **Gewinn** über 91.000	**Gesamtumsatz** über 265.000 oder **Gewinn** über 50.000
Prüfungshäufigkeit	ca. alle 5 Jahre	ca. alle 14 Jahre	ca. alle 40 Jahre
Prüfungsumfang	lückenlos	meistens drei willkürlich vom Finanzamt ausgewählte Veranlagungsjahre	
	Prüfung außer der Reihe, nach Zufallsprinzip oder nach Kontrollmitteilungen möglich		

Das Abc der Betriebsausgaben

Betriebsausgaben sind, wie schon erwähnt, nach § 4 Abs. 4 EStG Aufwendungen, die durch Ihren Betrieb veranlasst sind. Eine private Mitveranlassung muss ausgeschlossen sein. Je höher die Betriebsausgaben, desto geringer das steuerliche Ergebnis.

Bleiben Sie bei den Einnahmen absolut steuerehrlich, maximieren Sie jedoch Ihre Betriebsausgaben, denn hier liegen die Gestaltungsmöglichkeiten! Jeder haupt- oder nebenberufliche Unternehmer ist unabhängig von der gewählten Rechtsform an hohen Umsätzen, nicht jedoch an hohen Steuerzahlungen interessiert. Die Betriebsausgaben werden von den Betriebseinnahmen abgezogen. Hohe Betriebsausgaben halten die Bemessungsgrundlage für die Steuerforderungen des Fiskus gering.

Welche Aufwendungen sind keine Betriebsausgaben?
Sämtliche Aufwendungen, die privat oder teilweise privat veranlasst sind, dürfen den Gewinn nicht mindern, ebenso nicht die folgenden Aufwendungen nach § 4 (5) EStG:
- **Geldbußen, Ordnungsgelder oder Verwarnungsgelder,** die gerichtlich verhängt wurden,
- **Geschenke an Personen,** die nicht Arbeitnehmer des Steuerpflichtigen sind, soweit sie 75 DM (netto, ohne Mehrwertsteuer) übersteigen,
- **Zinsen auf hinterzogene Steuern,**
- **Aufwendungen für doppelte Haushaltsführung,** soweit diese mehr als zwei Jahre besteht,
- **Aufwendungen für die Bewirtungen von Geschäftsfreunden** aus geschäftlichem Anlass, sofern sie 80 Prozent des Rechnungsbetrages übersteigen (20 Prozent der Rechnung müssen immer als Privatausgabe gebucht werden),
- **Aufwendungen für ein häusliches Arbeitszimmer** und dessen Einrichtung, es sei denn, das häusliche Büro bildet den Mittelpunkt der beruflichen Tätigkeit, ein anderer Arbeitsplatz steht nicht zur Verfügung oder die berufliche Nutzung beträgt über 50 Prozent der gesamten beruflichen Tätigkeit.

Liegt bei den Aufwendungen eine private Mitveranlassung vor, so dürfen sie nach § 12 EStG nicht in einen betrieblichen und privaten Teil aufgeteilt werden. Eine Ausnahme sind: Telefon- und Kfz-Kosten.

> **Achtung:** Bei Kapitalgesellschaften entfällt für Kfz- und Telefonkosten eine Aufteilung in einen privaten und betrieblichen Anteil ebenso wie das Aufteilungsverbot nach § 12 EStG, weil hier ausschließlich betrieblich veranlasste Ausgaben entstehen können. Eine Kapitalgesellschaft hat keine Privatsphäre.

Ob eine Aufwendung privat oder betrieblich veranlasst ist, entscheidet darüber, ob sie Steuer mindernd wirkt oder nicht. Wenn Sie also sichergehen wollen, dass Ihre Segeljacht eine betriebsbedingte Anschaffung ist, dann müssen Sie wohl einen Bootsverleih aufmachen.

Abschreibung (Absetzung für Abnutzung, AfA)
Wenn Sie Wirtschaftsgüter anschaffen, die nur dazu bestimmt sind, Ihrem Unternehmen zu dienen, handelt es sich um Anlagevermögen. Wirtschaftsgüter des Anlagevermögens unter einem Wert von 800 DM (ohne Umsatzsteuer, brutto also zur Zeit bei 16 Prozent Umsatzsteuersatz 928 DM) sind sofort im Jahr der Bezahlung oder des wirtschaftlichen Zugangs als Betriebsausgabe abzugsfähig. Sind diese teurer als 800 DM (ohne Mehrwertsteuer), müssen sie abgeschrieben werden. Abschreibung ist die Verteilung der Anschaffungskosten auf die voraussichtliche Nutzungsdauer. Nach § 7 EStG können sowohl unbewegliche (Immobilien, jedoch ohne Grundstücksanteil) wie auch bewegliche Wirtschaftsgüter (Fahrzeuge, EDV-Anlagen) abgeschrieben werden.

> **Wichtig:** Der lineare AfA-Satz in Prozent ergibt sich, indem man 100 durch die jeweilige Nutzungsdauer des Wirtschaftsgutes in Jahren dividiert. Bei einer Nutzung von vier Jahren beträgt er beispielsweise 25 Prozent, bei drei Jahren dürfen 33,3 Prozent angesetzt werden und bei fünf Jahren nur 20 Prozent.

Lineare und degressive Abschreibung

Zur Berechnung der Abschreibungsbeträge gibt es zwei Alternativen:

▶ **Wirtschaftsgüter** können nach § 7 Abs. 1 EStG linear, also in gleich bleibenden Jahresbeträgen abgeschrieben werden. Die jeweilige Nutzungsdauer kann den amtlichen AfA-Tabellen entnommen werden.

▶ **Bewegliche Wirtschaftsgüter** des Anlagevermögens können nach § 7 (2) EStG auch degressiv, also in fallenden Jahresbeträgen abgeschrieben werden. Die degressive AfA beträgt höchstens das Doppelte der linearen AfA und darf 20 Prozent nicht übersteigen. Dies gilt für Wirtschaftsgüter, die nach dem 31. 12. 2000 angeschafft oder hergestellt wurden. Vorher betrug die degressive AfA 30 % und durfte das Dreifache der linearen AfA nicht übersteigen. Sie können von der degressiven zur linearen AfA wechseln, jedoch nicht umgekehrt.

Nach der Vereinfachungsregel (laut Abschnitt 43 EStR) können Wirtschaftsgüter, die bis zum 30. Juni des laufenden Jahres angeschafft oder hergestellt wurden, voll abgeschrieben werden. Bei Anschaffung oder Herstellung ab dem 1. Juli des laufenden Jahres wird der Abschreibungsbetrag für das erste Jahr halbiert und später angerechnet.

Die degressive Abschreibung führt zu Beginn der Nutzungsperiode zu höheren Abschreibungen als die lineare. Wenn Sie Ihre Einkünfte teilweise vorverlegen können, dann ergeben sich daraus Möglichkeiten zum Steuersparen.

Abschreiben müssen Sie alle Wirtschaftsgüter, die in ihrer Anschaffung teurer als netto 800 DM/brutto 928 DM waren. Diese Güter werden im so genannten Anlagespiegel erfasst.

> **Achtung:** Die magische Grenze von 800 DM netto kann sich immens auf die Steuerlast des jeweiligen Jahres auswirken. Kaufen Sie zehn Wirtschaftsgüter zum Preis von je 799 DM netto, können Sie sofort 7.999 DM als Betriebsausgabe ansetzen, was bei einem Steuersatz von 50 Prozent (inkl. Kirchensteuer) des Einzelunternehmers eine Steuerersparnis von 4.000 DM ausmacht. Kaufen Sie dagegen nur ein Wirtschaftsgut zum Preis von 7.999 DM, müssen diese Kosten auf mehrere Jahre verteilt werden. Bei einer Verteilung auf beispielsweise fünf Nutzungsjahre beträgt der AfA-Satz 20 Prozent. In diesem Fall könnten nur 1.600 DM als Betriebsausgabe abgesetzt werden, was eine Steuerersparnis von lediglich 800 DM (bei einem angenommenen Steuersatz von 50 Prozent) ausmacht.

Ansparabschreibung

Kleine und mittlere Betriebe, deren Einheitswert am Schluss des vorangegangenen Wirtschaftsjahres nicht höher als 400.000 DM war, sowie land-

und forstwirtschaftliche Betriebe mit einem betrieblichen Einheitswert von höchstens 240.000 DM können für künftige Anschaffungen neuer beweglicher Wirtschaftsgüter eine Gewinn mindernde Rücklage bilden (§ 7g Abs. 3–6 EStG). Diese Ansparrücklage darf 40 Prozent der Anschaffungskosten des begünstigten Wirtschaftsgutes nicht übersteigen, das voraussichtlich bis zum Ende des zweiten auf das Jahr der Rücklagenbildung folgenden Wirtschaftsjahres angeschafft wird.

Sobald für das begünstigte Wirtschaftsgut Abschreibungen vorgenommen werden, ist die Rücklage in Höhe von 40 Prozent der Anschaffungs- oder Herstellungskosten Gewinn erhöhend aufzulösen (§ 7g Abs. 4 Satz 1 EStG). Wird das Wirtschaftsgut nicht angeschafft und somit nicht abgeschrieben, so erfolgt eine Gewinn erhöhende Zwangsauflösung der Rücklage mit einem Zuschlag von sechs Prozent pro Jahr. Dies soll die Bildung von Rücklagen verhindern, wenn von vorneherein nicht die Absicht besteht, eine größere Investition zu tätigen.

Abschreibungsrücklagen

Die am Bilanzstichtag gebildeten Rücklagen dürfen je Betrieb einen Betrag von 300.000 DM nicht übersteigen (§ 7g Abs. 3 Satz 5 EStG). Obwohl diejenigen Betriebe, die Ihren Gewinn nach der Einnahmen-Überschuss-Rechnung (§ 4 Abs. 3 EStG) ermitteln, eigentlich keine Rücklagen bilden können, weil sie nicht bilanzieren, werden solchen Betrieben jedoch (nach § 7g Abs. 6 EStG) die gleichen steuerlichen Vergünstigungen gewährt. Die Rücklage wird hier durch einen fiktiven Betriebsausgabenabzug ersetzt. Die Auflösung der Rücklage erfolgt durch eine fiktive Einnahme.

> **Tipp:** Durch den richtigen Einsatz der Ansparabschreibung können Sie Ihr steuerliches Ergebnis entscheidend manipulieren. Drücken Sie Ihr Einkommen (als Einzelunternehmer oder Gesellschafter einer Personengesellschaft) in den entscheidenden Jahren, etwa für die Inanspruchnahme der Eigenheimzulage. Selbst wenn die geplante Investition später nicht realisiert werden sollte und die Rücklage Gewinn erhöhend aufgelöst wird, können Sie in den entscheidenden Jahren profitieren. Für die Inanspruchnahme der Eigenheimzulage muss Ihr Einkommen nur im Jahr der Anschaffung und im Jahr davor bestimmte Grenzen einhalten. Der Gesamtbetrag der Einkünfte aus Arbeit und Kapitalvermögen darf in beiden Jahren zusammen bei Ledigen 160.000 DM und bei Verheirateten 320.000 DM nicht überschreiten.

Abschreibungsrücklagen bei Existenzgründern

Für Existenzgründer beträgt der Höchstbetrag der Ansparrücklage sogar

> Abschreibungsrücklagen mindern die Steuerlast. Deshalb hat der Fiskus klare Regeln für die Bildung solcher Rücklagen aufgestellt, die auch festlegen, wann sie wieder aufgelöst werden müssen.

600.000 DM. Das begünstigte Wirtschaftsgut muss bis zum Ende des fünften des auf die Rücklagenbildung folgenden Jahres angeschafft werden (Anschaffungszeitraum somit sechs Jahre). Unterbleibt die Investition, muss die Rücklage zwar Gewinn erhöhend aufgelöst werden, es unterbleibt jedoch der sonst fällige »Strafzins« von sechs Prozent.

Existenzgründer sind natürliche Personen, die innerhalb der letzten fünf Jahre vor dem Jahr der Betriebsgründung:
- nicht an einer Kapitalgesellschaft beteiligt waren und
- nicht selbstständig oder gewerblich tätig waren oder Einkünfte aus Land- und Forstwirtschaft bezogen haben.

Arbeitszimmer

Viele Unternehmer nutzen ein Zimmer ihrer Mietwohnung oder des Eigenheimes als beruflich genutztes Arbeitszimmer. Bildet dieses häusliche Büro den Mittelpunkt ihrer gesamten beruflichen Tätigkeit, beispielsweise wenn Ihnen sonst keine Betriebsräume zur Verfügung stehen, sind sämtliche Kosten unbeschränkt abzugsfähig. Hierzu zählen die Kaltmiete, anteilige Umlagen oder anteilige Zinsen sowie alle anteiligen Nebenkosten.

> **Achtung:** Sind Sie Gesellschafter einer Kapitalgesellschaft, kann diese beispielsweise Ihr häusliches Arbeitszimmer anmieten, in dem Sie als Geschäftsführer tätig sind. Wichtig ist hier ein Mietvertrag wie unter fremden Dritten, damit eine verdeckte Gewinnausschüttung an den Gesellschafter ausgeschlossen ist. Sonst verweigert das Finanzamt die Anerkennung der Mietkosten als Betriebsausgabe.

> Bei der Absetzung von Kosten für Arbeitszimmer wurde in den letzten Jahren so viel Missbrauch getrieben, dass der Gesetzgeber die Möglichkeiten stark eingeschränkt hat. Ein Arbeitszimmer muss nachweislich und dauerhaft genutzt werden, damit es als Betriebsausgabe anerkannt wird.

Nutzen Sie ein häusliches Arbeitszimmer zusätzlich zu anderen Betriebsräumen, können Sie die Kosten nur bis jährlich 2.400 DM als Betriebsausgaben abziehen, wenn Sie mindestens 50 Prozent Ihrer beruflichen Tätigkeit dort verbringen.

Errichten Eheleute gemeinsam ein Gebäude und ein Ehegatte nutzt einen Teil des Hauses für seine selbstständige oder gewerbliche Tätigkeit (zum Beispiel Versicherungsvertretung, Redaktionsbüro oder Arztpraxis), so kann der selbstständig tätige Ehegatte die anteilige Gebäudeabschreibung nur für seine Gebäudehälfte ansetzen, weil nur dieser Gebäudeteil zu seinem Betriebsvermögen gehört.

Der Unternehmer-Ehegatte kann auch sämtliche anderen Gebäudekosten (Zinsen, Hausstrom, Grundbesitzabgaben, Versicherungen) nur für seine Gebäudehälfte ansetzen, sofern das Haus im Miteigentum des anderen Ehegatten steht und beide die Aufwendungen für das Haus gemeinsam getragen haben, auch die Anschaffungskosten.

Achtung: Möchte der Unternehmer-Ehegatte sämtliche Kosten als Betriebsausgaben absetzen, so muss mit dem selbstständigen Ehegatten über die andere Gebäudehälfte ein Mietvertrag abgeschlossen werden, der einem Fremdvergleich standhält (BFH 9.11.95, VI R 60/92 sowie 23.11.95, IV R 50/94), also wie ein Mietvertrag mit Unbekannten ausgestaltet ist. Die Miete kann auch in der Übernahme der tatsächlich anfallenden laufenden Kosten bestehen, was jedoch einer schriftlichen Vereinbarung bedarf.

Hiervon nicht betroffen sind die Fälle, in denen der die betrieblichen Räume nutzende Ehegatte unabhängig von dem Eigentumsanteil die Anschaffungskosten und die laufenden Kosten alleine getragen hat. Hierzu hat der Bundesfinanzhof (30.1.1995, GrS 4/92) entschieden, dass der Ehegatte auch, falls er den anderen Miteigentumsanteil unentgeltlich betrieblich nutzt, hierfür die anteiligen Aufwendungen inklusive AfA absetzen darf.

Tipps für wenig genutzte Arbeitszimmer

Sollte das Arbeitszimmer nicht den Mittelpunkt der gesamten beruflichen Betätigung bilden, sind die Kosten dennoch abzugsfähig, wenn:

- Sie als Unternehmensform die GmbH wählen und Räumlichkeiten an die GmbH als eigene Rechtspersönlichkeit vermieten.
- Sie das Arbeitszimmer an eine Personengesellschaft vermieten und das Arbeitszimmer von einem Familienmitglied genutzt wird, das fast seine gesamte berufliche Tätigkeit in diesem Zimmer ausübt. Dies ist dann der Fall, wenn Sie den Ehegatten in Ihrem Betrieb beschäftigen und dieser die ihm übertragenen Tätigkeiten in diesem Arbeitszimmer erledigt.
- Sie in der Nachbarschaft ein Büro anmieten, beispielsweise bei Nachbarn, Freunden oder Verwandten. Es muss ein Mietvertrag abgeschlossen werden, und die Zahlungen müssen regelmäßig erfolgen. Die für Sie absetzbaren Kosten dürfen sogar die 2.400-DM-Grenze überschreiten, da es sich nicht mehr um ein häusliches Arbeitszimmer handelt.
- Falls Sie Ihr häusliches Arbeitszimmer nicht als Betriebsausgabe ansetzen können, so bleibt es dennoch Betriebsvermögen. Hier ist zu prüfen, ob Sie das Arbeitszimmer nicht aus Ihrem Betriebsvermögen entnehmen möchten (§ 8 EStDV). Eigenbetrieblich genutzte Grundstücksteile müssen nicht als Betriebsvermögen behandelt werden, wenn ihr Wert nicht mehr als 20 Prozent des gemeinen Wertes des gesamten Grundstücks und nicht mehr als 40.000 DM beträgt.

Selbst wenn Sie Ihr Arbeitszimmer nur gelegentlich nutzen, gibt es ein paar Tricks, wie Sie es trotzdem als Betriebsausgabe geltend machen können.

Ein Selbstständiger kann die Kosten für das Arbeitszimmer nur geltend machen, wenn es den Mittelpunkt der gesamten beruflichen Tätigkeit bildet (§ 4 Abs. 5 Nr. 6 b EStG). Dann dürfen die Kosten jedoch nur als Betriebsausgaben geltend gemacht werden, wenn sie fortlaufend, zeitnah und auf getrennten Konten aufgezeichnet werden, die Kosten müssen monatlich erfasst werden.

Steht das Haus ganz im Eigentum des anderen Ehegatten, so muss über die gesamte beruflich genutzte Fläche ein Mietvertrag abgeschlossen werden, damit der selbstständig oder gewerblich Tätige die Raumkosten geltend machen kann.

Bestechungsgelder

Auch wenn in der Praxis immer wieder Bestechungsgelder bei der Auftragsvergabe fließen, dürfen sie nicht als Betriebsausgabe behandelt werden.

Ebenso wie andere Vorteilsgewährungen, bei denen wegen der Zuwendung oder des Vorteilsempfangs eine rechtskräftige Verurteilung erfolgte oder ein Bußgeld rechtskräftig verhängt wurde, dürfen Bestechungsgelder nicht als Betriebsausgabe abgezogen werden. Dies gilt auch, wenn das Verfahren eingestellt wurde.

> **Wichtig:** Das Finanzamt darf im Fall der Zahlung von Bestechungsgeldern sogar das Steuergeheimnis aushebeln. Wenn Schmiergelder als Betriebsausgabe abgezogen wurden, informiert der Finanzbeamte die Staatsanwaltschaft, die dann ein Ermittlungsverfahren einleitet. Bestechung ist längst kein Kavaliersdelikt mehr, da die Beträge, die für eine Beeinflussung der Auftragsvergabe gezahlt werden, inzwischen enorme Summen erreichen. Das Gleiche gilt natürlich für die Gewährung geldwerter Vergünstigungen wie Urlaubsreisen.

Bewirtungsaufwendungen

Die Bewirtungsausgaben sind ebenfalls ein Kostenfaktor, der von den Finanzämtern besonders argwöhnisch betrachtet wird.

Wenn es sich um die Bewirtung von Geschäftsfreunden handelt, entstehen Betriebsausgaben. Es gelten die gleichen Abzugsvoraussetzungen wie für Arbeitnehmer, 20 Prozent der Aufwendungen sind dem Gewinn hinzuzurechnen. Kosten für die reine Arbeitnehmerbewirtung (Ihr Arbeitnehmer geht mit Ihrem Geschäftspartner essen) sind vollständig absetzbar, sofern Sie als Unternehmer nicht mitbewirtet werden.

> **Tipp:** Auch wenn die bewirtete Person noch nicht zu Ihren Geschäftspartnern gehört, sind die Kosten abzugsfähig, wenn der Bewirtete als Kunde geworben werden soll oder Vorgespräche mit Auftraggebern geführt werden. Das gilt natürlich auch dann, wenn das Geschäft nicht zustande kommt.

Doppelte Haushaltsführung

Aufwendungen für doppelte Haushaltsführung sind maximal für zwei Jahre als Betriebsausgaben abzugsfähig. Diese Aufwendungen entstehen dann, wenn Ihr Betriebssitz nicht am Wohnort liegt und Sie deshalb zwei Wohnungen unterhalten müssen.

Als Unternehmer werden Sie innerhalb der für zwei Jahre anrechenbaren doppelten Haushaltsführung eventuell ein Firmenfahrzeug für die Familienheimfahrten benutzen. Und dann ist eine Besonderheit zu beachten: Der Unterschiedsbetrag zwischen 0,002 Prozent des inländischen Listenpreises einerseits und der Kilometerpauschale von 0,70 DM je Entfernungskilometer andererseits gehört zu den nicht abziehbaren Betriebsausgaben (§ 4 Abs. 5 Nr. 6 EStG). Klingt kompliziert, oder? Deshalb eine Beispielrechnung:

Die doppelte Haushaltsführung muss betrieblich bedingt sein, damit sie absetzbar ist. Dabei sind jedoch die Fahrtkosten gesondert zu behandeln.

Beispiel: *Das Auto kostet 40.000 DM. Die erwähnten 0,002 Prozent des Listenpreises machen dann 0,80 DM aus. Bei 200 Kilometern pro Fahrt ergibt das 160 DM. Bei Pauschalabrechnung wären es 200 Kilometer mal 0,70 DM, also 140 DM. Der positive Unterschiedsbetrag von 20 DM (160 DM minus 140 DM) pro Familienheimfahrt wäre dem Gewinn hinzuzurechnen. Faustregel: Fällt die Rechnung mit den 0,002 Prozent niedriger aus als die Rechnung mit der Pauschale, ist das steuerlich nicht zu berücksichtigen.*

An die Stelle des Pauschbetrages von 0,002 Prozent je Entfernungskilometer treten die tatsächlichen Aufwendungen, wenn der Steuerpflichtige diese anhand eines fortlaufend geführten Fahrtenbuches nachweisen kann. Dies ist immer dann sinnvoll und bringt Ihnen etwas, wenn Sie damit auf einen echten Kilometerpreis von weniger als 0,70 DM kommen.

Fortbildungskosten

Der Unternehmer kann sie als Betriebsausgaben geltend machen, sofern es sich um die Weiterbildung in einem bestehenden Beruf handelt. Sollten Sie also an einer Handelsschule einen Abendkurs für Buchführung belegen, weil Sie als Kaufmann Ihr Wissen aufbessern oder auffrischen wollen, ist dies ebenso absetzbar, wie wenn Sie als Grafiker eine Schulung im neuesten Grafikprogramm absolvieren. Gleiches gilt natürlich auch für die Fortbildungskosten für einen Ihrer Arbeitnehmer, sofern sie auch tatsächlich von Ihnen bezahlt wurden.

Geringwertige Wirtschaftsgüter

Wirtschaftsgüter des Anlagevermögens bis netto 800 DM Kaufpreis sind so genannte geringwertige Wirtschaftsgüter (siehe: Abschreibungen). Diese können sofort als Betriebsausgabe abgesetzt werden. Wenn Sie nicht umsatzsteuerpflichtig sind oder von der Umsatzsteueroption keinen Gebrauch machen, gilt die Grenze von 928 DM.

Geringwertige Wirtschaftsgüter haben den großen Vorteil, dass sie sofort im vollen Umfang Steuer senkend geltend gemacht werden können.

Geschäftswert

Haben Sie Ihr Unternehmen entgeltlich erworben, also gekauft, handelt es sich um einen abschreibungsfähigen, so genannten derivativen Firmenwert. Die Abschreibungsdauer für dieses immaterielle Wirtschaftsgut beträgt nach § 6 Abs. 1 Nr. 2 in Verbindung mit § 7 Abs. 1 Satz 3 EStG 15 Jahre. Wenn Sie Ihre Firma selbst aufgebaut haben, handelt es sich um einen originären Firmenwert, der nicht abschreibungsfähig ist. Entgeltlich erworbene freiberufliche Praxen (für Heilpraktiker, Psychologen) werden – abhängig von der Höhe des Firmenwertes – in drei bis fünf Jahren abgeschrieben, bei einer Sozietätsgründung in sechs bis zehn Jahren.

Geschenke

Wenn Sie einem Geschäftspartner eine Flasche Champagner zukommen lassen wollen, sollten Sie kein zu teures Gewächs aussuchen. Nicht, weil Ihr Partner Ihnen nicht so viel wert sein sollte, sondern weil Sie die Flasche sonst nicht als Betriebsausgabe geltend machen können.

Kleine Geschenke erhalten die Freundschaft, große schaden ihr auch nicht. Dies gilt natürlich auch für die Pflege von geschäftlichen Beziehungen, wobei die großen Geschenke leider nicht abzugsfähig sind. Liegt der Nettoanschaffungswert von Firmenpräsenten je Empfänger pro Jahr bei maximal 75 DM, handelt es sich bei Geschenken an Kunden oder Geschäftspartner um Betriebsausgaben. Bei höheren Aufwendungen pro Empfänger entfällt der gesamte Betriebsausgabenabzug. Geschenkaufwendungen müssen einzeln und getrennt von den sonstigen Betriebsausgaben aufgezeichnet werden.

> **Wichtig:** Nicht aufzeichnungspflichtig sind hingegen die Zugaben oder kleine Werbegeschenke eines Einzelhändlers. Diese sind immer als Betriebsausgabe abzugsfähig.

Kfz-Kosten

Die Kosten für Ihr Fahrzeug können Sie nur zu dem Teil von der Steuer absetzen, zu dem Sie es betrieblich nutzen. Dafür können Sie – vorausgesetzt der Wagen zählt zum Betriebsvermögen – entweder die Ein-Prozent-Regel verwenden oder ein Fahrtenbuch führen.

Nutzen Sie als Unternehmer Ihr Fahrzeug zu 100 Prozent betrieblich, sind sämtliche Kosten als Betriebsausgabe (nach § 4 Abs. 4 EStG) absetzbar. Hierzu zählen insbesondere:
- Abschreibungen,
- die Leasingraten,
- Garagenmieten,
- laufende Kosten wie Benzin, Öl, Autowäsche,
- Versicherungen und Schutzbrief, Steuern, ADAC-Beiträge und
- Zinsen für Autokredite.

Aufwendungen für Privatfahrten stellen jedoch nicht abzugsfähige Kosten der privaten Lebensführung dar (§ 12 Nr. 1 EStG). Da nun aber in den meisten Fällen ein betrieblich genutztes Fahrzeug auch privat mitgenutzt wird, sind die Kosten in abzugsfähige Betriebsausgaben und nicht abzugsfähige Kosten der privaten Lebensführung aufzuteilen.

Errechnung des Privatanteils am Kfz

Die Ermittlung des Privatanteils erfolgt entweder nach der Ein-Prozent-Regelung oder auf der Grundlage eines Fahrtenbuches, sofern Ihr Fahrzeug zum Betriebsvermögen gehört (§ 6 [1] Nr. 4 Sätze 2 und 3). Die Ein-Prozent-Regelung sieht vor, dass ein Prozent des Listenpreises (Neupreis) zum Anschaffungszeitpunkt (einschließlich aller Extras und Umsatzsteuer) pro Monat als Privatanteil angesehen wird. Dabei werden auch Zuschläge für Sonderausstattung (CD-Player, ABS, Klimaanlage) einschließlich Mehrwertsteuer berücksichtigt, jedoch nicht Kosten für Überführung, Zulassung, Kfz-Brief und Autotelefon. Nutzen Sie Ihr Fahrzeug zu mehr als 50 Prozent betrieblich, gehört es zum notwendigen Betriebsvermögen. Bei einer betrieblichen Nutzung von mindestens zehn bis 50 Prozent gehört der Wagen nicht zum notwendigen Betriebsvermögen, sondern kann zum gewillkürten Betriebsvermögen gehören. Ermitteln Sie Ihren Gewinn nach der Einnahmen-Überschuss-Rechnung nach § 4 Abs. 3 EStG (Überschuss der Einnahmen gegenüber den Ausgaben), so entfällt diese Wahlmöglichkeit.

> **Tipp:** Fast immer bringt eine Abrechnung nach Fahrtenbuch Vorteile gegenüber der Ein-Prozent-Regelung. Deshalb lohnt sich der Aufwand, auch wenn er lästig ist.

Die Ein-Prozent-Regelung

Die Ein-Prozent-Regel als Pauschalbewertung hat eine Tücke, die Sie unbedingt kennen sollten: Sie wird nämlich auch dann angewandt, wenn es sich um einen Gebrauchtwagen handelt. Sogar wenn das Fahrzeug bereits abgeschrieben ist oder der Unternehmer einen zum Privatvermögen gehörenden Zweitwagen besitzt, rückt das Finanzamt nicht davon ab. Und man bewertet nicht etwa den niedrigeren Gebrauchtwagenpreis, sondern zieht immer wieder den Listenpreis des Neufahrzeugs heran. Falls Sie während eines Kalendermonats abwechselnd mehrere Fahrzeuge privat nutzen, ist der Privatanteil für das Fahrzeug zu ermitteln, das überwiegend für die Privatfahrten genutzt wird.

Das Fahrtenbuch

Sie müssen sich nicht mit der pauschalen Ein-Prozent-Regelung abfinden, wenn Sie stattdessen ein ordnungsgemäßes, auf Dauer angelegtes Fahrtenbuch führen. Dies kann auch ein elektronisch geführtes Fahrtenbuch sein, wenn beim Ausdrucken der Aufzeichnungen nachträgliche Veränderungen ausgeschlossen sind. Weil aber nicht alle elektronischen Fahrtenbücher von jedem Finanzamt anerkannt werden, sollten Sie vor der nicht ganz billigen Anschaffung zuerst Ihren zuständigen Sachbearbeiter schriftlich um eine Liste der anerkannten Geräte bitten.

Getreu dem Prinzip der Bilanzkontinuität können Sie nicht beliebig zwischen der Pauschalregelung und dem Fahrtenbuch wechseln. Entscheiden Sie sich also rechtzeitig für die für Sie bessere Regelung.

> **Achtung:** Während eines laufenden Kalenderjahres können Sie normalerweise nicht von der pauschalen Privatanteilermittlung zum Einzelnachweis laut Fahrtenbuch übergehen. Wechseln Sie während des laufenden Jahres das Fahrzeug, ist ab dessen Anschaffung der Umstieg auf die Abrechnung nach Fahrtenbuch jedoch möglich.

Fahrten zwischen Wohnung und Betriebsstätte

Der nicht als Betriebsausgabe abzugsfähige Anteil für Fahrten mit dem Firmenwagen zwischen Wohnung und Arbeitsstätte wird wie folgt ermittelt (nach § 4 Abs. 5 Nr. 6 EStG): Man errechnet hierfür den positiven Unterschiedsbetrag zwischen 0,03 Prozent des Listenpreises für jeden Entfernungskilometer und der Kilometerpauschale von 0,70 DM (§ 9 Abs. 1 Nr. 4 EStG).

Beispiel: Herr Meier nutzt sein zum Betriebsvermögen gehörendes Fahrzeug an 20 Tagen im Monat auch für Fahrten zwischen Wohnung und Arbeitsstätte, die Entfernung beträgt 10 Kilometer. Der inländische Listenpreis des Wagens beträgt 60.000 DM.

> *Folgender Betrag ist dem Gewinn wieder hinzuzurechnen:*
> 60.000 DM × 0,03 Prozent × 10 km =   180,– DM
> Pauschale 0,70 DM × 20 Tage × 10 km =   140,– DM
> Unterschiedsbetrag   40,– DM
> Für ein Jahr wären also 40 DM × 12 Monate = 480 DM als positiver Unterschied herauszurechnen.

Die gesetzliche Regelung nimmt an, dass das Fahrzeug an 15 Tagen im Monat für Fahrten zwischen Wohnung und Arbeitsstätte genutzt wird. Kommt es zu mehr Fahrten, so verringert sich der Hinzurechnungsbetrag. Sind es weniger Fahrten, so bleibt es bei den 15 Tagen pro Monat.

Betriebliche Nutzung Ihres privaten Kfz

Die Regelung bezüglich der Privatanteilversteuerung von Fahrzeugen nach der Ein-Prozent-Regel gilt nur für Fahrzeuge des Betriebsvermögens. Falls nun aber Ihr zum Privatvermögen gehörender Wagen für betriebliche Fahrten genutzt wird, können die hiermit in Zusammenhang stehenden Ausgaben als Betriebsausgaben berücksichtigt werden. Es wird hier der Anteil an den Gesamtkosten abgezogen, der dem Anteil der Betriebsfahrten entspricht. Wird kein Fahrtenbuch geführt, so wird dieser Anteil geschätzt. Die Schätzung sollte nicht zu hoch ausfallen, sonst wird das Finanzamt stutzig.

> Wenn Sie Ihr Privatfahrzeug betrieblich nutzen, dann können Sie entweder ein Fahrtenbuch führen oder einen Prozentsatz schätzen, zu dem Sie Ihr Fahrzeug betrieblich verwenden. Dabei sollten Sie aber im Rahmen des Wahrscheinlichen bleiben, sonst wird das Finanzamt misstrauisch.

Beispiel: Frau Schmitz nutzt ihren zum Privatvermögen gehörenden Wagen zu 40 Prozent betrieblich (geschätzt), sie kann 40 Prozent aller Kosten als Betriebsausgaben ansetzen. Falls Frau Schmitz ein Fahrtenbuch führt, müssten die betrieblich gefahrenen Kilometer ins Verhältnis zu den Privatfahrten gesetzt werden. Das kann Vorteile bringen. Sind bei einer Gesamtfahrleistung von 55.000 Kilometern 30.000 auf private und 25.000 auf betriebliche Fahrten entfallen, ergibt sich daraus ein betrieblicher Anteil von 45,45 Prozent. Frau Schmitz könnte 45,45 Prozent aller Kfz-Kosten betrieblich geltend machen.

Leasing

Das Für und Wider von Kauf oder Leasing ist bereits in Kapitel 5 (siehe Seite 151) behandelt worden. Falls Sie ein Wirtschaftsgut leasen, so entsteht weder eine unter Umständen teure Kapitalbindung, noch vergeuden Sie Kreditspielräume. Sie sind zwar nicht Besitzer des Wirtschaftsgutes, dafür können Sie aber (je nach Vertragsdauer) etwa alle drei Jahre die Anlage oder den Pkw gegen ein technisch neues Modell austauschen. Sollten Sie sich für den Kauf eines Gutes entscheiden, dann gelten die jeweiligen Abschreibungsbestimmungen (siehe Seite 222). Beim Leasing setzen Sie als Betriebsausgabe ab:

- Brutto-Leasingraten,
- laufende Kosten, Reparaturen,
- Vorsteuerbeträge aus jeder Leasingrate (bei Umsatzsteuer).

Ob der Kauf oder ob Leasing für Sie günstiger ist, kann nur im Einzelfall beurteilt werden. Das hängt von den individuellen Erfordernissen der jeweiligen Firma ab. Generell gilt: Das Kapital sollte dort eingesetzt werden, wo es den höchsten Ertrag bringt.

Pauschalierte Betriebsausgaben

Wenn Sie keine Aufzeichnungen über die Betriebsausgaben geführt haben und Ihnen die Belege auch nicht mehr vorliegen, können in bestimmten Fällen ohne Nachweise verschiedene Betriebsausgabenpauschalen von den Einnahmen abgezogen werden.

Dies ist für bestimmte Einkünfte aus selbstständiger Tätigkeit möglich, für gewerbliche Einkünfte gibt es diese Pauschalen nicht. Die Pauschalen dürfen aber meist nur bei Einkünften bis zu 100.000 DM angewendet werden oder eine absolute Höhe nicht übersteigen.

Reisekosten

Für beruflich veranlasste ein- oder mehrtägige In- und Auslandsreisen kann der Unternehmer Fahrtkosten, pauschale Verpflegungskosten und Übernachtungskosten als Betriebsausgaben geltend machen.

Freiberufler können so genannte Betriebsausgabenpauschalen geltend machen. Sie stellen eine Form der Steuervereinfachung dar, die sich aber nur dann lohnt, wenn der Umsatz bestimmte Grenzen nicht übersteigt oder die tatsächlichen Ausgaben nicht wesentlich höher als die Pauschale sind.

Betriebsausgabenpauschalen für verschiedene Tätigkeiten		
bei nebenberuflicher Tätigkeit als	% vom Umsatz	maximal in DM
Kirchenmusiker	25	600
Volksmusiker	entfällt	1.200
Künstler, Wissenschaftler, Lehr-, Vortrags- und Prüfungstätigkeit	25	1.200 max. für alle Tätigkeiten zusammen
nebenberuflicher Übungsleiter, Ausbilder	entfällt	Entschädigung statt Pauschale bis 3.600 jährlich steuerfrei
Hebammen	25	3.000
Tagesmütter	entfällt	480 pro Kind, bei Teilzeitpflege anteilig
Schriftsteller	30	4.800

Sonderabschreibungen sind ein gutes Mittel, um Ihr zu versteuerndes Einkommen zu senken. Dies ist vor allem dann interessant, wenn Letzteres einen bestimmten Wert nicht überschreiten darf.

Sonder-AfA zur Förderung kleiner und mittlerer Betriebe
Nach § 7 g Abs. 1 und 2 EStG können neue bewegliche Wirtschaftsgüter des Anlagevermögens, die im Jahr der Anschaffung beziehungsweise Herstellung in Ihrem Unternehmen zu mindestens 90 Prozent betrieblich genutzt werden und die mindestens ein Jahr in Ihrem Betrieb verbleiben, neben der AfA nach § 7 Abs. 1 und 2 EStG in den ersten fünf Jahren bis zu 20 Prozent abgeschrieben werden. Voraussetzung:

▶ **Das Betriebsvermögen des Gewerbebetriebs** bzw. des selbstständigen Betriebs betrug zum Schluss des der Anschaffung vorangegangenen Wirtschaftsjahres nicht mehr als 400.000 DM. Diese Voraussetzung gilt für Steuerpflichtige, die ihren Gewinn nach der Einnahmen-Überschuss-Rechnung ermitteln, stets als erfüllt.

▶ **Der Einheitswert des land- und forstwirtschaftlichen Betriebs** im Zeitpunkt der Anschaffung des begünstigten Wirtschaftsgutes beträgt nicht mehr als 240.000 DM.

Für nach dem 31. 12. 2000 angeschaffte oder hergestellte Wirtschaftsgüter kann die Sonder-AfA nur berücksichtigt werden, wenn vorher die Ansparrücklage dafür gebildet wurde.

Tipp: Durch die Inanspruchnahme der Sonderabschreibung zum richtigen Zeitpunkt können Sie die Voraussetzungen für die Inanspruchnahme der Eigenheimzulage schaffen, da hierfür Ihr Einkommen bestimmte Grenzen einhalten muss.

Steuerberatungskosten

Wenn Sie sich in Ihren Steuerangelegenheiten beraten lassen, entstehen für Sie Betriebsausgaben, sofern die Rechnung für betriebliche Angelegenheiten gestellt wurde. Dies ist bei der Erstellung der Finanzbuchhaltung, von Jahresabschlüssen, der Umsatzsteuererklärung und bei betrieblicher Beratung der Fall. Andere Steuerberatungsrechnungen sind als Sonderausgabe abzugsfähig, was ungünstiger sein kann.

Telefon- und Faxkosten

Abzugsfähig sind bei betrieblicher Nutzung
- Anschaffungskosten der Geräte,
- die laufenden Gesprächsgebühren,
- die Anschluss-, Wartungs- und Instandhaltungskosten.

Wichtig: Kosten für Telefon und Fax dürfen, ebenso wie die Kfz-Kosten, in einen privaten und beruflichen Anteil aufgeteilt werden, was nach § 12 EStG bei anderen Wirtschaftsgütern nicht möglich ist!

Für die private Nutzung dieser Aufwendungen müssen Sie einen Privatanteil zuzüglich Mehrwertsteuer als Betriebseinnahme (sonstige Leistung) ansetzen. Dieser muss durch Einzelgesprächsnachweis oder geeignete Belege ermittelt werden.

Hohe Einkommensteuer-Vorauszahlungen: Das können Sie tun

Wenn Ihre selbstständige oder gewerbliche Tätigkeit einen steuerlichen Gewinn ausweist, wird das Finanzamt Sie mit einem Einkommensteuer-Vorauszahlungsbescheid auffordern, vierteljährliche Einkommensteuer-Vorauszahlungen zu entrichten. Diese werden quartalsmäßig, jeweils zum 10. März, 10. Juni, 10. September und 10. Dezember eines Jahres fällig, sofern sie mindestens 400 DM pro Veranlagungsjahr oder 100 DM pro Quartal betragen. Das Finanzamt erhebt die Vorauszahlungen aufgrund des steuerlichen Ergebnisses des zuletzt vorliegenden Veranlagungsjahres, steuerliche Abzugsbeträge (einbehaltene Lohnsteuern) werden entsprechend berücksichtigt.

Die im Vorauszahlungsbescheid zugrunde gelegten Besteuerungsgrundlagen entsprechen jedoch nicht immer den aktuellen Verhältnissen. Erscheint Ihnen die festgesetzte Jahressteuer im Vorauszahlungsbescheid zu hoch, können Sie einen schriftlichen Herabsetzungsantrag stellen. Sie müssen dann dem Finanzamt plausibel darlegen, dass sich die Einkommensverhältnisse für das Kalenderjahr, für das Vorauszahlungen festgesetzt wurden, ändern werden.

Das Einkommen von Freiberuflern und Unternehmern kann unter Umständen starken Schwankungen unterliegen. Da die Einkommensteuer-Vorauszahlungen immer anhand der Vorjahreswerte ermittelt werden, können zu hohe Vorauszahlungen die Folge sein.

Zu hohe Einkommensteuer-Vorauszahlungen stellen einen zinslosen Kredit an das Finanzamt dar, deshalb sollten Sie sich dagegen unbedingt wehren, sofern Sie glaubhaft machen können, dass Ihr Einkommen im laufenden Jahr niedriger ausfällt.

Gründe für einen Herabsetzungsantrag

Wie immer, wenn Sie etwas vom Finanzamt wollen, müssen Sie eine wasserdichte Begründung angeben. Gründe für die Herabsetzung der Einkommensteuer-Vorauszahlung können sein:

- Änderung des Steuertarifs wegen Heirat,
- Verluste aus Vermietung und Verpachtung für bestehende Gebäude,
- Arbeitslosigkeit des Steuerpflichtigen oder Ehegatten,
- rückläufige Einnahmen bei selbstständigen beziehungsweise gewerblichen Tätigkeiten,
- hohe betriebliche Investitionen,
- geringere Mieteinnahmen aus Vermietung und Verpachtung wegen Renovierung, Nichtvermietbarkeit,
- hohe Reparaturkosten bei vermieteten Immobilien,
- ein Ehegatte stellt die berufliche Tätigkeit ein.

Folgende Ausgaben rechtfertigen hingegen nicht die Herabsetzung von Einkommensteuer-Vorauszahlungen:

- Aufwendungen für steuerbegünstigte eigengenutzte oder unentgeltlich überlassene Wohnungen i. S. von §§ 10 e und 10 h EStG, vor Fertigstellung
- Vorkosten bei einer nach dem Eigenheimzulagengesetz begünstigten Immobilie,
- Verluste aus Vermietung und Verpachtung von noch nicht fertig gestellten Gebäuden,
- außergewöhnliche Belastungen nach § 33 a EStG (Unterhaltsleistungen, Ausbildungsfreibetrag),
- Spenden i. S. von § 10 b EStG,
- Sonderausgaben i. S. von § 10 Abs. 1 Nr. 1, 1 a, 4 bis 9 EStG.

> **Wichtig:** Übersteigen Ihre Einkommensteuer-Vorauszahlungen die Jahressteuerschuld, werden Ihnen die überzahlten Beträge erstattet. Diese Überzahlung wird jedoch nur zu Ihren Gunsten verzinst, sofern die Veranlagung erst 15 Monate nach Beendigung des jeweiligen Veranlagungsjahres erfolgt. Das Finanzamt kann somit über ein Jahr mit Ihrem Geld zinsfrei arbeiten. Hat sich Ihr Einkommen erhöht, sind Sie nicht verpflichtet, dies dem Finanzamt im Vorfeld für Zwecke der Vorauszahlungen mitzuteilen, das muss der Fiskus selbst ermitteln.

Was bringt ein Steuerberater?

Viele Gestaltungstipps aus diesem Buch können Sie auch als Anregungen für Gespräche mit einem Berater verwenden. Denn leider gibt es viele ausgesprochen schlechte Berater, die nur wie Buchhalter arbeiten, ohne sich ernsthafte Gedanken über Gestaltungsmöglichkeiten zu machen.

Der Hauptgrund: Das macht Arbeit und führt meist zu Auseinandersetzungen mit dem Finanzamt. Einfacher ist es natürlich, jedem Streit mit Finanzbeamten auszuweichen. Das Honorar bleibt dasselbe – warum also den mühsameren Weg wählen?

> **Tipp:** Im Honorar der Steuerberater sind Beratungen immer enthalten. Deshalb: Nehmen Sie die Experten in die Pflicht, und verlangen Sie (am besten zur Jahresmitte) ein Gespräch, bei dem die aktuelle Steuersituation analysiert und vorausschauend über Steuervermeidungsmöglichkeiten gesprochen wird.

Leider ist das Steuerrecht derart kompliziert und widersprüchlich, dass selbst sehr ähnliche Fälle nicht automatisch gleich zu betrachten sind. Man denke nur an die Vielzahl von Urteilen, die zum Teil völlig gegensätzlich sind. Deshalb macht es durchaus Sinn, sich von einem Berater betreuen zu lassen. Er erledigt Ihre Steuererklärungen und Jahresabschlüsse, prüft auch die Richtigkeit der von Ihnen selbst erstellten »Werke« oder die später eingehenden Steuerbescheide. Und das Finanzamt beteiligt sich immer an Ihren Steuerberatungskosten, da diese grundsätzlich absetzbar sind – als Werbungskosten, Betriebsausgaben oder Sonderausgaben.

Wenn Sie ernsthaft in Konflikt mit dem Finanzamt geraten oder sogar vor das Gericht ziehen, kommen Sie um den Berater kaum mehr herum. Gleiches gilt für Betriebsprüfungen bei Selbstständigen oder in Steuerhinterziehungsfällen. Empfehlenswert ist auch, wenn Sie Ihrem Steuerberater eine Zustellungsvollmacht erteilen. Dann kommt sämtliche Finanzamtspost zunächst bei ihm an, und es werden keine wichtigen Fristen versäumt. Der Berater prüft die Angelegenheit und informiert Sie entsprechend, so dass Sie die notwendigen Maßnahmen ergreifen können.

Angesichts des komplizierten Steuerrechts und der zahlreichen einzuhaltenden Fristen ist es durchaus angebracht, einen Steuerberater zu kontaktieren.

Für kleine und große Unternehmer: Beteiligen Sie Angehörige an Ihrem Betrieb

Mit der Beschäftigung oder sogar Beteiligung Ihrer Angehörigen oder Lebenspartner an Ihrem Unternehmen können Sie Steuern sparen. Bedenken Sie jedoch, dass solche Gestaltungen auch Risiken bergen, und zwar im außersteuerlichen Bereich. Wenn Sie Angehörige an Ihrem Unternehmen beteiligen, übertragen Sie sowohl Firmenvermögen als auch die daraus resultierenden Einkünfte. Somit sinken Ihre gewerblichen beziehungsweise selbstständigen Einkünfte oder Einkünfte am Kapitalvermögen (bei Gewinnausschüttungen einer GmbH), was zu Einsparungen bei allen Steuerarten führen kann.

Die Regelung der Unternehmensnachfolge erfolgt oft durch Übergabe des Betriebes an Angehörige, die entsprechend qualifiziert sind und vor-

Die Beteiligung oder Beschäftigung von Familienmitgliedern hat nichts mit mafiosen Zuständen oder Vetternwirtschaft zu tun, sondern kann Ihnen dabei helfen, Steuern zu sparen.

her häufig schon am Unternehmen beteiligt waren. Verschenken aber sollten Sie den Betrieb nur, wenn sichergestellt ist, dass Sie künftig auf Einnahmen und Kapital verzichten können. Es gibt verschiedene Varianten der Betriebsübergabe, die gleichzeitig auch den Lebensabend des Betriebsveräußerers sichern.

Firmenübertragung durch Vereinbarung einer dauernden Last oder Veräußerungsrente

Sie können Ihre Firma im Wege der vorweggenommenen Erbfolge gegen Zahlung von Versorgungsleistungen übertragen (nicht auf fremde Dritte). Dann beziehen Sie keine Einkünfte aus Gewerbebetrieb mehr, sondern Einkünfte aus wiederkehrenden Bezügen im Sinne von § 22 EStG. Diese Zahlungen sind für den Betriebsnachfolger gemäß § 10 EStG abzugsfähige Sonderausgaben. Es handelt sich hier um die unentgeltliche Übertragung von Firmenvermögen. Vorteil für den Erben: Die zu zahlenden Versorgungsleistungen mindern als kapitalisierte Verbindlichkeit die Schenkungsteuer. Die Buchwerte werden fortgeführt, es werden keine stillen Reserven aufgedeckt. Somit entsteht kein steuerpflichtiger Veräußerungsgewinn.

Werden die Zahlungen in Form einer dauernden Last erbracht, müssen diese vom Empfänger voll versteuert werden, während sie beim Zahlungsverpflichteten in voller Höhe abzugsfähige Sonderausgaben sind. Die Zahlungen sind dann Betriebsausgaben, wenn sie unter kaufmännischen Gesichtspunkten eine ausgewogene Gegenleistung zum übernommenen Betriebsvermögen darstellen. Die Zahlungen sind – im Gegensatz zu Renten – abänderbar nach dem Lebenshaltungskostenindex (Vereinbarung nach § 323 ZPO).

> *Die Veräußerung eines Betriebes innerhalb der Familie erfolgt sinnvollerweise mittels Zahlung einer Versorgungsleistung. Damit spart der zukünftige Betriebsinhaber Schenkung- und Einkommensteuer, und der Zahlungsempfänger erhält eine Art Rente.*

Wichtig: Handelt es sich um bloße freiwillige Unterhaltszahlungen ohne eine entsprechende oder realistische Gegenleistung, sind die Zahlungen beim Erwerber nicht abzugsfähig, beim Empfänger müssen sie nicht versteuert werden.

Wird bei der Firmenübertragung eine Veräußerungsleibrente vereinbart, handelt es sich um gleich bleibende Zahlungen, die beim Empfänger nach § 22 EStG nur mit dem Ertragsanteil versteuert werden. Betriebsveräußerungen gegen Zahlung einer Veräußerungsrente sind auch unter fremden Dritten üblich, wobei hier nicht die strengen Maßstäbe an Leistung und Gegenleistung gestellt werden.

Der Zahlungsverpflichtete kann den Ertragsanteil der Renten als Sonderausgabe oder bei Vorliegen einer adäquaten Gegenleistung auch als Betriebsausgabe absetzen. Der Ertragsanteil ist abhängig vom Lebensalter des Berechtigten bei Rentenbeginn. Bei einem Firmenverkauf unter Verwandten ist der Steuerabzug der Zahlungen nur garantiert, wenn Leistung und Gegenleistung wie unter fremden Dritten vereinbart wurden. Bei der Firmenübertragung von Eltern auf Kindern gegen Versorgungsleistungen handelt es sich nur dann um Rentenzahlungen, wenn die Unabänderbarkeit der Zuwendungen vertraglich festgelegt ist.

Zu berücksichtigen ist bei Veräußerungen im Wege der vorweggenommenen Erbfolge auch noch Folgendes: Beträgt der Wert des übernommenen Vermögens bei überschlägiger und großzügiger Berechnung zum Zeitpunkt der Vermögensübertragung weniger als 50 Prozent des Kapitalwertes der Zuwendungen (Abschn. 123 Abs. 3 EStR), sind die Zahlungen insgesamt steuerlich nicht abzugsfähig, da es sich um freiwillige Unterhaltszahlungen handelt.

Firmenübertragung durch Nießbrauchbestellung

Eine Betriebsübergabe an den Unternehmensnachfolger oder an die Erben erfolgt meistens schrittweise. Zunächst werden Anteile übertragen, nach einigen Jahren überträgt der Betriebsinhaber seine Geschäftsanteile auf den oder die Nachfolger.

Möglich ist auch die so genannte Nießbrauchbestellung, bei der dem Kind oder Erben seitens des Betriebsinhabers zunächst ein Nießbrauchrecht eingeräumt wird.

Der Nießbrauchbesteller bleibt Eigentümer des Anlagevermögens (Firmenwagen, Grundvermögen, Geschäftsausstattung), der Nießbraucher wird Eigentümer des Umlaufvermögens (Warenbestand, Kasse, Bank, Forderungen).

Die für die Nießbrauchbestellung zu leistenden Zahlungen des Kindes sind bei diesem abzugsfähige Betriebsausgaben. Der Firmeninhaber versteuert diese Zahlungen als Einnahmen aus Gewerbebetrieb, die zwar der Einkommensteuer, nicht jedoch der Gewerbesteuer unterliegen.

Oft der beste Weg: Zuerst verpachten, dann vererben!

Wird der Betrieb zuerst verpachtet und später an den Pächter vererbt, gibt es mehrere Vorteile:
- **Der Betriebsinhaber** trennt sich nur schrittweise von seinem Unternehmen, da wesentliche Bestandteile des Unternehmens zunächst im Besitz des Verpächters bleiben.
- **Die Verpachtung ist zeitlich begrenzt,** bei Untauglichkeit des Pächters muss der Vertrag nicht verlängert werden.
- **Der Betriebsinhaber erhält weiter Einnahmen** aus dem Unternehmen, die nur der Einkommensteuer, nicht der Gewerbesteuer unterliegen.
- **Für den Pächter** sind die Pachtzahlungen abzugsfähige, Steuer mindernde Betriebsausgaben.

> Wird ein Familienbetrieb von einer Generation auf die nächste übertragen, dann empfiehlt sich eine schrittweise Übergangslösung. Schließlich muss ja nicht nur das Betriebsvermögen, sondern auch das Know-how vermittelt werden.

Kapitel 8

Personal – von der Stellenplanung zur Mitarbeiterführung

Versuchen Sie zunächst, die zehn Fragen zu beantworten. Das Ergebnis zeigt Ihnen, wie hoch Ihr Info-Bedarf ist und ob Sie dieses Kapitel eventuell überblättern können. Bei der Beantwortung der Fragen sind Mehrfachnennungen möglich. Die Antworten finden Sie am Ende des Tests.

⚡ Blitztest
Was wissen Sie schon – wie groß ist Ihr Info-Bedarf?

→ siehe Seite 238

1. Welcher Grundsatz gilt für die Personaleinstellung?
- a) Der Mitarbeiter soll möglichst wenig kosten.
- b) Durch die Einstellung soll der Gewinn steigen.
- c) Die Kosten lassen sich erst nach der Probezeit ermitteln.

→ siehe Seite 239

2. Was ist bei der ersten Einstellung eines Arbeitnehmers (in einem bis dahin als Ein-Mann-Betrieb geführten Unternehmen) zu berücksichtigen?
- a) Er sollte den Inhaber auf vielen Gebieten entlasten können.
- b) Er sollte vorrangig Hilfsarbeiten übernehmen können.
- c) Die Aufgabenstellung ergibt sich erst aus der Praxis.

→ siehe Seite 241

3. Was gefährdet den weiteren Ausbau eines Unternehmens?
- a) Wenn ein Mitarbeiter nicht den Erwartungen entspricht.
- b) Wenn ein Mitarbeiter überzogene Gehaltsvorstellungen hat.
- c) Wenn der Chef nicht bereit ist, Aufgaben zu delegieren.

→ siehe Seite 242

4. Wodurch zeichnet sich die Tätigkeit des Unternehmers in einem größeren Unternehmen aus?
- a) Er kümmert sich nicht mehr ums Tagesgeschäft, sondern erledigt nur noch Verwaltungstätigkeiten.
- b) Er überlässt Detailfragen den Abteilungsleitern.
- c) Er erlässt generelle Vorgaben für die Arbeit und überträgt die Verantwortung für deren Einhaltung an Abteilungsleiter.

5. Wann sollte ein Vollzeitmitarbeiter eingestellt werden? → siehe Seite 243

   a) Wenn sichergestellt ist, dass der regelmäßige Arbeitsanfall so hoch ist, dass der Mitarbeiter voll ausgelastet werden kann.
   b) Wenn Gelegenheitsarbeiten sonst außer Haus erledigt werden.
   c) Wenn zu wenig Mitarbeiter auf einen Vorgesetzten kommen.

6. Welcher Grundsatz ist bei der Fremdvergabe von Arbeiten zu berücksichtigen? → siehe Seite 244

   a) Die Fremdvergabe von Arbeiten ist immer teurer.
   b) Es muss festgestellt werden, ob die Arbeit günstiger im eigenen Haus erledigt wird oder durch Fremdvergabe.
   c) Nur im Notfall sollten Arbeiten fremd vergeben werden.

7. Wie hoch ist der Lohnkostenfaktor für eine Arbeitsstunde eines Handwerksgesellen? → siehe Seite 246

   a) Das Doppelte vom Bruttolohn.
   b) Das Dreifache vom Bruttolohn.
   c) Es gibt keinen allgemein verbindlichen Richtwert.

8. Wie kalkuliert der Unternehmer seinen Gewinn? → siehe Seite 246

   a) Durch einen Aufschlag auf die Stückpreise einer Ware.
   b) Durch einen Teil der Handelsspanne, die er als Wiederverkäufer auf den Einkaufspreis von Waren legt.
   c) Durch einen Aufschlag auf die Stundenlöhne.

9. Welche Kosten muss der Arbeitgeber immer zusätzlich zum Bruttolohn des Mitarbeiters berücksichtigen? → siehe Seite 247

   a) Kosten für die Einrichtung des Arbeitsplatzes.
   b) Kosten für die Kranken- und Rentenversicherung.
   c) Kosten für Unfall- und Pflegeversicherung des Arbeitnehmers.

10. Welche Gefahren kann ein schlechtes Betriebsklima für das Unternehmen bergen? → siehe Seite 250

   a) Es wirkt sich auf die Leistungsbereitschaft der Mitarbeiter aus.
   b) Es wirkt sich auf die Personalkosten aus.
   c) Es hat keine Auswirkungen.

Lösung des Tests:

1. b	**3.** c	**5.** a	**7.** c	**9.** a, b, c
2. a	**4.** b, c	**6.** b	**8.** a, b, c	**10.** a, b

Die Ermittlung des Personalbedarfs

Personalkosten müssen eher zu den Fixkosten als zu den variablen Kosten gezählt werden, da der umfangreiche Kündigungsschutz die Freistellung überzähliger Mitarbeiter erschwert oder zumindest verzögert.

Vielleicht erinnern Sie sich noch an die Darstellung der Reingewinnentwicklung in Abhängigkeit von Umsatzgrößen (siehe Kapitel 4, Seite 114). In dem Beispiel sind wir davon ausgegangen, dass ein Einzelunternehmer ohne Mitarbeiter 150.000 DM Umsatz erwirtschaftet hat und dabei einen Reingewinn von 75.000 DM verbuchen konnte. Wenn er dann seinen Umsatz steigern und deshalb einen Mitarbeiter einstellen will, muss er zunächst mal dessen Lohn von seinem eigenen Reingewinn abziehen. Daraus lässt sich folgender Schluss ableiten:

> **Grundsatz:** Die Einstellung von Personal macht nur dann Sinn, wenn der einzelne Mitarbeiter so viel Mehrumsatz bringt, dass alle mit seiner Beschäftigung verbundenen Kosten (Lohn/Gehalt und Nebenkosten) zuzüglich eines Gewinnzuschlags für den Unternehmer gedeckt sind.

- **Effizienz beim Personaleinsatz:** Wenn sich mit einer geringeren Zahl von Mitarbeitern derselbe Umsatz erwirtschaften lässt, sinkt der Personalkostenanteil, und der Gewinn steigt.
- **Mini-Max-Prinzip:** Es liegt im Interesse des Unternehmers, mit einer möglichst geringen Personalmenge ein Maximum an Umsatz und Gewinn zu erzielen.

Es ist also aus wirtschaftlichen Gründen leicht nachvollziehbar, warum Unternehmen durch Rationalisierung und Automatisierung daran interessiert sind, Personaleinsparungen unter Beibehaltung des Leistungsniveaus durchzusetzen. So wie auch die anderen Kostenfaktoren Kapital und Material möglichst optimal genutzt werden sollen, soll auch der Kostenfaktor Arbeit optimal im Sinne des Mini-Max-Prinzips genutzt werden. Das heißt: maximales Ergebnis mit minimalem Mitteleinsatz.

Niemand würde auf die Idee kommen, einem Unternehmer die Anmietung nicht gebrauchter Büroräume zu empfehlen. Wenn es jedoch um die Einstellung von Personal geht, dann scheint die Vorstellung für manche Politiker und Gewerkschafter gar nicht so abwegig.

Der logische Aufbau einer Personalstruktur

Verbindliche Regeln oder Erfahrungswerte, wie viele Mitarbeiter welches Unternehmen in welcher Branche benötigt oder welche Unternehmensgröße als optimal anzusehen ist, gibt es nicht. Fast jedes Unternehmen hat irgendwann mit einem einzelnen Beschäftigten begonnen – dem Unternehmensgründer und seiner Geschäftsidee. Von dieser Basissituation ausgehend, verfolgen wir im weiteren Verlauf das Anwachsen des Unternehmens vom Ein-Mann-Betrieb über die Einstellung der ersten Mitarbeiter bis hin zum mittelständischen Betrieb. Ein Grundsatz gilt jedoch für alle Unternehmen, unabhängig von Größe und Branche: Der Unternehmer, also der Chef, ist immer der teuerste Beschäftigte. Er sollte sich deshalb ausschließlich um die grundlegenden Aufgaben innerhalb des Unternehmens zu kümmern haben. Sein Bereich umfasst alle Tätigkeiten, die für die Existenz der Firma sowie die Sicherung und Steigerung von Umsätzen notwendig sind.

Der Ausbau des Geschäftes: Der erste Mitarbeiter
Ein zuerst eingestellter Mitarbeiter des Unternehmers eines Ein-Mann-Betriebes hat ausschließlich die Aufgabe, den Chef von solchen Tätigkeiten zu entlasten, die nicht unbedingt der Unternehmer selbst ausführen muss, sondern die er auf einen anderen übertragen kann.

Wer als bisheriger Ein-Mann-Unternehmer Entlastung sucht und einen Mitarbeiter einstellen will, ist gut beraten, einen All-round-Mitarbeiter einzustellen, der ihm auf möglichst vielen Arbeitsfeldern zur Hand gehen kann.

Beispiel: *Die betriebswirtschaftlich überlebensnotwendige Aufgabe eines Einzelhandelsunternehmers ist es, die richtige Ware einzukaufen und dafür eine möglichst große Kundenzahl zu finden. Die Bedienung des einzelnen Kunden dagegen ist eine Arbeit, die entsprechend den Vorgaben des Unternehmers auch von einem Mitarbeiter übernommen werden kann.*

In der Praxis wird aus dem Ein-Mann-Unternehmen selten sofort ein Zwei-Mann-Betrieb mit Unternehmer und Arbeitnehmern. Der erste Beschäftigte neben dem Unternehmer ist stattdessen meist ein Familienangehöriger, der den Unternehmer von bestimmten Tätigkeiten entlastet. Oft wird dabei auf Anstellungsverhältnisse verzichtet, wodurch für den Kleinstunternehmer die Pflicht zur regelmäßigen Gehaltszahlung entfällt.

> **Fachkraft oder Hilfsarbeiter?**
> Wenn Sie mangels eines geeigneten Familienangehörigen auf einen externen Mitarbeiter zurückgreifen, dann ist es sinnvoll, dass seine Fähigkeiten möglichst umfangreich sind, damit er den Unternehmer auf mehreren Aufgabengebieten entlasten kann.

Beispiel: *Ein Maurermeister sollte beispielsweise nicht als ersten Arbeitnehmer eine reine Hilfskraft beschäftigen. Das mag zwar sinnvoll erscheinen, weil sich der Meister dadurch der zeitaufwändigsten oder körperlich schwersten, zugleich aber anspruchslosesten Tätigkeiten entledigen kann. Allerdings kann er dann diesen Mitarbeiter nur sehr begrenzt einsetzen. Sinnvoller dürfte die Beschäftigung einer Fachkraft oder eines Gesellen sein, der aufgrund seines Fachwissens dem Meister zahlreiche (auch anspruchsvollere) Tätigkeiten abnehmen und sogar zeitweise dessen Vertretung im Urlaub oder Krankheitsfall übernehmen kann.*

Der weitere Personalausbau

Bei allen auf die erste Mitarbeitereinstellung erfolgenden weiteren Personalaufstockungen ist nun bereits zu überlegen, wessen Entlastung für das Unternehmen den größten Gewinn bringt. Die entscheidende Frage ist, ob vorrangig der Chef entlastet werden soll, also eine Fachkraft vonnöten ist, oder ob durch die Arbeit des Chefs und des ersten Arbeitnehmers bereits so viele Hilfstätigkeiten anfallen, dass eine Hilfskraft damit ausgelastet wäre. Dies ist selten der Fall, weshalb es in der Regel sinnvoll ist, wenn der zweite und auch der dritte Arbeitnehmer über ähnliche Fähigkeiten verfügen wie der zuerst eingestellte Mitarbeiter.

> Wenn Sie beim Ausbau Ihres Unternehmens zusätzliche Mitarbeiter einstellen wollen, dann empfiehlt sich die Einstellung einer Hilfskraft erst dann, wenn genügend einfache Tätigkeiten anfallen, mit denen diese ausgelastet werden kann.

Beispiel: *Der Inhaber eines Unternehmens für anwenderspezifische Computernetzwerke hat als ersten Arbeitnehmer einen Techniker beschäftigt. Dieser entlastet den Chef vor allem durch die Montage der Geräte vor Ort und die Einweisung der Kunden sowie bei den Serviceaufträgen (Reparaturen, Störungen). Den erzielten Zeitgewinn kann der Inhaber beispielsweise dafür nutzen, verstärkt Neukunden, etwa durch das Erstellen von Angeboten, zu werben. Er kann dadurch für einen weiteren Geschäftsausbau sorgen. Bei der Einstellung des dritten Mitarbeiters macht es vermutlich noch keinen Sinn, sich nach einer reinen Hilfskraft umzuschauen, die lediglich den zeitaufwändigen, aber ohne Fachkenntnisse erforderlichen Transport der Geräte übernimmt.*

Auszubildende als Mitarbeiter?

Weil die Kosten für einen Auszubildenden erheblich unter denen für eine Fachkraft liegen, werden sie von manchen Kleinstunternehmern als kostengünstiger Ersatz für Fachkräfte (Meister und Gesellen) angesehen. In der Praxis aber scheitert dieser Versuch des Personalaufbaus zum Spartarif häufig, und er ist natürlich nicht im Sinne des Ausbildungsvertrages.

Beispiel: *Der Auszubildende in einem Handwerksbetrieb ist normalerweise erst nach eineinhalb Jahren in der Lage, klar umrissene (Hilfs-)Arbeiten nach Anweisung auszuführen. Ansonsten bedarf er der Anleitung und Betreuung durch einen Meister oder Gesellen. Folglich ist ein wirtschaftlicher und zugleich den Zielen der Ausbildung entsprechender Einsatz meist erst möglich, wenn der Auszubildende zusammen mit Fachkräften auf unterschiedlichen Einsatzstellen beschäftigt werden kann.*

Die Einstellung von Hilfskräften

Mit einer Beschäftigtenzahl von vier Arbeitnehmern (zusätzlich zum Unternehmer) hat der Betrieb normalerweise eine Größe erreicht, ab der bisher vom Unternehmer erledigte Verwaltungstätigkeiten oder andere Spezialaufgaben auf Fachkräfte zu übertragen sind.

Beispiel: *Ein Einzelhandelsbetrieb (Fachhandel) kann die Größe erreicht haben, die die Einstellung einer Kassiererin sinnvoll macht, um die fachlich geschulten Verkäufer von der Kundenendbetreuung (Kasse, Verpackung) zu entlasten. In einem Handwerksbetrieb der Baubranche können im Rahmen der Tätigkeit von Fachkräften so viele Hilfsarbeiten anfallen, dass damit ein angelernter Bauhelfer ausgelastet werden kann. In einem Unternehmen für Computernetzwerke kann der Punkt erreicht sein, an dem die Beschäftigung eines Anwendungstrainers sinnvoll ist, der ausschließlich die Einführung der Kunden in neue Geräte und Programme übernimmt.*

Unternehmenszuwachs: Der Unternehmer als Nadelöhr

Bei einer Betriebsgröße von fünf bis zehn Mitarbeitern wird sich fast immer die Situation einstellen, dass wegen der vielfältigen Einbeziehung des Unternehmers in alle betrieblichen Prozesse das Wachstum des Betriebs und der Umsatzausbau ins Stocken kommen: Der Unternehmer wird zum Nadelöhr. Er steht der weiteren Expansion seines Betriebes selbst im Wege, weil er schon zeitlich nicht mehr weitere Mitarbeiter beaufsichtigen, wichtige Kunden beraten und neue Aufträge heranschaffen kann. Ein weiterer Ausbau des Unternehmens ist jetzt nur noch möglich, wenn der Unternehmer gewillt und in der Lage ist, wichtige Entscheidungen zu delegieren.

Diese Frage wird vor dem Hintergrund noch besserer Unternehmensaussichten häufig vorschnell bejaht – in der Praxis aber bedarf es meist einer gewissen Eingewöhnungszeit, ehe der Unternehmer wirklich in der Lage ist, seine eigenen Aufgaben delegieren zu können. Denn dies erfordert einerseits Vertrauen in den jeweiligen mit den Entscheidungen betrauten Mitarbeiter. Andererseits aber ist die Einsicht des Inhabers erforderlich, unternehmerische Aufgaben in fremde Hände zu legen. Und genau hier läuft der Unternehmer meist gegen einen psychologischen Prellbock, denn er muss als Inhaber einen Teil der bisher gewohnten unternehmerischen Freiheit abgeben, indem er sich und seinen Betrieb zumindest teilweise auch den (falschen) Entscheidungen seines eigenen Arbeitnehmers unterwirft.

> Sobald das Unternehmen eine kritische Größe (in der Regel zwischen fünf und zehn Mitarbeitern) erreicht hat, hängt es von der Persönlichkeit des Unternehmers ab, ob das Unternehmen weiter wachsen kann.

Beispiel: *Der Inhaber eines Betriebes für Verkauf und Montage von Bauelementen (Fenster, Türen) hat bisher ausschließlich Monteure und eine Bürokraft beschäftigt. Jetzt wird ein Verkäufer für Innen- und Außendienst eingestellt, der die bisher nur vom Unternehmer erledigte Kundenberatung vor Ort, Kalkulation und Bestellungen übernimmt. Der Unternehmer liefert sich nun den Kalkulationen und Entscheidungen des Mitarbeiters aus – so muss er für Kalkulationsfehler oder Falschbestellungen seines Mitarbeiters haften. In dieser Situation zeigen sich dann unternehmerische*

Größe und Risikobereitschaft. Denn letztlich bietet sich durch die Inkaufnahme der Risiken aus dem Delegieren von Aufgaben an den Verkäufer auch die Chance, den Gesamtabsatz des Unternehmens durch Verdoppelung der Verkaufsaktivitäten deutlich zu steigern.

Sprunghafte Personalaufstockung

Nach der erstmaligen Abtretung von bisher nur vom Unternehmer selbst ausgeführten Tätigkeiten ist es meist nur noch ein kurzer Weg bis zu einem manchmal sprunghaften Ausbau der Geschäftstätigkeit und einem rasanten Anstieg von Umsatz und Gewinn.

Beispiel: *Im Falle des gerade genannten Unternehmens für Bauelemente kann der Auftragszuwachs einen erheblichen Ausbaubedarf bei den Montagekapazitäten erfordern. Weitere Monteure werden benötigt. Um sich von Kontrollaufgaben und Bauabnahmen zu entlasten, könnte der Unternehmer nun einen Montageleiter beschäftigen. Die durch den Geschäftsaufbau stark zunehmenden kaufmännischen und Verwaltungsaufgaben können einem angestellten Kaufmann übertragen werden. Neue Geschäftsfelder (Alarm- und Sicherheitstechnik, Produktion) lassen sich dadurch erschließen, indem neue Abteilungen von bisherigen Unternehmensbereichen abgespalten und ebenfalls unter die Verantwortung eines entsprechend versierten Arbeitnehmers als Abteilungsleiter oder Vorarbeiter gestellt werden. Der Unternehmer wird nun immer mehr in die Position der obersten Kontroll- und Entscheidungsinstanz gerückt. Er hält sich weitestgehend aus den Entscheidungen des normalen Tagesgeschäfts heraus, die Verantwortung dafür tragen seine Abteilungsleiter und Vorarbeiter. Je nach Unternehmensgröße können sie nun bereits die Position von angestellten Unternehmern bekleiden.*

Auslagerung als Alternative zum Personalausbau

Die obige Darstellung des allmählichen Aufbaus einer Personalstruktur und des schrittweisen Ausbaus eines Unternehmens weist bereits darauf hin, dass die Einstellung zusätzlicher Mitarbeiter zur Übernahme von Teilaufgaben zwar erforderlich sein, ihre Beschäftigung zu einer Entlastung des Unternehmers oder der bereits angestellten Arbeitnehmer führen kann. Allerdings ist in jedem Einzelfall zu prüfen, ob der Gesamtumfang der jeweils anfallenden Hilfs- oder Nebentätigkeiten ausreichend ist, um einen neuen Arbeitnehmer auszulasten. Dies betrifft zum Beispiel:

- **Auslieferungen** von Waren oder Material an Kunden,
- **anspruchslose Hilfstätigkeiten** als Zuarbeit für teure Fachkräfte,
- **kaufmännische Tätigkeiten** in einem Kleinunternehmen (Buchhaltung),
- **gewerbliche Nebentätigkeiten** (Reinigung von Geschäftsräumen, Wartung von Geräten und Maschinen).

Nur wer als Unternehmer bereit ist, Aufgaben und Verantwortung zu delegieren, findet die notwendige Zeit, um den Ausbau des Unternehmens voranzutreiben. Sonst bleibt man im Tagesgeschäft hängen und verpasst eventuell sogar den Anschluss an wichtige Marktentwicklungen.

Natürlich macht es bei zwei oder drei Firmenfahrzeugen keinen Sinn, eine eigene Kfz-Werkstatt mit einem angestellten Kfz-Mechaniker zu unterhalten. Ebenso unwirtschaftlich wäre beispielsweise die Einstellung einer Reinigungskraft, die die täglich etwa zwei Stunden erfordernde Reinigung der Geschäftsräume erledigt. Auch lohnt es nicht, eine gelernte Buchhalterin als Arbeitnehmerin zu beschäftigen, wenn sich ihre eigentliche Haupttätigkeit mit einem Zeitaufwand von vier Stunden pro Tag erledigen lässt. Zwar könnte sie darüber hinaus mit Telefondienst oder allgemeinen Büroarbeiten beschäftigt werden – aber als ausgebildete Fachkraft wäre sie für die andere Hälfte ihrer täglichen Arbeitszeit eindeutig überqualifiziert und überbezahlt.

Ähnlich verhält es sich auch bei der Überbrückung von urlaubs- oder krankheitsbedingten Lücken im Personalbestand und mit vorübergehenden Arbeitsüberschüssen. Anstatt kostspielige und schwer abbaubare Personalkapazitäten zu schaffen, sollten möglichst kostengünstigere Alternativen ausgeschöpft werden.

Immer wenn ein neu einzustellender Mitarbeiter nicht voll ausgelastet werden kann oder die Tätigkeiten mit dem bisherigen Personal nicht mehr bewältigt werden können, ist die Fremdvergabe eine sinnvolle Lösung.

> **Grundsatz:** Die Einstellung eines vollzeitbeschäftigten Mitarbeiters macht nur dann Sinn, wenn tatsächlich der täglichen Arbeitszeit entsprechend genügend Beschäftigung anfällt, die einen Mitarbeiter mit der jeweiligen Qualifikation auslastet. In allen anderen Fällen ist allenfalls die Teilzeitbeschäftigung eines fest angestellten Mitarbeiters erforderlich, möglicherweise ist aber die Fremdvergabe von Arbeiten an freie Mitarbeiter oder Subunternehmer dann sinnvoller.

Großunternehmen gehen zusehends dazu über, Mitarbeiter nur noch in Kernbereichen ihres Geschäfts fest anzustellen. Dazu ein paar Beispiele:
- **Automobilkonzerne** übertragen die Entwicklung und Fertigung von Komponenten auf Zulieferbetriebe – ihr Kerngeschäft ist die Entwicklung und Komplettierung eines Fahrzeugs aus fertigen, wenngleich nach eigenen Vorgaben entwickelten Komponenten.
- **Banken und Versicherungen** beauftragen firmenfremde Callcenter mit der telefonischen Beantwortung von Kundenanfragen oder der Erstbetreuung von geworbenen Neukunden – in ihrem Kerngeschäft können sie deshalb durch die Reduzierung von Akquisekosten (für eigene Mitarbeiter am Telefon) günstigere Konditionen bieten und so ihre Position gegenüber Mitbewerbern stärken.
- **Telekommunikationsunternehmen** beauftragen Fremdfirmen mit technischen Spezialaufgaben (Kundenservice im Außendienst, Neuverlegung von Kabeltrassen) – ihr Kerngeschäft ist der Besitz und der Betrieb von Vermittlungseinrichtungen und die Bereitstellung von Verbindungen.

Ein Unternehmen sollte sich immer auf seine wesentliche Aufgabe, für die es gegründet wurde, konzentrieren. Dieses so genannte Kerngeschäft ist schließlich das, womit Sie als Unternehmer Ihr Geld verdienen. Nebentätigkeiten sind oft weniger rentabel und stellen nur eine Ressourcenverschwendung dar.

Wichtig: Die Investitionen in fest angestellte Mitarbeiter sind betriebswirtschaftlich ebenso zu betrachten wie Investitionen in Maschinen, Räume und Material. Die Kosten der Mitarbeiterbeschäftigung müssen in jedem Einzelfall einem Fremdvergleich standhalten. Es muss sichergestellt sein, dass die Kosten eigener Mitarbeiterbeschäftigung nicht über denen der Fremdvergabe von Arbeiten an ein Unternehmen liegen, bei dem solche Arbeiten das Kerngeschäft darstellen.

Die Betrachtung des Kerngeschäfts ist deshalb so wichtig, weil betriebliche Ausstattung und Mitarbeiterstruktur so ausgerichtet sein sollten, dass jedes Unternehmen in seinem Kerngeschäft die höchsten Gewinne zu erzielen vermag. Neben- oder Randtätigkeiten im Umfeld des Kerngeschäfts sind jedoch meist mit einer geringeren Nettoumsatzrendite belegt, zum Teil können sie nicht mal kostendeckend erfüllt werden.

Für ein Bauunternehmen macht es beispielsweise keinen Sinn, größere Erdarbeiten selbst auszuführen und dafür entsprechend teures Gerät (Bagger, Lkw) und geeignetes Personal vorzuhalten. Sinnvoller wäre es, diese Spezialaufgaben an einen anderen Betrieb abzugeben, bei dem sie das Kerngeschäft darstellen und bei dem die Geräte entsprechend ausgelastet werden.

Die Kalkulation der Personalkosten

Die Kosten der Mitarbeiterbeschäftigung müssen für Sie als Unternehmer jederzeit durchschaubar und eine feste Größe sein. Denn bei allen Kalkulationen sollten Sie sofort die entsprechenden Zahlen zur Hand haben. Zunächst einmal müssen Sie dazu die direkten Personalkosten ermitteln. Die folgende Übersicht macht deutlich, welche Kosten einem Unternehmer tatsächlich durch die Beschäftigung eines Mitarbeiters entstehen. Das Ergebnis dieser Analyse ist dann allerdings nicht ein effektiver Betrag, sondern der so genannte Kostenfaktor. Liegt dieser beispielsweise bei 1,4, bedeutet das, dass der Unternehmer erst dann einen Gewinn erzielt, wenn er die Einzelleistung des Mitarbeiters (auf Stundenlohnbasis ohne Mehrwertsteuer) mindestens zu einem Preis verkaufen kann, der dem mit dem Kostenfaktor multiplizierten Bruttolohn entspricht.

Nun sind in diesem Personalkostenfaktor allerdings noch keine Zuschläge enthalten, die für die Einrichtung des jeweiligen Arbeitsplatzes und für Gemeinkosten anzusetzen sind. Angenommen, der Arbeitsplatz besteht aus einem Schreibtisch und einem Computer und der Unternehmer geht davon aus, dass die dafür erforderlichen Einmalinvestitionen alle fünf Jahre in voller Höhe erneut fällig werden, muss er 20 Prozent der Investitionen in seine Jahreskalkulation aufnehmen.

Analyse zur Ermittlung des Personalkostenfaktors	
Berechnung anhand von durchschnittlichen Beitragssätzen (West) 1998, bei der gesetzl. Unfallversicherung auf Gefahrenklasse 2 (Verwaltung) bezogen	
Bruttolohn des Arbeitnehmers (jährliche Einheit)	100 %
Arbeitgeberbeitrag zur Krankenversicherung	7 %
Arbeitgeberbeitrag zur Pflegeversicherung	0,85 %
Arbeitgeberbeitrag zur Rentenversicherung	9,5 %
Arbeitgeberbeitrag zur Arbeitslosenversicherung	3,25 %
Arbeitgeberbeitrag zur gesetzlichen Unfallversicherung	0,67 %
Gesamtzahlung des Arbeitgebers	121,27 %
Zuschlag für entfallende bezahlte Arbeitszeit wegen Ausfall des Arbeitnehmers (30 Tage Urlaub, 9 Tage Krankheit, Weiterbildung bei brutto 260 Arbeitstagen pro Jahr = 15 Prozent auf Bruttolohn)	18,28 %
gesamte Personalkosten bezogen auf gezahlten Bruttolohn	139,55 %
Personalkostenfaktor danach	**1,4**

Auch Gemeinkosten (Büroräume, betriebliche Versicherungen, andere Mitarbeiterkosten, die nicht direkt in Stunden- oder Stücklohnpreise eingerechnet werden können) sollten, weil sie sich nach der Zahl der beschäftigten Mitarbeiter richten, in den Faktor eingerechnet werden.

Personalkosten einschließlich Arbeitsplatz- und Gemeinkosten	
Jahresbruttogehalt des Mitarbeiters (z. B. 100.000 DM) mal Personalkostenfaktor (1,4)	140.000 DM
Arbeitsplatzkosten (20 Prozent von z. B. 50.000 DM)	10.000 DM
Gemeinkosten bezogen auf den einzelnen Arbeitsplatz (individuell nach betrieblichen Gegebenheiten, hier z. B. 20 Prozent von 140.000 DM)	28.000 DM
gesamte Kosten durch Beschäftigung dieses Arbeitnehmers	178.000 DM
Personalkostenfaktor danach (bezogen auf 100.000 DM Bruttolohn)	**1,78 Prozent**

Die Höhe des Bruttolohnes eines Mitarbeiters hängt im Wesentlichen von seiner Qualifikation ab. Der Personalkostenfaktor ergibt sich aus den Lohnnebenkosten und dem Aufwand, der für die Einrichtung des Arbeitsplatzes notwendig ist.

Die Verwendung des Personalkostenfaktors

Bei einer Berechnung von Kundenpreisen auf Stundenlohnbasis ist der jetzt ermittelte Faktor bereits das Instrument, mit dem sich für den Unternehmer klar erkennen lässt, welchen Kundenpreis pro Arbeitsstunde (ohne Umsatzsteuer) er für den Einsatz des jeweiligen Mitarbeiters mindestens berechnen muss, um seine Kosten zu decken. Dabei muss er allerdings nach individuellen Gegebenheiten noch einen Aufschlag für Unternehmerlohn und Unternehmerrisiko sowie Steuerabzüge hinzurechnen.

Angenommen, er begnügt sich hier mit dem Aufschlag von 20 Prozent (auf den Faktor 1,78), so müsste er den Bruttostundenlohn seines Mitarbeiters mit dem Faktor 2,136 multiplizieren und diesen Betrag als Nettosumme pro Stunde (also ohne Umsatzsteuer) dem Kunden in Rechnung stellen. Die Kalkulation geht auf und der Gewinn ist gesichert, wenn dann tatsächlich die Arbeitsleistung dieses Mitarbeiters an 221 Tagen im Jahr zum so kalkulierten Preis »verkauft« werden kann.

> **Achtung:** Die für die Berechnung des Personalkostenfaktors erforderlichen Werte sind in einem jungen Unternehmen mangels verfügbarer Erfahrungen oft nicht oder nur mühsam zu ermitteln. Dann helfen Vergleichswerte zuzüglich eventueller Sicherheitszuschläge weiter, die beispielsweise von Innungen, Arbeitgeberverbänden, Tarifgemeinschaften, Industrie-, Handels- oder Handwerkskammern herangezogen werden. Die hier genannten Werte sind nur beispielhaft zu sehen – je nach Unternehmen und Kapitaleinsatz pro Arbeitsplatz kann auch ein Faktor von vier erforderlich sein.

Die Personalkosten pro Stück gefertigter Ware

Die Personalkosten im Hinblick auf Stückpreise lassen sich ebenfalls anhand der bereits erwähnten und zusammengeführten Werte ermitteln. Zusätzlich muss nur festgestellt werden, welche Stückzahlen (auf Basis von fertigen Einzelprodukten, dies können auch Quadratmeter- oder Elementpreise in der Baubranche sein) der einzelne Arbeitnehmer im Jahresschnitt zu leisten in der Lage ist. In einem größeren Produktionsbetrieb müssen dazu alle Personalkosten berücksichtigt werden, um ihren Gesamtanteil an den Stückkosten zu ermitteln.

Ist eine Stundenlohn- oder Stückpreiskalkulation bei den Personalkosten nicht möglich (etwa im Einzelhandel oder bei Dienstleistungen), können Personalkosten wie andere Gemeinkosten in die Handelsspanne einkalkuliert werden. Eine dem jeweiligen Mitarbeiter zugeordnete Umsatzbetrachtung kann dann Aufschluss darüber geben, welche individuellen Personalkosten zu kalkulieren sind. Dabei ist aber zu berücksichtigen, dass bei einem Vergleich mehrerer Mitarbeiter dieselben Voraussetzungen anzulegen sind. So dürften natürlich nur die Umsätze zweier Verkäufer verglichen werden, die zur selben Zeit (umsatzstark oder umsatzschwach) tätig sind und dieselben Nebenaufgaben (ohne messbare Umsatzzahlen) zu erledigen haben. Im Dienstleistungsbereich werden entsprechend die erbrachten Leistungen als Berechnungsgrundlage herangezogen. So können in einem Callcenter anhand der durchschnittlichen Dauer eines Beratungsgespräches und der Gespräche pro Mitarbeiter und Stunde entsprechende Zahlen ermittelt werden, die als Kalkulationsbasis dienen können.

Der Personalkostenfaktor ermöglicht dem Unternehmer die Kosten deckende und darüber hinaus Gewinn bringende Kalkulation der Arbeitsstunden bei der Abrechnung von Aufträgen mit Kunden.

Achtung: Anhand einer solchen Kostenanalyse lässt sich leicht feststellen, ob die Ausführung bestimmter Arbeiten im eigenen Unternehmen überhaupt sinnvoll oder eine Fremdvergabe vorteilhafter ist. Kann der Unternehmer entsprechende Arbeiten für denselben oder einen etwas höheren Betrag kaufen, wird dies der betriebswirtschaftlich bessere Weg sein. Denn fremde Leistungen kauft er nur bei Bedarf, den eigenen Mitarbeiter aber hat er unabhängig vom tatsächlichen Bedarf zu bezahlen.

Der optimale Personalvorhalt

Grundsätzlich werden nur so viele Kräfte beschäftigt, wie für die Ausführung der Arbeit benötigt werden. Denn jeder über den dringendsten Bedarf hinausgehende Personalvorhalt kostet Geld, ohne dass er Umsätze erzielt. Dennoch muss vor einer allzu knappen Personalkalkulation gewarnt werden, denn diese birgt auch einige Risiken:

- **Engpässe:** Das Unternehmen kann plötzliche Mehraufträge nicht mehr annehmen, weil die Kapazitäten erschöpft sind – Kunden bekommen auf diese Weise zwangsläufig Kontakt zur Konkurrenz und könnten dauerhaft verloren gehen.
- **Verluste:** Der unvorhergesehene Personalbedarf muss mit kurzfristig beschafften Zeitarbeitskräften aufgefangen werden. Die daraus resultierenden höheren Kosten sind aber nicht in den Kalkulationen enthalten. Es kann also sein, dass der Auftrag nicht mehr kostendeckend ausführbar ist.
- **Produktionsmängel:** Der bisherige Qualitätsstandard kann nicht mehr gehalten werden, dies erfordert teure Nachbesserungen oder Abschläge auf die Abgabepreise von Leistungen. Die Kostendeckung ist gefährdet, zusätzlich kann der Qualitätsverlust zu langfristigen Auftragseinbußen führen.
- **Lieferverzug:** Termine können nicht gehalten werden – neben Auftragsverlusten drohen eventuell Vertragsstrafen.
- **Überforderung:** Die Überlastung von Mitarbeitern führt zu höheren Ausfallzeiten, die in der Personalkostenkalkulation nicht enthalten sind und die Kostendeckung gefährden.

Viel Fingerspitzengefühl bei der Personalplanung ist erforderlich, um den optimalen Bedarf zu ermitteln. Auch in Phasen, in denen alles gut läuft, sollten folgende Punkte berücksichtigt werden:

- **Welche Möglichkeiten** ergeben sich, um kurzfristige Engpässe durch Arbeitsverlagerungen innerhalb des Unternehmens aufzufangen?
- **Welche Arbeiten** könnten bei Engpässen ausgelagert werden?
- **Wie und zu welchen Kosten** lässt sich ein unerwarteter zusätzlicher Personalbedarf schnell und zuverlässig abdecken?

Wenn Sie zur Bewältigung vorübergehender Arbeitsspitzen auf Zeitarbeiter zurückgreifen oder Überstunden bezahlen müssen, so sollte dies in Ihre Kalkulation möglichst frühzeitig einfließen. Sonst kann unter dem Strich kein Gewinn für Sie verbleiben.

Unbedingt zu berücksichtigen ist ferner, dass auch die ständige Auslagerung oder Fremdvergabe bestimmter Tätigkeiten Risiken birgt. Ein Unternehmen, welches wichtige Nebenarbeiten ständig fremd vergibt und hierfür keine eigenen Kapazitäten (Personal, Maschinen) vorhält, kann sich auf dem jeweiligen Sektor anderen Unternehmen preislich und qualitätsmäßig ausliefern oder im Falle eines Lieferantenkonkurses eigene Leistungen kurzfristig nicht mehr erbringen.

Die Personalauswahl

Jedes Vorstellungsgespräch ist eine schwierige Situation – für beide Parteien. Denn der Unternehmer oder sein mit der Einstellung beauftragter Vertreter ist zwar in der besseren Position, schließlich hat er das letzte Wort. Aber er steht unter dem Druck, sich innerhalb kurzer Zeit ein möglichst objektives Bild vom Bewerber machen zu müssen. Der Bewerber dagegen steht unter einem noch größeren Druck, weil – zumindest aus seiner momentanen Betrachtungsweise heraus – seine Zukunft oder doch ein Teil davon vom Ausgang dieser wenigen Minuten abhängt. Deshalb sollten sich der Unternehmer oder sein Vertreter gut auf dieses Gespräch vorbereiten und zur Entkrampfung der Situation beitragen.

Beim Vorstellungsgespräch kommt es für Sie als Unternehmer weniger auf die fachliche Qualifikation an, sondern darauf, ob der Bewerber als Person in Ihr Unternehmen passt und ob er mit den bisherigen Mitarbeitern zusammenarbeiten kann.

> **Wichtig:** Stellen Sie in jedem Bewerbungsgespräch eine menschliche Brücke her, indem Sie beispielsweise kurz von Ihren Gefühlen bei einem eigenen Bewerbungsgespräch berichten oder die Spannung der Situation ansprechen. Es liegt ausschließlich an Ihnen, einen kleinen Teil der Verkrampfung zu beseitigen. Ohne diese Entkrampfung aber wird es für Sie schwer, sich ein objektives Bild von der Persönlichkeit des Bewerbers zu machen.

Der Arbeitgeber sollte sich über die fachliche Qualifikation des Bewerbers bereits anhand der Bewerbungsunterlagen ein Bild gemacht haben. Versuchen Sie darüber hinaus, im persönlichen Gespräch dieses Bild zu präzisieren. Fragen Sie sich außerdem immer wieder: »Was will ich von dem Menschen, den ich einstelle?« Und: »Passt der Bewerber in unser Team?« Machen Sie sich eine Checkliste zu den Eigenschaften, die Ihr neuer Mitarbeiter haben sollte (siehe Seite 257).

Die Liste mit vorgegebenen Eigenschaften auf der gegenüberliegenden Seite erhebt natürlich keinen Anspruch auf Vollständigkeit. Sie können zusätzliche Punkte, die Ihren individuellen Erwartungen an den Mitarbeiter entsprechen, einfügen. Sie als Unternehmer wissen selbst am besten, welche Eigenschaften ein zukünftiger Mitarbeiter auf der jeweiligen Stelle besonders braucht, um seine Arbeit erfolgreich zu verrichten.

📖 **Checklisten-Beispiel: Die menschlichen Qualitäten des idealen Bewerbers**
☐ fröhlich
☐ freundlich
☐ sauber
☐ adrett
☐ höflich
☐ ordentlich
☐ klug, aber kein Klugscheißer
☐ selbstständig
☐ macht keine Probleme
☐ macht sich nicht wichtig
☐ drängt sich nicht in den Vordergrund
☐ ist aufmerksam
☐ ist eine/einer von uns, kann sich einordnen und unterordnen

Welche Eigenschaften Sie an Ihrem Mitarbeiter schätzen und wie wichtig sie für Sie sind, bestimmen Sie als Unternehmer selbst. Dabei kommt es vor allem auf die Art des Geschäftes an, das Sie betreiben.

Ihr eigenes Gefühl, die Qualifikationen anhand der Bewerbungsunterlagen und versteckte Hinweise in den Arbeitszeugnissen (siehe dazu Kapitel 10, Seite 329) sollten ausreichen, den Bewerber einzuschätzen. Erweist sich die Stellenbesetzung später als Fehlgriff, haben Sie zumindest während der Probezeit (siehe Kapitel 10, Seite 314) die Möglichkeit, die Fehlentscheidung zu korrigieren. Die Probezeit ist für Sie aber nur ein teurer Rettungsring, denn Sie müssen im Falle einer Kündigung umgehend wieder mit der Personalauswahl und der Einarbeitung beginnen.

Über die fachliche und menschliche Beurteilung des Bewerbers hinaus ist es oft wichtig, ob der Mitarbeiter auch unternehmerisch entscheiden kann. Dies gilt in Großbetrieben und für Mitarbeiter, denen Untergebene anvertraut werden sollen, ebenso wie in Kleinbetrieben, wo mangelndes Verständnis des Arbeitnehmers für gesamtbetriebliche Zusammenhänge erhebliche Kostenrisiken birgt.

Personalführung – die Motivation zählt

Wenn es darum geht, die eigenen Mitarbeiter zu motivieren, dann fällt manchem Unternehmer außer einer Gehaltserhöhung wenig ein, um seine Mitarbeiter bei der Stange zu halten. In Zeiten starker Konkurrenz und kleinerer Budgets ist für diese Art der Motivation aber nur wenig Spielraum. Deshalb sollte man sich als Unternehmer Alternativen einfallen lassen. Denn oft wollen die eigenen Mitarbeiter nicht unbedingt mehr Geld, sondern mehr Einflussmöglichkeiten am Arbeitsplatz und ein vernünftiges Verhältnis zum Vorgesetzten.

Viele Unternehmen haben inzwischen Verfahren entwickelt, mit denen die Kommunikation zwischen den Hierarchiestufen des Unternehmens verbessert werden konnte. Das steigert die Leistung der Mitarbeiter und kann auch in kleinen Unternehmen angewendet werden.

Um die Kommunikation im Unternehmen zu verbessern, hat die Deutsche Lufthansa ein System eingeführt, mit dem Vorgesetzte sich ein Feedback von ihren Mitarbeitern einholen können – eine anerkannt wichtige Maßnahme zur Steigerung der Leistung. Bewertet wurden zum Beispiel diese Punkte:
- unternehmerisches Denken und Handeln,
- Verhalten gegenüber Kunden,
- Zusammenarbeit und richtiger Mitarbeitereinsatz,
- Mitarbeiter loben und korrigieren,
- Leistungen und Ideen fördern sowie Ratschläge annehmen,
- Dialoge führen und Entscheidungen treffen,
- Mitarbeiter fördern und soziale Verantwortung tragen,
- mit Sachwerten sorgfältig umgehen und für Sicherheit sorgen,
- Arbeitsplanung.

Zahlreiche andere Unternehmen wie zum Beispiel BMW, Karstadt, ABB, BASF, TÜV, Stadtsparkasse Köln arbeiten mit ganz ähnlichen Listen. Wer sich um Führungspositionen bewirbt, wird dort auch auf diese Fähigkeiten geprüft. Es kann also nicht schaden, diese Punkte im Bewerbungsgespräch anzusprechen.

Das Betriebsklima – ein nicht zählbares Kapital

Im Hinblick auf den Ausgleich von Personalbedarf und die Kostenoptimierung wurde die Überlastung von Mitarbeitern bereits erwähnt. Für den Unternehmer ergibt sich daraus neben den gesetzlichen Vorgaben für Arbeitszeiten, Urlaub, gesundheitliche Schutzvorschriften und Bezahlung (siehe Kapitel 10, Seite 306) auch die Notwendigkeit, in das Betriebsklima zu investieren.

Dabei sollte sich jeder Unternehmer und Vorgesetzte, egal auf welcher Hierarchieebene, immer vergegenwärtigen, dass sich die nachgestellten Mitarbeiter zwar vorrangig aus finanziellem Interesse tagtäglich im Unternehmen einfinden. Zugleich aber verbringen die Mitarbeiter am Arbeitsplatz mehr Zeit als im Kreis ihrer Familie oder im selbst gewählten Freundeskreis. Ausgehend von der Überlegung, dass ein zufriedener Mitarbeiter bessere Leistungen zeigt, sollten deshalb Investitionen in das Betriebsklima nicht vernachlässigt und auch das eigene Führungsverhalten kritisch hinterfragt werden.

> **Achtung:** Die Stimmung und das Klima im Unternehmen kann eher ein betriebsfremder Berater analysieren, als dies für den Unternehmer selbst oder die in der Hierarchie höher gestellten Mitarbeiter möglich ist. Kaum ein Mitarbeiter sagt Ihnen direkt seine Meinung dazu, und Ihre Abteilungsleiter sind geneigt, das Bild schönzufärben.

In den letzten Jahren haben sich mehrere Instrumente durchgesetzt, um durch eine Hebung des Betriebsklimas und der persönlichen Motivation des einzelnen Mitarbeiters die Effizienz zu steigern:

- **Seminare durch so genannte Coaching-Trainer,** an denen Angehörige aller Hierarchiestufen teilnehmen. Sie stärken einerseits das »Wir-Gefühl« der Beschäftigten, andererseits machen sie – ohne konfliktträchtige Einzelsituationen herbeizuführen – auf Missstände oder Schwachstellen aufmerksam, die der Unternehmensleitung bisher verborgen geblieben sind.
- **Unmittelbare Beteiligung der Mitarbeiter** an Unternehmenserfolgen stärkt die Leistungsbereitschaft. Dabei sind nicht unbedingt nur leistungsbezogene Zulagen in Betracht zu ziehen, die aufgrund der hohen Abzüge von Steuern und Abgaben nur zum Teil beim Mitarbeiter ankommen. Als vorteilhafter erweisen sich oft so genannte »Incentive-Veranstaltungen«, deren Barwert hinter dem Effekt solcher Veranstaltungen für den Mitarbeiter zurücksteht. Betriebsfeste, Ausflüge oder auch Reisen für alle Mitarbeiter oder einen (nach Leistung) jährlich neu zusammengesetzten Kreis haben sich als besonders geeignete Mittel der Mitarbeitermotivation erwiesen.
- **Die Gehaltsfestlegung durch die Mitarbeiter** wird beispielsweise im Softwarehaus Mensch und Maschine praktiziert. Alle sechs Monate gibt die Firma ein dreiprozentiges Gehaltsplus. Wie der Betrieb den Gehaltszuwachs unter den einzelnen Mitarbeitern aufteilt, entscheidet eine Wahl von Mitarbeitern und Vorgesetzten. Daneben wird auch der beliebteste Mitarbeiter gewählt, um eine Vermischung von fachlicher Qualität und persönlicher Wertschätzung zu vermeiden.
- **Die durch das Unternehmen bezahlte Fortbildung** von Mitarbeitern ist ähnlich hoch einzustufen, zumal sich damit ein Doppeleffekt erzielen lässt. Einerseits signalisiert sie dem Arbeitnehmer die Wertschätzung, die er genießt. Andererseits kann durch Weiterqualifikation von Arbeitnehmern auch ein Zusatznutzen für das Unternehmen entstehen.
- **Betriebliches Vorschlagswesen mit Prämien** für Verbesserungsvorschläge hat sich oft als das für die Unternehmensführung am besten geeignete Mittel erwiesen, die Stimmung auf den unteren Hierarchieebenen auszuloten. Auf diese Weise lassen sich nicht nur Schwachstellen in betrieblichen Abläufen erkennen und beseitigen, sondern es werden auch Stimmungen innerhalb der Belegschaft deutlich.

Als tückisch kann es sich dagegen erweisen, anstelle von einmaligen Prämien ständige Leistungszulagen, etwa in Form von höheren Grundgehältern oder außertariflichen Zulagen, zu zahlen. Werden aus Gründen, die nicht der Arbeitnehmer zu vertreten hat, betriebsbedingte Einschränkungen erforderlich, kommt dies quasi einer persönlichen Strafe gleich und führt zu Motivationsverlusten.

Wenn Sie Ihre Mitarbeiter mit finanziellen Zulagen locken wollen, müssen Sie aufpassen, dass aus Einmalleistungen nicht Zahlungen werden, zu denen Sie verpflichtet sind. Das ist dann der Fall, wenn Sie solche Zulagen regelmäßig und ohne Vorbehalt gewähren.

Kapitel 9
Juristische Grundlagen für Unternehmer

Sobald Sie als Unternehmer aktiv werden, müssen Sie eine Vielzahl rechtlicher Bestimmungen kennen und beachten. Das folgende Kapitel gibt Ihnen nicht nur grundlegende Informationen zu Gesetzen und Verträgen, sondern zeigt auch, welche Rechtsmittel Ihnen zur Verfügung stehen, wenn Sie Ihr Recht durchsetzen wollen. Ihr Wissen dazu können Sie in dem Test vorab prüfen. Bei der Beantwortung der Fragen sind Mehrfachnennungen möglich. Die Lösung findet sich am Ende des Tests.

⚡ Blitztest
Was wissen Sie schon – wie groß ist Ihr Info-Bedarf?

→ siehe Seite 254

1. Welches Gesetz regelt in Deutschland die allgemeinen Vertragsformen?

a) Das Bürgerliche Gesetzbuch.
b) Das Grundgesetz.
c) Das Gesetz über Allgemeine Geschäftsbedingungen.

→ siehe Seite 257

2. Welches Gesetz regelt in Deutschland die Rechtsform von Unternehmen?

a) Das Betriebsverfassungsgesetz.
b) Das Handelsgesetzbuch.
c) Das Unternehmensrechtsformgesetz.

→ siehe Seite 281

3. Was ist bei einem Mustervertrag mit Endverbrauchern vor allem zu beachten?

a) Die DIN-Normen für Musterverträge.
b) Das Verbraucherkreditgesetz.
c) Das Gesetz über Allgemeine Geschäftsbedingungen.

→ siehe Seite 257

4. Wo finden sich die besonderen gesetzlichen Regelungen für Kaufleute?

a) In den Statuten der Industrie- und Handelskammern.
b) Im Allgemeinen Kaufmannsgesetz (AKG).
c) Im Handelsgesetzbuch (HBG).

5. Welche der folgenden Aussagen sind richtig? → siehe Seite 269
   a) Alle Verträge müssen schriftlich abgefasst sein.
   b) Alle Verträge müssen notariell beurkundet sein.
   c) Auch ein Handschlag ist ein Vertrag.

6. Wann kommt ein Vertrag zustande? → siehe Seite 269
   a) Wenn die Vertragspartner gleichlautende und sich deckende Willenserklärungen abgeben.
   b) Wenn ein beliebiges Vertragsangebot eines anderen nicht innerhalb von 14 Tagen ausdrücklich abgelehnt wird.
   c) Wenn eine geschäftliche Vereinbarung beim Handelsregister eingereicht wird.

7. Wann ist ein Vertrag sittenwidrig? → siehe Seite 277
   a) Wenn ein Vertragspartner die Notlage des anderen ausnutzt.
   b) Wenn ein Vertragspartner seinen Verpflichtungen nicht mehr nachkommen kann.
   c) Wenn ein Vertragspartner mehr Vorteile erzielt als der andere.

8. Welche Möglichkeiten bestehen, um sich gegen Behördenentscheidungen zur Wehr zu setzen? → siehe Seite 291
   a) Der Betroffene muss innerhalb von 14 Tagen Beschwerde beim Bundesgerichtshof einreichen.
   b) Der Betroffene kann Rechtsmittel bei der Behörde einlegen.
   c) Der Betroffene kann vor dem Verwaltungsgericht klagen.

9. Wann muss ich einen Anwalt einschalten? → siehe Seite 296
   a) Wenn ich vor dem Amtsgericht klagen will.
   b) Wenn mir selbst die Klage eines anderen zugestellt wird.
   c) Wenn ich vor dem Bundesverwaltungsgericht klagen will.

10. Was ist der juristisch sicherste Weg, um einem anderen wichtige Schriftstücke zuzustellen? → siehe Seite 277
   a) Man sollte sie per Fax senden (Absendebeleg gut aufbewahren).
   b) Man sollte sie als Übergabe-Einschreiben versenden.
   c) Man sollte sie von einem Boten überbringen lassen.

Lösung des Tests:

1. a   **3.** b, c   **5.** c   **7.** a   **9.** c
2. b   **4.** c   **6.** a   **8.** b, c   **10.** c

Was Sie bei allen Geschäften berücksichtigen müssen

Immer wenn zwei Willenserklärungen übereinstimmen, kommt ein Vertrag zustande, der für beide Seiten Rechte und Pflichten enthält. Beim Kaufvertrag sind dies beispielsweise die einwandfreie und pünktliche Lieferung der Ware sowie die Zahlung des vereinbarten Geldbetrages.

Gleichgültig, ob Sie mit Ihrem zukünftigen Angestellten einen Arbeitsvertrag abschließen oder sich an der nächsten Imbissbude ein Würstchen kaufen – in beiden Fällen ist ein wirksamer Vertrag zustande gekommen. Ein Vertrag liegt immer dann vor, wenn sich mindestens zwei Leute oder Vertragsparteien darüber einig sind, dass eine bestimmte tatsächliche Wirkung in der Zukunft herbeigeführt werden soll. Sogar durch wortloses Verhalten kann eine Erklärung des Willens abgegeben werden. Ebenso könnte man die Willenserklärung in den Sand eines Strandes schreiben oder in eine Baumrinde schnitzen. Es würde sich in jedem Fall um einen Vertrag handeln. Und Streit kann es eigentlich nur um die Frage geben, was genau vereinbart wurde und wer was beweisen kann.

Vielfach haben Verträge folgende Sachverhalte zum Inhalt:

- **Werkvertrag, Dienstvertrag, Arbeitsvertrag, Auftrag:** Einer soll für den anderen etwas tun oder lassen, einmalig oder auf Dauer.
- **Kaufvertrag, Werkvertrag, Miete/Pacht:** Einer soll dem anderen einen bestimmten Gegenstand verschaffen, auf Dauer oder auf Zeit.
- **Gemeinschaft, Gesellschaft, Verein:** Mehrere wollen gemeinsam ein Ziel erreichen, zum Beispiel ein Geschäft betreiben.

Selbst im Fall des Würstchenkaufs steht als juristische Grundlage das Bürgerliche Gesetzbuch (BGB) im Hintergrund – auch wenn wir uns bei den zahlreichen »Vertragsabschlüssen« des Alltages dieses Zusammenhanges nicht bewusst sind. Die dort zusammengefassten Vorschriften bilden den Rahmen zum Vertragsrecht, wie wir es kennen.

Die Vorschriften des Bürgerlichen Gesetzbuchs (BGB)

Im Einzelnen besteht das BGB aus fünf Büchern, die in den vergangenen Jahrzehnten unterschiedlich stark verändert wurden. Darin findet sich im Einzelnen:

- **Allgemeiner Teil (§§ 1–240):** Hier finden sich Begriffsbestimmungen und Regeln, die in allen folgenden Büchern anzuwenden sind. Im Einzelnen wird eingegangen auf: Personen, Sachen, Tiere, Geschäftsfähigkeit, Willenserklärung, Vertrag, Bedingungen, Vertretung, Vollmacht, Fristen, Termine, Verjährung und anderes mehr.
- **Recht der Schuldverhältnisse (§§ 241–853):** Auch dieses Buch enthält einen Allgemeinen Teil (§§ 241–432): Er umfasst allgemeine Vorschriften für Verträge, Schuldner und Gläubiger. Weiter ist dort geregelt, wie man mit Leistungsstörungen umgehen soll und was zu geschehen hat, wenn es in einem Rechtsverhältnis mehrere Schuldner oder mehrere Gläubiger gibt. Der besondere Teil (§§ 433–853) enthält nähere Bestimmungen zu einzelnen Vertragstypen, darunter den wichtigsten:

Kauf, Miete, Darlehen, Dienst- und Werkvertrag, Reisevertrag sowie allgemein den Auftrag oder die Geschäftsbesorgung. Weiter enthält der Besondere Teil den Kanon der gesetzlichen Schuldverhältnisse wie »Geschäftsführung ohne Auftrag« oder »ungerechtfertigte Bereicherung« und schließlich das Recht der »unerlaubten Handlungen«, mit dem das Recht auf Schadenersatz weitgehend geregelt ist.
- **Sachenrecht (§§ 854–1296):** Dieses Buch regelt die Zuordnung von Sachen und Immobilien zu Personen. Danach gibt es den Besitz, das Eigentum, Rechte an Grundstücken, Erbbaurecht, Grunddienstbarkeiten, das dingliche Vorkaufsrecht, Reallasten, Hypotheken, Grund- und Rentenschulden sowie das Pfandrecht an beweglichen Sachen.
- **Familienrecht (§§ 1297–1921):** Wer Näheres über die Ehe und das Güterrecht wissen will, ist hier richtig. Weiter werden hier Verwandtschaftsverhältnisse geklärt, also vor allem die elterliche Sorge, der Kindesunterhalt und die Beziehungen zu nichtehelichen Abkömmlingen. Schließlich gibt es Vorschriften zu Vormundschaft, Betreuung und Pflegschaft.
- **Erbrecht (§§ 1922–2385):** Hier finden sich die gesetzliche Erbfolge, Vorschriften über die rechtliche Stellung des Erben, über Form und Inhalt eines Testaments, Erbvertrag, Pflichtteil, Erbunwürdigkeit, Erbverzicht, Erteilung eines Erbscheins und Erbschaftskauf.

Die wichtigsten zivilrechtlichen Nebengesetze

Ein großer Teil des heute geltenden Zivilrechts findet sich nicht im BGB, sondern in anderen Gesetzen. In diesem Buch sind wir überall, wo Nebengesetze wichtig werden, auf die Abweichungen zum alten BGB eingegangen. Was man sich näher ansehen sollte:
- **Einführungsgesetz zum BGB (EGBGB):** Enthält Vorschriften darüber, wie Verträge mit Auslandsbezug behandelt werden müssen (Internationales Privatrecht). Nach dem 3. Oktober 1990 kamen zahlreiche Übergangsvorschriften zur deutschen Einheit, mit denen weite Teile des Einigungsvertrages umgesetzt werden, hinzu.
- **Recht der Allgemeinen Geschäftsbedingungen (AGBG):** Viele zivilrechtliche Bestimmungen können von den Vertragsparteien geändert oder ausgeschlossen werden. Das passiert üblicherweise durch allgemeine Geschäftsbedingungen. In diesem Gesetz sind die Grenzen des AGB-Wildwuchses niedergelegt.
- **Verbraucherkreditgesetz (VerbrKrG):** Heute ist es üblich, bei teureren Wirtschaftsgütern gleich Ratenzahlung anzubieten. Das Verbraucherkreditgesetz bestimmt näher, worüber der Kunde bei Vertragsabschluss aufgeklärt werden muss, und es schützt ihn durch eine Bedenkfrist von einer Woche nach Vertragsabschluss. Kein Händler darf diese Bedenkfrist aushebeln!

Die wichtigste Quelle des deutschen Zivilrechts ist nach wie vor das Bürgerliche Gesetzbuch, das vor bald 100 Jahren in Kraft trat. Es ist natürlich in manchen Teilen den gesellschaftlichen Veränderungen angepasst worden, doch die Rechtsprinzipien sind die gleichen geblieben.

> Neben dem BGB gibt es zahlreiche kleinere Gesetze, die sich zum Teil mit sehr speziellen Sachverhalten beschäftigen und die im Zweifelsfall zu Rate zu ziehen sind.

- **Haustürgeschäfte-Widerrufsgesetz (HausTWG):** Ein Schutzgesetz für Verbraucher gegen Vertreter und andere Vertriebsformen, die einen leichtgläubigen Menschen überrumpeln und zu einem schnellen Vertragsabschluss drängen wollen. Alle diese Verträge werden erst eine Woche nach Vertragsabschluss wirksam. Bis dahin darf man den Vertrag jederzeit widerrufen, auch ohne Angabe von Gründen.
- **Miethöheregelungsgesetz (MHG):** Enthält den gesetzlichen Rahmen für Vermieter, die die Miete erhöhen wollen. Unter anderem: Für eine Mieterhöhung darf nicht gekündigt werden, die örtliche Vergleichsmiete (Mietspiegel) ist entscheidend, wie ist bei Modernisierungen zu verfahren – all das steht nicht im BGB, sondern im MHG.
- **Produkthaftungsgesetz (ProdHaftG):** Regelt die Haftung eines Herstellers für Schäden, die seine Produkte verursachen. Dient der Umsetzung einer entsprechenden EG-Richtlinie.
- **Konkursordnung (KO), Insolvenzordnung (InsO):** Wenn eine Firma kein Geld mehr hat und ihre Verträge nicht mehr erfüllen kann, muss sie Konkurs anmelden. So ist es bis 1. Januar 1999. Dann tritt die Insolvenzordnung in Kraft. Das hat unter anderem zur Folge, dass es das hässliche Wort »Konkurs« nicht mehr geben wird. Die gleiche Geschichte heißt ab dann »Insolvenz«. Und das Wichtigste an diesem Gesetz: Damit ist es künftig auch Verbrauchern möglich, Insolvenz anzumelden und in einer überschaubaren Zeit schuldenfrei zu werden, wenn sonst gar nichts mehr geht.
- **Gesetz über Wohnungseigentum und Dauerwohnrecht (WEG):** Ergänzt das Sachenrecht um das dort nicht vorhandene Eigentumsrecht an Gebäudeteilen, insbesondere an Wohnungen. Der Besitz von Wohnungseigentum war zum Zeitpunkt der Verfassung des BGB vor 100 Jahren noch nicht so weit verbreitet wie heute und musste nachträglich in einem eigenen Gesetz geregelt werden.
- **Ehegesetz (EheG):** Regelt die Verfahren zur Eheschließung, Nichtigkeitserklärung und Aufhebung der Ehe. Nicht aber das Scheidungsrecht oder die Güterstände: Die sind im BGB verblieben. Als Durchführungsverordnungen sind zum Ehegesetz Vorschriften erlassen worden, die sich im Wesentlichen mit der Aufteilung des Hausrats bei Scheidung oder Annullierung der Ehe beschäftigen.
- **Kündigungsschutzgesetz (KSchG):** Enthält die wichtigsten Regeln für die Kündigung eines Arbeitsverhältnisses. Die Vorschriften im BGB beziehen sich ausschließlich auf den Dienst- oder Werkvertrag, der mit selbstständigen Unternehmern geschlossen wird! Beispiel: Wenn Sie einen Handwerker anrufen, der sich um Ihre Elektroinstallation kümmern soll, schließen Sie einen Werkvertrag. Wenn Sie dagegen als Elektroinstallateurmeister einen Gesellen beschäftigen, ist das ein Arbeitsverhältnis – hier könnte das KSchG gelten und nicht nur das BGB.

- **Handelsgesetzbuch (HGB):** Enthält das Sonderrecht für Kaufleute und die Geschäfte, die Kaufleute untereinander abschließen. Wer ein Handelsgeschäft betreibt oder als sonstiger Gewerbetreibender eine umfangreiche Buchhaltung braucht, für den können weite Teile des HGB gelten. Auch hierzu gibt es wieder »Nebengesetze«, in denen einzelne Aspekte aus dem Themenkreis des Handelsgesetzbuchs geregelt sind; so vor allem das GmbH-Gesetz (GmbHG), das Partnerschaftsgesellschaftsgesetz (PartGG) und das Aktiengesetz (AktG).

> Das bereits ausführlich behandelte Handelsgesetzbuch ist für Kaufleute noch maßgeblicher als das BGB, da hier spezielles Kaufmannsrecht entworfen wurde.

Achtung: Um einen komplizierteren Rechtsfall juristisch einwandfrei beurteilen zu können, reicht der Blick in das Bürgerliche Gesetzbuch allein oft nicht aus. Vielfach sind die detaillierteren Regelungen der Nebengesetze zu beachten, um zum richtigen Schluss zu gelangen.

Die Grundsätze des Zivilrechts

Das gesamte Zivilrecht beruht auf wenigen tragenden Gedanken, die sich überall wiederfinden lassen, sei es in Verträgen oder in zwingenden Vorschriften. Die wichtigsten Grundsätze sind:
- **Die Privatautonomie:** Jeder darf tun und lassen, was er möchte, solange er damit nicht einem anderen schadet. Auf welche Vereinbarungen und Geschäfte er sich zu welchen Bedingungen einlässt, ist seine freie Willensentscheidung, aus der sich der Staat nach Möglichkeit herauszuhalten hat.
- **Die Vertragsfreiheit:** Wenn Vertragsparteien sich auf einen Kompromiss einigen, ist diese Einigung im Allgemeinen gerecht und richtig. Der Gesetzgeber hat sich nach Möglichkeit herauszuhalten.
- **Treu und Glauben:** Alle Verträge, die in Freiheit und ohne staatlichen Einfluss ausgehandelt wurden, sind an sich gerecht und richtig. Dazu dient der Grundsatz von Treu und Glauben. Danach müssen Verträge und Rechtsgeschäfte immer so verstanden werden, dass ein gerechtes Ergebnis herauskommt oder das, was man darunter verstehen will.

> Der Grundsatz von Treu und Glauben schützt die Vertragsparteien vor ungerechter Vertragsauslegung und krummen Geschäften. Wer beispielsweise ohne vorherige Kenntnisse Diebesgut erwirbt, wird rechtmäßiger Besitzer.

Wer einen Vertrag schließen darf

Verträge kann jeder schließen, der geschäftsfähig ist. Das ist normalerweise jeder Mensch, der 18 Jahre oder älter ist. Verträge können aber auch von rechtsfähigen juristischen Personen geschlossen werden.

Das BGB kennt bei den so genannten natürlichen Personen bestimmte Altersgrenzen. Je älter man ist, desto stärker nimmt man am Rechtsverkehr teil. Das heißt, man darf sich in immer höherem Maße vertraglich verpflichten und muss im Ausgleich dazu auch immer stärker für seine Fehler haften. Die Altersgrenzen im Einzelnen:

Das BGB kennt mehrere Altersgrenzen, bei deren Erreichen der heranwachsende Mensch ein Stück Rechts- und Geschäftsfähigkeit gewinnt. Dazu zählen vor allem das siebte und 18. Lebensjahr.

0 bis 6 Jahre: Rechtsfähig, aber geschäftsunfähig

Mit Vollendung der Geburt ist ein Mensch nach dem BGB rechtsfähig, aber geschäftsunfähig. Das heißt, er darf Unterhalt verlangen, und man kann ihm eine Leistung versprechen (Rechtsfähigkeit). Solange das geborene Kind geschäftsunfähig ist, kann es aber keine Verträge schließen, und es haftet auch nicht für Handlungen, die Schäden verursachen.

Das BGB ist mit dem Zeitpunkt der Rechtsfähigkeit aber nicht ganz konsequent. So kann das Ungeborene zum Beispiel schon vor seiner Geburt erben: Es »gilt als vor dem Erbfall geboren«, bestimmt das Gesetz (§ 1923 Abs. 2 BGB). Weiter stehen schon dem Ungeborenen die elementaren Grundrechte auf Leben und körperliche Unversehrtheit zu, befand das Verfassungsgericht zuletzt am 28. Mai 1993 (2 BvF 2/90), erstmals am 25. Februar 1975 (1 BvF 1/74). Schließlich kann sogar ein noch nicht erzeugter Nachkomme mit einem Vertrag begünstigt werden.

7 bis 13 Jahre: Beschränkte Geschäftsfähigkeit

Mit dem siebten Geburtstag wird ein Minderjähriger beschränkt geschäftsfähig (§ 106 BGB). Soweit das Kind vernünftig genug ist, muss es jetzt auch für unerlaubte Handlungen geradestehen (§ 828 Abs. 2 BGB). Ansonsten kann es jetzt Verträge schließen, solange ein Erziehungsberechtigter oder der Vormund einwilligt. Wichtig: Ohne Einwilligung ist ein zwischen dem Minderjährigen und einem Händler geschlossener Vertrag von Anfang an unwirksam. Wer einem Kind also ein Fahrrad verkauft, muss damit rechnen, dass wenige Tage später die Eltern vorbeikommen und das Geschäft rückgängig machen.

Davon gibt es Ausnahmen: zum einen durch den »Taschengeldparagraphen«, § 110 BGB. Der erlaubt es einem beschränkt Geschäftsfähigen, wirksame Verträge zu schließen, solange er seine Verpflichtungen mit dem Taschengeld bestreiten kann. Das gilt allerdings schon dann nicht mehr, wenn der Minderjährige – beispielsweise für das Fahrrad – Ratenzahlung vereinbart: Dann nämlich muss jeder davon ausgehen, dass dieses Rad gerade nicht mehr mit dem Taschengeld gekauft werden kann. Folge: Die Eltern müssen einwilligen; entweder vorher (Zustimmung) oder hinterher (Genehmigung), §§ 182 ff. BGB.

Zum anderen braucht der beschränkt Geschäftsfähige keine Einwilligung für Verträge, aus denen er lediglich einen rechtlichen Vorteil erlangt. Das sind zum Beispiel Geschenke, solange die nicht wieder mit weitergehenden Verpflichtungen verbunden sind.

14 bis 15 Jahre: Schuldfähigkeit

Mit Vollendung des 14. Lebensjahrs wird ein Mensch im Sinne des Strafrechts schuldfähig. Das heißt, Personen unter 14 kann der Staatsanwalt nicht belangen, solche über 14 dagegen schon. Für Jugendliche – das sind

Menschen zwischen 14 und 18 Jahren (§ 1 Abs. 2 Jugendgerichtsgesetz) – gilt allerdings der mildere Strafkatalog des Jugendstrafrechts. Für junge Erwachsene wird er unter Umständen bis 21 ebenfalls angewendet.

16 bis 17 Jahre: Testierfähigkeit und Ehemündigkeit

Mit dem 16. Geburtstag kann ein Minderjähriger ein notarielles Testament aufsetzen, er ist beschränkt testierfähig. Schreibt er seinen letzten Willen aber bloß eigenhändig auf, ist das unwirksam. Der Notar muss sich von der Testierfähigkeit des Minderjährigen überzeugen und das im Testament vermerken, §§ 2232, 2247 Abs. 4 BGB.

Weiter kann das Vormundschaftsgericht einem mindestens 16-Jährigen auf Antrag erlauben, die Ehe einzugehen – solange wenigstens der künftige Ehegatte volljährig ist. Ein Minderjähriger kann also mit dem 16. Geburtstag die Ehemündigkeit erreichen, § 1 Abs. 2 EheG. Vor dem Strafgericht dürfen Jugendliche unter 16 Jahren nicht vereidigt werden. Erst nach dem 16. Geburtstag können sie verpflichtet werden, unter Eid auszusagen (§ 61 Nr. 1 StPO).

Ab 18 Jahre: Volljährigkeit

Mit dem 18. Geburtstag ist ein Mensch volljährig. Er kann und darf Verträge schließen, ohne jemanden um Erlaubnis fragen zu müssen. Er unterliegt nicht mehr der elterlichen Sorge – obwohl er noch Unterhaltsansprüche gegen seine Erzeuger haben kann. Er kann sowohl eigenhändige Testamente verfassen wie auch nach Gutdünken heiraten.

Die Kehrseite der Medaille: Ab jetzt ist er auch für alle seine Handlungen voll verantwortlich, Ausnahmen gibt es nur noch im Strafrecht, wo bis zum 21. Lebensjahr mildere Strafen verhängt werden können.

Für das Strafrecht ist vor allem das Erreichen des 14. und des 21. Lebensjahres relevant. Dort wird ein Mensch schuld- beziehungsweise voll straffähig.

Ab 21 Jahre: Volle Straffähigkeit

Die bis 1975 gültige Grenze für die Volljährigkeit hat sich im Strafrecht erhalten. Danach kann ein Mensch zwischen 18 und 21 Jahren als Heranwachsender nach dem meist milderen Jugendstrafrecht bestraft werden, sofern er seinem Entwicklungsstand nach eher ein Jugendlicher ist oder die Tathandlung selbst ein typisches Jugenddelikt ist (§ 105 Jugendgerichtsgesetz). Sobald der Täter aber das 21. Lebensjahr vollendet hat, ist es mit der Milde des Gesetzes vorbei: Spätestens jetzt ist ein Mensch voll für seine Taten verantwortlich.

Juristische Personen im Rechtsverkehr

Wenn sieben Deutsche zusammenkommen, so heißt es, dann gründen sie einen Verein. Also werden Sie vermutlich auch den einen oder anderen Verein aus der Nähe kennen. Aus dieser Erfahrung wissen Sie, dass Vereine beispielsweise Verträge abschließen, Räume anmieten, Leute beschäftigen oder Betriebsmittel einkaufen können. Grund dafür ist eine Besonderheit des deutschen Zivilrechts, nach der nicht nur Menschen handeln dürfen, sondern auch die so genannten juristischen Personen.

> **Achtung:** Juristische Personen sind keine Menschen. Es sind Gebilde, die von einem oder mehreren Menschen aufgebaut werden. Wichtig: Eine juristische Person verfolgt ein ganz bestimmtes Ziel – wie natürliche Personen auch. Allerdings hat die juristische Person nur dieses eine Ziel, für das man sie gegründet hat.

Welche Ziele mit einer juristischen Person verfolgt werden, welche juristischen Personen es im Einzelnen gibt und was Sie dabei beachten müssen, erfahren Sie aus der folgenden Aufstellung.

Vereine

Wann immer sich mehrere Menschen zusammentun, um beispielsweise einen Verein zu gründen, entsteht eine juristische Person. Diese kann mit gewissen Einschränkungen genauso Träger von Rechten und Pflichten werden wie eine natürliche Person.

Den Sportvereinen, Schachclubs, Freundeskreisen und vielen anderen ist das »e.V.« am Ende gemeinsam. Es steht für »eingetragener Verein« und bedeutet in der Praxis Folgendes: Mindestens sieben Leute haben ein gemeinsames Ziel, für das sie sich engagieren wollen. Nachdem sie sich einen Namen ausgedacht, eine Vereinssatzung beschlossen und einen Vorstand gewählt haben, hat der Vorstand dann – über einen Notar – beim Amtsgericht beantragt, dass der Verein unter dem selbst gewählten Namen ins Vereinsregister eingetragen wird. Das Amtsgericht hat den Verein daraufhin eingetragen.

> **Wichtig:** Mit der Eintragung ist der Verein zu einer rechtsfähigen juristischen Person geworden und kann folglich Verträge abschließen und Rechte und Pflichten erwerben.

Rechtsfähigkeit bedeutet, dass der Verein unter seinem selbst gewählten Namen:
▶ Verträge schließen darf und
▶ Ansprüche geltend machen kann.
Er darf sich zum Beispiel gegen den Missbrauch seines Namens wehren und selbst als Kläger vor Gericht auftreten.
Da der Verein aber aus mehreren Leuten besteht und keine natürliche Person ist, andererseits aber eine juristische Konstruktion in der Wirklichkeit schlecht vor Gericht aussagen oder auch bloß mit jemandem telefonieren kann, muss jede juristische Person von einer natürlichen Person – einem echten Menschen also – vertreten werden. Dafür gibt es den Vorstand, der den Verein nach außen vertritt.

> **Achtung:** Jede juristische Person muss von einem natürlichen Menschen vertreten werden. Diese Vertretungsmacht steht dem Vereinsvorstand zu. Dazu ist es unerheblich, ob er in sein Amt gewählt wurde oder sich selbst ernannt hat.

Der Vereinsvorstand

Der Vorsitzende eines Vereins – oder ein anderes Vorstandsmitglied – nutzt seine Vertretungsmacht zum Beispiel folgendermaßen: »Guten Tag, Herr Meier, mein Name ist Müller. Ich möchte im Namen des Kegelclubs ›Heiße Kugel‹ von Ihnen die Sporthalle mieten.«

Kommt der Mietvertrag zustande, dann wirkt er zwischen dem Vermieter Meier und dem Kegelclub »Heiße Kugel«. Herr Müller dagegen erwirbt aus dieser Vereinbarung keine eigenen Rechte oder Pflichten. Denn er hat ja nur für den Verein gehandelt. Wie der Verein seinen Vorstand, hat auch jede andere juristische Person mindestens ein Organ, das die Person im Rechtsverkehr wirksam vertreten darf.

Die Namen dieser Organe sind:

▶ **Vorstand, Vorsitzender:** beispielsweise beim Verein oder einer Aktiengesellschaft.
▶ **Geschäftsführer:** insbesondere bei Gesellschaften mit beschränkter Haftung und anderen Gesellschaften.
▶ **Gesellschafter:** beispielsweise bei einer BGB-Gesellschaft. Normalerweise dürfen nur alle Gesellschafter zusammen die Gesellschaft vertreten, nicht einer allein. Außer, sie haben sich auf einen Geschäftsführer geeinigt.
▶ **Komplementär:** haftender Kapitalgeber und Geschäftsführer einer Kommanditgesellschaft.
▶ **Prokurist:** Er ist kein Organ einer Gesellschaft, aber durch die Prokura umfassend vertretungsberechtigt im Namen der Gesellschaft.

Eine juristische Person kann beispielsweise nicht selbst vor Gericht erscheinen, sondern wird immer durch eine natürliche Person vertreten, die im Interesse der juristischen Person handelt.

Firmen und Unternehmen

Mittlere bis größere Handelshäuser oder Hersteller von Waren und Gebrauchsgegenständen sind ebenfalls oft als juristische Person organisiert. Dazu greifen die Manager am liebsten zu den folgenden, bereits in Kapitel 2 vorgestellten Rechtsformen:

▶ **Kapitalgesellschaften** (Gesellschaft mit beschränkter Haftung, Aktiengesellschaft (AG),
▶ **Personengesellschaften** (BGB-Gesellschaft, offene Handelsgesellschaft, Kommanditgesellschaft, KG mit einer GmbH als Komplementär, Partnerschaft/Europäische Wirtschaftliche Interessen-Vereinigung (EWIV).

Die rechtlichen Vorteile dieser Unternehmensformen und der juristischen Personen im Allgemeinen liegen in der Praxis an Folgendem:

- **Verträge gelten nur** zwischen der juristischen Person und den Vertragspartnern. Das heißt, der Vertreter (das Organ) ist aus der Haftung vorbehaltlich innergesellschaftlicher Regelungen ausgenommen.
- **Die juristische Person haftet nur** mit ihrem gesamten (Gesellschafts-)Vermögen. Danach ist normalerweise Schluss.
- **Gesellschafter, Kommanditisten oder andere Geldgeber** haften normalerweise nur so weit, wie sie eigenes Vermögen in die Firma eingebracht haben.
- **Ist eine juristische Person überschuldet,** wird sie aufgelöst, und ihre Gründer können über das nächste Geschäft nachdenken. Wer von der aufgelösten Firma noch Geld zu bekommen hat oder Schadenersatzansprüche anmelden möchte, hat dagegen in der Regel das Nachsehen.

Eine natürliche Person dagegen haftet immer mit Haut und Haaren. Gerade in der heutigen Lebenswelt hat man sich mit etwas Pech oder Ungeschick rascher als erwartet für den Rest des Lebens verschuldet.

Vor- und Nachteile der juristischen Person

Für Sie als Geschäftsmann kann es wegen der beschränkten Haftung zwar durchaus vorteilhaft sein, wenn Sie gegenüber Ihrem Geschäftspartner als Kapitalgesellschaft auftreten. Andererseits ist eine Personengesellschaft günstiger, wenn Sie einen Kredit von einer Bank benötigen. Aus Sicht der Bank bieten Sie dann mehr Sicherheit. Denn bei einer Personengesellschaft haftet mindestens ein Gesellschafter mit seinem gesamten Privatvermögen, wenn das Kapital der Gesellschaft nicht mehr ausreichen sollte.

Der wichtigste Unterschied zwischen einer Personengesellschaft und einer juristischen Person besteht darin, dass es bei der Gesellschaft darauf ankommt, wer beteiligt ist. In der Theorie endet sie (fast) automatisch, wenn einer der Gründer stirbt oder auf anderem Wege ausscheidet. Eine juristische Person dagegen »lebt« weiter. In der Praxis aber haben sich die weitaus meisten Personengesellschaften verpflichtet, auch nach dem Ausscheiden eines Gesellschafters weiterzumachen.

Der Staat im Rechtsverkehr

Im Verhältnis zwischen Privatleuten taucht der Staat normalerweise nicht auf. Aber wenn zum Beispiel die Stadt als Körperschaft des öffentlichen Rechts für ihr Rathaus neues Toilettenpapier braucht oder einen Neubau in Auftrag geben will, ist das anders. Das Besondere ist, dass der Staat im Allgemeinen frei wählen kann, ob er sich wie jeder andere Privatmann behandeln lassen möchte oder ob er in seiner Rolle als Obrigkeit auftritt.

Ob ein Unternehmen eine natürliche oder eine juristische Person ist, hängt von der gewählten Rechtsform ab. Die Wahl einer Rechtsform, bei der das Unternehmen eine juristische Person ist, hat in der Regel den großen Vorteil, dass die Haftung auf die juristische Person und deren Kapital beschränkt ist.

Dabei ist der Staat als Teilnehmer im Rechtsverkehr immer so etwas wie eine juristische Person. So handelt es sich bei Körperschaften wie Gemeinden, Landkreisen und kreisfreien Städten um Personenvereinigungen, wie es eingetragene Vereine auch sind. Juristische Personen sind aber ebenso die Anstalten und Stiftungen der öffentlichen Hand. So zum Beispiel die Bundesanstalt für Arbeit, manche Stadtsparkasse und beispielsweise die Stiftung preußischer Kulturbesitz.

Im Unterschied zu den privatrechtlichen Vereinen und Firmen sind diese hoheitlichen Rechtspersonen ohne weiteres rechtsfähig, sobald sie durch Gesetz oder ministerielle Verfügung entstanden sind. Für die Schulden und Verbindlichkeiten einer juristischen Person des öffentlichen Rechts haftet in letzter Konsequenz der Staat. Deshalb können beispielsweise Gemeinden oder Kommunen keinen Konkurs anmelden, selbst wenn ihnen das Geld ausgeht. Ärgerlich ist das immer für Bauunternehmer, wenn sie wegen Zahlungsunfähigkeit des öffentlichen Auftraggebers leer ausgehen.

Der Staat tritt im Rechtsverkehr als eine Art Zwitterwesen auf. Einerseits gelten die meisten Gebietskörperschaften und öffentlichen Anstalten als juristische Personen, andererseits bringt die Ausübung hoheitlicher Aufgaben besondere Rechtsbefugnisse mit sich, die anderen juristischen Personen nicht zustehen.

Die Stellvertretung bei juristischen Personen

Eine juristische Person kann nicht selbst aktiv werden. Sie muss durch existierende, geschäftsfähige Personen vertreten werden. Das gilt für Kapitalgesellschaften und Personengesellschaften gleichermaßen, trifft aber auch für Vereine, Stiftungen und andere Formen zu. Die Vertretungsmacht für eine juristische Person liegt immer bei ihren Organen.

Erinnern wir uns nun wieder an Herrn Müller, den Vorsitzenden des Kegelclubs »Heiße Kugel«. Herr Müller ist als Vereinsvorsitzender ein Organ des Vereins. Doch wenn er sich nicht besondere Mühe gibt, wird er nicht als Vereinsvorsitzender erkannt. Das hätte zur Folge, dass ein Mietvertrag über eine Sporthalle nicht zwischen dem Vermieter und dem Verein, sondern zwischen dem Vermieter und Herrn Müller zustande kommt. Eine wirksame Stellvertretung kommt nur unter folgenden Voraussetzungen zustande:

▶ **Willenserklärung:** Der Stellvertreter (Herr Müller) will für einen anderen (Kegelclub) auftreten und zum Beispiel einen Vertrag schließen.
▶ **Vollmacht:** Der Stellvertreter (Herr Müller) hat die dazu nötige Vertretungsmacht. Hier bekommt er sie durch seine Wahl in den Vereinsvorstand. Damit darf er für den Verein auftreten und zulasten des Vereins einen Vertrag schließen.
▶ **Offenbarung:** Der Stellvertreter (Herr Müller) legt offen, dass er lediglich ein Stellvertreter ist, und benennt den wirklichen Vertragspartner (Kegelclub).
▶ **Einverständnis:** Der Vertragspartner (Herr Meier) ist mit dem Stellvertreter und dem wirklichen Vertragspartner – dem vertretenen Verein – einverstanden und schließt den Vertrag ab.

Juristische Personen treten in der Öffentlichkeit immer in Person eines Stellvertreters auf, der die jeweiligen Interessen der juristischen Person vertritt. Dieser Stellvertreter muss dafür die entsprechende Vertretungsmacht besitzen, damit die Rechtsgeschäfte für die juristische Person Gültigkeit erlangen.

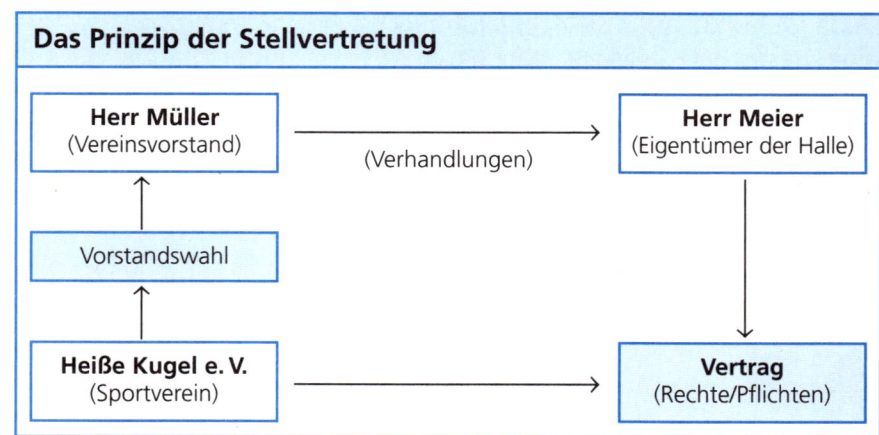

Ergebnis:
Was immer Herr Müller mit Herrn Meier verhandelt, die eigentliche Vertragsbeziehung besteht allein zwischen dem vertretenen Sportverein und Herrn Meier. Herr Müller bleibt außen vor.

Die Stellvertretung bei Privatpersonen
Auch bei Privatleuten ist Stellvertretung nicht ungewöhnlich. Eine Vollmacht ist ein Schriftstück, in dem nicht mehr zu stehen braucht als:
- **wer bevollmächtigt werden soll** – eine Bezeichnung der Person, mindestens also ein Name oder eine Funktionsbezeichnung,
- **wozu die Vollmacht dienen soll** – wem sie vorgelegt werden soll, was der Bevollmächtigte im Namen des Vertretenen tun darf,
- **wie lange sie gelten soll** – man kann eine Vollmacht auf einen bestimmten Zeitraum befristen oder für unbegrenzt gültig erklären.

Eine Vollmacht kann auf zwei Arten eingesetzt werden:
- **durch den Bevollmächtigten** – dieser legt die Vollmacht dort vor, wo er tätig werden soll,
- **durch den Vertretenen** – dieser schickt die Vollmacht direkt an die Stelle, an der er vertreten werden soll. Kommt dann der Bevollmächtigte dorthin, ist der Sachverhalt bereits geklärt.

Achtung: In besonderen Situationen gibt es keine ausdrückliche Bevollmächtigung oder Vertretungsbefugnis. Das Gesetz geht beispielsweise bei Eheleuten immer davon aus, dass der eine Ehegatte den anderen im Rechtsverkehr vertreten darf (§ 1357 BGB). Diese Befugnis gilt für alles, was nötig ist, um den Lebensbedarf zu decken. Und sie gilt, solange die Eheleute zusammenleben. Also brauchen sie für das »i. V. – in Vertretung« vor ihrer Unterschrift keine besondere Vollmacht.

Vertragsrecht – was Sie beim Abschluss von Verträgen beachten müssen

Zur Erinnerung: Ein Vertrag liegt immer dann vor, wenn sich mindestens zwei Leute darüber einig sind, dass eine bestimmte tatsächliche Wirkung in der Zukunft herbeigeführt werden soll. Dieses »Einigsein« überkommt aber niemanden einfach so. Es läuft vielmehr folgendermaßen ab: Der eine sagt, was er will. Der andere erklärt sich damit einverstanden. Dann steht auch für einen daneben stehenden Dritten fest: Die beiden sind sich einig geworden. Wenn jemand sagt, was er will, dann ist das eine »Willenserklärung«. Akzeptiert der andere diesen Willen, ist das ebenfalls eine Willenserklärung. Damit wird deutlich:

> **Wichtig:** Ein Vertrag entsteht durch mindestens zwei aufeinander bezogene Willenserklärungen. Aus diesen Erklärungen muss hervorgehen, dass beide oder alle Wünsche auf dasselbe Ziel gerichtet sind.

Die geläufigsten Vertragstypen

Die verschiedenen Vertrags- und Geschäftstypen des Bürgerlichen Gesetzbuches lassen sich meistens auf wenige Leistungsinhalte reduzieren. Um im Einzelfall entscheiden zu können, welche Art von Vertrag entstanden ist, muss man den Weg der Subsumtion rückwärts gehen. Das heißt, man muss nachvollziehen, unter welches Thema der vorliegende Vertrag fällt.

In der Praxis liegt die Bedeutung darin, dass man einen Kaufvertrag zum Beispiel anders anfechten kann als einen Dienstleistungsvertrag. Gerade im Grenzbereich zwischen Kauf und Dienstleistung kommt es auf das Wesentliche an, danach richtet sich die Bewertung des Vertrages. Auf den folgenden Seiten finden Sie die genaue Aufstellung laut BGB.

Alle Verträge entstehen auf dieselbe Weise: durch zwei sich deckende Willenserklärungen. Um welche Art von Vertrag es sich dann handelt und welche rechtlichen Konsequenzen er mit sich bringt, ist dabei nebensächlich und wird meist erst im Streitfall relevant.

Vertragstyp	Leistungsinhalt	Gegenleistung	BGB
Kauf	Der Käufer soll das **Eigentum** an einer Sache oder einem Recht bekommen.	Dafür zahlt er den vereinbarten **Preis** (Kauf) oder eine andere, gleichwertige **Sache** (Tausch).	§§ 433 ff.
Miete, Pacht	Der Mieter/Pächter soll eine Sache oder ein Recht **benutzen dürfen**, ohne Eigentümer zu werden.	Dafür zahlt er **Miete** oder **Pacht**, normalerweise in Geld.	§§ 535 ff.

Das Bürgerliche Gesetzbuch hat alle wesentlichen Vertragsformen explizit angesprochen und Detailregelungen aufgenommen.
Daher ist es wichtig, den jeweiligen Vertrag einer juristischen Vertragsform zuordnen zu können.

Vertragstyp	Leistungsinhalt	Gegenleistung	BGB
Schenkung	Der Beschenkte soll das **Eigentum** an einer Sache oder einem Recht bekommen.	Er muss mit dem Geschenk **einverstanden** sein.	§§ 516 ff.
Leihe	Der Entleiher soll eine Sache oder ein Recht **benutzen dürfen**, ohne Eigentümer zu werden.	**Keine** Gegenleistung. Nur muss der entliehene Gegenstand nach der Leihfrist natürlich zurückgegeben werden.	§§ 598 ff.
Darlehen	Der Darlehensnehmer soll Geld oder eine Leistung für eine bestimmte Zeit bekommen und wie ein Eigentümer **nutzen dürfen**.	Der Darlehensnehmer verpflichtet sich, das Geld oder die Leistung in gleicher Form **zurückzugeben** und dafür ein **Entgelt** zu entrichten (Zinsen).	§§ 607 ff.
Dienstvertrag	Der Dienstleister bietet eine **Tätigkeit** an. Ob sein Tätigwerden den geplanten Erfolg hat oder nicht, ist dabei unerheblich.	Der Auftraggeber schuldet dafür eine **Vergütung**.	§§ 611 ff.
Werkvertrag	Der Werkschuldner führt einen bestimmten **Erfolg** herbei. Das ist meistens die Herstellung oder Reparatur einer Sache (Handwerker).	Der Besteller schuldet dafür eine **Vergütung**.	§§ 631 ff.
Reisevertrag	Der Veranstalter bietet ein Paket von **Reise- und Touristikleistungen**. Wie beim Werkvertrag schuldet er einen Erfolg, nämlich die Reise.	Der Reisende schuldet dafür eine **Vergütung**.	§§ 651a ff.

Vertragstyp	Leistungsinhalt	Gegenleistung	BGB
Maklervertrag	Der Makler führt Leute zusammen, die miteinander einen Vertrag schließen wollen.	Dafür bekommt er eine **Courtage.** Wann sie fällig wird, bestimmt der Vertrag, im Normalfall bei Vertragsabschluss.	§§ 652 ff.
Auftrag	Der Beauftragte erledigt ein **Geschäft** für den Auftraggeber. Das ist zum Beispiel schon das Anmelden eines Kfz für einen Bekannten.	Der Auftraggeber schuldet **keine Vergütung**, muss aber die berechtigten Aufwendungen des Auftragnehmers ersetzen.	§§ 662 ff.
Geschäftsbesorgung	Der Beauftragte erledigt ein **Geschäft** für den Auftraggeber, wie zum Beispiel das Anmelden eines Kfz.	Der Auftraggeber schuldet die vereinbarte **Vergütung** und muss die notwendigen Auslagen des Auftragnehmers ersetzen.	§ 675 ff.
Verwahrung	Der Verwahrer **hebt** eine Sache für den Hinterleger **auf**.	Dafür kann eine **Vergütung** vereinbart werden, muss aber nicht. Eine Verwahrung ist schon der **Freundschaftsdienst**, beim Umzug eines Bekannten einige seiner Kartons im eigenen Keller zwischenzulagern.	§§ 688 ff.
Gesellschaft	Die Gesellschafter verpflichten sich **gegenseitig**, ein **gemeinsames Ziel** zu fördern. Das trifft bereits auf eine Fahrgemeinschaft zu.	Sie müssen, wenn nichts anderes vereinbart ist, die **gleichen Anteile** in Geld, Sachen oder Arbeitskraft einbringen.	§§ 705 ff.

In manchen Fällen haben sich Mischtypen aus mehreren Vertragsformen entwickelt, die nur von spezialisierten Juristen auf ihre rechtlichen Folgen analysiert werden können. Dazu gehört zum Beispiel der Franchise-Vertrag, der eine Mischung aus Miet-, Pacht- und Kaufvertrag darstellt.

Inzwischen wurden die Regelungen des Bürgerlichen Gesetzbuches in vielen Fällen durch wesentlich detailliertere Nebengesetze ergänzt, die zur Klärung eines Rechtsfalles herangezogen werden müssen.

Vertragstyp	Leistungsinhalt	Gegenleistung	BGB
Leibrente	Der Rententräger verpflichtet sich, eine bestimmte Geldsumme **regelmäßig** an den Empfänger **zu zahlen**.	Dafür kann eine Vorleistung vereinbart sein, muss aber nicht.	§§ 759 ff.
Bürgschaft	Der Bürge verpflichtet sich gegenüber einem Gläubiger, die **Schulden eines anderen** (des »Dritten«) zu bezahlen, falls der Dritte nicht zahlt.	Der Gläubiger muss mit dem Bürgen **einverstanden** sein.	§§ 765 ff.
Schuldschein	Jeder kann einen Brief aufsetzen, der eine **eigene Schuld begründen** soll (Schuldversprechen, Schuldanerkenntnis). Aber Vorsicht: Es gibt auch die so genannten deklaratorischen Anerkenntnisse.	Keine Gegenleistung nötig. Der Brief ist eine Urkunde, die jemandem ausgehändigt wird. Sobald der Brief dem Aussteller vorgelegt wird, muss gezahlt werden.	§§ 780 ff.
Anweisung	Ein Brief mit der Erklärung, dass der Adressat eine Leistung an den Aussteller oder den Erklärungsinhaber erbringen soll (**Scheck**).	Der Adressat muss leisten, wenn er die Anweisung **annimmt**. Die Anweisung bleibt dann beim Adressaten.	§§ 783 ff.
Schuldverschreibung auf den Inhaber	Ein Brief, wonach die Leistung **ausschließlich an den Inhaber** erbracht werden soll.	Der Aussteller muss leisten, wenn ihm der Brief wieder **vorgelegt** wird. Dafür bekommt er seinen Brief zurück.	§§ 793 ff.

Kopfnicken oder Handschlag – Willenserklärungen in der Praxis

Auf welche Weise jemand seinen Willen kundtut, ist im Allgemeinen unwichtig. Hauptsache, der andere konnte verstehen, was gemeint war.

Beispiel: *Herr Schulz ist am Samstag früher als sonst aufgestanden. Er denkt sich, dass Brötchen für das Familienfrühstück nicht schlecht wären. Also macht er sich auf den Weg zum Bäcker. Dort kennt man ihn. Als er an der Reihe ist, zeigt er eine ganze Hand. Die Verkäuferin fragt nach: »Fünf Kornspitz?« Herr Schulz nickt. Die Verkäuferin packt fünf Brötchen in eine Tüte, tippt den Betrag in die Registrierkasse. Herr Schulz legt abgezähltes Geld auf den Tresen, nimmt die Tüte und geht.*

In diesem Beispiel gab es folgende Willenserklärungen:
- **Angebot:** Die volle Hand bedeutete: »Ich möchte fünf Brötchen.« Dies war ein Angebot.
- **Angebot:** Was die Verkäuferin sagte, bedeutete: »Einverstanden. Ich schlage die Sorte Kornspitz vor.« Auch dies war ein Angebot.
- **Annahme:** Das Kopfnicken bedeutete: »Mit dieser Sorte bin ich einverstanden.« Hier hat Herr Schulz das Vertragsangebot angenommen.
- **Preisvereinbarung:** Zusätzlich waren sich beide wortlos darin einig, dass der gewöhnliche Preis bezahlt werden sollte, wie er am Korb mit den frischen Brötchen ausgewiesen war.

Der Vertrag – Angebot und Annahme einer Willenserklärung

Eine Willenserklärung braucht also nicht immer eine sprachliche Erklärung. Unter besonderen Umständen genügt auch eine Geste oder Handlung. In unserem Fall ist ein Kaufvertrag über fünf Brötchen der Sorte Kornspitz zum gewöhnlichen Preis geschlossen worden. Obwohl nur die Verkäuferin etwas gesagt hat. Geschäfte wie dieses gibt es im täglichen Leben häufig, ohne dass die beiden Vertragsparteien dabei dem rechtlichen Hintergrund einen Gedanken schenkten.

Im Allgemeinen besteht ein gewöhnlicher Kaufvertrag aus zwei bestimmenden Willenserklärungen, nämlich:
- **dem Angebot** – jemand bietet dem anderen an, eine Sache zu kaufen oder zu verkaufen,
- **der Annahme** – der andere erklärt sich mit diesem Angebot einverstanden.

So war es hier bei der ersten Erklärung des Herrn Schulz. Sie war unvollständig, weil Herr Schulz nichts über die Art der Brötchen gesagt hatte, die er haben wollte. Also machte die Verkäuferin ein Gegenangebot, das Herr Schulz schließlich annahm. Sein erstes Angebot war in diesem Moment bereits unwirksam und vergessen. Erst die Übereinstimmung der Willenserklärungen macht den Vertrag wirksam.

In welcher Form die Willenserklärungen abgegeben werden, ist in den meisten Fällen irrelevant. Hauptsache ist, dass die beiden Willenserklärungen übereinstimmen und beide Vertragsparteien dasselbe Ziel haben.

Die Verhandlung: Es muss Einigkeit herrschen

Was für das Beispiel mit Herrn Schulz und der Verkäuferin im Bäckerladen gilt, trifft allgemein auf jede Form von gegenseitiger Willenserklärung und Vertragsverhandlung zu:

> **Vorsicht:** Alle Angebote, die nicht sofort oder nur mit Änderungen angenommen werden, verfallen. Jede Änderung gilt automatisch als Ablehnung des ursprünglichen Angebots.

Die meisten Ablehnungen werden mit einem neuen Angebot verbunden sein. Dieses neue Angebot geht zurück an denjenigen, der das erste Angebot machte. Angebot und Ablehnung verbunden mit einem abgeänderten Angebot gehen wie beim Pingpong hin und her.

Verhandeln kann man alles und mit jedem. Es ist unwichtig, ob man dabei lauthals und vor Ohrenzeugen mit anderen spricht, sich durch Zeichensprache verständigt, wortlos kleine Zettelchen über den Tisch schiebt, per Telefon Absprachen trifft, Faxbotschaften durch die Leitungen jagt oder E-Mail-Nachrichten direkt in fremde Computer sendet. Die Form der Verhandlungen ist allein Ihnen überlassen.

Der Vertragsinhalt: Details können ausgehandelt werden

Niemand ist gezwungen, einen Vertrag in der vorgelegten Form zu akzeptieren. Deshalb: Verhandeln Sie, fragen und prüfen Sie, ob sich nicht ein besseres Angebot finden lässt. Das stellen Sie durch Vergleiche mit anderen Vertragsangeboten fest. Konfrontieren Sie Ihren Gesprächspartner mit den Alternativangeboten. Manchmal wird selbst der härteste Stein doch noch weich.

Wie auf einem orientalischen Basar oder auf einem ostfriesischen Pferdemarkt legt im Verhandlungsstadium jeder seine Vorstellungen so lange dar, bis es eine Einigung gibt, die beiden Seiten gefällt.

Der Vertragsabschluss: Inhalte wichtiger als die Form

Erst wenn diese inhaltliche Einigkeit erzielt wird, haben wir einen Vertrag. Die Form des Vertrages ist meist nur von zweitrangiger Bedeutung. Zustande kommen Verträge in den allermeisten Fällen:

- **schriftlich,** das heißt per Brief oder Telex oder Fax oder elektronische Post (E-Mail),
- **mündlich,** das heißt im direkten Gespräch oder per Telefon oder in jeder anderen Form der Sprachübermittlung,
- **durch Zeichensprache,** vor allem durch Gesten wie Nicken oder Kopfschütteln oder bewusste Bewegungen wie ein abwehrendes Händeheben oder Daumen nach oben.

Bei Verhandlungen kommt erst dann ein Vertrag zustande, wenn die Willenserklärungen beider Parteien sich decken. Während der Verhandlung werden immer nur neue Angebote unterbreitet, die alle vorhergehenden ungültig werden lassen.

Dagegen gehört folgende Auffassung zu den verbreiteten Irrtümern über unser Zivilrecht: »Der andere hat nichts gegen mich in der Hand, ich habe ja nichts unterschrieben.« Tatsächlich nämlich sind die meisten Verträge wirksam, auch wenn sie »nur« mündlich geschlossen werden. Dabei ist es egal, ob die mündliche Einigung von Auge zu Auge stattfindet oder per Telefon vermittelt wird. Im Alltag werden wir nur selten auf Verträge stoßen, bei denen nicht allein der Inhalt, sondern auch die Form wichtig ist.

Wo die Schriftform für Verträge notwendig ist
Einige Verträge oder Willenserklärungen werden erst dann wirksam, wenn sie sich an die gesetzlich vorgeschriebene Form halten. Beispiele für solche Erklärungen, die nicht formlos gültig sind:
- **Das Schenkungsversprechen:** Wer ein Geschenk verspricht, ist daran nur gebunden, wenn dieses Versprechen von einem Notar beurkundet worden ist.
- **Die Bürgschaft:** Die Verpflichtung, für die Leistungsfähigkeit eines anderen eintreten zu wollen, muss schriftlich erklärt werden.
- **Die Kündigung des Wohnungsmietvertrages durch den Vermieter:** Der Vermieter muss die Kündigung aufschreiben, sonst gilt sie nicht.
- **Der Kaufvertrag über Grundstücke:** Sowohl das Angebot wie auch die Annahme eines solchen Kaufvertrags müssen notariell beurkundet werden.
- **Der Ehevertrag,** sofern eine Abweichung vom BGB gewünscht wird, muss vor dem Notar geschlossen werden.
- **Das Testament** muss eigenhändig aufgeschrieben werden, Erbverträge müssen vor dem Notar geschlossen werden.

Nur die wenigsten Verträge bedürfen der Schriftform oder gar des Ganges zum Notar. Dies dient der Rechtsvereinfachung, denn stellen Sie sich einmal vor, Sie müssten für jedes gekaufte Brötchen einen schriftlichen Vertrag abschließen.

Die Vertragsformen gemäß Zivilrecht
Das deutsche Zivilrecht unterscheidet folgende vier Vertragsformen:
- **Die mündliche Form:** Nach dem Mündlichkeitsgrundsatz ist jede Willenserklärung formlos wirksam. Nur wenn es ein Gesetz gibt, das eine andere Form vorschreibt, ist es anders. Dann nämlich ist eine Erklärung, die dieser Form nicht genügt, ohne weiteres unwirksam und nichtig (§ 125 BGB).
- **Die gewillkürte Schriftform:** Einigen sich die Vertragsparteien darauf, dass ihr Vertrag schriftlich geschlossen werden soll, weichen sie damit vom Mündlichkeitsgrundsatz ab. Das darf jeder nach Gutdünken tun. Häufig finden sich in längerfristigen Verträgen wie Miet- oder Arbeitsverträgen Sätze wie: »Alle mündlichen Vereinbarungen zu diesem Vertrag sind nichtig« oder »Änderungen oder Ergänzungen dieses Vertrags bedürfen der Schriftform«. Was die Parteien unter »schriftlich« verstehen wollen, dürfen sie dabei selbst bestimmen. Daher gelten

nach § 127 BGB im Zweifel auch eine »telegraphische Übermittelung« oder ein einfacher Briefwechsel als schriftlich im Sinne des Gesetzes.
- **Die gesetzliche Schriftform:** Ist durch Gesetz Schriftform gemäß § 126 BGB vorgeschrieben, muss bei einer einseitigen Willenserklärung ein Schriftstück erstellt werden, das vom Erklärenden eigenhändig unterzeichnet wird. Bei einem Vertrag, der nach einer Formvorschrift nur schriftlich geschlossen werden kann, müssen alle Vertragsparteien auf ein und derselben Urkunde eigenhändig unterschreiben. Anders als bei der gewillkürten Schriftform reicht hier also ein Briefwechsel nicht aus. Ebenso wenig ist eine Erklärung schriftlich, wenn sie lediglich gefaxt oder vom Telegrafenamt übermittelt wird.
- **Die notarielle Form:** Die strengste mögliche Formvorschrift ist die, bei der die Vertragsparteien gleichzeitig (§ 128 BGB) oder wenigstens nacheinander (§ 127 a BGB) zum Notar gehen müssen.

Die Aufgaben des Notars

Ähnlich wie die Vorschrift der notariellen Form besonders erwähnt wird, so sind auch die Aufgaben des Notars sehr genau festgelegt. Nach dem Beurkundungsgesetz hat er folgenden Pflichten nachzukommen:
- **Identitätsprüfung:** Er kann sich dazu Personalausweise vorlegen lassen. Er soll vermerken, wenn ihm die Leute nicht persönlich bekannt sind.
- **Prüfung der Geschäftsfähigkeit:** Das heißt, er muss mindestens feststellen, wie alt sie sind. Macht jemand einen geschäftsunfähigen Eindruck, hat der Notar auch das festzuhalten oder sogar die Beurkundung abzulehnen.
- **Vorbehalt der Schriftform:** Er muss eine Niederschrift erstellen. Darin muss stehen, wie der Notar heißt, wer vor ihm erschienen ist und was er oder sie erklärt hat beziehungsweise haben. Schließlich muss er noch Datum und Ort festhalten.
- **Belehrung:** Während oder vor der Niederschrift muss er die Erklärenden darüber informieren, was sie da eigentlich rechtlich erklären und welche Folgen das für sie haben kann. Versäumt der Notar diese Belehrung oder belehrt er schlecht, können enttäuschte Vertragsparteien die Urkunde allein deshalb aus der Welt schaffen lassen. Die Folge für den Notar: Er muss den dadurch entstandenen Schaden ersetzen.

Der Zweck der notariellen Schriftform

Diese Formvorschriften haben natürlich auch ihren Sinn. Sie sollen folgende Aufgaben erfüllen:
- **Warnfunktion:** Der Erklärende oder die Vertragsparteien sollen vor ihrer Erklärung noch einmal gewarnt werden. Sie sollen, bevor sie etwas ziemlich Wichtiges tun, ihre Absicht noch einmal überdenken. Hauptbeispiel: Bürgschaft.

Ist für einen Vertrag die Schriftform vorgesehen, dann muss man unterscheiden, ob die Vertragsparteien per Briefwechsel oder formlos auf einem Papier den Vertrag abschließen dürfen oder ob nicht die strengere gesetzliche Schriftform oder der Gang zum Notar vorgeschrieben sind.

- ▶ **Irrtumsausschlussfunktion:** Der Gesetzgeber will, dass es über den Inhalt eines komplizierten Vertrags oder einer wichtigen Erklärung keine Unklarheiten gibt.
- ▶ **Beweisfunktion:** Es geht darum, den Inhalt einer Erklärung oder eines Vertrags auch in ferner Zukunft sicher feststellen zu können. Wie sagt schon Mephisto in Goethes Faust: »Nur was man schwarz auf weiß besitzt, kann man getrost nach Hause tragen.«
- ▶ **Schutz der Rechtsordnung:** Wenn nicht nur alle diese Ziele zusammenkommen, sondern es obendrein auch für die Gesellschaft besonders wichtig ist, dass eine (vertragliche) Erklärung ohne jeden Zweifel für die Ewigkeit festgehalten wird, dann ist die notarielle Form die sicherste Form. Dies trifft gerade auf den Grundstückskaufvertrag zu: Grund und Boden sind keine frei vermehrbaren Wirtschaftsgüter, und das Eigentum an einem Grundstück muss im Zweifel über Jahre bis Jahrhunderte zweifelsfrei festgestellt werden können.

Der Notar muss nur in den seltensten Fällen eingeschaltet werden. Wenn die notarielle Form allerdings vorgeschrieben ist, dann dient dies meist der Rechtssicherheit in Verträgen von weitreichender Bedeutung oder von besonderem öffentlichen Interesse, wie es etwa bei Grundstücksübertragungen der Fall ist.

Verträge in der Praxis

Wo immer wir auf Formvorschriften stoßen, weisen wir in diesem Buch darauf besonders hin. An dem Grundsatz, dass Verträge formlos wirksam sind, ändert sich durch einzelne Formvorschriften hier und da nichts – es gibt lediglich ein paar Ausnahmen mehr:

- ▶ **Wirksamkeit:** Normalerweise sind Verträge und einzelne Erklärungen mündlich wirksam. Dafür reicht auch ein Telefongespräch.
- ▶ **Einschränkungen:** Man kann sich mit dem Vertragspartner darauf einigen, einen Vertrag schriftlich oder sonstwie formgebunden abzuschließen und nichts anderes als Erklärungen in dieser Form zuzulassen.
- ▶ **Formvorschriften:** In besonderen Verträgen schreibt der Gesetzgeber eine bestimmte Form vor. Was dieser Formvorschrift nicht entspricht, ist ohne weiteres null und nichtig.
- ▶ **Vorsicht bei der gesetzlichen Schriftform:** Die gesetzliche Schriftform ist strenger als eine selbst gewählte Schriftform. Unter anderem reicht ein Fax regelmäßig vor Gericht nicht aus, die gesetzliche Schriftform einzuhalten.

Das Bürgerliche Gesetzbuch geht als Grundannahme davon aus, dass der Anbieter gleichzeitig der Hersteller der Ware ist und der Käufer der Endabnehmer. Weiterhin kann sich der Käufer gründlich über die Güte der Ware informieren, bevor ein angemessener Preis mit dem Anbieter ausgehandelt und bezahlt wird. Die Praxis sieht heute etwas anders aus: Der Hersteller verkauft seine Ware meist an Großhändler, die sie wiederum an Einzelhändler weitergeben. Diese sind selten genau über die Ware informiert, sondern verkaufen sie lediglich. Kein Wunder, dass das BGB durch zahlreiche Nebengesetze ergänzt werden musste, um der heutigen Wirklichkeit gerecht zu werden.

> **Achtung:** Preisschilder im Verkaufsgeschäft oder Preisangaben im Versandhauskatalog gelten nicht als Willenserklärungen im Sinne eines Vertragsangebotes. Vielmehr hat der Verkäufer beziehungsweise Versender das letzte Wort bezüglich der Annahme Ihrer Willenserklärung.

Das heißt in der Praxis, dass selbst im Supermarkt ein Kaufvertrag erst an der Kasse zustande kommt, und zwar folgendermaßen:

- **Absicht:** Der Kunde sieht das Preisschild, ist mit diesem Preis einverstanden und will die Ware kaufen.
- **Angebot:** An der Kasse legt er die Ware vor und schweigt. Darin steckt die Erklärung: »Ich möchte gerne diese Ware zum aufgedruckten oder andernorts angegebenen Preis kaufen.«
- **Annahme:** Der Kassierer oder die Kassiererin akzeptiert dieses Angebot und will Geld sehen. Ist aber ein anderer Preis im Computer gespeichert, dann geht vom Laden ein neues, individuelles Angebot aus. Dieses Angebot kann der Kunde annehmen oder ablehnen.

Mündlich, schriftlich oder per Fax – wie man eine Willenserklärung übermittelt

Bei Willenserklärungen jeder Art kommt es immer darauf an, dass der Empfänger sie auch wirklich bekommen hat, denn es gilt nach § 130 BGB: Eine Willenserklärung ist erst wirksam, wenn sie zugegangen ist. Das heißt erst dann, wenn der Empfänger die Chance hatte, zuzuhören oder das Schreiben zu lesen. Am Telefon oder im Vier-Augen-Gespräch gehen Willenserklärungen sofort zu.

Sind Anbieter und der Empfänger gleichzeitig am selben Ort, ist das normalerweise kein Problem: Der Zugang einer Willenserklärung passiert im selben Moment, wie der andere sie äußert. Dieses unmittelbare Empfangen trifft auf Telefongespräche genauso zu. Auch hier kann man damit rechnen, dass der Empfänger die Erklärung sofort hört, wenn der andere sie abgibt. Um späteren Streit zu vermeiden, sollte man aber bei allen wichtigeren Geschäften andere Formen wählen. Das Problem bei rein mündlichen Verträgen ist nun einmal, dass hinterher ein Streit über die Vereinbarung ausbrechen kann.

Ohne gleichgerichtete Willenserklärungen kommt kein Vertrag zustande. Deshalb ist es in manchen Fällen wichtig, nachweisen zu können, dass die Willenserklärung tatsächlich abgegeben und vom anderen empfangen wurde.

So lösen Sie das Beweisproblem

Dieses Beweisproblem kann man zum einen dadurch vermeiden, dass man einen unbeteiligten Dritten als Zeugen zum Gespräch hinzubittet. Der hat dann die Aufgabe, sich das Gesagte genau anzuhören und sich gegebenenfalls Notizen zu machen. Bei Telefongesprächen geht das einfach dadurch, dass man den eingebauten Lautsprecher einschaltet oder zum Zweithörer greift. Der spätere Zeuge sollte aber idealerweise nicht im

Haushalt eines Vertragspartners leben. Dass beispielsweise Eheleute sich gegenseitig den einen oder anderen Gefallen tun, versteht sich von selbst. Daher glaubt kein Richter einem Mann, der zugunsten seiner Ehefrau oder Lebensgefährtin etwas bezeugt. Die bessere Möglichkeit ist natürlich, den Vertrag irgendwie schriftlich auszuhandeln oder zu fixieren. Dazu kann man zu folgenden Mitteln greifen:

- **Der Postweg:** Er verbindet die Vorteile der Schriftform, die im Wesentlichen in der Vermeidung von Übermittlungsfehlern und daraus resultierenden Vertragsirrtümern bestehen, mit dem einzigen, aber unter Umständen wesentlichen Nachteil, dass er jeweils ein bis drei Tage in Anspruch nimmt. Das kann also beim Hinundherschicken einer Vertragsurkunde leicht eine Woche ausmachen. Im Gegensatz dazu können E-Mail-Nachrichten und Fax-Übermittlungen innerhalb weniger Minuten bis Stunden hin- und wieder zurückgeschickt werden.
- **Die elektronische Post (E-Mail):** Schneller und billiger kann man keine Verträge verschicken, selbst wenn diese die Ausmaße eines Versandhauskataloges hätten und der Empfänger jenseits des Urals wohnte. Die Nachteile wiegen aber bei einigen Verträgen so schwer, dass man lieber darauf verzichten sollte: Die Botschaft könnte durch Hacker verfälscht werden oder durch eine andere Person abgegeben worden sein, so dass der Empfänger unter Umständen einem Irrtum erliegt. Die Absicherung durch die eigenhändige Unterschrift des Absenders ist nicht möglich.
- **Das Fax:** Seine Übertragungsdauer entspricht ungefähr der eines Telefongesprächs und ist damit deutlich schneller als die Post, dafür muss man aber ab zwei Seiten auch tiefer in die Tasche greifen als für einen Brief. Die Absicherung durch die eigenhändige Unterschrift ist zwar möglich, fälschungssicher ist aber auch das Fax nicht.

Fax und E-Mail gelten nicht als Urkunde

Eine Urkunde im Rechtssinn erzeugt man mit dem Fax ebenso wenig wie mit elektronischer Post, in beiden Fällen kann man als Absender ja schlecht beim Empfänger eigenhändig unterschreiben. Und schließlich ist man sich als Empfänger nie ganz sicher, ob der Absender wirklich derjenige ist, dessen Telefonnummer in der Kopfzeile steht, denn das ist Einstellungssache am Faxgerät des Absenders und folglich leicht zu manipulieren. Wenn es also um Großaufträge geht, deren Abwicklung entsprechende Summen kostet, so ist von diesen Formen der Übermittlung abzuraten.

Auch bei einem schriftlichen Vertrag, der nicht unter Anwesenden geschlossen wird, ist der Zugang entscheidend. Kommt ein Brief beim Vertragspartner nicht an, gibt es keinen Vertrag. Kleine Nachlässigkeiten beim Versenden rächen sich so. Leider oft erst, wenn man der Gegenseite vor Gericht nachweisen muss, ihr einen bestimmten Brief zugestellt zu haben. Dann ist es meist zu spät.

Die modernen Techniken wie Fax oder E-Mail helfen zwar im Alltag, die Übermittlung von Nachrichten und Willenserklärungen enorm zu beschleunigen, im Streitfall vor Gericht können sie aber aufgrund ihrer leichten Fälschbarkeit nicht als Urkunden herangezogen werden.

> **Achtung:** Von der Übermittlung wichtiger Dokumente wie Verträgen, Mahnungen oder Urkunden per Fax oder Datenübertragung müssen wir nach der ständigen Rechtsprechung abraten, weil die Sendequittung ganz allgemein nicht mehr als ausreichender Beweis für den Zugang des Schreibens beim Empfänger angesehen werden kann. Sie kann lediglich das Abschicken bezeugen – der Empfang kann aber durch technische Schwierigkeiten gar nicht erfolgt sein, oder der Empfänger kann das Schreiben unvollständig erhalten haben. Der Grund: Bei der Telefaxübermittlung kann es Störungen und Verbindungsabbrüche geben, was beim Telefonieren auf derselben Leitung aufgefallen wäre.

Wenn Sie die Vorteile moderner Technik mit den Vorzügen der Rechtssicherheit kombinieren wollen, dann faxen Sie erst Ihre Nachricht durch und schicken sie dann per Boten los. Dann können Sie Fristen einhalten und trotzdem beweiskräftig nachweisen, dass die Nachricht ankam.

Wer ganz vorsichtig sein will, geht wie folgt vor: Ein wichtiger Brief wird zunächst per Fax abgeschickt, beispielsweise um eine Frist einzuhalten, und im Fax wird angekündigt, dass dasselbe Schreiben noch einmal als Brief kommt. In der Praxis heißt das: Sie schreiben einen Brief und setzen oberhalb der Empfängeranschrift folgenden Zusatz ein: »Per Einschreiben/Rückschein – vorab per Fax gegen Sendeprotokoll an … (Faxnummer des Empfängers)«. Die Originalkopie des Schreibens sollten Sie dann natürlich zusammen mit dem Sendebericht, den das Faxgerät ausdruckt, zu Ihren Unterlagen nehmen.

Der Einlieferungsschein beweist nichts

Vor Gericht hilft der Einlieferungsschein für das Einschreiben kaum weiter. Selbst die Rückscheine von Einschreiben beweisen in einem Gerichtsprozess nur, dass dem anderen überhaupt etwas zugegangen ist. Sie beweisen aber nicht, dass genau das entscheidende Schriftstück den anderen erreicht hat. In dem Umschlag hätten auch leere Seiten stecken können.

> **Achtung:** Die per Post verschickte Einschreibsendung wird in ihrer Bedeutung und Beweiskraft vor Gericht völlig überschätzt. Am besten ist es, wenn die Übergabe wichtiger Schriftstücke durch einen Boten erfolgt, der ohne Umweg zwischen Absender und Empfänger die Sendung persönlich abliefert.

Der Bote kann dann gegebenenfalls vor Gericht bezeugen, das Schreiben tatsächlich in den Briefkasten geworfen zu haben. Aber Vorsicht: Dieser Bote darf niemals jemand sein, der mit Ihnen zusammen im selben Boot sitzt, wie beispielsweise ein Ehe- oder Geschäftspartner. Der Zeuge sollte schon beim Kuvertieren anwesend sein, um bestätigen zu können, dass sich in dem Umschlag auch wirklich das betreffende Schreiben befand.

Die Zustellung per Gerichtsvollzieher

Die einzig sichere Methode für den Briefversand ist der Gerichtsvollzieher. Sie schicken das Schriftstück, das zugestellt werden soll, an den örtlich zuständigen Gerichtsvollzieher. Zusätzlich schreiben Sie noch einen freundlichen Brief, den so genannten »Zustellungsauftrag«. Zuständiger Gerichtsvollzieher ist, wer Ihrem Gegner am nächsten wohnt. Seinen Namen erfahren Sie aus dem Telefonbuch unter »Gerichtsvollzieher«, oder Sie rufen einfach das nächstgelegene Amtsgericht an.

Der Haken: Diese Zustellungsart ist teuer und langsam. Eine Woche sollten Sie Zeit haben. Und es kostet Sie, je nach Aufwand des Gerichtsvollziehers, nicht unter zehn DM, manchmal bis zu 50 DM zuzüglich Nachnahmegebühr, denn der Gerichtsvollzieher zieht seine Kosten meistens auf diese Weise ein. Dafür sind Sie auch in Hamburg sicher, dass Ihr Schreiben seinen Empfänger in München erreicht hat, wenn Sie nicht einen Ihrer Bekannten als Boten verpflichten konnten. Außerdem: Der Besuch vom Gerichtsvollzieher macht bei Ihrem Gegenüber viel mehr Eindruck.

Wenn viel Geld im Spiel ist oder eine Frist unbedingt eingehalten werden muss, dann geht am Gerichtsvollzieher kein Weg vorbei. Allerdings funktioniert das nur, wenn Sie noch genügend Zeit haben und die Kosten nicht scheuen.

Sittenwidrige Verträge und Gesetzesbruch

Das Gesetz lässt uns zwar die Freiheit, nach Lust und Laune Verträge beinahe jeder Art zu schließen. Andererseits verpflichtet es uns aber auch, dabei Anstand und Moral nicht ganz aus den Augen zu lassen und obendrein nicht gegen gesetzliche Verbote zu verstoßen. Deshalb heißt es in § 138 BGB (Abs. 1): »Ein Rechtsgeschäft, das gegen die guten Sitten verstößt, ist nichtig.« Und in § 134 BGB steht: »Ein Rechtsgeschäft, das gegen ein gesetzliches Verbot verstößt, ist nichtig, wenn sich nicht aus dem Gesetz ein anderes ergibt.«

> **Achtung:** Die Nichtigkeit ist das schwerste Geschütz, das im Bürgerlichen Gesetzbuch (BGB) gegen unlauteres Handeln vorgesehen ist. Nichtigkeit bedeutet im Klartext: Was nichtig ist, gibt es nicht. Was nichtig ist, hat es auch nie gegeben.

Bei Verträgen bedeutet Nichtigkeit: Niemand ist aus dem Vertrag verpflichtet, etwas zu leisten. Der andere ist nicht verpflichtet, die Leistung zu bezahlen. Was trotzdem bereits gezahlt oder geliefert wurde, kann zurückverlangt werden.

Bei Willenserklärungen heißt das: An diese Willenserklärung ist niemand gebunden. Der Empfänger einer solchen Erklärung ist selbst schuld, wenn er dieser Erklärung vertraut. Einen »Vertrauensschaden« kann er nicht geltend machen, lediglich sein künftiges Handeln mit der betreffenden Person anders gestalten.

Ein Vertrag oder eine Willenserklärung, die für nichtig befunden wurden, werden so behandelt, als hätte es sie nie gegeben. Das bedeutet natürlich auch, dass aus ihnen keine rechtlichen Folgen abgeleitet werden können. Denn was nie existierte, kann auch keinen Schaden anrichten.

Die »guten Sitten« – was sich dahinter verbirgt

Die Sittenwidrigkeit eines Vertrages ist zwar der stärkste Hebel gegen Verträge – aber leider taugt der Hebel in den allermeisten Fällen nicht. Der Grund: Es ist immer eine Auslegungsfrage, was die »guten Sitten« eigentlich sind. Sittengesetze und Moral können sogar von ein und derselben Person unterschiedlich ausgelegt werden, abhängig von Ort und Zeit. Das hängt ganz einfach mit den jeweiligen Umständen des Einzelfalls zusammen.

> **Achtung:** Wenn Juristen von »guten Sitten« sprechen, meinen sie das Anstandsgefühl aller billig und gerecht Denkenden. Es kommt also auf das Rechtsempfinden eines »anständigen Durchschnittsmenschen« an.

Der Wucher – ein besonders sittenwidriges Geschäft

Wucher ist eine wesentlich konkretere Form für ein sittenwidriges Geschäft. In der Praxis bedeutet das, dass ab einem bestimmten und am Preis messbaren Missverhältnis von Leistung und Gegenleistung Wucher vorliegen und entsprechend geahndet werden kann.

Da es solche Durchschnittsmenschen aber nicht gibt, rettet sich der Jurist auf ein vermeintlich sicheres Ufer, indem er einen noch schlimmeren Fall konstruiert. Schlimmer als sittenwidrig sind nämlich die wucherischen Geschäfte. Da hat der Gesetzgeber mit § 138 Abs. 2 BGB eine deutliche Beschreibung gefunden: Ein Geschäft, bei dem ein auffälliges Missverhältnis zwischen der Leistung und der Gegenleistung besteht.

»Auffällig« ist dabei wieder ein auslegbarer Wertbegriff. Die Rechtsprechung hat allerdings klargestellt, dass spätestens bei einer Überschreitung des Marktpreises von 50 Prozent für vergleichbare Leistungen Wucher vorliegt. Die rechtliche Folge: Nichtigkeit des Geschäfts!

> **Wichtig:** Der Anbieter beziehungsweise der Verkäufer muss die schlechte Ausgangsposition seines Vertragspartners erkannt und bewusst zu seinen Gunsten ausgenutzt haben.

Bei Wucher geht es also um das, was sich der Händler bei seinem Angebot gedacht hat. Natürlich ist es nicht leicht, ihm diese bösen Absichten nachzuweisen. Deshalb unterstellt man einem Anbieter, der eine überhöhte Vergütung verlangt, regelmäßig diese bösen Absichten. Das hat zur Folge, dass er in einem Prozess die Beweislast trägt. Eine »schlechte Ausgangsposition« ist für den Wucherer vor allem dann gegeben, wenn folgende Bedingungen auf ihn zutreffen:

▶ **Zwangslage:** Der Vertragspartner ist auf das Angebot angewiesen, egal was es kostet. Beispiel: Sie bleiben mit Ihrem Auto auf der Autobahn liegen, weil der Luftfilter verdreckt ist. Ein Kfz-Mechaniker auf dem Nachhauseweg sieht Sie und will helfen. Zufällig hat er einen passenden Filter dabei. Als Preis verlangt er 100 DM, statt der üblichen 35 DM.

- **Unerfahrenheit:** Der Vertragspartner kennt sich mit den Gepflogenheiten in diesem Marktsegment überhaupt nicht aus. Beispiel: Sie vereinbaren mit der Bank einen Überziehungskredit für Ihr Girokonto. Wofür der Diskontsatz gut ist, den die Bundesbank festsetzt, ist Ihnen völlig schleierhaft. In diesem Wissen verlangt die Bank 21,5 Prozent Zinsen statt der marktüblichen elf bis 15 Prozent.
- **Mangel an Urteilsvermögen:** Der Vertragspartner ist erkennbar nicht in der Lage, den Erklärungen des Anbieters zu folgen. Beispiel: Der altersschwache 82-jährige Günter M. will für seinen Enkel einen Computer kaufen, der damit spielen und seine Referate schreiben können soll. Nach eingehender Beratung erwirbt er einen Gameboy.
- **Erhebliche Willensschwäche:** Der Vertragspartner ist erkennbar nicht in der Lage, seine Interessen zu vertreten. Beispiel: Die tablettensüchtige Hausfrau Gabriele S. geht nach Einnahme von Beruhigungstabletten einkaufen. Man merkt ihr deutlich an, dass sie langsam reagiert. Als sie in einem Laden vor Fernsehgeräten stehen bleibt, wird sie von einem erfolgreichen Verkäufer angesprochen. Es kommt ein Vertrag über ein modernes Gerät mit Videorekorder zustande.

»O tempora, o mores« klagten schon die alten Römer. Was unter den jeweiligen »guten Sitten« also konkret gemeint ist, hängt von dem gesellschaftlichen Empfinden ab, das natürlich Veränderungen unterliegt.

Wichtig: Wenn Sie ein Geschäft abschließen, in dem die Leistung auffällig weniger wert ist als das, was dafür verlangt wird, könnte das wucherisch sein. Sie hatten es mit einem Wucherer zu tun, wenn er Ihre schlechte Ausgangsposition erkannt und bewusst ausgenutzt hat.

Die Sitten im Wandel der Zeiten

Ein bloß sittenwidriges Geschäft ist im Vergleich zu einem erwiesenermaßen wucherischen Vertrag natürlich weniger auffällig. Trotzdem soll es – so erklären es Juristen – mindestens genauso schweres Unrecht darstellen. Daher ist für die Sittenwidrigkeit ein ganz außergewöhnlich auffälliger Widerspruch zu den moralischen Werten nötig, die ein anständiger Durchschnittsmensch in unserer Gesellschaft anerkennt.

Achtung: Dass ein Vertrag oder eine Willenserklärung »nur« sittenwidrig, das heißt nicht gleichzeitig auch wucherisch ist, kommt in unserer freiheitlichen Gesellschaft kaum noch vor.

So war es vor gut 40 Jahren ohne weiteres sittenwidrig, wenn jemand seine Geliebte im Testament bedacht hat. Die Ehegattin oder die Nachkommen konnten so eine Verfügung wegen § 138 Abs. 1 BGB einfach beseitigen lassen. Heute aber würde das Testament den Notar bei der Testamentseröffnung bestenfalls zu einem Lächeln hinreißen – eine Anfechtung durch die Ehefrau, die sich auf »Sittenwidrigkeit« berufen möchte, wäre chancenlos. Das Anstandsgefühl eines Durchschnittsmenschen hat sich in den vergangenen 40 Jahren eben stark verändert.

Wann ist es Wucher, wann nur sittenwidrig

Bei dem gerade genannten Beispiel mit der Bank – Ausnutzen der Unerfahrenheit – wird das Verhalten der Bank selten als wucherisch eingestuft, weil ihr kaum die böse Absicht nachgewiesen werden kann. Trotzdem kann eine Kreditvereinbarung sittenwidrig und folglich wie ein wucherisches Geschäft nichtig sein. Das ist dann der Fall, wenn der von der Bank verlangte Zinssatz mehr als das Doppelte des marktüblichen Zinssatzes ausmacht oder mehr als zwölf Prozentpunkte über dem von der Europäischen Zentralbank fixierten Diskontsatz (1. Leitzins) liegt.

Beispiel: Nehmen wir an, dass der marktübliche Zinssatz für ein bestimmtes Kreditgeschäft bei elf Prozent liegt und der 1. Leitzins 7,5 Prozent beträgt. Verlangt eine Bank nun vom Kunden 22,5 Prozent Zins, so wäre dies nach beiden Kriterien sittenwidrig, da die Grenze für den doppelten Zinssatz bei 22 Prozent liegt und die für den Diskontsatz bei 19,5 Prozent. Hätte die Bank »nur« 19 Prozent Zinsen verlangt, so würde kein sittenwidriges Geschäft vorliegen.

Wenn Verträge die Gesetze brechen

Nach § 134 BGB sind Rechtsgeschäfte nichtig, wenn sie gegen ein gesetzliches Verbot verstoßen. Das ist nicht allein dann der Fall, wenn ein Gesetz bestimmte Verträge ausdrücklich verbietet. Ein Verbot kann sich auch erst mittelbar aus den Gesetzen ergeben. Typische Beispiele dafür:

▶ **Direktes Verbot:** Kauft jemand wissentlich ein gestohlenes Auto, ist dieser Kaufvertrag nichtig. Denn sowohl Hehlerei wie Diebstahl sind strafbar und dadurch verboten.

▶ **Eingeschränkte Vertragsfreiheit:** Ein Arbeitsvertrag, in dem ein niedrigerer Urlaubsanspruch festgeschrieben wird, als das Bundesurlaubsgesetz vorsieht, ist insoweit nichtig. Denn nach § 13 dieses Gesetzes kann man nicht durch Vertrag zum Nachteil des Arbeitnehmers vom gesetzlichen Urlaubsanspruch abweichen.

▶ **Drittwirkung von Grundrechten:** Nichtig ist aber auch eine vertragliche Vereinbarung, mit der jemand verpflichtet werden soll, einer politischen Partei beizutreten. Denn das würde sein Grundrecht auf Freiheit der Meinungsäußerung (Art. 5 Grundgesetz) unzumutbar einschränken. Die Grundrechte schützen zwar primär den Bürger vor staatlichen Eingriffen, entfalten aber in manchen Fällen auch zwischen den Bürgern ihre Wirkung.

Verträge dürfen nicht gegen Gesetze verstoßen. Tun sie es doch, so ist entweder der ganze Vertrag oder nur die entsprechende Passage nichtig. Die rechtlichen Konsequenzen hängen aber stark vom Einzelfall ab, denn es ist auch möglich, dass nur eine der beiden Vertragsparteien etwas Ungesetzliches tat und der Vertrag damit gültig bleibt.

> **Achtung:** Nicht immer ist ein Geschäft für beide Seiten gleichermaßen verboten und nichtig! Ist ein mehrseitiges Geschäft – wie zum Beispiel ein Kaufvertrag – nur für eine Seite verboten, gilt das nicht für den ganzen Vertrag.

Beispiel: Verkauft Ihnen ein Kneipier nach der Polizeistunde gegen 2.30 Uhr am Sonntag morgen noch Bier und Korn, tut er damit etwas Verbotenes. Allerdings ist dieser Vertrag nicht nichtig. Er darf also, obwohl er etwas Verbotenes getan hat, die Zeche kassieren. Schließlich war es für den Gast nicht verboten, noch etwas zu bestellen.

Die allgemeinen Geschäftsbedingungen

Beinahe jedes Vertragsformular bringt eine unüberschaubare Wüste von klein bedruckten Seiten mit, die sich kein Mensch durchlesen kann – und die wohl kaum ein Mensch beim ersten Durchlesen begreifen wird. Das hat seine Ursache darin, dass es unendlich lange dauern würde, beispielsweise einen Kreditkartenvertrag mit allen Wenns und Abers auszuhandeln. Oder bedenken Sie, was Sie alles regeln müssten, wenn Sie mit einem Reiseveranstalter einen Urlaub mit Unterkunft und Mietwagen in Australien aushandeln wollten.

Es gibt also ein Bedürfnis von allen Vertragspartnern, für eine Vielzahl von Verträgen allgemeine Vertragsbedingungen zu schaffen. Durch allgemeine Geschäftsbedingungen (AGB) haben sich Standards entwickelt, auf die man sich auch bei verschiedenen Vertragspartnern verlassen kann. Problematisch daran kann allerdings werden, dass diese Bedingungen natürlich vom Anbieter entworfen werden. Die Interessen eines Anbieters entsprechen nicht immer denen des Kunden.

Würde man bei jedem Vertrag das klein Gedruckte lesen und verstehen wollen, dann hätten die Juristen Hochkonjunktur. Damit sich im klein Gedruckten nicht beliebige Haken und Ösen verbergen, gibt es das AGB-Gesetz.

Verbraucherschutz durch allgemeine Geschäftsbedingungen

Zum Schutz des Verbrauchers hat der Gesetzgeber ein Rahmengesetz geschaffen. Das »Gesetz zur Regelung der Allgemeinen Geschäftsbedingungen (AGBG)« ist dazu da, das Wuchern des klein Gedruckten auf ein erträgliches Maß zu beschränken. Nach diesem Gesetz können Händler ruhig weiter an ihren Geschäftsbedingungen feilen; was davon wirksam wird, ergibt sich nach einer Kontrolle durch das AGB-Gesetz.

> **Achtung:** Auf Bestimmungen des AGB-Gesetzes, die in erster Linie dem Schutz der Verbraucher dienen, können sich Kaufleute – sofern sie den jeweiligen Vertrag im Zusammenhang mit ihrem Gewerbe schließen – nicht berufen. Dieses Recht hat nur der Kunde.

Was ist eine »allgemeine Geschäftsbedingung«?

Eine allgemeine Geschäftsbedingung ist im Wesentlichen eine vorformulierte Vertragsklausel, die dazu bestimmt ist, in eine Vielzahl von Verträgen aufgenommen zu werden. So handelt es sich bei der durchaus üblichen Klausel »Die Ware bleibt bis zur vollständigen Bezahlung im Eigentum des Verkäufers« um eine allgemeine Geschäftsbedingung.

Sie ist vorformuliert, das heißt, sie steht schon lange vor einer Unterschrift auf den Vertragsformularen. Dabei kommt es überhaupt nicht darauf an, ob eine allgemeine Geschäftsbedingung mit einer Schreibmaschine, einem Schreibcomputer oder einer Druckerpresse auf das Papier gebracht wurde oder ob der Händler sie jedes Mal aufs Neue per Hand abschreibt. Es ist unwichtig, ob die Bestimmungen groß oder klein gedruckt, bunt oder schwarzweiß gehalten sind. Sie müssen bloß lesbar sein.

In welcher Form die allgemeinen Geschäftsbedingungen vereinbart werden, spielt für ihre Wirksamkeit keine Rolle. Ein schriftlicher Vermerk kann ebenso eine AGB sein wie eben das Kleingedruckte.

Die Klausel soll nach der Vorstellung des Verwenders in mindestens zwei Verträgen verwendet werden. Das heißt, schon wenn eine Klausel nicht nur einmalig verwendet werden soll, handelt es sich im Prinzip um eine allgemeine Geschäftsbedingung. Wie oft sie dann wirklich eingesetzt wird, spielt aber keine Rolle.

> **Wichtig:** Eine allgemeine Geschäftsbedingung ist damit praktisch alles, was nicht Punkt für Punkt einzeln ausgehandelt und individuell vereinbart wird.

Wie AGB in den Vertrag kommen

Nicht alles, was der AGB-Verwender mit seinen Formularen in den Vertrag hineinschreiben möchte, landet am Ende auch wirklich im Vertrag. Zum Vertragsbestandteil werden allgemeine Geschäftsbedingungen erst durch:

Damit eine AGB rechtswirksam wird, muss sie von beiden Vertragsparteien als solche erkennbar und verständlich sein.

- ▶ **Information:** Der Kunde muss wissen, dass überhaupt allgemeine Geschäftsbedingungen verwendet werden sollen. Darauf ist vor dem Vertragsabschluss hinzuweisen. Ausnahme: Es ist offensichtlich, dass Geschäfte dieser Art nicht ohne AGB geschlossen werden.
- ▶ **Einverständnis:** Der Kunde muss mit den allgemeinen Geschäftsbedingungen einverstanden sein und dies auch erklären.
- ▶ **Kenntnis:** Der Kunde muss die allgemeinen Geschäftsbedingungen kennen. Er muss dazu eine zumutbare Chance haben, sich die vorgeschlagenen Geschäftsbedingungen anzusehen. Daran fehlt es, wenn er keine Zeit hat, die AGB zu lesen, oder wenn die AGB in der hintersten Ecke des Geschäfts ausgehängt sind, oder wenn die AGB viel zu klein gedruckt sind, so dass selbst ein Mensch mit normaler Sehkraft sie kaum entziffern kann, oder wenn die Geschäftsbedingungen unklar formuliert oder unübersichtlich gestaltet sind, so dass man leicht eine belastende Klausel übersehen könnte.

> **Achtung:** Wenn eine oder mehrere dieser Bedingungen nicht zutreffen, dann werden die AGB nicht in den Vertrag einbezogen. Folglich entfalten sie auch keine rechtliche Wirkung.

Vorsicht vor dem klein Gedruckten

Bei vielen Verträgen sind allgemeine Geschäftsbedingungen für beide Seiten sinnvoll. Oft aber verstecken sich im klein Gedruckten die einen oder anderen Fallstricke, über die man stolpern soll. Denn eines ist klar: Ohne AGB gelten die allgemeinen Gesetze. Die meisten Vorschriften des Zivilrechts lassen es zu, in einem Vertrag zum Vorteil des AGB-Verwenders von den Gesetzen abzuweichen. Daher sollten Sie bei Verträgen mit viel »klein Gedrucktem« Vorsicht walten lassen.

> **Wichtig:** In der Regel, das heißt in der Mehrzahl aller Fälle, ist die gesetzliche Bestimmung für den Kunden günstiger als das, was in allgemeinen Geschäftsbedingungen »vereinbart« wird.

Seitenweise klein Gedrucktes sollte Sie stutzig machen. Dennoch sind Sie vor allzu abstrusen Regelungen durch den engen Rahmen des AGB-Gesetzes geschützt. Der lässt nämlich jede Regelung nichtig werden, die gegen Treu und Glauben verstößt.

Aus diesem Grund schreibt das AGB-Gesetz auch inhaltlich einen recht engen Rahmen für allgemeine Geschäftsbedingungen vor. Dazu gehören Generalklauseln, für die Folgendes gilt:

- **Überraschende Klauseln:** Klauseln, die ein vernünftiger Mensch nicht in Verträgen dieser Art erwarten würde, sind objektiv überraschend und werden gar nicht erst wirksam (§ 3 AGBG). Beispielsweise wäre eine Geschäftsbedingung überraschend, nach der sich der Käufer einer Werkzeugmaschine verpflichtet, in den nächsten fünf Jahren sämtliche Verschleißteile ausschließlich bei diesem Lieferanten einzukaufen.
- **Zweifelhafte Klauseln:** Zweifel am Inhalt der AGB, das sind vor allem Unklarheiten in der Formulierung, gehen immer zulasten des Verwenders (§ 5 AGBG). Das heißt, wenn die AGB missverständlich formuliert sind, gilt die für den Kunden günstigste Variante.
- **Vorrang von Vereinbarungen:** Jede individuelle Vereinbarung zwischen Händler und Verbraucher geht dem Regelwerk vor (§ 4 AGBG). Allerdings bestimmen die meisten Geschäftsbedingungen, dass Ergänzungen schriftlich festgehalten werden müssen. Denken Sie beim Abschluss individueller Vereinbarungen unbedingt daran, diese schriftlich niederzulegen.
- **Unangenehme Klauseln:** Ganz allgemein können Klauseln vom Gericht beseitigt werden, wenn sie den Kunden in einem weiten Sinne unangemessen benachteiligen und damit gegen den Wohlverhaltensgrundsatz des Zivilrechts verstoßen (§§ 9–11 AGB). Hier hat die Rechtsprechung einen weiten Ermessensspielraum.

Individuelle Vereinbarungen zwischen den Vertragsparteien haben immer Vorrang vor allgemeinen Geschäftsbedingungen. Im Zweifelsfall muss man sie aber nachweisen können, weshalb sich die Schriftform anbietet.

Wie der AGB-Inhalt geprüft wird

Um zu überprüfen, ob eine wirksame allgemeine Geschäftsbedingung im konkreten Fall vorliegt, müssen folgende Fragen geklärt werden:

- ▶ **Wirksamkeit:** Sind diese allgemeinen Geschäftsbedingungen überhaupt wirksam in den Vertrag einbezogen worden? Vergleichen Sie dazu die auf Seite 290 genannten Bedingungen, damit AGB wirksam in den Vertrag aufgenommen werden.
- ▶ **Vorrang:** Gibt es individuelle Vereinbarungen, die im Widerspruch zu den allgemeinen Geschäftsbedingungen stehen? Einzelvereinbarungen zwischen Geschäftsmann und Verbraucher haben immer Vorrang. Allerdings sollte man in der Lage sein, solche besonderen Vereinbarungen zu beweisen, weshalb sich die Schriftform empfiehlt.
- ▶ **Überraschung:** Kommt eine Klausel überraschend? Mit einer außergewöhnlichen Geschäftsbedingung muss der Vertragspartner nicht rechnen. So eine Klausel wäre überraschend und unwirksam.
- ▶ **Unklarheit:** Enthalten die allgemeinen Geschäftsbedingungen unklare oder missverständliche Formulierungen? Bleiben bestimmte Formulierungen schwammig oder missverständlich, ist daran der AGB-Verwender schuld.
- ▶ **Striktes Klauselverbot:** Verstößt eine Klausel gegen § 11 AGBG? Der ganze Paragraph ist ein umfangreicher Katalog von Vereinbarungen, die auf keinen Fall in allgemeinen Geschäftsbedingungen auftauchen dürfen. Es handelt sich typischerweise um Klauseln, die von zwingenden gesetzlichen Bestimmungen zum Nachteil des Verbrauchers abweichen.
- ▶ **Verbot weicher Klauseln:** Verstößt eine Klausel gegen § 10 AGBG? Dort finden sich Regelbeispiele. Das sind Klauseln, die normalerweise verboten gehören.
- ▶ **Benachteiligung:** Sind die allgemeinen Geschäftsbedingungen vielleicht insgesamt unangemessen, belasten Sie den Kunden stärker, als das ein redlicher Kaufmann tun sollte? Mit § 9 AGBG hat der Gesetzgeber einen Paragraphen geschaffen, mit dem Richter und Rechtsanwälte beinahe jede Klausel beseitigen können, die in irgendeiner Form eine unangemessene Benachteiligung beinhaltet. In den 15 Jahren, die das AGB-Gesetz bereits besteht, hat sich natürlich eine reichhaltige Rechtsprechung entwickelt. Grundlage dafür sind zwei weiche Umschreibungen für das, was der Gesetzgeber im Allgemeinen für unangemessen hält: Weicht eine Geschäftsbedingung in erlaubtem Umfang von gesetzlichen Regelungen ab, muss sie trotzdem noch mit den wesentlichen Grundgedanken der verdrängten Regelung vereinbar sein. Außerdem darf eine vom Gesetz abweichende Bestimmung die wesentlichen Rechte oder Pflichten eines Vertragstyps nicht so sehr einschränken, dass vom eigentlichen Vertragsziel nichts mehr übrig bleibt.

Dauer und Gültigkeit von Verträgen

Ein Vertrag entsteht dadurch, dass sich zwei (oder mehr) Leute darüber einig werden, was zwischen ihnen in Zukunft passieren soll. Ob und wann er endet, ist ganz verschieden. Dabei kommt es zum einen auf die Art des Vertrags an. So gibt es:
- **Gewöhnliche Schuldverhältnisse:** Das sind Verträge, in denen eine einmalige Leistung versprochen wird. Hauptbeispiel ist der Kaufvertrag. Der Verkäufer muss dem Käufer eine Sache übergeben und übereignen. Dann kann der Käufer damit so ziemlich alles machen, was er will, weil er Eigentümer geworden ist. Andererseits muss der Käufer den Kaufpreis zahlen.
- **Dauerschuldverhältnisse:** Das sind Verträge, die über eine gewisse Zeit laufen sollen. Hauptbeispiel ist der Mietvertrag. Während der gesamten Vertragslaufzeit darf der Mieter die Mietsache nutzen und muss dafür regelmäßig Miete zahlen.

Die Dauer von Verträgen richtet sich in erster Linie nach dem Ziel der beiden übereinstimmenden Willenserklärungen, die zum Vertrag führten. Daher kann ein Vertrag bei sofortiger gegenseitiger Leistungserfüllung nach einer halben Minute erledigt sein oder aber über Jahre Bestand haben, wenn die vereinbarten Leistungen kontinuierlich erbracht werden.

Wie Verträge enden

Wenn beide Vertragsparteien zufrieden und die gegenseitigen Versprechen erfüllt sind, ist der Vertrag gegenstandslos geworden. Deshalb nennt man diese Form der Vertragsbeendigung »Erfüllung«. Bei einem Kaufvertrag tritt sie ein, wenn der Verkäufer sein Geld und der Käufer seine Ware gekriegt hat.

Für Vermieter und Mieter aber wird der Vertrag so schnell nicht gegenstandslos, auch wenn der Vermieter den Mieter einziehen lässt und der Mieter dafür bezahlt. Deshalb kommt diese Methode, einen Vertrag zu beenden, nicht in Frage. Stattdessen endet der Mietvertrag – wie übrigens jedes Dauerschuldverhältnis – durch eine Kündigung. Dabei verhält es sich üblicherweise so, dass die Kündigungsfrist für beide Seiten desto länger wird, je länger das Dauerschuldverhältnis bestand.

Wenn der Vertrag nicht endet

Eine vertragliche Leistung muss immer so bewirkt werden, wie es vereinbart worden ist. Liefert der Schuldner ohne Rücksprache mit dem Gläubiger etwas anderes, muss der Gläubiger das nicht annehmen. Der Vertrag wird dann nicht beendet.

Wenn eine der beiden Vertragsparteien ihrer Leistungspflicht nicht nachkommt, dann gilt der Vertrag so lange als nicht beendet, bis er entweder aufgehoben oder die Leistung erfüllt wird.

Beispiel: *Sie bestellen eine rote Windjacke im Versandhandel. Am Tag darauf klingelt der Kurier. Nach dem Auspacken stellen Sie jedoch fest, dass eine schwarze Windjacke geliefert wurde. Die schwarze Windjacke können Sie dann auf Kosten des Schuldners – in diesem Fall der Versender – zurückschicken. Denn schwarz war nicht bestellt, der Vertrag ist folglich nicht erfüllt, und der Versender muss die richtige Jacke liefern.*

Annahme »an Erfüllung Statt«

Allerdings kann der Gläubiger eine falsche Leistung auch annehmen. Dann ist der Vertrag zwar nicht erfüllt, aber trotzdem erledigt. Denn der Gläubiger hat etwas »an Erfüllung Statt« angenommen (§ 364 BGB). Das kann auch wortlos geschehen. In diesem »Behalten« steckt die Erklärung, dass Sie diese Jacke trotz der falschen Farbe statt der vereinbarten annehmen. Kommt die Rechnung, hat es keinen Zweck, sich gegen die Bezahlung zu sperren. Denn schließlich ist der Vertrag dadurch erfüllt, dass Sie eine andere als die vereinbarte Leistung angenommen haben.

Leistungserfüllung durch Hinterlegung beim Amtsgericht

Immer wenn man etwas liefern soll, was der Empfänger der Leistung (Gläubiger) ablehnt, hat der Lieferant der Leistung (Schuldner) Pech. Er bleibt auf seiner Lieferung sitzen. Das ist nicht nur ärgerlich, das kostet unter Umständen auch viel Geld. Doch nicht immer kann die Annahme der Lieferung verweigert werden.

Eine Hinterlegung von Waren ist vor allem dann angebracht, wenn die bestellte Leistung auf die individuellen Bedürfnisse des Kunden zugeschnitten wurde und nur mit geringer Wahrscheinlichkeit an Dritte weiterveräußert werden kann. Ansonsten wäre auch eine Vertragsaufhebung denkbar.

Beispiel: Ein Schuhfabrikant hat 3.000 Tierhäute bestellt. Der Lieferant schickt sie hin, doch der Fabrikant lehnt die Lieferung ab. Die Tierhäute, so sagt er, seien nicht stabil genug. Der Lieferant wird sie dann wieder zurücknehmen. Andererseits stellt er nach Prüfung fest, dass die Tierhäute völlig in Ordnung sind. Wenn der Gläubiger sie aus böser Absicht nicht abnimmt, wird er aber von seiner Zahlungspflicht nicht frei. Der Lieferant kann seinen Gläubiger deshalb zwingen, die geschuldete Ware anzunehmen. Denn wenn der Gläubiger die Ware nicht abnimmt, macht es die Hinterlegungsstelle des örtlich zuständigen Amtsgerichts. Sobald die Tierhäute dort hinterlegt sind, hat der Lieferant seine Leistung erfüllt und kann mit Fug und Recht die Bezahlung verlangen.

Wann ist die Hinterlegung sinnvoll?

Eine Hinterlegung kommt nach §§ 372 ff. BGB vor allem in Betracht:
- **wenn sich der Gläubiger grundlos weigert,** die geschuldete Leistung (Geld, Wertpapiere, Wertgegenstände) vom Leistungserbringer anzunehmen (§ 372 Satz 1 BGB),
- **wenn nicht klar ist,** an wen eigentlich geliefert werden muss – nehmen wir an, der Gläubiger ist eine GmbH im Konkurs oder eine Personengesellschaft, die sich gerade aufgelöst hat (§ 372 Satz 2 BGB).

Die Rechtsfolge einer Hinterlegung ist, dass der andere jetzt zur Gegenleistung verpflichtet ist, ohne Wenn und Aber. Der Schuldner ist von seiner Leistungspflicht frei, § 378 BGB. In der Praxis sieht das wie folgt aus: Wenn der Schuldner seine Waren hinterlegt, kann er von einer insolventen GmbH immerhin noch die Konkursquote verlangen. Oder er kann einen unwilligen Gläubiger dazu zwingen, die Sachen anzunehmen. Und vor diesem Zwang fürchten sich viele gewerbliche Vertragspartner.

Was tun, wenn der andere nicht zahlt?
Natürlich kann man bei einem Zahlungsunwilligen versuchen, das Geld zwangsweise einzufordern. Mit etwas Glück kommt man jedoch schneller und gebührenfrei an sein Geld, nämlich durch Aufrechnung nach §§ 378 ff. BGB. Dabei ist zu beachten:
- **Gleichartigkeit:** Es müssen sich zwei gleichartige Forderungen gegenüberstehen. Vor allem natürlich Geld.
- **Fälligkeit:** Die Forderungen sind fällig, das heißt, sie könnten jederzeit erfüllt werden. Gegenbeispiel: Rückzahlung eines Darlehens in ferner Zukunft. Mit so einer nicht aktuellen Darlehensschuld darf nicht aufgerechnet werden.
- **Gegenseitigkeit:** Die Forderungen müssen sich nicht aus demselben Vertrag ergeben, nur die Vertragspartner müssen die gleichen sein.

Beispiel: *Der Vermieter verlangt regelmäßig 1.250 DM Miete. Einmal im Jahr muss er die Nebenkosten-Vorauszahlung abrechnen. Dabei kommt raus, dass er dem Mieter Schulze 120 DM zurückzahlen muss. Hier stehen sich dann zwei Geldforderungen zwischen denselben Leuten gegenüber. Der Vermieter kann in diesem Fall die Aufrechnung erklären. Dann zieht er im Folgemonat 120 DM weniger Miete ein, nämlich 1.130 DM.*

> **Wichtig:** Man muss seinem Geschäftspartner sagen, dass man einen Teil der Geldforderungen aufrechnen will. Erst wenn diese »Aufrechnungserklärung« den anderen erreicht hat und der sich nicht meldet, geht die Aufrechnung in Ordnung.

Vertragskündigungen in der Praxis
Bei Dauerschuldverhältnissen ist der Vertrag nicht dadurch zu Ende, dass einer die Leistung erbringt, die der andere verlangt hat. Vielmehr sind beide durch den Vertrag über einen gewissen Zeitraum miteinander verbunden. Die bekanntesten Beispiele für solche Dauerschuldverhältnisse sind: Mietvertrag, Pachtvertrag, Arbeits- oder Dienstvertrag, Darlehens- oder Kreditvertrag, Versicherungsvertrag und andere. Dabei müssen vor allem folgende Vertragsarten unterschieden werden:
- **Befristete Verträge, Zeitverträge:** Beim Vertragsabschluss einigen sich beide Parteien darauf, dass der Vertrag zu einem bestimmten Termin zu Ende sein soll. Dies ist besonders häufig bei neuen Arbeitsverträgen oder Mietverträgen über kleine Wohnungen der Fall.

Wenn Sie bei einem Zahlungsunwilligen noch eine Rechnung offen haben, dann sollten Sie auf den langen Umweg einer Mahnung oder Klage zugunsten einer gegenseitigen Aufrechnung verzichten.

> Bei länger andauernden Verträgen, bei denen die gegenseitige Leistung kontinuierlich erbracht wird, entsteht ein Vertrauensverhältnis, das heißt, beide Seiten dürfen darauf vertrauen, dass die Leistung auch in Zukunft zumindest bis zu einer gewissen Dauer weiter erbracht wird.

- **Unbefristete Verträge, Dauerverträge:** Bei Vertragsabschluss wird kein Endtermin genannt; der befristet abgeschlossene Vertrag verlängert sich automatisch um je eine weitere Periode, wenn er nicht vor Ablauf einer bestimmten Frist gekündigt wird.

Zeitverträge enden mit Ablauf der Laufzeit automatisch, ohne dass zwischen den Vertragspartnern noch ein Wort gewechselt werden müsste. Viele Vermieter, Arbeitgeber, aber vor allem Versicherungsunternehmen greifen gerne zu befristeten Verträgen. Denn sie wissen: Das Kündigen kann schwierig werden, wenn der Vertrag erst einmal lange genug läuft. Deshalb hat die Rechtsprechung dem Zeitvertrag-Wildwuchs einen Riegel vorgeschoben:

> **Grundregel:** Jeder Zeitvertrag kann nach Ablauf von fünf Jahren erstmalig gekündigt werden. Sollte das im Vertrag anders vereinbart worden sein, ist das unbeachtlich.

Kündigungsschutz

Natürlich gibt es von dieser Regel einige Ausnahmen. Niemand darf einen anderen so lange an einen Vertrag binden, dass dessen Freiheit unzumutbar eingeschränkt wird. Was das im Einzelfall heißt, muss bei den jeweiligen Vertragstypen zum Teil unterschiedlich beurteilt werden.

Dauerverträge dagegen laufen weiter, bis sie von einer Seite gekündigt werden. Wann eine Kündigung möglich ist, variiert je nach Vertragstyp und Vertragsdauer. Je länger ein Vertrag bereits gehalten hat, desto stärker sollen sich die Vertragsparteien darauf verlassen können, dass er auch in Zukunft beibehalten wird. Diesen Bestandsschutz gibt es vor allem bei Verträgen, die für jeden Verbraucher besonders wichtig sind: dem Wohnungsmietvertrag und dem Arbeitsvertrag zum Beispiel.

> Der Kündigungsschutz erwächst aus dem gegenseitigen Vertrauen auf dauerhafte Leistungserbringung. Wird dieses Vertrauen vorsätzlich zerstört, gibt es keinen Anspruch auf Kündigungsschutz.

> **Achtung:** Eine Kündigung ist eine Willenserklärung. Sie enthält die Botschaft: »Ich will diesen Vertrag nicht mehr.« Diese Aussage muss dem (oder den) anderen Vertragspartner(n) zugehen.

Ein Grund für die Kündigung muss im Allgemeinen nicht angegeben werden. Nur bei besonderen Verträgen schreibt das Gesetz vor, dass eine Kündigung nur aus bestimmten Gründen erlaubt ist.

Außerordentliche Kündigungen

Anders ist es bei den so genannten außerordentlichen Kündigungen. Jedes Dauerschuldverhältnis, darauf hat der Gesetzgeber geachtet, kann aus wichtigen Gründen beendet werden. Was ein solcher wichtiger

Grund im Einzelfall ist, unterscheidet sich ganz nach Vertragstyp. Allerdings gibt es einige Umstände, die beinahe immer eine außerordentliche Kündigung möglich machen:

- **Einseitige Nichterfüllung:** Zum Beispiel könnte ein Mieter seine regelmäßigen Zahlungen einstellen. Oder der Vermieter reißt das Treppenhaus im vermieteten Gebäude ab, ohne zügig für einen Ersatz zu sorgen. Dann hat er seine Pflicht verletzt, dem Mieter eine Wohnung zu stellen. In beiden Fällen stellt das einen Kündigungsgrund dar.
- **Objektive Unerfüllbarkeit:** Es ist einer Partei unmöglich, den Vertrag fortzusetzen. Beispielsweise könnte das Wohnhaus abbrennen. Dann ist es dem Vermieter unmöglich, seine Leistungspflicht zu erfüllen. Also kann er außerordentlich kündigen.
- **Unzumutbarkeit:** Die Fortsetzung des Vertrags ist der anderen Partei nicht zumutbar. Zum Beispiel könnte ein Arbeitgeber gesundheitsgefährdende Zustände im Betrieb dulden, indem er bestimmte Auflagen der Aufsichtsbehörde hartnäckig nicht umsetzt. Selbst als erste Unfälle geschehen und er vom Betriebsrat auf die Missstände hingewiesen wird, unternimmt er nichts. Spätestens dann ist es den Arbeitnehmern nicht mehr zuzumuten, dort zur Arbeit zu gehen. Sie dürfen fristlos kündigen oder die Arbeit einstellen, bis die unhaltbaren Zustände beseitigt sind.
- **Vertragsverletzung:** Eine Partei verstößt auf Dauer gegen ihre Verhaltenspflichten. Eine Bank schreibt einem Angestellten vor, mit Krawatte und Sakko zum Dienst anzutreten. Der kommt aber immer mit löchrigen Jeans. Das heißt zwar nicht, dass er schlecht arbeitet, aber er verletzt seine Verhaltenspflichten. Und das berechtigt – nach ein oder zwei Abmahnungen – zu einer außerordentlichen Kündigung.

> In der Regel ist es vor einer fristlos wirkenden Kündigung erforderlich, dem Vertragspartner eine Aufforderung zur Verhaltensänderung (Abmahnung) zukommen zu lassen. Unterbleibt die Abmahnung, kann dies die außerordentliche Kündigung nichtig machen.

Wichtig: Ein Dauervertrag kann außerordentlich, das heißt mit sofortiger Wirkung gekündigt werden, wenn der kündigenden Partei nicht zugemutet werden kann, den Vertrag fortzusetzen.

Was die Kündigung außerordentlich macht
Die außerordentliche Kündigung unterscheidet sich aus folgenden Gründen von der normalen Kündigung:

- **Unmittelbarkeit:** Sie wirkt sofort, das heißt fristlos und unmittelbar, sobald sie dem anderen Vertragspartner zugegangen ist.
- **Unzumutbarkeit:** Um außerordentlich kündigen zu dürfen, muss es für die Kündigung besondere Gründe geben. Entscheidend ist, dass auch ein unbeteiligter Dritter leicht erkennen kann: Dieser Vertrag ist für einen der Vertragspartner so schlecht, dass ihm ein Festhalten an diesem Vertrag nicht zugemutet werden kann.

- **Vernachlässigung:** Was im Einzelfall unzumutbar ist, hängt auch von dem Vertragstyp ab, um den es in diesem Einzelfall geht. Immer aber reicht es aus, wenn einer der Vertragspartner seine Hauptleistungspflicht dauerhaft vernachlässigt, also wenn er etwa seine Miete nicht zahlt oder nicht mehr zur Arbeit kommt.
- **Abmahnung:** In jedem Fall aber muss es vor einer außerordentlichen Kündigung einen oder mehrere »Warnschüsse« geben, wenn die Zeit dafür reicht. Nur in ganz wenigen Ausnahmefällen ist ein Vertragsverstoß dermaßen schwerwiegend, dass ohne Zögern außerordentlich gekündigt werden darf.

Das Wirtschaftsstrafgesetz und das Verwaltungsverfahren

Im Rechtsverkehr müssen Sie sowohl das Privatrecht als auch das öffentliche Recht einhalten.

Mit Gesetzen und Verträgen im Rahmen des Privatrechts haben Sie es als Unternehmer nicht nur im Umgang mit Kunden und Auftragnehmern zu tun. Öfter als Sie denken müssen Sie auch Gesetze beachten, die der Staat Ihnen vorschreibt. Dieses so genannte öffentliche Recht, das das Verhältnis des Bürgers zum Staat regelt, besteht aus einer Vielzahl von Auflagen und Vorschriften, für deren Einhaltung verschiedene Behörden zuständig sind.

Das Wirtschaftsstrafgesetz

Bereits im Zusammenhang mit sittenwidrigen oder sogar wucherischen Geschäften haben wir verdeutlicht, dass entsprechende Verträge null und nichtig sind. Unter Umständen kann also ein vermeintlich gewinnträchtiges Geschäft nicht nur platzen, sondern sich sogar als eine teure Angelegenheit erweisen. Bei krassen Verstößen handelt es sich nämlich möglicherweise um Ordnungswidrigkeiten nach dem Wirtschaftsstrafgesetz, für die drastische Bußgelder bis zu einer Höhe von 100.000 DM verhängt werden können.

Wer beispielsweise eine regionale Monopolstellung oder eine Angebotsknappheit dazu ausnützt, überzogene Preise für eine Leistung zu verlangen, kann mit Bußgeldern belegt werden.

Im Unternehmeralltag sollte man diese Drohungen immer im Hinterkopf behalten. Schließlich kann ein Verstoß nicht nur aus purer Bösartigkeit geschehen, sondern schlicht aus Unkenntnis der Gesetze. Wer seinen Kunden großzügige Preisnachlässe gewährt, gilt nicht überall als Menschenfreund. Vielmehr muss man über Anwürfe der Konkurrenz hinaus mit behördlichen Unannehmlichkeiten rechnen, die überaus teuer werden können. Ein Blick in das Gesetz kann Sie davor bewahren.

Ordnungswidrigkeiten im Sinne des Wirtschaftsstrafgesetzes

Im Wirtschaftsstrafgesetz sind die Voraussetzungen, die für das Vorliegen einer bußgeldpflichtigen Ordnungswidrigkeit vorliegen müssen, recht genau festgelegt. Darin heißt es unter anderem:

- **Bei Verstößen gegen gesetzliche Preisregelungen:** »Wer vorsätzlich oder fahrlässig eine Rechtsvorschrift über Preise, Preisspannen, Zuschläge oder Abschläge, Preisangaben, Zahlungs- oder Lieferungsbedingungen oder andere der Preisbildung oder dem Preisschutz dienende Maßnahmen missachtet, handelt ordnungswidrig. Der Verstoß kann mit einer Geldbuße bis zu 50.000 DM geahndet werden.«
- **Bei Preisüberhöhung in einem Beruf oder Gewerbe:** »Derjenige handelt ordnungswidrig, der vorsätzlich oder leichtfertig in befugter oder unbefugter Betätigung in einem Beruf oder Gewerbe für Gegenstände oder Leistungen des lebenswichtigen Bedarfs Entgelte fordert, verspricht, vereinbart, annimmt oder gewährt, die infolge einer Beschränkung des Wettbewerbs oder infolge der Ausnutzung einer wirtschaftlichen Machtstellung oder einer Mangellage unangemessen hoch sind.« Hier sind ebenfalls Bußen bis zu 50.000 DM möglich.
- **Bei Mietpreisüberhöhung:** »Eine Ordnungswidrigkeit begeht, wer vorsätzlich oder leichtfertig für die Vermietung von Räumen zum Wohnen unangemessen hohe Entgelte fordert, sich versprechen lässt oder annimmt. Als unangemessen hoch gelten Entgelte, die infolge der Ausnutzung eines geringen Angebots an vergleichbaren Räumen die jeweils ortsüblichen Mieten um mehr als 20 Prozent übersteigen. Ein Verstoß kann mit einer Geldbuße bis zu 100.000 DM geahndet werden.«

Als Ordnungswidrigkeit werden die Verstöße zwar nicht vom Staatsanwalt verfolgt, sondern von den jeweils zuständigen Verwaltungsbehörden. Diese sind jedoch mit den gleichen Befugnissen, mit den gleichen Rechten und Pflichten ausgestattet wie Staatsanwälte bei der Verfolgung von Straftaten. Somit dürfen sie unter anderem verhaften und beschlagnahmen lassen.

So funktioniert Rechtsschutz im Verwaltungsverfahren

Bei der Vielzahl von Amtsträgern, mit denen Sie durch Ihr Gewerbe in Kontakt kommen, bleiben Meinungsverschiedenheiten nicht aus. Für Sie als Unternehmer ist es nicht immer angenehm zu wissen, dass viele Beamte spätestens mit einem Umweg über die Aufsichtsbehörde ein bestimmtes Handeln von Ihnen erzwingen können. Umso wichtiger ist es, sich mit der Frage des Rechtsschutzes zu beschäftigen. Und das nicht erst dann, wenn das Kind in den Brunnen gefallen ist.

Gegen Anordnungen und Behördenentscheidungen können Sie sich mit entsprechenden Rechtsmitteln zur Wehr setzen. In der Regel handelt es sich dabei um Verwaltungsakte, gegen die Sie Widerspruch erheben dürfen. Bleibt die Behörde oder die Berufsgenossenschaft trotzdem bei ihrer ursprünglichen Entscheidung, können Sie vors Verwaltungsgericht ziehen. Der Ablauf sieht in etwa so aus:

> Jedem behördlichen Bescheid liegt eine Rechtsmittelbelehrung bei. Aus ihr wird ersichtlich, innerhalb welcher Frist Sie protestieren und vor allem welche Schritte Sie gegen den Bescheid einleiten können.

Beim Umgang mit staatlichen Stellen und ihren Erlassen müssen Sie darauf achten, die jeweils angegebenen Fristen für die Einlegung von Rechtsmitteln unbedingt einzuhalten. Denn selbst wenn Sie Recht haben, kann eine verstrichene Frist dafür sorgen, dass Sie vor Gericht nicht Recht bekommen.

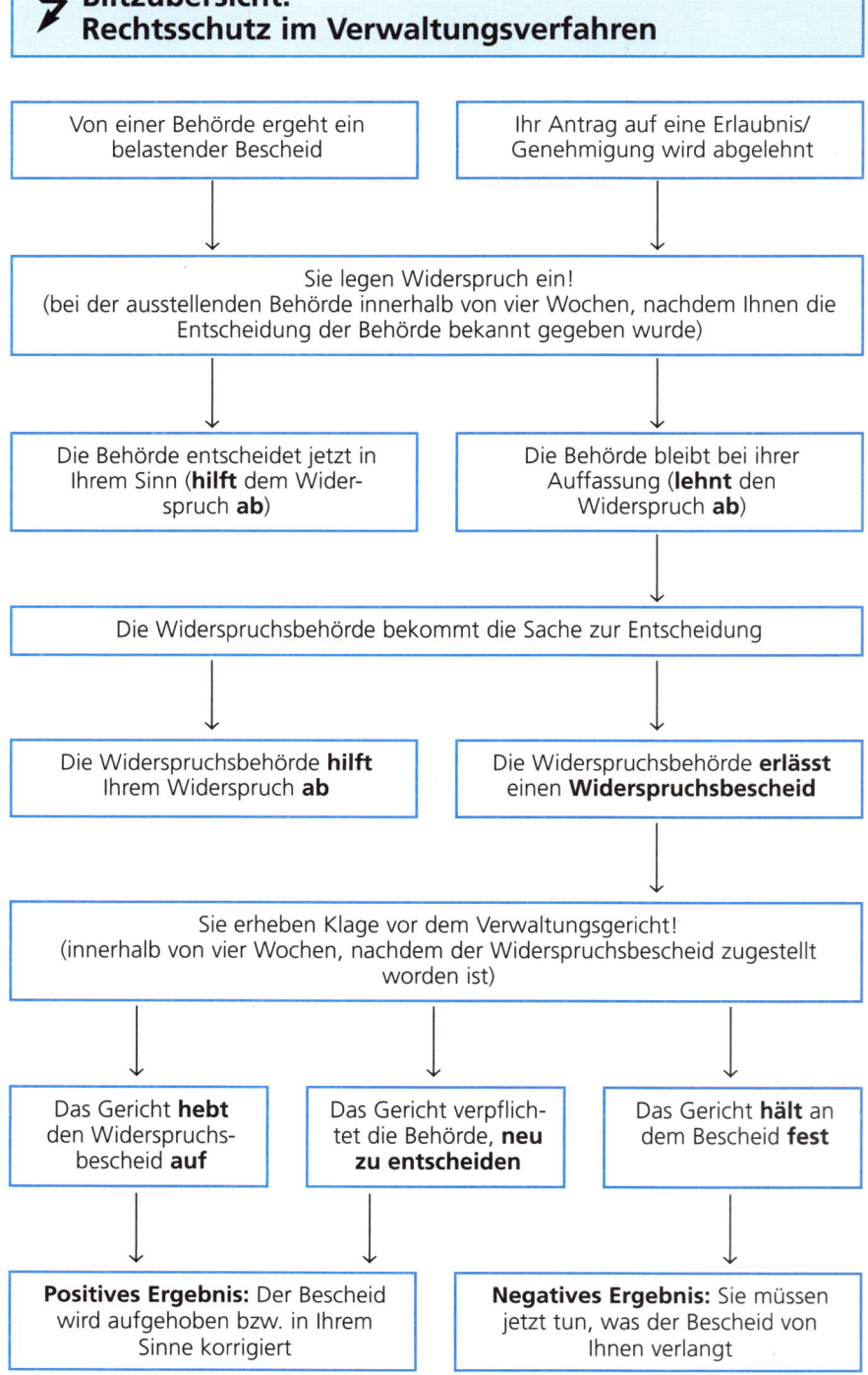

> **Tipps für die Praxis im Umgang mit Behörden**
>
> *Berufung oder Revision gibt es nur in den folgenden Fällen:*
>
> ▶ **Gerichtliche Zulassung:** Wenn das Gericht selbst meint, hier müsste ein Rechtsmittel zugelassen werden, oder
> ▶ **Erfolgreicher Antrag:** Wenn Sie durch einen gut begründeten Antrag oder eine überzeugende Beschwerde dasselbe Gericht nachträglich noch dazu bewegen können, Rechtsmittel zuzulassen.
>
> *Wenn eine Behörde oder die Berufsgenossenschaft eine Entscheidung fällt, von der Sie betroffen werden, können Sie Anfechtungsklage erheben. Was Sie zuvor immer tun sollten:*
>
> ▶ **Information:** Lesen Sie sorgfältig die Rechtsmittelbelehrung, die jedem Verwaltungsakt beiliegen muss.
> ▶ **Abwägung:** Legen Sie Widerspruch ein, wenn Sie sich ungerecht behandelt fühlen. Dafür haben Sie aber nur vier Wochen Zeit. Denken Sie daran, dass Sie in der Regel die Kosten des Widerspruchsverfahrens tragen müssen, wenn die Behörde bei ihrer Meinung bleibt. Kommt wie erwartet ein Widerspruchsbescheid, der inhaltlich nichts anderes aussagt als der erste, können Sie klagen. Dafür verbleibt Ihnen ebenfalls eine Frist von vier Wochen.

Fristen unbedingt einhalten

Wenn Sie die angegebenen Fristen ohne wichtigen Grund versäumen, haben Sie meistens Pech gehabt. Nur in ganz besonderen Ausnahmefällen können Sie dann noch etwas unternehmen.
Ein solcher Ausnahmefall liegt beispielsweise nicht vor, wenn Sie sechs Wochen Urlaub gemacht haben – dann hätten Sie jemanden beauftragen müssen, Ihren Briefkasten zu leeren. Nur wenn Sie todkrank auf der Intensivstation lagen, haben Sie gute Chancen auf eine so genannte Wiedereinsetzung in den vorigen Stand. Das heißt, Sie können jetzt so vorgehen, als wäre die Frist noch nicht verstrichen.

Die Klage vor dem Verwaltungsgericht

Sollten Sie gegen einen Verwaltungsakt Widerspruch eingelegt haben, einen entsprechenden Widerspruchsbescheid erhalten haben und gegen diesen Klage erheben, so müssen Sie in den Entwurf unbedingt folgende Angaben hineinschreiben:

▶ **Name des Klägers,**
▶ **Name des Beklagten,** das ist meist die Körperschaft, in dessen Namen der Bescheid ergangen ist, zum Beispiel der Bund, das Land oder die Berufsgenossenschaft,

Im ersten Schritt genügt es zur Einhaltung bestimmter Fristen oft, wenn Sie beispielsweise eine nicht erteilte Genehmigung ohne Begründung anfechten. Dann bleibt Ihnen immer noch genügend Zeit, Ihre Anfechtung unter Inanspruchnahme von Rechtsbeistand zu begründen.

- **Bezeichnung des Gegenstands,** gegen den Sie Klage erheben, also die Anordnung der Berufsgenossenschaft, die Versagung einer Genehmigung oder die Auflage einer Behörde.

Neben diesen unbedingt erforderlichen Angaben gibt es noch weitere Punkte, die Sie in Ihrer Klage anführen sollten:

- **Genaue Antragsformulierung:** »Ich beantrage die Aufhebung der Unterlassungsverfügung …«,
- **Nennung aller Beteiligten:** beispielsweise des Nachbarn oder des Arbeitnehmers, der Sie bei der Behörde angeschwärzt hat,
- **Beifügung aller Beweismittel:** also Kopien von Briefen, Urkunden oder die Namen von Zeugen sowie die Kopien des Schriftverkehrs mit der Behörde – alles, was Sie beseitigen oder erreichen wollen, ergibt sich schließlich daraus.

Wenn eines der Elemente fehlt, die eine Klage unbedingt haben muss, wird sie als unzulässig abgewiesen. Wenn aber etwas fehlt, was in einer Klage nur stehen sollte und nicht zwingend ist, gilt die Klage meist als erfolgreich erhoben. Allerdings müssen Sie eventuell noch Beweismittel oder Unterlagen nachreichen.

Neben den verschiedenen Arten der Klage gibt es auch formlose Anträge, für die nicht immer die drei »f« gelten (formlos, fristlos, fruchtlos). Im Folgenden ein paar Beispiele für diverse Rechtsmittel.

Beispiel einer Anfechtungsklage

»Ich beantrage die Aufhebung des Bescheids vom … *(Datum)* durch die Behörde … *(Bezeichnung der Behörde)* wegen … *(Inhalt des Bescheids)*, weil dieser Bescheid mich in meinen Rechten verletzt. Die Begründung dieses Antrags bleibt einem besonderen Schreiben vorbehalten.«

In der Verwaltungsgerichtsbarkeit gilt zu Ihrem Glück der Untersuchungsgrundsatz. Das heißt, dass nicht Sie die Beweislast allein tragen, sondern das Gericht muss Ihren Hinweisen und Beweisen nachgehen, um die Tatsachen selbst aufzuklären. Dabei sollten Sie dem Gericht helfen. Beispielsweise, indem Sie in der Begründung näher erklären, wodurch Ihre Rechte verletzt worden sind.

Beispiel einer Klagebegründung

»Mit dem angegriffenen Bescheid wurde mir untersagt, meine Wohnung Friedrich-Ebert-Damm 68 als Tischlerei zu nutzen. Es handelt sich um ein Ladenlokal, das ich bis 1994 an eine Änderungsschneiderei vermietet hatte. Seither nutze ich diese Räume selbst für eine kleine Tischlereiunternehmung. Diese Nutzung soll ich nun einstellen, weil dadurch die Nachbarschaft zu stark mit Lärm belästigt werde. Tatsächlich aber befinden sich in unmittelbarer Nachbarschaft zahlreiche Geschäfte, die gelegentlich laut werden, gerade die benachbarte Schnelldruckerei. Ich sehe

Die hier genannten Formulierungsvorgaben sollen vermeiden helfen, dass Sie Anträge und Klageschriften mehrfach schreiben müssen, weil wichtige Elemente fehlen. Außerdem ginge dadurch wertvolle Zeit verloren.

deshalb in dieser Verfügung eine Ungleichbehandlung und fühle mich in meiner Handlungs- und Wirtschaftsfreiheit verletzt.« Der erfahrene Richter erkennt daraus, dass Sie sich auf Ihre im Grundgesetz verankerten Grundrechte aus den Artikeln 2, 3, 12 und 14 GG berufen. Diese Rechte wird er prüfen. Und das ist es doch, was Sie mit einem solchen Schreiben erreichen wollen.

Beispiel für einen formlosen Antrag

Normalerweise ist man froh, wenn sich die Behörden nicht zu oft einmischen. Andererseits kann es vorkommen, dass Sie für dies oder jenes eine behördliche Genehmigung brauchen. Das Genehmigungsverfahren eröffnen Sie mit einem einfachen Antrag. Die Behörde ist verpflichtet, Ihnen umfassend Auskunft zu erteilen und darauf hinzuwirken, dass Sie Ihren Antrag korrekt und vollständig einreichen können. Für die erste Kontaktaufnahme genügt daher schon ein ganz formloses Schreiben.

»Sehr geehrte Baubehörde, ich habe vor, meine Garage von derzeit noch 15 Quadratmetern um einen Meter zu verlängern. Bitte teilen Sie mir mit, ob dieses Vorhaben genehmigungspflichtig ist und welche Formalitäten ich bei einem Genehmigungsantrag zu beachten habe.«

Daraufhin werden Sie Antwort erhalten. Oft liegt ein Formular bei, das kein Mensch versteht. Am einfachsten ist es dann, wenn Sie sich mit Ihrem Sachbearbeiter in Verbindung setzen und den Antrag gemeinsam ausfüllen.

Für das Ausfüllen von Anträgen sollten Sie sich nicht scheuen, den zuständigen Beamten zu kontaktieren. Das ist allemal schneller und einfacher, als wenn viermal der Antrag mit der Post hin- und hergeschickt wird, bis alle Angaben korrekt sind.

Beispiel für eine Verpflichtungsklage

Lehnt die Behörde Ihren Antrag ab, dann können Sie eine Verpflichtungsklage erheben. Damit soll die Behörde verpflichtet werden, Ihnen eine Genehmigung zu erteilen. Das Problem an einer solchen Klage ist, dass Sie hier genau beschreiben müssen, aus welchem Gesetz sich Ihr Anspruch ergibt. Dazu ein Beispiel:

»Ich beantrage die für meinen Ort zuständige Baubehörde gemäß § 42 Abs. 1 Alt. 2 VwGO zu verurteilen, mir die Verlängerung der Garage um einen Meter zu genehmigen. Darauf habe ich gemäß § 34 Abs. 1 BauGB einen Anspruch, weil dieses Vorhaben den Festsetzungen des zuständigen Bebauungsplanes entspricht und auch sonst nicht gegen öffentliches Recht verstößt.«

Schwierig wird es allerdings, wenn sich die Behörde gar nicht rührt. Dann haben Sie nach einer angemessenen Zeit von mindestens drei Monaten immerhin die Möglichkeit, eine so genannte Untätigkeitsklage nach § 75 VwGO zu erheben. Denn jeder Bürger hat einen Anspruch darauf, dass seine Anträge bearbeitet und beschieden werden. Selbst wenn Ihr Antrag negativ beschieden werden sollte, haben Sie dann die Möglichkeit, eine der oben genannten Klagen einzureichen.

Die Rolle des Anwaltes im Verwaltungsverfahren

Trotz Untersuchungsgrundsatz empfiehlt es sich oft, spätestens die Klage zum Verwaltungsgericht von einem Anwalt aufsetzen zu lassen. Die Verwaltungsgerichte sind nämlich sehr empfindlich, was formale Aspekte angeht, wie zum Beispiel die Wahl der richtigen Klageart.

Anwaltszwang besteht nur für eine Revision vor dem Bundesverwaltungsgericht. Beim Verwaltungs- und beim Oberverwaltungsgericht können Sie selbst auftreten, dürfen sich aber auch vertreten lassen oder sich eines Beistands bedienen.

Die Finanzgerichtsbarkeit

Ein besonderer Zweig der Verwaltungsgerichtsbarkeit sind die Finanzgerichte. Sie sollen immer dann Recht sprechen, wenn es zwischen dem Bürger und seinem Finanzamt zu Meinungsverschiedenheiten kommt. Allerdings darf man sich nicht zu viel Hilfe und Wohlwollen erhoffen. Denn von den Finanzgerichten wird allgemein gesagt, dass sie eher profiskalische Entscheidungen treffen – das Finanzamt und nicht der Bürger bekommt in der Mehrzahl aller Fälle Recht.

Ehe ein Verfahren vor das Finanzgericht geht, läuft beim Finanzamt das normale Einspruchsverfahren – analog dem Verwaltungsverfahren (siehe Übersicht auf Seite 300). Erst wenn keine Einigung mit dem Finanzamt möglich ist und ein abschlägiger Einspruchsbescheid erlassen wird, kann gegen diesen Bescheid Klage beim Finanzgericht eingelegt werden.

Bevor Sie gegen Ihr zuständiges Finanzamt vor Gericht ziehen, müssen Sie das Einspruchsverfahren in Anspruch genommen haben. Selbst wenn Ihr Einspruch abgewiesen wurde, sollten Sie es sich gut überlegen, ob Ihr Streitfall das Prozessrisiko wert ist, denn in den meisten Fällen behält das Finanzamt die Oberhand.

> **Achtung:** Die Erfolgsaussichten einer Klage sollte man unbedingt vom Steuerberater oder einem Fachanwalt für Steuerfragen oder Steueranwalt prüfen lassen. Wer nicht regelmäßig mit Steuerfragen zu tun hat, sieht sich sonst zusätzlich mit den Kosten einer Prozessniederlage konfrontiert.

Was Sie vor dem Finanzgericht erreichen können

In diesen Verfahren geht es immer nur um einen Punkt: Der Steuerzahler will Geld vom Staat – entweder in Form von Rückzahlungen oder in Form von gekürzten Vorauszahlungen.

Folglich kann das Finanzgericht Bescheide aufheben oder Festsetzungen treffen. Aber es kann auch ein nicht erwarteter Nachteil eintreten, indem nämlich noch nicht rechtskräftige Bescheide wieder aufgerollt werden und der Streit zu einer so genannten Verschlechterung führt. Die Finanzgerichte gehören schon seit geraumer Zeit zu den besonders überlasteten Zweigen der Gerichtsbarkeit. Im Normalfall muss mit einer Verfahrensdauer von zwei Jahren gerechnet werden.

Die Revision beim Bundesfinanzamt

Lässt das Finanzgericht die Revision zu, kann der Verlierer vor der nächsten Instanz klagen, dem Bundesfinanzhof. Wird die Revision nicht zugelassen, so können Sie diese eventuell mit einer Beschwerde erzwingen. In Verfahren vor dem Bundesfinanzhof muss man sich von einem Steuerberater oder Rechtsanwalt vertreten lassen.

Strittiger Steuerbetrag bis	Finanzgericht (1. Instanz) ohne Vertretung	Finanzgericht (1. Instanz) mit Vertretung	Bundesfinanzhof (2. Instanz)
600 DM	310 DM	175,00 DM	430 DM
1.200 DM	490 DM	245,00 DM	680 DM
1.800 DM	660 DM	315,00 DM	890 DM
2.400 DM	830 DM	385,00 DM	1.110 DM
3.000 DM	990 DM	455,00 DM	1.330 DM
4.000 DM	1.170 DM	507,00 DM	1.570 DM
5.000 DM	1.350 DM	560,00 DM	1.810 DM
6.000 DM	1.530 DM	612,00 DM	2.050 DM
7.000 DM	1.700 DM	665,50 DM	2.290 DM
8.000 DM	1.880 DM	717,50 DM	2.530 DM
9.000 DM	2.060 DM	770,00 DM	2.770 DM
10.000 DM	2.240 DM	822,50 DM	3.010 DM
12.000 DM	2.510 DM	927,50 DM	3.360 DM
14.000 DM	2.770 DM	1.032,50 DM	3.720 DM
16.000 DM	3.040 DM	1.137,50 DM	4.080 DM
18.000 DM	3.310 DM	1.242,50 DM	4.440 DM
20.000 DM	3.570 DM	1.347,50 DM	4.800 DM

So teuer wird eine Prozessniederlage bei den Finanzgerichten*

* Lassen Sie sich von einem Anwalt oder Steuerberater vertreten, fallen nicht nur die obligatorischen Verfahrens- und Urteilsgebühren an, sondern auch zusätzlich die Prozess-, Verhandlungs- und Postgebühren sowie das Honorar Ihres Vertreters.

Sollten Sie sich für einen Prozess gegen Ihr Finanzamt entschieden haben und in der ersten Instanz verlieren, dann bleibt Ihnen noch das Revisionsverfahren vor dem Bundesfinanzhof. Da es sich hierbei meist um einen höheren Streitwert handelt, können die Prozesskosten beträchtlich sein.

Vorsicht beim Rechtsstreit mit dem Finanzamt

Das Finanzamt kann, falls der Steuerbescheid aufgrund eines laufenden Einspruchsverfahrens noch »offen« ist, den Bescheid auch verschlechtern. Es können hier beispielsweise die im alten Steuerbescheid gewährten steuerlichen Vergünstigungen, die im Ermessensspielraum des Sachbearbeiters liegen, wieder gestrichen werden. Davon sollten Sie sich aber nicht abhalten lassen, Ihr Recht – sofern Sie es haben und vor Gericht auch bekommen – durchzusetzen.

Kapitel 10
Arbeitsrecht – der Unternehmer als Arbeitgeber

Sobald Sie Mitarbeiter einstellen, sind Sie auch Arbeitgeber. Im Schlusskapitel dreht sich daher alles um das Arbeitsrecht. Unser Test zeigt Ihnen, wie viel Sie bereits wissen. Bei der Beantwortung der Fragen sind Mehrfachnennungen möglich. Die Lösungen finden Sie am Ende des Tests.

⚡ Blitztest
Was wissen Sie schon – wie groß ist Ihr Info-Bedarf?

→ siehe Seite 303

1. Wann kommt ein Arbeitsvertrag zustande?
- a) Nur durch schriftliche Vereinbarung.
- b) Durch Vertragshinterlegung beim Arbeitsamt.
- c) Durch schriftliche oder mündliche Vereinbarung.

→ siehe Seite 303

2. Wie sollte ein Arbeitsvertrag aus Unternehmersicht aussehen?
- a) Er sollte alle betrieblichen Interessen im Hinblick auf das Arbeitsverhältnis regeln.
- b) Er darf nicht gegen Gesetze verstoßen.
- c) Er sollte den möglichst flexiblen Einsatz des Mitarbeiters gewährleisten.

→ siehe Seite 305

3. Welche Regelungen kann der Unternehmer bezüglich der Vergütung in den Arbeitsvertrag schreiben?
- a) Er kann die gesamte Vergütung eines Monats davon abhängig machen, ob der Mitarbeiter gute Leistungen gebracht hat.
- b) Er kann einen Teil der Vergütung nach Leistung bemessen.
- c) Er kann bei guter Leistung Sonderprämien ausloben.

→ siehe Seite 319

4. Wie viel Urlaub muss Beschäftigten mindestens gewährt werden?
- a) Mindestens ein Arbeitstag pro Monat.
- b) Das hängt von der Betriebsgröße ab.
- c) Nach den Vorschriften des Bundesurlaubsgesetzes.

5. Welche Rechte hat der Arbeitgeber im Hinblick auf die Urlaubsgewährung? → siehe Seite 319

a) Er darf eine Verschiebung von bereits gebuchtem Urlaub aus dringenden betrieblichen Gründen verlangen.
b) Er darf verbindliche Betriebsferien vorschreiben.
c) Er darf verlangen, dass der gesamte Urlaub tageweise an arbeitsschwachen Tagen abgebummelt wird.

6. Wann muss der Chef die Gründung eines Betriebsrats dulden und unterstützen? → siehe Seite 315

a) Wenn die Mitarbeiter das wollen.
b) Wenn es Streit zwischen Unternehmer und Belegschaft gibt.
c) Ab einer bestimmten Mitarbeiterzahl.

7. Woran kann ein Unternehmer erkennen, dass der Mitarbeiter die in ihn gesetzten Hoffnungen erfüllen wird? → siehe Seite 321

a) Aus dem Zeugnis des letzten Arbeitgebers.
b) Durch Anfrage beim Arbeitsamt.
c) Durch Einsichtnahme in das Arbeitnehmer-Zentralregister.

8. Wie kann sich der Arbeitgeber davor schützen, einen ungeeigneten Mitarbeiter einzustellen? → siehe Seite 306

a) Er kann eine Probezeit vereinbaren.
b) Er kann den Mitarbeiter ohne Arbeitsvertrag beschäftigen.
c) Er kann im Arbeitsvertrag tägliche Kündigung vereinbaren.

9. Welche Rolle hat die Gewerbeaufsicht? → siehe Seite 340

a) Sie kontrolliert, ob Arbeitsstätten, Räume und Bedingungen für Beschäftigte geeignet sind.
b) Sie kontrolliert Arbeitsverträge.
c) Sie kontrolliert Produktionsanlagen.

10. Welche Aufgaben hat die Berufsgenossenschaft? → siehe Seite 345

a) Sie ist eine Gewerkschaft für Arbeitgeber.
b) Sie versichert Arbeitnehmer gegen Unfälle am Arbeitsplatz.
c) Sie zahlt Renten im Fall der Erwerbsunfähigkeit.

Lösung des Tests:

1. c
2. a, b, c
3. b, c
4. c
5. a, b
6. c
7. a
8. a
9. a, c
10. b, c

Die Rolle des Arbeitgebers

Am Anfang vieler Unternehmen steht vor allem eine Geschäftsidee. Doch bald danach stellt sich die Frage, ob Sie als Inhaber die anfallende Arbeit allein bewältigen können und wollen. Spätestens dann, wenn das Geschäft aus dem Bereich des Kleingewerbes herausfällt, brauchen Sie Unterstützung. Bevor Sie Ihre erste Suchanzeige ans Arbeitsamt schicken oder ein Zeitungsinserat aufgeben, sollten Sie sich folgende Fragen stellen:

▶ **Kosten:** Trägt das Unternehmen auf Dauer die zusätzlichen Kosten? Ein Arbeitnehmer, der mit 2.500 DM nach Steuern und Sozialversicherung nach Hause gehen soll, kostet Sie als Arbeitgeber grob überschlagen 60.000 bis 80.000 DM pro Jahr. Oder muss der neue Mitarbeiter die Produktivität Ihres Betriebs steigern, damit er sich quasi selbst bezahlt und daneben noch ein kleiner Überschuss für Sie abfällt?

▶ **Kapital:** Ist genügend Kapital vorhanden, um dem künftigen Arbeitnehmer ein ausreichendes Arbeitsumfeld einzurichten? Unter Umständen müssen Sie nicht nur einen neuen Arbeitsplatz aufbauen, sondern auch neue Räume anmieten, bestehende Anlagen erweitern, mit höherem Materialverbrauch rechnen. All diese Kosten müssen Sie schon vor der ersten Beschäftigungsstunde decken können. Antwort auf diese Fragen finden Sie zum Teil in Ihrer Buchhaltung.

▶ **Auslastung:** Ist der derzeitige Arbeitsanfall, den Sie mit einem Mitarbeiter bewältigen wollen, eventuell nur von kurzer Dauer? Gelingt es Ihnen, bei Auftrags- oder Nachfrageeinbrüchen genügend Arbeit heranzuschaffen, um den Mitarbeiter auszulasten?

▶ **Entlastung:** Führt die Beschäftigung des Mitarbeiters wirklich zu Ihrer Entlastung?

Grundregeln für die Mitarbeiterbeschäftigung

Sinnvoll ist es oft, sich zunächst ein genaues Bild davon zu machen und eine eigene kleine Checkliste anhand der unternehmensspezifischen Anforderungen aufzustellen. Aus dieser Checkliste kann man ablesen, welche Fähigkeiten und Qualifikationen der Mitarbeiter mitbringen muss, damit er für den geplanten Einsatzzweck taugt. Dann sollten Sie herausfinden, wie teuer ein Arbeitnehmer mit dieser Qualifikation über ein Geschäftsjahr wird und wie hoch die Umsätze sein müssen, damit sich das trägt.

Es macht im Normalfall nur Sinn, einen Mitarbeiter zu beschäftigen, wenn der von dem Mitarbeiter getragene Umsatz mindestens den doppelten Betrag des Mitarbeiter-Bruttogehalts ausmacht.

▶ **Kalkulation:** Es macht nur Sinn, einen Mitarbeiter zu beschäftigen, wenn Sie als Unternehmer dadurch für andere Tätigkeiten frei werden, die in derselben Zeit einen höheren Umsatz bringen, als für die Bezahlung des Mitarbeiters erforderlich wäre.

Sobald Sie Mitarbeiter einstellen, laden Sie sich Fixkosten auf, die Sie nicht so ohne weiteres wieder abbauen können, sollte das Geschäft nicht mehr so gut laufen. Daher ist es durchaus eine Überlegung wert, Aufgaben an Subunternehmer zu delegieren, anstatt Mitarbeiter einzustellen.

- **Ersetzung:** Es macht nur dann Sinn, einen Mitarbeiter einzustellen, wenn der zu einem deutlich niedrigeren Preis dieselbe Arbeit wie Sie macht – wobei auch die Lohnnebenkosten zu berücksichtigen sind.
- **Unterstützung:** Es macht auch Sinn, einen Mitarbeiter zu beschäftigen, wenn er untergeordnete Tätigkeiten übernehmen kann, die zwar erledigt werden müssen, an denen Sie aber nichts verdienen können.
- **Ergänzung:** Es macht auch Sinn, einen Mitarbeiter zu beschäftigen, wenn er über Fähigkeiten verfügt, die Sie nicht besitzen und mit denen Sie Ihr Angebot ausweiten können.

Subunternehmer beauftragen oder Mitarbeiter einstellen?

Spätestens wenn Ihr Unternehmen eine Größe erreicht hat, die eine Mitarbeiterbeschäftigung sinnvoll erscheinen lässt, sollten Sie sich in die Obhut eines Steuerberaters begeben. Er übernimmt – je nach Ihren Wünschen – auch die Lohnbuchhaltung für Sie, das heißt, er kümmert sich um die Anmeldung des Arbeitnehmers beim Finanzamt und führt die Sozialversicherungsbeiträge ab.

Sie sollten kurz darüber nachdenken, ob Sie sich die gewünschten Leistungen nicht durch Subunternehmer verschaffen können. Das mag finanziell zwar teurer aussehen, dafür sind die Folgekosten oft genauer kalkulierbar als bei der Beschäftigung von Arbeitnehmern. Der Nachteil von Subunternehmern liegt nur darin, dass sie einen gewissen Spielraum haben müssen, soweit es die Arbeitsweise und die Arbeitszeiten angeht.

Vorsicht vor Scheinselbstständigkeit!

Wenn Sie sich bewusst für Subunternehmer entscheiden, sollten Sie Folgendes bedenken: Je weiter Sie die Freiheit des Subunternehmers durch Vertrag einschränken, desto eher würde ein Gericht ihn für nur scheinbar selbstständig halten. Im ungünstigsten Fall könnte das bedeuten, dass Sie für einige Monate oder Jahre Sozialversicherungsbeiträge nachzahlen müssen und obendrein einen weiteren Arbeitnehmer haben, was Sie ja ursprünglich vermeiden wollten.

Die Rechtsprechung ist heutzutage zwar großzügig dabei, jemanden als Subunternehmer und nicht als Arbeitnehmer einzustufen, aber umso ärgerlicher und teurer wird es, wenn das Gericht ausgerechnet bei Ihnen anders entscheidet. Sie müssen auf folgende Aspekte achten. Nur scheinbar selbstständig ist jemand, der arbeitsvertraglichen Weisungen seines Auftraggebers folgen muss. Damit sind Weisungen gemeint, die:

- **über den eigentlichen Auftrag hinausgehen,** sich also nicht auf das vereinbarte Werk oder den versprochenen Dienst beziehen. Wer etwa den Auftrag übernimmt, in einem Neubau alle Stromkabel zu verlegen, und die Order bekommt, den Maurern beim Entladen zu helfen, ist wahrscheinlich Arbeitnehmer.

Sollten Sie als Freiberufler Mitarbeiter beschäftigen wollen, könnte das dazu führen, dass Ihre Einkünfte als gewerblich eingestuft werden. Umgekehrt müssen Sie auch aufpassen, Subunternehmer nicht als Scheinselbstständige zu behandeln, da Sie sonst auf einmal zusätzliche Mitarbeiter im Unternehmen haben.

▶ **sich auf das Verhalten im Betrieb beziehen,** wenn also der Auftraggeber beispielsweise festlegt, wie die Arbeit ausgeführt oder wo und wann die Pause genommen werden soll.

Wer ist scheinselbstständig?

Nur scheinbar selbstständig ist jemand, der in den Betrieb des Auftraggebers mehr als unbedingt nötig eingegliedert ist. Das ist der Fall bei:

▶ **Gleicher Arbeit:** Der Subunternehmer macht eine Arbeit, die der Auftraggeber auch mit eigenen Arbeitnehmern ausführen lässt.
▶ **Gleicher Arbeitszeit:** Der Subunternehmer soll dieselben Arbeitszeiten einhalten wie die anderen Arbeitnehmer – er ist zum Beispiel sogar in den normalen Dienstplänen verplant.
▶ **Gleicher Arbeitskleidung:** Der Subunternehmer soll dieselbe Arbeitskleidung tragen wie die anderen Arbeitnehmer.
▶ **Gleichen Vorgesetzten:** Der Subunternehmer hat dieselben Vorgesetzten als Ansprechpartner wie seine fest angestellten Kollegen.

Immer kommt es aber auf die Art der Tätigkeit an. Denn wer beispielsweise im Büro des Auftraggebers aushilft, muss in stärkerem Maße Weisungen gehorchen als einer, der ein bestimmtes Projekt betreuen soll. Im Umkehrschluss ergibt sich daraus, dass in besonderen Fällen sogar arbeitsvertragliche Weisungen nicht automatisch dazu führen, dass ein Subunternehmer zum Scheinselbstständigen im Sinne der Rechtsprechung wird.

> Ein wesentliches Kriterium für die Unterscheidung von echter und scheinbarer Selbstständigkeit ist der Grad, mit dem der Subunternehmer in die betrieblichen Abläufe des Auftraggebers eingebunden ist. Je mehr dies der Fall ist, desto wahrscheinlicher ist er nur scheinselbstständig.

Was sind subunternehmerische Leistungen?

Typische Subunternehmerleistungen werden werk- oder dienstvertraglich abgewickelt. Um Ihnen einen groben Überblick zu verschaffen:
Ein Subunternehmer auf werkvertraglicher Grundlage verspricht eine abgrenzbare Leistung und wird nur für das Arbeitsergebnis bezahlt. Typische Werkverträge sind:

▶ **der Reparaturvertrag** (Beispiel: Das Auto soll wieder fahren, die Maschine wieder laufen),
▶ **der Handwerkervertrag** (Beispiel: Ein Haus soll gebaut werden, ein Fußbodenbelag soll eingebaut werden),
▶ **der Künstlervertrag** (Beispiel: Ein Bild soll gemalt, eine Fotografie soll angefertigt werden).

Ein Subunternehmer auf dienstvertraglicher Grundlage verspricht ein Tätigwerden und wird für seinen Zeitaufwand bezahlt – unabhängig vom Arbeitserfolg. Typische Dienstverträge sind:

▶ **der Beratervertrag** (Beispiel: Jemand will den Umgang mit einem EDV-System lernen oder eine kompetente Kaufentscheidung treffen),
▶ **der Arztvertrag** (Beispiel: Der Mediziner soll eine Erkältung behandeln),
▶ **der Wartungsvertrag** (Beispiel: Jemand soll regelmäßig kontrollieren, ob ein bestimmtes Gerät noch technisch in Ordnung ist),

- **der Reinigungsvertrag** (Beispiel: Das Bürogebäude soll täglich einmal feucht gewischt werden).

Das Risiko mit Scheinselbstständigen ist im Normalfall umso niedriger, je fester der Subunternehmer mit seinem Geschäft auf eigenen Beinen steht. Sie brauchen also regelmäßig dann keine Angst vor dieser Beschäftigungsform zu haben, wenn die Firma des Subunternehmers schon länger am Markt tätig ist.

Die Gestaltung von Arbeitsverträgen

Eigentlich müsste zwischen Arbeitgeber und Arbeitnehmer per Vertrag nur geregelt werden, welche Art von Arbeit geleistet werden soll, wie viel gearbeitet werden muss und welche Vergütung dafür bezahlt wird.

In den meisten Verträgen wird aber noch einiges andere geregelt. Das sind Nebenbestimmungen. Sie wirken sich oft vorteilhaft für den Arbeitgeber aus. Aber: Vertragliche Nebenbestimmungen wirken nur, wenn sie nicht gegen Gesetze und kollektive Regelungen wie Tarifverträge verstoßen oder wenn sie ausnahmsweise für den Arbeitnehmer günstiger sind als das sonst geltende Recht.

Beim Abfassen von Arbeitsverträgen müssen Sie als Arbeitgeber die Bestimmungen aus Gesetzen und Tarifverträgen berücksichtigen. Kollidieren die zwischen Ihnen und Ihrem Mitarbeiter vereinbarten Bestimmungen mit anderen Vorschriften, so gilt im Zweifelsfall die für den Mitarbeiter günstigere Bestimmung.

Was nie fehlen darf: Die Aufgabenbeschreibung

Anfänger in Sachen Arbeitsrecht unterschätzen oft, welche Bedeutung die Aufgabenbeschreibung im Arbeitsvertrag haben kann. Zum einen beschreiben Sie damit, welche Anforderungen der Arbeitnehmer erfüllen soll, andererseits wird auch umgekehrt ein Schuh daraus: Die Aufgabenbeschreibung beschränkt auch die möglichen Einsatzgebiete des Arbeitnehmers. Ein Arbeitnehmer, den Sie als Buchhalter oder Sachbearbeiter angeheuert haben, wird sich nicht widerspruchslos für mehrere Wochen als Reinigungskraft missbrauchen lassen. Er kann dabei auf die Aufgabenbeschreibung verweisen, in der eine bestimmte Tätigkeit festgelegt wurde, und die war nicht das Reinigen des Büros.

> **Wichtig:** Je genauer Sie im Arbeitsvertrag festlegen, welche Tätigkeiten und Aufgaben der Arbeitnehmer erfüllen soll, desto wichtiger ist es, hinzuzufügen, dass im Rahmen Ihres Betriebs auch andere, niedriger qualifizierte Tätigkeiten übernommen werden müssen, sofern das betriebsbedingt erforderlich wird.

Denn mit jeder Aufgabenbeschreibung im Arbeitsvertrag legen Sie nicht nur die Pflichten des Arbeitnehmers fest, sondern Sie beschränken damit unter Umständen das Ihnen zustehende Weisungsrecht. Im Allgemeinen muss ein Arbeitnehmer alle ihm zumutbaren Tätigkeiten ausführen, die

Sie ihm auftragen. Was ihm aber zugemutet werden kann, bestimmt sich vor allem aus dieser Aufgabenbeschreibung. Deshalb sollten Sie bei der Formulierung entsprechend sorgfältig sein.

Die »Konkretisierung« der Tätigkeit

Grundsätzlich dürfen Sie Ihre Arbeitnehmer nach den betrieblichen Bedürfnissen mit anderen Tätigkeiten, an neuen Arbeitsplätzen oder sogar an anderen Betriebsstätten einsetzen. War der Arbeitnehmer aber viele Jahre mit immer derselben Tätigkeit befasst, hat sich sein Arbeitsvertrag auf genau diese Tätigkeit »konkretisiert«. Das bedeutet, der Umfang Ihres Weisungsrechts wird allein durch Zeitablauf immer kleiner. Und irgendwann brauchen Sie für jede Veränderung, Umsetzung oder Umgestaltung von Aufgaben die Zustimmung des Arbeitnehmers. Nur: Diese Konkretisierung braucht viel Zeit, in der Regel nicht weniger als zehn Jahre.

Wann und wie oft gearbeitet werden soll

Jede vertragliche Regelung innerhalb eines Arbeitsvertrages sollte so konkret wie möglich formuliert werden. Gerade der Verweis auf Tarifverträge hat aufgrund der vielen parallel existierenden Verträge seine Tücken.

Zu den wichtigsten Bestimmungen gehört weiter eine Festlegung der wöchentlichen oder monatlichen Arbeitszeit. Damit legen Sie die Dauer der Arbeit fest. Um nicht gegen gesetzliche oder tarifvertragliche Bestimmungen zu verstoßen, können Sie auf Gesetze oder Tarifverträge verweisen, müssen aber wenigstens festschreiben, welche Regelung im Moment des Vertragsschlusses gelten soll. Ein paar Beispiele für Formulierungen:

Beispiel	Richtig	Falsch
1	Die Arbeitszeit beträgt wöchentlich 38,5 Stunden.	Die Arbeitszeit ergibt sich aus dem Arbeitszeitgesetz.
2	Die Regelarbeitszeit ergibt sich aus dem für den Tarifbezirk des Betriebs jeweils geltenden Tarifvertrag der IG Chemie, derzeit 38,5 Stunden.	Die Arbeitszeit ergibt sich aus dem für den Tarifbezirk des Betriebs jeweils geltenden Tarifvertrag der IG Chemie.
3	Die Regelarbeitszeit ergibt sich aus dem für den Tarifbezirk des Betriebs jeweils geltenden Tarifvertrag der IG Chemie, derzeit 38,5 Stunden.	Die Arbeitszeit ergibt sich aus dem am Tag des Vertragsschlusses für den Tarifbezirk des Betriebs geltenden Tarifvertrag der IG Chemie, derzeit 38,5 Stunden.

Zu Beispiel 1: Die Formulierung ist deshalb falsch, weil im Vertrag eine Zeitbestimmung fehlt. Es ist nämlich nicht ohne weiteres klar, von welcher Zeitbestimmung die Vertragsparteien im Moment der Unterschrift ausgegangen sind. Gesetze können sich ändern, und selbst wenn sich beide Vertragspartner darüber einig waren, dass bis zur gesetzlich zulässigen Höchstgrenze gearbeitet werden sollte, gibt es doch zahlreiche Ausnahmen und Sondervorschriften.

Zu Beispiel 2: Die gleichen Bedenken greifen gegen diese falsche Formulierung. Zusätzlich ist dort nicht eindeutig, welcher Tarifvertrag der IG Chemie gemeint ist. Mit etwas Pech existieren in diesem Bezirk einige Dutzend Tarifverträge, in denen voneinander abweichende Regeln zur Dauer der Arbeit stehen. Wenn Sie den Arbeitsvertrag dynamisch gestalten wollen, greifen Sie zu einer Formulierung wie im richtigen Teil dieser Zeile. Aus ihr geht klar hervor, dass die Regelarbeitszeit gemeint ist und dass sie sich nach Maßgabe der tariflichen Regelungen nach oben oder unten verändern kann.

Zu Beispiel 3: Die fehlerhafte Formulierung enthält eine statische Verweisung auf einen einigermaßen bestimmten Tarifvertrag. Ein Verweis macht im Zusammenhang mit der Arbeitsdauer nur Sinn, wenn damit eine gewisse Aktualität des Arbeitsvertrags erreicht werden soll. Ein Verweis auf einen Tarifvertrag, der sich nicht mehr ändern wird – sondern höchstens gekündigt werden kann –, leistet das nicht. Er ist überflüssig, lässt aber mutigen Arbeitsrichtern viel Raum zur Spekulation. Und das geht im Zweifel für Sie nach hinten los.

Das Mitspracherecht des Betriebsrats

Was den Beginn und das Ende der Arbeitszeit betrifft, müssen Sie ein Mitbestimmungsrecht des Betriebsrats beachten. Gibt es in Ihrem Betrieb aufgrund der zu geringen Mitarbeiterzahl noch keinen Betriebsrat, braucht Sie diese Einschränkung nicht zu interessieren. Gibt es allerdings einen, so dürfen Sie von seinen Forderungen nur auf Wunsch des Arbeitnehmers abweichen. Und in diesem Fall sollte ausdrücklich im Vertrag stehen, dass der Arbeitnehmer eine abweichende Regelung wollte und weshalb sie für ihn günstiger ist. Beispielsweise folgendermaßen: »Auf eigenen Wunsch beginnt die tägliche Arbeitszeit um 8.15 Uhr, damit der Arbeitnehmer seine schulpflichtigen Kinder vor Arbeitsbeginn zur Schule begleiten kann.«

Arbeitszeitregelungen gehören zu den zentralen Punkten des Arbeitsvertrages und unterliegen gesetzlichen und tarifvertraglichen Vorschriften. Daneben ist – sofern vorhanden – auch der Betriebsrat zu verständigen.

Die Regelung der Vergütung

Im Vertrag muss schließlich noch festgeschrieben werden, was der Arbeitnehmer für seine Leistungen bekommen soll. Der Betrag muss so genau wie möglich bezeichnet werden. Eine Dynamisierung ist hier dennoch auf dieselbe Weise möglich wie bei der Arbeitszeit.

Wichtiger ist es wohl für Sie, sich zu überlegen, welches Vergütungsmodell Sie wählen:

▶ **Reines Zeitentgelt:** Der Arbeitnehmer wird allein für Anwesenheit bezahlt. Dies ist der Regelfall. Im Vertrag steht dann beispielsweise: »Für seine Arbeit erhält der Arbeitnehmer eine Vergütung von 35 DM pro geleisteter Arbeitsstunde; angefangene Stunden werden auf den Folgemonat übertragen.«

- **Reines Erfolgsentgelt:** Der Arbeitnehmer wird so bezahlt, wie es der Unternehmenserlös zulässt. Dieses Zahlungsmodell ist unzulässig, denn damit würde der Chef einen großen Teil seines unternehmerischen Risikos auf die Arbeitnehmer abwälzen. Und das ist sittenwidrig.
- **Mischformen beider Vergütungsformen:** Sie sind vor allem im Handelsgewerbe beliebt. Ein (relativ niedriges) Grundgehalt wird durch erfolgsorientierte Provisionen aufgestockt. Das steigert die Motivation Ihres Mitarbeiters, hat aber auch Nachteile: Als Arbeitgeber müssen Sie dann immer beachten, dass Sie nichts tun, was Ihrem Angestellten die Chance auf die Provisionen nimmt. Wenn Sie beispielsweise einen Handelsvertreter für einige Zeit im Innendienst beschäftigen wollen, müssen Sie vorher eine Regelung finden, um ihn für den Provisionsausfall zu entschädigen.

Die Regelungen zur Probezeit

Die Probezeit ist eine durchaus sinnvolle Regelung sowohl für den Arbeitgeber als auch für den Mitarbeiter. Sie ist quasi eine Möglichkeit, sich gegenseitig zu »beschnuppern«. Den Arbeitgeber schützt sie vor der kostspieligen Gefahr, einen für die entsprechende Position ungeeigneten Mitarbeiter einzustellen. Dem Mitarbeiter gibt sie die Gelegenheit, herauszufinden, ob die Stelle seinen Erwartungen entspricht und ob ihm das kollegiale Umfeld zusagt.

Da bei Dauerarbeitsverträgen eine Probezeit von bis zu sechs Monaten erlaubt ist, sollten Sie einige Worte über Ausnahmezustände während der Probezeit verlieren. Für folgende Fälle sollten Sie zu Ihrer Absicherung vorsorglich Regelungen treffen:

- **Krankheit:** Die Probezeit hilft Ihnen überhaupt nichts, wenn der Arbeitnehmer nach 14 Tagen einen Verkehrsunfall erleidet, der ihn für vier Monate ans Bett fesselt. Bei solchen unvorhersehbaren Fällen, die mit einem erheblichen Ausfall des Arbeitnehmers einhergehen, sollte sich die Probezeit automatisch verlängern. Soweit der Ausfall aber, gemessen an der gesamten Probezeit, nicht besonders ins Gewicht fällt – bei sechs Monaten Probezeit könnten das bis zu zwei Wochen Krankheit sein –, wäre eine automatische Verlängerung ungerecht und könnte von einem Gericht beseitigt werden.
- **Urlaub:** War Ihr Arbeitnehmer schon in Arbeit, bevor er zu Ihnen kam, könnte er noch einen Urlaubsanspruch haben. Und da auch Sie ein Interesse daran haben dürften, dass Ihr neuer Mitarbeiter voll leistungsfähig bleibt und sich in angemessenem Umfang entspannen kann, empfiehlt sich eine Regelung dieser Frage.
- **Hinweise auf die Bedeutung der Probezeit:** Der Arbeitnehmer soll sich darauf gefasst machen, dass er in der Probezeit zwar gut und schnell arbeiten muss wie später im richtigen Arbeitsverhältnis, dagegen aber

Probezeiten dienen Unternehmer und Arbeitnehmer zum gegenseitigen Kennenlernen. Als Arbeitgeber haben Sie sich zwar meist für einen unter mehreren Bewerbern entschieden, dennoch kann der positive Eindruck, den Sie aus dem Vorstellungsgespräch und eventuellen Tests gewonnen haben, täuschen.

keinen Bestandsschutz hat. Beispiel: »Die Probezeit dient den Vertragsparteien dazu, sich aufeinander einzustellen und herauszufinden, ob sie auf Dauer zusammenarbeiten wollen. Während der Probezeit ist beiden Seiten eine Kündigung dieser Vereinbarung unter Einhaltung einer Frist von 14 Tagen zur Monatsmitte oder zum Monatsende möglich.«

Wichtig: Während einer vereinbarten Probezeit von in der Regel nicht mehr als sechs Monaten können Sie den Vertrag ohne Angabe von Gründen mit einer Frist von 14 Tagen kündigen. Das gilt umgekehrt auch für den Mitarbeiter.

Jedoch gibt es auch hiervon eine Ausnahme. So haben Arbeitsgerichte Probezeiten für unwirksam erklärt, wenn sie im Verhältnis zur geplanten Dauer des Arbeitsvertrags unangemessen lang sind. Probezeiten bei befristeten Verträgen müssen also im Einzelfall angemessen sein – wenn die Hälfte oder ein Drittel der geplanten Vertragsdauer schon Probezeit ist, könnte ein Gericht dagegen einschreiten.

> Nutzen Sie als Arbeitgeber unbedingt die Vorteile der Probezeit. Stellt sich der neue Mitarbeiter als nicht geeignet heraus, so können Sie ihn während der vereinbarten Probezeit innerhalb von 14 Tagen ohne Angabe von Gründen kündigen.

Die Fristen im Arbeitsvertrag

Wenn Sie oder Ihr Arbeitnehmer später einmal in den Vertrag hineinsehen, dann vermutlich nur deshalb, weil Sie Probleme miteinander haben. Aus diesem Grund sind alle Bestimmungen im Zusammenhang mit Fristen besonders wichtig und sollten eindeutig und klar formuliert sein. Außerdem dürfen Sie nicht zum Nachteil des Arbeitnehmers von gesetzlichen Bestimmungen abweichen.
Ein besonders heikles Thema stellt dabei die Kündigungsfrist dar. Generell ist eine Kündigungsfrist von weniger als vier Wochen zum Monatsende oder zur Monatsmitte unzulässig, und zwar von beiden Seiten aus (Näheres dazu weiter unten). Diese Frist steigt aber mit der Beschäftigungsdauer und dem Alter des Beschäftigten. Hier sollten Sie einfach die passende Vorschrift zitieren, und zwar entweder das BGB oder die Bestimmung im (anwendbaren!) Tarifvertrag. Wenn Sie natürlich nicht tarifgebunden sein sollten, reicht ein Verweis aufs BGB.

Die Formvorschriften und andere Klauseln

Formvorschriften können im Vertrag verlangen, dass der Arbeitnehmer nur schriftlich kündigen kann. Dann sollten Sie auch regeln, ob für Sie das Datum des Poststempels als Frist wahrend ausreicht oder nicht. Im Übrigen aber würden Sie bei einer Bestimmung zu Kündigungsfristen in der Regel entweder die anwendbare Rechtsnorm abschreiben oder, sofern für den Arbeitnehmer ungünstiger, unwirksame Klauseln erzeugen. Das sollten Sie sich sparen.

Wenn Sie die Idee haben, dass ein Arbeitnehmer nach Ablauf bestimmter Fristen seine Ansprüche gegen Sie verliert, dann vergessen Sie das besser gleich wieder. Nur in sehr seltenen Ausnahmen darf ein Arbeitsvertrag vorsehen, dass beispielsweise der Gehaltsanspruch verfällt, wenn Sie mit der Zahlung länger als sechs Wochen in Verzug sind und der Arbeitnehmer bis zum Ablauf dieser Frist keine Klage eingereicht hat. Ähnliche Klauseln gibt es zwar in vielen Tarifverträgen, dort sind sie aber zulässig, weil Rechtsprechung und Gesetzgeber davon ausgehen, dass dieser Nachteil durch Vorteile an anderen Stellen des Vertrags ausgeglichen wird.

Die vertragliche Regelung von Verhaltenspflichten

In der Kürze liegt die Würze. Dieser Satz sollte für Sie als Arbeitgeber auch beim Abfassen von Arbeitsverträgen gelten. Die meisten Aspekte, die Sie einzelvertraglich regeln wollen, finden sich entweder in Tarifverträgen oder anderen Bestimmungen und sind somit direkt anwendbar.

Als künftiger Chef wollen Sie sich Leistung einkaufen, aber möglichst wenig Ärger bekommen. Viele Chefs machen deshalb den Fehler, allzu viele Verhaltensvorschriften gleich in den Arbeitsvertrag hineinzuschreiben. Das macht den Vertrag nicht nur unübersichtlich, sondern bringt auch zwei Risiken mit sich:

▶ **Kosten:** Unter Umständen sind Sie großzügiger zu Ihren Arbeitnehmern, als Gesetz und Rechtsprechung es verlangen. Das sollten Sie nur dann sein, wenn Sie es wirklich wollen.
▶ **Prozessniederlage:** Gehen Sie dagegen zum Nachteil des Arbeitnehmers über die allgemeinen Standards hinaus, könnte der im Streitfall vor Gericht eine höhere Abfindung bekommen, als Ihnen lieb ist.

> **Wichtig:** Regeln Sie im Arbeitsvertrag nur, was für Sie unbedingt erforderlich ist! Alles, was Sie darüber hinaus in den Arbeitsvertrag hineinschreiben, kann im Zweifelsfall gegen Sie ausgelegt werden.

Im Übrigen können Sie jederzeit besondere Anweisungen ausgeben. Den Vorteil dieser Abschichtungstechnik erleben Sie immer dann, wenn es zum Streit kommt. Sollte eine einzelne Anweisung im Einzelfall mal über das zulässige Maß hinausgehen, steht nicht gleich das gesamte Arbeitsverhältnis am Pranger. Und dem Arbeitnehmer fällt es wesentlich schwerer, nachzuweisen, was Sie da eigentlich angeordnet haben.

Die Melde- und Auskunftspflicht des Arbeitnehmers

Viele Pflichten des Arbeitnehmers, die großspurig in Verträgen benannt werden, gelten ohnehin immer und für beide Seiten. Trotzdem werden beispielsweise Melde- und Auskunftspflichten gern noch zusätzlich im Arbeitsvertrag verankert.

Zu den Meldepflichten gehört beispielsweise, dass der Arbeitnehmer seinen Chef darüber auf dem Laufenden halten muss, unter welcher Adresse und Telefonnummer man ihn erreichen kann. Wo der Arbeitnehmer wohnt, wie sich die Familienverhältnisse ändern, all dies hat Auswirkungen auf die Lohn- und Gehaltszahlung oder das gesamte Arbeitsverhältnis. Ändert sich etwas, soll es der Personalabteilung bekannt gemacht werden. Diese Pflicht kann, muss aber nicht im Vertrag stehen. Auskunftspflichten sind zweischneidig: Jeder Arbeitnehmer muss seinem Chef berichten, ob er Hobbys hat, die sich auf das Arbeitsverhältnis auswirken. Schweigt der Arbeitnehmer, kann meist ohne großen Aufwand gekündigt werden.

Beispiel: *Ob der Arbeitnehmer in seiner Freizeit Straftaten oder Ordnungswidrigkeiten begeht oder begangen hat, muss er Ihnen offen legen. Jedoch nur in dem Maß, wie es Auswirkungen auf das Vertrauensverhältnis haben kann. Hat Ihr Buchhalter beispielsweise seinen Führerschein verloren, kann Ihnen das egal sein. Ist er aber als Betrüger vorbestraft, sollten Sie das wissen. Wenn Sie Aufklärungspflichten dieser Art in den Arbeitsvertrag hineinschreiben wollen, müssen Sie darauf achten, nicht das Ihnen zustehende Fragerecht zu überschreiten, sonst wäre diese Klausel unwirksam.*

Ausnahme: Obwohl eine Sekretärin bei der Einstellung auf eine Frage nach dem Kinderwunsch lügen dürfte, muss sie dem Arbeitgeber eine Schwangerschaft so früh wie möglich bekannt geben. Verstößt die werdende Mutter durch Stillschweigen und Weiterarbeiten gegen Schutzvorschriften oder gegen das Nachtarbeitsverbot, sind Sie haftbar.

Schweigepflicht und Verhaltensgebote

Häufig wird ein Arbeitnehmer ausdrücklich darauf hingewiesen, dass er über betriebliche Vorgänge schweigen soll. Diese Pflicht gilt auch, ohne dass sie ausdrücklich im Vertrag steht. Danach darf der Arbeitnehmer keinem Außenstehenden verraten, wie der Betrieb aufgebaut und organisiert ist, schon gar nicht den Konkurrenten.

Die Schweigepflicht endet jedoch dort, wo im Betrieb eindeutig gegen Rechte der Arbeitnehmer oder gegen Gesetze verstoßen wird. Immerhin muss der Arbeitnehmer vorher versuchen, solche Vorgänge betriebsintern zu verhindern. Erst wenn seine Versuche endgültig gescheitert sind, darf er Sie bei Polizei oder Ordnungsbehörde anzeigen. Sie dürfen ihm auch dann nicht kündigen, wenn in seinem Arbeitsvertrag etwas anderes steht. Denn Ihr Gesetzesbruch wiegt vor Gericht schwerer.

Ansonsten haben Sie für Verhaltensgebote im Rahmen Ihres Weisungsrechts ziemlich freie Hand. So können Sie schon im Arbeitsvertrag bestimmen, dass Werkzeuge und Maschinen sorgfältig behandelt, Sicherheitshinweise beachtet werden müssen und dass während der Arbeitszeit Schutzkleidung zu tragen ist. Diese allgemeinen Gebote sind immer zu beachten, wenn sie nicht gegen Gesetze verstoßen.

Auch ohne besondere arbeitsvertragliche Vereinbarung treffen den Arbeitnehmer zahlreiche Pflichten, deren Nichtbeachtung eine Kündigung (nach vorheriger Abmahnung) rechtfertigt.

Sofern Tarifverträge und Betriebsvereinbarungen es nicht anders bestimmen, können Sie Zusatzleistungen seitens des Arbeitnehmers verlangen oder zusätzliche Arbeitsentgelte in Form von Rabatten auf Fertigwaren gewähren.

Leistungspflichten und zusätzliche Arbeitsentgelte

Im Arbeitsvertrag können besondere Formen der Arbeitsleistung vereinbart werden. So können zum Beispiel Akkordarbeit oder Zusatzleistungen vorgeschrieben werden, die der Arbeitgeber nicht extra bezahlen muss. Das kann beispielsweise das Reinigen der Werkzeuge und der Arbeitskleidung sein. Diese Bestimmungen gelten dann, wenn es nicht für den Arbeitnehmer günstigere Regeln in Betriebsvereinbarungen oder Tarifverträgen gibt.

Möglicherweise wollen Sie Ihren Mitarbeitern Rabatte einräumen, falls sie etwas aus Ihrer Produktion kaufen wollen. Dies ist bei Autoherstellern zum Beispiel die Regel. Oder Sie geben einen Teil Ihrer Produkte kostenlos ab, zum Beispiel ein freies Zeitungsabonnement für alle Verlagsmitarbeiter. Besonderheiten wie Altersvorsorge oder Prämien können ebenfalls im Arbeitsvertrag verankert werden – solange sich das im Rahmen der Gesetze und Betriebsvereinbarungen hält.

Konkurrenzverbot

Dass dem Arbeitnehmer verboten wird, nach Ende seiner Tätigkeit in einem Konkurrenzbetrieb anzufangen oder selbst einen konkurrierenden Betrieb zu eröffnen, ist nur bei höheren Angestellten üblich. Immer gilt: Wenn so ein Konkurrenzverbot einem Berufsverbot gleichkommt, muss eine besondere Zusatzvergütung bestimmt sein.

Ohne Zusatzleistung sind Konkurrenzverbote in der Regel unwirksam. Und zu knauserig darf diese Ablösezahlung auch nicht sein, sie muss in etwa dem entsprechen, was Sie vom ehemaligen Arbeitnehmer erwarten. Muss er beispielsweise umziehen, um nicht gegen so eine Klausel zu verstoßen, können Sie Umzugskosten oder eine für diesen Zweck angemessene Pauschale vorschlagen.

Rückzahlungen des Arbeitnehmers bei Vertragsende

Die meisten Arbeitnehmer kommen nicht voll qualifiziert in den Betrieb. Außerdem bleibt keine Ausbildung gut, wenn sie nicht regelmäßig auf den aktuellen Stand gebracht wird. Ärgerlich kann es werden, wenn Sie mit Ihrem teuren Geld Mitarbeiter schulen lassen, die wenige Wochen später kündigen. Hier sollten Sie eine Investitionsvorsorge treffen, indem Sie dem Arbeitnehmer Rückzahlungspflichten auferlegen. Folgendes gilt es zu beachten:

- **Rückzahlungen** dürfen nicht dazu führen, dass der Arbeitnehmer sich angesichts der wirtschaftlichen Konsequenzen nicht mehr traut, eine Kündigung zu schreiben. Das ist eine Abwägungsfrage, die im Zweifel erst vor Gericht entschieden wird. Faustregel: Ein Arbeitnehmer sollte nie mehr als drei Monatsgehälter zahlen müssen. Bis zu dieser Grenze sind Rückzahlungen im Allgemeinen nicht zu beanstanden.

- **Weihnachtsgeld** muss zurückgezahlt werden, wenn der ausgezahlte Betrag so hoch ist, dass es dem Arbeitnehmer zuzumuten ist, mit einer Kündigung eine gewisse Zeit zu warten. Auch hier handelt es sich um eine Abwägungsentscheidung, für die es ein paar Faustregeln gibt: Bei einer Gratifikation von zwei Monatsgehältern kann eine abgestufte Rückzahlung vereinbart werden. Beispiel: Wer im ersten Quartal des Folgejahres kündigt, muss eineinhalb Monatsgehälter zurückerstatten; wer im ersten Halbjahr kündigt, ein ganzes Monatsgehalt, und selbst wer bis 30. September geht, kann Ihnen immerhin noch ein halbes Gehalt zurückzahlen. Ist das Weihnachtsgeld mehr als ein Monatsentgelt wert, sollten Sie Rückzahlungspflichten nur bis zum 30. Juni des Folgejahres vorsehen. Gibt es zum Jahresende ein Monatsgehalt oder weniger, besteht nur bis zum 31. März ein Rückerstattungsrecht. Wenn Sie ohnehin nur 200 bis 250 DM Weihnachtsgeld zahlen, dann bleibt der Mitarbeiter unbelangt.
- **Seminar- und Ausbildungskosten** müssen nur in dem Maße zurückgezahlt werden, wie der Arbeitnehmer nach einer Kündigung davon profitieren kann. Dazu kommt es vor allem darauf an, was er gelernt hat: Immer wenn das Wissen in einer neuen Stellung verwendbar ist und der Arbeitnehmer dadurch unter Umständen in der neuen Firma ein höheres Gehalt bekommt, können Sie einen Teil der Ausbildungskosten zurückverlangen. Wichtig ist aber, dass in der Vereinbarung vorgesehen ist, dass der zu zahlende Betrag im Laufe der Zeit weniger wird. Es empfiehlt sich, diesen Regelungskomplex nicht gleich in den Anstellungsvertrag zu schreiben, sondern lieber bei entsprechendem Bedarf eine Zusatzvereinbarung abzuschließen.

Um nach teuren Mitarbeiterschulungen oder großzügigen Weihnachtsgeldern im Falle einer baldigen Kündigung nicht im Regen zu stehen, sollten Sie entsprechende Rückzahlungsklauseln vereinbaren. Diese dürfen aber ein zumutbares Maß nicht übertreten.

Vereinbarungen für Ihren Betrieb

Betriebliche Regeln sind Bestimmungen, die für alle Arbeitnehmer gleichermaßen gelten sollen oder die Benutzung von betrieblichen Einrichtungen regeln. Das kann beispielsweise die Benutzungsordnung für die Betriebskantine oder den betrieblichen Freizeitraum sein. Einige typische Themen, die von Klauseln dieser Art geregelt werden können:
- **Benutzung von Zeiterfassungsgeräten:** ob die Stechuhr vor oder nach dem Umziehen zu bedienen ist, ob es eine Stechuhr am Werkstor oder am Arbeitsplatz gibt. Diese Bestimmungen gelten nur, soweit es keine für den Arbeitnehmer günstigeren Betriebsvereinbarungen gibt.
- **Nutzung von Sozialeinrichtungen:** wer und wie lange Einrichtungen des Betriebs nutzen darf, die dem Betriebszweck nicht direkt nutzen. Als Chef müssen Sie darauf achten, dass Sie Ihre Beschäftigten im Wesentlichen gleich behandeln.
- **Mehrarbeits-/Überstundenregelungen:** Solche Bestimmungen müssen sich im Rahmen des Arbeitszeitrechtsgesetzes halten und werden

unwirksam, wenn sie über das hinausgehen, was an Betriebsvereinbarungen oder Tarifverträgen im Betrieb angewendet werden muss.
▸ **Anwendung zusätzlicher Bestimmungen:** Im Vertrag können Sie darauf hinweisen, dass Ihr Betrieb tarifgebunden ist. Aber auch wenn ein solcher Hinweis fehlt, können Tarifverträge anzuwenden sein. Entscheidend ist nur, ob Sie tatsächlich einem entsprechenden Tarifverband angehören. Wenn dem so ist, müssen Sie sich an die entsprechenden Vorschriften halten.

Anders ist es, wenn der Chef keinem Arbeitgeberverband angehört. In dem Fall darf er aber freiwillig einzelne Tarifverträge benennen, die angewendet werden sollen. So ein Verweis bedeutet normalerweise, dass spätere Tarifverhandlungen für den Arbeitnehmer unwichtig sind. Nur wenn ausdrücklich im Arbeitsvertrag steht, dass ein bestimmter Tarifvertrag »in seiner jeweils geltenden Fassung« anzuwenden ist, wirken sich spätere Tarifverhandlungen auch auf diesen Arbeitsvertrag aus.

Die betrieblichen Regelungen dürfen genauso wie arbeitsvertragliche Einzelbestimmungen nicht gegen anderweitige gesetzliche oder tarifliche Vorschriften verstoßen.

Zeitverträge

Zeitverträge unter zwei Jahren sind jederzeit zulässig. Sie dürfen sogar bei Bedarf bis zu dreimal verlängert werden. Wenigstens dann, wenn die Beschäftigungszeit insgesamt im Rahmen von 24 Monaten bleibt. Zeitverträge mit einer Laufzeit von mehr als zwei Jahren sind zulässig, wenn es dafür einen sachlichen Grund gibt. Also beispielsweise dann, wenn Sie für Ihre Sekretärin, die drei Jahre Erziehungsurlaub machen möchte, eine Vertretung brauchen.

Aufpassen müssen Sie dagegen bei Dauerarbeitsplätzen, auf denen Leute mit befristeten Verträgen arbeiten. Wird so ein Arbeitsplatz über mehr als zwei Jahre mit verschiedenen Zeitarbeitern besetzt, geht die Rechtsprechung davon aus, dass ein sachlicher Grund für Befristungen nicht besteht (Kettenarbeitsvertrag). Spätestens den dritten befristeten Vertrag könnte ein Arbeitnehmer durch Klage vor dem Arbeitsgericht in eine unbefristete Stelle verwandeln lassen. Es kommt nämlich überhaupt nicht darauf an, ob Sie die Arbeitnehmer zwischendurch wechseln oder denselben Menschen mehrfach hintereinander einstellen.

Kettenarbeitsverträge

Kettenarbeitsverträge sind sachlich unbegründete Zeitverträge, die über einen Zeitraum von mehr als zwei Jahren immer wieder verlängert wurden.

Gesetz und Rechtsprechung nehmen schon dann einen Kettenarbeitsvertrag an, wenn ein enger sachlicher Zusammenhang zwischen mehreren Zeitverträgen besteht. So ein Zusammenhang besteht in der Regel, wenn derselbe Arbeitnehmer bei diesem Chef schon einmal befristet oder unbefristet beschäftigt war und zwischen dem alten Arbeitsvertrag und der Neueinstellung nicht weniger als vier Monate vergangen sind. Dieses Problem lässt sich vermeiden, wenn Sie jemanden einstellen, der das 60. Lebensjahr erreicht oder überschritten hat. Für diese in der Regel schwer vermittelbaren Arbeitskräfte gibt es keine Einschränkungen bei den Befristungen. Befristungen sind auch dann völlig unproblematisch, wenn sie auf Wunsch des Arbeitnehmers vereinbart werden.

Vertragsstrafen und Sanktionen
Im Arbeitsvertrag kann festgelegt werden, dass der Arbeitnehmer unter bestimmten Voraussetzungen zur Strafe Geld an seinen Chef zahlen muss. Im Grunde ist es beim Arbeitsvertrag nicht viel anders als in anderen Bereichen der Wirtschaft. Nur gilt hier in stärkerem Maße, dass die Vertragsstrafe der Leistungsfähigkeit des Beschäftigten angemessen sein muss. Ob diese Bedingung erfüllt wird, kontrollieren im Streitfall die Gerichte.
Akzeptabel ist es sicher nicht, wenn sich ein Arbeitgeber zum Beispiel eine Vertragsstrafe für den Fall versprechen lässt, dass der Arbeitnehmer in der Probezeit kündigt. Vertragsstrafen sollen nicht schon dann fällig werden, wenn der Arbeitnehmer etwas macht, das ihm normalerweise erlaubt wäre. Wichtig ist also, dass Vertragsstrafen nur darauf gerichtet sein dürfen, ein Fehlverhalten des Arbeitnehmers zu sanktionieren, das sich obendrein direkt gegen Sie auswirkt. Also kann beispielsweise für schlechte Arbeit oder häufiges Zuspätkommen eine Strafe vereinbart werden, im Normalfall aber nicht für unordentliche oder unsaubere Kleidung.

Tarifverträge und Betriebsvereinbarungen

Sobald es um Arbeitsverträge geht, kommt man nicht umhin, sich auch mit der Frage zu befassen, ob und wie sehr das Verhältnis zum Arbeitnehmer durch Tarifverträge, Betriebsvereinbarungen und Gesetze beeinflusst wird. Tatsächlich ist der Arbeitsvertrag nur ein Baustein im Beziehungsgefüge zwischen Chef und Untergebenem. Im Einzelnen sieht es folgendermaßen aus: Der Arbeitsvertrag wird direkt zwischen dem Unternehmer und dem Arbeitnehmer ausgehandelt. Der Gestaltungsspielraum wird durch Betriebsvereinbarungen, Gesetze und Tarifverträge begrenzt.

Die Wirksamkeit einzelner arbeitsvertraglicher Regelungen erschließt sich erst aus dem Kontext gesetzlicher, tarifvertraglicher und betriebsinterner Bestimmungen.

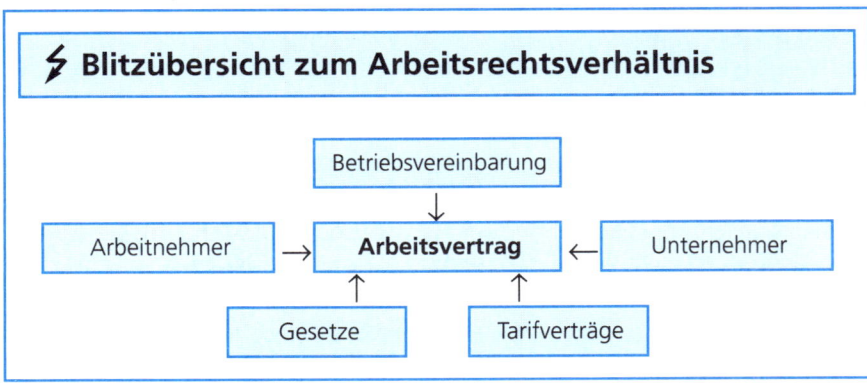

Der Einfluss von Gesetzen, Tarifverträgen und Betriebsvereinbarungen auf Arbeitsverträge

Gesetze und Tarifverträge wirken auf den Inhalt des Arbeitsvertrages ein; sie können einzelne Bestimmungen unwirksam machen oder Rechte des Arbeitnehmers erweitern beziehungsweise beschränken. Regelungen aus dem Arbeitsvertrag darf man also nicht ohne weiteres für wirksam halten, bevor man sich nicht die einschlägigen Gesetze und die Bestimmungen des jeweils passenden Tarifvertrages angesehen hat.

Betriebsvereinbarungen können auch auf den Arbeitsvertrag einwirken, jedoch nur, soweit es um betriebliche Vorschriften geht. Handelt es sich dagegen um Bestimmungen zu gewissen Fragen, die üblicherweise von Tarifverträgen geregelt werden oder die Kernfragen des Vertrags betreffen – wie Arbeitsdauer, Lohnhöhe und Kündigungsbestimmungen –, wirken sie nicht. Denn diese Fragen sind Tarif- und Arbeitsverträgen vorbehalten.

Was hat Vorrang: Individual- oder Kollektivrecht?

Stehen Regeln aus Gesetzen, Tarifverträgen, Betriebsvereinbarungen oder den individuellen Arbeitsverträgen miteinander im Widerspruch, gilt nicht etwa automatisch die Individualabrede. Vielmehr gilt dann die Bestimmung, die für den Arbeitnehmer insgesamt günstiger ist. Ist im Arbeitsvertrag zum Beispiel ein Stundenlohn von 15,75 DM vereinbart und sieht der Tarifvertrag für diese Art Arbeit eine Entlohnung von 16,15 DM vor, müssen Sie 16,15 DM pro Stunde zahlen. Ausnahme: Der Tarifvertrag selbst bestimmt, dass Arbeitsverträge generell oder unter bestimmten Voraussetzungen vorgezogen werden sollen.

So entstehen und wirken Tarifverträge

Tarifverträge werden zwischen einer tariffähigen Gewerkschaft und einem Arbeitgeberverband geschlossen, gelegentlich sitzt auf Arbeitgeberseite auch nur ein einziges Unternehmen. Im Prinzip handelt es sich um Vereinbarungen wie Tausende andere auch. Das bedeutet zum Beispiel, dass ein Tarifvertrag bei Unklarheiten so gelesen werden muss, dass ein für beide Seiten möglichst gerechtes Ergebnis herauskommt (§ 242 BGB).

Tarifverträge sollen wirtschaftliche und soziale Arbeitsbedingungen für eine Vielzahl von Arbeitsverträgen verbindlich festlegen. Ein Tarifvertrag hat in seinem Geltungsbereich quasi Gesetzeskraft. Der Gesetzgeber hat sich schon in der Verfassung dazu verpflichtet, sich mit Regelungen für Verträge zwischen Arbeitnehmern und Arbeitgebern zurückzuhalten.

Tarifrecht gilt auch ohne Gewerkschaftsmitgliedschaft

Soweit ein Tarifvertrag zwischen dem Arbeitgeber oder seinem Verband und der zuständigen Gewerkschaft besteht, ergänzt das Tarifrecht die individuellen Vereinbarungen zwischen den Arbeitsvertragsparteien. Das ist

---

Die Tarifautonomie von Gewerkschaften und Arbeitgeberverbänden stellt juristisch gesehen einen Sonderfall dar, weil privatrechtlich organisierte Verbände über die so genannte Allgemeinverbindlichkeitsklausel von Tarifverträgen mit hoheitlichen Sonderrechten ausgestattet sind.

dann so, als hätte sich der Vertragstext in der Personalakte um die Vorschriften des Tarifvertrags verlängert. Auf die Mitgliedschaft des Arbeitnehmers in der zuständigen Gewerkschaft kommt es dabei nicht unbedingt an, denn: Wenn Sie als Arbeitgeber tarifgebunden sind, haben alle bei Ihnen beschäftigten Arbeiter grundsätzlich dieselben Rechte.

Die Gewerkschaftsmitglieder können ihre Tarifrechte unmittelbar aus dem Tarifvertrag bei Ihnen einklagen. Die Nichtmitglieder dagegen können sich Ihnen gegenüber darauf berufen, dass Sie alle Arbeitnehmer gleich behandeln müssen, soweit es nicht wesentliche Unterschiede zwischen ihnen gibt – abgesehen von der Gewerkschaftsmitgliedschaft.

Gleiche Arbeit, gleicher Lohn?
Zwei Maurer in derselben Arbeitsgruppe müssen also den gleichen Lohn bekommen, auch wenn nur einer von den beiden seinen Lohnanspruch direkt aus dem Tarifvertrag ableiten kann. Verschiedene Löhne darf es für die beiden nur geben, wenn Sie eine überdurchschnittliche Leistung des einen Arbeitnehmers belohnen wollen oder die Maurer in verschiedenen Gruppen arbeiten und deshalb nicht direkt miteinander verglichen werden können.

Gehören Sie als Arbeitgeber keinem Verband an, gelten die Tarifverträge normalerweise nicht. Ausnahme: Sie vereinbaren mit Ihren Arbeitnehmern, dass bestimmte Tarifverträge angewendet werden sollen. Und auch ohne solche Vereinbarungen sind Sie den Tarifverträgen unterworfen, die der Gesetzgeber für allgemein verbindlich erklärt hat. In einigen Branchen gibt es davon eine stattliche Anzahl. Wie das bei Ihnen aussieht, erfahren Sie am schnellsten vom Bundesministerium für Arbeit, das alle geltenden Tarifverträge archiviert hat und Ihnen Auskunft geben kann.

Sobald Sie fünf oder mehr Mitarbeiter beschäftigen, die volljährig sind und Ihrem Betrieb seit mehr als einem halben Jahr angehören, sind Sie verpflichtet, die Gründung eines Betriebsrates zu dulden.

Was regeln Tarifverträge?
Alle Jahre wieder zeigt man in den Nachrichten die Marathonsitzungen der Tarifparteien, die sich gegenseitig Vorwürfe machen. Am Ende kommt dann meist ein Kompromiss heraus, bei dem sich beide als Sieger fühlen. Gestritten wird bei Tarifverträgen um folgende Inhalte:
▶ die Höhe von Lohn und Gehalt,
▶ die Länge der Arbeitszeit (auch: Überstunden, Schichtarbeit, Pausen, Akkord und anderes mehr),
▶ die Urlaubsregelung (Dauer, Entgelt, Urlaubsgeld),
▶ die Arbeitsplatzgestaltung (Größe, Ausstattung, Sicherheitsvorschriften).

Keine Betriebsvereinbarung ohne Betriebsrat
Ein Betriebsrat kann gebildet werden, wenn mindestens fünf Beschäftigte des Unternehmens älter als 18 Jahre sind und mindestens drei davon länger als sechs Monate in diesem Betrieb arbeiten. Wahlberechtigt sind

nur die Volljährigen. Wählbar sind nur diejenigen, die volljährig sind und dem Betrieb länger als sechs Monate angehören. Der Betriebsrat hat durch das Betriebsverfassungsgesetz fixierte
- Mitbestimmungs- und
- Anhörungsrechte.

Er darf darüber hinaus – in Vertretung für alle Beschäftigten – mit dem Arbeitgeber über alles Mögliche einen Vertrag schließen. Diese Verträge nennt man Betriebsvereinbarungen. Das ist praktisch, falls Sie eine einheitliche Bestimmung über betriebsorganisatorische Fragen treffen wollen, ohne das gleich jedem einzelnen Beschäftigten mitzuteilen.

Tarifvorrang und Tarifvorbehalt

Im Prinzip können Sie viele Regeln, die wir oben im Zusammenhang mit den vertraglichen Verhaltenspflichten näher betrachtet haben, auch über Betriebsvereinbarungen wirken lassen.

Betriebsvereinbarungen wirken unmittelbar auf jeden einzelnen Arbeitsvertrag und für jeden Arbeitnehmer.

Anders als bei Tarifverträgen kommt es also überhaupt nicht darauf an, ob jemand Mitglied einer Gewerkschaft ist oder nicht. Allerdings sind Betriebsräte an Tarifvorrang und Tarifvorbehalt gebunden. Das bedeutet:

- **Tarifvorrang:** Eine Betriebsvereinbarung darf nicht gegen einen im Betrieb anwendbaren Tarifvertrag verstoßen. Selbst dann nicht, wenn die Tarifbestimmung für die Beschäftigten ungünstiger ist als die Betriebsvereinbarung. Allerdings kann ein Tarifvertrag vorsehen, dass einige seiner Bestimmungen durch eine Betriebsvereinbarung an den einzelnen Betrieb angepasst werden dürfen.
- **Tarifvorbehalt:** Durch Betriebsvereinbarung darf nichts geregelt werden, was üblicherweise durch Tarifvertrag geregelt wird, auch wenn ein geltender Tarifvertrag gekündigt wurde oder der Arbeitgeber gerade aus seinem Tarifverband ausgetreten ist.

Was bedeutet das alles für Sie als Arbeitgeber?

Ein Arbeitsvertrag darf von den anwendbaren Tarifverträgen nur abweichen, wenn das von den Tarifverträgen entweder ausdrücklich erlaubt wird oder die arbeitsvertragliche Regelung für den Arbeitnehmer günstiger ist. Wenn Sie die für Ihr Unternehmen geltenden Tarifverträge in Erfahrung bringen wollen: Ihr zuständiger Arbeitgeberverband stellt Ihnen die geltenden Verträge auf Nachfrage zur Verfügung. Welche Tarifverträge allgemein verbindlich sind, erfährt man auf Nachfrage beim Bundesministerium für Arbeit.

Ein Arbeitsvertrag darf von den Betriebsvereinbarungen gar nicht abweichen – es sei denn, die einzelvertragliche Regelung ist für den Arbeitnehmer günstiger als die Kollektivregelung.

Tarifverträge müssen Sie auf jeden Fall einhalten. Ausnahmen ergeben sich nur aus dem Tarifvertrag selbst oder wenn die von Ihnen eingeräumte Regelung für den Mitarbeiter günstiger ist.

Die Mitbestimmungs- und Anhörungsrechte des Betriebsrats

In einigen Bereichen kann der Betriebsrat sogar Vereinbarungen erzwingen. Wenn Sie in diesen bestimmten Angelegenheiten etwas machen, ohne vorher den Betriebsrat angehört oder sich mit ihm geeinigt zu haben, ist das unwirksam. Das ist die für Sie unangenehme Seite der Arbeitnehmervertretung. Eine erzwingbare Mitbestimmung gibt es vor allem bei sozialen Angelegenheiten.

> ⚡ **Blitzübersicht:**
> **Wann der Betriebsrat eingeschaltet werden muss:**
>
> ▶ **Ordnung des Betriebs:** also zum Beispiel bei Fragen zur Gestaltung des betrieblichen Vorschlagswesens oder der Beschwerdestellen (§ 87 Abs. 1 Nr. 1 BetrVG).
>
> ▶ **Verhalten der Arbeitnehmer im Betrieb:** Der Betriebsrat muss zum Beispiel Alkohol- und Rauchverboten zustimmen (§ 87 Abs. 1 Nr. 1 BetrVG).
>
> ▶ **Beginn und Ende der täglichen Arbeitszeit im Betrieb:** Sie unterliegen der Mitbestimmung – nicht aber die Dauer der Arbeitszeit, denn die wird üblicherweise in Tarifverträgen festgelegt (§ 87 Abs. 1 Nr. 2 BetrVG). Außerdem hat der Betriebsrat mitzubestimmen, wann Pausen gemacht werden und wie lange sie dauern sollen.
>
> ▶ **Vorübergehende Änderungen der betriebsüblichen Arbeitszeit:** zum Beispiel vor Einführung von Kurzarbeit oder Sonderschichten (§ 87 Abs. 1 Nr. 3 BetrVG).
>
> ▶ **Entlohnungsgrundsätze:** Wenn Sie leistungsbezogene Gehälter einführen wollen, dann können Sie das nicht im Alleingang entscheiden (§ 87 Abs. 1 Nr. 10 BetrVG).
>
> ▶ **Die allgemeinen Urlaubsgrundsätze:** Das betrifft auch das Verfahren, mit dem Urlaubspläne aufgestellt werden, sie müssen zusammen mit dem Betriebsrat festgelegt werden (§ 87 Abs. 1 Nr. 5 BetrVG).
>
> ▶ **Überwachungseinrichtungen:** Geräte, mit denen der Chef das Verhalten und die Leistung seiner Beschäftigten überwachen kann oder will, müssen vorher vom Betriebsrat abgesegnet werden. Bevor der Arbeitgeber zum Beispiel Anruflisten führt oder Kameras in Werkhallen installiert, muss er sich darüber mit dem Betriebsrat einig werden (§ 87 Abs. 1 Nr. 6 BetrVG).
>
> ▶ **Bestimmungen zur Unfallverhütung und zum Gesundheitsschutz:** Auch hier entscheidet der Betriebsrat mit, aber nur, wenn und soweit es Rahmenvorschriften wie Gesetze oder Unfallverhütungsvorschriften gibt, die für den Betrieb konkretisiert werden müssen (§ 87 Abs. 1 Nr. 7 BetrVG).

Die Mitbestimmungsrechte des Betriebsrates führen bei allen entsprechenden Fragen dazu, dass Sie ohne die Zustimmung des Betriebsrates nicht einseitig in Ihrem Sinn tätig werden dürfen. Tun Sie es doch, haben Sie vor Gericht keine Chance.

- ▶ **Betriebliche Sozialeinrichtungen:** Wie sie genutzt und verwaltet werden sollen, ist Sache des Betriebsrats – dagegen ist es alleinige Entscheidung des Chefs, ob er zum Beispiel eine Betriebssauna oder Ähnliches anbieten will (§ 87 Abs. 1 Nr. 8 BetrVG).

- ▶ Daneben kann der Betriebsrat auch über sonstige soziale Angelegenheiten mitbestimmen, wenn der Chef das für sinnvoll hält. Schließt er darüber eine Vereinbarung mit Ihnen, ist das eine freiwillige Betriebsvereinbarung.

Damit der Betriebsrat die Interessen der Beschäftigten auch sonst wirksam vertreten kann, stehen ihm bestimmte **Anhörungs- und Unterrichtungsrechte** zu. In diesen Angelegenheiten darf der Arbeitgeber zwar frei entscheiden, aber er muss vorher mit dem Betriebsrat gesprochen haben. Im Einzelnen betrifft das:

- ▶ **Planungen rund um den Betrieb:** Baumaßnahmen wie die Vergrößerung oder Verkleinerung der Firmenräume, Umbau oder Neuanschaffung von technischen Anlagen und die Einführung von neuen Arbeitsverfahren (§ 90 BetrVG).

- ▶ **Betriebsänderungen** in Betrieben mit mehr als 20 ständigen Arbeitnehmern, wenn es um gravierende Änderungen geht. Also zum Beispiel erst dann, wenn Sie vorhaben, den Betrieb stillzulegen oder zu verlegen. Oder wenn die Firma gespalten bzw. mit anderen Betrieben vereinigt werden soll. Dann kann der Betriebsrat einen Interessenausgleich schließen, um die Nachteile für die Beschäftigten abzufedern.

- ▶ **Personelle Angelegenheiten:** Personalplanung, Ausschreibung von freien Stellen, Personalfragebogen und Vertragsformulare, Auswahlrichtlinien, berufliche Bildung und vieles andere.

- ▶ **Personelle Einzelmaßnahmen:** In Betrieben mit mehr als 20 ständigen Arbeitnehmern: Einstellungen, Versetzungen, Ein- und Umgruppierungen. Dazu muss der Chef dem Betriebsrat sogar die Bewerbungsunterlagen vorlegen. Und der Betriebsrat muss zustimmen, er darf seine Zustimmung nur aus bestimmten Gründen verweigern. Allerdings kann der Chef seine Personalentscheidung auch vorläufig umsetzen, wenn Eile geboten ist.

- ▶ **Kündigungen:** Der Betriebsrat muss vor der Kündigung angehört werden, sonst ist der Rauswurf unwirksam. Allerdings darf die Interessenvertretung nur in ausgewählten Fällen widersprechen. So ein Widerspruch kann nur vom Arbeitsgericht wieder beseitigt werden. Das gilt auch für außerordentliche, das sind vor allem die fristlosen Kündigungen.

> Die Anhörungsrechte des Betriebsrates sind für Sie als Arbeitgeber nicht bindend. Allerdings ist es nicht gerade dem Betriebsfrieden dienlich, wenn Sie die Arbeitnehmervertreter in Ihrem Unternehmen brüskieren und sich rücksichtslos über alle Einwendungen hinwegsetzen.

Urlaub- und Freizeitregelungen

Nach dem Bundesurlaubsgesetz haben alle Arbeitnehmer, Auszubildenden und arbeitnehmerähnlich Beschäftigten Anspruch auf bezahlten Jahresurlaub. Seit dem 1. Januar 1995 sind das mindestens 24 Werktage pro Jahr. Bei diesem Anspruch zählen auch die Samstage als Werktage mit. Ergebnis: Wenn nur fünf Tage pro Woche gearbeitet wird, kann der Mindesturlaub 20 Tage, also immer noch vier Wochen, betragen.

Sind Sie als Arbeitgeber an Tarifverträge gebunden, gelten für Urlaubsansprüche die dort getroffenen Regelungen. Die sind meistens erheblich günstiger als die Regelungen nach dem Gesetz: Etwa 98 Prozent der von Tarifverträgen erfassten Arbeitnehmer haben einen Urlaubsanspruch von fünf Wochen und länger .

Ab wann hat man Urlaubsanspruch?

Ein Urlaubsanspruch entsteht erst, wenn der betreffende Arbeitnehmer sechs Monate angestellt ist. Diese Wartezeit gilt selbst dann, wenn er vorher woanders gearbeitet und dort keinen Urlaub bekommen hat. Aber wenn der Job ohnehin nur befristet ist, kann der Mitarbeiter von Ihnen einen entsprechenden Teil seines Urlaubs verlangen: Dass er eine Wartezeit einhalten muss, heißt ja nicht, dass er bis zum Ende des halben Jahres kein Recht auf Urlaub hat.

Urlaubsplanung – Mitarbeiterwünsche berücksichtigen

Wann die Beschäftigten in Urlaub fahren dürfen, legen im Prinzip nur Sie als Chef fest. Aber Sie müssen ein Verfahren finden, um die Wünsche Ihrer Beschäftigten möglichst gerecht zu berücksichtigen. Kommt es zwischen Ihnen und den Mitarbeitern zum Streit, muss der Betriebsrat an Ihrer Entscheidung beteiligt werden. An die Arbeitnehmervertretung müssen Sie auch denken, bevor Sie allgemeine Urlaubsgrundsätze aufstellen, also bevor Sie beispielsweise festlegen, ob und wann es Betriebsferien gibt oder auf welche Weise Urlaubspläne erstellt werden sollen.

Besonders lange Gesichter gibt es, wenn Sie aus betrieblichen Gründen in die Urlaubsplanung Ihrer Arbeitnehmer eingreifen müssen. Das dürfen Sie zwar, aber mit solchen Maßnahmen sollten Sie äußerst sparsam umgehen. Denn sie können das Betriebsklima erheblich beeinträchtigen oder zu Kündigungen seitens der Mitarbeiter führen. Außerdem müssen Sie die sozialen Umstände Ihrer Mitarbeiter berücksichtigen.

Beispiel: *Eltern müssen in den Schulferien ihrer Kinder bevorzugt Urlaub bekommen. Wenn Sie in einen bereits gebuchten Urlaub eingreifen, dann tragen Sie die Kosten – schließlich sind Sie schuld daran, dass die ursprüngliche Planung aus betrieblichen Gründen nicht geklappt hat.*

> Zwei Drittel aller deutschen Arbeitnehmer haben für mindestens sechs Wochen im Jahr Urlaubsanspruch. Damit gehen viele Arbeitgeber über das im Bundesurlaubsgesetz vorgeschriebene Mindestmaß von vier Wochen hinaus.

Wann verfällt der Urlaubsanspruch?

Andere als betriebliche Gründe behalten Sie besser für sich. Denn sobald Sie die Urlaubsliste gesehen und zur Kenntnis genommen haben, gilt die Liste als genehmigt. Sie haben nur die Chance, dieser Liste sofort zu widersprechen. Wer dann trotz Ihres Widerspruchs einfach in Urlaub geht oder mit »Krankfeiern« droht, darf fristlos gekündigt werden.

Der Urlaubsanspruch verfällt übrigens automatisch, wenn er nicht bis zum Jahresende genommen wird, obwohl der Mitarbeiter Gelegenheit dazu hatte. Auch auszahlen der Urlaubstage kommt dann nicht mehr in Betracht. Anders ist es aber, wenn Sie dem Beschäftigten wegen dringender betrieblicher Erfordernisse keinen Urlaub geben konnten oder er wegen Krankheit nicht in Urlaub fahren konnte. Dann darf er seinen Urlaubsanspruch ins neue Jahr mitnehmen.

Die gesetzliche Regelung besagt, dass nicht genommener Urlaub am Jahresende verfällt. In der Praxis liegt die Grenze bei vielen Unternehmen jedoch beim 31. März des Folgejahres, und auch dann verfällt der Urlaubsanspruch nicht, wenn betriebliche Gründe die Inanspruchnahme verhinderten.

Urlaubsanpassung bei Eintritten und Kündigungen

Der Urlaub wird immer für das volle Beschäftigungsjahr gewährt. Allerdings kommt es nicht oft vor, dass jemand zum 1. Januar eines Jahres eingestellt wird und dann genau zum 31. Dezember eines späteren Jahres ausscheidet. Für Bruchteile eines Jahres gibt es einen Urlaubsanspruch in Höhe eines entsprechenden Teils der Gesamtdauer. Für jeden Monat der Unternehmenszugehörigkeit müssen Sie ein Zwölftel des Jahresurlaubs gewähren. Bruchteile von Urlaubstagen werden:
▶ aufgerundet, wenn sie mehr als einen halben Tag ergeben, oder
▶ abgerundet, wenn sie weniger als einen halben Tag ergeben.

Und noch etwas gibt es zu beachten: In keinem Fall darf der Chef seinen Arbeitnehmern bloß häppchenweise Urlaub genehmigen – jede Woche einen Tag Urlaub, das geht nicht. Gleiches gilt auch für das tageweise Abstottern von Urlaub, nur weil es durch den geringeren Arbeitsfluss für Sie als Chef gerade gelegen kommt. Arbeitnehmer haben Anspruch auf eine zusammenhängende Erholungszeit.

Sonderzahlungen: Urlaubs- und Weihnachtsgeld

Den meisten Arbeitnehmern wird Urlaub doppelt bezahlt: Neben Urlaubsentgelt gibt es oft auch Urlaubsgeld. Das klingt zwar nach Wortspielerei, ist es aber nicht – denn die Anspruchsgrundlagen sind grundverschieden:
▶ Urlaubsentgelt ist die gesetzlich vorgesehene »Entgeltfortzahlung« während der Ferientage.
▶ Urlaubsgeld dagegen ist eine zusätzliche Leistung des Arbeitgebers, die je nach Einzelfall gezahlt werden muss.

Das mag im ersten Moment erstaunlich klingen, schließlich werden fast überall zwischen 30 und 100 Prozent eines durchschnittlichen Monatsgehalts als Urlaubsgeld gezahlt. Aber das muss nicht notwendigerweise für Ihr Unternehmen gelten.

Achtung: Anspruch auf Urlaubsgeld – also auf den Zuschlag zur normalen Entlohnung – besteht nur, wenn es eine entsprechende tarifvertragliche oder einzelvertragliche Regelung gibt. Ansonsten steht es Ihnen als Arbeitgeber frei, Urlaubsgeld zu zahlen.

Ebenso ist es mit dem Weihnachtsgeld. Die Extrazahlung in den Wochen vor dem Fest ist per Tarif- oder Einzelvertrag geregelt oder erfolgt freiwillig. Sofern aber Weihnachtsgeld gezahlt wird, dürfen Sie diese Sonderleistung nicht nach Lust und Laune oder in schwierigen Zeiten ohne weiteres einstellen. Vor allem dann nicht, wenn die Zahlung durch Tarif- oder Arbeitsvertrag oder in einer Betriebsvereinbarung geregelt ist. Der Arbeitgeber ist an diese Vereinbarungen gebunden, kann sie aber beispielsweise mit Wirkung für das folgende Jahr kündigen.

Weihnachtsgeld in voller Höhe gibt es auch, wenn in den letzten drei Jahren jedes Mal gezahlt wurde, ohne dass sich der Arbeitgeber einen Widerruf und Änderungen für die Zukunft vorbehalten hat. Für Sie als Chef empfiehlt es sich deshalb, jeder Lohn- oder Gehaltsabrechnung einen besonderen Brief beizulegen. Aber ein Punkt greift in jedem Fall: der Gleichbehandlungsgrundsatz. Bekommen alle Mitarbeiter eines Unternehmens oder einer Abteilung Weihnachtsgeld, dürfen einzelne nicht benachteiligt werden – das wäre Willkür. Erlaubt ist aber, bestimmte Arbeitnehmergruppen, die man besonders belohnen, motivieren oder an die Firma binden will, zu bevorzugen.

Arbeitszeugnisse richtig lesen

Verlässt ein Mitarbeiter einen Betrieb, darf er von Ihnen nicht nur seine Arbeitspapiere (Sozialversicherungskarte, Lohnsteuerkarte, Urlaubsnachweis) verlangen, sondern auch ein Arbeitszeugnis. Sie sind dazu verpflichtet, ein gutes Zeugnis zu erteilen. Das Zeugnis soll dem Ausgeschiedenen keine Steine in den Lebensweg legen, sondern seine weitere Entwicklung fördern. Um trotzdem die Wahrheit schreiben zu können, hat es sich eingebürgert, auch mieseste Zensuren in schöne Worte zu verpacken. Diese Geheimsprache sollten Sie kennen. Dies gilt nicht nur, wenn Sie derjenige sind, der ein Zeugnis schreiben soll, sondern auch, wenn Sie das Arbeitszeugnis eines Bewerbers richtig verstehen wollen.

Der Arbeitgeber muss im Zeugnis die Arbeitsqualität, das Gesamtverhalten des Mitarbeiters im Unternehmen, seine Kenntnisse, Fähigkeiten und seinen Arbeitseifer sowie eventuelle Erfolge beschreiben und beurteilen. Der Chef darf nicht und muss nicht lügen, er kann also auch solche Dinge hineinschreiben, die für den Beurteilten nicht immer schmeichelhaft sind, sofern sie der Wahrheit entsprechen.

Weihnachts- und Urlaubsgeld sollten Sie als Arbeitgeber, sofern es nicht tarif- oder einzelvertragliche Regelungen gibt, immer mit dem Hinweis auszahlen, dass es sich dabei um zusätzliche Leistungen handelt, zu deren Zahlung Sie nicht verpflichtet sind.

Geheimsprache im Zeugnis – das sind die Schlüsselworte

▶ **Arbeitnehmerinteressen:** Dieser Begriff warnt vor Betriebsrats- oder Gewerkschaftsmitgliedern. Beispiel: »... ist positiv zu vermerken, dass er sich engagiert für Arbeitnehmerinteressen einsetzt ...«

▶ **Arbeitserleichterungen:** Dahinter verbirgt sich ein Verweis auf Bequemlichkeit, Faulheit und mangelnden Einsatz während der Arbeit. Beispiel: »... machte häufig (gute) Vorschläge zu Arbeitserleichterungen.« Kann aber auch eine positive Eigenschaft beschreiben, wenn das Zeugnis besonders hervorhebt, dass durch die Vorschläge Kosten eingespart wurden.

▶ **Ausscheiden:** Wenn nur der Begriff des Ausscheidens angegeben wird, steckt dahinter immer eine verhaltensbedingte oder personenbedingte Kündigung. Finden sich jedoch zusätzliche Hinweise, wie etwa »... wegen der Zusammenlegung von Abteilungen ... wegen erheblicher Auftragseinbrüche ... wegen Rationalisierungsmaßnahmen ...«, so war die Kündigung lediglich betriebsbedingt.

▶ **Bedauern und Danksagung:** Niemand zwingt den Arbeitgeber, so etwas in ein Zeugnis aufzunehmen. Macht er es trotzdem, so ist dies ein zusätzliches Lob für einen Mitarbeiter, den man tatsächlich nur ungern ziehen lässt.

▶ **Betriebsklima:** Der Hinweis darauf bedeutet, dass der Beurteilte am Arbeitsplatz oder innerhalb des Unternehmens durch häufigen Alkoholgenuss oder unangenehmen Tratsch aufgefallen ist. Beispiel: »Er trug stets zur Verbesserung des Betriebsklimas bei.«

▶ **Einfühlungsvermögen:** Dahinter verbirgt sich normalerweise ein Hinweis auf Sexualkontakte innerhalb des Unternehmens. Beispiel: »... bewies viel Einfühlungsvermögen in die Probleme anderer Mitarbeiter ...«

▶ **Einvernehmlichkeit:** Wird meistens im Zusammenhang mit der Trennung erwähnt und bedeutet fast immer, dass der Arbeitnehmer mit einer Kündigung dem Rausschmiss zuvorgekommen ist. Der Hinweis auf ein »gegenseitiges Einvernehmen« kann auch den Abschluss eines Aufhebungsvertrages umschreiben oder darauf hinweisen, dass man sich im Zusammenhang mit einem Kündigungsschutzverfahren in einem Vergleich geeinigt hat. Der Begriff der Einvernehmlichkeit wird immer negativ ausgelegt. Besser schreibt man dann: »... scheidet auf eigenen Wunsch aus ...« Für den Betroffenen kann sich das aber negativ auf das Arbeitslosengeld auswirken.

▶ **Geselligkeit:** Sie gilt ebenso wie das »Betriebsklima« als Codewort für häufigen Alkoholgenuss (»... war wegen seiner Geselligkeit allseits beliebt«).

▶ **Pünktlichkeit:** Die ist so selbstverständlich, dass sie in einem Zeugnis nicht erwähnt werden muss. Taucht das Stichwort trotzdem auf, so ist es eine ganz deutliche Warnung für künftige Chefs: Er konnte überhaupt nichts, aber er war immerhin pünktlich!

Ein argloser Leser könnte hinter manch einem oberflächlich betrachtet wohlmeinenden Arbeitszeugnis tatsächlich einen guten Mitarbeiter vermuten. In Wahrheit ist der Arbeitgeber zu positiven Formulierungen verpflichtet, so dass sich genaueres Hinsehen empfiehlt.

▶ **Verbesserungsvorschläge:** Wenn nicht ausdrücklich darauf hingewiesen wird, dass die Vorschläge vom Unternehmen aufgegriffen wurden und zu Einsparungen (Zeit, Personal, Material) oder Qualitätssteigerungen geführt haben, weist dieses Schlüsselwort auf einen Besserwisser und Querulanten hin.
▶ **Zukunftswünsche:** Sätze wie »… wir wünschen ihm auf seinem weiteren Weg alles Gute« muss der alte Arbeitgeber seinem scheidenden Mitarbeiter nicht auf den Weg geben. Schreibt er sie dennoch ins Zeugnis hinein, sind sie ehrlich gemeint und drücken sein Bedauern über das Ausscheiden aus.

Darf der Mitarbeiter auch noch woanders arbeiten?

Etwa sechs Millionen Bundesbürger ruhen sich in ihrer Freizeit nicht aus, sondern gehen arbeiten. Als Chef können Sie das kaum verhindern, wenn der Arbeiter seine Aufgaben in Ihrem Betrieb vernünftig erledigt. Aber der Mitarbeiter muss Sie vorher informieren, und Sie müssen zustimmen.
In der Regel kann der Nebenerwerb nicht untersagt werden, Sie dürfen Ihre Zustimmung aber verweigern, wenn:
▶ **Konkurrenz:** Der Arbeitnehmer bei der Konkurrenz anfangen will.
▶ **Einschränkung:** Er durch den Nebenjob nicht mehr in dem Umfang zur Verfügung steht, wie es vertraglich vereinbart war – wenn er etwa wegen des neuen Jobs nicht mehr in der Spätschicht arbeiten kann.
▶ **Gefährdung:** Er sich im Nebenjob einem ungewöhnlichen Unfall- oder Gesundheitsrisiko aussetzt.
▶ **Erschöpfung:** Es sich um ernsthafte Ferienjobs handelt, zum Beispiel Montagearbeiten im Akkord in einer Ferienkolonie auf Mallorca, da sich Ihr Mitarbeiter dabei nicht erholen kann.

Grundsätzlich in Ordnung sind dagegen Urlaubsberufe im Sportbereich, wie eine Beschäftigung als Tennis- oder Segellehrer sowie als Wanderführer. Problematisch wird es aber, wenn Ihr Mitarbeiter als Skilehrer anheuern möchte, hier ist das Unfallrisiko unverhältnismäßig hoch.
Obwohl der Arbeitgeber in den meisten Fällen keine rechtliche Grundlage hat, dem Mitarbeiter die Nebentätigkeit zu verbieten, darf dieser nicht heimlich nebenbei arbeiten. Finden Sie das heraus, können Sie das eventuell als Kündigungsgrund nutzen.

Nebenbeschäftigungen haben in aller Regel zwei Haken: Zum einen sieht sie der Hauptarbeitgeber ungern, und zum anderen bringen sie meist steuerliche Nachteile mit sich, da Nebeneinkünfte in Steuerklasse V fallen.

Kündigungen und Kündigungsschutz

Natürlich dürfen Sie einen Vertrag jederzeit beenden, auch den Arbeitsvertrag. Besonders wichtig ist das für Betriebe, in denen nur wenige Leute angestellt sind. Denn je weniger Mitarbeiter ein Unternehmer hat, desto schwieriger wird es für ihn, einen ineffizienten Mitarbeiter zu ignorieren. Wer seinen Betrieb noch nicht lange am Markt hat, dem steht das Wasser ohnehin bis zum Hals. Er muss sich besonders frei bewegen und Entscheidungen treffen können, um sich schnellstmöglich an die wirtschaftlichen Rahmenbedingungen anpassen zu können.

Andererseits steht hinter vielen Ihrer Mitarbeiter eine ganze Familie, die von einer Kündigung betroffen werden würde. Und je länger einer bei Ihnen arbeitet, desto weniger flexibel kann er seine Arbeitskraft in anderen Betrieben verwerten. Und schließlich entwickelt sich im Laufe der Zeit ein Vertrauen zu Ihnen als Chef, das Sie nicht grundlos durch eine Vertragsauflösung enttäuschen dürfen.

Kündigung als letzte Maßnahme

Aus all diesen Überlegungen heraus hat der Gesetzgeber den Kündigungsschutz gestaltet. Er ist ein Kompromiss, der zum einen versucht, kleinen und neuen Betrieben große Freiheit beim Einstellen und Entlassen von Personal einzuräumen, der aber zum anderen auch berücksichtigt, dass größere und erfolgreichere Betriebe nicht ganz so viel Spielraum brauchen wie die kleinen. Dort wird es in vielen Fällen gerechter sein, das Vertrauen des Arbeitnehmers in seinen Arbeitsplatz zu schützen.

Vor einer Kündigung muss ein Arbeitgeber alle ihm möglichen und zumutbaren Mittel versucht haben, um sich:
▶ entweder mit dem Arbeitnehmer zu arrangieren oder
▶ der veränderten Wirtschafts- und Auftragslage anzupassen.

Juristen nennen diese Arbeitgeberpflicht das »Ultima-Ratio-Prinzip«, wonach gilt: Eine Kündigung kommt nur in Betracht, wenn andere Maßnahmen nicht mehr helfen.

Der Kündigungsschutz stellt gerade für neu gegründete oder kleinere Betriebe manchmal eine große wirtschaftliche Belastung dar. Deshalb gibt es auch nur für solche Betriebe Ausnahmeregelungen für das ansonsten recht strikte Kündigungsschutzgesetz.

Kündigungsschutz – das müssen Sie beachten

Das Kündigungsschutzgesetz enthält eine Reihe von Regelungen, die es vielen Unternehmen nur unter Auflagen erlauben, überzähligem Personal zu kündigen. Bevor der Kündigungsschutz überhaupt greift, müssen in der Person des Arbeitnehmers folgende Bedingungen erfüllt sein:
▶ **Er ist auf Dauer eingestellt,** sein Arbeitsvertrag ist also unbefristet.
▶ **Er arbeitet seit mindestens sechs Monaten** in diesem Betrieb.
▶ **Er ist nicht geringfügig beschäftigt.** Diese Bedingung ist auch bei den meisten Teilzeitkräften erfüllt.
▶ **Mehr als fünf Arbeitnehmer:** Der Betrieb beziehungsweise das Unternehmen hat mehr als fünf ständig beschäftigte Arbeitnehmer. Das heißt, es müssen in der Regel mindestens sechs Leute dort arbeiten. Dabei werden Auszubildende nicht mitgezählt. Teilzeitkräfte zählen entsprechend ihrer wöchentlichen Arbeitszeit wie folgt:
  – Kräfte unter zehn Wochenstunden werden als Viertelbeschäftigte bewertet.

- Wer mehr als zehn, aber unter 20 Wochenstunden arbeitet, zählt als halber Arbeitnehmer.
- Die Beschäftigten über 20, aber unter 30 Wochenstunden zählen als Dreiviertelbeschäftigte.
- Und wer mehr als 30 Wochenstunden im Betrieb ist, gilt als ganzer Arbeitnehmer.

Achtung: Die gesetzlichen Regelungen zum Kündigungsschutz gelten unabhängig davon, was im Arbeitsvertrag steht, sind also nicht einzuschränken. Denn alle Schutzvorschriften mit Gesetzeskraft haben Vorrang gegenüber individuellen Vereinbarungen.

Ohne Kündigungsschutz: Die gesetzliche Regelung

Je länger ein Arbeitnehmer bei Ihnen angestellt ist, desto mehr Zeit müssen Sie ihm von der Kündigung bis zum endgültigen Ausscheiden lassen. Der Gesetzgeber ging davon aus, dass eine Frist von vier Wochen zur Monatsmitte – das heißt dem 15. eines Monats – oder zum Monatsende in den meisten Fällen genügt. In dieser Zeit soll sich der Gekündigte bei der Arbeitsverwaltung melden können, um (theoretisch) möglichst ohne Leerlauf gleich in eine neue Anstellung vermittelt werden zu können. Aber in der Praxis sieht es so aus: Je älter der Arbeitnehmer bei Ihnen geworden ist, desto komplizierter wird die Vermittlung und desto länger wird sie vermutlich dauern. Entsprechend schwer wird es ihm fallen, sich auf ein mögliches Leben ohne Arbeit einzustellen.

Diesem Problem trägt das Kündigungsschutzgesetz insofern Rechnung, als es die Kündigungsfristen stufenweise verlängert, je länger der Mitarbeiter bei Ihnen beschäftigt ist:

Je länger ein Arbeitsverhältnis dauert, desto größer ist das beiderseitige Vertrauen in seinen zukünftigen Bestand. Kommt es dennoch zu einer Kündigung, so verlängern sich die Kündigungsfristen entsprechend der Dauer der Beschäftigung bis auf ein halbes Jahr.

⚡ Blitzübersicht: Gesetzliche Kündigungsfristen

Beschäftigungszeit	Kündigungsfrist
Probezeit bis 6 Monate ⟶	2 Wochen
0 bis unter 2 Jahren ⟶	4 Wochen zum Monatsende oder zur Monatsmitte
2 bis unter 5 Jahren ⟶	1 Monat zum Monatsende
5 bis unter 8 Jahren ⟶	2 Monate zum Monatsende
8 bis unter 10 Jahren ⟶	3 Monate zum Monatsende
10 bis unter 12 Jahren ⟶	4 Monate zum Monatsende
12 bis unter 15 Jahren ⟶	5 Monate zum Monatsende
15 bis unter 20 Jahren ⟶	6 Monate zum Monatsende

Kündigungsfristen

Wenn Sie als Arbeitgeber in die unangenehme Situation kommen, einem Mitarbeiter kündigen zu müssen, dann sollten Sie für die Berechnung der Kündigungsfrist folgende Punkte beachten:

- ▶ **Beschäftigungsjahre:** Gerechnet werden nur die Jahre, in denen der Arbeitnehmer älter als 25 Jahre war. Haben Sie also einen 17-Jährigen als Auszubildenden eingestellt und danach übernommen, hat er an seinem 26. Geburtstag trotzdem gerade mal ein mageres Beschäftigungsjahr hinter sich.
- ▶ **Längere Kündigungsfristen** können im Arbeitsvertrag oder mit einem gültigen Tarifvertrag vorgeschrieben werden.
- ▶ **Kürzere Fristen** dürfen von einem Arbeitsvertrag nur vorgesehen werden, wenn es um einen Aushilfsjob von unter drei Monaten Dauer geht oder wenn im selben Betrieb nicht mehr als 20 Arbeitnehmer arbeiten. Aber selbst dann beträgt die Kündigungsfrist vier Wochen.
- ▶ **Ausnahme:** Ein anwendbarer Tarifvertrag darf – selbst wenn diese Bedingungen nicht erfüllt sind – günstigere Fristen vorsehen.
- ▶ **Sonderfall:** Bei einem Arbeitsvertrag auf Lebenszeit oder mit einer Laufzeit von mehr als fünf Jahren kann spätestens nach fünf Jahren erstmals gekündigt werden – mit einer Frist von sechs Monaten.
- ▶ **Gleichbehandlung:** Für eine Kündigung durch den Arbeitnehmer dürfen keine längeren Fristen vereinbart werden als die, an die sich der Arbeitgeber halten muss. Das bedeutet auch, dass Sie Ihren Arbeitnehmer durch Arbeitsvertrag verpflichten können, auch Ihnen eine Übergangsfrist von der Kündigung bis zum Ausscheiden zu gewähren.

Wenn Sie eine Stelle mit großen fachlichen Anforderungen besetzen, so kann sich eine Verlängerung der Kündigungsfrist auch zu Ihren Gunsten auswirken, wenn der betroffene Mitarbeiter von sich aus kündigen will. Dann bleibt Ihnen mehr Zeit zur Suche und Einarbeitung eines passenden Nachfolgers.

So beachten Sie die Fristen

Da es im Kündigungsverfahren sehr auf die Einhaltung von Fristen ankommt, sollten Sie wissen, auf welche Weise man Fristen in Gang setzt oder wie man sie einhält.

- ▶ **Zugang:** Die Kündigung wird ausgesprochen oder liegt im Briefkasten des Empfängers – das ist der Tag des Zugangs. Bei schriftlichen Kündigungen lässt sich der Zugang leichter beweisen als bei mündlichen.
- ▶ **Einspruch:** Wenn das Kündigungsschutzgesetz gilt, kann der Entlassene sieben Tage nach dem Zugang Einspruch beim Betriebsrat oder Personalrat erheben – sofern es in Ihrer Firma einen gibt.
- ▶ **Klage:** Wenn das Kündigungsschutzgesetz gilt, kann der Arbeitnehmer bis drei Wochen nach dem Zugang Klage erheben und die Kündigung als ungerechtfertigt angreifen.
- ▶ **Formfehler:** Wenn das Kündigungsschutzgesetz nicht gilt, kann er mit einer Klage nur angreifen, dass er nicht fristgemäß gekündigt worden ist – also der Kündigungsgrund eine fristlose Entlassung nicht trägt oder der Arbeitgeber eine falsche Frist angewendet hat.

Abmahnungen

Eine Kündigung soll laut Gesetzgeber immer das letztmögliche Mittel sein, mit dem Sie Ihre Interessen als Arbeitgeber durchsetzen. Bei einem Fehlverhalten seitens Ihres Mitarbeiters müssen Sie ihn deshalb vor einer Kündigung erst einmal darauf aufmerksam machen, dass Sie mit seinem Verhalten nicht einverstanden sind. Eine verhaltensbedingte Kündigung ohne vorherige Abmahnung ist normalerweise unwirksam!
Natürlich können Sie einen pflichtvergessenen Mitarbeiter in Ihr Büro rufen, um ihm gründlich die Leviten zu lesen und ins Gewissen zu reden. Eine rechtliche Bedeutung hat so eine Standpauke nicht. Ernst wird es erst, wenn Sie ihm einen Brief schreiben, in dem sein Fehlverhalten klar bezeichnet und kritisiert wird. Das könnte schon eine Abmahnung sein.
Eine Abmahnung im juristischen Sinne ist aber nur, was die folgenden Bedingungen erfüllt:
▶ Schriftform (mündliche Verwarnung reicht nicht),
▶ Rügung von Leistungsmängeln oder Fehlverhalten am Arbeitsplatz,
▶ Eindeutigkeit, dass Sie als Arbeitgeber die Verfehlung des Beschäftigten nicht billigen oder dulden, und
▶ Ankündigung, dass es Auswirkungen auf das Arbeitsverhältnis haben wird, wenn der Angeschriebene sein Verhalten nicht ändert. Das heißt aber nicht, dass Sie bereits mit einer Kündigung drohen müssen.

Was die Abmahnung bezweckt
Die Abmahnung als mögliche Vorstufe zur Kündigung hat zwei Funktionen:
▶ Sie soll warnen, damit der Arbeitnehmer sein Verhalten ändern kann.
▶ Sie soll – als sanfteres Mittel im Vergleich zur Kündigung – Ihnen die Genugtuung verschaffen, etwas gegen das Fehlverhalten getan zu haben. Insoweit wirkt sie auch versöhnend.

> **Achtung:** Wegen der Versöhnungswirkung einer Abmahnung darf der Arbeitgeber nicht später noch aus demselben Grund kündigen, für den er abgemahnt hat. Nur wenn es danach einen neuen abmahnungsfähigen Vorfall gibt, darf er ohne Zögern kündigen.

Mit Ausnahme der besonders schweren Fälle, die eine sofortige und fristlose Kündigung rechtfertigen, müssen Sie immer zuerst abmahnen, bevor Sie einem Mitarbeiter kündigen können.

Sofern eine Abmahnung sachlich oder inhaltlich falsch ist, kann der Betroffene dagegen vorgehen, er muss nicht auf eine Kündigung warten. Er kann verlangen:
▶ **Widerruf der Abmahnung und Entfernung aus der Personalakte,** wenn nachgewiesen ist, dass das kritisierte Verhalten nicht stattgefunden hat.
▶ **Gegendarstellung in der Personalakte,** wenn ungeklärt bleibt, ob die Vorwürfe gerechtfertigt sind oder nicht.

Seien Sie also darauf gefasst, dass der Arbeitnehmer die Abmahnung bekämpft. Setzen Sie ein solches Disziplinierungsmittel daher gezielt ein, verfassen Sie es sorgfältig und nicht ohne triftigen Grund. Für den abgemahnten Arbeitnehmer hängt unter Umständen seine ganze wirtschaftliche Existenz von dem Job bei Ihnen ab. Und mit Existenzangst im Bauch würde sich jeder Mensch verbissen zu wehren versuchen.

Ausnahmen vom Kündigungsschutz

Sofern der Kündigungsschutz für Ihren Betrieb nicht gilt – weil das Unternehmen zum Beispiel erst seit weniger als sechs Monaten am Markt ist oder Sie nur fünf oder noch weniger anzurechnende Arbeitnehmer beschäftigen –, sind Sie in Ihren Personalentscheidungen nur an Kündigungsfristen gebunden; die nachfolgenden Bestimmungen gelten für Sie nicht. Sofern der gesetzliche Kündigungsschutz aber für Ihren Betrieb und Ihre Beschäftigten anzuwenden ist, dürfen Sie Ihr Personal nicht grundlos abbauen. Nur unter ganz bestimmten Voraussetzungen kann gekündigt werden. Treffen die nachfolgenden Gründe auf Ihren Fall nicht zu, dann hält die Kündigung vor Gericht nicht stand.

Eine Kündigung kann nur in der Person oder dem Verhalten Ihres Mitarbeiters begründet sein oder auch aus betrieblichen Notwendigkeiten erfolgen.

Aus welchen Gründen Sie kündigen dürfen

Wenn auf Ihren Betrieb und Ihre Mitarbeiter das Kündigungsschutzgesetz anzuwenden ist, reicht es nicht aus, beim Personalabbau sorgfältig auf die Fristen zu achten. Sie müssen in der Kündigung erklären, aus welchem Grund Sie den gekündigten Arbeitnehmer nicht mehr brauchen.

▶ **Personenbedingte Kündigung** wegen Unfähigkeit des Arbeitnehmers: Sie dürfen kündigen, wenn der Mitarbeiter nicht so arbeitet, wie er muss. Es kommt nicht darauf an, ob er an seinen fehlenden Fähigkeiten oder seiner fehlenden Eignung schuld ist. Häufigster Fall für diesen Kündigungsgrund ist die krankheitsbedingte Kündigung.

▶ **Verhaltensbedingte Kündigung** wegen bewusstem Fehlverhalten des Arbeitnehmers: Sie dürfen jemanden rauswerfen, der nicht arbeitet wie vereinbart oder wie es allgemein üblich ist. Genauso können Sie Mitarbeiter auf die Straße setzen, wenn sie den Betriebsfrieden stören oder den Kolleginnen und Kollegen nur zur Last fallen oder gar während der Arbeitszeit Straftaten begehen. Kurz: wenn Sie zu diesem Arbeitnehmer endgültig kein Vertrauen mehr haben.

▶ **Betriebsbedingte Kündigung** wegen schlechter wirtschaftlicher Situation des Betriebs oder aufgrund einer wirtschaftlichen beziehungsweise unternehmerischen Entscheidung: Was Sie mit dem Betrieb anfangen, ist erst einmal Ihre Angelegenheit. Wenn Sie sich dazu entschließen, Ihren Betrieb ganz oder teilweise stillzulegen oder völlig neu zu organisieren, dürfen Sie dazu auch die Beschäftigten freisetzen. In den folgenden Abschnitten erläutern wir die verhaltensbedingte und die personenbedingte Kündigung noch einmal genauer.

Verhaltensbedingte Kündigung

Der Mitarbeiter muss seine Arbeit so erledigen, wie es seinen Fähigkeiten entspricht und wie es vereinbart war. Außerdem muss er sich in den Betrieb und dessen Organisation so gut wie möglich einfügen und sich ansonsten rechtschaffen verhalten. Wer das nachhaltig nicht tut, kann entlassen werden. Typische Fälle:

▶ **Nichtleistung:** Der Arbeitnehmer fehlt unentschuldigt. Kommt vor, wenn sich jemand selbst beurlaubt oder eine Arbeitsunfähigkeitsbescheinigung (»gelber Zettel«) nicht oder nicht rechtzeitig vorlegt.

▶ **Arbeitsverweigerung:** Der Arbeitnehmer macht nicht, was von ihm verlangt wird. In seltenen Ausnahmefällen kommt der Arbeitnehmer davon, wenn er seine Nichtleistung gut begründen kann. Zum Beispiel kann es sein, dass eine bestimmte Tätigkeit gegen die religiösen Überzeugungen des Beschäftigten verstößt. Sofern der Arbeitnehmer nicht damit rechnen musste, auch diese Handgriffe irgendwann einmal leisten zu müssen, geht seine Bekenntnisfreiheit vor: Die Kündigung ist unwirksam.

▶ **Störung des Betriebs:** Der Arbeitnehmer begeht Straftaten an seinen Kollegen – Diebstähle, Schlägereien, sexuelle Belästigung. Oder er zerstört Betriebseinrichtungen, begeht Straftaten gegen seinen Arbeitgeber.

▶ **Schlechtleistung:** Der Arbeitnehmer macht häufig Fehler, die den Chef Geld kosten. Wenn das ein bewusstes Versagen ist, darf der Arbeitnehmer auf die Straße gesetzt werden. Aber Sie müssen sich fragen lassen, wieso Ihnen diese Schlechtleistungen nicht schon während der üblichen Probezeit aufgefallen sind. Denn nach der Probezeit durfte der Arbeitnehmer davon ausgehen, dass er seinen Job im Allgemeinen wenigstens so gut erledigt, dass sein Chef damit zufrieden sein kann.

▶ **Außerbetriebliches Fehlverhalten:** Der Arbeitnehmer begeht eine Straftat außerhalb seiner Arbeitszeit und ohne dass diese Tat direkt etwas mit seiner Arbeit zu tun hätte. Trotzdem kann er damit das Vertrauensverhältnis zwischen Chef und Untergebenem zerstören. Aber nur, wenn die böse Tat Rückschlüsse auf ein künftiges Verhalten im Betrieb erlaubt: Wenn der Buchhalter zum Beispiel mit seiner privaten Steuererklärung das Finanzamt nachweisbar betrogen hat, kann das dazu führen, dass der Chef sich vor Betrügereien seines Angestellten schützen will. Dieser Kündigungsgrund ist aber sehr umstritten.

▶ **Grundüberzeugungen des Beschäftigten** vertragen sich nicht mit denen der Unternehmensführung: Hier geht es nur um so genannte »Tendenzbetriebe«, zum Beispiel kirchliche Einrichtungen oder Unternehmen, die von anderen Glaubensgemeinschaften getragen wer-

Die verhaltensbedingte Kündigung ist nur dann zulässig, wenn ein Mitarbeiter seinen vertraglichen Verpflichtungen nicht nachkommt und auch nach einer entsprechenden Abmahnung sein Verhalten nicht ändert.

den. In diese Schublade gehören genauso Medienbetriebe, also Zeitungen, Zeitschriften, Radio- und Fernsehsender – alle diese Firmen vertreten eine Hausmeinung. Zusätzlich muss der zu kündigende Arbeitnehmer ein »Tendenzträger« sein. Das sind bei einer Tageszeitung zum Beispiel nur die Redakteure und Journalisten – welches Parteibuch eine Reinigungskraft hat, kann und soll dem Chef dagegen egal sein. Schließlich wird sein Betrieb nicht von allen Arbeitnehmergruppen nach außen vertreten. Kündigungen aufgrund dieser Sachlage sind aber ebenfalls sehr umstritten.

Personenbedingte Kündigung
Normalerweise hat, wer krank wird, in Deutschland kaum etwas zu befürchten. Sechs Wochen lang zahlt der Arbeitgeber Lohn oder Gehalt ganz oder teilweise weiter, danach tritt die Krankenkasse ein. Häufen sich die Erkrankungen oder dauern sie sehr lange, könnten Sie als davon betroffener Arbeitgeber zu einer Kündigung berechtigt sein. Entscheidend für die Beurteilung des jeweiligen Einzelfalles sind folgende Aspekte:

▶ **Negative Zukunftsprognose für die Gesundheit** des Arbeitnehmers (soziale Rechtfertigung): Es muss feststehen, dass der Arbeitnehmer auf Dauer nicht mehr so gesund wird, dass er in seinem alten Beruf oder an seinem alten Arbeitsplatz weiterarbeiten kann. Dazu reicht es auch, wenn die Krankheit nur in Schüben auftritt und der Arbeitnehmer deshalb wenigstens sehr oft ausfallen wird – wenn auch nur für jeweils kurze Zeiten (Tage oder Wochen).

▶ **Wirtschaftliche Belastung des Betriebs (Erheblichkeit):** Hat die Firma beispielsweise nur wenig mehr als zehn Angestellte, kann das Geschäft schon unter einem dauernd Erkrankten gefährlich leiden. Der Arbeitgeber muss darlegen, dass er durch die Krankheit des einen Mitarbeiters hohe Kosten hat, die sich auf die wirtschaftliche Substanz seines Unternehmens auswirken. Zum Beispiel weil es zu Störungen im betrieblichen Ablauf kommt, weil Aushilfskräfte wesentlich teurer sind und die Einarbeitung der Vertretung lange dauern würde.

▶ **Interessenabwägung:** Zusätzlich muss die Kündigung auch einem objektiven Dritten als gerecht und angemessen erscheinen. Dabei ist zu berücksichtigen, wie lange der Erkrankte schon – gesund – im Betrieb beschäftigt war. Auch sein Alter und sein Familienstand haben Einfluss auf die Entscheidung. Und schließlich kommt es darauf an, ob nicht der Arbeitgeber auch einen Teil zu der Krankheit beigetragen hat. Bei anerkannten Berufskrankheiten zum Beispiel schlägt die Waage meistens zugunsten des Arbeitnehmers aus, und Sie als Chef müssen sich besonders anstrengen, dem kranken Mitarbeiter vielleicht an anderer Stelle Ihres Betriebs noch einen Job zu verschaffen.

Bei einer personenbedingten Kündigung trägt immer der Arbeitgeber die Beweislast. Auch hier kommt es im Wesentlichen darauf an, dass der Mitarbeiter seine Leistung nicht erbringt, auch wenn er es nicht unbedingt zu verantworten hat.

Sucht als Sonderfall

Ob Sie jemandem wegen einer dauernden oder ständig wiederkehrenden Erkrankung kündigen wollen, ist im Wesentlichen von Ihrem guten Willen abhängig. Schließlich kostet er Sie nach sechs Wochen eigentlich kein Geld mehr. Und diesen guten Willen prüft das Arbeitsgericht. Hier ist das Prozessrisiko hoch, weil das Ergebnis dieser Verfahren meist absolut offen ist.

An der Grenze zwischen einer krankheitsbedingten und einer verhaltensbedingten Kündigung liegt eine Entlassung, die mit Alkohol oder mit anderen Rausch- und Suchtmitteln zusammenhängt.

Kommt ein Arbeiter häufig angetrunken oder durch Drogen und Medikamente berauscht zum Dienst und wirkt sich das auf die Arbeit aus, kann ihn der Arbeitgeber deswegen abmahnen. Stellt sich heraus oder weist der Arbeitnehmer nach, dass er ernsthaft suchtkrank ist, muss der Chef mit der Kündigung warten. Erst wenn eine Entziehungskur endgültig versagt hat (negative Zukunftsprognose), darf der Trinker oder anderweitig Abhängige entlassen werden.

Wird im Dienst Alkohol getrunken, obwohl das vom Chef oder durch eine Betriebsvereinbarung ausdrücklich verboten ist, kann normalerweise sofort gekündigt werden: Einfaches, nicht krankhaftes Fehlverhalten darf der Arbeitgeber nämlich sofort bekämpfen – je nach Sachlage und Einzelfall mit einem mündlichen Verweis, einer schriftlichen Abmahnung oder gleich mit einer Kündigung.

Suchtkranke können nicht ohne weiteres gekündigt werden, auch wenn sie ihre Leistung nicht im vereinbarten Maß erbringen. Vielmehr muss ihnen die Chance zu einer Entziehungskur eingeräumt werden, bevor Sie als Arbeitgeber rechtswirksam kündigen dürfen.

Das letzte Mittel: Die fristlose Kündigung

Eine fristlose Kündigung ist nur erlaubt, wenn sie wirklich das allerletzte Mittel ist, um einen Konflikt zwischen Ihnen und dem Mitarbeiter zu beenden. Eine Kündigung kann folglich fristlos und auch ohne vorherige Abmahnung gerechtfertigt sein bei:

- **Vertrauensbruch:** Das Vertrauensverhältnis zum Arbeitnehmer ist schwer und unwiederbringlich zerstört.
- **Störung:** Das Verhalten des Arbeitnehmers beeinträchtigt den Betriebsablauf deutlich.
- **Unverhältnismäßigkeit:** Eine Abmahnung wäre ohnehin vergeblich und stünde nicht im Verhältnis zu dem vom Arbeitnehmer vorsätzlich oder grob fahrlässig angerichteten Schaden.
- **Unzumutbarkeit:** Es ist dem Arbeitgeber nicht zuzumuten, dem zu kündigenden Arbeitnehmer erst mal einen anderen Arbeitsplatz im selben Betrieb anzubieten.

All das muss der Arbeitgeber innerhalb von zwei Wochen nach dem Vorfall entschieden haben. Danach kann eine Kündigung nur noch fristgemäß erfolgen. Ursache für diese vielen Voraussetzungen: Der Arbeitgeber muss bei der Wahl seiner Mittel das angemessene Verhältnis wahren.

Kündigungsfälle vor Gericht

Für den Fall, dass Sie einem Ihrer Mitarbeiter gekündigt haben, kann es Ihnen durchaus passieren, dass Sie ihn vor Gericht wiedersehen. Um ein unnötiges Risiko und hohe Prozesskosten zu vermeiden, sind hier einige Beispiele von typischen Kündigungsfällen genannt, die vor Gericht ausgetragen wurden, und wie sie endeten:

- ▶ **Alkoholiker sollte in Therapie einwilligen:** Weigert sich ein alkoholkranker Arbeitnehmer beharrlich, eine Therapie zu machen, kann der Chef ihm kündigen. Selbst wenn der Gekündigte bloß der festen Überzeugung ist, gar nicht krank zu sein. Macht er nach der Kündigung doch eine Therapie, ändert sich an der Kündigung nichts mehr: Sie bleibt wirksam. Entscheidend ist nämlich nur der Zeitpunkt, in dem sie ausgesprochen wird (BAG, 2 AZR 336/90, 13.12.1990, EzA).
- ▶ **Alkoholsucht ist eine Krankheit:** Im Betrieb sollte niemand betrunken arbeiten. Wer das trotzdem versucht, riskiert eine Kündigung. Aber wenn sich herausstellt, dass der Arbeitnehmer alkoholsüchtig ist, ist eine Kündigung nicht ohne weiteres möglich – das Fehlverhalten kann ihm ja dann nicht vorgeworfen werden. Außer wenn er seine Sucht absichtlich herbeigeführt hat, also zum Beispiel nach einer Therapie wieder zur Flasche gegriffen hat. Ansonsten ist eine Kündigung erst dann erlaubt, wenn feststeht, dass der Mitarbeiter nie wieder trocken wird. Fazit: Der Chef muss wenigstens eine Suchttherapie abwarten (LAG Düsseldorf, 11 Sa 773/90, 17.10.1990, EzA).
- ▶ **Änderungskündigung geht vor:** Kündigt ein Chef, obwohl es durchaus möglich wäre, stattdessen eine Änderungskündigung auszusprechen, ist die Kündigung unwirksam. Nach dem Kündigungsschutzgesetz geht die Änderungskündigung einer Beendigungskündigung immer vor. Folge: Die Beendigungskündigung ist sozial ungerechtfertigt und unwirksam. Solange der Streit also noch schwebt, ist der Arbeitgeber im Annahmeverzug und schuldet dem in Wahrheit ungekündigten Mitarbeiter Lohn und Gehalt. Der Arbeitnehmer muss sich in dieser Situation auch nicht darauf einlassen, eine andere Tätigkeit als früher auszuüben – denn die unwirksame Beendigungskündigung enthält ja nicht automatisch auch eine Änderungskündigung. Die müsste gesondert ausgesprochen werden (BAG, 2 AZR 584/93, 27.1.1994, EzA).
- ▶ **Ausfallquote muss bei einer Kündigung berücksichtigt werden:** Soll einem Arbeitnehmer wegen häufiger Erkrankungen gekündigt werden, muss erst geklärt werden, ob durch die Fehlzeiten der Betrieb erheblich geschädigt wird. Es kommt also darauf an, ob dem Chef die Ausfälle zumutbar sind oder nicht. Dazu wird geprüft, ob die Ausfallquote des Betroffenen wirklich deutlich höher ist als die bei seinen Kollegen, die unter denselben Rahmenbedingungen arbeiten müssen –

Bevor Sie mit einer Kündigung vor Gericht ziehen, sollten Sie sich unbedingt eingehend juristisch beraten lassen. Inzwischen gibt es eine Vielzahl arbeitsgerichtlicher Entscheidungen auch zu speziellen Kündigungsfällen, die Ihnen einen Anhaltspunkt liefern, ob Sie Aussicht auf Erfolg haben oder nicht.

etwa im Schichtdienst oder an besonderen Betriebsstätten, wo man schwere oder gesundheitsbeeinträchtigende körperliche Tätigkeiten ausführen muss (BAG, 2 AZR 580/89, 10.5.1990, EzA).

▶ **Ausländern ohne Arbeitserlaubnis darf gekündigt werden:** Wer eine Arbeitserlaubnis braucht, darf vorher nicht angestellt werden. Wird die Erlaubnis entzogen oder nicht verlängert, stellt das einen Kündigungsgrund für den Arbeitgeber dar. Solange das Verfahren aber dauert, kann der Chef nur dann kündigen, wenn der Ausgang des Verfahrens im Zeitpunkt der Kündigung absolut offen war und die Stelle aus betrieblichen Gründen unbedingt besetzt werden musste (BAG, 2 AZR 359/89, 7.2.1990, DB 1990, 2373).

▶ **Betriebsbedingte Kündigung trotz guter Wirtschaftslage:** Betriebsbedingte Kündigungen gibt es auch in wirtschaftlich gesunden Firmen. Ein normaler Arbeitnehmer kann normalerweise nicht verlangen, auf freie Stellen in einem anderen Konzernbetrieb versetzt zu werden, wenn ihm sonst eine endgültige Kündigung droht. Außer dann, wenn seine Arbeit schon immer einen Konzernbezug hatte, er also quasi als »Springer« für verschiedene Betriebe des Konzerns eingesetzt wurde. Dann hätte er nämlich darauf vertrauen dürfen, in einer Betriebskrise vom Mutterunternehmen an anderer geeigneter Stelle weiterbeschäftigt zu werden (BAG, 2 AZR 255/91, 27.11.1991, DB 1992, 1247).

▶ **Betriebsbedingte Kündigung ist schon bei Planung erlaubt:** Der Chef muss nicht bis zur letzten Sekunde warten, bevor er seine Angestellten aus betrieblichen Gründen freisetzen darf. Schon wenn er weiß, dass ein bestimmter Arbeitnehmer nach einer künftigen Umstrukturierung des Betriebs nicht mehr gebraucht wird, kann er ihm kündigen. Selbst wenn die Betriebsänderung erst kommen soll, wenn die Kündigungsfrist des gekündigten Arbeitnehmers längst ausgelaufen ist. Einzige Bedingungen: Die wirtschaftliche Prognose des Arbeitgebers muss vernünftig sein, und die Umstände, die eine Kündigung nötig machen, müssen greifbare Formen angenommen haben. Zu diesen greifbaren Formen gehören aber schon die Planungen des Chefs: Denn wie er seinen Betrieb auf- oder umbaut, ist ganz allein seine Sache. Daran ändert auch der Kündigungsschutz nichts (BAG, 2 AZR 127/91, 19.6.1991, NzA 1991, 891).

▶ **Betriebsbedingte Kündigung:** Der Arbeitnehmer muss Alternativen benennen. Wenn der Chef einen Betrieb teilweise dichtmacht, muss er die Beschäftigten im Rahmen seiner Möglichkeiten auf andere Stellen versetzen. Das hindert die anderen gekündigten Arbeiter nicht daran, vor Gericht weitere freie Stellen zu benennen. Es genügt aber nicht, lediglich auf freie Stellen zu verweisen. Man muss schon konkret benennen, wie man sich die andere Beschäftigung im selben Unternehmen

Der Kündigungsschutz ist nicht nur in dem entsprechenden Gesetz verankert, sondern auch durch die einschlägige Rechtsprechung der Arbeitsgerichte in der Praxis vertieft worden.

vorstellt. Das gilt auch, wenn man auf einen Arbeitsplatz in einem Tochterunternehmen des Mutterkonzerns verweist. Auch hier muss der Gekündigte selbst darlegen, welche freie Stelle er besetzen zu können meint und dass er bereit und in der Lage wäre, dort anzufangen (BAG, 2 AZR 489/93, 20.1.1994).

▶ **Betriebsunfälle dürfen nicht zur Kündigung führen:** Vor einer krankheitsbedingten Kündigung muss immer geprüft werden, ob der häufig erkrankte Arbeitnehmer auch in Zukunft öfter ausfallen wird. Wer aber nur wegen eines Betriebsunfalls nicht zum Dienst erscheint, ist normalerweise nicht dauernd krank. Folge: Er darf nicht krankheitsbedingt gekündigt werden. Denn eine Arbeitsunfähigkeit, die auf einmaligen Geschehnissen beruht, rechtfertigt keine negative Zukunftsprognose. Eine Kündigung, die sich trotzdem darauf stützt, ist unwirksam (BAG, 2 AZR 343/92, 14.1.1993, EzA).

▶ **Fortbildung oder Umschulung vor Kündigung:** Bevor jemand gekündigt wird, muss der Chef geprüft haben, ob der Arbeitnehmer unter Umständen nach einer Fortbildung oder Umschulung auf einer anderen Stelle weiterbeschäftigt werden kann. Einer solchen Maßnahme müsste der Arbeiter normalerweise erst mal zustimmen. Aber der Arbeitgeber kann nicht dazu gezwungen werden, wenn im Zeitpunkt der Kündigung keine freie Stelle zur Verfügung steht, die der umgeschulte Arbeiter übernehmen könnte. Anders ist es nur, wenn so eine Stelle bereits mit einiger Sicherheit geplant ist. Weiter ist zu berücksichtigen, wie teuer die Umschulung für den Arbeitgeber werden würde. Davon hängt ab, ob dem Chef die Fortbildung zumutbar ist (BAG, 2 AZR 205/90, 7.2.1991, NZA 1991, 806).

▶ **Arbeit darf an einem gefährlichen Platz niedergelegt werden:** Bei Asbest in der Luft kann ein Handwerker seinen Hammer fallen lassen und bekommt trotzdem sein Geld. Wird die maximal erlaubte Arbeitsplatzkonzentration eines Gefahrstoffs überschritten, geht der Gesundheitsschutz vor. Das Gleiche gilt, wenn der Chef erst gar nicht messen lässt, wie hoch die Belastung an der Arbeitsstelle seiner Untergebenen ist. In beiden Fällen muss ein Arbeitnehmer fürchten, dass sein Leben und seine Gesundheit durch die Arbeit gefährdet werden. Dann darf er die Arbeit verweigern, bis der Chef nachweist, dass die Richtwerte eingehalten werden und eine Gesundheitsgefahr nicht besteht. So lange muss der Arbeitgeber weiter zahlen, ohne dass ein Handschlag getan wird (BAG, 5 AZR 273/93, 2.2.1994, EzA).

▶ **Gleiche Kündigungsfristen für Arbeiter und Angestellte:** Durch Gesetz wurden mit Wirkung zum 15. Oktober 1993 die Kündigungsfristen für Arbeiter und Angestellte vereinheitlicht. Diese Vereinheitlichung wirkt auch zugunsten von Arbeitern, die vor diesem Stichtag eine Änderungskündigung bekommen haben. Der Arbeitgeber ist an

Gemäß dem Prinzip, dass eine Kündigung immer nur das letzte Mittel sein darf, müssen Sie unter Umständen einem Mitarbeiter zuerst eine andere Stelle anbieten, bevor Sie ihm kündigen dürfen.

die neuen Fristen gebunden. Denn schon vor der Gesetzesänderung gab es einen rechtlichen Schwebezustand, weil das Verfassungsgericht bereits 1990 die unterschiedlichen Kündigungsfristen für Arbeiter und Angestellte als verfassungswidrig erklärt hatte (BAG, 4 AZR 152/93, 12.1.1994, EZA § 622 n. F. BGB Nr. 47).

▶ **Konzernweite Versetzung geht vor Kündigung:** Eine betriebsbedingte Kündigung ist normalerweise auch dann wirksam, wenn der Betrieb zu einem gut gehenden Konzern gehört. Nur ausnahmsweise kann ein Mitarbeiter verlangen, statt einer Kündigung in einen anderen Betrieb versetzt zu werden. Dazu muss er sich erstens schon im Arbeitsvertrag mit einer unternehmensweiten Versetzung einverstanden erklärt haben, und zweitens muss sein Chef überhaupt die Macht haben, auf die Personalentscheidungen der anderen Konzernbetriebe einzuwirken (LAG Hamm, 16 Sa 315/89, 30.10.1989, DB 1990, 1797).

▶ **Krankheitsdauer ungewiss – Kündigung erlaubt:** Ein kranker Arbeitnehmer darf schon dann gekündigt werden, wenn er bereits seit längerem krank ist und völlig offen ist, ob er vielleicht doch irgendwann wieder arbeiten kann. Hier war der Beschäftigte schon fast eineinhalb Jahre arbeitsunfähig. Dem Gericht leuchtete ein: Hier ist die Genesung ebenso unwahrscheinlich wie in anderen Fällen, wo eine dauernde Erkrankung endgültig festgestellt worden ist. Durch solche Ausfälle werden die betrieblichen Interessen erheblich beeinträchtigt. Damit ist eine Kündigung sozial gerechtfertigt (BAG, 2 AZR 399/91, 21.5.1992, EzA).

▶ **Krankheit – keine Kündigung wegen sechs Wochen pro Jahr:** Ist ein Arbeiter häufig krank, aber jeweils nicht mehr als sechs Wochen, kann der Arbeitgeber darin noch keinen Kündigungsgrund sehen. Erst wenn diese Fehlzeiten zu einer erheblichen wirtschaftlichen Belastung führen – weil sie im Jahr zum Beispiel deutlich mehr als sechs Wochen insgesamt ausmachen –, kann das eine Kündigung rechtfertigen. Aber auch kürzere Ausfälle können dem Betrieb zu schaffen machen: Die erheblichen Störungen im Produktionsprozess muss der Arbeitgeber allerdings nachweisen und belegen können. Erst dann darf er kündigen, obwohl die Fehlzeiten, aufs Jahr umgerechnet, die Dauer von sechs Wochen nicht erreichen (BAG, 2 AZR 220/91, 29.8.1991, DB 1992, 226).

▶ **Kündigung – Arbeitgeber ist in der Wahl seiner Mittel frei:** Auf welche Weise der Chef eine Rationalisierung durchführt, ist grundsätzlich seine Sache. Aus dem Kündigungsschutzgesetz kann man nicht ableiten, dass er dazu verpflichtet wäre, die Zahl der Kündigungen möglichst niedrig zu halten. So ist es ganz allein seine Entscheidung, ob er mehrere Änderungskündigungen statt weniger Beendigungskündigungen ausspricht. Auch wenn es den Arbeitnehmern nicht passt: Er darf durchaus mehreren Leuten mit Änderungskündigungen Halbtagsstellen anbieten. Selbst wenn er das gleiche Ziel dadurch erreichen

Krankheitsbedingter Arbeitsausfall ist ein besonders heißes Eisen vor Gericht. Hier sind zahlreiche Umstände zu berücksichtigen, so dass Sie es sich gut überlegen sollten, einen Mitarbeiter auf dieser Grundlage zu kündigen.

könnte, dass er einfach die Hälfte der Angestellten entlässt (BAG, 2 AZR 584/92, 19.5.1993, EzA).

▶ **Längere Untersuchungshaft reicht für Kündigung:** Eine personenbedingte Kündigung ist schon dann gerechtfertigt, wenn absolut offen ist, wie lange der Arbeitnehmer noch in Untersuchungshaft sitzen muss. Der Arbeitgeber muss nicht endlos warten: Wenn der Betrieb durch den Ausfall beeinträchtigt wird, genügen ein paar Wochen (BAG, 2 AZR 719/93, 22.9.1994, EzA).

▶ **Lohnfortzahlungskosten rechtfertigen eine Kündigung:** Wer im Jahr mehrmals jeweils länger als sechs Wochen krank ist, belastet seinen Arbeitgeber erheblich. Das genügt, damit der Chef die Kündigung aussprechen darf. Selbst wenn er konkrete Betriebsstörungen nicht nachweisen kann und auch keine Personalreserve vorhält. Denn ob er einen Teil seiner Beschäftigten nur dafür einstellt, Personalausfälle abzudecken, ist seine freie unternehmerische Entscheidung, die nicht vom Kündigungsschutzgesetz beeinflusst wird (BAG, 2 AZR 155/93, 29.7.1993, EzA).

▶ **Anhörung des Betriebsrats – auch für Heimarbeiter nötig:** Obwohl man sie kaum im Betrieb sieht, dürfen Heimarbeiter nicht entlassen werden, wenn nicht vorher der Betriebsrat angehört wurde. Wenn der Chef sich von sozialen Gesichtspunkten leiten lässt, muss er den Betriebsrat auch über seine Kriterien aufklären. Sonst ist die Kündigung unwirksam (BAG, 9 AZR 268/94, 7.11.1995).

▶ **Anhörung des Betriebsrats – keine übertriebene Genauigkeit:** Vor einer Kündigung muss der Chef dem Betriebsrat alles mitteilen, was er vom zu kündigenden Mitarbeiter weiß, vor allem die so genannten Sozialdaten wie Einstellungstermin, Dauer der Beschäftigung, das Lebensalter und anderes mehr. Trotzdem ist eine Kündigung nicht immer unwirksam, wenn der Arbeitgeber den Betriebsrat nicht voll unterrichtet. Wiegt der Kündigungsgrund besonders schwer und kennt die Arbeitnehmervertretung die wichtigsten Daten des zu kündigenden Arbeitnehmers, wird keine übertriebene Genauigkeit verlangt. Entscheidend ist, dass der Betriebsrat über den Kündigungsgrund genau unterrichtet wird. In dem Fall, den das Arbeitsgericht hier entscheiden musste, hatte der Gekündigte Schmiergelder angenommen und bei der Konkurrenz einen Nebenjob gehabt, von dem sein Chef nichts wissen sollte (BAG, 2 AZR 974/94, 15.11.1995, NZA 1996, 419).

▶ **Wer eine Kündigung hinnimmt, riskiert eine Sperrzeit:** Kündigt der Arbeitnehmer selbst, muss er für die folgenden sechs Wochen vorgesorgt haben: Während der Sperrzeit gibt es kein Arbeitslosengeld. Das Arbeitsamt hat aber nicht nur etwas gegen direkte Kündigungen, sondern auch gegen Aufhebungsverträge und andere Formen des »goldenen Handschlags«. Schon wer nach einer Arbeitgeberkündi-

---

Der Kündigungsschutz findet dort seine Grenzen, wo es um prinzipielle unternehmerische Entscheidungen geht. Das betrifft Standortverlagerungen ebenso wie Umstrukturierungsmaßnahmen und Rationalisierungen.

gung einen so genannten Abwicklungsvertrag schließt, geht leer aus: Auch hier, meint zumindest das Bundessozialgericht, ist der Arbeitnehmer am Verlust des Arbeitsplatzes beteiligt (BSG, 11 RAr 27/95, 9.11.1995, DB 1995, 2609).
▶ **Betriebsbedingte Kündigung muss bewiesen werden:** Geht es dem Unternehmer schlecht, will er am liebsten Personal abbauen. Kommt es daraufhin zum Streit mit dem gekündigten Arbeitnehmer, muss nicht bewiesen werden, dass sich genau dieser Arbeitsplatz nicht mehr rechnet. Es genügt, wenn der Betrieb wegen der Personalkosten Verluste macht. Stellt der Chef aber kurz nach der Kündigung wieder neue Leute ein, kann das mit den betriebsbedingten Gründen nicht gestimmt haben, und der Gekündigte kann sich mit gerichtlicher Hilfe wehren (LAG Köln, 13 Sa 1184/94, 12.5.1995).

Wann immer Arbeitgeber und Arbeitnehmer sich gütlich einigen, verfällt der Arbeitslosengeldanspruch des ehemaligen Mitarbeiters. Als Arbeitgeber müssen Sie in solchen Fällen meist eine einmalige Abfindung zahlen.

Muster für einen Standard-Arbeitsvertrag

Aus dem bisher Gesagten geht klar hervor, dass der Arbeitsvertrag neben den gesetzlichen, tariflichen und betrieblichen Vorschriften das wichtigste Dokument im Verhältnis zwischen Arbeitgeber und Arbeitnehmer ist. Deshalb sollte er entsprechend mit Bedacht formuliert sein, damit man im Streitfall auf klare Regelungen verweisen kann. Dies dient nicht nur der beiderseitigen Sicherheit von Arbeitgeber und Arbeitnehmer, sondern hilft im Streitfall auch, unnötige Prozesskosten zu vermeiden. In dem folgenden Muster für einen Standard-Arbeitsvertrag müssen Sie die entsprechenden Personenangaben und die ausgehandelten Vereinbarungen einfügen. Die mit einem Sternchen gekennzeichneten Absätze sind wahlweise zu verwenden oder wegzulassen.

✉ **Mustervertrag**

Vereinbarung

zwischen

… *(Name, Vorname des Arbeitnehmers bzw. Dienstverpflichteten, Anschrift, Geburtsdatum)*
und
… *(Name der Firma oder vollständiger Name des Arbeitgebers bzw. Dienstberechtigten, Anschrift)*

Gegenstand dieses Vertrags ist, dass die dienstverpflichtete Partei beim Dienstberechtigten eine bezahlte Tätigkeit ausübt.

1) Vertragsdauer: Das Arbeitsverhältnis beginnt mit dem … *(Datum)*
* und endet mit dem … *(Datum)*, weil aus den folgend benannten betriebli-

chen Gründen das Arbeitsverhältnis nicht fortgesetzt werden kann. ... *(Gründe benennen)*.
* Für das Arbeitsverhältnis ist eine Probezeit vereinbart von ... *(Zeitraum angeben, höchstens sechs Monate)*.

2) Tätigkeiten: Zum Aufgabenbereich gehören folgende Tätigkeiten:
... *(Arbeitsplatzbeschreibung)*.
Diese Aufgabenbeschreibung hindert die dienstberechtigte Partei jedoch nicht daran, die dienstverpflichtete Partei aus betrieblichen Gründen bei gleichem Entgelt mit anderen ihr zumutbaren Aufgaben zu befassen.

3) Vergütung: Als Vergütung wird ein monatliches Bruttogehalt von DM ... *(Summe der Lohn- oder Gehaltszahlung einsetzen)* (in Worten ... DM) vereinbart, zahlbar jeweils am ... *(regelmäßigen Kalendertag angeben, zum Beispiel am 15. eines jeden Monats)*.
* Als Urlaubsgeld wird vereinbart ein Betrag von DM ... *(betreffende Summe einsetzen)* (in Worten ... DM), zahlbar am ... *(Zeitpunkt angeben; muss nicht konkret benannt sein, dann aber ein spätestmögliches Datum angeben, zum Beispiel: zusammen mit der letzten Lohn- oder Gehaltszahlung vor Antritt des jährlichen Haupturlaubs, jedoch spätestens mit der Dezemberzahlung)*.
* Als Weihnachtsgeld wird vereinbart ein Betrag von DM ... *(Betrag einsetzen)* (in Worten ... DM), zahlbar am ... *(Datum angeben)*.
Etwaige besondere zusätzliche Zuwendungen gehören nicht zum Gehalt. Es besteht auch bei wiederholter Zahlung kein Anspruch auf Zahlung.
* Urlaub wird nach dem Bundesurlaubsgesetz gewährt.
* Es wird Urlaub vereinbart in Höhe von ... *(Anzahl der Urlaubstage einsetzen; wird die Zahl in Arbeitstagen angegeben, zählt zum Beispiel bei einer normalen Fünf-Tage-Woche der Samstag nicht mit)* Arbeitstagen jährlich.
Der Urlaubsantritt ist mit der Geschäftsleitung abzustimmen.
Alle betrieblichen Leistungen werden, aufs Jahr gerechnet, anteilig bezogen auf den Ein- oder Austrittstermin gewährt.

4) Arbeitszeit: Die Arbeitszeit beträgt:
* ... *(vereinbarte tägliche Arbeitszeit angeben)* Stunden täglich.
* ... *(vereinbarte wöchentliche Arbeitszeit angeben)* Stunden wöchentlich.
* Die Arbeitszeit regelt sich zurzeit wie folgt:
... *(Uhrzeiten oder Schichtbetrieb mit Zeiten angeben)*.

5) Mehrarbeit: Überstunden und Mehrarbeit
* sind bis zu einer wöchentlichen/monatlichen Mehrbelastung von ... *(entsprechend vereinbarte Zeit in Stunden einsetzen)* Stunden mit der Vergütung abgegolten.
* werden mit einem Aufschlag von ... *(konkreten Betrag oder Prozentsatz einsetzen)* vergütet.
* können in Abstimmung mit der Geschäftsleitung durch Freizeit abgegolten werden.

Der Arbeitsvertrag ist nur einer von mehreren Bausteinen, der das Verhältnis von Arbeitgeber und Arbeitnehmer regelt. Ihm kommt aber immer dann zentrale Bedeutung zu, wenn sich andernorts keine Regelung findet.

6) Krankheitsfall: Arbeitsverhinderungen sind der dienstberechtigten Partei sofort anzuzeigen. Im Krankheitsfalle wird Fortzahlung der Vergütung
* innerhalb der gesetzlichen Vorschriften gewährt.
* in Höhe von … *(Prozentsatz angeben)* des Bruttoverdienstes gewährt.
Die krankheitsbedingte Arbeitsunfähigkeit ist der dienstberechtigten Partei ab dem … *(entsprechenden Tag einsetzen)* Tage durch ein ärztliches Attest anzuzeigen, das Aussagen über die Krankheit und deren voraussichtliche Dauer macht.

7) Nebentätigkeiten: Der Dienstverpflichtete stellt seine gesamte Arbeitskraft dem Dienstberechtigten zur Verfügung und verpflichtet sich, Nebentätigkeiten nur in Abstimmung mit dem Dienstberechtigten anzunehmen.

8) Wettbewerbsverbot: Der Dienstverpflichtete erklärt sich bereit, für … *(Zeitraum in Monaten angeben, maximal 24)* Monate nach Beendigung der Zusammenarbeit mit dem Dienstberechtigten nicht in Konkurrenz zum Dienstberechtigten im Bereich … *(Branche und/oder Tätigkeitsgebiet benennen)* zu treten.
* Hierfür erhält er eine Vergütung von einmalig DM … *(vereinbarten Betrag einsetzen)*.
* Für die Dauer des Wettbewerbsverbotes erhält der Dienstverpflichtete vom Dienstberechtigten bezahlte Karenzen entsprechend der gesetzlichen Vorschriften.
Es steht im Ermessen des Dienstberechtigten, von dieser Klausel Gebrauch zu machen oder auf sie zu verzichten. Er teilt seine Entscheidung dem Dienstverpflichteten zum Zeitpunkt der Vertragsbeendigung mit.
Bei Verstoß gegen das Wettbewerbsverbot zahlt der Dienstverpflichtete eine Vertragsstrafe in Höhe von DM … *(Summe benennen)* (in Worten … DM). Hierdurch bleibt die Geltendmachung weiterer Schadenersatzansprüche unberührt.

9) Erfindungen: Bezüglich von Erfindungen des Dienstverpflichteten wird auf das Arbeitnehmererfindungsgesetz verwiesen.
Alle Daten und Informationen, die im Rahmen der Tätigkeit für den Dienstberechtigten erlangt werden, sind vertraulich zu behandeln. Ein Verstoß gegen die Verschwiegenheitspflicht berechtigt den Dienstberechtigten zur fristlosen Kündigung.

10) Formvorschriften: Für diesen Vertrag ist Schriftform vereinbart. Auch der Verzicht auf die Schriftform bedarf der Schriftform. Nebenvereinbarungen wurden nicht getroffen.

11) Unterschrift: Durch Unterschrift dieser Ziffer 11) erklären die Parteien, jeweils eine schriftliche Ausfertigung dieses Vertrages erhalten zu haben.

… *(Ort, Datum)*, … *(Unterschrift des Dienstberechtigten)*
… *(Ort, Datum)*, … *(Unterschrift des Dienstverpflichteten)*

Arbeitsverträge können nicht die Rechte eines Arbeitnehmers einschränken, die ihm gesetzlich, tarifvertraglich oder über eine Betriebsvereinbarung verbrieft sind.

Je kürzer und präziser der Arbeitsvertrag formuliert ist, desto besser. Schließlich steht der Vertrag nicht im luftleeren Raum, sondern wird durch zahlreiche Gesetze, Tarifverträge und andere Bestimmungen flankiert.

Die Arbeitsräume

Ein deutscher Unternehmer bekommt es mit Behörden und anderen öffentlichen Stellen zu tun, wenn er seinen Betrieb eröffnet (siehe auch Kapitel 2). Bei einigen Branchen darf er sein Gewerbe ohne eine passende Genehmigung gar nicht erst anfangen, bei anderen reicht zur Eröffnung der Gewerbeschein. In jedem Fall aber muss seine Betriebsstätte den Anforderungen standhalten, die der Gesetzgeber festgelegt hat und von den verschiedenen Unfallversicherungen, Berufsgenossenschaften und Aufsichtsbehörden kontrollieren lässt.

In diesem Kapitel wollen wir uns nicht mit den jeweiligen branchenspezifischen Vorschriften beschäftigen, sondern Ihnen einen allgemeinen Überblick über die wichtigsten dieser Rahmenbedingungen verschaffen.

Allgemeine Anforderungen an Arbeitsräume

Als Arbeitgeber müssen Sie Ihren Betrieb und die darin befindlichen Arbeitsräume auf jeden Fall so gestalten, dass:
- Unfällen vorgebeugt wird,
- arbeitsbedingte Gesundheitsgefahren möglichst gering gehalten und
- die Arbeitsplätze menschengerecht gestaltet werden.

Aber so hoch diese Ziele hängen, so schwierig ist es auch im Einzelfall, zu erkennen, ob und in welchem Maß eines dieser Ziele verletzt sein könnte. Im gesamten technisch-organisatorischen Arbeitsschutzrecht hängt alles von der Erforderlichkeit im Einzelfall ab. Das lässt sich am besten in eine »Je-desto«-Formel fassen: Je gesundheitsgefährdender eine Tätigkeit ist, desto wichtiger wird es, passende Gegenmaßnahmen zu treffen (Erforderlichkeitsprinzip).

Diesem Anspruch steht natürlich Ihr Interesse gegenüber, nur die Maßnahmen zu ergreifen, die wirklich nötig sind und die Sie auch wirtschaftlich nicht überfordern. Dem Erforderlichkeitsprinzip werden Sie also das Kostenminimierungsprinzip entgegenhalten: Mein Unternehmen wird versuchen, den absolut notwendigen Arbeitsschutz auf die preiswertest mögliche Weise umzusetzen.

Die Rolle der Gewerbeaufsicht

Zwischen diesen beiden Anforderungen sitzen Sie als Unternehmer und müssen Entscheidungen treffen. Damit Sie das korrekt tun, unterliegen Sie der Gewerbeaufsicht. Die darf von Ihnen Auskünfte und Unterlagen verlangen und Ihre Betriebsstätten während der Geschäftszeiten genau unter die Lupe nehmen. Hält die Behörde im Einzelfall bestimmte Maßnahmen für absolut erforderlich, kann man Sie mit Anordnungen belasten, hinter denen im Falle der widerrechtlichen Nichtbefolgung Geldbußen von bis zu 10.000 oder 50.000 DM drohen.

Aus den Unfall- und Gesundheitsschutzbestimmungen, die, je nachdem, was Sie herstellen oder anbieten, unterschiedlich streng ausfallen, ergeben sich zahlreiche Anforderungen an die Gestaltung der Arbeitsplätze in Ihrem Unternehmen.

📖 Checkliste: Keine Angst vor der Gewerbeaufsicht

Um jedem Ärger mit der Gewerbeaufsicht zu entgehen, sollten Sie gemäß den einschlägigen Vorschriften zur Arbeitsplatzgestaltung wie folgt vorgehen. Untersuchen Sie die vorhandenen Arbeitsplätze daraufhin, welche Gefahren den Beschäftigten drohen. Diese Untersuchung müssen Sie so gut wie möglich dokumentieren. Das Gesetz weist vor allem auf folgende Gefahrenquellen hin:

▶ **Gestaltung und Einrichtung von Arbeitsplatz und Arbeitsstätte:** Das fängt beim wackeligen Schreibtisch und dem Flimmermonitor am Computer an, hört aber auch bei der Haltung nicht auf, in die ein Arbeitnehmer an diesem Platz gezwungen wird (Überkopfarbeit, zu niedrig angebrachte Schalter oder Hebel und Ähnliches mehr).

▶ **Grenzwerte:** Einwirkungen aller Art, sei es Lärm, Staub, biologische oder chemische Werkstoffe. Je nach Gegenstand dürfen bestimmte Grenzwerte über einen bestimmten Zeitraum nicht überschritten werden (maximale Arbeitsplatzkonzentration, MAK).

▶ **Gestaltung, Auswahl und Einsatz von Arbeitsmitteln:** Diese Pflicht bedeutet vor allem, dass Sie bei der Beschaffung von Arbeitsstoffen, Werkzeugen und Maschinen künftig nicht nur auf den Preis sehen, sondern auch auf die Bedienbarkeit achten.

▶ **Gestaltung von Arbeitsabläufen und Fertigungsverfahren:** Manchmal kann es für Ihre Arbeitnehmer schon gesünder werden, wenn Sie den Schichtplan ändern oder die Werkstatt so einrichten, dass alle benötigten Werkzeuge in einer mehr oder weniger logischen Reihenfolge angeordnet werden.

▶ **Ausbildung und Einweisung der Arbeitnehmer selbst:** Viele Unfälle entstehen aus der Tatsache, dass jemand ein bestimmtes Gerät nicht kannte und trotzdem damit gearbeitet hat.

Finden Sie heraus, mit welchen denkbaren Verfahren oder mit welcher Technik die gefundenen Gefahren verringert oder ganz ausgeschaltet werden können. Stellen Sie fest, wie teuer diese Maßnahmen sind oder werden könnten. Dabei sollten Sie die Rangfolge verschiedener Maßnahmen beachten, wie das Gesetz sie vorschreibt. Also zum Beispiel:

▶ **Ursachenbekämpfung:** Gefahren sind an der Quelle zu bekämpfen.

▶ **Individuelle Schutzmaßnahmen:** Sie sind anderen Maßnahmen gegenüber nachrangig. Gegen diese Prinzipien verstößt ein Chef, der lieber für die ganze Firma Gasmasken vorschreibt, als eine Klima- und Luftreinigungsanlage installieren zu lassen.

▶ **Aktuelle Sicherheitstechnik:** Messlatte dafür ist immer der neueste Stand von Technik, Arbeitsmedizin und Hygiene. Das bedeutet zwar nicht, dass Sie Ihre Firma alle sechs Monate mit neuen Geräten und Werkzeugen ausstatten müssen. Aber es bedeutet, dass Sie beispielsweise bei Filteranlagen keine einfachen Papierfilter einsetzen dürfen, wenn in Ihrer Branche Kohlefilter üblich sind.

▶ **Information:** Sie müssen dafür sorgen, dass auch Ihre Arbeitnehmer über die Gefahren im Betrieb Bescheid wissen und sie vermeiden können.

Bei der Einrichtung der Arbeitsplätze müssen Sie darauf achten, dass Ihre Mitarbeiter nicht unnötigen körperlichen Belastungen ausgesetzt werden, die langfristig zu Haltungsschäden führen können. Gute Bürostühle, stabile Schreibtische und möglichst unbelastetes Arbeitsmaterial sollten daher zu Ihrer Ausstattung gehören.

Arbeitsschutz ist Sache des Unternehmers

Als Unternehmer müssen Sie auch folgende Überlegung anstellen: Auf der einen Seite steht der Gefährdungsgrad und auf der anderen Seite der zur Gefahrenabwehr nötige Kapitaleinsatz. Sie sollten Ihre Ideen immer wieder durchgehen und sich überlegen, ob ein höheres Schutzniveau nicht auch noch den Gefahren und Ihrer wirtschaftlichen Situation angemessen wäre. Halten Sie die Ergebnisse möglichst schriftlich fest, das sind die Unterlagen, die die Behörde bei einer Betriebsprüfung gerne sehen möchte.

Wenn die Gewerbeaufsicht Ihren Betrieb unter die Lupe nimmt, dann müssen Sie meist belegen können, welche Überlegungen und Tests Sie dazu gebracht haben, einen Arbeitsplatz so und nicht anders eingerichtet zu haben.

Vergessen Sie bei allen Maßnahmen des Arbeitsschutzes und der Arbeitssicherheit nicht, dass Sie die damit zusammenhängenden Kosten alleine tragen müssen. Ihre Mitarbeiter sind außen vor. Sollten in Ihrem Betrieb also beispielsweise Schutzhelme nötig sein, müssen Sie die bezahlen. Sicherheitsausrüstung gehört in der Regel nicht zu der Berufskleidung, die ein Arbeitnehmer mitbringen muss.

Arbeitsstätten und ihre Ausstattung

Damit Sie sich als Chef darauf einstellen können, was sich der Gesetzgeber unter einer »den Grundsätzen von Arbeitssicherheit und Arbeitsmedizin entsprechenden Gestaltung von Arbeitsplätzen« vorstellt, gibt es eine Vielzahl von Verordnungen, Richtlinien und Unfallverhütungsvorschriften, die Ihnen die zuständige Berufsgenossenschaft gerne erläutert. Von besonderer Bedeutung ist die Arbeitsstättenverordnung (ArbStättVO), die aufgrund von § 120 e der Gewerbeordnung erlassen wurde. Sie ist – wie die Gewerbeordnung auch – nur auf Arbeitsstätten anwendbar, die zum Bereich der gewerblichen Wirtschaft zählen. Das heißt, für Freiberufler wie Anwälte, Arztpraxen oder gar Künstler gilt sie normalerweise nicht. Weiter gilt sie nicht für das Reisegewerbe und den Marktverkehr.

Die Arbeitsstättenverordnung stellt nicht nur Vorschriften in Hinsicht auf die direkte Arbeitssicherheit auf, sondern macht auch Auflagen für eine arbeitnehmerfreundliche Umgebung, in Bezug auf beispielsweise Temperaturen, Frischluftzufuhr und Beleuchtung am Arbeitsplatz.

Soweit sich eine Firma nach der ArbStättVO richten muss, reicht der Geltungsbereich ziemlich weit. Von der Verordnung werden nicht nur der konkrete Schreibtisch oder die einzelne Werkbank erfasst. Vielmehr gilt sie für:

- Arbeitsräume in Gebäuden,
- Arbeitsplätze im Freien auf dem Betriebsgelände und
- Arbeitsplätze auf außerhalb gelegenen Baustellen,
- Verkaufsstände, die man im Sommer vor seinem Laden aufbaut,
- Wege, Straßen und Flure zu den Arbeitsplätzen,
- Nebenräume wie Lagerhallen oder Schuppen,
- Aufenthalts- und Freizeiträume,
- Sanitäranlagen, Umkleideräume und sonstige Einrichtungen, ohne die sich Menschen nicht über längere Zeit im Betrieb aufhalten könnten,
- und nicht zuletzt betrifft die ArbStättVO besondere Einrichtungs- und Ausstattungsdetails wie Fahrtreppen, Lüftungsanlagen, Heizvorrichtungen, Fenster und Lampen und vieles andere.

Richtlinien nach der Arbeitsstättenverordnung

Sollten sich in der ArbStättVO einmal genauso unkonkrete Vorschriften finden wie im ArbSchG, kann das durch die Richtlinien nach § 3 Abs. 2 ArbStättVO aufgefangen werden. Die werden vom Arbeitsminister zusammen mit Fachleuten und Vertretern der Spitzenverbände, von Arbeitnehmern und Arbeitgebern aufgestellt. Mit diesen Richtlinien soll es Ihnen erleichtert werden zu erkennen, was im Moment unter dem allgemeinen Stand der Technik sowie den allgemeinen Erkenntnissen der Arbeitsmedizin und Arbeitswissenschaft zu verstehen ist.

Wer von den Gestaltungsvorschriften aus der ArbStättVO und den dazu ergangenen Richtlinien abweichen will, kann eine entsprechende Genehmigung dafür auf zwei Wegen erreichen:

▶ **Gleichwertiger Ersatz:** Man trifft eine andere, aber ebenso wirksame Maßnahme. Ob sie aber wirklich genauso wirksam ist, muss der Aufsichtsbehörde auf Anfrage nachgewiesen werden.

▶ **Unverhältnismäßiger Aufwand:** Man macht geltend, dass eine bestimmte Vorschrift eine unverhältnismäßig große Härte bedeuten würde. Das ist jedoch nur dann akzeptabel, wenn die betroffene Arbeitsstätte auch ohne Schutzmaßnahmen ausreichend sicher ist.

In beiden Fällen aber muss die Behörde mit den Planungen des Unternehmers einverstanden sein. Bestehen die Beamten aber auf den verlangten Maßnahmen, hilft höchstens noch der Gang zum Gericht.

Wann immer sie von der Arbeitsstättenverordnung abgehen wollen, brauchen Sie eine entsprechende Genehmigung. Dafür müssen Sie der Gewerbeaufsicht jedoch darlegen, dass die Sicherheit am Arbeitsplatz nicht beeinträchtigt wird.

Die Aufgaben von Ombudsmännern und Beauftragten

Die gesetzlichen Pflichten zu Arbeitssicherheit und Unfallverhütung sollen nicht nur von außen durch die Aufsichtsbehörden kontrolliert werden. Für eine Vielzahl der hier existierenden Betriebe war das dem Gesetzgeber erstens nicht sicher genug, und zweitens ist es auch für die Betriebe angenehmer, wenn man die entscheidenden Fragen möglichst vor Ort löst. Außerdem lassen sich vor Ort im Einzelfall passendere Lösungen finden als am grünen Tisch in einer Behörde.

Damit das auch wirklich passiert, sollen ab einer gewissen Betriebsgröße Arbeitnehmer nur dafür eingestellt werden, dass die Arbeitsplätze sicherer und vorhandene Gefahren vermieden werden. Diese Beauftragten sollen die Entscheidungsträger über betriebliche Vorgänge und die technischen Entwicklungen im Bereich der Arbeitssicherheit auf dem Laufenden halten.

Der Sicherheitsbeauftragte

In Betrieben mit mehr als 20 ständigen Arbeitnehmern sind Sicherheitsbeauftragte dafür zuständig, im Rahmen des Produktions- oder Arbeitsprozesses auf die Einhaltung von Schutzvorschriften zu achten und Sicherheitshinweise durchzusetzen. In größeren Betrieben können Sicherheitsbeauftragte schon für einzelne Abteilungen erforderlich sein.

Der Sicherheitsbeauftragte beziehungsweise der Sicherheitsausschuss ist für die Einhaltung der Arbeitsschutzmaßnahmen zuständig. Diese Organe werden erst ab einer bestimmten Unternehmensgröße obligatorisch.

Sofern es in einem Arbeitsbereich mehr als drei Beauftragte gibt, bilden sie einen Sicherheitsausschuss. Mindestens einmal im Monat soll sich der Chef oder ein Vertreter mit den Sicherheitsbeauftragten zusammensetzen, um Erfahrungen auszutauschen und zu prüfen, an welchen Stellen noch etwas verbessert werden kann. Die Einrichtung von Sicherheitsbeauftragten wird en détail in der Reichsversicherungsordnung geregelt. Wichtig: Sicherheitsbeauftragte sind gewöhnliche Arbeitnehmer, sie haben keine besonderen Weisungsrechte gegen ihre Kollegen oder gar gegenüber dem Chef.

Der Betriebsarzt

Hier kann der Arbeitgeber selbst entscheiden, wie er seine entsprechenden Pflichten aus dem Arbeitssicherheitsgesetz umsetzt. Er könnte einen Arzt als Arbeitnehmer anstellen oder als Freiberufler auf Honorarbasis in den Betrieb holen oder gleich einen speziellen überbetrieblichen Dienst anheuern. Wofür man sich immer entscheidet, wichtig ist: Der Betriebsarzt ist der Geschäftsleitung unmittelbar unterstellt, er soll in der betrieblichen Hackordnung etwa auf der Ebene der leitenden Angestellten oder darüber angesiedelt sein. Und er darf selbst entscheiden, was zur Umsetzung seiner Pflichten getan werden muss, der Chef hat insoweit kein fachliches Weisungsrecht. Die Aufgaben, die der Betriebsarzt voll selbstständig und selbstverantwortlich wahrnehmen soll, sind folgende:

- **Medizinische Betreuung:** Er untersucht, berät und betreut die Arbeitnehmer in medizinischen Fragen, soweit sie mit ihrer Tätigkeit im Betrieb zusammenhängen. So gibt es in Fabriken, in denen mit gefährlichen Stoffen hantiert werden muss, Reguluntersuchungen auf Verletzungen oder typische Erkrankungen.
- **Vorbeugung:** Er beobachtet, ob und wie der Arbeitsschutz und die Unfallverhütung durchgeführt werden. Darüber hinaus hilft er mit, dass die entsprechenden Maßnahmen praktisch umgesetzt werden.
- **Vorbereitung:** Zu diesem Zweck wirkt er bei der Einsatzplanung und Ausbildung von medizinischem Hilfspersonal und Ersthelfern mit.
- **Fachliche Beratung:** Er soll – gestützt auf seine praktischen Erfahrungen mit der Gesundheitslage im Betrieb – den Arbeitgeber und alle anderen wichtigen Menschen beraten, damit das Sicherheitsniveau im Betrieb nach Möglichkeit kontinuierlich steigt.

Während der Betriebsarzt für die medizinische Versorgung und die Krankheitsvorbeugung angestellt wird, sind die Fachkräfte für Arbeitssicherheit vor allem für die technische Seite der Arbeitsplatzsicherheit zuständig.

Fachkräfte für Arbeitssicherheit

Sie sind ähnlich den Betriebsärzten der Geschäftsleitung direkt unterstellt, und zwar ebenso unabhängig davon, ob sie direkt beim Betrieb angestellt sind oder als externe Kräfte nach Bedarf angefordert werden. Ihr Thema ist allerdings nicht die medizinische Seite der Arbeitssicherheit, sondern die technische. Ihre Aufgaben sind vor allem:

▶ **Überprüfung:** Die Anlagen, Maschinen, Arbeitsmittel und Arbeitsverfahren darauf zu überprüfen, ob sie dem Stand der Technik entsprechen und so sicher wie möglich sind.
▶ **Aufsicht und Beratung:** Die Beobachtung, wie der Arbeitsschutz im Betrieb organisiert ist und wie effektiv er durchgeführt wird. Dazu beraten sie den Arbeitgeber und alle anderen für den Arbeitsschutz (mit-)verantwortlichen Personen.
▶ **Information:** Die Schulung und Information der Arbeitnehmer über die für den Arbeitsschutz nötigen Maßnahmen. Außerdem wirken sie an der Ausbildung der Sicherheitsbeauftragten mit.

Der Arbeitsschutzausschuss

Wenn Sie Betriebsärzte oder Fachkräfte für Arbeitssicherheit beschäftigen, müssen Sie einen Arbeitsschutzausschuss einrichten, der mindestens quartalsweise zusammentreten soll. An diesem Ausschuss nehmen die Sicherheitsbeauftragten, die Fachkräfte und Betriebsärzte, zwei Betriebsratsmitglieder und Sie selbst als Arbeitgeber oder einer Ihrer Vertreter teil. Wie beim Sicherheitsausschuss sollen die Treffen dazu dienen, Erfahrungen auszutauschen und zu besprechen, welche Maßnahmen auf dem Gebiet des Arbeitsschutzes noch sinnvoll sind. Übrigens: Wenn es einen Arbeitsschutzausschuss gibt, braucht Ihr Betrieb keinen zusätzlichen Sicherheitsausschuss mehr.

Ob Sie als Chef Fachkräfte für Arbeitssicherheit oder Betriebsärzte einsetzen müssen, ergibt sich aus den für Ihre Branche einschlägigen Unfallverhütungsvorschriften. Wie viel diese Fachleute in Ihrem Betrieb zu tun haben, hängt mit der erforderlichen Einsatzzeit zusammen. Die wiederum errechnet sich nach den Vorgaben aus den Unfallverhütungsvorschriften. Allerdings ist das Berechnungsverfahren recht komplex.

Als grober Richtwert gilt jedenfalls, dass man ab etwa 50 ständig beschäftigten Arbeitnehmern eine Fachkraft bestellen sollte. Diese Fachkraft muss aber nicht ständig auf Ihrer Lohnliste stehen. In den meisten Unternehmen ist es völlig ausreichend, Betriebsärzte und Fachkräfte in regelmäßigen Abständen zu einer Betriebsbesichtigung einzuladen und diese Einsätze jeweils einzeln abzurechnen.

Berufsgenossenschaften und Pflichtversicherung

Wer eine Firma gründet, ist schon durch Gesetz Mitglied der jeweils zuständigen Kammer (Handwerkskammer, Handelskammer und Ähnliches mehr). Zusätzlich ist er verpflichtet, bei seiner zuständigen Berufsgenossenschaft Unfallversicherungsbeiträge zu zahlen. Auch hier ist man schon kraft Gesetz durch die bloße Existenz dabei.

Diese Konstruktion ist mit der Krankenversicherungspflicht vergleichbar, die für die meisten Arbeitnehmer gilt. Doch während sich der Beschäftig-

Bei der Berufsgenossenschaft werden Sie als Firmengründer automatisch Mitglied. Die Mitgliedschaft ist mit einer Pflichtversicherung gekoppelt.

te seine Versicherung selbst aussuchen kann, bleibt dem Arbeitgeber keine Wahl. Einer der knapp 90 Unfallversicherungsträger ist für die Branche, in der er seinen Betrieb eröffnet hat, zuständig.

Die Berufsgenossenschaften teilen sich auf in gewerbliche, landwirtschaftliche und Versicherungsträger der öffentlichen Hand. Bei den gewerblichen Berufsgenossenschaften richtet sich die Zuständigkeit nur nach fachlichen Gesichtspunkten, während die anderen Versicherungsträger für ihre jeweilige Region örtlich zuständig sind. Eine Ausnahme davon stellt die Bau-Berufsgenossenschaft dar: Hier gibt es mehrere Versicherungsträger, die aber für verschiedene Gebiete zuständig sind.

Die Pflichtmitgliedschaft in den Berufsgenossenschaften

Mit der Pflichtmitgliedschaft in den Berufsgenossenschaften wollte der Gesetzgeber sicherstellen, dass folgende Ziele erreicht werden:

▶ **Absicherung für den Arbeitnehmer:** Nach einem Arbeitsunfall kann sich der Geschädigte darauf verlassen, dass die medizinische Behandlung und die nötige Nachsorge bezahlt werden. Wäre er nicht über den Arbeitgeber versichert, hätte er sonst nur die Chance, seinen Schaden vielleicht beim Chef direkt einzuklagen. Dazu aber müsste der nicht nur einen nachweisbaren Fehler begangen haben, sondern vor allem auch reich genug sein, um für die Unfallfolgen aufkommen zu können. Die meisten haben das dafür nötige Kapital nicht flüssig. Schließlich können die nötigen Aufwendungen bei Personenschäden leicht die Millionengrenze überschreiten.

▶ **Fachliche Objektivität:** Ein für die jeweilige Branche spezialisierter Aufsichtsdienst kann viel genauer und besser feststellen, was zur Unfallverhütung vor Ort nötig ist. Deshalb hat der Gesetzgeber einen Teil der Gewerbeaufsicht auf die Berufsgenossenschaften übertragen, die in ihrem Bereich über das Recht verfügen, wie der Staat selbst direkte Anordnungen zu treffen und Rechtsvorschriften zu erlassen. Berufsgenossenschaften sind branchenweit zuständig und haben damit meist einen besseren Überblick darüber, was zur Unfallverhütung technisch möglich und im Allgemeinen noch wirtschaftlich ist.

Da die Berufsgenossenschaft unter Umständen für Unfälle, die sich in Ihrem Unternehmen ereignet haben, geradestehen muss, hat sie das Recht, Vorschriften bezüglich der Unfallverhütung aufzustellen. Kommen Sie diesen Vorschriften nicht nach, dann droht Ihnen unter Umständen die Stilllegung.

Die Rechte der Berufsgenossenschaft beim Unfallschutz

Berufsgenossenschaften erarbeiten die Unfallverhütungsvorschriften und achten darauf, dass sie in der betrieblichen Praxis auch beachtet werden. Wer als Arbeitgeber gegen diese Vorschriften verstößt, muss mit Strafen rechnen und in schweren Fällen für die Folgen eines Arbeitsunfalls aufkommen. Um Unfallverhütungsvorschriften im Betrieb durchzusetzen, haben die Berufsgenossenschaften folgende Befugnisse:

▶ **Kontrolle:** Sie dürfen den Betrieb besichtigen und prüfen, ob die geltenden Bestimmungen eingehalten werden.

▶ **Aufklärung:** Sie dürfen Fehlerlisten und Revisionsschreiben erstellen, wenn Mängel festgestellt wurden.
▶ **Vorschriften:** Sie dürfen Anordnungen erlassen, die vom Betriebsinhaber umgesetzt werden müssen.
▶ **Stilllegung:** Der technische Aufsichtsdienst der Berufsgenossenschaft hat das Recht, bei besonders schweren Verstößen einzelne Maschinen stillzulegen oder den Betrieb zu schließen.

> Als Unternehmer entscheiden Sie nicht allein über die Gestaltung der Arbeitsplätze: Sowohl das Gewerbeamt und die Berufsgenossenschaft als auch die eigenen Mitarbeiter können über den Betriebsrat Veränderungen verlangen und durchsetzen.

⚡ Blitzübersicht: Arbeitsschutzmaßnahmen
Der Arbeitsschutz in der Bundesrepublik wird von vielen Seiten kontrolliert und verfeinert. Dies geschieht durch:
▶ **unmittelbare staatliche Aufsicht** durch die örtlich zuständige Aufsichtsbehörde,
▶ **mittelbare staatliche Aufsicht** durch den fachlich zuständigen Versicherungsträger (Berufsgenossenschaft),
▶ **private Aufsicht** durch Fachkräfte und Betriebsärzte, die gegenüber dem Arbeitgeber in fachlicher Hinsicht nicht weisungsgebunden sind und mit der Betriebs- oder Werksleitung zusammenarbeiten,
▶ **private Kontrolle** der nötigen Sicherheitsmaßnahmen durch Sicherheitsbeauftragte,
▶ **kollektive Mitwirkung der Arbeitnehmer** durch den Betriebsrat, der im Rahmen der bestehenden Gesetze an Ihren Planungen beteiligt werden muss.
Der Arbeitsschutz findet sich in vielen Gesetzen und Verordnungen wieder. Alle Pflichten, die sich daraus ergeben, müssen Sie – abhängig von der Betriebsgröße – auch einhalten. Einschlägig sind vor allem:
▶ das Arbeitssicherheitsgesetz,
▶ das Arbeitsschutzgesetz,
▶ die Reichsversicherungsordnung bzw. das Sozialgesetzbuch,
▶ die Gewerbeordnung,
▶ die Arbeitsstättenverordnung,
▶ die Unfallverhütungsvorschriften der für Sie zuständigen Berufsgenossenschaft sowie
▶ das Gerätesicherheitsgesetz,
▶ weitere Verordnungen und Richtlinien.
Was in Ihrem Betrieb konkret getan werden muss, erläutern Ihnen gerne die Aufsichtsbehörde und die Vertreter der Berufsgenossenschaft. Obwohl beide mit staatlichen Machtbefugnissen ausgestattet sind, beruht ein großer Teil ihrer Maßnahmen auf der Mitwirkung der Arbeitgeber. Umso freundlicher wird man zu Ihnen sein, wenn Sie sich selbst für den Arbeitsschutz engagieren.

Kaufleute verstehen: Die wichtigsten Fachbegriffe

Abfärbetheorie
Wenn ein Freiberufler gleichzeitig im Rahmen seines Berufes gewerblich tätig wird, werden seine gesamten Einkünfte gewerblich und somit auch gewerbesteuerpflichtig. Beispiel: Ein Rechtsanwalt oder Steuerberater übernimmt gleichzeitig die Treuhandschaft für Bauherrengemeinschaften. Zur genauen Abgrenzung muss für die gewerblichen Einkünfte eine Firma mit anderer Rechtspersönlichkeit (z. B. GmbH) gegründet werden.

Abfindung
Eine Abfindung ist eine angemessene Ausgleichszahlung, die immer dann fällig wird, wenn Sie von einem anderen eine für ihn nachteilige Handlung verlangen.
1. **Mitarbeiterabfindung:** Ein Mitarbeiter darf eine Abfindung erwarten, wenn er beispielsweise nach einer Kündigung einen gewissen Zeitraum nicht für die Konkurrenz arbeiten soll.
2. **Teilhaberabfindung:** Wenn Sie nach einem Unternehmenszusammenschluss eine Gewinnverlagerung vornehmen, dann müssen die davon betroffenen Gesellschaftsteilhaber einen Ausgleich bekommen (z. B. § 304 AktG).

Ablauforganisation
Unter einer Ablauforganisation versteht man die Gestaltung von Arbeitsprozessen hinsichtlich des Arbeitsinhalts, der Arbeitszeit, des Arbeitsraums und der Arbeitszuordnung. Ziel der Ablauforganisation ist die Optimierung der Ressourcenverwendung bei der Erstellung von Waren und Dienstleistungen.

Absatz
Der Absatz ist die letzte Phase des Betriebsprozesses, in dem die erstellten Betriebsleistungen durch Verkauf an Händler oder Verbraucher weitergeleitet werden. Die daraus erzielten Erlöse fließen wieder in das Unternehmen zurück und sichern die Produktion.

Abschreibung
Die Bilanz eines Unternehmens zeigt den tatsächlichen Wert der Vermögensgegenstände und des Kapitals des Betriebes. Doch der Wert von Gebäuden, Maschinen, Büroeinrichtungen oder Lizenzen ist nicht konstant, er verringert sich im Laufe der Zeit. Durch so genannte Abschreibungen berücksichtigen die Unternehmen diesen Wertverzehr in ihrer jährlichen Gewinn-und-Verlust-Rechnung. Dabei kann eine direkte Abschreibung vorgenommen werden, indem der Aktivposten niedriger bewertet wird. Eine andere Möglichkeit ist die indirekte Abschreibung, dann wird ein Gegenposten (Wertberichtigung) auf der Passivseite gebildet.

Abzinsung
Durch die Abzinsung (Diskontierung) lässt sich das Anfangskapital für ein gegebenes Endkapital beziehungsweise der Barwert (Kapitalwert) einer oder mehrerer zukünftiger Zahlungen zum gegenwärtigen Zeitpunkt rechnerisch ermitteln. Die Abzinsung erfolgt durch Multiplikation mit dem Abzinsungsfaktor.

AfA-Tabellen
Amtliches Verzeichnis, das die Nutzungsdauer und die Abschreibungssätze der einzelnen Wirtschaftsgüter für Ertragsteuerzwecke festlegt.

Aktie
Wertpapier, das einen Anteil am Vermögen einer Aktiengesellschaft verbrieft. Der Eigentümer ist damit Teilhaber des Unternehmens und hat Anspruch auf eventuell ausgezahlte Dividende und, falls er Inhaber einer Stammaktie ist, auf Wahrnehmung seines Stimmrechts in der Hauptversammlung.
Man unterscheidet folgende Aktientypen:
1. **Stammaktie:** Der normale Aktientyp, bei dem jede Aktie den gleichen Nennwert, das gleiche Stimmrecht und den gleichen Dividendenanspruch hat.
2. **Vorzugsaktie:** Diese Aktie unterscheidet sich durch einen höheren Dividendenanspruch, beinhaltet dafür aber kein Stimmrecht. Das Vorzugsaktienkapital darf nicht höher als das Stammaktienkapital sein.
3. **Inhaberaktie:** Im Normalfall kann die Aktie durch Einigung und Übergabe verkauft werden. Der Inhaber der Aktie ist dann zugleich ihr Eigentümer.
4. **Namensaktien:** Ist auf der Aktie der Eigentümer vermerkt, dann muss beim Verkauf zusätzlich ein Indossament (schriftliche Erklärung der Übertragung) unterzeichnet werden. Bei »vinkulierten« Namensaktien ist vor der Übertragung das Einverständnis der Gesellschaft einzuholen.

Aktiengesellschaft
Unternehmen, dessen Grundkapital in Form von Aktien verbrieft wird. Die einzelnen Aktionäre sind nicht nur Miteigentümer der Gesellschaft, sondern auch Mithafter. Sie haften allerdings nur mit dem Nennwert der Aktie.

Aktiva
Die Aktiva, die auf der so genannten Aktivseite einer Bilanz erfasst werden, stellen das Vermögen einer Unternehmung dar, in das sie das ihr zur Verfügung stehende Kapital investiert hat.
Zu den Aktiva gehören das gesamte Anlage- und Umlaufvermögen eines Unternehmens sowie eventuell vorhandene Finanzanlagen und ein Bilanzverlust, sofern vorhanden.

Allgemeine Geschäftsbedingungen (AGB)
Allgemeine Geschäftsbedingungen legen in vorformulierter Form für eine Vielzahl von Verträgen die Vertragsbedingungen fest. Durch die Verwendung der AGB werden Geschäftsabläufe vereinfacht, denn für viele Geschäfte einer bestimmten Art (z. B. alle Kaufverträge bezüglich der in einem Unternehmen hergestellten Ware) müssen die gleichen Regelungen getroffen werden.

Allgemeinverbindlichkeitserklärung
Die Allgemeinverbindlichkeitserklärung eines Tarifvertrages, die vom Arbeits- und Sozialministerium des Bundes oder eines Landes gegeben werden kann, dehnt die rechtliche Wirkung eines zwischen den Tarifparteien ausgehandelten Vertrages auch auf die nicht gewerkschaftlich organisierten Mitglieder aus. Aus Arbeitnehmersicht soll dies eine 100-prozentige Gewerkschaftsorganisation aller Mitarbeiter vermeiden, die die Verhandlungsposition der Gewerkschaften nur stärken würde.

Amortisation
Eine Schuld wird getilgt, indem sie nach einem festgelegten Plan ratenweise zurückgezahlt wird. Die Amortisationsrechnung (Pay-back-period-Rechnung) ermittelt, zu welchem Zeitpunkt die im Zuge einer Investition getätigten Ausgaben durch die aus dieser Investition fließenden Einnahmen gedeckt werden. Gilt die Amortisation als Maßstab, dann wird diejenige Investition als die günstigste betrachtet, die die kürzeste Amortisationszeit aufweist.

Analyse
Zur Untersuchung und Beurteilung eines Ganzen (z. B. einer Bilanz) wird dieses in seine einzelnen Komponenten zerlegt. So werden bei dem Beispiel der Bilanz die einzelnen Posten wie Kapitalaufbau, Vermögensstruktur, Finanzierungsstruktur, Betriebs- und Geschäftsergebnis getrennt betrachtet. Mit Hilfe einer solchen Bilanzanalyse erhält der Betrachter Aufschluss über die Kreditwürdigkeit eines Unternehmens. Aber auch für Prognosen über künftige Entwicklungen bilden Analysen eine geeignete Grundlage.

Anhang
Mittlere und größere Kapitalgesellschaften müssen ihren Jahresabschluss um den Anhang erweitern, in dem die einzelnen Positionen der Bilanz und der Gewinn-und-Verlust-Rechnung näher erläutert werden. Dazu sind sie verpflichtet, wenn die Positionen ohne Erklärung unverständlich blieben, im Gesetz ausdrücklich Angaben verlangt werden oder wenn durch wesentliche Abweichungen gegenüber dem Vorjahr die Vergleichbarkeit der Jahresabschlüsse beeinträchtigt wird.

Anlagespiegel
Der Anlagespiegel enthält als Zusatz zum Jahresabschluss alle Vermögenswerte, Zugänge, Abschreibungen, Abgänge und Endbestände. Letztere sind in der Bilanz aktiviert. So wird für den Unternehmer, Gesellschafter und auch das Finanzamt transparent, wie die Abschreibung ermittelt wurde. Der Unternehmer benötigt diese Werte insbesondere auch für weitere Dispositionen, z. B. ob Anlagevermögen veräußert oder hinzugekauft werden soll. Der Anlagespiegel enthält Angaben über materielles und immaterielles Anlagevermögen (z. B. Firmenwert, Lizenzen).

Anlagevermögen
Zum Anlagevermögen eines Unternehmens gehören:
1. **Materielles** Anlagevermögen (Grundstücke, Gebäude, Maschinen, Fuhrpark). Es unterliegt entweder keiner Wertminderung (z. B. Grundstücke), oder die laufende Wertminderung wird durch so genannte Abschreibungsbeträge über die Nutzungsdauer hinweg berücksichtigt.
2. **Immaterielles** Anlagevermögen (Patente, Konzessionen, Lizenzen). Es handelt sich hier meist um die Ausübung von Rechten Dritter, für die man entsprechend zahlen muss.

3. **Finanzanlagevermögen** (Beteiligungen, Wertpapiere und langfristige Forderungen aus Darlehen). Dieses Vermögen kann je nach Anlageform gewissen Wertschwankungen unterliegen, die buchhalterisch nach dem Niederstwertprinzip berücksichtigt werden.

Annuität
Die Annuität entspricht der regelmäßigen Jahresrate, mit der eine Kapitalschuld (z. B. ein Kredit) getilgt wird. Eine Annuität besteht in der Regel aus Tilgung und Verzinsung der Kapitalschuld.

Arbeitgeberanteil
Der Beitragsanteil des Arbeitgebers zur Sozialversicherung seiner Arbeitnehmer (Renten-, Kranken-, Pflege- und Arbeitslosenversicherung).

Arbeitsbereicherung (Job Enrichment)
Durch die Delegation von Entscheidungs- und Kontrollbefugnissen soll dem einzelnen Mitarbeiter mehr Verantwortung übertragen werden. Dadurch wird seine Stelle qualitativ aufgewertet und die Motivation gefördert.

Arbeitserweiterung (Job Enlargement)
Durch das Zusammenfügen bislang zerstückelter Arbeitsprozesse soll dem Mitarbeiter ein möglichst geschlossener Aufgabenbereich übertragen werden, der durch die Vermeidung von Eintönigkeit seine Arbeitsmotivation fördert.

Arbeitsgerichtsbarkeit
Die besondere Gerichtsbarkeit für Arbeitssachen, geregelt im Arbeitsgerichtsgesetz. Vor den Arbeitsgerichten werden Streitfälle zwischen den Tarifvertragsparteien oder zwischen ihnen und Dritten ausgetragen. Des Weiteren obliegen ihnen auch die Streitfälle zwischen Arbeitnehmern und Arbeitgebern aus dem Arbeitsverhältnis, zwischen Arbeitnehmern aus gemeinsamer Arbeit und die im Betriebsverfassungsgesetz genannten Fälle. Zuständig sind die Arbeitsgerichte in erster Instanz, die Landesarbeitsgerichte als Berufungsinstanz und das Bundesarbeitsgericht als Revisionsinstanz.

Arbeitsplatzwechsel (Job Rotation)
Damit ist natürlich nicht der Wechsel zwischen Unternehmersessel und Werkbanksitz gemeint, sondern vielmehr der Einsatz eines Mitarbeiters auf verschiedenen Sachgebieten einer Ebene, für die er gleichermaßen qualifiziert ist. Dadurch soll unter anderem sein Blickfeld für Arbeitsabläufe geöffnet und durch die Abwechslung eine größere Motivation erreicht werden.

Aufbauorganisation
Die Aufbauorganisation soll, ausgehend von der Gesamtaufgabe eines Betriebs, den erforderlichen Arbeitsprozess in möglichst stellengenaue Teilaufgaben zerlegen (Aufgabenanalyse). Anschließend werden die Ergebnisse dieser Teilaufgaben so zusammengefasst (Arbeitssynthese), dass das fertige Produkt oder die gebotene Dienstleistung dem Händler oder Verbraucher geliefert oder erbracht werden kann.

Aufbewahrungspflicht
Kaufleute müssen nach den handelsrechtlichen und den steuerrechtlichen Vorschriften ihre Jahresabschlüsse zehn Jahre und sämtliche empfangenen und abgeschickten Briefe sowie Buchungsbelege sechs Jahre aufbewahren.

Aufsichtsrat
Die Bildung eines Aufsichtsrats ist für alle Aktiengesellschaften, Genossenschaften und Gesellschaften mit beschränkter Haftung gesetzlich vorgeschrieben, wenn mehr als 500 Beschäftigte gezählt werden. Der Aufsichtsrat bestellt, überwacht und berät den Vorstand, darf aber selbst nicht in die Unternehmensleitung eingreifen. Außerdem prüft er den Jahresabschluss und den Geschäftsbericht und berichtet darüber in der Hauptversammlung.

Aufzinsung
Mit Hilfe der Aufzinsung kann aus gegebenem Anfangskapital und gegebenem Zinsfuß das Endkapital bzw. der Endwert laufender Zahlungen (Zahlungsreihe) ermittelt werden. Benötigt werden außerdem die zugehörigen Aufzinsungsfaktoren.

Außenfinanzierung
Bei der Außenfinanzierung wird dem Unternehmen Kapital aus Quellen, die außerhalb des Unternehmens liegen, zugeführt. Dies geschieht entweder durch Fremdfinanzierung, beispielsweise durch die Aufnahme eines langfristigen Kredits, oder durch Einlagen- und Beteiligungsfinanzierung, beispielsweise durch

die Emission neuer Aktien oder die Aufnahme eines stillen Gesellschafters.

Außenstände
Sämtliche Forderungen, die das Unternehmen aus Warenlieferungen und Leistungen gegenüber privaten und gewerblichen Abnehmern hat. Außenstände stehen im Kunden- oder Debitorenkonto und bedürfen einer ständigen Kontrolle, damit gegebenenfalls das Mahnwesen einsetzen kann.

Baisse
Aus dem Französischen entlehntes Wort für starke Kursrückgänge an der Börse über einen längeren Zeitraum hinweg. Das Gegenstück ist die Hausse.

Barwert
Der Barwert (auch abgezinstes Endkapital) ist der zum Zeitpunkt der Betrachtung relevante Wert eines oder mehrerer zukünftig anfallender Kapitalbeträge unter Berücksichtigung von Zins und Zinseszins.

BDA
Arbeitgeberverbände sind freiwillige Zusammenschlüsse von Arbeitgebern, die insbesondere als Vertrags- und Verhandlungspartner der Gewerkschaften bei Tarifverhandlungen auftreten. Sie sind in der Bundesvereinigung der Deutschen Arbeitgeberverbände zusammengeschlossen.

BDI
Im Bundesverband der Deutschen Industrie sind die zentralen Fachverbände der verschiedenen Industriesparten (Automobil-, Chemie-, Eisen- und Stahl-, Textilindustrie u. v. m.) zusammengeschlossen. Seine Aufgaben liegen zum einen in der Vertretung der Interessen der deutschen Industrie nach außen in wirtschafts- und steuerpolitischen Fragen, zum anderen in der Information und Beratung der Verbände nach innen, beispielsweise in Fragen der Wirtschaftlichkeit und der Konkurrenzfähigkeit.

Bemessungsgrundlage
Welche Art von Steuern Sie zahlen müssen, haben Sie insoweit in der Hand, als dass Sie durch die Wahl der Rechtsform einen gewissen Einfluss darauf nehmen können. Wie hoch die jeweilige Steuer – beispielsweise die Körperschaftsteuer bei Kapitalgesellschaften – tatsächlich ist, hängt von der Höhe der so genannten Bemessungsgrundlage ab. Damit ist eine messbare Summe Geld gemeint, von der ein bestimmter Prozentsatz an das jeweilige Finanzamt abgeführt werden muss. Bei der Körperschaftsteuer ist das beispielsweise der Gewinn, bei der Gewerbesteuer der Gewerbeertrag und bei der Einkommensteuer das zu versteuernde Einkommen.

Betriebsprüfung
Die Betriebsprüfung (auch Außenprüfung) ist ein besonderes Sachaufklärungsverfahren der Finanzbehörden. Bei der Prüfung werden die Besteuerungsgrundlagen zugunsten und zuungunsten des Steuerpflichtigen ermittelt. Ziel ist es, das Steueraufkommen zu sichern.

Betriebsrat
Der Betriebsrat ist die gemeinsame Vertretung der Arbeiter und Angestellten. Er vertritt ihre Interessen auf Betriebsebene gegenüber dem Arbeitgeber. Der Betriebsrat ist ein gesetzlich berufenes Vertretungsorgan innerhalb der Betriebsverfassung und arbeitet unabhängig. Die Größe des Betriebsrats richtet sich nach der Zahl der Beschäftigten.

Betriebsausgaben
Betriebsausgaben sind nach § 4 des Einkommensteuergesetzes (EStG) alle Ausgaben, die dazu bestimmt sind, dem Betrieb zu dienen und die Betriebseinnahmen langfristig zu erhalten, zu sichern und zu steigern. Hiervon abzugrenzen sind die Kosten der privaten Lebensführung nach § 12 EStG (z. B. Urlaubsreisen, private Fahrzeuge, Theaterbesuche, private Telefonkosten), die nicht als Betriebsausgabe abzusetzen sind und den Unternehmensgewinn nicht verringern dürfen.

Betriebsvermögen
Zum Betriebsvermögen werden alle Wirtschaftsgüter gezählt, die dazu bestimmt sind, die eigentlichen Betriebsaufgaben zu fördern.

BfA
Die Bundesversicherungsanstalt für Angestellte ist eine Körperschaft des öffentlichen Rechts und Trägerin der Rentenversicherung für Angestellte.

BGB
Das Bürgerliche Gesetzbuch wurde 1896 erlassen und trat 1900 in Kraft. Es gilt in seinen wesentlichen Zügen heute noch, auch wenn es an einigen Stellen entspre-

chend dem gesellschaftlichen Wandel stark abgeändert wurde. Es gliedert sich in fünf Bücher (Allgemeiner Teil, Recht der Schuldverhältnisse, Sachenrecht, Familienrecht und Erbrecht). Nachdem das BGB in der ehemaligen DDR vorübergehend außer Kraft gesetzt wurde, gilt es seit dem Einigungsvertrag auch in Ostdeutschland wieder.

Bilanz
Am Ende des Geschäftsjahres werden zu einem bestimmten Bilanzstichtag aktive und passive (Soll und Haben) Posten einander gegenübergestellt, um den Vermögensstand eines Unternehmens zu ermitteln. Aktiva und Passiva weisen immer jeweils die gleiche Summe aus.

Binnenmarkt
Bereits mit den Römischen Verträgen 1957 anvisiertes Ziel der Europäischen Wirtschaftsgemeinschaft, das am 1. Januar 1993 realisiert wurde. Verwirklichung der vier Freiheiten: freier Personen-, Waren-, Dienstleistungs- und Kapitalverkehr innerhalb der EU.
Damit gehen unter anderem die freie Wohnortwahl und die Niederlassungsfreiheit sowie der freie Austausch von Waren, Dienstleistungen und Kapital innerhalb der Europäischen Wirtschaftsgemeinschaft einher.

Boom
1. Eine Phase im Konjunkturzyklus, in der die Kapazitäten voll ausgelastet sind. Erheblicher Nachfrageüberhang und kräftige Preissteigerungen sind typisch.
2. An der Börse anhaltend kräftiger Kursanstieg, Hausse.
3. Allgemein: unvermittelt starker Geschäftsaufschwung.

Börse
Handelsplätze für Wertpapiere, der Ort, wo Angebot und Nachfrage zugelassener Wertpapiere zusammentreffen. Der börsliche Präsenzhandel, der so genannte Parketthandel, gliedert sich in drei Teilmärkte: amtlicher Handel, geregelter Markt und Freiverkehr. Außer im Präsenzhandel ist der Handel über die Computerbörse (Xetra) möglich.
In Deutschland stehen die Wertpapierbörsen unter staatlicher Aufsicht, der Börsenvorstand entscheidet über die Zulassung von Personen zum Börsenhandel.

Bonität
Die Bonität fragt nach der Fähigkeit eines Schuldners, in der Zukunft seine Schuldendienstverpflichtungen leisten zu können.

Break-Even-Point (BEP)
Der Break-Even-Punkt wird auch als Deckungs- oder Gewinnpunkt, Gewinn-, Kosten- oder Nutzenschwelle bezeichnet. Denn an diesem Punkt ist der Erfolg erstmalig so hoch wie der Einsatz, und der Gewinn beginnt. Der BEP findet in der Kosten- und Investitionsrechnung Anwendung.

Briefing
Bei einem Briefing werden schriftlich alle Daten und Fakten zusammengestellt, die für die Entwicklung eines Marketing- oder Werbekonzepts wichtig sind.

Brutto
Brutto bezeichnet im kaufmännischen Sprachgebrauch einen Betrag vor Abzug der Steuern, Abschreibungen usw. (z. B. Bruttopreis, Bruttogewinn). Die Bruttoangabe kann sich aber auch auf die Ware beziehen (z. B. Bruttogewicht).

Buchwert
Der Buchwert ist derjenige Wert, mit dem die ursprünglich zu Anschaffungs- und Herstellungskosten bewerteten Wirtschaftsgüter in der Bilanz ausgewiesen werden. Sie wurden den handels- und steuerrechtlichen Bewertungsvorschriften entsprechend um Ab- und Zuschreibungen korrigiert.

BWL
Abkürzung für Betriebswirtschaftslehre. Die BWL ist neben der Volkswirtschaftslehre (VWL) die zweite Teildisziplin innerhalb der Wirtschaftswissenschaften. Während sich die VWL primär mit den globalen wirtschaftlichen Zusammenhängen und Vorgängen in einem Staat oder zwischen mehreren Staaten befasst, analysiert die BWL die Aspekte des Wirtschaftens in Betrieben, öffentlichen und privaten Unternehmungen und Haushalten. Dabei werden auch Umweltverhalten und -beziehung und das Konsumentenverhalten betrachtet.

Cashflow
Kennzahl, die etwas über den Liquiditätsüberschuss und das Innenfinanzierungsvolumen eines Unterneh-

mens aussagt – nach Steuern. Hier spielen u. a. Jahresüberschuss, Rückstellungen und Abschreibungen eine wichtige Rolle. Der Cashflow hilft somit begrenzt, ein Unternehmen u. a. nach seiner Investitionskraft, Vorsorge und Dividendenausschüttung zu beurteilen.

Berechnung des Cashflow:
Jahresüberschuss
+ Abschreibungen
+ Zuführung zu den langfristigen Rückstellungen
= Brutto-Cashflow
./. Gewinnausschüttungen
./. Gewinnsteuerzahlungen

cif
Cost, insurance, freight (Kosten, Versicherung, Fracht) – im Überseeverkehr übliche Handelsklausel, der zufolge alle Kosten für die Beförderung und Versicherung bis zum Eintreffen der Ware im Bestimmungshafen im Lieferpreis enthalten sind. Die Kosten für den Empfang im Hafen und den weitergehenden Transport trägt hingegen der Empfänger.

Controlling
Das Controlling beinhaltet die Aufstellung, Koordinierung und Realisationsunterstützung von Gewinn-, Kosten-, Produktions-, Absatz-, Beschaffungs- und Investitionsplänen. Mit Hilfe des Controlling sollen die ausführenden Abteilungen ihre Zielgrößen erreichen (z. B. Absatz, Kosten). Im aktuellen Verständnis wird Controlling der Unternehmensführung dahingehend untergeordnet, dass zwar keine eigenständigen Führungsentscheidungen getroffen werden, an deren Vorbereitung und Verwirklichung jedoch umfassend gearbeitet wird.

DAX
Der Deutsche Aktienindex (DAX) gibt als so genannter Performance-Index Auskunft nicht nur über den Kurs-, sondern auch über den Ertragsverlauf der 30 wichtigsten Aktien in Deutschland entsprechend ihrer kapitalmäßigen Gewichtung. Die Zahl 1.000 entspricht dem Jahresschlussstand von 1987. In der Praxis nimmt der Index also einen Anleger an, der am 31.12.1987 einen Betrag von 1.000 DM so in alle Aktientitel investiert hat, wie sie im DAX gewichtsmäßig zusammengesetzt sind. Der DAX zu einem bestimmten Zeitpunkt gibt den absoluten DM-Wert an, den die Anlage seitdem angenommen hat, wenn alle Erträge wieder angelegt werden.

Debitoren
Der Begriff »Debitoren« wird in der Buchführung für Warenschuldner oder Kunden verwendet, die die Waren vom Lieferer auf Kredit beziehen.

Deckungsbeitrag
Der Deckungsbeitrag zeigt das Betriebsergebnis eines Produktes oder eines Auftrages für eine Unternehmung. Wenn ein Produkt bzw. Auftrag nicht nur die anfallenden variablen Kosten einbringt, sondern darüber hinaus noch etwas abwirft, dann leistet es einen Beitrag zur »Deckung« der Fixkosten und im Falle von deren Deckung einen Beitrag zum Gewinn des Unternehmens. Die Summe aller Deckungsbeiträge abzüglich der Fixkosten ist der Gewinn.

Defizit
1. Allgemein: Fehlbetrag.
2. Im öffentlichen Haushaltsplan der Teil der Ausgaben, dem keine ordentlichen Einnahmen gegenüberstehen. Kredite gelten als außerordentliche Einnahmen.
3. In der Handelsbilanz der Wert der Importe, der über den Wert der Exporte hinausgeht.
4. In der Zahlungsbilanz der Teil der Devisenabflüsse, dem keine Devisenzuflüsse gegenüberstehen.

Deflation
Die Kennzeichen einer Deflation sind kräftiges Absinken der Gesamtnachfrage nach Gütern, Arbeitslosigkeit und ungenutzte Produktionskapazitäten. Die Wirtschaft ist mit Geld unterversorgt, die Preise sinken wegen mangelnder Nachfrage.

Degressive Abschreibung
Die degressive Abschreibung (AfA) ist eine Abschreibung betrieblich genutzter Gegenstände in fallenden Jahresbeträgen, die immer vom Restbuchwert berechnet werden. Das Gegenstück hierzu ist die lineare Abschreibung. Die degressive AfA ist in den ersten Jahren höher als die lineare AfA.
In späteren Jahren kann dann von der degressiven AfA zur linearen AfA übergegangen werden, wenn dies günstiger ist.

Degressive Kosten
Degressive Kosten (auch fallende oder unterproportionale Kosten) stehen in Abhängigkeit zur Beschäftigung: Die Kosten steigen in geringerem Maße als die Kosteneinflussgröße Beschäftigung.
Die Kosten (Gesamtkosten, Durchschnittskosten, Stückkosten) steigen also langsamer als die Ausbringungsmenge.

Depression
Verschärfte, andauernde Rezession. Kennzeichen: hohe Arbeitslosigkeit, Unternehmenszusammenbrüche, Verringerung des Bruttosozialprodukts, Schrumpfen des Welthandels, soziale Unruhen.

Devisen
Ausländische Zahlungsmittel in Form von Guthaben bei ausländischen Kreditinstituten, einschließlich der Guthaben bei Zentralbanken sowie Wechsel und Schecks. Auf fremde Währung lautende Münzen und Banknoten sind keine Devisen, sondern Sorten.

DGB
Der Deutsche Gewerkschaftsbund ist der Dachverband von derzeit 17 Einzelgewerkschaften der Arbeiter, Angestellten und Beamten.
Als Einheitsgewerkschaft ist er zur parteipolitischen Neutralität verpflichtet, was aber nicht immer gelingt. Er finanziert sich aus dem Beitragsaufkommen der Gewerkschaften.

DIHT
Der Deutsche Industrie- und Handelstag ist die Spitzenorganisation der Industrie- und Handelskammern. Der DIHT ist eine klassische Interessenvertretung und betreibt eine entsprechende Lobbyarbeit.

Diskontsatz (1. Leitzins)
Der Diskontsatz ist derjenige Banksatz, zu dem die Deutsche Bundesbank bzw. die Europäische Zentralbank Wechsel von den Banken ankauft. Der Diskontsatz hat eine Signalfunktion, denn er bestimmt als eine Art Leitzinssatz, zu welchen Kosten die Geschäftsbanken Zentralbankgeld bekommen. Eine Erhöhung des Diskontsatzes soll die Banken von einer stärkeren Refinanzierung abhalten, das Zinsniveau anheben und entsprechend die Kreditnachfrage der Wirtschaftssubjekte dämpfen. Die Geldmenge soll sich verringern.

Diversifikation
Durch die Aufnahme neuer Produktarten in die Herstellung beziehungsweise in das Sortiment soll das Risiko vermindert werden und der Betrieb oder das Geschäft auf eine breitere Basis gestellt werden. Von Diversifikation spricht man auch bei der Übernahme sachfremder Betriebe im Rahmen eines Unternehmenszusammenschlusses, wenn also ein Automobilhersteller eine Firma übernimmt, die Waschmittel produziert.

Doppelbesteuerungsabkommen
Da die Steuersysteme in den verschiedenen Ländern sehr stark voneinander abweichen, kann die Verlegung von Betrieben in so genannte Steueroasen günstig sein. Im Normalfall unterliegt aber auch das im Ausland erzielte Einkommen der deutschen Steuererhebung, da nach dem Welteinkommensprinzip die Steuern am Wohn- beziehungsweise Firmensitz zu zahlen sind. Doppelbesteuerungsabkommen sehen hingegen vor, dass Einkünfte aus Gewerbebetrieb nur in dem Land zu besteuern sind, in dessen Gebiet das Unternehmen seine Betriebsstätte unterhält. Ein deutsches Unternehmen mit Betriebsstätten in China, Indien und den USA müsste also für jeden Betrieb seine Steuern getrennt abführen, sofern entsprechende Doppelbesteuerungsabkommen bestünden.

DtA
Die Deutsche Ausgleichsbank, für deren Kredite der Bund als Bürge geradesteht und die als »Gründerbank des Bundes« bei Existenzgründungen und bei der Unterstützung junger Unternehmen mit verbilligten Krediten und Eigenkapitalhilfe den Start erleichtert. Daneben bietet sie ein umfangreiches Beratungsangebot vom Unternehmens- und Vermarktungskonzept bis zur Finanzierung und Umsetzung von Geschäftsideen.

Ecklohn
Um die Verhandlungen zwischen den Tarifparteien nicht ausufern zu lassen, wird beispielsweise bei der Lohnerhöhung immer der so genannte Ecklohn vereinbart. Der Ecklohn wird mit 100 Prozent angesetzt. Die übrigen Lohngruppen stehen in einem festen Verhältnis zum Ecklohn, so dass sich durch eine Festlegung des Ecklohns die Höhe aller anderen Lohngruppen bestimmen lässt. Die Spanne zwischen den verschiedenen Lohngruppen kann gleich sein (linear), aber auch degressiv bzw. progressiv verlaufen.

ECU (Europäische Währungseinheit)
Die Europäische Währungseinheit ECU wurde 1979 geschaffen. Der ECU ist als Währungskorb definiert, der sich aus feststehenden Beträgen von zwölf der 15 Währungen der Mitgliedstaaten zusammensetzt. Der ECU wird derzeit, wie der US-Dollar oder der Yen, bei Finanz- und Handelstransaktionen verwendet, obwohl es keine ECU-Banknoten gibt. Der ECU wird mit Beginn der Währungsunion 1999 mit einem Umrechnungsverhältnis von 1:1 auf den Euro umgestellt.

Eigenfinanzierung
Die Eigenfinanzierung ist in Hinsicht auf die Rechtsstellung der Kapitalgeber das Gegenstück zur Fremdfinanzierung, da die Gelder aus Quellen fließen, die dem Unternehmen angeschlossen sind. Dabei handelt es sich entweder um nicht ausgeschüttete Gewinne (Selbstfinanzierung) oder um Einlagen oder Beteiligungen bisheriger oder neuer Gesellschafter.

Eigenkapital
Das Eigenkapital wird entweder von den Eigentümern der Unternehmung zu deren Finanzierung aufgebracht oder als Selbstfinanzierung durch Verzicht auf Gewinnausschüttung von innen bereitgestellt.

Einkommensteuer
Mit der Einkommensteuer wird das Einkommen natürlicher Personen besteuert. Sie ist im Gegensatz zu der Körperschaftsteuer eine Personensteuer. Die Körperschaftsteuer erfasst hingegen die juristischen Personen. Die Einkommensteuer fließt als Gemeinschaftssteuer Bund und Ländern gleichermaßen zu.

Einnahmen-Überschuss-Rechnung
Vereinfachte Methode der Gewinnermittlung, die Freiberuflern und nicht bilanzpflichtigen Unternehmern vorbehalten ist. Dabei werden alle Einnahmen und berufs- bzw. betriebsbedingten Ausgaben eines Geschäftsjahres gegenübergestellt. Der errechnete Gewinn dient als Besteuerungsgrundlage für die Einkommensteuer.

Embargo
Beschlagnahme, Sperre, Ausfuhrverbot für bestimmte Waren in bestimmte Länder. Ein Embargo soll entweder die inländische Versorgung sichern oder politischen Zielen dienen.

Emission
Die Ausgabe neuer Wertpapiere durch öffentliche Körperschaften, private Unternehmen und Banken, das heißt die Unterbringung von Schuldverschreibungen und Aktien am Kapitalmarkt. Die Papiere können zu einem Emissionskurs von 100 Prozent (zu pari) oder mit einem Emissions-Agio (Überpari-Emission) oder -Disagio (Unterpari-Emission, bei Aktien verboten) herausgegeben (emittiert) werden.

Endkostenstellen
Von den Endkostenstellen (Hauptkostenstellen) werden die Kosten direkt auf die Kostenträger oder in das Betriebsergebnis verrechnet. Bei den Vorkosten- oder Hilfskostenstellen werden die Kosten an andere Kostenstellen weitergegeben und dort verrechnet.

Erlösschmälerungen
Wird der Bruttoumsatz durch z. B. Forderungsausfälle, Rabatte, Skonti oder Warenrücksendungen verringert, liegen Erlösschmälerungen vor. Der verbleibende Umsatz wird als Nettoerlös bezeichnet.

ERP-Darlehen
Zinsvergünstigter Kredit aus dem European Recovery Programme (Marshall-Plan), das einst dem Wiederaufbau Europas nach dem Krieg diente und heute für Existenzgründungen und Finanzhilfen an junge Unternehmen zur Verfügung steht.

Ertragskraft
Die Ertragskraft einer Unternehmung misst die Fähigkeit eines Unternehmens, in der Zukunft Erfolge zu erzielen. Die Höhe der Ertragskraft wird in der Bilanzanalyse prognostiziert.

EU
Die Europäische Union wurde 1992 durch den Vertrag von Maastricht gegründet und basiert einerseits auf den drei supranational ausgerichteten Gemeinschaften (Europäische Gemeinschaft, Europäische Gemeinschaft für Kohle und Stahl und Europäische Atomgemeinschaft) und andererseits auf den intergouvernemental funktionierenden Säulen der Gemeinsamen Außen- und Sicherheitspolitik (GASP) und der Zusammenarbeit in den Bereichen Justiz und Inneres (ZBJI).
Die Organe von EG, EGKS und Euratom – der Rat und die Kommission – wurden 1965 zusammengelegt und können folgende Rechtsakte erlassen:

1. **Verordnung:** Sie hat allgemeine Geltung in allen EU-Ländern und gilt daher wie ein auf nationaler Ebene verabschiedetes Gesetz.

2. **Richtlinie:** Sie ist für jeden Mitgliedstaat, an den sie gerichtet ist, hinsichtlich des zu erreichenden Ziels verbindlich. Wie das Ziel aber auf nationaler Ebene umgesetzt wird, bleibt dem Mitgliedstaat vorbehalten.

3. **Entscheidung:** Eine Entscheidung ist eine Einzelfallregelung und ist in allen ihren Teilen für den Adressaten (Staaten, Individuen) verbindlich.

4. **Empfehlungen und Stellungnahmen:** Sie sind in ihrer rechtlichen Wirkung nicht verbindlich und legen dem Betroffenen nur ein bestimmtes Verhalten nahe.

Euro
Im Rahmen des Maastrichter Vertrages von 1992 wurde die Gründung einer Europäischen Wirtschafts- und Währungsunion beschlossen, deren gemeinsame Währung – der Euro – ab dem 1. Januar 1999 in elf der 15 EU-Länder eingeführt wird. Bis zum Jahr 2002 bleiben die alten Währungen im Umlauf, danach wird der Euro alleiniges Zahlungsmittel. Außer Griechenland, das sich nicht qualifizierte, haben auch Großbritannien, Schweden und Dänemark vorerst auf eine Teilnahme am Euro-Verbund verzichtet. Ein Euro besteht aus 100 Cents und entspricht etwa dem Wert von zwei DM.

EWWU
Die Europäische Wirtschafts- und Währungsunion stellt die finanzielle Ergänzung zum Binnenmarkt dar und beginnt am 1. Januar 1999 mit der Einführung des Euro. Die Wechselkurse zwischen den Währungen der elf Teilnehmerländer wurden durch das Amsterdamer Abkommen im Frühjahr 1998 unwiderruflich festgelegt. Die Verantwortung für die gemeinsame Geldpolitik liegt bei der Europäischen Zentralbank mit Sitz in Frankfurt. Sie übernimmt die Befugnis über die geldpolitischen Instrumente von den nationalen Notenbanken. Alle geldpolitischen Transaktionen werden direkt in Euro abgerechnet.

EZB
Die Europäische Zentralbank wird die Arbeit des Europäischen Währungsinstituts fortführen. Sie wird die Einführung der Euro-Banknoten und -Münzen in der Währungsunion überwachen und die europäische Geldpolitik bestimmen. Die EZB ist das ausführende Organ des Europäischen Systems der Zentralbanken (ESZB), zu dem die bestehenden nationalen Zentralbanken der teilnehmenden Länder gehören.

Factoring
Factoring ist ein Finanzierungsgeschäft: Ein darauf spezialisiertes Finanzierungsinstitut (Faktor) kauft die Forderungen aus Warenlieferungen und Dienstleistungen von einem Kunden und regelt für ihn deren Verwaltung (Fakturierung, Buchführung, Mahnwesen, Inkasso). Der Faktor übernimmt das Risiko der Zahlungsunfähigkeit des Debitors zu 100 Prozent, der Kunde erhält vom Faktor 70 bis 90 Prozent der verkauften Forderungen bevorschusst.

Finanzanlagen
Der Teil des Anlagevermögens eines Unternehmens, der sich aus Beteiligungen an anderen Unternehmen, Wertpapieren und langfristigen Darlehens- und Hypothekenforderungen zusammensetzt. Dahinter können sich teilweise sehr verschachtelte Beteiligungsverhältnisse von Unternehmen untereinander verbergen.

Finanzgerichtsbarkeit
Die Finanzgerichte sind von den Finanzbehörden getrennte, besondere Verwaltungsgerichte. Sie können vom Bürger erst eingeschaltet werden, wenn das normale Einspruchverfahren vom Finanzamt abgeschlagen wurde. Ist die Klage vor dem Finanzgericht gescheitert, darf unter Umständen Revision beim Bundesfinanzhof erhoben werden.

Firmenwert
Der Firmenwert (Ertragswert) ist der Betrag, den ein Käufer bei der Übernahme der Unternehmung über den Wert der einzelnen Vermögensgegenstände nach Abzug der Schulden (Substanzwert) zu zahlen bereit ist. Ein Firmenwert besteht also nur, wenn der Ertragswert größer ist als der Substanzwert. Im Firmenwert werden alle Faktoren berücksichtigt, die den Ertrag der Unternehmung positiv beeinflussen. Dazu gehören beispielsweise das attraktive Firmenimage, das gute Management und die Stammkundschaft.

Fixkosten
Fixkosten fallen in jeder Unternehmung an, und zwar unabhängig von der Auslastung der Produktionsfaktoren. Sie sind im Gegensatz zu den variablen Kosten konstant. Zu den Fixkosten zählen z. B. Büromiete, Gehälter, Abschreibungen und Zinsen.

fob
Free on board – Kosten- und Risikoklausel im Außenhandelsgeschäft. Der Verkäufer trägt alle Kosten und Gefahren der Ware bis zu dem Zeitpunkt, an dem sie über die Reling an Bord des Schiffes gebracht ist. Der Schiffstransport muss vom Kunden organisiert werden. Falls das Schiff sinkt, kann der Käufer den Verkäufer nicht belangen.

Forderungen
Der Gläubiger hat gegenüber dem Schuldner eine Forderung. Zwischen ihnen besteht ein Schuldverhältnis, der Schuldner muss dem Gläubiger das Entgelt für eine bereits erbrachte Leistung zahlen. Forderungen sind in der Bilanz auf der Aktivseite ausgewiesen.

Forfaitierung
Die Forfaitierung ist wie das Factoring ein Finanzierungsgeschäft, bei dem jedoch Auslandsforderungen an ein Finanzierungsinstitut (Forfaiteure) veräußert werden. Im Gegensatz zum Factoring bieten die Forfaiteure keine Serviceleistungen (Fakturierung, Buchhaltung etc.) an.

Franchising
Franchise ist eine Art von Kooperation, eine Vertriebsbindung. Der Franchise-Geber (Hersteller) sucht Franchise-Nehmer (Händler), die gegen ein bestimmtes Entgelt (Franchise-Gebühr) das Recht erwerben, Waren oder Dienstleistungen unter einem einheitlichen Marketingkonzept anzubieten. Der Franchise-Nehmer ist selbstständiger Unternehmer mit eigenem Kapitaleinsatz. Er darf die Erfahrungen, das Marketing und die Organisationsstruktur des Franchise-Gebers nutzen.

Freihandelszone
Zusammenschluss von zwei oder mehr Zollgebieten, zwischen denen die Zölle und die sonstigen den Außenhandel beschränkenden Maßnahmen beseitigt sind. Gegenüber Drittländern behalten die einzelnen Zollgebiete jedoch ihre eigenen Zolltarife. Zwischen den Mitgliedern sind die Handelshemmnisse abgebaut, gegenüber anderen Ländern besteht ein gemeinsamer Zolltarif.

Fremdfinanzierung
Der Teil der Außenfinanzierung, bei dem einem Unternehmen Fremdkapital zugeführt wird. Das können langfristige Schuldverschreibungen sein, aber auch alle Formen der kurzfristigen Fremdfinanzierung, wie beispielsweise Wechsel- und Lombardkredite, Lieferantenkredite, Factoring, Forfaitierung und Leasing.

Fremdkapital
Das Fremdkapital dient der Finanzierung des Unternehmensvermögens, der Fremdkapitalgeber ist an der Unternehmung allerdings nicht beteiligt, sondern überlässt das Kapital nur verzinst und befristet.

Führungsstil
Die Art und Weise, wie in einem Unternehmen der Wille der Unternehmensleitung gegenüber den eigenen Mitarbeitern durchgesetzt wird, bezeichnet man als Führungsstil. Dieser hat eine große Bedeutung für die Motivation der Mitarbeiter und deren Identifikation und Bindung an das Unternehmen und somit auch auf die Effizienz des Arbeitseinsatzes. Dabei werden im Wesentlichen fünf Führungsstile unterschieden, wobei der kooperative als der zeitgemäßeste gilt:

1. **Patriarchalischer Führungsstil:** Leitbild ist die Vaterfigur, die absolute Autorität innerhalb einer Familie für sich beansprucht. Der Führungsanspruch ist aber an eine Treue- und Versorgungspflicht gekoppelt.
2. **Charismatischer Führungsstil:** Charisma ist die Gabe, andere Menschen durch die eigene Ausstrahlungskraft zu führen. Ähnlich wie der Patriarch erhebt der Charismatiker einen absoluten Führungsanspruch, der sich aus dem Charisma ableitet und nicht an Pflichten gebunden ist.
3. **Autokratischer Führungsstil:** Im Gegensatz zu den ersten beiden Führungsstilen geht es hier weniger um die Person des Autokraten, sondern um den Apparat, mit dessen Hilfe er Disziplin und Gehorsam durchsetzen lässt und das Gebilde zusammenhält.
4. **Bürokratischer Führungsstil:** Die Weiterentwicklung des autokratischen Stils, wobei die Willkür des Autokraten durch ein Legalität beanspruchendes festes Regelwerk und die Betonung fachlicher Kompetenz ersetzt wird.

5. Kooperativer Führungsstil: Dieser Führungsstil unterscheidet sich von den anderen vor allem dadurch, dass die Geführten in den Entscheidungsprozess eingebunden werden und einen Teil der Führung selbst übernehmen. Das kann von bloßer Anhörung bis zu demokratischer Mitbestimmung reichen.

GbR
Die Gesellschaft bürgerlichen Rechts ist ein Zusammenschluss mehrerer Personen auf Grundlage eines Gesellschaftsvertrags, in dem die Gesellschafter Zweck und Ziel des Zusammenschlusses festlegen.
Die Gesellschafter haften in einer GbR persönlich und gesamtschuldnerisch mit ihrem gesamten Vermögen. Die BGB-Gesellschaft hat rechtlich keinen eigenen Firmennamen.

Gemeinkosten
Gemeinkosten können den einzelnen Kostenstellen nicht direkt zugerechnet werden, wie beispielsweise Lagerhaltungskosten, Büromaterialkosten oder Marketingkosten, sondern müssen anteilsmäßig verteilt werden.

Gerichtsstand
Der Gerichtsstand ist der Ort, an dem geklagt werden kann, wenn der Schuldner seinen Verpflichtungen nicht nachkommt.

Gesellschaft mit beschränkter Haftung (GmbH)
Eine GmbH ist eine Kapitalgesellschaft mit eigener Rechtspersönlichkeit (juristische Person), deren Haftung auf das Stammkapital von mindestens 50.000 DM beschränkt ist. Der bzw. die Geschäftsführer haften nur bei Fahrlässigkeit persönlich (auch mit ihrem Privatvermögen).

Gewährleistung
Beim Kauf- und Werkvertrag muss für etwaige Mängel der verkauften oder hergestellten Ware eingestanden werden. Dazu ist der Schuldner gesetzlich verpflichtet, der Kunde kann Wandlung oder Minderung (Nachbesserung bei Werklieferung) verlangen.

Gewinn-und-Verlust-Rechnung (GuV)
In der Gewinn-und-Verlust-Rechnung (GuV) werden Aufwendungen und Erträge eines Betriebes gegenübergestellt. Die GuV trägt zur Ermittlung des Unternehmensergebnisses bei und wird deshalb auch Erfolgsrechnung, -bilanz, Ertragsbilanz, Ergebnisrechnung, Umsatzrechnung oder Aufwands-und-Ertrags-Rechnung genannt.

Gewinnrücklagen
Gewinnrücklagen werden von Kapitalgesellschaften gebildet. Es dürfen jedoch nur Beträge ausgewiesen werden, die im laufenden Geschäftsjahr oder einem früheren Geschäftsjahr aus dem Jahresüberschuss gebildet worden sind.

Grundkapital
Das Aktienkapital einer Aktiengesellschaft wird als Grundkapital bezeichnet. Es entspricht zahlenmäßig dem Nennwert aller ausgegebenen Aktien. Bei einer Kapitalgesellschaft wie der GmbH spricht man hingegen von Stammkapital.

Gute Sitten
Rechtsbegriff aus dem Bürgerlichen Gesetzbuch (§ 138), der die herrschenden moralischen Grundanschauungen für die Beurteilung eines Sachverhaltes heranzieht. Was eine »gute Sitte« ist, unterliegt dem Wandel der Zeiten.

Handelsbilanz
Die Handelsbilanz wird für die Gesellschafter, für Gläubiger, Belegschaft, potenzielle Anleger oder Kreditgeber und die Wirtschaftspresse erstellt. Die Aufgliederung der verschiedenen Bilanzpositionen und die Vorschriften für deren Bewertung ergeben sich aus dem Handelsrecht (Grundsätze ordnungsgemäßer Buchführung und Bilanzierung) und unterliegen anderen Bestimmungen als die Steuerbilanz.

Handelsregister
Das Handelsregister ist ein öffentliches Verzeichnis, in dem die rechtlichen Verhältnisse der Handelsgewerbe aufgezeichnet sind. Es besteht aus den Abteilungen A: Einzelkaufleute und Personengesellschaften, B: Kapitalgesellschaften. Das Handelsregister enthält insbesondere Angaben über die Firma und den Sitz der Unternehmung, über Haftungsverhältnisse und über die zur Vertretung der Gesellschaft berechtigten Personen. Die Einsicht in das Handelsregister ist jedem gestattet. Die Kapitalgesellschaften haben außerdem ihre Jahresabschlüsse beim Handelsregister einzureichen.

Handelsspanne

Die Handelsspanne ist die Differenz zwischen Einstandspreis (Einkaufspreis zuzüglich Bezugskosten) und Verkaufspreis einer Ware im Handelsbetrieb. Sie wird üblicherweise in Prozent des Verkaufspreises (inkl. Umsatzsteuer) ausgedrückt.

Harte Währung

Eine harte Währung ist eine Währung, die frei konvertierbar (in andere Währungen frei tauschbar) ist und nicht zur Abwertung, sondern eher zur Aufwertung neigt. Das Gegenteil ist eine weiche Währung.

Hauptversammlung

Eine Hauptversammlung ist eine Versammlung aller Aktionäre, die mindestens einmal jährlich abzuhalten ist. Hier werden z. B. Vorstand und Aufsichtsrat entlastet, Beschlüsse über die Verwendung des Gewinns und über Änderungen der Satzung gefasst und der Aufsichtsrat gewählt. In anderen Fällen (z. B. bei der GmbH) spricht man von der Gesellschafterversammlung.

Hausse

Hausse bezeichnet den Zustand spürbarer Kurssteigerungen an der Börse über einen längeren Zeitraum.

HGB

Das Handelsgesetzbuch wurde 1897 erlassen und trat 1900 in Kraft. Es ist die wichtigste handelsrechtliche Gesetzesgrundlage und gliedert sich in vier Bücher (Handelsstand, Handelsgesellschaften und stille Gesellschaft, Handelsgeschäfte und Seehandel). Das HGB wurde mehrfach stark abgewandelt, die letzte Novellierung trat zum 1. Juli 1998 in Kraft und brachte bedeutende Veränderungen beim Kaufmanns- und Firmenrecht mit sich.

Illiquidität

Die flüssigen Mittel und leicht liquidierbaren Vermögensgegenstände einer Unternehmung reichen nicht aus, um die fälligen Verbindlichkeiten zu bezahlen. Lässt sich dieser Zustand nicht beheben, droht Zahlungsunfähigkeit, die Geschäfte können nicht weitergeführt werden.

Incentive

Aus dem Englischen eingebürgerter Begriff für einen geldwerten Anreiz, um beispielsweise Kunden oder Mitarbeiter zu motivieren. Da gerade besser bezahlte Mitarbeiter über zusätzliches Geld, von dem sie aufgrund der hohen Besteuerung nicht allzu viel sehen, nicht mehr genügend motiviert werden können, greift man auf Mittel wie Sonderreisen und Ausflüge zurück, die sich vom Arbeitgeber als Betriebsausgaben absetzen lassen.

Inflation

Die gesamtwirtschaftliche Nachfrage übersteigt das gesamte Angebot bei gegebenen Preisen. Damit geht häufig eine Geldmengenerhöhung oder eine erhöhte Umlaufgeschwindigkeit des Geldes einher. Die hohe Nachfrage führt zu Preissteigerungen und zu einer Verschlechterung des Geldwertes.

Innenfinanzierung

Bei der Innenfinanzierung wird Kapital innerhalb des Unternehmens beschafft. Dabei wird beispielsweise Kapital aus Gewinnrücklagen wieder in das Unternehmen investiert.

Instandhaltungskosten

Instandhaltungskosten sind diejenigen Kosten, die von einer Unternehmung aufgebracht werden müssen, damit der Betrieb in einem einsatzfähigen Zustand bleibt. Zur Instandhaltung zählen folgende Posten: die Kosten für Wartung, Inspektion und Instandsetzung des Gebäudes.

Inventur

Bei der Inventur handelt es sich um die Ermittlung der Bestände eines Unternehmens. Das betrifft ebenso das Vermögen (z. B. Roh-, Hilfs-, Betriebsstoffe, Anlagegegenstände) wie auch die Schulden. Die durch Messen, Wiegen, Zählen ermittelten Bestände werden dann in einem Inventar (Bestandsverzeichnis) zusammengefasst.

Jahresabschluss

Nach den handelsrechtlichen Vorschriften müssen alle Kaufleute eine Jahresbilanz und eine Gewinn-und-Verlust-Rechnung aufstellen. Der Jahresabschluss muss den Grundsätzen ordnungsmäßiger Buchführung entsprechen. Auszuweisen sind sämtliche Vermögensgegenstände, Schulden, Rechnungsabgrenzungsposten, Aufwendungen und Erträge. Der Jahresabschluss ist vom Kaufmann bzw. dem persönlich haftenden Gesellschafter zu unterzeichnen und zehn Jahre aufzubewahren.

Jahresüberschuss

Der Jahresüberschuss ist die letzte Position in der Gewinn-und-Verlust-Rechnung einer Kapitalgesellschaft. Er ergibt sich als positive Differenz zwischen den Erträgen und den Aufwendungen des entsprechenden Geschäftsjahres.
Bei der Ermittlung des Jahresüberschusses werden Gewinn- und Verlustvortrag, Entnahmen aus und Einstellungen in Rücklagen nicht berücksichtigt, denn der Jahresüberschuss der Gesellschaft ist bereits um die Steuern gemindert.

Joint Venture

Ein Joint Venture ist eine Zusammenarbeit zwischen Unternehmen, häufig mit der Zielsetzung, ein oder mehrere Projekte gemeinsam zu realisieren.
Alle Formen der Kooperationen sind bei einem Joint Venture möglich, d. h. Lizenzvergabe, Vertragsmanagement, Vertragsfertigung und Gemeinschaftsunternehmen.

Juristische Person

Eine juristische Person kann eine Personenvereinigung oder eine Vermögensmasse mit vom Gesetz anerkannter rechtlicher Selbstständigkeit sein. Im Privatrecht sind juristische Personen z. B. eingetragene Vereine, Aktiengesellschaften, Gesellschaften mit beschränkter Haftung oder eingetragene Genossenschaften. Im öffentlichen Recht handelt es sich um Körperschaften des öffentlichen Rechts wie z. B. Staat, Gemeinden oder öffentliche Sparkassen.

Just-in-time-Prinzip

Ablaufverfahren bei der Warenproduktion, wonach auf Vorratshaltung verzichtet wird, sondern die benötigten Teile erst kurz vor ihrem Verbrauch geliefert werden. Der größere Organisationsaufwand wird durch Kapitaleinsparungen in der Lagerhaltung mehr als wettgemacht. Vor allem in der Autoindustrie gebräuchliches Verfahren.

Kalkulatorische Kosten

Die Kosten eines Unternehmers, denen zwar kein realer Geldabfluss gegenübersteht, die aber bei der Preisgestaltung berücksichtigt werden müssen, um zu einem richtigen Ergebnis zu kommen. Dazu gehören beispielsweise die kalkulatorische Miete bei abbezahlten Gebäuden, der kalkulatorische Unternehmerlohn und die kalkulatorische Risikovergütung.

Kapitalerhöhung

Allgemein: Eine Kapitalerhöhung ist eine Maßnahme zur Finanzierung einer Unternehmung, dabei wird das Eigenkapital erhöht. Bei Personengesellschaften erfolgt die Kapitalerhöhung durch den Nichtverbrauch von Reingewinnen oder durch zusätzliche Kapitaleinlagen bisheriger oder neuer Gesellschafter. Bei der Aktiengesellschaft (Kapitalgesellschaft) erhöht sich das Grundkapital durch die Ausgabe neuer Aktien. Finanziert wird dies entweder durch Zufluss neuer Mittel oder durch Finanzierung aus Rücklagen. Die Gesellschaften mit beschränkter Haftung erhöhen ihr Stammkapital entweder nominal durch die Vergrößerung einzelner Stammanteile, durch Nachschüsse (u. a. Gesellschafter erbringen Geldleistungen über die Einlage hinaus) oder aus Gesellschaftsmitteln (Kapital- oder Gewinnrücklagen).

Kapitalgesellschaft

Kapitalgesellschaften sind stets Handelsgesellschaften. Im Gegensatz zu Personengesellschaften steht die kapitalmäßige Beteiligung der Gesellschafter im Vordergrund. Eine Beteiligung ohne Kapitaleinlage ist nicht möglich, eine persönliche Mitarbeit der Gesellschafter nicht erforderlich. Die Rechtsform einer Kapitalgesellschaft ist die der juristischen Person.

Kapitalrücklage

Die Kapitalrücklage enthält die Eigenkapitalanteile einer Kapitalgesellschaft, die von den Gesellschaftern neben dem Grundkapital (AG) oder dem Stammkapital (GmbH) von außen zugeführt wurden.

Kartell

Das Kartell stellt eine vertragliche Absprache zwischen rechtlich und kapitalmäßig voneinander unabhängigen Unternehmen dar, die sich auf der Produktionsstufe horizontal zueinander befinden. Ein klassisches Kartell sind die (inoffiziellen, da verbotenen) Preisabsprachen der Mineralölkonzerne. Kartellabsprachen können sich aber auch auf Geschäftsbedingungen, die Produktion und den Absatz beziehen.

Kaufkraft

Als Kaufkraft wird die Geldsumme bezeichnet, die einem Einwohner (Wirtschaftssubjekt) pro betrachtete Zeiteinheit zur Verfügung steht. Dazu zählt das Einkommen zuzüglich eines aufgenommenen Kredits abzüglich zu tilgender Schulden.

Kaufvertrag

Der Kaufvertrag ist ein gegenseitiger Vertrag zwischen Käufer und Verkäufer. Der Käufer verpflichtet sich zur Zahlung des Kaufpreises und der Verkäufer zur Übereignung einer Sache (Sachkauf) oder Übertragung eines Rechts (Rechtskauf). Wird ein Kaufvertrag zwischen Kaufleuten geschlossen, handelt es sich um einen so genannten Handelskauf, der besonderen Vorschriften unterliegt.

Know-how

Know-how ist Spezialwissen aus betrieblichen oder technischen Erfahrungen, ein Vermögenswert ohne Rechtscharakter. Know-how kann einem anderen Betrieb, ähnlich wie eine Lizenz, zur Verfügung gestellt werden. Zahlt der Betrieb für den Erhalt des Know-how, ist der Betrag wie Anschaffungskosten eines immateriellen Wirtschaftsgutes in der Handels- und Steuerbilanz aktivierungspflichtig.

Kommanditgesellschaft (KG)

Die KG ist eine Personengesellschaft, deren Zweck der Betrieb eines Handelsgewerbes unter gemeinschaftlicher Firma ist. Sie besteht aus einem oder mehreren persönlich haftenden Gesellschaftern (Komplementären) und mindestens einem Gesellschafter (Kommanditist), dessen Haftung gegenüber den Gläubigern auf den Betrag der Kommanditeinlage beschränkt ist. Auch juristische Personen können Kommanditist oder Komplementär sein. Die Geschäfte führt der Komplementär, der Kommanditist hat nur bei außergewöhnlichen Geschäften ein Widerspruchsrecht.

Kommanditgesellschaft auf Aktien (KGaA)

Die KGaA ist eine Mischform von Kommanditgesellschaft und Aktiengesellschaft, d. h., in ihrer Rechtsform sind Elemente einer Personengesellschaft und einer Kapitalgesellschaft vereint. Die KGaA ist eine juristische Person, hat also eine eigene Rechtspersönlichkeit. Mindestens ein Gesellschafter (Komplementär) haftet persönlich mit seinem ganzen Vermögen, die anderen (Kommanditisten, Kommandit-Aktionäre) haften nur mit ihrer Einlage, die durch die Aktie verbrieft ist.

Kommissionär

Ein Kommissionär ist ein selbstständiger Kaufmann. Er kauft oder verkauft gewerbsmäßig im eigenen Namen Waren oder Wertpapiere für Rechnung eines anderen (Kommittenten). Der Kommissionär ist verpflichtet, im Interesse seines Auftraggebers zu handeln und dessen Anweisungen auszuführen. Für seine Arbeit erhält der Kommissionär eine Provision.

Konkurs

Der Konkurs ist ein gerichtlich angeordnetes Zwangsverfahren über das Vermögen eines zahlungsunfähigen Schuldners. Gründe für einen Konkurs können Zahlungsunfähigkeit, bei Kapitalgesellschaften auch Überschuldung sein. Zu einem Konkursantrag berechtigt sind der Schuldner und jeder Konkursgläubiger. Antragsverpflichtet sind der Vorstand der AG oder Genossenschaft, die Geschäftsführung bei der GmbH und die Vertreter von Personengesellschaften.

Kontokorrentkredit

Die häufigste Form des kurzfristigen Bankkredits im Privat- und im Geschäftsleben ist der Kontokorrentkredit. Er beinhaltet die Erlaubnis seitens der Bank, bis zu einer bestimmten (vereinbarten) Höhe, das Girokonto bei der Bank zu überziehen, um kurzfristig die Zahlungsbereitschaft zu sichern. Diese Form des Kredits unterliegt jedoch einem sehr hohen Zinssatz (über zwölf Prozent), so dass er wirklich nur kurzfristig und in äußersten Notfällen in Anspruch genommen werden sollte.

Konsolidierung

In der Betriebswirtschaft bedeutet Konsolidierung die Umwandlung von Schulden in Eigenkapital oder langfristige Verbindlichkeiten.

Lagebericht

Jede Kapitalgesellschaft ist verpflichtet, zusätzlich zum Jahresabschluss einen Lagebericht aufzustellen. Im Lagebericht müssen zumindest der Geschäftsverlauf und die Lage der Kapitalgesellschaft dargestellt werden. Außerdem sollte der Lagebericht auch auf besondere Begebenheiten, die voraussichtliche Entwicklung der Kapitalgesellschaft und den Bereich Forschung und Entwicklung eingehen.

Leasing

Bei einem Leasinggeschäft kauft der Leasinggeber ein bestimmtes Investitions- oder Konsumgut und überlässt es für eine vertraglich festgelegte Leasingdauer gegen eine monatliche Leasingrate (zuzüglich Mehrwertsteuer) dem Leasingnehmer. Manche Verträge beinhalten nach Abschluss der Leasingdauer eine Kaufoption des Leasinggegenstandes. Vorteil für den Leasingnehmer: Er muss betrieblich genutzte teure Wirtschaftsgüter nicht kaufen und bindet somit kein Kapital. Im Gegensatz zur Miete hat er jedoch weniger Rechte und mehr Pflichten, z. B. alle Instandhaltungspflichten.

Lieferantenkredit
Eigentlich handelt es sich bei einem Lieferantenkredit weniger um einen Kredit, da keine Zinsen verlangt werden, sondern eher um ein verlängertes Zahlungsziel. Er ist folglich mit dem »Anschreiben« beim Lebensmittelhändler oder in der Kneipe vergleichbar.

Lineare Abschreibung
Die lineare Abschreibung (AfA) ist die einfachere Abschreibungsmethode. Der Kaufpreis wird dabei durch die Nutzungsdauer in Jahren geteilt, wobei es für das erste Abschreibungsjahr wichtig ist, dass die Anschaffung vor dem 1. Juli des laufenden Jahres getätigt wurde. Ein 10.000 DM teurer Wagen, der über fünf Jahre genutzt wird, kann folglich mit 2.000 DM pro Jahr abgeschrieben werden.

Liquidität
Unter Liquidität versteht man die Fähigkeit einer Unternehmung, allen Zahlungsverpflichtungen (z. B. Kredite, Löhne und Gehälter) jederzeit termingerecht und betragsgenau nachzukommen.

Lizenz
Eine Lizenz gibt dem Lizenznehmer die Befugnis, ein (patentiertes) Recht eines anderen (Lizenzgeber) gewerblich zu nutzen. Dabei kann es sich um Erfindungen, Gebrauchsmuster, Warenzeichen, technisches oder kaufmännisches Know-how handeln.

Lohnfortzahlung
Versicherte Arbeitnehmer, die wegen Krankheit arbeitsunfähig sind, haben gegenüber dem Arbeitgeber einen Anspruch auf Lohnfortzahlung von bis zu sechs Wochen.

Lombardsatz
Zinssatz auf die Beleihung von Wertpapieren, der von der Zentralbank festgelegt wird. Der Lombardsatz fungiert als 2. Leitzins nach dem Diskontsatz, den er in der Regel um einen Prozentpunkt übersteigt.

Make or buy
Make or buy beschreibt das Entscheidungsproblem, ob ein Unternehmen ein Produkt selbst herstellt (Eigenproduktion) oder fremdbezieht (Fremdbezug). Zur Entscheidung werden die Kriterien Kosten, Liquidität, Zeit und Qualität begutachtet.

Management
Management ist ein angloamerikanischer Ausdruck für die Leitung eines Unternehmens. Im deutschen betriebswirtschaftlichen Sprachgebrauch hat sich der Begriff etabliert. Als Manager können diejenigen Mitarbeiter bezeichnet werden, die leitende Aufgaben im Unternehmen erfüllen und entsprechend die Interessen des Unternehmens als Arbeitgeber gegenüber der Arbeitnehmerschaft vertreten.

Marketing
Der Begriff »Marketing« kommt aus dem angelsächsischen Sprachraum und ersetzte die deutschen Bezeichnungen Absatzwirtschaft, -theorie und -politik. Marketing kann als eine marktorientierte unternehmerische Denk- und Handlungsweise bezeichnet werden. Die dynamische Entwicklung auf den Märkten und die angestrebte Erfüllung der Kundenwünsche machen eine Erkundung der aktuellen Nachfragesituation notwendig. Dies ist das Hauptanliegen eines Marketingkonzeptes.

Marktforschung
Tätigkeit, die auf die Ermittlung von Informationen über das Marktgeschehen abzielt. Zu den Gebieten der Marktforschung zählen die Absatzforschung, die Konkurrenzanalyse und die Erstellung von Zukunftstrends. Man unterscheidet die Primärforschung mit Hilfe von Befragungen, Beobachtungen und Experimenten von der Sekundärforschung, die lediglich bereits vorhandenes Datenmaterial aufbereitet.

Marktnische
Eine Marktnische ist ein Teilmarkt eines Gesamtmarktes, der entweder durch die vorhandenen Produkte nicht voll befriedigt wird oder mit Produkten bedient wird, die Käuferwünschen nicht entsprechen.

Mindestlohn
Unter Mindestlohn versteht man den durch Gesetz oder Tarifvertrag festgesetzten Lohn, der nicht unterschritten werden darf.

Monopol
Ein Unternehmen wird als Monopol bezeichnet, wenn es auf der Angebotsseite der einzige Verkäufer ist. Typisches monopolistisches Verhalten: Der Anbieter handelt ohne Beachtung möglicher Konkurrenz, der Monopolist bestimmt den Preis und/oder die Menge seines Produkts.

Namensrecht
Das Namensrecht beschreibt das absolute Recht zum ungestörten Gebrauch des Namens und verbietet dessen unbefugten Gebrauch. Der Schutz beschränkt sich jedoch nicht nur auf den Familiennamen, auch der Firmenname ist geschützt. Dabei geht es nicht nur um den Namen als Bestandteil der Firma des Einzelkaufmanns, auch der vom bürgerlichen Namen abweichende Firmenname des Einzelkaufmanns der oHG, der KG sowie der Name der juristischen Person wie z. B. AG oder GmbH unterliegen dem Schutz.

Netto
Netto bezeichnet im kaufmännischen Sprachgebrauch einen Betrag nach Abzug der Steuern, z. B. Nettogewinn. Als Nettoangabe auf Verpackungen bezieht es sich auf das Gewicht der eigentlichen Ware abzüglich der Verpackung.

Niederlassung
Die Niederlassung ist der Ort, an dem ein Unternehmen geführt wird. Die Niederlassung ist Erfüllungsort für Geschäftsschulden und Gerichtsstand für alle den Gewerbebetrieb betreffenden Klagen.

Niederstwertprinzip
Grundsatz aus der handels- und steuerrechtlichen Bewertung von Vermögensgegenständen, wonach immer der niedrigere Wert zwischen Anschaffungs- und Marktwert in der Bilanz angesetzt werden muss.

Normalkosten
Normalkosten sind vergangenheitsorientierte Durchschnittskosten. Sie werden ermittelt, indem man den Durchschnitt aus den Istkosten verschiedener Abrechnungszeiträume bildet. Das Verfahren dient der Kostenkontrolle und der Vorgabe zukünftiger Kosten.

Nutzungsdauer
Die Nutzungsdauer eines Wirtschaftsgutes (s. AfA-Tabellen) legt für Ertragsteuerzwecke die jeweilige Abschreibungsdauer fest. Die Abschreibung ist die Verteilung der Anschaffungs- oder Herstellungskosten des Vermögensgegenstandes auf die jeweilige Nutzungsdauer. Gebrauchte und kurzlebige Wirtschaftsgüter haben eine kürzere Nutzungsdauer als neuwertige und werden somit schneller (in höheren AfA-Sätzen) abgeschrieben.

Obligo
Im kaufmännischen Sprachgebrauch bedeutet Obligo so viel wie Verpflichtung oder Verbindlichkeit. Obligo kann auch übersetzt werden mit Gewähr, so z. B. in der Freizeichnungsklausel »ohne Obligo«.

Offenbarungseid
Der Offenbarungseid ist eine vom Schuldner im Rahmen der Zwangsvollstreckung abgegebene eidesstattliche Versicherung, dass ein von ihm vorgelegtes Vermögensverzeichnis vollständig und richtig ist.

Offene Handelsgesellschaft (oHG)
Die oHG ist eine Personengesellschaft, deren Zweck auf den Betrieb eines Handelsgewerbes unter gemeinschaftlicher Firma gerichtet ist. Die Gesellschafter einer oHG haften unmittelbar und unbeschränkt mit ihrem vollen Vermögen für die Gesellschaftsschulden. Die oHG ist keine rechtsfähige Gesellschaft und keine juristische Person.

Ohne Gewähr
»Ohne Gewähr« ist eine Handelsklausel, die besagt, dass der Verkäufer oder Versender nicht für Qualität, Versendungstermin und andere Vertragsvereinbarungen garantiert.

Ökologische Produkte
Der Begriff »Ökologie« wird häufig als Synonym für Umwelt bzw. Umweltschutz verwendet. Ökologische Produkte wurden entsprechend auf natürliche und umweltfreundliche Art und Weise gewonnen und behandelt.

Ökonometrie
Mit Hilfe der Ökonometrie werden ökonomische Probleme gelöst. Die Ökonometrie ist ein Zweig der Wirtschaftswissenschaften, sie besteht aus Wirtschaftstheorie, Mathematik und Statistik. Unter Anwendung der Ökonometrie werden theoretische Überlegungen empirisch und zahlenmäßig überprüft.

Oligopol
Eine Oligopol liegt vor, wenn sich entweder wenige Anbieter und viele kleine Nachfrager oder viele kleine Anbieter und wenige Nachfrager gegenüberstehen. Auf einem oligopolistischen Markt muss der Marktteilnehmer damit rechnen, dass er Einfluss auf den Markt hat. Deshalb müssen oligopolistische Marktteilnehmer bei ihren Entscheidungen die Reaktionen der ihnen bekannten Wettbewerber berücksichtigen.

Outsourcing
Outsourcing beschreibt die teilweise oder vollständige Ausgliederung von Funktionen und Organisationseinheiten aus einem Unternehmen. So kann z. B. die Buchhaltung einer Unternehmung von einer Fremdfirma übernommen werden, die Abteilung Buchhaltung wäre somit ausgelagert.

Passiva
Die Passiva, die auf der so genannten Passivseite einer Bilanz erfasst werden, stellen die Kapitalquellen einer Unternehmung dar, mit denen es seine Vermögensbestände finanziert.
Zu den Passiva gehören das Eigenkapital (Grundkapital und Rücklagen) und das Fremdkapital (Rückstellungen, Verbindlichkeiten, aufgegliedert nach der Verweildauer im Unternehmen) sowie der Bilanzgewinn, sofern einer erwirtschaftet wurde.

Personengesellschaft
Eine Personengesellschaft ist stets ein Zusammenschluss von mindestens zwei Personen zur Verwirklichung eines bestimmten Zwecks in der Rechtsform der Gesellschaft. Eine Personengesellschaft ist eine Gesellschaft des bürgerlichen Rechts.
Im Gegensatz zur Kapitalgesellschaft ist die Personengesellschaft keine juristische Person, hier steht nicht die Kapitalbeteiligung, sondern die Person als Gesellschafter im Vordergrund. Die Gesellschafter arbeiten grundsätzlich mit und haften persönlich mit ihrem Vermögen.

Polypol
Markt, der auf der Angebotsseite durch eine Vielzahl von Anbietern gekennzeichnet ist und ein entsprechendes Konkurrenzverhalten sicherstellt.
Ist auch auf der Nachfrageseite eine Vielzahl von Kunden vorhanden, spricht man von einem gegenseitigen Polypol.

Portfolio
Mit Portfolio (auch Portefeuille) wird der Bestand von Wechseln oder Wertpapieren eines Anlegers, eines Unternehmens oder einer Bank bezeichnet.

Preisdifferenzierung
Eine Preisdifferenzierung liegt vor, wenn der Anbieter für völlig gleiche Produkte, die die gleichen Kosten verursachen, verschiedene Preise fordert. Eine Preisdifferenzierung kann aus unterschiedlichen Absatzbedingungen und/oder verschiedenen Zielgruppen resultieren. Es müssen aber entsprechende Marktbarrieren vorhanden sein.

Produkthaftung
Mit Produkthaftung (Produzentenhaftung) wird die Haftung des Herstellers für Folgeschäden aus der Benutzung seiner Produkte bezeichnet. Eine Produkthaftung kann gefordert werden, wenn bei bestimmungsgemäßem Gebrauch Fabrikations-, Instruktions-, Konstruktions- oder Überwachungsfehler vorliegen. Der Produzent haftet entsprechend nur dann für Produktschäden, wenn der Mangel von ihm verschuldet ist. Will er nicht für diesen Schaden haften, steht er allerdings in der Beweispflicht, dass ihn keinerlei Verschulden trifft.

Produktlebenszyklus
Die wichtigste Aufgabe der Produktpolitik ist die Entwicklung neuer absatztauglicher Produkte sowie die Betreuung und Weiterentwicklung am Markt vorhandener Produkte. Zur Beschreibung des Weges, den ein Produkt von der Markteinführung bis zum Marktaustritt geht, sowie zur Analyse der Marktsituation eines Produktes hat sich der (ideale) Produktlebenszyklus als sehr geeignet herausgestellt. Mit ihm können zudem die Umsatz- und die Gewinnentwicklung dargestellt werden. Dabei werden fünf Phasen unterschieden:
1. **Einführungsphase:** Zunächst gilt es die Widerstände der Verbraucher zu überwinden. Viel Werbung und ein großer Vertriebsaufwand sind erforderlich, um das Produkt am Markt bekannt zu machen und zu etablieren. Umsatz: steigend, Gewinn: null.
2. **Wachstumsphase:** Sobald das Produkt bekannt und in den Regalen präsent ist, setzt die Nachfrage verstärkt ein. Umsatz und Gewinn steigen in dieser Phase.

3. **Reifephase:** Das Produkt ist etabliert, und die Konkurrenz hat sicher mit entsprechenden Gegenmaßnahmen auf Ihren Erfolg reagiert. Eine Differenzierung des Produktes kann zu dieser Zeit neue Kundengruppen erschließen. Umsatz und Gewinn sind konstant bis leicht steigend.
4. **Sättigungsphase:** Die Nachfrage nach Ihrem Produkt stagniert oder ist leicht rückläufig, da die Erstnachfrage einer Ersatznachfrage gewichen ist. Spätestens zu dieser Zeit sollten Sie einen Relaunch starten. Umsatz und Gewinn sind konstant bis rückläufig.
5. **Degenerationsphase:** Neue und bessere Produkte oder Produktversionen sind auf dem Markt präsent und führen dazu, dass die Nachfrage deutlich sinkt, so dass das Produkt vom Markt genommen werden muss, sofern ein Relaunch nicht in Frage kommt. Umsatz und Gewinn sind rückläufig.

Profit Center
In Unternehmen mit einer diversifizierten Produktpalette ist die Spartenorganisation die übliche Organisationsform. Statt von Sparten wird in diesem Zusammenhang auch von Ergebniseinheiten (Profit Centern) gesprochen, die eigenständig für die Leistungen und Kosten ihrer Teileinheit verantwortlich sind.

Prokura
Umfassende Vertretungsbefugnis eines Handelsgeschäftes nach außen. Der so genannte Prokurist erhält die Befugnis durch Übertragung durch den oder die Gesellschafter, die Vollkaufleute sein müssen. Er ist ermächtigt, alle Arten von Rechtsgeschäften, die zum Gegenstand der Handelsunternehmung gehören, vorzunehmen. Ausnahmen gelten nur für Grundstücksgeschäfte und Handlungen, die der Inhaber persönlich vornehmen muss, wie etwa den Eintrag in das Handelsregister.

Protektionismus
Außenhandelspolitik, die inländische Produzenten durch Zölle und Einfuhrbeschränkungen vor ausländischer Konkurrenz abschirmt. Führt insgesamt zu einem Wohlstandsverlust, da effizientere Anbieter vom Markt gedrängt werden.

Public Relations (PR)
Mit Hilfe von Public Relations (Öffentlichkeitsarbeit) soll das Ansehen des Unternehmens in der Öffentlichkeit gefördert und Interesse bei der jeweiligen Zielgruppe geweckt werden. Eine Richtlinie für die konkrete Umsetzung gibt es nicht. So werden Maßnahmen aus den Bereichen Werbung, Marketing, Propaganda, Journalismus und Information angewendet.

Rechnungsabgrenzung
Die Rechnungsabgrenzung erfolgt in der Regel sowohl auf der Aktiv- als auch auf der Passivseite der Bilanz. Beide Posten dienen dazu, den Erfolg einer Rechnungsperiode (z. B. Geschäftsjahr) von dem anderer Perioden zu trennen, um ein möglichst genaues Bild zu gewinnen.

Relaunch
Relaunch bezeichnet die Strategie zur Um- und Neugestaltung eines Produktes. Dabei kann das Produkt erfolgreich sein, dann wird die neue Produktgestaltung üblicherweise zur »Lebensverlängerung« des Produktes vorgenommen. Aber auch der »Flop«, der dazu veranlasst, das Produkt kurzfristig vom Markt zurückzuziehen und zu einem späteren Zeitpunkt in veränderter Form wieder in den Markt einzuführen, kann der Grund für den Relaunch sein.

Rentabilität
Die Rentabilität drückt aus, wie sich das in ein Unternehmen investierte Kapital verzinst. Man unterscheidet die Gesamt- und die Eigenkapitalrentabilität.

Restwert
Der Restwert ist der verbleibende Buchwert, der sich aus der Differenz zwischen Anschaffungswert und bisher vorgenommenen Abschreibungen ergibt. Der Restwert erscheint bei direkter Abschreibung als Aktivum in der Bilanz.

Rezession
Nicht ausgelastete Kapazitäten in den Betrieben und hohe Arbeitslosigkeit sind für diese Phase des Konjunkturzyklus typisch. In der Rezession verlangsamen sich die Preissteigerungen.

Rücklagen
Rücklagen sind Reserven in der Form von Eigenkapital auf der Passivseite der Bilanz, denen keine gesonderten Gegenposten auf der Aktivseite gegenüberstehen (Ausnahme: Rücklage für eigene Anteile). Rücklagen werden üblicherweise durch sämtliche Vermögensge-

genstände gedeckt. Es wird unterschieden zwischen offenen Rücklagen (diese werden auf gesonderten Rücklagenkonten bilanziert) und stillen Rücklagen (diese tauchen bei der Jahresbilanz nicht auf).

Rückstellungen
Nach dem Handelsrecht sind Rückstellungen Verbindlichkeiten, Verluste oder Aufwendungen, die hinsichtlich ihrer Entstehung oder Höhe ungewiss sind. Sie werden gebildet, damit zukünftige Ausgaben den Perioden ihrer Verursachung zugerechnet werden können.

Saldo
Der Saldo ist ein Begriff aus der Buchhaltung. Er bezeichnet den Unterschiedsbetrag, der sich durch Aufrechnung zwischen Soll- und Habenseite eines Kontos ergibt. Der Saldo wird als Ausgleichsposten auf die niedrigere Kontoseite gesetzt.

Scheinselbstständigkeit
Falls Sie als Unternehmer Aufgaben nach außen vergeben (Stichwort Outsourcing), dabei aber den Subunternehmer vertraglich so eng an sich binden, dass er einem Arbeitnehmer bei Ihnen gleichkommt, dann handelt es sich um Scheinselbstständigkeit. Die rechtliche Folge: Der Scheinselbstständige kann einen festen Arbeitsplatz bei Ihnen einklagen (und würde ihn vor einem deutschen Arbeitsgericht bekommen).

Skonto
Ein Skonto ist ein prozentualer Nachlass, der vom Kaufpreis gewährt wird. Dies ist jedoch nur dann der Fall, wenn der Betrag bar und binnen einer bestimmten Frist gezahlt wird. Auf die Höhe des gewährten Skontos weisen z. B. folgende Formulierungen auf der Rechnung hin: »Zahlbar in 3 Monaten netto, binnen 1 Monat 2 %, binnen 10 Tagen 3 % Skonto.«

Sonderabschreibungen
Sonderabschreibungen sind steuerrechtlich zulässige Abschreibungen, die als wirtschafts- und sozialpolitisches Steuerungsinstrument eingesetzt werden. Mit der Möglichkeit der Sonderabschreibungen erhält der Steuerpflichtige das Wahlrecht, Teile der zu aktivierenden Anschaffungs- und Herstellungskosten, die eigentlich erst in späteren Perioden durch die Leistungserstellung verzehrt werden, sofort in Abzug zu bringen. Die ertragsteuerliche Bemessungsgrundlage kann damit erheblich gemindert werden. Die Sonderabschreibungen werden zusätzlich zur normalen linearen Abschreibung gewährt (z. B. § 7 g EStG).

Stammeinlage
Die Stammeinlage ist die auf den einzelnen Gesellschafter entfallende Beteiligung am Stammkapital der GmbH. Die Stammeinlage muss mindestens 500 DM betragen, die Beträge der Gesellschafter können unterschiedlich hoch sein, müssen aber stets auf volle 100-DM-Beträge lauten. Der Gesamtbetrag der Stammeinlagen muss mit dem Betrag des Stammkapitals übereinstimmen.

Stammkapital
Das Stammkapital ergibt sich aus der Summe der Geschäftsanteile aller GmbH-Gesellschafter. Die Mindestsumme des Stammkapitals beträgt 50.000 DM. Das Stammkapital dient zur Finanzierung und als Garantiekapital, in der Bilanz der GmbH ist es als gezeichnetes Kapital auszuweisen.

Stelle
Die Stelle ist das Grundelement der Aufbauorganisation. Sie stellt die Zusammenfassung von Teilaufgaben zum Arbeitsbereich einer konkreten Person dar. Dabei gibt es zwei Möglichkeiten, um eine Stelle einzurichten:
1. **Anpassung des Mitarbeiters an die Stelle:** Die Aufgaben der Stelle werden so allgemein gefasst, dass aus einer Vielzahl von Bewerbern ein passender Kandidat gefunden werden kann, der sie optimal ausfüllt.
2. **Anpassung der Stelle an den Mitarbeiter:** Für den Fall, dass für eine besonders schwierig zu erfüllende Teilaufgabe bereits ein zukünftiger Stelleninhaber mit bestimmten Kenntnissen gefunden wurde, kann die übrige Stellenbeschreibung dem Kandidaten angepasst werden. Dies ist aber die Ausnahme, da bei Weggang oder Tod des besonderen Mitarbeiters die gesamte Organisation in Mitleidenschaft gezogen wird.

Steuerbilanz
Die Steuerbilanz wird für die Finanzverwaltung erstellt und ermittelt die Bemessungsgrundlagen für die diversen Unternehmenssteuern. Im Vergleich zur Handelsbilanz werden einige Bilanzpositionen anders bewertet, um eine möglichst gerechte Besteuerung aller Unternehmen zu gewährleisten.

Streuverluste

Bei der Schaltung von Anzeigen in Printmedien oder dem Senden von Fernseh- und Radiospots werden nicht nur die Personen erreicht, die als Zielgruppe für das beworbene Produkt ausgemacht wurden, sondern auch ein Bevölkerungsteil, der als Käufer nicht in Frage kommt (z. B. Katzenfutterwerbung bei Vogelzüchtern). Dieser Teil wird als Streuverluste bezeichnet.

Substanzwert

Der Substanzwert ist der Wert eines Unternehmens, der sich aus der Summe aller einzelnen bilanzierungsfähigen Vermögensteile nach Abzug der Schulden ergibt. Die Bewertung findet zu Tageswerten statt. Der Substanzwert der Unternehmung muss bekannt sein, wenn man ihren Firmenwert (Firmenwert = Unternehmenswert abzüglich Substanzwert) ermitteln will.

Subventionen

Staatliche Finanzhilfen aus öffentlichen Mitteln, die in Verfolgung eines bestimmten wirtschaftsgestaltenden, sozialpolitischen oder kulturellen Zwecks an Privatunternehmen oder Wirtschaftszweige ohne die marktübliche Gegenleistung vergeben werden. Sie werden entweder als nicht rückzahlbare Zuschüsse, zinsgünstige Darlehen, Bürgschaften oder Steuervergünstigungen gewährt. Während Anpassungssubventionen den Strukturwandel abfedern helfen sollen und nur vorübergehend gewährt werden, zielen Erhaltungssubventionen darauf ab, bestehende Strukturen durch dauerhafte Unterstützung zu schützen. Volkswirtschaftlich gesehen verursachen sie Wohlfahrtsverluste, da Ressourcen in eine unrentable Verwendung umgeleitet werden.

Tarifautonomie

Die Tarifautonomie sichert den Gewerkschaften und den Arbeitgeberverbänden das Recht, Tarifverträge frei und unabhängig ohne Einflussnahme von außen (z. B. dem Bundesministerium für Arbeit und Soziales) auszuhandeln und abzuschließen. Über die Allgemeinverbindlichkeitserklärung können die Bestimmungen eines Tarifvertrages auch auf die nicht gewerkschaftlich organisierten Arbeitnehmer ausgedehnt werden.

Tarifbindung

Die Normen eines Tarifvertrages (Normen über Inhalt, Abschluss und Beendigung des Arbeitsverhältnisses) gelten nur für die Tarifgebundenen. Tarifgebunden sind alle Mitglieder der Tarifvertragsparteien und der Arbeitgeber, der tariffähig ist und den Arbeitnehmern eine Tarifgebundenheit in deren Arbeitsverträgen bestätigt. Damit wird der Arbeitgeber selbst zur Partei des Tarifvertrages. Tritt ein Tarifgebundener aus dem vertragschließenden Verband aus, so bleibt die Tarifbindung so lange bestehen, bis der Tarifvertrag endet.

Tantieme

Tantieme ist eine Form der Gewinnbeteiligung. So erhalten Vorstandsmitglieder einer Aktiengesellschaft Tantieme aufgrund der Satzung oder des Anstellungsvertrages. Aufsichtsratsmitglieder erhalten Tantieme aufgrund der Satzung oder auf Beschluss der Hauptversammlung. Garantierte Tantieme ist ein zusätzliches Gehaltsversprechen. Sie ist auch dann auszuzahlen, wenn kein Reingewinn erzielt worden ist.

Tilgung

Eine Tilgung ist die regelmäßige Ab- bzw. Rückzahlung einer langfristigen Schuld. Des geschieht in Form von Teilbeträgen, die nach verschiedenen Gesichtspunkten berechnet und bei der meisten Unternehmungen aus den Abschreibungsgegenwerten oder aus dem Reingewinn aufgebracht werden.

T-Konten-Modell

Hilfsmittel bei der Buchführung: Für jeden Posten aus der Aktiv- und der Passivseite der Bilanz wird ein eigenes Buchhaltungskonto mit Soll- und Habenseite eingerichtet. Jeder Buchungssatz führt dazu, dass ein Geschäftsfall auf zwei Konten verrechnet wird, wobei auf einem Konto die Sollseite und bei einem anderen Konto die Habenseite betroffen ist.

Tochtergesellschaft

Eine Tochtergesellschaft ist eine von einer Muttergesellschaft abhängige Kapitalgesellschaft, deren Kapital meistens zu 100 Prozent im Besitz der Muttergesellschaft ist.

Treu und Glauben

Rechtsgrundsatz, wonach von jedem ein Verhalten erwartet wird, das von redlich und anständig denkenden Menschen in einer bestimmten Situation an den Tag gelegt würde. § 242 BGB bestimmt, dass bei Schuldverhältnissen der Schuldner verpflichtet ist, die Leistung nach Treu und Glauben zu erbringen.

Umlaufvermögen

Das Umlaufvermögen eines Unternehmens setzt sich vor allem aus Vorräten (Roh-, Hilfs- und Betriebsstoffe, Halb- und Fertigprodukte und Waren), Forderungen aller Art, kurzfristig gehaltenen Wertpapieren und aus Zahlungsmitteln (Kasse und Bankguthaben) zusammen.

Umsatz

Unter Umsatz versteht man die Summe der in der betrachteten Periode verkauften Menge (Absatz, Umsatzmenge), multipliziert mit den jeweiligen Verkaufspreisen der Produkte. Vor allem im Rechnungswesen wird der Umsatz auch als Erlös bezeichnet. Der Umsatz bildet die Grundlage für die Ermittlung der Umsatzsteuer.

Umsatzsteuer

Die Umsatzsteuer (Mehrwertsteuer) ist eine allgemeine Verbrauchsteuer, die an die Güter- und Leistungsumsätze von Unternehmungen anknüpft. Der Umsatzsteuer unterliegen:
1. der inländische Eigenverbrauch;
2. alle Leistungen und Lieferungen, die eine inländische Unternehmung im Rahmen ihres Unternehmens gegen Entgelt erfüllt;
3. der innergemeinschaftliche Erwerb im Inland gegen Entgelt;
4. alle Leistungen und Lieferungen an Arbeitnehmer und Gesellschafter;
5. die Einfuhr von Gegenständen aus Drittländern.

Umwandlung

Verändert eine Unternehmung ihre Rechtsform, liegt eine Umwandlung vor. Dies geschieht ohne Liquidation im Wege der Gesamtrechtsnachfolge. Eine Umgründung liegt vor, wenn die Überführung des Betriebes mit Liquidation durch Einzelübertragung der Vermögensteile und Schulden auf eine andere Rechtsform erfolgt. Eine Umgründung kann vollzogen werden von einem Einzelunternehmen in eine Personen- oder Kapitalgesellschaft, von einer Personengesellschaft in eine Kapitalgesellschaft oder von einer Genossenschaft in eine Personengesellschaft oder in ein Einzelunternehmen.

Unternehmensphilosophie

Inhalt einer Unternehmensphilosophie sind vor allem die Grundsatzidee des Unternehmens und das angestrebte Profil einer Unternehmung, alle gewünschten Zielvorstellungen und das Auftreten des Unternehmens nach außen hin.

UWG (Gesetz gegen den unlauteren Wettbewerb)

Das Gesetz gegen den unlauteren Wettbewerb regelt rechtlich das Verhalten von Unternehmen im Wettbewerb. Mit dem UWG sollen der faire Wettbewerb gesichert und die Interessen der Mitbewerber, der Verbraucher und der Allgemeinheit gewahrt werden. So sind im § 1 UWG die Grenzen des zulässigen Wettbewerbs klar umrissen: »Wer im geschäftlichen Verkehr zu Zwecken des Wettbewerbs Handlungen vornimmt, die gegen die guten Sitten verstoßen, kann auf Unterlassung oder Schadenersatz in Anspruch genommen werden.«

Variable Kosten

Variable Kosten können auch als veränderliche Kosten bezeichnet werden. Sie sind beschäftigungsabhängig, steigen mit wachsender Ausbringungsmenge (Umsatzmenge) und fallen mit sinkender Ausbringungsmenge. Im Gegensatz zu den fixen Kosten lassen sich die variablen Kosten einsparen, wenn nicht produziert wird.

Verbindlichkeiten

Verbindlichkeiten sind alle Schulden einer Unternehmung, die am Bilanzstichtag dem Grunde, der Höhe und der Fälligkeit nach festgestellt werden. Das können Verbindlichkeiten gegenüber Kreditinstituten, Verbindlichkeiten aus Lieferungen und Leistungen (Warenschulden), Verbindlichkeiten gegenüber verbundenen Unternehmen oder solchen, mit denen ein Beteiligungsverhältnis besteht, oder auch sonstige Verbindlichkeiten insbesondere aus Steuern und der Sozialversicherung sein. So zählen zu den Verbindlichkeiten u. a. Anleihen, Anzahlungen von Kunden oder Schuldwechsel.

Vergleich

Ein Vergleich ist ein Vertrag, den miteinander streitende Parteien oder Parteien schließen, die über ein bestehendes Rechtsverhältnis in Ungewissheit sind. Der Streit oder die Ungewissheit werden damit im gegenseitigen Nachgeben beseitigt. Ein Vergleich kann sowohl außergerichtlich als auch vor Gericht geschlossen werden. Er kann auch als Maßnahme zur Abwendung eines Konkurses eingesetzt werden.

Verlust

Der Verlust ist ein Begriff des kaufmännischen Rechnungswesens. Er entsteht, wenn die Aufwendungen einer Unternehmung größer sind als die Erträge. In der Gewinn-und-Verlust-Rechnung wird der Verlust als Jahresfehlbetrag am Ende als Saldo auf der Habenseite ausgewiesen. In der Bilanz wird der Verlust auf der Sollseite ausgewiesen, der Eigenkapitalbestand ist um den Verlust vermindert.

Versandhandel

Der Versandhandel ist eine besondere Betriebsform des Einzelhandels; die Waren werden nach dem Distanzprinzip angeboten. Das bedeutet, dass zwischen Verkäufer und Kunde kein gewohnter persönlicher Kontakt zustande kommt, die Kommunikation erfolgt stattdessen über Katalog, Prospekt, Telefon, Werbebriefe und -anzeigen oder Internet. Der Kunde kann die Waren in häuslicher Umgebung aussuchen und bestellen, unabhängig von Ladenschlusszeiten. Eine Prüfung und/oder Anprobe der Waren ist jedoch entsprechend nur nach der Bestellung möglich.

Vertriebskosten

Vertriebskosten sind alle Kosten, die durch den Absatz der Produkte einer Unternehmung auf dem Markt entstehen. Dazu gehören z. B. Personalkosten, Provisionen, Verpackungskosten, Frachtkosten, Werbungskosten, Messe- und Reisekosten.

Verzug

Der Verzug ist ein Rechtszustand mit Rechtsfolgen, der eintritt, wenn der Schuldner seine Leistung nicht rechtzeitig vollbracht hat (Schuldnerverzug) oder der Gläubiger die Leistung nicht annimmt (Annahmeverzug).

Vorräte

Vorräte zählen zum Umlaufvermögen. In der Bilanz einer Kapitalgesellschaft werden sie als Roh-, Hilfs- und Betriebsstoffe, unfertige Erzeugnisse, unfertige Leistungen, Fertigerzeugnisse, Waren oder geleistete Anzahlungen auf Vorräte ausgewiesen.

Vorsteuer

Die in den Eingangsrechnungen (z. B. Materialrechnungen, Leasingraten) des Unternehmers enthaltene Mehrwertsteuer heißt Vorsteuer. Sie wird von der Mehrwertsteuerschuld des Unternehmens wieder abgezogen und ist ertragsteuerlich eine Betriebsausgabe.

Wandlung

Die Wandlung ist eine Rückgängigmachung eines Kaufvertrages, sie beruht auf der Grundlage der Sachmängelhaftung. Liegt ein Mangel bei der verkauften Sache vor, ist Wandlung – neben Minderung des Kaufpreises – ein dem Käufer zustehender Anspruch.

Warenzeichen

Ein Gewerbetreibender kann die Kennzeichnung seiner Waren mit Hilfe von Warenzeichen rechtlich schützen lassen. Ein Warenzeichen kann nur für eine begrenzte Zeit erworben werden, eine beliebig häufige Verlängerung ist jedoch möglich. Das für ein Warenzeichen geleistete Entgelt ist in der Handels- und Steuerbilanz aktivierungspflichtig, die Aufwendungen können für die geplante Nutzungsdauer abgeschrieben werden.

Wechselkurs

Der Wechselkurs (auch Devisenkurs, Parität) beschreibt das Austauschverhältnis zwischen zwei Währungen. Der Wechselkurs ist der Preis einer Währung – ausgedrückt in Einheiten einer anderen.

Weiche Währung

Eine weiche Währung ist eine Währung, die unter Abwertungsdruck steht und/oder der Devisenbewirtschaftung unterliegt. Kapitalflucht und verstärkte Importe sind oft die Folge. Das Gegenteil einer Weichwährung ist eine harte Währung.

Wertpapier

Wertpapiere verbriefen ein Vermögensrecht in Form einer Urkunde. Dabei betrifft das Vermögensrecht, das an den Besitz dieser Urkunde gebunden ist, verschiedene Leistungen. So können Wertpapiere eine Warenforderung (z. B. Orderlagerschein) oder eine Geldforderung verbriefen. Geldpapiere gliedern sich allerdings noch in sachenrechtliche Wertpapiere, schuldrechtliche Wertpapiere und Mitgliedschaftsrechte. Wertpapiere können aber auch eine langfristige Kapitalanlage verbriefen, diese Geldpapiere sind Effekten.

Wertschöpfung

Unter Wertschöpfung ist die in den einzelnen Wirtschaftsbereichen erbrachte wirtschaftliche Leistung zu verstehen. So ist in einem Produktionsbetrieb die Wertschöpfung (Rohgewinn) der Produktionswert abzüglich der Vorleistungen. Im Handelsbetrieb ist die

Wertschöpfung (Betriebshandelsspanne) die Differenz aus Umsatzerlösen und Wareneinsatz.
Unter der Wertschöpfungssteuer versteht man eine Steuer, durch die die Gewerbesteuer ersetzt werden soll. Die so genannte Wertschöpfungssteuer soll nicht nur von gewerblichen Unternehmen, sondern auch von freien Berufen und Behörden bezahlt werden. Bemessungsgrundlage hierfür ist die Summe von Löhnen, Mieten und Pachten, Zinsen und Gewinnen.

Wirtschaftlichkeit
Nach dem Wirtschaftlichkeitsprinzip ist eine Handlung dann wirtschaftlich, wenn sich ein bestimmter Erfolg mit dem geringstmöglichen Mitteleinsatz einstellt (Minimalprinzip) oder mit einem bestimmten Mitteleinsatz der größtmögliche Erfolg erzielt wird (Maximalprinzip).

Xetra
Xetra ist die Abkürzung für Exchange Electronic Trading – so nennt sich die deutsche Computerbörse, die seit November 1997 den IBIS abgelöst hat. Xetra ermöglicht den täglichen Handel mit Aktien, Optionsscheinen oder öffentlichen Anleihen auch außerhalb der normalen Börsenzeiten. Die Computerbörse kann allerdings nur von Banken, Investmentgesellschaften oder Maklern benutzt werden.

Zahlungsbilanz
Systematische wertmäßige Aufzeichnung aller wirtschaftlichen Transaktionen, die in einem Abrechnungszeitraum (meist ein Jahr) zwischen In- und Ausländern stattgefunden haben. Rein rechnerisch ist die Zahlungsbilanz immer ausgeglichen, auch wenn einzelne Teilbilanzen erhebliche Unterschiede ausweisen können. Die Zahlungsbilanz besteht aus:
1. **Handelsbilanz:** In ihr werden Warenein- und -ausfuhr einander gegenübergestellt.
2. **Dienstleistungsbilanz:** Sie umfasst den Austausch von Dienstleistungen, vor allem in den Bereichen Transport, Versicherung und Reiseverkehr.
3. **Übertragungsbilanz:** Dort sind die Beiträge zu internationalen Organisationen erfasst, aber auch die Überweisungen von Gastarbeitern.
4. **Kapitalverkehrsbilanz:** Sie wird in die Teilbilanzen des kurz- und langfristigen Kapitalverkehrs unterteilt und registriert die gegenseitigen Forderungen zwischen In- und Ausländern.
5. **Devisenbilanz:** Sie erfasst den Ab- und Zufluss von Devisen bei der Zentralbank.

Zeitlohn
Der Zeitlohn ist eine Lohnform, bei der nur die geleistete Arbeitszeit entlohnt wird. Die Lohnhöhe ergibt sich aus der geleisteten Zeit (Abrechnung z. B. nach Stunden), multipliziert mit dem Lohnsatz für diese Zeiteinheit (z. B. Stundenlohn oder Wochenlohn).

Zielgruppe
Im Rahmen der Werbeplanung wird durch die Marktforschung zunächst einmal ermittelt, wer ein zu bewerbendes Produkt überhaupt konsumiert. Dieser Personenkreis kann nach Alter, Geschlecht, Bildung und anderen Merkmalen bestimmt werden, so dass eine so genannte Zielgruppe definiert werden kann. Erst die Zielgruppenbestimmung macht eine Werbeplanung möglich, in der die zu belegenden Medien ermittelt werden, die zur Erreichung der Zielgruppe erforderlich sind.

Zoll
Zölle sind vom Staat erhobene Abgaben, die bei der Grenzüberschreitung einer Ware erhoben werden. Besteht eine Zollunion, gelten nur die Grenzen gegenüber Drittländern. Nach Richtung der Handelsströme werden Einfuhr-, Ausfuhr- oder Durchfuhrzölle unterschieden. Hinsichtlich der Bemessungsgrundlage gibt es Mengen-, Wert- oder Mischzölle. Außerdem können Zölle nach Gütern, Ländern oder Regionen differenziert werden.

Zulage
Eine Zulage (auch Leistungszulage, Lohnzulage, Lohnzuschlag) ist ein Arbeitsentgelt, das entweder vertraglich vereinbart wurde oder freiwillig geleistet wird. Eine Zulage wird zusätzlich zum Normallohn gezahlt, um besonderen Gegebenheiten der Unternehmung in Bezug auf Arbeitsverhältnisse und -bedingungen gerecht zu werden. So werden Zulagen z. B. aufgrund ungünstiger Arbeitsbedingungen, bei Mehr- oder Nachtarbeit, aufgrund der Lebenshaltung (z. B. Ortszuschläge) oder aufgrund persönlicher Verhältnisse (z. B. Alters- und Treuezulagen) gezahlt.

Zusatznutzen
Der Zusatznutzen ist ein Teil des Nutzens, der zusätzlich zum Grundnutzen eines Produktes hinzukommt. Der Zusatznutzen bedeutet die individuelle Wertschätzung eines Produktes durch den Käufer bzw. die soziale Bedeutung (Geltung), die das Produkt für den Käufer besitzt.

Register

A

Abfärbetheorie 203, 356
Abfindung 356
Abmahnung 298, 335f.
Ablauforganisation 356
Absatz 356
Abschreibung 219ff.
   Methoden 220
   Rücklagen 221f.
Abzinsung 356
AfA-Tabellen 356
AGBG 263
Aktie 356
Aktiva 357
Aktiengesellschaft 56f., 357
   AG & Co. KG 53
   Blitzübersicht 57
   KG auf Aktien 57f.
   Organe 56
Allgemeine Geschäftsbedingungen 281ff.
   Aufnahme in den Vertrag 282
   Prüfung des Inhalts 284
Allgemeinverbindlichkeitserklärung 349
Amortisation 349
Amt für Arbeitsschutz 21
Amtsermittlungspflicht 192
Amtsgericht 286
Analyse 349
An Erfüllung Statt 286
Anfangsbilanz 173
Anfechtungsklage 294
Anhang (Bilanz) 177, 190
Anhörungsrechte 316
Anlagespiegel 177, 182
Anlagevermögen 170
   Anlagevermögensbücher 190
Ansparabschreibung 220
Antrag (formlos) 295
Anweisung 268
Anzeigepflicht (Steuern) 192
Arbeitgeberanteil (Sozialversicherung) 245
Arbeitgeberverbände 246
Arbeitsamt 21
Arbeitsbereicherung 350
Arbeitserweiterung 350
Arbeitsgerichtsbarkeit 350
Arbeitsplatzwechsel 350
Arbeitsrecht 298 ff.
Arbeitsräume 340ff.
Arbeitsschutz 342
   Ausschuss 345
Arbeitsstätten 342f.
Arbeitsvertrag 337ff.
   Muster 337ff.
Arbeitszeugnis 248, 321ff.
Arbeitszeitregelung 304f.
Arbeitszimmer 222ff.
Arztvertrag 302
Aufbauorganisation 350
Aufbewahrungspflicht 350
Aufgabenbeschreibung 303
Aufrechnung 287
Aufsichtsrat 350
Auftrag 267
Aufzinsung 350
Ausgabenverlagerung 179f.
Auskunftspflicht 308
Auslagerung 242
Außenfinanzierung 350
Außenstände 351
Auszubildende 240

B

Baisse 351
Barwert 351
BDA 351
BDI 351
Bedarfsanalyse 102
Befragung 103
Bemessungsgrundlage 351
Beobachtung 103
Beratervertrag 302
Berufsgenossenschaft 21, 345f.
   Pflichtmitgliedschaft 345f.
   Unfallschutz 345f.
Berufung vor dem Verwaltungsgericht 293
   vor dem Finanzgericht 296
Beschäftigung 300
Besitzpersonengesellschaft 58
Bestechungsgelder 224
Besteuerungsgrundlagen 187
   Blitzübersicht 187
Beteiligung an Betrieben 21ff.
   Checkliste 27ff.
Betriebliche Regeln 311f.
Betriebsabrechnung 163
Betriebsarzt 344
Betriebsausgaben 180, 215, 218ff., 230
   Ermittlung 180
   Gewinnreduzierung 215
   pauschalierte 229
   Übersicht 219ff.
Betriebsbuchhaltung 162
Betriebseinnahmenermittlung 180
Betriebsgrößenklassen 218
Betriebskapitalgesellschaft 58
Betriebsklima 250
Betriebsnummer 21
Betriebsprüfung 218 f.
Aufbewahrung der Berichte 190
   Zeiträume für Prüfungen 219
Betriebsrat 305ff., 317ff.
   Anhörungsrechte 318
   Mitbestimmungsrechte 317f.
Betriebsübernahme 21ff.
   Checkliste 27ff.
Betriebsvereinbarung 313ff.
Betriebsvererbung 239
Betriebsverfassungsgesetz 316
Betriebsvermögen 351
Betriebsverpachtung 239
Bestandskonten 161
Bewerbungsgespräch 248f.
   Checkliste 249
Bewerbungsunterlagen 248
Bewirtungsaufwendungen 228
BfA 351
BGB 254ff., 273
Bilanz 167ff.
   Aktivseite 168
   Aufbau 170f.
   Aufgaben 168
   Passivseite 169
Bilanzierung 167ff., 352
   Grundsätze 174
Binnenmarkt 201, 352
Bonität 352
Boom 352
Börse 352
Branchenüblicher Verdienst 109ff.
   Dienstleister 112f., 114f.
   Einzelhandel 109ff.
   Handwerk 112f., 114f.
Break-even-point-Analyse 166

Briefing 352
Brutto 352
Buchführung 159ff.
　ordnungsgemäße 159f.
　Pflicht zur 159, 192
Buchhaltung 158ff.
Buchwert 352
Bürgschaft 268, 271
BWL 352

C

Cashflow 175
cif 353
Coaching 251
Controlling 353
Courtage 267

D

Darlehen 266
Datenverarbeitung 65
Dauerfristverlängerung 197
Dauerverträge 288
DAX 353
Debitoren 353
Deckungsbeitragsrechnung 166f.
Defizit 353
Deflation 353
Degressive Abschreibung 220
Degressive Kosten 354
Depression 354
Deutscher Franchise-Verband 74f.
Devisen 354
DGB 354
Dienstleistungen 65f., 246
Dienstvertrag 266
DIHT 354
Diskontsatz 354
Diversifikation 354

Dividenden 214, 240
Doppelbesteuerungsabkommen 354
Doppelgesellschaft 58f.
　Blitzübersicht 59
Doppelte Haushaltsführung 225
Drittwirkung 280
DtA 354
DtA-Darlehen 139

E

Ecklohn 354
ECU 354
EGBGB 255
Ehegesetz 256
Ehevertrag 271
Einfuhrumsatzsteuer 194
Eigenfinanzierung 354
Eigenkapital 355
Eigenkapitalhilfe 139
Eigenkapitalrentabilität 176
Eigenverbrauch 194
Einkommensteuer 34, 207ff., 355
　Abgabefristen 212
　Ermittlung 208ff.
　Tarife 212f.
Einkommensteuer-Vorauszahlungen 213, 231f.
　Herabsetzungsantrag 231f.
Einnahmen-Überschuss-Rechnung 178ff.
　Muster 181
Einnahmenverlagerung 179f.
Einschreiben 276
Einzelkosten 163
Einzelunternehmen 31ff.
　Blitzübersicht 37
　Haftung 33

　Handelsregistereintrag 33
　Kapitalvorschriften 33
　steuerliche Vorschriften 34ff.
E-Mail 275
Embargo 355
Emission 355
Endkostenstellen 355
Erbrecht 255
Erlösschmälerungen 355
ERP-Darlehen 139
Erfolgskonten 161
Erfolgsentgelt 306
Eröffnungsbilanz 173
Ertragskraft 355
Ertragsteuern 240f.
Ertragswert 25, 355
EU 355
Euro 356
EWWU 356
EZB 356
Experiment 103

F

Factoring 145f.
Fahrtenbuch 231f.
Familienangehörige 237f.
　Betriebsbeteiligung 237
　Firmenübertragung 238
Familienrecht 255
Fax 275
Finanzamt 21, 192f.
　Fürsorgepflicht 192
Finanzanlagen 170
Finanzgerichtsbarkeit 296f.
　Klage 296
　Prozesskosten 297
　Revision 297
Finanzplan 134ff.
Finanzierung 132ff.
　Blitzübersicht 151f.
　von Kapitalgesell-

　　schaften 146f.
Finanzwesen 66f.
Firma 15f., 30
Firmenfahrzeuge 128
Firmenrecht 15f.
Firmenwert 356
Firmenzeichen 129
Fixkosten 357
fob 357
Fördermittel 139ff.
　der Länder 139
　Zinskonditionen 141
Forderungen 170
Forfaitierung 146
Fortbildung 12f., 225, 251
　Kosten 225
Franchise-Systeme 72ff.
　Ausstieg aus Franchise-Verträgen 80
　Betreuung durch Franchise-Geber 73
　Checkliste für Franchise-Projekte 77f.
　Gebühren 78f.
　Nehmer 75f.
　Unternehmen 74
　Verträge 76ff.
Freiberufler 20, 202f.
　Gewerbesteuerbefreiung 202f.
Freihandelszone 357
Freizeitregelungen 319ff.
Fremdfinanzierung 357
Fremdkapital 357
Fremdvergabe 247
Führungsstil 357
Funktionalorganisation 91

G

Gaststättengewerbe 67f.
Gemeinkosten 163f., 245, 358
Gemischte Konten 161

Register 373

Gerichtsstand 358
Gerichtsvollzieher 277
Geringwertige Wirtschafts-
  güter 182f., 225
Gesamtkostenverfahren
  165
Gesamtrentabilität 176
Geschäftsbesorgung 267
Geschäftsfähigkeit 258
Geschäftsidee 73
Geschäftsführer 240, 261
Geschäftswert 226
Geschenke 226
Gesellschaft 267
Gesellschaft bürgerlichen
  Rechts 38ff.
  Blitzübersicht 40
  Jahresabschluss 38f.
  steuerliche Besonder-
    heiten 39
Gesellschaft mit be-
  schränkter Haftung
  50ff., 358
  Blitzübersicht 52f.
  Geschäftsführung 50
  Gewinnverteilung 51
  steuerliche Besonderhei-
    ten 51
Gesellschafter 240, 261
  Gesellschaftergehalt 240
Gewährleistung 358
Gewerbeamt 21
Gewerbeanmeldung 20f.
Gewerbeaufsicht 340f.
  Checkliste 341
Gewerbebetrieb 202f.
Gewerbeertrag 204, 241
Gewerbesteuer 35f., 202ff.
  Erhebung 204
  Freibetrag 35f., 204f.
  Hebesatz 35f., 204f.
  Steuermessbetrag
    35
Gewerbesteuermessbetrag
  204f.

Gewerbesteuermesszahl
  204f.
Gewinn 105ff., 178ff.,
  215ff., 240
  Ermittlung 178
  nicht entnommene
    Gewinne 243
  Planung 105
  Rechenmuster zur Ge-
    winnvorschau 106f.
  Thesaurierung 242
  Verhältnis zu Umsatz
    114f.
  Verlagerung 178f.
Gewinnerzielungsabsicht
  216
Gewinnrücklagen 358
Gewinn-und-Verlust-Rech-
  nung 176
Gläubiger 254
GmbH & Co. KG 53ff.
  Blitzübersicht 55
  Sonderbetriebsvermögen
    54
  steuerliche Besonderhei-
    ten 53f.
GmbH & Still 54
Goodwill 155
Grundkapital 358
Gute Sitten 278

H

Handel 68f.
Handelsbilanz 172ff.
Handelsgewerbe 14
Handelsrechtsreformgesetz
  14ff.
Handelsregister 14
Handelsregister-Gericht 21,
  358
Handelsspanne 359
Handwerk 69f.
Handwerkervertrag 302

Handwerkskammer 21, 26,
  254
Hauptversammlung 359
Häusliches Arbeitszimmer
  219, 222ff.
Hausse 359
HausTWG 256
HGB 257
Hilfskräfte 240f.
Hinterlegung 286
Hotelgewerbe 67f.

I

Imaginäre Wirtschaftsgüter
  154f.
Incentive 359
Industrie- und Handels-
  kammer 21, 26, 246
Inflation 359
Innenfinanzierung 359
Insolvenzordnung 256
Instandhaltungs-
  kosten 359
Inventar 171f.
Inventur 171f., 181f.
Istkostenrechnung 165

J

Jahresabschluss 167ff.,
  359
Jahresbilanz 173
Jahresüberschuss 360
Joint venture 360
Juristische Person 259
Just-in-time-Prinzip 360

K

Kalkulation 162f., 244ff.
  Personalkosten 244ff.

Preise 162f.
Kalkulatorische Buch-
  führung 163
Kalkulatorische Kosten 107
Kapitalbedarf 135ff.
  Checkliste 136f.
  kurzfristiger 136
  langfristiger 136
  laufender 137
Kapitalerhöhung 360
Kapitalgesellschaft 49ff.,
  240ff., 261, 360
  Gewinnversteuerung
    242
  Besteuerung 240ff.
Kapitalrücklage 360
Kartell 360
Kaufmann 10ff.
  auf Wunsch 14
  Ausbildung 10f.
  Buchführungspflicht 159
  im beruflichen Alltag 17
  Fort- und Weiterbildung
    12f.
Kaufmannsrecht 14ff.
Kaufkraft 360
Kaufvertrag 265
  bei Grundstücken 271
Kettenarbeitsverträge
  312f.
Kfz-Kosten 226ff.
  betriebliche Nutzung
    228
  Ein-Prozent-Regelung
    227f.
  Fahrtenbuch 228
  Privatanteil 227
Kleingewerbetreibende
  14ff., 159, 199f.
Know-how 361
Kommanditgesellschaft
  45ff., 361
  AG & Co. KG 53
  Blitzübersicht 47
  Geschäftsführung 46

Gewinnverteilung 46
KG auf Aktien 57f.
steuerliche Besonderheiten 46f.
Kommissionär 361
Komplementär 261
Konkurrenzanalyse 102
Konkurrenzverbot 310
Konkurs 361
    Konkursbilanz 174
    Konkurswarenverkauf 126
Konkursordnung 256
Konsolidierung 361
Kontenarten 161
Kontenklassen 161
Kontenplan 161
Kontokorrentkredit 143
Koordination 94f.
    horizontale 95
    vertikale 95
Körperschaft 262
Körperschaftsteuer 213ff.
    Rechenmuster 214
Kostenarten 163f.
    aufwandsgleiche Kosten 164
    fixe Kosten 164
    kalkulatorische Kosten 164
    variable Kosten 164
Kostenartenrechnung 163
Kostenrechnung 162ff.
    Aufgaben 162
Kostenstellenrechnung 164ff.
Kostenträgerrechnung 164ff.
Krankenkasse 21
Kreditbilanz 174
Kreditfinanzierung 142ff.
Kündigung 287f., 323ff.
    außerordentliche 288f.
    Fälle vor Gericht 332ff.
    fristlose 331f.
    personenbedingte 330f.
    verhaltensbedingte 329f.
Kündigungsschutz 288, 323ff.
    Ausnahmen 328ff.
    Bedingungen 324
    Fristen 326
    KSchG 256, 325f.
Künstlervertrag 302
Kurzfristige Erfolgsrechnung 165

L

Lagebericht (Bilanz) 177
Leasing 147ff., 229f.
    Andienungsrecht 149
    Kündigung 150f.
    Verträge 148f.
    Voll- und Teilamortisation 149
Leibrente 268
Leihe 266
Leistungspflicht 310
Liebhaberbetrieb 216ff.
Lieferantenkredit 145
Lineare Abschreibung 220
Liquidität 362
Liquiditätsbilanz 174
Lizenz 362
Lohnfortzahlung 362
Lohnkostenfaktor 108f.
Lohnsteuer 36f., 205f.
    Abgabetermine 206
    Abzug 205f.
    Pauschalierung 206
Lombardkredit 144
Lombardsatz 362

M

Make or buy 362
Maklervertrag 267
Management 362
Marke 15
Marketing 362
Markt 62ff., 98ff., 362
    Marktnähe 62
    Marktchancen 98
    Marktnischen 64, 67
    Marktveränderungen 63ff.
    zukünftige Entwicklungen 63ff.
Marktanalyse 98ff.
    Checkliste 99f.
Marktforschung 101ff.
    Ziele 102
    Methoden 103
Marktnischen 64, 67, 362
Medien 72
Meldepflicht 308
Messeauftritte 129
Miete 265
Miethöheregelungsgesetz 256
Mindestlohn 362
Mitbestimmungsrechte 316
Monopol 363
Motivation 249ff.

N

Nachrichtentechnik 70f.
Namensrecht 363
Natürliche Person 262
Nebenerwerbstätigkeit 217f., 323
Netto 363
Nichtigkeit 277
Niederlassung 363
Niederstwertprinzip 363
Nießbrauchbestellung 239
Normalkostenrechnung 165
Notar 272ff.
    Aufgaben 272
    Formvorschriften 272f.
Nutzungsdauer 363

O

Obligo 363
Offenbarungseid 363
Öffentlichkeitsarbeit 128ff.
Offene Handelsgesellschaft 44f.
    Blitzübersicht 45
    steuerliche Vorschriften 44
Ohne Gewähr 363
Ökologische Produkte 363
Ökonometrie 363
Oligopol 364
Ombudsmann 343
Ordnungswidrigkeit 290
Organisation 89ff.
    Funktionalorganisation 91
    Regionalorganisation 93
    Spartenorganisation 92
Outsourcing 364

P

Partnerschafts-Gesellschaft 41ff.
    Blitzübersicht 42f.
    Entstehung 41
    Firmierung 41f.
    steuerliche Besonderheiten 42
Passiva 364
Personal 236ff., 248ff.
    Auswahl 248
    Bedarf 238
    Engpass 247
Personalführung 249ff.

Personalkosten 106, 244ff.
　auf Stundenlohnbasis 245
　auf Stückkostenbasis 246
Personalkostenfaktor 244f.
Personalstruktur 238ff.
　Aufbau 238
　Ausbau 239ff.
Personalvorhalt 247
Personengesellschaft 30ff., 261
Plankostenrechnung 165
Planungsrechnung 167
Polypol 364
Portfolio 364
Postweg 275
Preisdifferenzierung 364
Pressearbeit 130f.
Privatautonomie 257
Privatentnahmen 240f.
Probezeit 249, 306f.
Produkt 80ff.
　Checkliste zum Produkt 81ff.
　Produktlebenszyklus 364
　Unternehmensorganisation 89
Produkthaftung 256, 364
　ProdHaftG 256
Produktionsmängel 247
Profit Center 365
Prokura 261
Progressive Kundenwerbung 126
Protektionismus 365
Public Relations 365

R

Räumungsverkauf 127
Rechnungsabgrenzung 168ff.
　aktive 168
　passive 169
Rechnungswesen 156ff.
Rechtsfähigkeit 258
Rechtsschutz 291ff.
　Blitzübersicht 292
　im Verwaltungsverfahren 291

Regionalorganisation 94
Reingewinn 109ff.
　Dienstleister 112f., 114
　Einzelhandel 109ff.
　Handwerk 112f., 114
Reinigungsvertrag 303
Reisekosten 229
Reisevertrag 266
Relaunch 365
Rentabilitätsberechnung 175f.
Reparaturvertrag 302
Restwert 365
Rezession 365
Rücklagen 365
Rückstellungen 171, 366
Rückzahlungen 310f.
　Ausbildungskosten 311
　Weihnachtsgeld 311

S

Sachanlagen 170
Sachenrecht 254
Sachgemeinkosten 106f.
Saldo 366
Sanierungsbilanz 174
Sanktionen 313
Scheinselbstständigkeit 301ff.
Schenkung 266
Schlussbilanz 173
Schlussverkauf 127
Schriftverkehr 129f.
Schuldfähigkeit 258
Schuldner 254

Schuldschein 268
Schuldverhältnisse 254
Schuldverschreibung 268
Schweigepflicht 309
Sicherheitsbeauftragte 343
Sittenwidrige Verträge 277ff.
Skonto 366
Sonderabschreibung 226
Sonderveranstaltungen 127
Spartenorganisation 92
Stammeinlage 366
Stammkapital 366
Standort 83ff.
　Checklisten zum Standortvergleich 85ff.
Stelle 89f.
Stellvertretung 263ff.
　bei juristischen Personen 263f.
　bei natürlichen Personen 264
Steuerberater 186, 230, 236
　Kosten 230
Steuerbilanz 172ff.
Steuergeheimnis 192
Steuernummer 21
Steuerschätzung 189
Steuerunterlagen 186ff.
　Aufbewahrungspflicht 188
　Blitzübersicht 190f.
Steuervermeidung 214ff.
Stiftung 263
Stille Gesellschaft 47f.
　Blitzübersicht 48
　Gewinnverteilung 48
　steuerliche Besonderheiten 48
Stiller Gesellschafter 22f., 32, 47f.
　atypischer 32
　typischer 32

Streuverluste 367
Stuttgarter Verfahren 153
Substanzwert 25
Subunternehmer 301
Subventionen 367

T

Tarifautonomie 367
Tarifbindung 367
Tarifverträge 313ff.
　Bindung 314
　Entstehung 314
　Inhalt 315
Tarifvorrang 316
Tarifvorbehalt 316
Tausend-Kontakt-Preis 123
Telefonkosten 231f.
Teilhaberbörsen 26
Teilhaberschaft 22ff.
　atypische stille 22f.
　Neugründung 24
　stille 22
Testament 271
Testierfähigkeit 259
Tilgung 368'
T-Konten-Modell 160
Treu und Glauben 257

U

Überstundenregelung 311f.
Umlaufvermögen 170
Umsatz 104f., 368
　Checkliste zur Analyse 104f.
　Ermittlung 104
　Verhältnis zum Gewinn 114ff.

Umsatzkostenverfahren 165
Umsatzrentabilität 176
Umsatzsteuer 35, 193ff.
  Befreiung 196
  Blitzübersicht 198
  Einfuhrumsatzsteuer 194
  Erhebung 197
  ermäßigte 194
  Identifikationsnummer 201
  Rechenmuster 196
  Rechnungsausstellung 195
Umsatzsteueroption 199ff.
  für Kleinunternehmer 199
  für Umsatzarten 200
Umwandlung 368
Unternehmen 60ff.
  Aufbau und Struktur 88ff.
  Erfolgsbeteiligung 251
  Hierarchie 94
  Kommunikation 249
  Koordination 94f.
  Organigramm 90
  Philosophie 368
  Vergrößerung 241
Unternehmensbewertung 152ff.
  Anlässe 153
  Aufgaben 153
  Methoden 154
Unternehmensgründung 138ff.
  Hilfen 139f.
Unternehmensrechtsform 30ff.
  Kapitalgesellschaften 49ff.
  Personengesellschaften 34ff.
  Wahl der 31
Unternehmensübernahme 21ff., 155
Urkunde 275
Urlaubsregelungen 319ff.
  Urlaubsanspruch 319f.
  Urlaubsgeld 320f.
  Urlaubsplanung 319

V

Variable Kosten 368
Veräußerungsrente 238
Verbindlichkeiten 171
Verbraucherkreditgesetz 255
Verbraucherschutz 289
Verein 260ff.
Vergleich 368
Vergleichsbilanz 174
Vergütung 266ff., 278, 305
Verhaltenspflichten 308
Verhaltensgebote 309
Verhandlung 270
Verkehrswesen 71
Verleumdung (geschäftliche) 127
Verlust 368
Verpflichtungsklage 295
Versandhandel 369
Versicherungswesen 66f.
Verträge 254ff., 265ff., 285ff.
  Vertragsabschluss 270f.
  Vertragsbeendigung 285
  Vertragsdauer 285
  Vertragsfreiheit 257
  Vertragsformen 271
  Vertragsinhalt 270
  Verträge in der Praxis 273
Vertragsstrafen 313
Vertragsverletzung 289
Vertretungsbefugnis 264
Vertriebskosten 369
Verwahrung 267
Verwaltungsgericht 301ff.
  Klage und Klagefristen 301f.
Verwaltungsverfahren 290, 304
Verwandtendarlehen 146
Verzug 247, 369
Volljährigkeit 259
Vollmacht 264
Vorräte 369
Vorschlagswesen 251
Vorstellungsgespräch 248
Vorsteuer 195f.

W

Währung, weiche 369
Wandlung 369
Warenbezug aus der EU 194
Warenproduktion 71f.
Warenzeichen 369
Wartungsvertrag 302
Wechselkredit 143f.
Wechselkurs 369
WEG 256
Weihnachtsgeld 311, 320f.
Weiterbildung 12f.
Werberecht 124ff.
  UWG 124ff.
  europäisches 128
Werbeträger 120ff.
Werbung 72, 116ff.
  Blitzübersicht 118
  Direktvertreiber 118
  Einsatz 117
  Einzelhandel 117
  Großhandel 118
  irreführende Werbung 124ff.
  Kosten 123
  vergleichende Werbung 127f.
Werbeziele 120ff.
  Imagewerbung 120f.
  Produktwerbung 120f.
Werkvertrag 266
Wertpapier 369
Wertschöpfung 369
Wertschöpfungssteuer 370
Willenserklärung 254ff., 269ff.
  in der Praxis 269
  Übermittlung 274
Wirtschaftlichkeit 176
Wirtschaftsstrafgesetz 290
Wucher 278

X

Xetra 370

Z

Zahlungsbilanz 370
Zeiterfassungsgeräte 311
Zeitlohn 305
Zeitverträge 287
Zielgruppe 98f., 116ff.
  Bestimmung 98f., 120
  Checkliste 119
Zoll 370
Zufluss-Abfluss-Prinzip 178
Zulage 370
Zusatznutzen 370